I0128621

El espectro criminal

La Grieta

Gazir Sued

El espectro criminal

El imaginario prohibicionista, las *alternativas*
(des)penalizadoras y los derechos humanos
en el Estado de Ley

La Grieta

® ©Gazir Sued 2004

2ᵈᵃ Edición (2015)

La Grieta
Calle Lirio #495 Mansiones de Río Piedras
San Juan, Puerto Rico - 00926
Tel. 787-226-0212

Correo electrónico: gazirsued@yahoo.com
gazirsued@gmail.com
http://www.facebook.com/gazir

ISBN 978-0-9763039-3-0

Nota editorial

La primera edición de *El Espectro Criminal* fue publicada en 2004 y ha sido reproducida de manera íntegra como primera unidad en esta segunda edición. La segunda unidad integra varias ponencias inéditas y ensayos investigativos posteriores, que en parte dan continuidad al proyecto original y a la vez abundan sobre sus ramificaciones temáticas en acorde a su desenvolvimiento histórico en el escenario local e internacional. Asimismo, esta nueva edición integra una antología selecta de escritos periodísticos e investigativos publicados hasta finales de 2015 en periódicos impresos y revistas digitales. La obra, aunque sigue siendo un proyecto en construcción permanente por razones evidentes, los objetivos iniciales siguen siendo esencialmente los mismos que hace más de una década y, por lo que pueda valer, también el compromiso intelectual y político de su autor...

Índice

Prólogo

Introducción
El espectro *criminal*

Parte I

Entre el imaginario prohibicionista
y *las* alternativas despenalizadoras

Parte II

El imaginario prohibicionista en Puerto Rico: retóricas del miedo y elocuencias de Ley

Parte III

El poder seductor de lo prohibido

Parte IV

Ficciones criminológicas,
(De)construcción y Derecho

Parte V

La imaginería prohibicionista (pos)colonial:
de la Ley del Imperio al Imperio de Ley

Antología de ponencias y ensayos investigativos
(2005-2015)

Antología de artículos periodísticos e investigativos
(2003-2015)

Referencias

Prólogo

"...yo he preferido hablar de cosas imposibles,
porque de lo posible se sabe demasiado."

Silvio Rodríguez

Prólogo

"Toda acusación que hace la ley del Estado
va seguida de un castigo y,
siendo fuerza,
nadie está obligado a tolerarlo sin resistencia."
T. Hobbes

...tal vez hoy la materialidad más cruel de las políticas prohibicionistas y las prácticas penales del Estado de Ley puertorriqueño, como muy posiblemente cualquier otro Estado de Ley en el mundo, no esté escrita literalmente en sus textos, quizá porque –como enseña el milenario arte de la retórica política- sus escritores han preferido *decir* sus prohibiciones y castigos al estilo de un buen padre (o madre) que cuida a sus críos; mantener, preservar y perpetuar, a pesar de todos los contrastes, una apariencia sensible e indulgente pero a la vez una imagen impecable de severidad y firmeza, en lugar de asumir la arrogancia y brutalidad de un déspota o de un gobierno absolutista y tiránico. Pero el Estado de Ley –mal llamado de Derecho y Democrático- es, irremediablemente, un Estado pretenciosamente totalitario, pues su Razón, que es en propiedad voluntad de Ley, es siempre insensible e inclemente ante las diferencias radicales de todo ser humano; y su valor social lo dicta presumiblemente ella misma y para sí, en la medida de sus rigores e inflexibilidades: es decir, en la clave de sus juicios, prejuicios e intolerancias, y, sobre todo, por virtud de la razón de su fuerza bruta, de su mano dura, que es siempre la condición última de todas sus razones...

Por ello el Derecho -como he puesto mi empeño en (re)significarlo- es siempre la fuerza que reivindica al ser humano en su relativa singularidad existencial, frente a la voluntad imperial de la Ley. Es ésta una relación paradójica que atraviesa la actual condición de época, donde la apariencia general es que la sociedad civil y el Estado no son una misma cosa, pero en la materialidad de sus prácticas reciprocan sus violencias y se hacen indistintas las unas de las otras, ya por virtud de los lenguajes en los que se representan o ya en las coincidencias entre sus habituales prácticas de control social, siempre al coste de un gran desprecio por las ilusiones de libertad individual... o sus reminiscencias. En el actual Estado de Ley la sociedad civil aparece como la gran consentidora de su dominación, y significada como democrática la extraña disposición anímica a la servidumbre...

En este gran escenario de época la alternativa despenalizadora que trataré en este escrito pone en crisis los fundamentos de las prohibiciones estatales y culturales en general, y da paso seguido, en el espíritu libertario de las corrientes antiprohibicionistas, a la apropiación y resignificación radical del discurso democrático a favor del Derecho, de una práctica alternativa del Derecho, enraizada en los derechos humanos antes que en función incondicional al poderío y la voluntad imperial de la Ley...

La escena puertorriqueña: primer acercamiento

Retomé la tarea confiada a este escrito, pausada por un lapso quizá demasiado extendido, en un tiempo en que se avecinaban contiendas electorales y los partidos políticos locales ya habían reiniciado sus tradicionales disputas. El tema de la criminalidad en Puerto Rico, como siempre, seguía siendo un As imaginario a favor de cada uno de los contendientes. Los informes de gobierno subían a la escena mediática celebrando triunfos imaginarios a la vez que las fuerzas opositoras les pasaban la cuenta desmintiéndolos con otras ficciones de idéntico sesgo ideológico y mitificador. La escena, en realidad, podría ser descrita con todo lujo de detalles, pero, además de ser motivo de burla y a la vez de lástima y vergüenza, sólo serviría para demostrar que sus libretos no se han alterado significativamente con el paso de los tiempos. Los más retrógrados, como era de esperarse, expresaron sus preferencias por las mismas prohibiciones y, si acaso, se inclinaron a favor de reforzarlas y de multiplicarlas. La idea de militarizar aún más la práctica de la mano dura seguiría teniendo adeptos en la escena mediática y política del país. Por lo demás, se limitaron a repetir los mismos prejuicios sobre los que se han sostenido los programas de gobierno durante las últimas décadas. Los menos conservadores reaccionaron, pero restringiéndose a una crítica sutil o demasiada tímida para la que amerita la terrible *naturaleza* del "problema criminal" en Puerto Rico, clonando análisis desabridos y sacralizando sus retóricas como "verdaderas causas" enmarañadas entre el fantasma del narcotráfico y el "mal social" del consumo de drogas ilegales. Pero secreto a voces es que el principal problema y sus hibridaciones más dolientes los engendra, perpetúa y agrava la propia prohibición legal. Aún así, ni una sola promesa para el porvenir era *nueva*, como tampoco eran *nuevos* los reproches retóricos entre adversarios. Sería de esperar, pues, que el encadenamiento de sus efectos concretos seguiría siendo una carga insufrible para todos. Y quizá no sean ideas *nuevas* lo que haga falta en estos tiempos, quizá amerite la ocasión de desempolvar viejos textos, o tal vez lo más pertinente sea sencillamente voltear la mirada a las voces marginales del Derecho y situarlas al centro de nuestras atenciones... compromisos y responsabilidades, complicidades... posiciones...

Pienso que el tema de las drogas ilegales es un tema que debe ser tratado de otro modo, cualitativamente diferente a como lo tratan los sectores más conservadores y dominantes en los gobiernos locales e internacionales. Incluso de manera radicalmente diferente a como, muy probablemente, lo entiende la mayor parte de nuestro pueblo, que en cada momento tiene ocasión de rendir un cheque en blanco a sus preferencias partidistas y convertir en "democráticas" sus acostumbradas políticas, aunque éstas no sean, de hecho, más que secuelas de sus reiteradas violencias y habituales crueldades. El ánimo que mueve este escrito es el de aportar un poco a lo que considero, más que un debate urgente en estos tiempos, una postura impostergable a la que ir dando forma política concreta: en el espíritu antiprohibicionista del Derecho y como parte de un proyecto democrático radical: despenalizar las drogas ilegales y, por consiguiente, contribuir a descriminalizar el derecho de cada persona a disponer de su propio cuerpo...

...cuando empecé a investigar más profundamente y a escribir sobre este tema publiqué un escrito en varios sitios de Internet, con miras a activar una discusión crítica y reflexiva sobre el mismo. Las respuestas inmediatas a la invitación –con alguna que otra excepción amiga- fueron prácticamente nulas, por cuestiones que no tienen gran relevancia inmediata. Pero lo que quiero destacar, no obstante, es de índole teórica: que cuando uno trata tópicos tan complejos como éste se suele cargar un lenguaje arriesgado, de palabras que en cualquier momento, a pesar de las cautelas y advertencias, podrían volcarse contra uno mismo; dar la impresión de que se es contradictorio teóricamente o que se es inconsistente con los principios que se dicen defender. Y aunque soy particularmente cauteloso con ello, no deja de ser éste un riesgo permanente en toda práctica teórica. De ahí mi terquedad en destacar como matrices de este haber su permanente carácter reflexivo y crítico, no sólo en torno a todo cuanto estudio como parte de mi propia práctica intelectual sino, además, sobre la retórica que armo en mi escritura, los conceptos claves que la constituyen, en fin, la estrategia general en la que asiento mis consideraciones teóricas y sitúo mis posiciones éticas y políticas...

Pienso que sucede por lo general con la mayor parte de los discursos que se activan como resistencia o alternativa a los modos habituales del ejercicio del poder político estatal y cultural en general, que se aferran a sus posturas y entendidos por efectos de fe, de modo tal que se debilitan a sí mismos como fuerzas alternativas, y en el más común de los casos, si no agotan sus ánimos en repeticiones retóricas inefectivas, terminan por ser absorbidos por el propio poder que en buen ánimo o decaídos imaginan combatir. Es el sentido al que pretendo inscribir en este escrito el concepto teórico de *paradoja*, que no trata de una categoría que designe un simple juego del lenguaje sino, además, un signo de los efectos posibles y frecuentes de la relación política entre los poderes dominantes y las fuerzas que les resisten. Signo clave dentro del espectro de lo político en la actual condición de época y que, referida al contexto puertorriqueño, condenso dentro del concepto teórico de *condición (pos)colonial*, que desarrollaré más adelante. Para efectos analíticos me he tomado la libertad de situar esta advertencia dentro del contexto de las luchas despenalizadoras y el riesgo de subirlas a la escena de mis reflexiones teóricas en una relación oposicional entre poder y resistencia: me refiero, en particular, al poder hegemónico del discurso prohibicionista, criminalizador y penalista del Estado de Ley de un lado y, de otro, a las fuerzas que se representan como resistencias bajo las modalidades de alternativas *legalizadoras* y/o *medicalizadoras*, pero que en el orden de su materialidad práctica participan de la misma ideología imperial de la Ley y contribuyen a consolidar sus dominios...

Entre estas coordenadas, la alternativa despenalizadora –a la que confío mis complicidades- aparece como respuesta crítica urgente a las modalidades del poder disciplinario, represivo y punitivo del aparato estatal. Esta postura se ocupa no sólo de las consideraciones jurídicas, sociológicas, psicológicas y, en fin, de las filosofías políticas sobre las que se sostienen las prohibiciones legales y sus correlatos punitivos sino, además, de cuestiones de derecho ¿indelegables?, que incumben a cada uno de los habitantes del Estado de Ley, pues atañen directamente a lo más íntimo de *nuestras* existencias en la vida social: se trata del derecho de cada cual sobre sí mismo, a decidir entre las suertes a las que somete su propio cuerpo y el alma social que lo aprisiona; ya para evitar excesivos sufrimientos o ya para procurarse satisfacciones pasajeras; para imaginar consuelos al margen de la realidad; para ajustarse a sus rituales cotidianos o para lidiar con la imprevisibilidad de las suertes o sus ausencias; remediar el azar o enfrentar la contingencia de sus juegos; pero siempre desde la relativa singularidad existencial de cada cual, es decir, a pesar de la infinidad de coerciones que constituyen irremediablemente las condiciones de todo sujeto; de toda vida social...

Introducción

"El Estado... se levanta entre yo y mi cuerpo, y me dice a qué tipo de médico debo recurrir. Cuando mi alma está enferma el Estado me concede una libertad espiritual ilimitada. Ahora bien, no parece lógico que el Estado deba apartarse de esta gran política... y adoptar la otra posición en un asunto de consecuencias menores: la salud del cuerpo... ¿De quién es la propiedad de mi cuerpo? Probablemente es mía... si experimento con él, ¿quién debe ser responsable? Yo, no el Estado. Si escojo imprudentemente, ¿muere el Estado? Oh, no."

M.Twain

El espectro *criminal*

"En el mundo hay demasiados males reales
como para permitirnos aumentarlos con otros imaginarios que,
por demás, terminan siendo causa de nuevos males verdaderos."[1]

A.Schopenhauer

Lo criminal, lo político y el Derecho

Al último cuarto del siglo XX le asistió una creciente intensificación de las políticas prohibicionistas y, consecuentemente, la proliferación de prácticas penales en los estados de Ley, enmarcándose, de manera paradójica, dentro del discurso democrático. El siglo XXI inició como secuela previsible de estas actuaciones, poco prometedoras y desencadenantes de un porvenir saturado de absurdas, violentas y crueles repeticiones. A escala global la imaginería prohibicionista seguiría consolidando sus dominios; y los regímenes de gobierno, variando de vez en cuando entre administraciones superficialmente diferentes, permanecerían promoviendo, reforzando y perpetuando las condiciones materiales de la misma. En este contexto, la ideología imperial del Estado de Ley absorbió gran parte de las fuerzas emancipadoras del Derecho, teniendo como rasgo característico un singular efecto de hegemonía: la progresiva domesticación de las fuerzas de resistencia, también amparadas bajo los signos de la imaginería democrática. Gran parte de estas fuerzas, identificadas habitualmente bajo los signos políticos de las izquierdas, cedieron ante las tentaciones más ilusorias de las filosofías políticas estadistas y procuraron hacerse espacio entre sus más seductoras proposiciones: dada la imposibilidad de *tomar el poder* por la vía de la "violencia revolucionaria", o aceptando que tampoco esta vía cumplió las más elevadas promesas emancipadoras cuando *hubo* ocasión de hacerlo, optaron por la tarea de *transformar* ese poder "desde adentro", participando de lleno en él, ocupando posiciones en su interior, reestructurando sus instituciones, reorientando sus políticas, reformulando sus proyectos, modulando sus lenguajes, etc. Pero tan cercano fue su acercamiento que en lugar de

---

[1] A.Schopenhauer; *El arte de insultar*, Editorial *Edaf*, Madrid, 2000; p.89.

procurar los "cambios" prometidos terminaron, si no por adecuársele sin mayores reservas, fusionándose con el poder que pretendían combatir, hasta convertirse en él...

...evidencia de ello, de esta suerte de fusión ideológica, puede registrarse en la actualidad bajo el signo espectral de lo criminal. Por infinidad de causes desembocan en este signo polisémico no sólo las corrientes ideológicas que dominan la escena mediática de lo político y lo jurídico en la actual condición de época, sino además las vertientes marginales, representadas por lo general como modelos alternativos con respecto a los enfoques teóricos tradicionales, es decir, sobre los que los gobiernos asientan, o más bien justifican, la política criminal y penal y sus relativas variaciones coyunturales. Enclave de convergencia ideológica éste que trataré desde diversos ángulos a lo largo de este escrito. Punto de partida será, pues, la sospecha de que lo criminal ha devenido en la condición de época (pos)moderna, muy posiblemente a escala global, en eje referencial de infinidad de realidades, prácticas y experiencias sociales, cooptadas significativamente por las racionalidades imperiales del discurso de la Ley. Absorbido por un discurso absolutizador que ha condicionado y sometido incluso las variantes alternas de sentido, el signo espectral de lo criminal aparece en el gran escenario social en función de las estrictas lógicas reguladoras, disciplinarias y coercitivas del poderío normalizador que caracteriza el orden imperial de la Ley. Lo criminal, irrespectivamente de las particularidades de cada régimen de gobierno, es una categoría política colonizada ideológicamente por la Razón de Estado, por el Estado de Ley. Lo político en general y el Derecho en particular, sobre todo en lo que respecta al ámbito de las libertades democráticas, dentro de este gran escenario, apenas pueden pensarse al margen de las contiendas y disputas que se libran incesantemente alrededor de este signo. Lo criminal se ha convertido en un gran dispositivo condensador de realidades sociales extremadamente complejas, por lo general inconexas entre sí; de motivaciones anímicas singulares y radicalmente azarosas y, a la vez, de determinaciones histórico-sociales plurales, híbridas y laberínticas, incongruentes y contingentes. Condición ésta que se materializa en infinidad de confusiones, tergiversaciones, y que se presta a un sinfín de manipulaciones políticas, que abordaré críticamente a través de este trabajo. Puedo adelantar

24

que, trocada esta suerte condensadora en virtud propia de esta categoría, de lo criminal, al parecer se ha resuelto disolver y ocluir, omitir, borrar, en fin, invisibilizar ideológicamente estas complejidades bajo un mismo gran sello unificador, y en el acto designar al poderío estatal como árbitro en última instancia de todos sus contenidos y significaciones posibles. Violencias, crueldades, hábitos culturales y vicios personales, moralidades trasnochadas y prejuicios manoseados, genuinos temores sociales y miedos extrañamente fundados; infinidad de intereses políticos y económicos; quimeras nacionales y pánicos estatales; incomprensibles pasiones individuales y discordantes deseos populares; ingenuidades políticas, imposibilidades e indeseabilidades, se dan cita en este signo espectral. Sin duda el carácter polisémico que le es constitutivo al signo criminal es condición de posibilidad para su permanencia en el juego de lo político...

Algunas preguntas clave que regirán este escrito tienen por referente matriz, pues, la condición polisémica del signo criminal, su relativa indeterminación teórica, su maleabilidad ideológica y su valor como categoría política –tan ambigua y paradójica como fuerte- que regula determinadas prácticas de gobierno vinculadas en el imaginario prohibicionista y la práctica penal del Estado de Ley: ¿Qué relaciones de poder posibilitan tal o cuál significado? ¿Cuáles condicionan o determinan tal o cual relación de sentido? ¿Cuáles priman sobre cuáles otros y para qué? ¿En función de qué estrategia política se imponen qué significados y a la vez se subordinan o rechazan cuáles otros? Nuevamente, ¿para qué? Y acaso, el hecho de que lo significado bajo el poder de la Ley impere por virtud de su fuerza superior, ¿quiere esto decir que lo definido lo está en definitiva? ¿Qué otros sentidos atraviesan y condicionan las significaciones posibles? ¿Cuáles son sus pretensiones? ¿Cuáles sus imposibilidades? ¿En función de qué valores se activan y en oposición a cuáles otros? ¿Cuáles son sus efectos más dramáticos sobre la vida singular y colectiva? Y otra vez, ¿para qué?

Lo cierto es que el signo de lo criminal está atravesado por múltiples fuerzas sociales que procuran apropiárselo y arrogarse la potestad absoluta de representar de un solo golpe la maldad y el pecado, la inmoralidad, la locura y la perversión. En la imagen difusa de lo criminal se ha querido representar el ánimo corrompido de la Gran Moral Social, o al menos la precariedad de los valores *civilizados*; la irradicable esencia agresiva, violenta y cruel de todos los seres humanos y la necesidad vital de un Estado poderoso, bien armado y en vigilia constante, que procure los medios más efectivos para controlarlos, que regule sus actuaciones en todo momento y, paradójicamente, los cuide de sí. En el Estado de Ley lo criminal pasa a ser sinónimo de ilegalidad, y lo ilegal no ha dejado de ser otro modo de decir lo inmoral, lo perverso, lo irracional, lo malo.

Pero lo criminal no es invención propia o exclusiva del Estado, aunque es bajo los registros de sus dominios donde se resuelven la mayor parte de sus sentidos. Fuerzas culturales de todo tipo encuentran ahí expresiones relativamente cónsonas a sus intereses y necesidades, deseos e ilusiones de seguridad y bienestar social e individual. Las ficciones jurídicas formales aparecen en escena como representaciones de entendidos sociales trascendentales y a la vez como convenios fundados sobre hechos concretos, como pactos *sociales* convenidos sobre la base de la *experiencia* cotidiana, *compartida* y consensuada, de qué *es* lo criminal. Experiencia generalizadora ésta, arraigada en los más diversos registros de la imaginería social contemporánea (reproducida acríticamente por la mayor parte de las disciplinas teórico-sociales vigentes y reforzada incesantemente por el poderío mediático), que se confunde con la voluntad absolutista de la Ley y que, como demostraré en este escrito, repercute radicalmente contra los principios fundamentales del Derecho, implicando un riesgo permanente para las libertades democráticas, colectivas y singulares.

Una de las tesis que sostengo es, en síntesis, que no todo cuanto actualmente es considerado por el discurso estatal como criminal es, en sí mismo, negativo socialmente, moralmente malo, perverso psicológicamente o políticamente ilegítimo o incorrecto. Podrá ser, por lógica propia, ilegal, es verdad, pero no por ello injusto, inmoral o ilegítimo; problemático, dañino o peligroso. Incluso muchos de estos calificativos adquieren pleno sentido precisamente por la condición de ilegalidad y no por el acto criminalizado en sí mismo. Así, por ejemplo, uno de los equívocos que caracterizan el gran drama social referido a la criminalidad es la confusión formal entre lo criminal y lo ilegal. Ciertamente, como denuncian algunos, no todo lo considerado como ilegal es criminal, y simultáneamente, que hay criminalidades que están muy bien resguardadas, protegidas e incluso alentadas por la Ley. La salida común en estos tiempos de fiebres legalistas es sabida:

procurar integrar dentro del registro imperial de la Ley todo cuanto sea considerado criminal. Pero el valor denotativo de este signo espectral está actualmente desbordado de significaciones, saturado de sentidos que exceden su territorio en propiedad. Quizá siempre ha sido así y quizá así siempre sea, pues la categoría criminal es una categoría política y como tal está sujeta a las variaciones accidentales de las luchas de significado y sentido que se activen en torno a ella. Idéntica suerte sucede bajo el signo del Derecho. Tema medular éste sobre el que trataré algunos puntos claves donde se cruzan violentamente ambos registros imaginarios, ideológicos, políticos. Destacaré de entre las retóricas que dominan la escena mediática y las corrientes teóricas reinantes las paradojas irresolubles sobre las que se sostiene gran parte de los entendidos sobre lo criminal, sus fundamentos teóricos, filosóficos y demás creencias que confluyen en las formas de prohibiciones de Ley. Rastrearé las alianzas coyunturales que se activan en torno a este signo espectral, turbulento y borrascoso, para identificar ahí, en las celebradas convergencias, las continuidades de un mismo gran discurso ideológico: el del Estado de Ley. Traeré al centro de la atención los antagonismos irreconciliables que existen entre los dominios de la Ley y el Derecho; e identificaré los pactos míticos e ilusiones sobre las que se montan las ficciones jurídicas y correlativos deseos colectivos que presumen representar. Ignorancias personales e institucionalizadas, ingenuidades compartidas y crueldades habituales, prejuicios culturales, extravagancias morales, serán piezas de escrutinio crítico y reflexivo en este escrito.

Entre estas coordenadas analizaré el fenómeno político de la criminalización de ciertas drogas, de sus usos y disposiciones, de su mercado y consumo, la literal demonización de las personas que aparecen vinculadas a ellas; la conversión arbitraria de ciertas drogas en ilegales y en el acto en eje de infinidad de terribles males, entre los que destaca el narcotráfico como enclave de gran parte de las violencias sociales más graves y temibles; la tergiversación de los supuestos conocimientos médicos, las manipulaciones de los miedos de la gente, en fin, la construcción ideológica de un gran discurso del terror que tiene al signo espectral de lo criminal como matriz de sus actuaciones, y por horizonte estratégico-político la ampliación de los dominios del Estado de Ley sobre la vida privada...

Es de carácter político cualquier interpretación que se haga sobre las cuestiones vinculadas al fenómeno de lo criminal, pues implica juzgar ciertos actos, evaluarlos, clasificarlos, juzgarlos, hasta el extremo de etiquetar sentimientos y preferencias personales, y legitimar o no determinadas prácticas sociales y singulares; permitirlas o prohibirlas, avalarlas, dejarlas pasar, tolerarlas o rechazarlas, repudiarlas, castigarlas... Gran parte de su materialidad se resuelve bajo el convulso registro de lo simbólico. Por parte del Estado de Ley éste poder quiere comunicar un mensaje y no escatima en los medios para hacerlo. De ahí que no resulte extraño e incluso aparezca como una suerte de naturaleza social el hecho de que su mensaje general, que es ser obedecido incondicionalmente y bajo la amenaza permanente de castigo, se transmita mediante las fuerzas autorizadas y legitimadas en primera y última instancia por su propia fuerza y demás violencias institucionalizadas. Pero la guerra contra el crimen no es una metáfora de la política pública sino una modalidad muy concreta de las prácticas de dominación que caracterizan al Estado de Ley. El Estado, la multiplicidad de poderes que lo constituyen, piensa y actúa en éstos términos belicistas. Y no hay razón militar que no resuelva sus conflictos mediante el recurso de la fuerza bruta, de la violencia armada o bien de la amenaza de ésta como recurso en última instancia de sus razones de Ley. Lo criminal, representado por el discurso oficial como objetivo de sus intervenciones, es, sin embargo, una metáfora que no tiene referente unitario de lo real. La gran promesa del Estado de Ley es, pues, retórica: enfrentarse a ella, combatirla en todos los frentes y vencer definitivamente. Promesa ésta que corre idéntica suerte a la lógica de la que participa el discurso filosófico-religioso de la Moral, que se activa para erradicar el temible Fantasma del Mal: una gran ilusión ésta, compuesta de ingenuidades, condicionada por imposibilidades y atravesada desde múltiples puntos vitales por indeseabilidades...

El imaginario político-jurídico que domina la escena mediática en el tránsito de estos tiempos se configura literalmente a la manera de un gran espectáculo, con ciertos retoques y variaciones, arreglos y matices de novedad, pero en esencia los libretos siguen siendo los mimos, los de las violencias de Ley. La música de fondo es constante: las mismas entonaciones somníferas de la Ley siguen siendo cantadas como voz del Pueblo; los temas preferidos siguen siendo los de las prohibiciones y las actuaciones más emotivas y que gozan de mayor resonancia y que al parecer más placen tanto a actores como a espectadores siguen siendo las sublimes crueldades culturales, institucionales, penales y carcelarias, enmascaradas de Justicia. Las actuaciones más aplaudidas y reverenciadas siguen siendo los consentidos desprecios a la libertad de cada cual. Qué fuerzas políticas e ideológicas se relacionan, inciden o determinan los contenidos específicos en los que se materializa lo criminal –principalmente en torno al imaginario prohibicionista en general y al fenómeno de las drogas en particular-, por qué y para qué, serán, pues, cuestiones claves entre mis consideraciones teóricas, éticas y políticas.

...de entre las reivindicaciones de Derecho más significativas que enfrenta el siglo XXI, las vinculadas a las exigencias despenalizadoras de todas las drogas ilegales ocupan, sin lugar a dudas, una posición clave esencial. Estos movimientos de resistencia transnacionales pertenecen abiertamente a un proyecto político de gran envergadura en estos tiempos (pos)modernos: la radicalización del imaginario democrático. Tiempos de globalización ideológica del discurso imperial de la Ley, donde el Derecho, como la Libertad y la Justicia, se confunden entre sus retóricas y en la práctica son forzados a sumirse bajo sus dominios. En este gran escenario suben a escena mil historias de terror, dramatizadas en los lenguajes manoseados del miedo; escritas y actuadas desde libretos malgastados en repetir extraños temores, permanentemente arraigados a un cierto desprecio a la libertad individual; consagradas en las retóricas manidas de la seguridad social, en las letras tiesas y estrujadas y maltrechas del bienestar; deslucidas, lúgubres; sombrías; tristes... Ilusiones y desengaños, creencias e hipocresías, deseos, anhelos y frustraciones, convergen en el signo espectral de la criminalidad. Son las claves ideológicas que sostienen la imaginería prohibicionista en el Estado de Ley y sus prácticas penales...

El imaginario prohibicionista y la condición de sujeto en el Estado de Ley

A la sombra del difuso signo criminal el sujeto humano, en su relativa singularidad existencial, aparece en la escena epocal como víctima irremediable de sus más insensibles trajines, tramas y enredos; sujetado firmemente entre sus líneas imaginarias... Bajo sus dominios el Estado de Ley ofrece sus cuidos y favores; pero entre ellos aparece enmarañado en sus efectos inmediatos, entre traiciones, despechos y decepciones; enclaustrado entre sus fronteras y sin permiso o desanimado a imaginar siquiera un afuera de ellas. Y es que la relación del sujeto (confusamente llamado de Derecho) con el discurso imperial de la Ley es, paradójicamente, de sometimiento; sus convocatorias de obediencia son mandamientos de los que apenas tiene potestad para guardar sus reservas y, en fin, cualquier relación en torno a su poderío es, sobre todo, relación de una dominación general que se ejerce sobre *todos* con tanta mayor eficacia cuanto más se presume consentida... No es de extrañar que gran parte de la existencia social aparezca en escena montada, pues, en leal complicidad con sus violencias y crueldades; con sus prohibiciones y sus penas. El encargo estatal asignado al sujeto humano es actuar sus sujeciones: repetir de memoria o a pesar de ella los cuentos apócrifos de la Ley y sus razones: los del contrato social; los de la férrea voluntad que une en su nombre la identidad de los actores a su voluntad imperial; los de las indiferentes e insensibles igualaciones; y los del desentendido mito del libre albedrío y de la arrogante creencia en la posibilidad de un pleno dominio consciente y racional de todas y cada una de sus actuaciones... Deberá seguir al pie de la letra el libreto de la Ley, y actuar sin reservas sus rituales, hasta hacerlo creer por fe que se tratan de inevitabilidades históricas, de realidades naturales o designios de las divinidades, pero, sobre todo, hasta hacerlo creer que lo contenido en los mandamientos de la Ley es reflejo más nítido de su propia voluntad, convertida en hechos concretos para su bien propio y a la vez para el bien general. Es la suerte mística del poderío normalizador moderno, que constriñe al sujeto humano a rendir gran parte de sus pasiones al despotismo imperial de sus más tiesas razones...

Los juramentos petrificados de la Ley prohibicionista se convierten entonces en conjuros mortuorios cuando sus figuraciones toman forma concreta por recurso de la fuerza bruta. Quimeras morales, fabulosas invenciones teóricas y espejismos científicos, increíbles ficciones jurídicas, simulaciones retóricas de bienestar y seguridad, entelequias religiosas y manipulaciones morbosas y demás tonterías políticas forman parte de su reino, que es el reino del miedo y del prejuicio; el imperio de la prohibición y el castigo. La imaginería prohibicionista es correlato ideológico del discurso penal del Estado de Ley. En este espacio se entrecruzan y comparten simpatías y complicidades, pactan y se alían, aguajeros y chantajistas, politiqueros y demagogos, corruptos, buscones y oportunistas; todos encuentran refugio seguro bajo su amparo. Son los personajes principales en sus actos y secuelas. Y también, además y entre ellos, jueces, abogados y legisladores, verdugos, gángsters y otra gente aficionada de la buena fe; matones, mafiosos, sicarios y legítimos empresarios del capital posmoderno; sacerdotes y maestros, profesionales de la salud y predicadores, académicos, aspirantes a intelectuales y privilegiados del favor de los prejuicios culturales y de las oportunidades lucrativas de sus prohibiciones...

La prohibición legal de las drogas: clave *del* problema

> "...las drogas ilegales seguirán siendo un problema insoluble
> mientras sean ilegales, no por ser drogas."[2]
> *F.Savater*

Continuando la línea crítica al abuso de la autoridad del poder estatal en su ejercicio político, traducida en los lenguajes de la prohibición y sus prácticas represivas, el filósofo español Fernando Savater sostiene:

> "En nombre del "peligro" de las drogas, los gobiernos llevan a cabo desde hace décadas una serie de espectaculares abusos contra los ciudadanos: abusos de control, de propaganda, de penalización de la intimidad hasta agresiones internacionales de corte bélico." [3]

Y enseguida sentencia:

> "El verdadero *abuso* referido a las drogas es el que cometen quienes las proscriben, no quienes las toman."[4]

---

[2] F. Savater; "Seducción por lo prohibido" en *Cambio16*, 29 de noviembre de 1993, pág. 68; en http://www.punksunidos.com.

[3] Ídem.

[4] Ídem.

Es en este sentido que adquiere toda su pertinencia el proyecto político despenalizador. Retomando las líneas más relevantes de coincidencia teórica y política con este autor citado y, sobre todo, con los lineamientos más críticos de la obra de Thomas Szasz, Antonio Escohotado y otros escritores afines, he preferido guardar una distancia prudente con respecto de las propuestas legalizadoras y las opciones medicalizadoras del paradigma salubrista, en particular por los sesgos de carga ideológica vinculada a la imaginería prohibicionista, represiva y punitiva del Estado de Ley. Ambos registros ideológicos pertenecen a la misma fuerza de la hegemonía política dominante, que tiene por efecto general inscribirse reiterativamente sobre sí misma, produciendo permanentemente las condiciones ideológicas de su propia reproducción, a saber: los tabúes demonizadores de las drogas y los mitos sobre los que se funde el radical desprecio sobre sus productores y comerciantes y, sobre todo, los terribles prejuicios estigmatizantes que imponen a sus usuarios, aunque se representen en un eufemismo de modalidad compasiva, no como *criminales* sino como *enfermos*. Despenalizar sus usos es, pues, una alternativa cualitativamente diferente: implica una ruptura radical con la imaginería prohibicionista en su conjunto, que he optado vincular a un proyecto político de democracia radical, donde la noción del derecho es reivindicada a favor de la libertad de cada persona sobre su propio cuerpo, en oposición a la voluntad imperial de la Ley, que en esencia -desde el paradigma prohibicionista, represivo y punitivo que la sostiene- se traduce en una insensible ofensa a este derecho político...

Alternativa despenalizadora: reconfigurando el imaginario democrático (I)

He procurado reforzar mi posición política y mi análisis teórico a lo largo de este escrito fusionando mis coincidencias y reflexiones personales con los enfoques claves más relevantes y afines de la criminología crítica, de las filosofías del derecho y de la sociología jurídica, así como con ciertos aspectos de la teoría psicoanalítica y otras filosofías políticas, teorías críticas y estudios socio-culturales alternativos. Destacando la complejidad que supone esta propuesta, pero sin por ello postergar la exigencia de derecho, podría trazar algunas conclusiones preliminares que sirven a la vez de base de acción política. La finalidad inmediata de la exigencia de derecho despenalizadora podría bosquejarse – aunque no reducirse- en estos puntos cardinales:

- consiste primordialmente en un esfuerzo por resignificar políticamente al sujeto de Derecho en contraste con el sujeto objetivado por la racionalidad imperial de la Ley, haciéndolo traducible en una clave emancipadora: a saber, que cada quien tiene la relativa libertad de hacer con su vida propia lo que crea conveniente, aún cuando esto pudiera implicar dañarse a sí mismo;

- implica, además, resignificar radicalmente la función reguladora del Estado con respecto a la economía política que ejerce sobre los cuerpos, es decir, sobre las personas-sujetos de Derecho. El énfasis en la interpretación de los arreglos jurídicos sería puesta, pues, en el derecho a la autonomía del sujeto sobre su propia ilusión de mismidad...

- correlato de esta hermenéutica jurídica, ética y política alternativa, sería la puesta en crisis de los modelos legislativos enmarcados dentro de la imaginería prohibicionista, de los paradigmas punitivos y de las políticas represivas y carcelarias en su conjunto, para dar paso a modalidades de gobierno más sensibles ante la realidad cotidiana de la ciudadanía, es decir, sin menoscabo de sus legítimos derechos de singularidad existencial, de autonomía y dignidad, de intimidad, privacidad, seguridad, libertad, etc.;

- el impacto social procurado desde este enfoque es que, en la medida en que se limiten tajantemente las habituales prácticas de las violencias coercitivas y las crueldades represivas de la Ley sobre este ámbito, puede aportarse a la posibilidad de una transformación progresiva de los valores culturales de tendencia eminentemente punitiva y, consecuentemente, cruel;

- simultáneamente se aportaría a la posibilidad de una reducción significativa de las modalidades más *corruptas* y violentas que actualmente aparecen vinculadas al mercado de drogas ilegales y a la progresiva adecuación de este comercio a una lógica más acorde a las exigencias y requerimientos de la ciudadanía interesada en su consumo;

- en este sentido —refraseando la letra de Savater-, se impediría que el negocio prohibicionista siguiera derivando en mafias transnacionales, adulteración de los productos, seducción trágica de conciencias, violaciones al derecho nacional e internacional, invención de médicos-policías y de policías-médicos, etc[5];

- para tales efectos, la reivindicación de derecho contenida en la alternativa despenalizadora supone un emplazamiento político y cultural a los modos tradicionales del Estado lidiar con el fenómeno de la criminalidad, con miras a identificar las condiciones materiales (económicas, institucionales, físicas y psicológicas entre otras) que harían posible una convivencia social alternativa dentro del imaginario de un proyecto político de democracia radical: a saber -por ejemplo- la reconfiguración del sistema de *salud pública* de modo tal que ésta no siga siendo privilegio de algunos pocos sino derecho efectivo de todos; la reinvención del encargo político de las instituciones vinculadas a la educación, en función de los valores de los derechos democráticos orientados en las claves apuntadas y no como dispositivos disciplinarios de subyugación ideológica al discurso imperial de la Ley y sus correlatos prohibicionistas; la rearticulación de los principios judiciales y penales, con miras a procurar resolver los posibles conflictos que pudieran colisionar dados los diferentes modos de vida que irremediablemente cohabitan un mismo espacio social, sin privilegiar las medidas represivas ni menoscabar, menospreciar o maltratar las relativas libertades individuales; la resignificación de los dominios de la *seguridad pública*, que incluye, por supuesto, la reinvención del cuerpo de la policía acorde a estos principios de Derecho.[6]

---

[5] F.Savater; "El disparate de las drogas" en *Libre mente*, Madrid, Espasa Calpe, 1995, pp. 110-111; en http://www.punksunidos.com.

[6] Lo cierto es que ambos registros espectrales -el de la Salud y la Seguridad- (fusionados dentro del gran fantasma retórico-ideológico de lo Público) también operan como categorías políticas dentro del discurso dominante de lo criminal, y sirven de soportes legitimadores a las prácticas actuales de

La apuesta política de la propuesta despenalizadora podría sintetizarse, tal vez, en estas palabras, posiblemente de resonancia utópica mas no por ello menos realistas. Pero debo advertir, sin embargo, que en estos puntos no se agotan las posibilidades implícitas dentro de la alternativa despenalizadora, pues éstas pueden variar significativamente de acuerdo al carácter contingente de toda vida social y sus espíritus creadores de espacios de mayor libertad y autonomía. Por lo demás, aunque pudiera haber quien tuviera la impresión de que se tratan de elucubraciones utópicas, dadas las condiciones culturales que operan poderosamente para imposibilitarla, no por ello habría que renunciar al intento. A fin de cuentas, y retomando las palabras de Savater:

> "Cuando se despenalice la droga no se resolverán todos los problemas humanos, pero se aliviarán algunos de los que ahora parecen más graves en ciertas sociedades."[7]

Además, no creo que nadie sería tan iluso como para creer que estas condiciones bastarían para resolver todos los problemas que se asocian con el fenómeno de la criminalidad y la infinidad de violencias sociales. Lo cierto es que ambos registros están actualmente colonizados por la racionalidad punitiva del Estado de Ley, y ésta es responsable de gran parte de los problemas que a su juicio pretende resolver. Y cierto es, además, que el Derecho no es algo que *deba* dejarse en manos exclusivas del poderío estatal o al azar de las suertes legislativas y judiciales de sus gobiernos... En este escenario, como siempre, gran parte de los sentidos posibles del Derecho y los contenidos concretos dentro del signo democrático seguirán siendo el saldo de las luchas que, singular y colectivamente, estemos o no en disposición de librar...

---

intervención estatal, por lo que serán sometidas a escrutinio crítico a lo largo de este trabajo.

[7] Ídem.

Parte I

Entre el imaginario prohibicionista
y las alternativas despenalizadoras

Entre el imaginario prohibicionista y las alternativas despenalizadoras

*"La libertad consiste en ser dueño y señor de la propia vida,
en no depender de nadie en ninguna ocasión,
en subordinar la vida a la propia voluntad solamente..."*
Platón

*"¿Cómo puede una persona perder el derecho a su cuerpo?
Siendo despojada de la libertad de cuidarlo
y controlarlo como considere apropiado."*
T. Szasz

El imaginario prohibicionista: efecto político de hegemonía

*"La aceptación de la opresión por parte del oprimido
acaba por convertirse en complicidad; (...)
existe una solidaridad apreciable y una vergüenza compartida
por el gobierno que crea el mal
y el pueblo que lo deja hacer."*
V. Hugo

...he inscrito en el concepto teórico de hegemonía un efecto político de conjunto, clave para dar cuenta de una de las modalidades más efectivas del poder ideológico del discurso prohibicionista en el actual Estado de Ley: a saber, la ilusión mítica de la existencia de un consentimiento general, voluntario y conciente, a su dominación imperial. Las filosofías políticas de corte estadista -irrespectivamente de sus variaciones históricas- así como sus hibridaciones modernas (las llamadas ciencias humanas, profesiones de la conducta, disciplinas del espíritu), cuyo encargo político ha sido, por lo general, actuar como dispositivos de subyugación ideológica y de soporte legitimador de la racionalidad imperial de la Ley, de sus prácticas e intervenciones generales, han aportado significativamente al fortalecimiento, sofisticación y progresiva expansión de sus dominios y, entre ellos, a trocar la imaginería prohibicionista en una condición inevitable, deseable y hasta justa y necesaria, de toda vida social. Dos soportes matrices de esta racionalidad son, a la vez, la interpretación dominante de la participación ciudadana en los procesos electorales como fuerza legitimadora por excelencia del poder interventor del Estado moderno y, a la vez, el *silencio* de las mayorías, significado como evidencia indiscutible del consentimiento general. Ambos signos aparecen traducidos como soportes legitimadores del carácter democrático de las prohibiciones estatales y sus correlatos punitivos, de sus controles y regulaciones, de sus crueldades y demás violencias de Ley.

Más allá de las articulaciones retóricas de estos discursos, sus variaciones entre las ficciones jurídicas y las fantasías teóricas y demás ilusiones moralizadoras, es sobre los cuerpos concretos de las personas que este efecto de hegemonía incide dramáticamente. Saldo general de esta condición ha sido, como ya he apuntado antes, una progresiva renuncia al derecho de cada cual a decidir sobre su propio cuerpo, a favor de una intervención cada vez más irrestricta de la Ley sobre el mismo. Una de las escenas más dramáticamente representativas de esta condición es, sin duda, la escena de la prohibición legal (y arbitraria) de ciertas drogas, de la producción, del tráfico y el consumo. Pienso que la criminalización de las personas vinculadas a este entramado político y la penalización de estas milenarias prácticas culturales, en fin, el efecto de hegemonía de la ideología prohibicionista, debe ser traducido como un menoscabo radical al Derecho, es decir, a la libertad y autonomía de cada cual a actuar por sí mismo sobre sí. Si este principio de derecho es mancillado por la voluntad imperial de la Ley, y el sujeto bajo su dominio es despojado radicalmente de él, entonces no tiene sentido hablar de gobierno democrático, sino de un régimen de gobierno totalitario, es decir, de un Estado de Ley y no de un Estado de Derecho...

Entre estas coordenadas trataré de inmediato algunas consideraciones teóricas, jurídicas y políticas que estimo pertinentes para efectos de este trabajo. Además, trataré críticamente ciertos aspectos de las alternativas legalizadoras y medicalizadoras que, aunque suben a escena representándose como opciones alternas al fenómeno político de la prohibición legal de ciertas drogas, me plantean serias dudas sobre sus implicaciones con respecto al principio político del Derecho -que reivindico como condición clave de una alternativa cualitativamente diferente ante las activadas por el discurso prohibicionista, criminalizador y penalizador, del actual Estado de Ley-.

Nuestro derecho a las drogas

"Es nuestra creencia que estas verdades son evidentes por sí mismas,
y que todos los hombres han sido creados iguales;
que se hayan dotados, por su creador,
de ciertos derechos inalienables:
entre ellos figuran la vida, la libertad y la búsqueda de la felicidad."
Declaración de Independencia de los Estados Unidos

"He aquí la última conclusión de la sabiduría:
Solamente merece la vida y la libertad
el que a diario ha de conquistárselas."
Goethe (Fausto)

Harto sabido es que en todas las historias culturales ha habido, como todavía los hay, quienes si gozaran de la autoridad de hacerlo y del poder para imponerse, prohibirían ciertos textos por considerarlos "peligrosos" para el ánimo de las juventudes, nocivos para el espíritu de la cultura o demasiado arriesgados para la estabilidad política y moral de la Nación. Tales han sido las suertes de gran parte de los textos dedicados a reivindicar los principios libertarios más radicales del Derecho frente al poder estatal y la voluntad imperial de la Ley. Pero en *nuestras* sociedades, como rasgo distintivo de la condición (pos)moderna, el mismo efecto procurado por el ánimo prohibicionista se consigue mediante otros recursos, menos violentos tal vez, pero igualmente o incluso más efectivos. Vale destacar, entre ellos, la imaginería prohibicionista como efecto de la hegemonía política del Estado de Ley como la resulta de la *internalización* colectiva de la ideología jurídico penal del poder estatal moderno, es decir, de sus más tajantes prejuicios: *el pueblo* mira su propia vida con los ojos del Estado, se piensa a sí mismo en sus términos y no imagina otra realidad que la que sus lenguajes ya cargados permiten o viabilizan: cede así gran parte de su ser, individual y colectivo al encargo de sus cuidos. Rinde, pues, el derecho sobre sí a la voluntad de la Ley. Es éste el fundamento místico de la legitimidad de sus prohibiciones...

En el prólogo al libro de Thomas Szasz, *Nuestro derecho a las drogas*, Antonio Escohotado, haciéndose partícipe de los principios políticos anti-prohibicionistas, llama la atención de los *lectores* a examinar a qué renunciamos, individual y colectivamente, sumándonos al prohibicionismo, y a examinar los criterios de

41

quienes promueven sus "reformas". El fundamento clave de esta convocatoria reside en el principio –sostenido a lo largo de este trabajo- de que ser un ciudadano *adulto* supone el derecho a disponer de sí o del cuerpo propio, reconociéndose todos la propiedad de cada uno sobre su singular persona.[1] Principio político éste que puede ser traducido de inmediato desde su reverso: la guerra contra las drogas es una guerra contra el derecho de la persona singular a disponer de su propio cuerpo, es decir, de su propia *persona*.

La política prohibicionista es antagónica a este principio, que empieza en la autonomía del placer propio y termina, si acaso, en la muerte. La justificación retórica del Estado de Ley es la salvaguarda del interés común, pero éste sufre en la práctica un revés contra el principio político del derecho de la persona. El Estado la despoja sin miramientos de la posibilidad de incidir ella misma sobre sí, de decidir por cuenta propia sobre su propio cuerpo y de tener la oportunidad de experimentar consigo misma, ya para procurarse placer, ya para dejarse llevar por sus fantasías o hasta incluso para dañarse a sí misma si así lo desea.

Este principio de derecho no es nuevo, pues de cierto modo se trata del viejo principio del derecho a la búsqueda de la felicidad, enmarcada en la *reconocida* libertad inalienable de todo ser humano y su respectiva inviolable dignidad; consagrado en las constituciones democráticas modernas. Y aunque a las autoridades estatales y a las fuerzas más conservadoras de la moral cultural les resulte extraño, incomprensible y hasta detestable, lo cierto es que el pleno disfrute de estos derechos no se adquiere mediante ninguna receta universal. La felicidad (o los remedios alternos a sus faltas), pues, cada ser humano ha de procurársela por muy distintos medios, incluso contradictorios consigo mismos. La persona singular está irremediablemente sujeta a mil regulaciones de Ley de las que no tiene mayores posibilidades de trascendencia, es verdad, pero a la vez también lo es que posee un cuerpo del que buena parte de sus destinos son inconmesurables e irreducibles a

---

[1] A. Escohotado; "Prólogo" en T. Szasz; *Nuestro derecho a las drogas*; Op.cit. pp.7-14. Un abordaje más preciso, y pertinente a propósito de estos temas, sobre los modos como los estados modernos mantienen y reproducen mediante el recurso de la Ley prácticamente las mismas prácticas de dominio arbitrario sobre las personas, éste autor lo trabaja en su libro *Majestades, crímenes y víctimas*, Editorial *Anagrama*, Barcelona, 1987.

la lógica uniformadora estatal e inadaptables hermética-mente a la racionalidad disciplinaria y normalizadora de la Ley.

Crítica jurídica: Derecho vs. Ley

Aunque parezca paradójico, es precisamente porque la Ley prohíbe este derecho que es bajo su reinado donde deben operarse las transformaciones más radicales. En un sentido estrictamente jurídico, podría convenirse en que el Estado no es titular de Derecho, sino sólo un medio del que disponen las personas para asegurárselos a sí mismos y a los demás. Es potestad del poderío estatal dictar y revocar prohibiciones de ley, es su naturaleza política. Pero ésta no puede traducirse –desde una perspectiva radicalmente democrática- en un poder absoluto de arrogarse las prerrogativas sobre el derecho de las personas a actuar sobre sí mismas. No se trata, pues, de solicitar al poder de Estado que legisle permisos al respecto (como se pretende mediante las propuestas legalizadoras y medicalizadoras), sino sencillamente que se abstenga de legislar arbitrariamente sobre el derecho de cada cual sobre sí, que le trasciende.

Este principio político-jurídico debe ser traducido en el lenguaje de las libertades civiles protegidas por las constituciones modernas, tales como el derecho a la libertad de expresión y sus hibridaciones materiales, la voz y la escritura, el pensamiento, el arte o la información, las ideas y las experiencias existenciales, físicas y emocionales, entre otras. Tal es la postura compartida y promovida por activistas y teóricos antiprohibicionistas en todas partes del mundo:

> "Racional sería, pues, que la libertad de intoxicación propia se asimilara a la de expresión, considerándose ambas como simples modalidades de la libertad civil consagrada por todas las constituciones como valor político supremo."[2]

En síntesis: no es ilegal lo que no está contemplado en la Ley como tal; y el Derecho debe ir siempre por encima de la Ley: su valor no debería medirse ni con sus lenguajes ni con sus

---

[2] Ídem.

términos, pues el Derecho trasciende el dominio de la Ley, y siempre en todo momento debe precederle. La Ley no puede ir por encima del Derecho, porque éste no es un privilegio que el poder estatal concede al ciudadano, sino el poder de cada ciudadano para delimitar en lo posible la relación de supremacía que el poder de Estado ejerce irremediablemente sobre su persona singular. Es un principio democrático y las libertades en derecho son libertades no porque la Ley así lo estipule sino porque el Derecho la fuerza a ser un recurso de su garantía. Es ésta una ficción jurídica clave de la que no podría despojarse la imaginería democrática, si acaso fuera movida con miras a ampliar los espacios de relativa libertad y autonomía de los que podría disponer cada sujeto singular antes que a continuar ejerciéndose como tecnología de sumisión al dominio imperial de la Ley...

Alerta ante la alternativa legalizadora

Si bien es cierto que, en lo que respecta a los fundamentos más críticos de la propuesta legalizadora tanto como en lo concerniente a los principios éticos y políticos más esenciales sobre los que se sostiene, pueden identificarse coincidencias radicales con el espíritu que mueve los movimientos anti-prohibicionistas en general, es preciso guardar una distancia crítica de la misma. El escritor latinoamericano Gabriel García Márquez –por ejemplo- sostiene, en su "Manifiesto a favor de la legalización de las drogas", que ciertamente la prohibición ha hecho más atractivo y fructífero el negocio de la droga, y que ésta fomenta la criminalidad y la corrupción a todos los niveles. Reconocido el *fracaso* de las políticas prohibicionistas y los terribles efectos sociales de las mismas, plantea como una necesidad de carácter ético y político centrase en los modos posibles de administrar la legalización.[3] Andrés Ortega, en su artículo "Legalizarlas"[4], siguiendo esta misma línea a favor de la legalización, sostiene que, precisamente por su ilegalidad, han

[3] G. García Márquez; "Manifiesto a favor de la legalización de las drogas" en *Cambio16*, 29 de noviembre de 1993; p.69; en http://www.punksunidos.com

[4] Ortega, A.; "Legalizarlas"; *El País*, 4 de septiembre de 2001, p.6: en http://www.punksunidos.com.

generado tal tráfico de dinero que se está convirtiendo en uno de los mayores riesgos para la seguridad ciudadana, y, por la corrupción que entraña, para las democracias.

"Es necesario plantearse con seriedad no ya la despenalización, sino la legalización que permitiría controlarlas mejor y reducir la criminalidad que conllevan, aunque con un aumento previsible del consumo dado su abaratamiento, un coste social que pocos partidos políticos están dispuestos a afrontar."[5]

La conclusión a la que llega Ortega es la siguiente:

"Aunque a algunos pueda parecerles chocante, ésta podría ser una contribución de Europa a la gobernabilidad global, en este caso para reducir, en parte, uno de los aspectos más oscuros de la globalización."[6]

En el 2003, en su artículo "Contra la locura prohibicionista"[7], Mo Mowlam, repitiendo la analogía histórica de los tiempos de la prohibición del alcohol con las actuales prohibiciones a las drogas, y destacando el carácter dramático y violento de ambos, sostiene la legalización como el modo más adecuado de controlar las drogas, de regular su producción, distribución y usos:

"Reconozcamos la realidad y empecemos por reducir la cantidad de presos que están saturando las prisiones. Empecemos a distribuir las drogas a través de establecimientos autorizados y debidamente regulados..."[8]

---

[5] Ídem.

[6] Ídem.

[7] Mo Mowlam; "Contra la locura prohibicionista"; *The Guardian*, 9 de enero 2003, traducido por Drogomedia y difundido por *Cannabis Café*.

[8] Ídem.

La crítica que sobresale en este artículo es sobre el efecto de relativa impotencia de la ciudadanía común ante los trajines del "crimen organizado", entendido éste como uno de los negocios más lucrativos del mundo, avivado por las leyes contra las drogas. Es un reclamo común de los movimientos legalizadores, que creen que el modo más efectivo de resolver este problema es que el Estado mantenga sus riendas firmes sobre las drogas, pero que en lugar de prohibir algunas de ellas, *regule* su producción y distribución, tal y como lo hace con cualquier negocio privado. En otro texto publicado en Internet como manifiesto a favor de la legalización, la voz se representa en primera persona a favor del derecho de consumo:

> "Defendemos nuestro derecho al consumo de drogas deseando quitar el velo de ignorancia e hipocresía con el que intentan confundir a la opinión pública. No somos estúpidos. Ustedes desean nuestra pasividad tanto así para seguir argumentando sus leyes de hierro, como para elevar presidios. Nosotros planteamos la legalización y propugnamos el auto cultivo como método que sepulte definitivamente a las mafias que afectan nuestro consumo."[9]

Esta defensa al derecho de consumo, no obstante, participa de una cierta ingenuidad política al sobreestimar el poder de la legalización y elevar en demasía las ilusiones emancipadoras de su poderío. A no ser que la modalidad legal a la que se refiere demarque los límites de su poder interventor, y prohíba al Estado excederse en la puesta en práctica de sus controles y regulaciones sobre la producción, comercio y consumo de las mismas. Riesgo que, por el sólo hecho de tratarse de una cuestión de índole legal más que de derecho, resultaría poco probable evitarlo...

La línea que divide la legalidad de la prohibición es demasiado fina como para tomarla sin reservas. Y aunque la alternativa legalizadora converge en gran parte de las críticas a la ideología prohibicionista y promueve la despenalización sobre las mismas bases de los principios políticos del Derecho, participa de

---

[9] "Despenalización" en http://www.angelfire.com.

una cierta inocencia política con respecto al poder estatal y, en general, de una ingenuidad política sobre los límites del poder de la Ley. Tal sucede, por ejemplo, con la Coordinadora Radical Antiprohibicionista (CORA), que aparece en el contexto europeo a finales de la década de los ochenta. Según se presenta, ésta organización "tiene por objeto acabar con el régimen prohibicionista de las drogas que ha favorecido la constitución de un sistema internacional de mafia, violencia y corrupción en constante crecimiento, favoreciendo el desarrollo de políticas autoritarias, y amenazando libertades civiles y garantías democráticas." Pero advierte que la despenalización sin poder de ley no es suficiente para tales efectos:

> "Estamos en favor de la aplicación de políticas de despenalización o reducción del daño, pero creemos que son insuficientes y ciegas para lograr el primer objetivo que se proponen, a saber: acabar con el comercio mafioso, clandestino, ilegal y criminal."[10]

Sostiene la legalización de las drogas, sobre la base de la necesidad de leyes eficaces que reglamenten y controlen la producción, la venta y el consumo. Asimismo –añade- pretende impedir que la represión sea un obstáculo para los tratamientos y la reinserción de toxicómanos, transformando un problema social y sanitario en una cuestión delictiva y de carácter público. Aboga, pues, por un control estatal fuerte, sobre la premisa de que "la legalización es el método más racional para afrontar el problema de la droga." La absorción total del mercado de las drogas por la Ley del Estado, según éste proyecto político, supondría, entre otras cuestiones de signo positivo para la vida social, que se acabaría "con la confusión existente entre las distintas drogas y sus efectos. Confusión que expone a los consumidores a graves riesgos, impidiéndoles afrontar el problema real." La CORA "desea la legalización para controlar su consumo, disminuir los riesgos que provoca el abuso de las mismas y, por consiguiente, reducir el número de muertos por sobredosis así como la difusión de enfermedades como el SIDA.":

---

[10] Coordinadora radical anti-prohibicionista; 1998;
en http://www.punksunidos.com.ar.

"No desea una liberalización de la droga, pues ésta está ya liberalizada. La droga circula sin control alguno y su tráfico está en manos de miles de mafiosos. En todas las ciudades, en todos los países, existen bares, parques, casas privadas, tiendas, callejuelas y plazas en las que a diario, a cualquier hora, se pueden comprar drogas prohibidas. Incluso en los cuarteles y en las cárceles. Los vendedores no faltan pues la droga, prohibida, es un mercado suculento. El toxicómano, que necesita su dosis, sin alternativa alguna se ve obligado a robar y a revender. La criminalidad organizada obtiene enormes beneficios que recicla en actividades legales, y extiende su control hacia el campo político y económico así como del Estado."[11]

Desde esta perspectiva legalizadora, el prohibicionismo de las drogas es, además de un delito, "un crimen contra la humanidad". Según el texto citado, en la actual política prohibicionista se dan cita todos los elementos que constituyen un acto delictivo:

"...el prohibicionismo mata cada año a miles de consumidores de drogas; pone en peligro de muerte a otros miles de personas; permite, conscientemente, difundir enfermedades mortales; permite, de forma directa y objetiva, que redes internacionales del crimen organizado se lucren; financia al resto de los tráficos criminales; funda y justifica todas las políticas represivas de las dictaduras y de algunas pseudo-democracias; todos ellos delitos relacionados intencionalmente y con conocimiento de causa."[12]

Y enseguida añade:

"Es un delito y al mismo tiempo un crimen de guerra. Lo mismo se aplica a las decenas de millones de consumidores que el Estado pone en manos de la criminalidad o condena al contagio de virus que

[11] Ídem.

[12] Ídem.

48

pueden ser mortales. Tres cuartos de lo mismo para los cultivadores, que antes cultivaban, como nosotros hacemos con el tabaco y la uva, pero que actualmente son tratados como criminales y al mismo tiempo son esclavos de la criminalidad. Esto se aplica asimismo a todos los ciudadanos víctimas de violencias cada vez más atroces y más absurdas puesto que podrían ser evitadas y que son causadas más por la necesidad de obtener las drogas prohibidas que por las drogas en sí, o peor aún, por el control de los astronómicos beneficios ilegales."[13]

Como apunté antes, los puntos de coincidencia condensados en un espíritu anti-prohibicionista, resaltan a primera vista. Pero, no obstante -como también advertí antes- demasiados roces con el espíritu autoritario de la Ley hacen de la propuesta legalizadora un objeto de serias dudas, sobre todo por la acentuación en la "necesidad" de controlar sus usos por parte del poder estatal, que es siempre de mano dura por la propia naturaleza de la Ley.

Sería preciso, pues, activar una política de sospecha sobre la alternativa legalizadora, que en esencia no sólo comparte la ideología imperial del Estado de Ley sino que, al hacerlo, participa de los esfuerzos por amplificar sus dominios. Y aunque se trata de posturas alternativas, de resistencias a sus habituales violencias, los modos como se representan a sí mismos (los términos de sus análisis, los referentes teóricos, sus lenguajes, los fundamentos ideológicos en general y sus propuestas concretas), en fin, todo su discurso reproduce nítidamente gran parte de los prejuicios que dicen resistir...

Desde la postura que sostengo en este escrito no debe confundirse la exigencia de derecho a la Ley como una autorización a la misma para administrarlo. ¡No! Un derecho no tiene su valor supremo por el reconocimiento de la Ley, pues es un valor superior en sí mismo.[14] Se exige a la Ley que lo

---

[13] Ídem.

[14] En sí mismo no porque se trate de la manifestación de una cualidad trascendental o de una esencia revelada de la naturaleza del Derecho, no. Ambas categorías, Derecho y Ley, pertenecen a un discurso político complejo,

reconozca, es decir, que lo respete. Es el mandamiento al que debe someterse el poder jurídico en un contexto democrático, el de no intervenir arbitrariamente sobre él, es decir, no utilizar la condición de legalidad como un principio legitimador de su autoridad interventora si esta significa un menoscabo al derecho de las personas a actuar sobre sus propios cuerpos.

Y aunque sabido es que existen *diferencias* entre las drogas ilegales, entre drogas "blandas" y drogas "duras" -entre las "naturales" o las de "diseño", que no es lo mismo la marihuana que la cocaína, el crack que el éxtasis, el hongo que el ácido-, que sus efectos son marcadamente diferentes entre sí, por sus propias cualidades como por los variables efectos posibles sobre cada persona, la administración de este reconocimiento no debería administrarse para imponer restricciones legales sobre el derecho a las mismas. Regular legalmente la despenalización sigue siendo un modo de prohibición y de penalización de las drogas y sus consumos. La Ley no diferencia entre una u otra droga, simplemente se limita a penar al usuario por violar la ley de "sustancias controladas". La medicación o la legalización no harían sino ampliar el registro de sustancias controladas por el Estado y el mercado. En todo caso, el poder judicial, como habitúa hacerlo, no condicionaría la condena por las diferencias cualitativas entre las drogas, sino que dictaría sentencia en función de una ley ciega ante esas diferencias e, irrespectivamente de la persona que las haya usado o que tenga posesión de ellas, castigaría sólo porque la ley ha sido violada.[15]

---

al orden general de la estrategia de control y dominación del poderío estatal y de las resistencias que dentro de sus dominios se activan. Aunque remiten permanentemente a una condición relativamente irresoluble, que es la de la confrontación incesante de múltiples relaciones de poder, ambas categorías las he situado –para efectos teóricos- de modo tal que el valor político del Derecho es *superior* al de la Ley, dentro de una imaginería emancipadora y en el marco de una estrategia radicalizadora del discurso democrático.

[15] Ciertamente existen distinciones legales sobre el tipo de drogas y las penas que impondrá el sistema judicial a los procesados por sus usos. Estas varían dramáticamente de país en país, incluso están sujetas a variaciones radicales por cada administración gubernamental. Lo que intereso destacar es que, no obstante las variaciones en las penas y en los objetos particulares, existe una marcada coincidencia en la "necesidad" de mantener el castigo por usos de determinadas drogas, más allá de cualquier coincidencia global o local sobre los límites o extensiones de éstas como problema social. Muy posiblemente no

La alternativa legalizadora reproduce en su seno esta relación de subyugación ideológica del Derecho al poder de la Ley. Ceder al Estado la potestad de administrar las drogas, aunque guarde un principio atractivo en ciertos aspectos, como los relacionados a la calidad de los productos, el control de los costos, la protección de menores, las condiciones en centros de trabajo, etc., encierra también una contradicción fundamental: que la adquisición, tenencia y empleo de cualquier sustancia *psicoactiva* debe estar bajo el estricto control de la Razón de Estado, es decir, que producir y consumir drogas no forma parte del derecho a la libertad y a la propiedad de los individuos. Sobre esta tópica habría que hilar muy fino, pues la regulación legal del mercado de las drogas, el control de sus comercios, de la calidad de los productos, de los precios, etc., deberá pensarse después de despojar las drogas y sus usos de la moralidad cultural dominante, de sus tabúes y prejuicios, de sus temores y usanzas por las competencias del poder de gobierno y los favorecidos de las políticas prohibicionistas, represivas y punitivas. Ciertamente la despenalización de las drogas no es -como pretenden las retóricas alarmistas- una *invitación* abierta al consumo. Hoy día las drogas ilegales son accesibles a prácticamente cualquiera, en cualquier rincón del mundo, y no por ello todo el mundo hace uso de ellas, simplemente porque no les interesa, o por las razones que sean...

El Derecho —según sostengo- no se limita al *slogan* prohibicionista "Just Say No!". Es la condición de una fuerza variable y en suspenso permanente entre la determinación y la incertidumbre, entre las ambivalencias y la mutabilidad (in)consciente de los deseos... entre las razones fuertes de la Ley y la Cultura y las imprevisibles a la conciencia moral y sus ataduras, como las pasiones soltadas a las suertes inmediatas del azar y sus (in)determinaciones. En un lenguaje jurídico alternativo, se trataría

---

existe un sólo país cuya política prohibicionista sobre drogas actúe sobre una base científica, política o moral homogénea, exenta de sospechas, críticas y oposiciones. Lo más grave es que aunque la ley no opera sobre la base de un consenso ésta se impone de modo tal que pareciera que puede prescindir de todo fundamento, pues la violación a la ley, por el sólo hecho de ser ley, basta para procesar, juzgar y condenar. Irrespectivamente de las inconsistencias teóricas y prácticas -locales y globales- que favorecen la lógica penal sobre las drogas, el sujeto sigue siendo intervenido por la ley prohibicionista y sus suertes están escritas y decididas de antemano por recurso de una ley que precede a sus propias razones de ser...

de una fuerza política en potencia de la que cada cual dispone para tomar una decisión sobre sí mismo y de igual modo cambiar de opinión, de reafirmar sus posturas o contradecir sus posiciones; de enmendar algún equívoco o de errar sobre mil otros errores...

El proyecto medicalizador en el contexto puertorriqueño

Antes de dar paso a analizar las implicaciones políticas de la alternativa medicalizadora en general, sus fundamentos ideológicos, sus posibilidades, limitaciones y contradicciones con respecto a la alternativa despenalizadora en la clave de un proyecto político de democracia radical, haré un breve recorrido, crítico y reflexivo, por la situación de la misma en el contexto puertorriqueño...

Ciertamente no puede afirmarse que exista algo así como un movimiento nacional organizado en esta dirección y sí, a lo sumo, algunos acercamientos colectivos pero más aún individuales que la favorecen. Pienso que no debe subestimarse la influencia intimidatoria que ejerce la fuerza ideológica del gobierno norteamericano sobre Puerto Rico, tanto así como el efecto de hegemonía global de la ideología prohibicionista, de la cual no habría por qué suponer que mantiene engañada a la mayoría de la gente a su favor, sino que ésta ha asumido claras posiciones políticas que no interesa poner en cuestionamiento, por consideraciones en extremo complejas. El espíritu prohibicionista, de uno u otro modo, es un rasgo de la identidad cultural puertorriqueña, de la que el apoyo general a las políticas represivas "contra las drogas" es sólo una de sus modalidades más dramáticas. Evidencia de ello es que el sentimiento general de seguridad que procura el discurso represivo firme del Estado de Ley –aunque sea ilusorio– no carece de simpatías populares en estos tiempos. Este agravante ideológico opera en menoscabo de las alternativas despenalizadoras, debido máxime al fuerte arraigo en la conciencia moral de la mayor parte de la gente, cargada de los tabúes más rígidos del discurso prohibicionista. Lo que no quiere decir, sin embargo, que tenga que seguir siendo de este modo...

Aunque hay de entre los políticos de profesión quienes han hecho acercamientos tímidos al tema, esta timidez no se debe tanto a la complejidad que supondría la instalación práctica de la medicalización, sino a la sospecha de que "el pueblo que representan" pudiera resentirse. Temen, con razón, dar la impresión de que con una medida que suavice las violencias represivas a favor del tratamiento médico pudiera interpretarse que el gobierno está cediendo terreno al poder del narcotráfico ilegal, que el crimen organizado está manipulándolo, que el gobierno ha bajado la guardia y que ha "enganchado los guantes" ante una lucha que prometía ganar a toda costa, y que tanto a costado al pueblo en general. Reproche éste que lleva el signo de una inmoralidad acusada por lo general desde las voces más conservadoras de los sectores religiosos organizados del país, y acompañada de una amenaza de desquite electoral. Tema éste que trataré posteriormente.

Lo cierto es que demasiada prudencia podría confundirse con una postura políticamente sospechosa, lo suficientemente ambigua por lo general como para no poner en descontento al pueblo elector. Esta es, sin duda, una condición de la que ningún partido político en Puerto Rico parece interesar *superar* y motivo de sospecha sobre sus niveles de compromiso para *resolver* el problema que, según sus plataformas, constituye una situación alarmante en Puerto Rico: la criminalidad y la violencia, en particular las vinculadas al mundo del narcotráfico y al consumo de drogas. Evidencia de ello es que –por ejemplo- la alternativa medicalizadora, aunque actualmente parece ir ganando simpatías, no ha subido a la escena mediática del país sino como opiniones fugaces de sectores minoritarios, ya como artículos esporádicos o como reacciones coyunturales y en ocasiones oportunistas, aunque el tablero del juego político parece indicar una tendencia en aumento de sus simpatizantes. En Puerto Rico sigue ocupando la centralidad de la atención las medidas represivas habituales y los partidos políticos se limitan a seguir la lógica del mercado publicitario, en la clave de la "guerra a las drogas": la brutalidad vende; el miedo convoca; la represión sigue gozando de prestigio: las propuestas de mantener firme la mano dura siguen traduciéndose en votos. Sin embargo, el espectro ideológico medicalizador se cuela por otra parte, entra por la puerta trasera de la escena política: toda vez que un juez dicta sentencia y condena a cumplir una pena, el recluso, además de ser criminal, deberá ser sometido a tratamiento *rehabilitativo*, es decir, será considerado, además, como un enfermo. El delito: ejercer su derecho ilegalizado a consumir drogas. La rehabilitación sigue siendo un eufemismo de la dominación que el Estado de Ley ejerce sobre los condenados: el Estado no castiga por venganza sino para remoralizar al individuo, y si ha sido por consumir alguna droga, lo hará para *curar* su alma *enferma*, es decir, por haber *delinquido* contra sí mismo; por ser víctima de su propia mismidad...

Aval independentista al dispositivo médico-policial

Tomaré un ejemplo más concreto: El programa político del Partido Independentista Puertorriqueño[16], en el tópico relacionado a la Reforma Social, tratando el tema de la Criminalidad, "conceptualiza la fármaco-dependencia (el uso y abuso de drogas legales e ilegales) como un problema complejo de salud pública e individual." Desde esta perspectiva incluye la medida medicalizadora como alternativa al paradigma punitivo-prohibicionista para "manejar" el "ascendente problema de la "drogadicción". Su crítica radica en que el paradigma dominante "ve a la persona adicta como una persona inmoral, débil de carácter a la cual hay que castigar para que se aleje del *vicio* de la adicción." El paradigma *alterno* propuesto por el PIP es el de la "salud pública" o "enfoque salubrista". En el mismo –sostiene- las adicciones son vistas como un "desorden mental crónico" y no como una cuestión legal ni moral: no persigue a la persona adicta para castigarla, sino para viabilizar su rehabilitación –añade-. En reacción más reciente sobre los modos propuestos por el gobierno para lidiar con el "problema de la criminalidad", sostiene mediante una de sus figuras representativas, aspirante a la alcaldía de la capital en el 2004:

> "El que crea que esto se va a resolver poniendo un policía militar en cada esquina está desconociendo la naturaleza del problema. En Puerto Rico hay más drogas que nunca y más personas involucradas en el tráfico que nunca."[17]

---

[16] Programa del Partido Independentista Puertorriqueño; en http://www.independencia.net..

[17] F. Martín en "Fernando Martín truena contra medidas para lidiar con el crimen"; AP, *El Nuevo Día*, sábado, 6 de septiembre de 2003; en http://endi.com.

Y razones de peso tiene para sostener esta postura, crítica de los enfoques punitivos habituales. Pero ciertamente tampoco parece "conocer la naturaleza del problema", que es principalmente la ilegalidad de las drogas y la criminalización de sus comerciantes y clientela. Lo cierto es que, en suma, no reconoce como derecho la libertad de cada cual a actuar sobre su persona y participa de la misma moralidad disciplinaria y estigmatizante del paradigma prohibicionista que dice alternar, manteniendo intactos los mitos ideológicos, tabúes y demás prejuicios que demonizan las drogas en sí mismas y convierten en enfermos (físicos o mentales) a sus consumidores, irrespectivamente de sus deseos. Lo más terrible es que reproduce dentro de su "paradigma salubrista" la cruel manía del discurso psiquiátrico tradicional, de convertir en enfermo mental a un usuario de drogas, extrañamente por la mera condición de haber sido intervenido y procesado por la Ley.

De la misma racionalidad moralista participa el Congreso Nacional Hostosiano[18], para quien "la criminalidad es uno de los efectos más preocupantes de esta enfermedad (la drogadicción)" y "la mayoría de los crímenes, asaltos, robos y asesinatos están relacionados con el trasiego de drogas", por lo que habría de considerar seriamente el enfoque salubrista, "la alternativa de medicalización de las drogas". De otra parte, convoca a redoblar esfuerzos en la guerra al narcotráfico en las mismas claves moralistas que el discurso prohibicionista lo hace:

> "De la misma forma que somos compasivos con los enfermos, hay que ser intolerante y riguroso con quienes se lucran del negocio del contrabando y distribución de drogas."[19]

Tema éste que dejaré ahora en suspenso y trataré con mayor detenimiento en el próximo capítulo...

---

[18] H.L. Pesquera; "Una mirada al problema de las drogas en Puerto Rico"; 21 de febrero de 2002; y en H.L. Pesquera; en "Urgen a gobernadora Calderón atienda emergencia nacional de criminalidad en Puerto Rico"; 21 de agosto de 2003; en http://www.redbetances.com.

[19] Ídem.

La fiebre medicalizadora *entra* a la Universidad

Marcando una diferencia tajante con las retóricas políticas tradicionales, el sector académico vinculado al mundo universitario tiende a favorecer el enfoque salubrista y, aunque relativamente crítico de las vertientes más represivas de la prohibición estatal, actualmente participa de la misma inclinación del poder de Estado al control fuerte sobre las drogas y sobre los destinos de sus usuarios.[20] La solicitud al poder no es la de un cambio radical en la economía política de sus prácticas interventoras sino de un espacio protagónico en la administración de sus mandamientos legales sobre las drogas y sobre sus consumidores. Habla en su mismo lenguaje y razona en sus

---

[20] Sucede de modo similar con respecto al sector estudiantil organizado, que por lo general –por lo menos durante la última década- mantiene una distancia crítica ante las políticas de "mano dura" pero a la vez reproduce las vertientes *suaves* de la misma represión englobada en la racionalidad salubrista (rehabilitadora). A finales de 1999 –por ejemplo- el gobierno infiltró agentes encubiertos en los predios del recinto de Río Piedras de la Universidad de Puerto Rico, dejando por saldo el arresto de varios estudiantes alegadamente vinculados al tráfico de drogas dentro de la Universidad. Ante este acontecimiento el Consejo General de Estudiantes reprochó la intervención como "violación a la Autonomía Universitaria" pero –según declaraciones en prensa- coincidió con las mismas razones alarmistas que dieron paso a la intromisión policial. La crítica a ésta se cerraba con la misma crítica que hace el enfoque salubrista de corte policial: el problema no se resuelve arrestando, si no se ofrece tratamiento de rehabilitación a los estudiantes usuarios. (Ver a C.E. Torres; "Consejo de Estudiantes admite tráfico de drogas en UPR", *El Nuevo Día*, sábado 18 de diciembre de 1999) A un mes de este evento, recién entrado el año 2000, los sectores reconocidos institucionalmente como representantes de la comunidad universitaria (a saber, el Consejo General de Estudiantes, la Asociación Puertorriqueña de Profesores Universitarios y el Sindicato de Trabajadores, entre otros), participaron conjunto a la Oficina de Seguridad de un "Plan" para lidiar de modo *alterno* al de la mano dura con el problema de las drogas, del uso y el tráfico, en el recinto. La funcionaria portavoz sostuvo en conferencia de prensa –según citada-: "nuestra función no es criminalizar a universitarios individuales por motivo de consumo de drogas, sino referirlos a los profesionales pertinentes para orientación y tratamiento". (Según W.D. Covas Quevedo; "Plan para rescatar al Peyton Place de la UPR" en *El Nuevo Día*, jueves 20 de enero de 2000.) La Universidad es Estado, y sus representantes, en el contexto de un régimen prohibicionista, en un Estado de Ley, aparecen en la escena mediática como réplicas y extensiones de su racionalidad interventora...

mismos términos, pero reclama para sí el derecho a intervenir sobre el objeto de sus regulaciones. Desde un enfoque gerencial del Estado, este sector académico-universitario se representa a sí como parte integral de los profesionales de la salud, a quienes corresponde en propiedad el encargo estatal de administrar las regulaciones de la Ley sobre el mundo de las drogas. El presidente de la Universidad Carlos Albizu, partícipe y promotor del enfoque salubrista sostiene una crítica que vale destacar. Según él, en la Isla el abuso y tráfico de drogas ilícitas, se maneja a través de un modelo prohibicionista-punitivo y este proceder:

> "...facilita designar al sector policiaco, lo que le corresponde al sector de la salud para ofrecer labores de prevención y tratamiento"[21]

La alternativa medicalizadora o el "enfoque salubrista" al parecer goza de simpatías entre el sector académico-universitario en Puerto Rico, que, aunque movilizado por las mejores intenciones de hacer honor a sus profesiones, es decir, de servir al pueblo de Puerto Rico como "expertos" en la materia, incurren en prácticas de una no menos grave consecuencia política sobre el Derecho: apoyar la alternativa medicalizadora sin detenerse a considerar las implicaciones políticas e ideológicas de su propuesta equivale a tratar a los usuarios como enfermos, por el sólo hecho de consumir alguna droga que en la actualidad es ilegal. Esta generalización está fundamentada sobre la base de los mismos prejuicios y tabúes que la política prohibicionista-punitiva que pretenden superar, convirtiendo una respuesta médica a un problema de salud en vigilia policial. No obstante, tal parece ser que esta complicidad con el poder habitual no es una cuestión advertida y ni siquiera activada para tales propósitos. Pero la ingenuidad política de estos sectores no resta a la gravedad de sus consecuencias sobre el derecho de cada cual a decidir sobre su propio cuerpo, aunque aún no es tarde para enmendar sus posturas. Entre las claves inmediatas para enmendar esta complicidad ideológica del discurso médico-policial del "enfoque salubrista" destaco las siguientes:

---

[21] La cita fue tomada de una reseña publicada en Internet sobre un foro que se celebraría en la Universidad de Puerto Rico, el 10 de septiembre de 2003.

- admitir que el consumo de drogas no es en sí mismo una enfermedad y ni siquiera la causa en sí de la adicción a las mismas[22];

- reconocer siempre el derecho de la persona a decidir si interesa acomodarse bajo el registro de la categoría enfermo, es decir, si autoriza la intervención médica sobre su persona[23];

- suscribir como reivindicación de derecho el acceso a servicios de salud efectivos y tratamientos voluntarios para las adicciones, desde una perspectiva que reconozca que el principal problema de las drogas es la prohibición de las mismas;

- concentrar esfuerzos en campañas de educación desmitificadora de los tabúes que actualmente demonizan las drogas por el sólo hecho de ser ilegales y, consecuentemente, procurar la accesibilidad irrestricta de información sobre sus particulares naturalezas, sus bondades y posibles efectos nocivos a la salud de los usuarios, etc.

La medicación es una alternativa que debe considerarse teniendo en cuenta estos aspectos críticos, que trascienden la inmediatez de las coincidencias sobre las razones para oponerse a la habitual criminalización de los adictos, que se consideran a sí mismos como enfermos y que buscan ayuda para resolver su mal. El tráfico de drogas y el consumo de las mismas es una realidad compleja que no puede ser reducida al enfoque salubrista pues trata de relaciones sociales radicalmente distintas a las contenidas en los efectos adictivos de los que padece un número considerable de personas. Ciertamente la medicación debe ser parte de un proyecto más amplio que destierre al modelo prohibicionista-

---

[22] Quiero decir que la "adicción" es efecto de condiciones mucho más complejas de las que se desprenden de los discursos que utilizan esta categoría como referente de sus intervenciones.

[23] Valga reiterar la diferencia entre un tratamiento voluntario y un tratamiento forzado, ya por recurso de la fuerza bruta o por alguna tecnología suave de la represión, como el hostigamiento psicológico, el chantaje moral, la amenaza, etc. Sobre esta distinción cabe acentuar la diferencia entre una educación sensible ante la compleja naturaleza de la existencia singular y las modalidades de la dominación imperial de la Ley prohibicionista, que actúan bajo las directrices de una racionalidad insensible ante ésta...

punitivo. Pero ni el mercado de drogas, ni siquiera el uso de éstas, es un problema que deba ser referido al registro médico, sino al del derecho de cada cual a usarlas como le parezca y le plazca. La prevención en este sentido estaría orientada a proveer a la ciudadanía la información esencial para, si así deseara, que pueda hacer uso de ellas en plena conciencia de sus implicaciones, más allá de los hostigamientos psicológicos y demás hipocresías culturales inscritas en los tabúes de la prohibición...

La enfermedad: una categoría política

> "Cuando a alguien no lo aqueja nada,
> la mejor manera de curarlo consiste en decirle que tiene una enfermedad
> y cual enfermedad tiene."
> *K. Kraus*

Una de las modalidades del poder de gobierno en el Estado de Ley está codificada en un lenguaje particularmente sospechoso: el de la medicina. La salud del pueblo pasa a ocupar un lugar central en el discurso político del Estado, del mismo modo que la pureza del alma era su objetivo en otros tiempos. Lo cierto es que ambos registros cumplen, en esencia, un mismo objetivo: legitimar la intervención estatal. La enfermedad pasa a ser una categoría política de primer orden, junto a su pareja la salud. La milenaria dicotomía entre el Bien y el Mal siempre ha sido de particular interés a los gobiernos, que han sabido aprovechar la relativa ambigüedad que caracteriza ambos conceptos, cualidad ésta que les ha permitido resignificarlos permanentemente en función de los intereses políticos del poder estatal. Esta dicotomía es traducida en el lenguaje moderno al binomio Salud /Enfermedad. El sentido de esta traducción, que en apariencia parece estar reservado a los dominios de la Moral es, no obstante, político. El Estado se apropia de este binomio y da un contenido muy preciso a ambas categorías, cuyas consecuencias sobre la vida humana resulta de muy sospechosa valía. Sobre todo cuando la Razón del Estado de Ley, por decreto legislativo o judicial, convierte un acto prohibido en enfermedad. La enfermedad, en el contexto prohibicionista, es un estigma impuesto por jueces a los acusados o convictos por violar las leyes sobre drogas. El efecto más terrible, vergonzoso, absurdo y cruel, además de quitarle la libertad a una persona por ello, es forzarla a someterse a un proceso de involuntario de *rehabilitación*. Ante este drama, suscribo la letra del teórico anti- prohibicionista norteamericano Thomas Szasz:

> "...repudio la legitimidad moral de equiparar el sometimiento forzoso de un convicto a una intervención impuesta por cierto tribunal con la participación voluntaria de un adulto libre en una intervención médica –aceptando ambas cosas, en pie de igualdad, como tratamientos."[24]

Y es que un tratamiento "rehabilitativo" que es impuesto por la fuerza penal del Estado no deja nunca de ser parte integral de su propia racionalidad política, que pone el énfasis en la lógica del castigo disciplinario y a la vez en la crueldad de su justicia vengativa...

Crítica política al proyecto medicalizador

> "La creencia de que nuestras leyes contra drogas
> se apoyan sobre bases científicas y racionales
> es una de las primeras causas de nuestro problema con drogas."[25]
> *T. Szasz*

Uno de los principios políticos del proyecto despenalizador en las claves que sostengo es que el Estado debe asistir sin reservas a quien sea que requiera de sus servicios, y la asistencia médica es, sin duda, uno de los más importantes. La socialización de la medicina es una reivindicación esencial del proyecto político de democracia radical, que aunque no necesariamente implique que el Estado tenga el monopolio exclusivo de la salud pública, para la vida social la posibilidad de una *cura* no debe ser un privilegio sino un derecho como el que más...

Uno de los mitos de mayor resonancia que se activa a favor de la política prohibicionista es que la despenalización de las drogas tendría por consecuencia directa un aumento vertiginoso de usuarios, lo que tendría por resulta una carga insostenible para

---

[24] T. Szasz; *Nuestro derecho a las* drogas; Op.cit., p.20.

[25] Op.cit., p.35.

el Estado. Este razonamiento alarmista, además de no tener por fundamento más que un temor enraizado en rancios prejuicios, expresa una confianza endeble en las personas y en las instituciones sociales, en los valores culturales, etc. Y por supuesto, un desprecio tácito a la libertad de cada cual a decidir sobre sí. Esta postura es una clave singular para poner en manos exclusivas de la industria legal de la medicina la "salud del pueblo." Pero el discurso de la medicina no es un discurso uniforme, ni puede ser representado como una unidad de sentido legitimadora de la política prohibicionista estatal, aunque ésta base gran parte de sus fundamentos en esta ilusión mítica. Son los legisladores quienes redactan las leyes sobre las drogas y sus fundamentos prohibitivos, criminalizadores y penalizadores, no descansan sobre el discurso médico sino sobre el discurso legal: si una persona es intervenida por consumir alguna droga ilegal, será procesada no por que se daña su propia salud sino porque ha violado la ley que proscribe sus usos.

Lo cierto es que, para efectos del Derecho, no haría gran diferencia que las legislaciones sobre drogas contaran con el aval de los "profesionales de la salud" pues, desde la perspectiva que sostengo, tampoco éste sector representa una unidad identitaria homogénea ni habría, aunque así fuera, por qué cederle un poder privilegiado sobre los destinos del derecho de cada cual a decidir sobre su propio cuerpo. La autoridad médica se torna policial en el instante en que la Ley la refuerza con su poderío para dictaminar por virtud de su arbitrio totalizador las suertes de la salud propia de cada cual...

Un soporte complementario de la imaginería prohibicionista y que sirve de agravante a las posibilidades alternativas ha sido la manipulación del conocimiento sobre los efectos reales de las drogas: cada vez que una figura titulada de médico pone su posición personal a favor de la prohibición, y disfraza de autoridad científica lo que es su inclinación moral, su postura política o simplemente su preferencia de lo que, según su criterio personal, "debería ser" la salud para cada cual. La tensión que atraviesa el discurso médico es que la misma fuerza de autoridad que concede el título de médico o de profesional de la salud, opera a favor de la despenalización. Pero la paradoja resulta de la opción que estas fuerzas proponen como alternativa despenalizadora, que es tratar a los usuarios de drogas ilegales, no como criminales sino como enfermos mentales.

En tal caso, alguna parte de estas fuerzas preservan la carga ideológica más pesada de la imaginería prohibicionista y participan de un juego de poder igualmente sospechoso que el juego habitual del Estado. Proponen la medicalización de las drogas con la misma fuerza que la que sostiene el tabú prohibicionista y penalizador, argumentando que dejar a las suertes de cada ciudadano la libertad sobre su propio cuerpo, sería equivalente a que "la sociedad admitiera el derecho a la autodestrucción de los individuos." Tal ha sido la reacción de contingentes de profesionales de la salud para asistir las políticas de mano dura vinculadas al prohibicionismo. Brigadas de trabajadores sociales y psicólogos se han puesto al servicio de los operativos policiales y las ocupaciones militares de los residenciales públicos del país para "ayudar" a la gente a "salir de las drogas". Sobre este tema existe evidencia suficiente, por lo que no insistiré en el asunto. Lo que intereso destacar en este punto es que proteger a un individuo contra sí mismo cuando éste no lo solicita es, más que un abuso del poder de la Ley, una práctica tiránica del Estado; un despotismo popular que la Ley llama democrático. La "despenalización" desde el "enfoque salubrista" sigue siendo una variación retórica del discurso penal del Estado de Ley, una modalidad *suave* de su poder represivo; un eufemismo político de su dominación...

La tesis anti-prohibicionista vinculada a un proyecto político de democracia radical supondría entonces, citando la letra de Savater:

> "El derecho a hacer uno con su vida lo que quiera, incluido arriesgarla, disiparla o perderla, es una condición básica de la libertad democrática: el Estado no puede prohibirme que me autodestruya *porque no es mi dueño*."[26]

Desde esta perspectiva, la responsabilidad primordial asignada al Estado sería la de mantener informada a la ciudadanía

---

[26] F.Savater; "La cruzada de las drogas" en *A decir verdad*, México, Fondo de Cultura Económica, 1987; en http://www.punksunidos.com.

sobre los posibles riesgos que conlleva el uso de una u otra droga, sin cargar la información que provea de la vieja ideología prohibicionista, sino de un contenido educativo útil para un uso responsable por parte del sujeto interesado. Lo demás – parafraseando a Savater- corresponde a la elección de cada cual, como riesgo similar a cualquier otras decisión o elección que se tome en la vida. En este escenario –añade-:

> "Por supuesto, también es justo que haya instituciones públicas que me presten ayuda cuando yo quiera solicitarla porque me encuentre *mal* con lo que mi libertad ha hecho de mí..."[27]

La Salud Pública: un mito político de consenso social

No existe un criterio universal que permita definir en términos absolutos qué es la Salud Pública. Sucede lo mismo con idéntica suerte con todo cuanto pudiera ser referido al espectro de lo Moral y lo Cultural, de la Justicia, de la Libertad, el Bien y el Mal. Me inclino a pensar que tampoco sería deseable que así lo fuera, dada la naturaleza variable y contingente de los deseos humanos y sus particulares condiciones de existencia. Pero sobre todo porque históricamente los poderes que han pretendido poner punto definitivo a sus definiciones, se han apropiado arbitrariamente de estas categorías y las han utilizado para legitimar sus reducidos puntos de vista e imponerlos por virtud de sus fuerzas superiores, irrespectivamente de las consideraciones de las personas en las que este poder se materializa. En estos tiempos (pos)modernos, como han señalado varios autores, la salud pasa a ocupar, en la escena de lo político, el lugar que antes ocupaba para las autoridades eclesiásticas las cruzadas contra el pecado. Pero esto no viene ahora al caso. Lo que intereso subrayar es que, dada esta condición, el concepto de salud como el de enfermedad, se mantienen en la escena de lo cultural como categorías políticas, y son piezas claves tanto para la preservación de la imaginería prohibicionista actual como para las alternativas a las mismas.

Lo cierto es que no existe ningún consenso social sobre este aspecto, y por tanto sus fronteras permanecen relativamente

---

[27] Ídem.

abiertas a ser resignificadas por las diversas fuerzas que entren en el juego del poder político. ¿Quién tiene la autoridad última de definir qué es la salud para una persona o para un pueblo? ¿Qué poder podría definir de manera cerrada esta categoría de modo tal que la misma comprendiera en su definición la realidad de todos y cada uno? ¿Por qué habría de insistirse en tal pretensión? ¿Para qué? ¿Qué implicaciones tendría esta definición para la vida singular de cada persona? ¿Qué se reivindica cuando la salud se exige como derecho? ¿Cómo interpretar el hecho de que una definición universal, siempre abstracta, encarna el riesgo indefectible y permanente de desposeer al sujeto concreto del poder discrecional sobre su propio cuerpo? ¿No se presta acaso esta intención a la misma suerte que da paso a la política prohibicionista, donde la práctica de un derecho es convertida en enfermedad por arreglo a la Moral dominante y la Ley? ¿No arriesga demasiado la persona singular al convertir ciertos derechos en enfermedad, según las disposiciones jurídicas o las autoridades médicas que sirven sin reservas al Estado de Ley? Nuevamente, ¿quién decide qué está dentro de la Salud Pública que el Estado armado deberá proteger? ¿El médico? ¿Cuál de entre ellos? ¿El psiquiatra? ¿El Cirujano General? ¿Las autoridades sanitarias? ¿Acaso el gobierno? ¿El juez o el legislador? ¿La Iglesia? ¿La persona singular o la colectividad?...

Las preguntas pueden devolverse incesantemente sobre sus respuestas, y eso lo que evidencia es que ciertamente no existe un consenso social sobre qué debería inscribirse permanentemente bajo el signo político de la Salud Pública. Y es que la definición, es decir, el territorio asignado a sus dominios, no pertenece a una consideración clínica sino política. Me inclino a favorecer que sea el individuo singular quien tenga la última palabra sobre hasta dónde interesa que la política pública de la Salud incida sobre su persona. Cualquier determinación colectiva a tales efectos no debe implementarse en menoscabo de este singular derecho.

Pero no sería menos iluso presentar las críticas a las políticas prohibicionistas sin acentuar que la alternativa despenalizadora (activada como parte de un proyecto político más amplio de democracia radical) reconoce la necesidad social de un sistema de salud público eficiente y efectivo, incluso lo exige como derecho, al entender que es esta una de las razones principales de la existencia misma del Estado: que asista plenamente a quien solicite ayuda. La diferencia sustancial que se debe subrayar es que no es lo mismo la política que actualmente criminaliza y penaliza las prácticas sociales que se alejan de las prescripciones legales que tienen como objeto la "Salud Pública", a saber, las relacionadas al consumo de drogas ilegales, y esas necesidades específicas que un ciudadano particular pudiera tener cuando, por hacer uso de su derecho sobre sí, de su libertad y autonomía, pudiera sentir resentida o maltratada su propia salud.

Existe, pues, una marcada diferencia teórica y práctica entre el mito de la existencia de un consenso social sobre la Salud, y el derecho político a la asistencia médica que pudiera requerir cualquier particular. La primera responde a una concepción imaginaria cargada de prejuicios ideológicos, pues pertenece antes a una práctica moralizadora del poderío estatal con arreglo a toda una economía política de los cuerpos vinculada al efecto de hegemonía prohibicionista. La segunda pertenece a una concepción radicalmente democrática del derecho de cada persona a decidir sobre su propio cuerpo y a obtener del Estado la ayuda que necesite, si así lo desease. A la alternativa despenalizadora le es correlativo un proyecto socializador de la medicina, sin que este reclamo de derecho deba ser traducido en una autorización única y exclusiva al poder estatal a decidir qué es bueno o malo para la salud de cada cual e imponer medidas punitivas para quien traspase sus fronteras.

Invención del *drogadicto:* fusión entre el discurso de la Ley y el médico-policial

La repetición de las retóricas del miedo, constante y sostenida por los dispositivos mediáticos (prensa, radio, televisión, cine) fortalece el efecto de hegemonía de la ideología prohibicionista, y satura de prejuicios la escena cultural en general. Este efecto de hegemonía -como ya he apuntado antes- es un horizonte que persiguen todos los movimientos estadistas, es la clave singular de toda voluntad de gobierno: a saber, que sus súbditos se sometan *voluntariamente* a sus designios, que avalen *concientemente* sus requerimientos; que se *sientan* identificados en sus proyectos y *representados* en las órdenes de sus leyes. No repetiré la crítica al carácter ilusorio de esta pretensión política homogenizadora del discurso estatal. Baste acentuar, no sólo la imposibilidad que le es constitutiva a esta pretensión totalizadora, sino la indeseabilidad de semejante proyecto político, precisamente porque supone como principio y de hecho un atentado contra la posibilidad irreducible a sus dominios de toda práctica de libertad individual. No obstante es una realidad sabida que los gobiernos inventan gran parte de los "peligros" y "problemas" que prometen resolver, y un recurso clave es, por supuesto, la creación ideológica de un *sujeto-objeto* que se ajuste a la medida de sus pretensiones y que sirva de chivo expiatorio al conjunto de sus intervenciones. Tal ha sido la invención de la figura del drogadicto, como enclave de legitimidad a sus más crueles intervenciones. Fernando Savater lo describe nítidamente en estas palabras:

> "Uno de los inventos más fecundos y remuneradores que el control social ha lanzado al mercado en los últimos años es *el drogadicto*. Pasto de sociólogos y psicólogos, de médicos y policías, de jueces, sacerdotes y políticos, esta dócil criatura mitológica — es sentimentalmente tan polivalente (...): infunde pánico, inspira compasión, suscita desprecio, merece castigo o readaptación, es objeto de estudio, simboliza y expresa como un logotipo penalizado los males de este siglo que le conjuró."[28]

Efecto inmediato de esta invención ha sido la mutación en el orden de las funciones políticas del Estado y sus gobiernos durante todo el siglo XX, dedicando gran parte de sus esfuerzos en perseguir los *vicios* de la gente en lugar de proteger sus libertades. Esta figura ideológica, clave en los proyectos políticos de los gobiernos, sigue siendo esencial dentro de la imaginería prohibicionista vigente. Su cualidad esencial, no obstante, aunque pertenece al dominio del discurso médico, es que carece de significancia fuera de la definición estatal, de la Ley. Un *drogadicto*, aunque una vez estigmatizado en esta clasificación genérica debiera ser tratado como un *enfermo*, sigue siendo tratado como un criminal, intervenido, procesado y condenado como tal. El trato

---

[28] F. Savater; "La invención del drogadicto"; *El País*, 3 de junio de 1984; en http://www.punksunidos.com.

como si en realidad se tratara de una enfermedad que el enfermo deseara ser tratada comienza después, por añadidura, una vez que éste sujeto es forzado a someterse a un proceso de *rehabilitación*. La rehabilitación supone, por supuesto, un proceso de desintoxicación, como tratamiento a la dependencia, irrespectivamente del deseo del condenado; acto seguido es la promesa de seguimiento de los modernos policías del espíritu, a saber, psicólogos, trabajadores sociales y agregados similares. Su función comienza con la condena del sujeto: la Ley ha decidido que es un criminal pero con una cualidad particular, que además es un enfermo. La tarea lleva por encargo tratar las condiciones trastocadas de su alma ciudadana, esas que lo empujan a la *dependencia farmacológica*. Pero el tratamiento al que es sometido bajo el signo de la rehabilitación es de carácter político y moral, un proceso cruel de remoralización social, es decir, de alteración de su personalidad y conducta para que *aprenda* desde lo más profundo de sus adentros a respetar las prohibiciones de la Ley. Domesticar al condenado, esa es la tarea a la que se ha dado el Estado de Ley.

Pero, ¿en qué consiste realmente el problema del adicto a drogas que debiera ser tratado como parte de la lógica penal del Estado? ¿Acaso no es suyo y solo suyo el problema de la adicción? ¡No! –replica el Estado- ¡No! –le asiste el médico- ¡No! –corean los "profesionales de la conducta humana", policías del alma- Pero, ¿por qué? Porque así lo dicta la Ley. Los legisladores prohibicionistas no tuvieron una magnífica intuición cuando decidieron criminalizar a los usuarios de drogas, intuición ésta que vendría a ser respaldada por los nuevos conocimientos científicos que se le sumarían a sus coerciones y penalidades. El tratamiento como enfermo es una conversión política- táctica dentro de una estrategia general de control y dominación social, que proyecta la imagen de la pena, no como venganza o simplemente como readaptación moral sino, como un trato "más humano" a esos de entre los condenados que su voluntad, su conciencia y su razón han sido trastocadas por los narcóticos que se han metido al cuerpo. El sujeto estigmatizado bajo el signo de drogadicto es desposeído radicalmente de su derecho a decidir sobre sí mismo, de su libertad sobre su propio cuerpo. Poco importa en verdad que exista una *dependencia* real que le impida *controlar* su conducta, pues el sólo hecho de usarla –por ser ilegal- será tratado por la Ley y sus hibridaciones coercitivas como un acto de ilegalidad, como un crimen y enseguida como enfermedad. Parece exagerado, absurdo y ridículo, pero es así.

Gran parte de los problemas sociales encuentran referencia inmediata en esta categoría política del discurso criminalizador del Estado, y eso parece bastar como razón de peso para mantener sus políticas habituales. No obstante, precisamente por el carácter ridículo e injustificable de tratar como a un criminal a una persona que consume drogas, ha dado paso a ciertas reformas retóricas y prácticas de resonancia humanista: tratarlos como enfermos es un modo de humanizar las penas, y hacerlo es esencial para mantener la legitimidad de las mismas. De ahí que no vacilen en fusionar dentro de sus alternativas para lidiar con el problema de la criminalidad que le suponen las poblaciones drogadictas, las propuestas de intensificar sus violencias represivas y legislar para hacer más severas las penas, y añadirles las medidas del discurso médico, como el tratamiento rehabilitativo. Dentro de este enfoque daría la impresión de que la cárcel es el lugar idóneo para *curarlos*, por lo menos a los que no tienen suficiente voluntad como para ingresar a un programa de *su* elección –como CREA-, o los que representan un riesgo mayor a la comunidad. Tal caso sería –por ejemplo- cuando el delito de posesión o uso de alguna droga ilegal (sustancia controlada), opera como un simple agravante en el proceso judicial, pues el sujeto intervenido ha sido acusado o sentenciado por cometer otros tipos de delito, quizá más graves según las codificaciones de la Ley. No obstante, su sentencia se sumará a las estadísticas oficiales que, en el lenguaje sociológico-policial-médico, vincularán las drogas, su posesión o uso, como una posible causa de la actividad delictiva en su conjunto, como signo de la inestabilidad emocional del convicto, de su peligrosidad, de la necesidad de tratamiento y de la justeza de la pena...

La drogadicción, antes de ser considerada como un problema de salud pública debe reconocerse, si caso, como un problema de la persona y sólo ella debe tener la potestad de someterse a un tratamiento para desengancharse, o destruir su vida. El Estado debe dejar la puerta abierta para ayudar a quien lo pida y, si fuera a intervenir, debería hacerlo para asegurar, primera-mente, que lo que un usuario se mete al cuerpo no estuviera alterado maliciosamente, que es un riesgo real incluso mayor que el que supone la droga en sí. Además, la mayoría de los usuarios de drogas no son "drogadictos", la utilizan para infinidad de propósitos personales, sobre los cuales no habría por qué acreditar al poder de Estado para impedirlo...

Delitos sin víctimas: víctimas de la Ley

La alternativa despenalizadora, es decir, la eliminación de las prohibiciones estatales sobre drogas ilegales y la descriminalización de sus usos, no tiene por qué traducirse en una regulación legal sobre las mismas, pues de lo que se trata no es de procurar una solución legal sino de resolver la situación a favor del Derecho. En este sentido, cómo nos representamos a *nosotros mismos* ante el poder estatal es de primordial relevancia: ¿Somos sujetos de Derecho u objetos de la Ley? La respuesta a esta pregunta, que permanece recorriendo todo este trabajo, precisa reiterar ciertas consideraciones políticas, pues no se trata de una pregunta que se puede regodear entre elucubraciones filosóficas o fantasías teóricas, y mucho menos rendirse ante las fuerzas totalizadoras de la moral cultural dominante. La respuesta tiene que ver con cómo nos pensamos a nosotros mismos con respecto de las fuerzas que regulan nuestras singulares existencias en la vida social. Es una respuesta política pues está directamente implicada con las maneras como procuramos vivir la vida y hasta qué punto estamos dispuestos a ceder una parte de ella a un poder exterior que decidirá por nosotros y que, en última instancia, acostumbra a prescindir de nuestras preferencias personales para incidir sobre cada uno de nosotros...

Desde la mirada prohibicionista vigente, en el caso de tratarse de una persona adicta, es decir, que sufre los embates de una dependencia física o emocional que excede los límites de su voluntad para controlarla, su padecimiento físico tanto como el malestar espiritual se convierte, por virtud de la fuerza criminalizadora estatal, en una "amenaza social".[29] La misma

---

[29] La definición de "adicto" que aparece en el Código Penal vigente es ésta: "Toda persona que habitualmente use cualquier droga narcótica de forma tal que ponga en peligro la moral, salud, seguridad o bienestar público o que está tan habituado [sic] al uso de las drogas narcóticas, que haya perdido el auto-control con relación al uso de las mismas." En 2002 –según datos oficiales- de los 18,000 confinados entonces, más de un 60% estaban presos por delitos relacionados al trasiego o consumo de drogas. De entre todas las dudas que

suerte le toca a quienes las usan "socialmente", es decir, "en control". Desde la perspectiva abolicionista, por el contrario, un gobierno democrático carece de legitimidad moral y política para privar a las personas de utilizar las sustancias que prefieran, fueran las que fueran. En este sentido, ni los "adictos" ni los demás serían considerados como delincuentes o criminales. De una parte, porque los primeros, si acaso, necesitarían asistencia de otro tipo si así lo desearan, y no la reacción represiva habitual –que incluye el tratamiento clínico forzado–; y los demás, como los primeros, sencillamente estarían libres de las amenazas del poder estatal para administrar sus cuerpos como les plazca o les convenga (aunque los modos como cada cual administre su propio cuerpo, sus placeres o conveniencias, puedan no gozar de las simpatías de algunos o de las bendiciones de otros...)

Vale preguntar, pues, ¿cómo es posible que exista un delito cuando no hay víctima? ¿Con qué fuerza de legitimidad la Ley impone un castigo sin que nadie haya dañado a nadie, o aunque sí acaso porque se dañase a sí mismo? Un fragmento de la genealogía de esta absurda y arrogante concepción de la Ley puede trazarse desde los tiempos en que la Iglesia gobernaba el poder del Estado, y no sorprendería la estrecha relación que aún impera entre las prácticas judiciales y legislativas modernas. El delincuente sustituye la noción de pecador, pero los contenidos explícitos de la pena siguen siendo en esencia los mismos. Las penas podrán haberse *suavizado* relativamente (*humanizado*, dicen algunos), pero no por ello han dejado de ser penas tanto como las prácticas judiciales que establecen las condenas no han dejado de ser ejercicios legales de violencias y crueldades. Tal como la herejía en su momento, los delitos de traición a la patria por motivos de creencias religiosas, posiciones ideológicas divergentes o posturas

---

pueden presentarse con relación a la definición citada, varias certezas se desprenden de ella: que el Estado persigue y criminaliza por motivos morales y que al convertir en delito los vicios personales, los hábitos o recreos individuales, etc., excede –desde la perspectiva del Derecho- lo que es en propiedad dominio de su incumbencia. Además, no existe relación de causalidad entre el uso habitual de una droga narcótica y la puesta en peligro de la moral, la salud, la seguridad o el bienestar público. Existe, en su lugar, una relación de fuerza, una dominación de Ley ejercida indistintamente sobre los sujetos implicados, por el sólo hecho de tratarse de una violación a una prohibición legal...

políticas diferentes, eran condenados por el poder del soberano, todavía hoy el Estado lo sigue haciendo, como sucede en el ámbito de la administración de las personas sobre sus cuerpos.

Tomaré un ejemplo dramático sobre un tema análogo dentro del contexto del actual régimen prohibicionista: la prohibición de la sodomía. Si bien ha habido un relativo distanciamiento, o más bien aparente, entre el discurso religioso tradicional y el discurso secular del lenguaje jurídico y penal moderno, el Estado de Ley tiene de entre sus pilares más sólidos, profundamente incrustados en el espíritu de sus leyes, los prejuicios y tabúes del discurso eclesiástico más conservador y despótico. La fusión política se opera dentro de un arreglo del lenguaje estatal, que utiliza la categoría espectral de la moral para dar paso a una misma práctica de control y dominación legal sobre los cuerpos. Formalmente no es ya la razón de la Iglesia la que determina el contenido de la ley cuando se ofende ante el uso pecaminoso del cuerpo, sino la razón de la Moral Social representada por la Ley del Estado la que se resiente. Por trastoques históricos en sus retóricas el pecado ahora lo ocupa otra palabra: la inmoralidad. La ilegalidad es un seudónimo que usa indistintamente, según amerite la ocasión. Ante las más recientes disputas sobre este tema, el juez Jorge L. Escribano sostuvo que la prohibición penal de la sodomía "debe continuar porque es una medida de protección para la salud pública."[30] La base más sólida de las argumentaciones prohibicionistas sigue siendo la fuerza del prejuicio cultural sobre la sexualidad y sus dominios. Estas son sus palabras –según cita la prensa del país-:

> "Las estadísticas hablan por sí solas: las consecuencias de las relaciones sexuales homosexuales no son iguales a la de relaciones heterosexuales... Como el Estado tiene la autoridad para reglamentar aquellas conductas que pudieran constituir riesgos para la salud pública, obviamente puede reglamentar las relaciones sexuales que conllevan riesgos médicos, y por consiguiente gastos económicos, para la sociedad."[31]

---

[30] En C.Edith Torres; "Sí a penalizar la sodomía", *El Nuevo Día* , viernes, 6 de junio de 20003; en http://endi.com.

[31] Ídem.

Según el artículo citado, en una conferencia de prensa, conjunto al médico José Otero, sostuvieron que "las relaciones homosexuales y la sodomía promueven la propagación de enfermedades de transmisión sexual, más que las relaciones heterosexuales." La homosexualidad fue presentada enseguida como un problema del individuo, efecto de "una herida emocional de una población que fue abusada en su niñez." Del mismo modo a como sucede en el ámbito de la prohibición del consumo de drogas y otras prácticas que impliquen el derecho de cada cual a decidir sobre sí mismo, no se trata de un problema de hermenéutica jurídica sino del poder político de un juez y de un médico para arrogarse la potestad de hablar del Otro, de cualquier otro, como si lo conocieran incluso más que sí mismo. El problema político de primer orden acontece en el instante en que la Ley refuerza "sus opiniones" y las arma de un poder para determinar las suertes de cada individuo sometido a sus discreciones. Esta racionalidad, sostenida en la supuesta evidencia empírica de las estadísticas, es la misma en todos los renglones de las prohibiciones legales que tienen por fundamento irreducible el cuido de la moral social y de la salud del pueblo: ¡el prejuicio!

El mito de la vida privada / ilusión de libertad / derecho a la intimidad

La vida privada es una ilusión mítica, es verdad. Y también lo es la libertad individual. Pertenecen, en propiedad, al lenguaje de las ficciones jurídicas de la imaginería política de la modernidad y son, en esencia, un soporte ideológico matriz de sus prácticas interventoras y coercitivas. Pero ambas categorías adquieren una materialidad muy precisa en el instante de la intervención, cuando el poderío estatal –la fuerza de la Ley- impone regulaciones, restricciones, prohibiciones y castigos a personas, de hecho, concretas, aunque éstas se piensen a sí mismas en los mismos términos que el poder que interviene sobre ellas, ya para regular sus actuaciones personales, para restringir sus opciones o para castigarlas por practicar intimidades consigo mismas o compartidas. Es decir, cuando éste incide violentamente sobre la ilusión de privacidad y atenta realmente sobre la ilusión de libertad. El derecho a la intimidad, donde se condensan ambos registros ideológicos, es un derecho reconocido formalmente por las constituciones democráticas modernas y, aunque amparado en él, bajo la modalidad de su *reconocimiento*, el Estado se arroga la potestad de –bajo el pretexto de protegerla- imponerle límites muy incómodos y hasta radicalmente contradictorios. Tal sucede con la infundada arrogancia estatal de imponer restricciones a la sexualidad humana hasta el absurdo extremo de penalizar las homosexualidades, la poligamia o las sodomías, el suicidio asistido, la prostitución y la pornografía, hasta el consumo de drogas...

Esta tradición del pensamiento político que atraviesa y soporta la imaginería estadista moderna es una herencia milenaria de la voluntad imperial de la Ley. Los más diversos modos de disciplinar a los súbditos aparece en todos los textos de la literatura occidental de corte moralista como un requerimiento esencial para la gobernabilidad. "Nadie es verdaderamente libre si es esclavo de su propio cuerpo." –decía Séneca- Y el Estado de Ley se ha dado por encargo político liberar a las gentes bajo sus dominios de la esclavitud que les supone sus propios cuerpos. Lo mismo sucede con las retóricas racionalistas, ya por tratarse de ingenuidades políticas o de abiertas complicidades con la Razón de Estado. Por lo menos desde los textos de Platón, si la Ley no podía convencer de la bondad de sus razones, debería vencer por virtud de su fuerza superior. La fusión entre la Ley y la Moral en el discurso estadista se activaría dentro del recurso clave del poder de la retórica y la elocuencia, pero teniendo siempre por refuerzo la condición de supremacía física. La Ley representaría la Moral, el Bien correspondería al registro de lo legal y el Mal a la ilegalidad y la inmoralidad. Quintilano decía: "Aquellos que no pueden conducirse al bien con la razón, solamente serán contenidos mediante el miedo." Pero la razón, como el bien, han sido siempre signos de la voluntad imperial de la Ley: la razón, como el bien, son lo legal; lo ilegal es la locura, la sin razón y la maldad, la esclavitud del cuerpo sometido a sus pasiones, de las que el Estado de Ley se ha dado por encargo liberar; es decir, atar a sus razones de bien, o dicho de otro modo, esclavizar bajo el modo de liberar al sujeto de sus ilusiones de propia mismidad. Todavía en el siglo XXI, cuando los recursos ideológicos de las retóricas prohibicionistas, los miedos y tabúes no resultan suficientemente efectivos para controlar a los sujetos, entonces, la voluntad imperial de la Ley sigue siendo reforzada por la fuerza bruta de su poder...

Apuntes para una ética democrática alternativa

Sólo desde una rígida voluntad de dominación política, siempre de ánimo represivo y punitivo, haría sentido la terca manía estatal de pretender meter bajo el gran sello de la criminalidad todos los problemas representados como violencias sociales, por el sólo hecho de ser definidas como tal por el diccionario imperial de la legalidad. Un equívoco de igual magnitud sería, pues, no sólo ceder a la Razón de Estado el monopolio de las decisiones que se tomen al respecto, sino confiar además y sin reservas en *sus* definiciones de lo que constituye un problema social o una relación de violencia. Ambos registros están permanentemente sujetos a resignificaciones, y lo que hoy puede ser considerado criminal o violento por la Ley mañana pudiera no serlo. Incluso, lo que hoy es representado bajo sus dominios como un problema podría constituir una posible solución. Tal sucede con la cuestión de las drogas, cuyo problema principal consiste en la ilegalidad, y las violencias vinculadas a ella podrían aminorarse significativamente mediante su despenalización.

No se pueden acallar los gritos de angustia de tanta gente con meras promesas de campaña electoral. Pues no hay promesa de mano dura que no lleve la certeza de que su dureza traerá consigo más muertes que las que promete evitar. El Estado trata a la ciudadanía como si fuera un padre al cargo de sus crías. Y ciertamente sabe que es más poco probable apelar al entendimiento de un niño con amenazas y castigos que con buenas razones, favores y cuidos. Así sucede entre los enfoques represivo-punitivos y las razones medicalizadoras de las drogas. Pero no se trata de tratar como a un niño (o como enfermo) a un ciudadano, ni mucho menos habría por qué tolerar etiquetarlos como "enemigos de la sociedad", por el sólo hecho de que consuman o comercien con algo hoy caprichosamente ilegal. Es una ética de convivencia social lo que está puesto en juego cuando el Estado renuncia a las razones sensibles y pone en su lugar amenazas y puniciones. Igualmente terrible es cuando pone por fachada de sus actuaciones las razones sensibles, pero las arma con su fuerza superior y las impone a *todos* igualitariamente.

Nunca deja de ser un chantaje moral la razón que lleva a sus espaldas la amenaza de un castigo. Así mismo, cuando la Ley trata de convencer de los favores que representa y los privilegios que tiene a su cuido, pero recuerda que de no ser obedecida retendrá para sí la libertad en derecho de un ciudadano, no deja de ser nunca, además de un chantaje moral, un hostigamiento psicológico. Cuando se obedece por temor a una represalia no se es *libre*, y un derecho democrático de primer orden es (o debería ser) el de pensar y decidir por *sí mismo*. Pensar, no sobre las consecuencias legales de usar o no usar alguna droga, que a todas cuentas es una arbitrariedad sin sentido de la Ley, sino sobre los efectos que éstas tienen sobre el propio cuerpo, sobre su persona singular... Promover una ética de la responsabilidad social en lugar de aterrorizar con viejos prejuicios es a lo que deberían apuntar esfuerzos los programas *educativos* de cualquier gobierno. Y una ética semejante no puede estar basada sino en el reconocimiento del derecho de una persona a decidir sobre su propio cuerpo, ya para bien o ya para mal.

Las consideraciones morales y religiosas sobre este tema no tienen por qué congeniar con las lógicas represivas del aparato estatal. A todas cuentas, ¿en qué se diferenciaría una moral o una religión de un despotismo si la base de sus planteamientos fuera siempre una amenaza de castigo? Si el miedo al castigo de la Ley es la razón primera para abstenerse del consumo de drogas, ¡qué frágil debe ser la voluntad de los abstemios! Y si la fuerza de la voluntad en nuestra sociedad es principalmente el miedo al castigo, ¿cuán democrática es en realidad esta sociedad? Si avalamos sin reservas ni condiciones las promesas de aumento desmedido en las fuerzas policiales y la inversión multimillonaria en sofisticar sus equipos punitivos -tal y como lo hacen ahora los principales partidos políticos- ¿qué estamos avalando realmente? Sin duda, la violencia como la justa medida para resolver cuestiones que, en esencia, poco o nada se resolverán de esta manera. La política de mano dura ha fracasado, y corresponde a los aspirantes a ocupar cargos de gobierno admitirlo y actuar de otro modo. La propuesta despenalizadora es la alternativa más cónsona con un proyecto radicalmente democrático, pues la base esencial de su fundamento reside en el reconocimiento del derecho de cada cual sobre su propio cuerpo y espíritu, sobre las ilusiones de su propia mismidad, su conciencia y su sentido moral de responsabilidad para consigo mismo y para su comunidad. En el lenguaje jurídico, es la clave del derecho constitucional, basada en el principio de que la dignidad del ser humano es inviolable. La negación al ejercicio pleno de este derecho es una afrenta a la dignidad y a sus correlativos principios de libertad individual. Como apunte antes, aunque vagamente pudiera dar la impresión de que se trata de una contradicción, dado que es dentro de un escenario monopolizado por la racionalidad legal y sus fuerzas desmedidas, habría que promover proyectos de ley que erradiquen la prohibición de las drogas ilegales, basándose en estos principios de derecho democrático. Urge, pues, activar un discurso desmitificador y uno simultáneo que se oriente sensiblemente en los principios éticos y políticos del Derecho, mediante una educación alternativa y no por recurso de la represión habitual de la Ley. Y no se trata de dar voz a los prejuicios culturales, que a la larga pueden ser mayoría numérica pero que en esencia se traducen en las mismas injusticias, crueldades y demás violencias que pretenden combatir. La base de acción inmediata puede ser, pues, el reconocimiento de un fracaso de la política de mano dura, de una derrota en la guerra contra el crimen, porque esta tiene más de montaje ideológico político que de realidad social, aunque sus efectos no son menos devastadores, ni menos reales, violentos, crueles y dolientes, por ello: Guerra ésta que en parte es herencia de tradiciones culturales basadas en prejuicios morales y en parte inventada por las mentalidades punitivas de los gobiernos y de los privilegiados por los favores de sus prohibiciones...

Que los gobiernos traten al pueblo como si se tratara de un niño pequeño es una práctica que debe avergonzarnos antes que dar motivo a enaltecernos. De todos modos, me inclino a pensar que cuando un gobierno dice que castiga porque ama a su pueblo, tal y como un padre castiga porque ama a su hijo, es un modo muy sutil de decir otra cosa: que somos niños porque creen que somos idiotas. Pero a la vez, no me atrevería a negar que se trate de un genuino *amor* el sentido por los gobernantes para con quienes creen sus súbditos, para con nosotros todos, la ciudadanía. Sólo creo prudente recordar que en todo caso, y por lo que pueda valer, hay amores que de tanto amar matan...

Parte II

El imaginario prohibicionista en Puerto Rico: retóricas del miedo y elocuencias de Ley

El imaginario prohibicionista en Puerto Rico: retóricas del miedo y elocuencias de Ley

> "Una autoridad que se funda sobre el terror,
> sobre la violencia y la opresión es, a un tiempo,
> una vergüenza y una injusticia"
> *Plutarco*

> "Y por tanto,
> no pudiendo hacer que lo justo sea fuerte,
> se ha hecho que lo que es fuerte sea justo."
> *B .Pascal*

Ecos de Ley

No, no son voces alternas las que suben a la escena, sino ecos de los monólogos habituales del poder imperial de la Ley, resonancias de sus voces más embriagantes, hipnóticas y somníferas; repeticiones de sus más tediosos soliloquios; recitaciones de un mismo libreto; réplicas de una misma actuación... solipsismos del poder estatal, de su voluntad centralizadora, de su terquedad unificadora, de su ensimismada manía totalizadora... de control; de dominación...

En el gran mercado cultural (pos)moderno se consumen ideas de todo tipo, y las que lucen en los escaparates de los gobiernos gozan de gran prestigio, porque están hechas a la medida de los deseos de las mayorías, es decir, de sus anhelos de seguridad e ilusiones de libertad, y también de sus prejuicios y temores más genuinos; de sus vicios y rencores, de sus hipocresías y egoísmos; de sus simpatías y complicidades; de sus razones, terquedades e inconsistencias; de sus amoríos, ingenuidades, frustraciones y desencantos... Entre ellas, las malas ideas son una mercancía de gran demanda, y al parecer destacan entre las preferidas por el pueblo llano, que las consume porque les place, aunque sean nocivas a la salud individual y colectiva; espiritual; física. En este gran mercado, el comercio entre las que justifican los castigos sigue estando en todo su apogeo, luciendo nuevas prendas en las pasarelas mediáticas, en sus vitrinas eléctricas y de papel, pero hechas de los mismos materiales reciclados de entre el inmenso y espectacular repertorio de sus rehusadas violencias. La crueldad, al parecer, no pasa nunca de moda. Sigue en alza su venta y tiene cada vez más compradores; consumidores de todas las clases sociales aprovechan sus ofertas, aunque en tiempos maquillados de crisis están dispuestos a pagarlas a cualquier precio. Sigue siendo un gran negocio lucrativo el de las prohibiciones, el de las moralidades coercitivas, el de las leyes brutas. Y por más refinada que se presente, por más hermoseada que la arreglen, la crueldad sigue siendo el vestido de gala de la señora Ley; tatuado en el revés de su anciana piel; es la prenda mística de la que no se puede desprender... la crueldad es uno de los soportes más firmes de todas las ideas prácticas que justifican el castigo... y toda prohibición de Ley lleva siempre la amenaza permanente y armada de fuerza superior para hacerlo...

Replicas de gobierno: la Gran Moral de la "sociedad civil"

> "La lucha contra la violencia y contra el crimen
> no puede ser sólo del gobierno.
> Cada uno de nosotros tiene que asumir la responsabilidad
> y tiene que participar."[1]
> *S.M. Calderón (gobernadora de Puerto Rico)*

La convocatoria a la "sociedad civil" a que se haga Estado permanece abierta en el escenario político del siglo XXI, se hace pública en todos los medios de los que dispone el gobierno para hacerlo, y cada partido político la integra a su plataforma –con una dosis precisa de miedo- como condición esencial para la ejecución efectiva de sus planes de gobierno: el reclutamiento de *civiles* para la guerra contra el fantasma de la criminalidad, para la cruzada contra el demoníaco espectro del narcotráfico, encarnado en la perversa voluntad de sus comerciantes, que desatan los demonios de las drogas y tientan a pervertir la "moral del pueblo", principalmente de las frágiles conciencias de nuestras juventudes y demás clientelas... Citaré algunos textos para dar cuenta explícita de ello, pero debo advertir que poco importa la personalidad singular que hable desde el poder de gobierno, pues el libreto sigue siendo el mismo y las retóricas son idénticas a sí mismas en

---

[1] S.M. Calderón; según citada en S.D. Rodríguez Cotto (Agencia EFE); "Respuesta ciudadana", *El Nuevo Día*, sábado, 30 de agosto de 2003; en http://endi.com.

lo que respecta a su finalidad política: el efecto de hegemonía del discurso estatal; la gobernabilidad. De todos modos, no importa realmente quién se siente en la silla del poder o aspire a hacerlo, será un intermediario de la Ley, una réplica de su voluntad imperial. Es éste un sentido generalizado en los discursos estadistas modernos, que lo reivindica como una virtud democrática y, a la vez, como un requerimiento esencial de la Justicia de la Ley, para permanecer ciega ante las diferencias esenciales de todos e imponer un trato igual, por principio indiscriminadamente cruel. No es relevante -valga reiterar- a quién cite como ejemplo, pues todos los aspirantes a cargos de gobierno están representados en la generalidad dramática de la misma retórica, y no existen variaciones cualitativas que pudiera destacar con relación a sus objetivos estratégicos; calculados fríamente, mas no por ello menos ilusos: erradicar las drogas o la disposición a sus usos...

La "sociedad civil" es una categoría de la retórica política de gobierno, que tiene por encargo ideológico dar la impresión de que representa una unidad coherente de sentido, un mismo espíritu encarnado en la colectividad ciudadana, que la mueve al unísono hacia una misma finalidad; una Gran Moral admitida y respaldada por todos por igual y sentida mas o menos en la misma valía por cada cual; una Voluntad General traducida en una disposición anímica a la subordinación incondicional de los mandamientos de Ley, a la obediencia sin reservas, al asentimiento, al consenso; a la Identidad. En este sentido, la categoría política de sociedad civil opera, cuando es activada desde la retórica totalizadora de gobierno, como dispositivo ideológico legitimador de sus prácticas interventoras, de sus arreglos estratégicos de control social y dominación general. En este gran escenario, el paradigma represivo-punitivo que domina la política prohibicionista, y se representa a sí mismo como el modo más efectivo de lidiar con el espectro de la criminalidad y las violencias sociales, aparece como efecto condensado de esta Gran Moral, Voluntad General de la ciudadanía, del pueblo, inscrito en la categoría espectral (pos)moderna de "sociedad civil". Según se la apropia y significa el gobierno, éste no cumple sino la función primordial de representarla...

En la actual condición de época, el efecto ideológico de hegemonía del discurso estatal se traduce en las voces que se activan bajo el semblante de la sociedad civil como ecos de la voluntad imperial de la Ley, representadas en escena como alternativas, pero en esencia reproduciendo la gran ilusión de que, en realidad, existe una Gran Moral social y que la Voluntad General persigue el mismo horizonte. Ahí la condición clave para el lugar central que ocupa la ideología prohibicionista, represiva y punitiva, dentro de la imaginería democrática dominante. Las consecuencias sobre el derecho a la libertad de cada cual sobre su propio cuerpo, a administrar su privacidad como le parezca, a hacer en su intimidad —compartida o consigo mismo- lo que le plazca, quedan desplazadas a un segundo plano, subordinadas al imaginario gran deseo de seguridad y bienestar de las mayorías, que en clave de la racionalidad estatal se traduce en un gran desprecio a esa parte de la libertad individual, de la autonomía existencial de cada cual, de la vida singular...

Estado de situación, situación de Estado

> "No hay asunto increíble,
> que la elocuencia no pueda hacer que parezca probable;
> no hay cosa horrible o vulgar
> que la elocuencia no haga que parezca bella
> y casi digna de veneración."
> *Cicerón*

En el programa de gobierno del Partido Popular Democrático (2001-2004) se representa la "realidad puertorriqueña" ante el crimen de idéntico modo y con la misma finalidad que en los programas de gobierno que le precedieron:

"Todo Puerto Rico vive intranquilo ante la criminalidad que nos circunda y el temor de, en cualquier momento, ser directa y seriamente afectado por el crimen. Esta realidad impacta negativamente la capacidad para realizar los deberes cotidianos y coarta nuestra búsqueda de felicidad individual y como pueblo."[2]

---

[2] Programa de Gobierno 2001-2004 del Partido Popular Democrático; *Proyecto Puertorriqueño para el siglo 21*; Puerto Rico, 2000; pp.49-55.

En una apología -muy "oportuna"- al cuerpo de la policía, publicada previo a ser electa al cargo a la gobernación, Calderón, repitiendo literalmente estas mismas palabras como contexto de su escrito, se representaba como eco del deseo general de la población atemorizada:

"Queremos un Puerto Rico más seguro para todos. Un país de orden público y respeto, donde podamos convivir sin temor. Un Puerto Rico seguro donde vivamos en armonía, solidaridad y en un ambiente digno para nuestros hijos."[3]

La mano dura ha sido la gran idea de los gobiernos para la consecución de tan *elevados* fines. Tan elevados, quizá, que han olvidado andar con pie firme sobre la tierra, amable y doliente, sucia; viva... y quizá sucedió que el vuelo se emprendió con alas de cera en dirección al sol, y sólo resta la espera de su vuelta... y verlo caer en picada mortal...

La primera contradicción es esta: Puerto Rico desea vivir tranquilamente, pero es mediante la fuerza bruta de la represión, las prohibiciones y castigos, que el Estado que lo tiene a su cuido, procura reestablecerla. Demás está repetir que Puerto Rico es un signo retórico, una categoría política espectral, abierta a ser resignificada permanentemente como recurso de legitimidad de la fuerza que se lo apropie y disponga a imagen de sus deseos. Es una suerte al parecer inevitable la recurrencia a este signo, que viene a asistir indistintamente a todas y cada una de las inclinaciones ideológicas que se dan cita dentro el escenario de lo político. Baste entonces advertir la impotencia representacional de este signo: no TODOS tienen cabida en él, no por lo menos en los reducidos términos a los que lo dispone el gobierno. Pero el problema no se limita a una cuestión del uso del lenguaje, sino precisamente a la materialidad implicada en él, a las modalidades de la puesta en práctica de ese deseo general que el gobierno presume representar por el arrogante hecho de hablar a nombre de todos. Baste interrogar cada uno de sus entendidos, lo suficientemente ambiguos como para mantenerlos en juego

---

[3] S.M. Calderón; "Policía de Puerto Rico: los guardianes de nuestra seguridad", *El Nuevo Día*, lunes 25 de septiembre de 2000, en http://endi.com.

abierto, pero muy precisos en el orden de sus efectos de cierre ideológico y práctico. Orden que trataré enseguida y que, aunque en ocasiones guarda distancia abismal entre lo que se dice y lo que realmente se hace, lo más terrible sucede cuando hace eso que dice, no porque miente sino porque dice la verdad...

¿En qué consiste esa seguridad de la que todos somos partícipes bajo el registro de un gran deseo? ¿A costa de qué se está dispuesto a lograr? ¿La armonía entre quienes? ¿La solidaridad con quién? ¿Un orden público para qué? ¿Respeto a quién? Cada respuesta será atraída por la fuerza gravitacional del poderío imperial de la Ley, y todo cuanto se salga de su órbita será intervenido por ella, procesado y juzgado, sentenciado y condenado... Aún así, en su mismo lenguaje están las claves para preguntar -suponiendo que así fuera en realidad el deseo general, y que el gobierno reconoce en él el derecho de la ciudadanía a procurarse su felicidad- ¿podría suceder que fuera el propio gobierno el responsable principal de la limitación de las posibilidades de cada cual para ser felices, de sentirse seguros y en un ambiente digno para todos? ¿Podría el Estado de Ley y todos cuantos piensan coincidentemente como él, equivocarse?

Cierto es que el miedo tiene un efecto intimidatorio, que incide en el impedimento al goce pleno y al cumplimiento de tareas, etc. Pero existe una brecha inmensa entre el miedo y las alusiones a esta condición que hace el Estado para legitimar la modalidad de sus intervenciones. El miedo es una reacción genuina de la gente ante ciertas condiciones de su existencia, y tiene el mismo efecto si se trata de una cuestión concreta o una imaginaria. El miedo nunca es irreal. Pero es una condición que se puede crear artificialmente y manipular políticamente, y ese ha sido uno de los encargos ideológicos por excelencia de todos los gobiernos. La convocatoria a que la sociedad civil se haga partícipe de las razones de Estado se suele hacer sobre la sólida base que le supone al gobierno este significante espectral, que es el miedo...

Poco antes de tres años después de subir a escena como gobernante, Calderón convocó (por radio, televisión y prensa escrita) a la unidad popular para que se hiciera partícipe de sus gestiones de gobierno y apoyase desde adentro sus *esfuerzos* para "combatir el trasiego de drogas y la violencia que afecta el país."[4]:

> "Tenemos que unirnos, fuera de líneas partidistas, y dar el frente juntos contra esta amenaza a nuestra tranquilidad, que es el trasiego de drogas y la violencia."[5]

Y luego, como enseña el arte de la retórica, invirtió los papeles del juego y se representó a sí misma, no sólo como eco de los sufrimientos del pueblo, sino como afectada en su persona por sus padeceres, que son los de todos. Re-citó las líneas del libreto en su papel de la Madre, que atenta a los deberes de su oficio *sabe* que debe educar y disciplinar a sus hijos, y precisamente porque los ama y por amor los tiene bajo su protección y cuido, vigilarlos y castigarlos...:

> "A los padres y madres que, como yo, están preocupados por sus hijos, a ustedes también los invito a que se unan a mí..."[6]

Es risible esta representación teatral, pues ¿quién podría imaginarse a esta blanca señora intranquila en la seguridad privilegiada de su Fortaleza y de tan cómoda vida entre sus riquezas, por las mismas razones que intranquilizan al común del pueblo? ¿Hipocresía? ¿Ironía? ¿Cinismo? No importa, pues la clave de la solidaridad es esta: aliarse al otro sin estar en la condición que le aqueja, o de la empatía, que es darse a la sensibilidad de ponerse en los zapatos del otro. Así que no habría por que insistir en no creerle. A todas cuentas, está en sus actos -que la trascienden en la política de su gobierno- lo que aquí interesa, su verdad. Las reacciones politiqueras no vacilaron en subir a escena de inmediato, y acusaron de que todo se trataba de

---

[4] S.M.Calderón según G.Cordero, en "Convocatoria al pueblo para unirse contra el crimen", *El Nuevo Día*, viernes 29 de agosto de 2003; en http://endi.com.

[5] Ídem.

[6] Ídem.

un "montaje político".[7] Pero esa crítica reaccionaria[8] participa también del mismo artificio, pues todo pertenece de por sí a un montaje político del que no hay un afuera posible para el dominio de la mirada pública. Lo que sucede es que el espectáculo general es mucho más amplio y complicado, y no empieza ahí como tampoco ahí termina. Además, no es más genuino un discurso improvisado que uno arreglado con debida cautela y prudencia para la ocasión. Ahora bien, lo que sí es cierto es que el libreto fue actuado al pie de la letra, incluyendo las reacciones espontáneas de la oposición. Es decir, cada personaje representaría su papel como si se tratara de un acto innovador, de una voluntad de cambio, de una alternativa. Esa es la clave publicitaria de su actuación... clave, a la vez, de la gran acogida popular de su espectáculo...

Signo de la condición de época (pos)moderna es la disolución de la identidad de género tradicional en la actuación de gobierno. Dentro del poder de gobierno estatal pueden alternarse igualitariamente las dos categorías claves del discurso cultural del género: hombre y mujer. La Ley (salvo algunas excepciones dramáticas) prescinde de tales distinciones, es transgénero. No obstante, en su seno se siguen reproduciendo las mismas relaciones de dominación. De una parte, la Ley es la voluntad del Padre, aunque hable por voz de la Madre: el pueblo sigue siendo tratado como un gran niño pequeño, y cada sujeto como carente de la capacidad de administrar autónomamente la singularidad de sus destinos. Cuidar, educar y, sobre todo, corregir cuando le falta a su respeto, y castigar cuando desobedece. La Ley sin género es a la vez Padre y Madre: trata a sus crías siempre con amor, y bajo su signo controla y castiga. En la clave caricaturesca de la familia *normal* moderna: combina la firmeza de la autoridad del Padre y la ternura comprensiva de la Madre: la crueldad de sus violencias sigue expresándose en los lenguajes del amor, y las venganzas de la Ley bajo las retóricas de sus compasiones...

---

[7] Según un artículo de la Agencia EFE, ésta negó las alegaciones de que la "convocatoria contra la violencia" fuese un montaje político, como señalan sus opositores. En "Calderón crea grupo de trabajo para atender la violencia"; *El Nuevo Día*, viernes, 29 de agosto de 2003; en http://endi.com.

[8] En el mismo artículo citado, el precandidato a la gobernación por parte del Partido Nuevo Progresista, Carlos Pesquera, la acusó de improvisar en la lucha contra el crimen y prometió que, de ser electo, ésta sería "prioridad desde le primer día".

Inalterado el libreto de la represión: secuelas de la prohibición

...la convocatoria *abierta* a que la "sociedad civil" se haga Estado sigue repitiéndose sin variaciones en todos los tiempos. Tiempos que son dentro del dominio imperial de la Ley, un mismo tiempo: el de sus prohibiciones:

"Ha llegado el momento en que nos unamos todos; en que la ciudadanía se ponga de pie y asuma parte de esta responsabilidad con las autoridades públicas"[9]

Implicado en esta convocatoria, sigue siendo a la guerra entre traficantes de drogas que los gobiernos atribuyen gran parte de las violencias y crímenes más terribles que afectan a Puerto Rico, y en su lógica manida las promesas continúan siendo las mismas: reclutar más policías e invertir millones de dólares en equiparlos para esta guerra inconclusa, al parecer sin *saber* que es inconcluíble precisamente porque es el Estado mismo quien la inventa y la mantiene intacta en escena. Lo que no es invención de su imaginería son las violencias y muertes que se producen a diario, pero no son las drogas la causa, ni siquiera el comercio de ellas. Las violencias que el Estado vincula a las drogas son el efecto global de la política prohibicionista, de las condiciones a las que fuerza a una parte significativa de la población a envolverse. Pero a la vez, esta guerra abanderada de los prejuicios culturales, facilita que la voluntad lucrativa de otros encuentren justamente ahí, en las prohibiciones, la entrada de acceso seguro a un mundo incontenible de privilegios, de bienes y placeres, de comodidades... y también de chantajes y corrupciones, de engaños y manipulaciones, de crueldades, violencias y muertes...

El drama general ha sido construido con los dos materiales más preciados de los gobiernos: el miedo y el prejuicio de sus tabúes. A pesar de que son un signo de disputa permanente, las estadísticas oficiales han sido piezas claves para el mismo, representando un estado general de situación crítica ante los embates de las drogas ilegales y el narcotráfico, englobados todos

---

[9] S.M. Calderón, según citada por Agencia EFE, "Gobernadora reitera esfuerzos para combatir criminalidad"; *El Nuevo Día*, jueves, 28 de agosto de 2003; en http://endi.com.

dentro del espectro de la criminalidad.[10] Según la exposición de motivos de la Ley Número 3 del 13 de marzo de 2001, que creó en Puerto Rico la Oficina de Control de Drogas (OCDPR), cerca del noventa (90) por ciento de los crímenes violentos y el ochenta (80) por ciento de los asesinatos que se cometieron para ese año estaban relacionados con el narcotráfico. La erradicación del consumo de drogas es el objetivo estratégico, y aunque torpemente ingenuo y caprichoso, el enfoque represivo-punitivo estatal se empeña en mantener el fin de desposeer a la ciudadanía del derecho a las drogas, procurando reforzar el armamento de la Ley prohibicionista y sus tabúes. En la exposición de motivos de un proyecto legislativo del Senado, en 2001, se representa nítidamente este artificio ideológico:

> "Desde hace muchos años, la adicción a drogas constituye el problema más apremiante de la sociedad puertorriqueña. Por ello, los ciudadanos, las entidades privadas y las agencias gubernamentales le han prestado atención especial y han hecho esfuerzos genuinos por enfrentarse a las diversas manifestaciones sociales que inducen o promueven la adicción a sustancias controladas.
>
> A pesar de las iniciativas, energías y recursos sustanciales que se han dedicado para prevenir y aminorar la incidencia de drogas en Puerto Rico, los datos estadísticos reflejan un ascenso en nuestra población adicta. Estudiosos del problema estiman que mientras en el año 1961 se calculaba que existían unos 1,500 casos de adicción a drogas, en el año 1990 está población estimada asciende a sobre 150,000 adictos, lo cual es cien veces mayor al cálculo para el año 1961. Al presente, Puerto Rico está en segundo

---

[10] Es común el disenso permanente que tienen los partidos políticos con respecto a las estadísticas, y muy particularmente también las acusaciones de parte y parte de haber alterado resultados, manipulado datos, etc. En un artículo publicado por Associated Press bajo el título "Gobernadora alega se ha reducido la criminalidad", el 2 de octubre de 2002 (http://endi.com.) ejemplifica los estilos de estas disputas, sostenidas por las figuras de gobierno entre insinuaciones, insultos, acusaciones y, a la vez, cada parte prometiendo que en su incumbencia éstas serán presentadas con honestidad.

lugar como punto de entrada de narcóticos a los Estados Unidos. Nuestra isla se ha convertido en un gran escenario para el trasiego y consumo de drogas, incluyendo marihuana, cocaína, heroína y muchas otras reconocidas." [11]

Según el senador, es patente que los esfuerzos de las agencias bajo este encargo "no resultan suficientes para un problema de tal magnitud y se hace necesario, por tanto, buscar nuevas estrategias que envuelvan la participación ciudadana no sólo para la formulación de política pública, sino para el logro de una acción comunitaria concertada." [12] El cuadro general integra los matices dramáticos de siempre:

"El problema actual se manifiesta en un crecimiento sostenido en la criminalidad y, en especial, en delitos de violencia, en el deterioro general de los valores y patrones familiares, deterioro en la salud física y mental de nuestra población, abandono de la escuela, aumento en los casos de negligencia, abuso y maltrato y crecimiento en el número de pacientes con el Síndrome de Inmunodeficiencia Adquirida." [13]

Dentro de este escenario activa sus críticas, establece las causas del problema y propone alternativas para solucionarlo:

"Ante esta realidad objetiva, es forzoso concluir que el aumento descontrolado del problema, sus causas y

---

[11] Proyecto del Senado 392, presentado por Fas Alzamora, en la 14ta Asamblea Legislativa, 1ra Sesión Ordinaria, el 4 de mayo de 2001. Según el texto citado, "se estima que a nuestro país entran mensualmente alrededor de 7 toneladas de cocaína y que más del 20% de esa droga se queda aquí para consumo local. Tan afectados estamos, que estudiosos de la materia han señalado que la incidencia en el uso y abuso de drogas en Estados Unidos es 3 veces más que en Europa, Canadá y Australia, mientras que el análisis de tal incidencia en Puerto Rico demuestra que la nuestra es tres veces mayor que la de Estados Unidos, siendo el tercer país del mundo en consumo de heroína." (Ídem)

[12] Ídem.

[13] Ídem.

manifestaciones se debe a que, desde el punto de vista gubernamental, los programas de prevención, intervención, tratamiento y rehabilitación no han sido eficaces."

Esta conclusión es ampliamente compartida por diversos sectores situados *fuera* de las líneas partidistas, representados usualmente como sociedad civil. El reconocimiento del "fracaso" de las medidas represivo-punitivas usuales es la modalidad retórica que permite proyectar una imagen de reflexividad por parte del gobierno, y a la vez autorizar la entrada de *nuevas* medidas, en apariencia diferentes. De ello participan diversas figuras que aparecen en la escena mediática como *representantes* de la sociedad civil. Entre ellos, por ejemplo, el ex presidente del Colegio de Abogados, Eduardo Villanueva, quien en este contexto sostuvo:

"...el fracaso de años de las estrategias de más policías, penas y equipo evidencian que se deben descartar las soluciones tradicionales."[14]

Asimismo, la socióloga Lina Torres, señaló:

"Hay que preguntarse si las políticas de criminalidad en Puerto Rico están reprimiendo la criminalidad o la están reproduciendo. Vamos a llegar a una respuesta: la están reproduciendo"[15]

Coincidentemente, el psicólogo Salvador Santiago, plantea que –según el periodista- se debe renunciar a las estrategias criminales contra el narcotráfico y abrazar un modelo salubrista, porque por cada dólar que se invierte en prevención se gastan siete en planes policíacos.[16] Y así sucesivamente, se activan desde

---

[14] Ídem.

[15] Según citado por D. Rivera Vargas en "Pedido a coro de nuevas tácticas contra el crimen", *El Nuevo Día*, jueves, 4 de septiembre de 2003; en http://endi.com.

[16] Ídem.

distintas posiciones para reafirmar que, en esencia, el modelo represivo punitivo ha fracasado. Pero, ¿ha fracasado realmente?

Del mito de la *participación* ciudadana (un paréntesis)

Antes de continuar la línea argumentativa de este apartado, considero oportuno abrir un paréntesis para destacar ciertos aspectos críticos de la convocatoria del gobierno a la "participación ciudadana". En primer lugar se debe tener en cuenta que el gobierno se reserva la potestad de guardar la distancia entre la autoridad pública y la ciudadanía convocada a su auxilio, y de arbitrar la alianza entre el Estado y la sociedad civil, siempre ordenada, regulada y delimitada por el gobierno. Distinción ésta que precisa ciertas consideraciones para no caer en falsas expectativas e ingenuas ilusiones:

- que el gobierno invite a la ciudadanía a participar no quiere decir que la participación vaya a traducirse en un acto significativo en todos los aspectos;

- que algunos tengan la oportunidad de expresarse no quiere decir que el poder lo escuche realmente; ni que lo tome en consideración más allá de la imagen de que en realidad está abierto a la escucha y sensible a las cosas dichas...

- tampoco habría por qué suponer que, de ser tomadas en cuentas las voces no gubernamentales, éstas representarían una alteración cualitativa a las resonadas del gobierno;

- que en última instancia y desde un principio es la autoridad pública la que decide qué considera legítimo, conveniente o necesario, a qué reconoce un valor práctico y qué descarta y rechaza...

Lo que no quiere decir que la ciudadanía deba quedar al margen de estos espacios de *participación*, ni resignarse ante las políticas de gobierno, sólo que no deberían hacerse de grandes ilusiones inmediatas ni animar como una virtud lo que podría no ser más que una ingenuidad política sobre las bondades de los gobernantes, que disfrazan de "espacio de participación ciuda-

91

dana" lo que en esencia es parte de su estrategia de relaciones públicas ante los embates de criminalidades asesinas. El principio de derecho democrático que debería ser activado en este escenario incierto pero previsible sería no admitir que por participar de un proceso como éste se tendría que avalar incondicionalmente las soluciones a las que al final se convengan.[17] Sobre todo porque, muy posiblemente, al final no varíe radicalmente la situación, pues los *problemas* a los que se enfrentan son demasiado grandes para las posibilidades reales de resolverlos, precisamente porque la representación del problema mismo, tal como ha sido planteada por el gobierno, es el principal problema al que se enfrentan: la imposibilidad de resolverlo. Tanto mayor cuanto más arraigada en las conciencias ciudadanas está el tabú demonizador de las drogas y los prejuicios culturales que menosprecian el derecho de cada cual a decidir sobre su propio cuerpo...

---

[17] Me parece pertinente traer a colación una breve crítica reflexiva sobre una categoría medular en este asunto: el consenso. La fuerza representacional que sube a escena bajo el signo de un consenso puede tratarse de una maniobra ideológica de dudosa valía, que no debe pasar inadvertida. La categoría "consenso" tiene un uso político que trasciende la especificidad de su carácter denotativo, es decir, que algo más podría estar implicado en la inmediatez conjurada del consenso. Por lo general -por ejemplo- cuando el Estado, o bien el Partido que lo administra, habla a nombre del Pueblo, la categoría de consenso opera como parte de un dispositivo invisibilizador de las tensiones irresueltas, las disputas irresolubles, de las disidencias o las alternativas que muy posiblemente no han sido reconocidas, precisamente en nombre de un consenso. A propósito de la temática que ocupa este escrito, la premisa fundamental de los argumentos que favorecen la política prohibicionista reinante (ya de corte represivo o salubrista), es que existe un "consenso social" sobre el carácter maligno de las drogas y la criminalidad, dando por sentado una relación de causalidad entre ambos registros y convirtiendo la ilusión del consenso en una poderosa fuerza de autoridad legitimadora de sus intervenciones. La consecuencia frente al Derecho es terrible cuando el Consenso se arma de la fuerza de la Ley y se impone tiránicamente sobre todo aquél que no participe de sus arreglos. La ironía es que en el Estado de Ley el despotismo de las mayorías resuelve como democrática esta práctica representacional, demagógica de hecho, que se materializa en las violencias de Ley sobre los sujetos situados en sus márgenes...

El consenso, en el escenario cultural (pos)moderno, es una modalidad del poder uniformador de la Ley, y desde un enfoque radical de lo democrático debe ser mirado como signo de un peligro permanente: la voluntad de muerte de las diferencias...

El fantasma de la Mano Dura: sociedad policial / democracia carcelaria

...las retóricas de pánico que caracterizan las estrategias discursivas de los gobiernos prohibicionistas tienen una característica común: que son belicistas. Y aunque gran parte de sus discursos son puras invenciones ideológicas para fines distintos a los proyectados en la superficie de sus palabras, en la práctica adquieren una materialidad poderosamente violenta. Las retóricas del miedo que se activan dentro del discurso oficial de lo criminal se convierten en dispositivos de guerra:

"... y la sociedad puertorriqueña está perdiendo la batalla (...) Estamos en una pelea desproporcionada. Yo digo que hay que crear un ejército."[18]

La alusión al fracaso aparece en la escena como una reflexión urgente y sensible ante los embates de la criminalidad y a partir de ella algunos sectores promueven medidas tales como la medicación y hasta incluso la legalización. No obstante, la reflexividad se detiene a la puerta del mismo objetivo, que mantiene como horizonte de todos sus reajustes estratégicos la criminalización de ciertas drogas, la penalización de sus usuarios y comerciantes. El texto del senador citado sostiene:

"Debe reconocerse, además, que hasta ahora el gobierno no ha adoptado un plan verdaderamente agresivo y coordinado para erradicar la adicción a drogas en toda la Isla a corto plazo y en forma permanente, dirigido el mismo al componente del consumidor y a la consiguiente demanda de drogas."[19]

Y, de otra parte, sosteniendo las promesas de campaña, la gobernadora reitera:

---

[18] J. Colberg Toro, según citado por F. Rosario en "Golpe legislativo al narcotráfico"; *El Nuevo Día*, lunes 8 de septiembre de 2003; en http://endi.com.

[19] Proyecto del Senado 392, presentado por Fas Alzamora; Op.cit.

"Nuestro gobierno está llevando a cabo un trabajo intenso para ir a la raíz del consumo de drogas y de la violencia, para ir a sus causas. También está trabajando fuerte en todo lo relativo a sitiar y castigar a los violadores de la ley."[20]

Lo extraño es que no admite que la raíz de las causas de la violencia está en la prohibición de las drogas, y no en el consumo de las mismas. La gobernadora Calderón instó a "los ciudadanos" a aunar esfuerzos para combatir la criminalidad, durante un mensaje por televisión en el que reiteró los esfuerzos que ha hecho su administración para combatir el crimen. Tal como adelantó en una rueda de prensa, la Mandataria dijo que aumentó el presupuesto de la Policía en más de 80 millones de dólares, para adquirir equipo, radios, patrullas, y todo lo necesario para que el cuerpo policial esté bien preparado.[21] Además, recalcó que próximamente reclutaría 1,200 nuevos efectivos policíacos para aumentar la vigilancia a través del País.[22] Según el artículo citado, Calderón adjudicó nuevamente el alza en la criminalidad como el resultado "de la guerra feroz que se ha desatado entre las personas que trasiegan drogas en Puerto Rico" y el impacto de la Policía en más de 400 puntos de drogas:

---

[20] S.M. Calderón; en Agencia EFE; "Gobernadora reitera esfuerzos para combatir criminalidad"; *El Nuevo Día*, jueves, 28 de agosto de 2003; en http://endi.com.

[21] Según información publicada en la prensa local hace poco menos de diez años, Puerto Rico invierte cerca de $30 millones anuales sólo para "vigilancia y seguridad" en los residenciales públicos, principalmente para combatir el narcotráfico. Cerca de $850 millones anuales para combatir la criminalidad en el país, centrada su atención principalmente en la guerra contra el comercio ilegal de drogas. (En L. Mulero; "Plaga sin fronteras"; *El Nuevo Día*; lunes 30 de abril de 1996.) Hoy sigue en ascenso el capital *invertido* en ello, sin acercarse a cumplir sus objetivos y generando más problemas de los que procuran resolver.

[22] La cifra de efectivos policiales estatales prometida por la Mandataria durante su campaña electoral se monta a 25 mil. Según la Secretaria de Justicia, Anabelle Rodríguez, "Puerto Rico supera ampliamente a Estados Unidos en cuanto a cantidad de policías por habitantes". Mientras en Estados Unidos hay 2.4 policías por cada 100,000 habitantes, en Puerto Rico hay 4.2. (Ver G. Cordero; "Estrategia salubrista sobre la mesa", *El Nuevo Día*, viernes 26 de diciembre de 2003, en http://endi.com.)

"...se han desarticulado más de 400 puntos y se están impactando cientos de otros. La Policía los está persiguiendo para que no vuelvan a establecerse. La guerra de drogas y las balaceras que hemos visto son resultado directo de esto".[23]

En un artículo anterior la gobernadora reiteró que a principios de ese año en Puerto Rico operaban cerca de 1,600 puntos de drogas, de los cuales, según la Mandataria, 1,000 fueron intervenidos por la Policía, logrando arrestar cerca de 3,000 personas por violación a la Ley de Sustancias Controladas.[24] Como resultado de esas intervenciones en los puntos –añade- se han eliminado cerca de 500 puntos de drogas.[25] Pero, en realidad, ¿los ha eliminado? ¿No será acaso que el efecto de esta intervención, por el contrario, ha sido la proliferación incontenible de micro-puntos regados por todo el escenario social? Esta pregunta la dejo en suspenso para tratarla más adelante. Quisiera detenerme antes en destacar una de las paradojas más dramáticas del discurso represivo-punitivo del gobierno. Según la Mandataria, efecto directo de la "desarticulación" de los puntos de droga, es la guerra entre narcotraficantes, que ocupa el nivel más elevado en la jerarquía de razones estadísticas de la criminalidad. ¿Qué quiere decir esto? Que la política prohibicionista activada por el poder de gobierno es la condición primaria de todas las violencias que caracterizan una buena parte del gran mercado de drogas ilegales.

Sin duda es una realidad dramática el hecho de que muchos comerciantes de drogas ilegales estén en la disposición de matar y hasta morir por mantener el control de su negocio. Pero esta realidad no es nueva, ni mucho menos exclusiva de las dimensiones de la ilegalidad o el narcotráfico. Incluso me atrevería a apostar que en la base de sus actuaciones impera el mismo principio que rige el capitalismo legal, y que comparten ambos

---

[23] S.M. Calderón; según citada en Agencia EFE; "Gobernadora reitera esfuerzos para combatir criminalidad"; *El Nuevo* Día, jueves, 28 de agosto de 2003; en http://endi.com.

[24] S.M. Calderón según citada en Agencia EFE, "Empeño en atacar la criminalidad"; *El Nuevo* Día, domingo, 1 de junio de 2003; en http://endi.com.

[25] Ídem.

mundos los mismos códigos de valor moral: la competencia descarnada y el ánimo de lucro sin miramientos sobre los efectos sociales más amplios. La estructura organizativa es idéntica a cualquier empresa privada y las relaciones interiores también participan de la misma estructura y racionalidad económica. Que los mueva el ánimo de lucro o la tendencia consumerista es un *problema* (si acaso esto fuera un problema) que trasciende la cuestión del comercio ilegal de las drogas, pues es, a todas cuentas, un problema vinculado estrechamente a la estructura económica y social en general, a sus modelos basados en la competencia y el consumo por el placer del consumo o por el valor simbólico de las mercancías que se obtienen por recurso de estos medios, y a la vez por la incapacidad estructural del sistema capitalista de ofrecer espacios alternativos para satisfacer las necesidades sociales e individuales de la que su propia lógica participa en crear y promover.

Según el ex-presidente del colegio de abogados, Eduardo Villanueva -según citado por la prensa del país- "Hoy día hay más presos que nunca y más criminalidad que nunca". Sostuvo además que una de las variables centrales es la poderosa economía subterránea del narcotráfico, que va de la mano con una sociedad consumerista en la que los empleos legítimos no generan suficiente dinero para comprar lo que exige la "presión social":

> "Puerto Rico, en conclusión, tiene que ser repensado
> estructural y socialmente en sus raíces más profundas
> y sólo esto detendrá esa espiral incontrolable de
> violencia.[26]

Pero también se trata de una cuestión de psicología individual (que es siempre social), de medios optativos para bregar con los irremediables embates que le supone a cada cual vivir la vida en sociedad, y también una preferencia de la que se procura satisfacción anímica, sosiego espiritual o simplemente placer o goce casual. Aspecto crucial éste del que se desentienden los paradigmas prohibicionistas (represivo-punitivo) y atacan las

---

[26] Según citado por D. Rivera Vargas en "Pedido a coro de nuevas tácticas contra el crimen", *El Nuevo Día*, jueves, 4 de septiembre de 2003; en http://endi.com.

moralidades que promueven el enfoque médico-policial en la alternativa salubrista. Las cárceles y complejos penales análogos han aumentado considerablemente en las últimas décadas, y con ellas la población confinada. Hoy hay más presos que nunca y, sin embargo, la criminalidad de las que son acusados la mayoría no ha mermado ni un ápice, sino todo lo contrario. Es el Estado el que criminaliza el comercio y consumo de drogas, por lo que es el Estado el que crea "el problema" y sus hibridaciones...

En un artículo publicado a finales de 2003 aparece la plana mayor de la Policía "rindiendo cuentas" a la gobernadora mediante decenas de informes estadísticos que *demostrarían* "los logros del programa anti-crimen y de la lucha contra el narcotráfico.[27] En esta reunión -que según el Superintendente, tenía el propósito de integrar a la Gobernadora al grupo de trabajo que delinea las estrategias para combatir la criminalidad- se informó que en lo que va de año se ha arrestado a 16,099 personas por delitos relacionados con el uso, consumo o trasiego de sustancias controladas, acercándose al total de intervenciones realizadas en 1999, el año con el porcentaje mayor, que reportó 17,153.[28] La autora de este artículo destaca serias inconsistencias en lo relativo a la comparación entre los datos estadísticos, irresueltas entre lagunas que ninguna parte resolvería.[29] Sin embargo, lo que interesó destacar es que, a pesar de las ambigüedades y de la relativa imprecisión de estos datos, ciertamente demuestra que una parte significativa de la población

---

[27] M .Hernández; "Estadísticos los logros de la Policía" en *Primera Hora*, viernes 10 de octubre de 2003 en http://www.primerahora.com.

[28] Ídem.

[29] Según la autora del artículo citado, aunque al inicio de la conferencia de prensa que siguió a la reunión Rivera González explicó que se trataba de intervenciones del Negociado de Drogas, al ser confrontado con las estadísticas con resultados tan altos aclaró que también se sumaron los arrestos de las áreas policíacas. Pero, entonces, no se puede comparar la estadística con la de 1999, ya que ésta no incluía las intervenciones de las áreas policíacas. Para el 15 de septiembre, la Policía informó que había 14,200 arrestos por violación a la Ley de Sustancias Controladas. Si al cierre del tercer megaoperativo, el 28 de septiembre, se detuvieron 1,934 personas, de los cuales 611 se los adjudicó el Negociado de Drogas y Vicios, la estadística debía reflejar unos 14,811 arrestos. Sin embargo, el Superintendente anunció ayer que han arrestado 16,099 y no pudo explicar dónde se efectuaron los 1,288 restantes.

está vinculada al mundo de las drogas, que es incalculable mediante sus recursos pero que, no por ello, dejan de celebrar sus encierros como una reivindicación social. Según el informe estadístico de la Policía, publicado en este artículo, en los últimos cinco años se han arrestado e intervenido cerca de cien mil personas.

Arrestos e intervenciones[30]

1998	16,158
1999	17,153
2000	16,721
2001	15,361
2002	14,026
2003	16,099

La imagen que el gobierno interesa destacar mediante el recurso ideológico de las estadísticas policiales es, cuando menos, de doble rostro: de una parte, procura demostrar a la sociedad bajo su cuido que el Estado se preocupa genuinamente por su seguridad y vela por ella efectivamente; de otra parte, y a la vez, procura la impresión de un trato igualitario, indiscriminado, por parte de la Ley, que interviene sin prejuicios de clase y encarcela sin distinción alguna a quien quiera que viole sus prohibiciones. Ilusión ésta que se desvanece de inmediato cuando se advierte que la cantidad de personas intervenidas y confinadas pertenece a los sectores menos privilegiados económica y socialmente de la sociedad. Pero, sin omitir esta clave clasista de la intervención estatal, ciertamente las personas en general dejan de ser personas y pasan a convertirse en números, en datos de los que sólo puede interpretarse, de primera mirada, el acto de una violación al régimen legal dominante. El encargo represivo-punitivo del Estado de Ley se legitima a sí mismo de este modo, invisibilizando las diferencias reales entre la población intervenida, sus especificidades existenciales, sus condiciones de vida y sus preferencias personales. Son, en fin, la representación ideal del espectro de la criminalidad. Y no faltarían en la escena figuras que reforzarían esta racionalidad, como psicólogos o trabajadores

---

[30] Fuente: Policía de Puerto Rico en M. Hernández; Op.cit.

sociales, legisladores, jueces, médicos, predicadores y demás anejos policiales, que reclamarían su espacio en la escena para *ayudar* a estas personas a que se *reinserten* dentro de los registros de la legalidad, a *rehabilitarlos* irrespectivamente de las implicaciones materiales sobre sus respectivas condiciones de vida. No vacilarán en ofrecer "perfiles psicológicos" de los condenados que reflejen algún problema en su *interioridad* que justifique la necesidad de sus penas; los moralistas encontrarán ahí los fundamentos sobre los que sostener que existe una crisis social de valores; algunos "científicos sociales" *evidenciarán* que las *desviaciones* criminales tienen sus raíces en la estructura socio-económica y otros, compartiendo las manías psiquiátricas, entrenzarán estas *anomalías* sociales a infinitas condiciones de la vida anímica de cada sujeto (problemas familiares, incertidumbres identitarias, a las drogas mismas, al ambiente y la presión psicológica que ejercen los pares, a la educación, al sistema, etc.) Todos convendrán, a pesar de sus diferencias, en que la violación de la Ley es un problema, por el sólo hecho de que la Ley misma lo define como tal...

La representación hegemónica del comercio de drogas como problema criminal está arraigada en un tabú cultural-político demonizador, es decir, en el desconocimiento y el prejuicio sobre las drogas, la exageración de sus aspectos nocivos y la oclusión de sus posibles virtudes. Es de tendencia común de la izquierda tradicional repetir que el problema de las drogas se debe a cuestiones de estructura social, que las juventudes se ven forzadas a envolverse en el oscuro mundo de la ilegalidad porque el Estado en las sociedades capitalistas no les ofrece mejores alternativas o -repitiendo los estribillos sociológicos[31]-que la sociedad de consumo le exige a la persona ser más de lo que ella en realidad podría ser o que la fuerza a creer ser por lo que tiene, y para ser mejor, a procurarse al margen de la Ley lo que desea tener para *ser*. Perspectivas éstas que, aunque guardan distancias con las políticas conservadoras de los gobiernos habituales, no dejan de ser igualmente ingenuas en sus fundamentos, y de tener por consecuencia la reproducción indirecta de los males que pretenden

---

[31] Similar es la postura de la socióloga L.M. Torres, quien responde en su artículo "De criminalizaciones y victimizaciones: picando fuera del hoyo", publicado el 6 de septiembre de 2003, criticando el modelo represivo-punitivo y favoreciendo un enfoque orientado hacia la "justicia social"; en http://indymediapr.org.

resolver. La ingenuidad consiste, en términos generales, en la creencia en que una transformación estructural de la sociedad implicaría de por sí la erradicación de los deseos que mueven al consumo de drogas, idealizando una sociedad en la que, disminuidas las diferencias sociales y accesibles los bienes generales, las personas al fin serían más felices, creadoras y productivas. Este ingenuo idealismo de ciertos sectores de la izquierda tradicional, como de las psicologías y sociologías afines, tiene implicaciones políticas sobre el derecho a la libertad singular que no repetiré aquí. Lo cierto es que las categorías centrales de su discurso no sólo son de dudosa validez analítica, sino que su discurso participa de una misma ideología moralizadora basada en los tabúes de la prohibición y los prejuicios culturales que la encadenan...

Asimismo, la mayor parte de las alternativas que surgen bajo el semblante de la "sociedad civil" mantienen el espíritu del tabú prohibicionista del Estado de Ley y sus prejuiciadas moralidades. Toda esta aparente apertura del gobierno a la participación ciudadana se remite incesantemente a la misma voluntad de control legal sobre los derechos de las gentes. Según declaraciones de la Gobernadora de Puerto Rico, cerca del 70% de los asesinatos ocurridos en 2003 están ligados al trasiego de drogas.[32] Ante esta situación, responde categóricamente:

> "No me queda duda de que si continuamos con nuestros esfuerzos, se une la ciudadanía, y vamos al origen de esto, que es el trasiego de drogas, pronto veremos una disminución en el número de muertos."[33]

Lo cierto es que el actual número de muertos relacionados al "trasiego de drogas" tiene por origen común la prohibición estatal

---

[32] El senador Fernando Martín, por su parte sostiene otro número para las mismas estadísticas: 85% de los crímenes están relacionados con las drogas. Según citado en I. Rodríguez Sánchez; "Desaprobado el manejo dado a la criminalidad"; *El Nuevo Día*, sábado, 30 de agosto de 2003; en http://endi.com.

[33] S.M. Calderón; según citada en M. Rivera Marrero; "No cambiará la estrategia policíaca", *El Nuevo Día*, jueves 4 de septiembre de 2003; en http://endi.com.

de las mismas. Que nadie tenga duda, que si continúan con esos "esfuerzos" el número de muertos seguirá irremediablemente en ascenso... es ésta la sabiduría mínima que debieran *aprender* al fin los gobiernos de sus propias estadísticas.[34]

Pero esta actitud bélica sigue siendo la clave de entrada y permanencia escénica para que los sectores más conservadores y retrógrados no se sientan excluidos de la invitación gubernamental a participar de la búsqueda de alternativas para enfrentar el problema de la criminalidad y la violencia en Puerto Rico. La mano dura ha fracasado, coinciden, pero no como idea sino porque no se ha implementado efectivamente. El principio de la mano dura, de la política represivo-punitiva, se mantiene en la escena como enclave de sus alternativas. Citaré algunos ejemplos recientes subidos a escena en los medios del país. Según un comunicado de prensa enviado por el senador novoprogresista Orlando Parga, Puerto Rico vive una guerra civil no declarada, pidiendo a estos efectos que la gobernadora ordene la activación de la Guardia Nacional:

"La Gobernadora no puede seguir dilatando las acciones que tiene a su alcance, mientras nuestras calles se inundan de sangre, las escuelas están a merced de la guerra de pandillas y nuestro pueblo no se atreve a realizar sus actividades rutinarias por temor al crimen"[35]

La alusión retórica al fracaso es la clave de su dramática representación y bélica exigencia:

"Sólo el afán partidista que permea en las decisiones de la Gobernadora impide que se active la Guardia

---

[34] Entrado el 2004 el panorama de las violencias de muerte vinculadas al mundo de la prohibición no habría variado significativamente y, por el contrario, seguiría en ascenso. Según las estadísticas de la policía, la mayor causa de asesinatos seguiría estando vinculada al trasiego de drogas. (Ver Agencia EFE; "Continúa vertiginoso aumento de asesinatos en la Isla"; *El Nuevo Día*, viernes 5 de marzo de 2004; en http://www.endi.com.)

[35] O. Parga; según citado en Agencia EFE; "Orlando Parga pide activar la milicia"; *El Nuevo Día*, viernes 5 de septiembre de 2003; en http://endi.com.

Nacional, para no tener que admitir que fracasó en la lucha contra el crimen, aunque todo el pueblo sabe que el actual gobierno popular ya se rindió ante los criminales."[36]

Coincidentemente el ex jefe de la policía, Pedro Toledo, avala la utilización de la Guardia Nacional como recurso de apoyo a la policía.[37] Eco de los mismos continuos esfuerzos, el superintendente de la Policía, Víctor Rivera, tras reconocer que el plan anticrimen "hasta ahora no ha sido suficiente", anunció que tomaría medidas adicionales y afirmó que, entre ellas, "no se descartará nada, ni la activación de la Guardia Nacional."[38] En el escenario legislativo se siguen presentando paquetes de medidas represivas más severas para combatir el crimen y en particular el narcotráfico. El legislador Colberg Toro en una conferencia de prensa, suscribiendo la misma retórica del fracaso como referente para acrecentar las medidas represivas y punitivas contra el narcotráfico, reiteró su postura belicista:

"(El crimen) es un problema serio en Puerto Rico. Hay que tomar medidas drásticas, cambiar la mentalidad de resignación (...) las agencias federales, las agencias estatales y la sociedad puertorriqueña están perdiendo la batalla."

Y más adelante añade:

"El problema de las drogas no se va a resolver nunca arrestando a diez muchachos en los puntos de drogas todos los viernes. Hay 100 efectivos contra una organización criminal con más de 100,000 personas y $2 mil millones en ganancias. Estamos en una pelea

---

[36] Ídem.

[37] Según D. Rivera Vargas en "Toledo sugiere la Guardia Nacional, *El Nuevo Día*, jueves, 11 de septiembre de 2003; en http://endi.com.

[38] Según citado por M. Rivera Marrero en "La guardia Nacional entre todas las opciones"; *El Nuevo* Día, viernes 5 de septiembre de 2003; en http://endi.com.

desproporcionada. Yo digo que hay que crear un ejército."[39]

De otra parte, siguiendo los lineamientos represivos habituales, el representante Héctor Ferrer presentó varios proyectos de ley para "combatir la criminalidad" que consisten en agravar las penas a los criminales habituales y utilizar nueva tecnología en el proceso penal.[40] El registro de voces que señalan como un fracaso la política anti-crimen del gobierno se extiende progresivamente, sobre todo como reacción del partido político de *oposición* (PNP), que se caracteriza por respaldar la mano dura, refinada cuando tuvieron bajo su encargo la administración del gobierno.[41] El espíritu impaciente del ex gobernador Pedro Rosselló, actual aspirante a ocupar nuevamente el cargo, recorre aún entre los trajines del prohibicionismo y la mano dura, de la guerra y sus violencias. Hace diez años sentenciaba:

"Nos han pedido guerra y guerra tendrán. Que lo sepa el criminal (...) nuestra paciencia se acabó."[42]

Y la historia se repite, con alguno que otro retoque cosmético entre sus retóricas, pero sin mayores trastoques en su esencia violenta, represiva y punitiva, cruel.[43] De otra parte,

---

[39] J. Colberg Toro, según citado por F. Rosario en "Golpe legislativo al narcotráfico"; *El Nuevo Día*, lunes 8 de septiembre de 2003; en http://endi.com.

[40] Según M. Rodríguez en "Propuestas para imponer peores penas al criminal"; *El Nuevo Día*, miércoles 10 de septiembre de 2003; en http://endi.com.

[41] Ver, por ejemplo, a I. Rodríguez Sánchez; "Desaprobado el manejo dado a la criminalidad"; *El Nuevo Día*, sábado, 30 de agosto de 2003; en http://endi.com.

[42] P. Rosselló; Mensaje especial a la legislatura y al pueblo de Puerto Rico sobre la criminalidad, 11 de febrero de 1993.

[43] Candidato nuevamente a la gobernación de Puerto Rico, Pedro Rosselló anunció recientemente su intención de volver a la "Mano dura contra el crimen" y adelantó que de ganar la gobernación en las próximas elecciones utilizará efectivos de la Guardia Nacional como "apoyo táctico" para combatir las zonas de alta incidencia criminal. Además de la utilización de la Guardia Nacional, retomará la política de ocupación de residenciales públicos, entre otras medidas punitivas; aumentará la fuerza policiaca a 21,000 agentes y redefinirá el rol de la Uniformada para que se enfoque más en la lucha contra la

compartiendo el mismo escenario, tanto el sector religioso organizado como la minoría independentista reconocen también el fracaso de las medidas represivas y punitivas, pero, *críticos* a ellas, mantienen el mismo espíritu-tabú contra las drogas, empeñándose, ya en mantener activa la prohibición o recanalizarla mediante la implementación del enfoque salubrista, de seguras resonancias con el poderío de la Ley, pero de dudosas implicaciones para el Derecho...

El discurso religioso anti-drogas: paradojas del cristianismo puertorriqueño

> "Aquí estamos para vencer en esta lucha que Dios nos ha puesto por delante.
> Pero él sabe que tenemos el corazón para vencer, porque él mismo está de nuestra parte, guiando nuestra fe."[44]
> P. Rosselló *(ex - gobernador de Puerto Rico)*

Muy posiblemente no haya entre todas las historias de lo político y los discursos de gobierno alguna ocasión registrada en la que sus figuras protagónicas no procuren reforzar sus lineamientos ideológicos más fuertes con las retóricas manidas de lo religioso. Gran parte de la fuerza de la Ley y de la gobernabilidad en sus respectivos estados, todavía en el siglo XXI, reside en la activación de este espectral discurso, en sus modalidades más diversas, incluso paradójicas, extrañas unas de otras, contradictorias entre sí, pero siempre teniendo por objetivo práctico fortalecer el poder de hegemonía política del discurso estatal. Este recurso retórico opera como dispositivo ideológico de singular valor estratégico para el Estado de Ley, como recurso de consolidación del imaginario político sobre el que se asienta el actual régimen prohibicionista. Es, para todos los efectos, una tecnología del poder de gobierno, una táctica en el ejercicio de una dominación general. En los lenguajes de gobierno, Dios es una categoría política: la Ley su encarnación y la prohibición el espíritu

---

violencia y el trasiego de drogas. (En P. García; "Retornaría Rosselló a la mano dura"; miércoles 10 de septiembre de 2003; en http://www.adendi.com.)

[44] Ídem.

de su Moral; la represión y las penas la materialidad de su Voluntad...

La cristiandad en Puerto Rico, irrespectivamente de las afiliaciones partidistas de los creyentes o de las orientaciones ideológico-políticas de los administradores de gobierno, es una pieza clave dentro del poderío estatal, en apariencia secular por virtud de la Ley, pero en esencia religioso. Dentro de este contexto, las organizaciones religiosas en Puerto Rico forman parte integral de las fuerzas políticas tradicionales, y aunque participan de marcadas diferencias identitarias entre sí, todas convergen en un punto clave: el espíritu prohibicionista. La aparente distancia entre la Iglesia y el Estado se torna cada vez más borrosa en la actual condición de época, tanto más cuanto la primera se presenta en el escenario de lo político como fuerza en reserva activa de la Moral Social y la segunda como su representante bajo el registro imperial de la Ley. Las diferencias ideológicas se disuelven cada vez más dentro de un imaginario prohibicionista compartido, y aunque no se traducen al fin en una unidad discursiva homogénea, en esencia mantienen las condiciones ideológicas para la reproducción de esta imaginería, sostenida por tremendas dosis de miedo y preservadas por fuertes tradiciones sin mayor fundamento que el tabú de las drogas y los prejuicios culturales de la moral social dominante en un régimen estatal prohibicionista.

Tal vez una aproximación inmediata resuelva detectar la primera inconsistencia en el hecho bíblico de que Jesús, en la mítica boda, no convirtió el agua en otra cosa que en vino, una droga lícita y cultivada históricamente entre sus rituales y festejos, heredada por la Iglesia Católica e interpretado el acto como evidencia milagrosa e incluso hasta convertido el vino en metáfora de la sangre del hijo de Dios, en las ceremonias diarias. Muy posiblemente la mayor parte de los creyentes de esta religión, mayoritaria en Puerto Rico, consuman drogas legales sin ninguna reserva, desde el café en las mañanas a la cerveza al salir en las tardes, fumen cigarrillos y tomen medicamentos para aliviar dolores musculares y penas del alma (o la mente). También hay entre los creyentes quienes lo hacen con drogas ilegales y no cargan una gran culpa por ello en sus conciencias. De hecho, entre la población general que hace uso de drogas ilegales no existe ninguna relación entre su consumo y sus creencias religiosas, y a lo sumo omiten este detalle en sus confesiones, aunque no por ello dejan de asistir a misa. Negarlo es una fachada de una realidad que coexiste al margen de la ilusión oficial de las autoridades de la iglesia. Y es sencillamente porque no existe una contradicción entre el ser religioso, fiel creyente, incluso practicante, en fin la relación que cada sujeto pueda tener con su propia idea de Dios y el consumo de drogas. La diferencia entre qué les resulta pecaminoso y qué goza de la bendición de Dios estriba en la distinción estatal entre legalidad e ilegalidad y no en la droga en sí o su consumo. Y aunque este es un dato que suele quedar omitido de las estadísticas oficiales, no es un gran secreto que en Puerto Rico, tanto las juventudes como los adultos, son creyentes y practican alguna religión vinculada mayormente al cristianismo.

En el mismo escenario cultural, las religiones que no practican el cristianismo *liberal* de la tradición católica, por lo general protestantes, no sólo exageran sobre la nocividad de las drogas ilegales sino que bajo el encargo de cuidar el cuerpo humano como si se tratara de un templo de Dios, desposeen de la ilusión cristiana del libre albedrío al sujeto que los encarna, convirtiendo su moralidad en recurso ideológico de un gran prejuicio contra el Derecho. Significado actualmente como pecado, pero su contenido es el dado por la definición legal y no sólo la encarnación de una consideración espiritual.

El problema político reside en una ambigüedad de principio, no en la cuestión religiosa de querer cuidar la salud del cuerpo para salvar la del alma (de la que la educación preventiva y las *rehabilitativa* forman parte), sino en el hecho de que qué es eso que es considerado como una droga nociva no lo decide la autoridad religiosa sino la Ley secular del Estado. Además, existen otras modalidades religiosas dentro del espectro cultural (pos)moderno que hacen usos de drogas legales o ilegales y no por ello su moral es contradictoria al plan de Dios, pues procuran de ellas experiencias espirituales que les acercan más a su bondad de lo que pueden hacerlo las abstinencias, rezos y cánticos eclesiásticos. Tal es el caso de las tradiciones culturales religiosas de los pueblos indígenas en los continentes del tercer mundo. No deja nunca de ser una arrogancia colonial, eco del despotismo imperial de Occidente, considerar estas prácticas culturales como retrasos históricos o incivilidades. Razón política suficiente para rechazar de plano la existencia e incluso la deseabilidad de una

Moral Universal anti-droga. Pero es sabido, además, que lo religioso no se reduce a la Iglesia o al cristianismo, y que ninguna religión representa con exclusividad la palabra de Dios, como que no existe una sola interpretación válida como universal de los textos bíblicos, que pueda ser traducida en la práctica en una misma fórmula genérica y válida para todas las personas creyentes. No obstante estas diferencias, existen puntos de encuentro que, respaldados por la fuerza espectacular de los medios de comunicación, dan la impresión de que el pueblo cristiano participa de una misma y unísona Gran Moral que repudia las drogas. El discurso religioso sube a la escena mediática como una autoridad moral, incondicional en ocasiones o crítica en otras de las racionalidades de los gobiernos, convirtiéndose así en modalidades del poder político en la vida social. En el contexto puertorriqueño, éstas fuerzas coinciden miméticamente en el espíritu prohibicionista de la Ley, y como los partidos políticos tradicionales, fundan sus posiciones en creencias y prácticas que, a la larga, refuerzan las condiciones que generan gran parte de los mismos problemas que pretenden resolver...

A principios de diciembre de 2002, cerca de 12, 000 cristianos de diferentes denominaciones y organizaciones de base comunitaria realizaron una marcha desde el Capitolio hasta la Fortaleza, en protesta por el propuesto plan anti-drogas del gobierno.[45] Según el presidente de la Fraternidad de Iglesias Pentecostales, el reverendo Ángel Marcial:

---

[45] La oposición de estos sectores religiosos fue ante el "Plan Estratégico de Control de Drogas del Estado Libre Asociado de Puerto Rico", de fecha 7 de noviembre de 2002. Dicho Plan Estratégico surge como resultado del mandato dispuesto por la Ley Núm. 3 de 13 de marzo de 2001 en virtud de la cual se creó en Puerto Rico la Oficina de Control de Drogas. La Ley Núm. 3 de 13 de marzo de 2001 indica en su Exposición de Motivos que aproximadamente el 90 % crímenes violentos y entre el 75 % al 80 % de los asesinatos que se cometieron en Puerto Rico estaban relacionados con la venta de sustancias controladas; que en el año 2000 se registraron en el país 693 asesinatos, mientras que durante la década de 1990 a 2000, ocurrieron 7,545. De acuerdo con lo que informa la Ley, alrededor de 150 toneladas métricas de cocaína pasan a través del Puerto Rico en tránsito hacia sus respectivos mercados. De la cocaína que pasa a través de Puerto Rico, el 30 % se queda para atender la demanda de consumo interno. De la cocaína que se introduce en estados Unidos, el 40 % pasa por la región del Caribe. (Información tomada de A. Torres Rivera; "El plan estratégico de control de drogas: Contenido y alcance de una propuesta" en http://verdadyjusticia.org).

"...esa institución no suele involucrarse en controversias públicas, pero que en esta ocasión lo hacen porque entienden que la propuesta ley antidrogas contradice la misión sanadora de la iglesia, supone el riesgo de cerrar centros de rehabilitación evangélicos y acercaría a Puerto Rico a la medicación de la droga." [46]

La alternativa medicalizadora es vista por las iglesias como una afrenta a la moral social y una contradicción con la "misión sanadora" de la Iglesia. Lo curioso es que su discurso es una réplica del discurso médico-policial, que trata a todos los consumidores de drogas como si fueran enfermos, indistintamente de la relación de cada cual con la droga que consuma. La fusión entre la categoría de pecador y la de enfermo dentro del discurso de la Iglesia acontece en los mismos términos que la de enfermo y criminal en le discurso del Estado. Dentro del discurso prohibicionista el cuerpo y el alma del usuario se condensa en la unidad imaginaria del enfermo, por lo que la diferencia esencial no estriba en la distinción entre pecador o criminal sino que se resuelve en las técnicas prácticas de cómo "curar" a la persona de su enfermedad espiritual y corporal, trátese de una adicción o de la disposición anímica a su uso casual.

El tabú de las drogas ilegales es la clave singular de esta práctica política de estigmatizar a un sujeto como enfermo, pecador o criminal. Como ya apunté antes, el fundamento ideológico de estos tres registros del poder estigmatizador es el prejuicio cultural de la moral social dominante del régimen estatal prohibicionista. Es decir, de la fuerza brutal de una tradición ideológica que no tiene mayor fundamento que la dramática experiencia de los efectos de superficie que el propio discurso dominante encadena como causa en la droga. La figura del drogadicto, aunque es una unidad identitaria cargada de connotaciones ideológicas del discurso prohibicionista, invisibiliza las mil causas diferentes y complejas que convergen en el efecto de dependencia. La representación de las drogas como la causa singular de la drogadicción sólo sirve como dispositivo legitimador de la misma política de la prohibición: el sujeto estigmatizado es el

---

[46] "Grupos Cristianos y de base comunitaria realizan marcha en protesta por el propuesto Plan Anti Drogas" en http://www.evangelistico.org/antidroga.htm.

objeto clave de la intervención punitiva estatal, de la curativa médica y de la sanación religiosa. Pero la Iglesia no necesita buscar resguardo en una autoridad exterior a ella, como es la autoridad de la Ciencia, y las razones de sus posturas políticas no tienen otro fundamento que el de la fuerza de la fe, reservada a la experiencia de las voces autorizadas por su estructura jerárquica en propiedad, del mismo modo que el Estado la reserva a los profesionales de la salud mental y la conducta humana. El signo de esta "experiencia" es signo de una autoridad diferenciada de la autoridad en ley del poderío estatal, pero como éste, en su lugar habla la voz del prejuicio, del tabú y del desconocimiento; ya representado como estadísticas y estudios de expertos en la materia, o ya como testimonios de sanadores y de sanados. En la actualidad, el derecho de cada cual sobre su propio cuerpo queda relegado a un segundo plano, subordinado a la autoridad institucional de la fe o de la razón, de la religión o la ciencia...

Es un hecho celebrado por estos sectores el que ex-adictos superen sus dependencias y entren de lleno a sus círculos, aceptando las condiciones de sus pactos interiores, como sucede con cualquier organización social. Existen ministros ex-adictos, que son testimonios vivos de que pueden soltarse de sus vicios "aceptando a Cristo como su salvador". La Iglesia, aunque no goza de un poder determinante en el Estado de Ley, sí se moviliza como si lo tuviera, y participa de la misma arrogancia que caracteriza el discurso secular del Estado, precisamente porque aspira a poseer alguna vez ese poder: el de guiar al pueblo por las sendas de la Moral cristiana, como si la gente que lo habita fuera un gran rebaño bajo el cuido y mando de su Pastor:

> "El propósito de esta demostración (marcha) es cumplir con nuestra vocación profética y mandato profético de denunciar al estilo de Juan el Bautista, aquellas acciones de los gobernantes que sean contrarias a la ética bíblica y, por ende, al bienestar espiritual, emocional, físico y moral de nuestro pueblo."[47]

---

[47] Ídem.

La paradoja es que también las acciones de gobierno se deben al bienestar espiritual, emocional, físico y moral de nuestro pueblo, y que gran parte del mismo gobierno es abiertamente cristiano, como muy probablemente lo sean las personas que desarrollaron el plan anti-droga. "Nuestro pueblo" sigue siendo un fantasma que se desvanece cada vez que lo invocan...

Según el texto citado, "la más reciente determinación gubernamental que afecta el clima moral del país es adoptar el llamado 'Plan Estratégico de Control de Drogas del estado Libre Asociado de Puerto Rico', preparado por la ofician del Control de Drogas. La primera de las "objeciones morales" que este movimiento presenta es a la institución de la alternativa medicalizadora, en específico a la utilización de la metadona como droga sustitutiva de la heroína, por entender que ésta crea una adicción incluso más fuerte que la que se intenta eliminar. Y muy posiblemente esta modalidad del tratamiento médico de la adicción por recurso de una droga regulada en la legalidad, deje más dudas que respuestas al problema, si acaso la consideración central fuera la salud del sujeto intervenido. Pero en realidad no es eso lo que destaca el repudio de la iglesia a la medicalización de la droga. Su reproche es a que el Estado intervenga médicamente, es decir, con otras drogas, sobre los sujetos tratados, y degrade la intervención sobre el espíritu a un rango inferior. La ofensa mayor es que el Estado no erradica la droga sino que sustituye una ilegal por otra legal, y la Iglesia interesa eliminar la droga de la raíz de los deseos del usuario. La alternativa medicalizadora es, para este sector, un acto de inmoralidad que el gobierno comete contra el pueblo.

Otra crítica que participa del mismo espíritu despótico contra "las drogas" es a la inclinación gubernamental a favorecer la privatización de estos servicios médicos. Según los oponentes, esto daría un poder discrecional al médico privado que, al margen del control estatal, podría convertirse en un negocio lucrativo tras la fachada de un tratamiento:

"Es inmoral que el gobierno se dedique a buscarle clientes a los médicos y otros profesionales de la conducta que operan negocios privados de trata-miento con fines de lucro. En efecto, el gobierno, no solo esta medicalizando la droga sino que también esta privatizando el tratamiento."[48]

Las razones para esta oposición no son ingenuas en lo que respecta a la crítica a la ideología privatizadora de moda en estos tiempos, como a los sesgos clasistas que atraviesan muchas de las políticas de gobierno. Muy posiblemente tengan razón cuando sentencian:

"No dudamos que detrás de todo esto este también el querer evitarle a los hijos o familiares de los burócratas del gobierno y familias adineradas, que son adictos a drogas, la vergüenza de ir a recibir tratamiento con metadona en uno de los centros de gobierno con la población general de adictos u a otras facilidades privadas que tiene cierto estigma por atenderse allí a personas con otros problemas mentales. Ahora solo tendrían que ir al medico para que le cambie la adicción de una droga ilícita a otra licita, la metadona."[49]

Pero esta crítica no resuelve el problema más grave, que es el de la prohibición misma. Aún si el Estado socializara la medicación el consumo de drogas no se erradicaría del escenario cultural, quizá porque el consumo no es signo distintivo de un problema espiritual, sino además y entre otras tantas razones, de un recurso del que dispone cada cual para cultivo de su propia espiritualidad, que excede los reducidos límites de la moralidad autoritaria de las iglesias...

Otra crítica a este plan de gobierno es que requeriría la certificación de todos los que participen en el tratamiento de los adictos, lo cual —según el texto citado- requerirá cierta preparación profesional. Esto —sostienen- limitaría el trabajo que realizan cientos de voluntarios que, habiendo salido de la adicción en los Hogares de Rehabilitación Cristianos, asumen el ministerio de ayudar a los que están en ese problema, proveyendo apoyo, orientación y consejo basado en la "experiencia":

---

[48] Ídem.

[49] Ídem.

"Miles de rehabilitados en los Hogares de Rehabilitación Cristianos, hoy ciudadanos productivos en la comunidad, dan testimonio de la efectividad del modelo terapéutico basado en la fe y vida comunal. (...) Nosotros sabemos por experiencia que 'todo es posible para el que cree' porque 'no hay nada imposible para Dios'"[50]

Nadie pondría en duda que esta afirmación es cierta, que los modelos terapéuticos "religiosos" tienen cierta efectividad a propósito de sus objetivos y que gozan de prestigio entre mucha gente. Tampoco es menos cierto que muchos se sienten muy satisfechos con los cambios que se han procurado para sus vidas, dejando las drogas ilegales y reinsertándose al mundo de la normalidad en ley. Pero el problema más grave persiste, precisamente al tomar los casos extremos de la dependencia como la vara única para medir todos los consumos, al centrar el problema de la drogodependencia en el sujeto y en reproducir los mitos y tabúes de las drogas, como si éstas fueran un problema en sí. Lo cierto es que este discurso sigue sirviendo de refuerzo ideológico a la imaginería prohibicionista, represiva y punitiva, del Estado de Ley, estigmatizando a todos los usuarios como enfermos y tratándolos como idiotas, es decir, como ovejas descarriadas. Y es que no es lo mismo ofrecer tratamientos de fe y curas espirituales a quienes así soliciten, que dar por sentado que quienes no lo hacen deberían ser forzados a hacerlo, ya por la fuerza bruta del sistema penal o ya por el hostigamiento psicológico de la moral cristiana dominante. El Derecho, que es la fuerza moral de cada cual a decidir sobre su propio cuerpo, a administrar la ilusión de su singularidad existencial, su propia vida a pesar de ella misma, sigue estando en suspenso y bajo el acecho de las fuerzas despóticas de la Moral.[51]

---

[50] Ídem.

[51] Vale advertir que hago una distinción teórico-filosófica entre el dominio presuntuoso de la Moral, asumida por los discursos vinculados al poderío de la Ley y sus extensiones como signo representacional, singular y mayúsculo, de un cierto sentido común general del Bien y del Mal, es decir, como un referente trascendental, metafísico, de estimado uso para las retóricas políticas dominantes, y otro registro que se produce dentro del espectro de las representaciones sociales que escapa incesantemente de sus dominios: el de las

Realidad ésta que, aunque es así, podría ser de otra manera. Las claves están dadas dentro del propio discurso religioso de la tolerancia, en el de la sensibilidad contra las violencias, en la preocupación por la seguridad y la salud, etc. Me pregunto, si acaso toman en serio su propia letra y su fe en que "para Dios no hay nada imposible", entonces, ¿por qué no abogar por la descriminalización total de las drogas y procurar devolverlas a su lugar de origen, que es el territorio en propiedad de la moralidad, a saber, el de la conciencia de cada cual para decidir sobre si mismo. Pero esto aún no bastaría, y las claves también están dentro del propio discurso de la cristiandad, a saber, en las críticas a las actuaciones de gobierno que imposibilitan transformaciones cualitativas en los modos de vivir la vida en lo social, de las condiciones que hacen de la droga una seductora salida a las miserias sin piedad de la existencia cotidiana. Conquistar las almas errantes para el reino de otro mundo tendrá su elevado valor para la cristiandad, es verdad. Pero no por ello habría por qué resignarse ante los tormentos de éste, a sus violencias y crueldades; y la política de la prohibición, siempre represiva, siempre punitiva, es encarnación en Ley de estos males...

El discurso independentista: un plagio (pos)colonial

El independentismo organizado en Puerto Rico comparte las mismas retóricas del miedo, tabúes sobre las drogas y demás prejuicios culturales y morales, que las fuerzas políticas dominantes y mayoritarias del anexionismo y del estadolibrismo. Es éste el signo clave del efecto de hegemonía que ejerce la ideología prohibicionista sobre la imaginería política en estos

---

moralidades, siempre plurales y sin centro de cohesión definitivo y absoluto, en ocasiones cercanos y en otras opuestos radicalmente o entrecruzados en infinidad de combinaciones. No existe una Moral Absoluta a la que todo lo Social pudiera ser referido y a partir de la cual deberían mirarse, valorarse y juzgarse la multiplicidad de las prácticas sociales. Sólo bajo el dominio de la imaginería religiosa lo Moral como Ley trascendental tiene fundamento, inadmisible dentro del ámbito del Derecho Democrático, que precisamente porque reconoce que no puede contenerse en un único movimiento las diferencias esenciales que constituyen al sujeto humano se opone al poder homogenizador de la Ley, del que la Moral -en su acepción absolutista- es correlato...

tiempos. En su programa político, el PIP –por ejemplo- repite el mismo discurso que el habitual en los partidos que se alternan la administración gubernamental del ELA:

"La violencia y la criminalidad continúan en aumento en Puerto Rico. Son indicadores de la desestabilización social que nos rodea. Prácticamente, no hay un hogar puertorriqueño que no se haya visto afectado por el crimen. Esta realidad que vivimos ha llevado a nuestra ciudadanía a un estado de inseguridad y temor que imposibilita el más elemental disfrute de la vida social..."[52]

Y enseguida da paso a reproducir los prejuicios ideológicos de los tradicionales discursos sociológicos y psicológicos, participando en el montaje de la figura del criminal como efecto de las condiciones sociales que lo fuerzan a convertirse en eso que la Ley nombra como tal:

"Nadie nace siendo criminal. El delincuente es producto del ambiente en el que se desarrolla. La educación desorientada, el desempleo, el consumismo desenfrenado y la ausencia de un sentido de pertenencia a una sociedad producen la desintegración de redes sociales y provocan el aislamiento y la desorientación de individuos y familias en un caos social."[53]

Pero el criminal es una categoría inventada por la racionalidad imperial de la Ley, por sus ficciones jurídicas y con arreglo a sus intenciones políticas de control social; es un nombre, una clasificación política, que la Razón de Estado impone a quien quiera que viola una prohibición de ley. Sobre esta base ideológica, idéntica a la de las demás retóricas de gobierno, reproduce la misma lógica que pretende combatir mediante la conversión de los delincuentes por uso de droga en enfermos mentales -como trato

---

[52] Programa del Partido Independentista Puertorriqueño; en http://www.independencia.net..

[53] Ídem.

ya en otra parte de este escrito, en mi crítica a la alternativa medicalizadora de corte policial-. No cuestiona el contenido de la Ley en sí mismo, sus fundamentos teóricos, científicos y morales, sus criterios de legitimidad, la da por sentada como referente incuestionable y se ofrece a ella sin mayores condiciones o reservas. Y no lo hace porque no interesa hacerlo, pues coincide con esta práctica representacional que, entre sus requerimientos esenciales, supone la existencia de todo un pueblo que necesita de la intervención de los gobiernos para procurar su propia existencia, su seguridad y bienestar, sus libertades individuales. Tal es la manía de otros, de mirar a de Hostos como un liberador a emular, cuando era un moralista de la Ley del Estado:

"Las sociedades, como los individuos, están sujetas a enfermedad."

Y los gobiernos la autoridad médica que deberá curarlos. Lo extraño es que todo ello es posible sólo al precio de *ceder* cada cual la libertad de decidir por cuenta propia sobre la propiedad de su cuerpo. En todo caso, el imperio de la Ley en clave prohibicionista supone desposeer al individuo de este derecho sobre su persona, y los modos como el independentismo tradicional representa el problema de la criminalidad tanto como las alternativas que propone a sus efectos cumplen una función legitimadora de esta violencia de la ley estatal.

Dentro de este escenario de dramatismo retórico, el Congreso Nacional Hostosiano instó a la gobernadora Calderón a decretar una "emergencia nacional para atender de forma inmediata y con recursos extraordinarios la epidemia de violencia y criminalidad que arropa al país."[54] En el artículo citado, su co-presidente, Héctor L. Pesquera, sostiene que el 80 por ciento de los asesinatos en Puerto Rico están relacionados con el narcotráfico y la drogadicción, a lo que añade:

"Compartimos la visión salubrista para atender científicamente este asunto. Es una verdadera

---

[54] H.L. Pesquera; "Urgen a gobernadora Calderón atienda emergencia nacional de criminalidad en Puerto Rico", *El Nuevo Día*, 21 de agosto de 2003; en http://endi.com.

epidemia que esta devastando lo más preciado de nuestros recursos naturales: la juventud."[55]

Participando del tabú demonizador de las drogas y de los prejuicios culturales sobre sus usuarios y comerciantes, este sector del independentismo se aferra a la hibridación prohibicionista del enfoque salubrista (médico-policial), y resuelve vincularlo causalmente a un problema de salud mental:

"...en cada comunidad, en cada barrio, en cada esquina si fuera preciso, debe haber un centro de atención primaria para la salud mental de todos los necesitados. Un Sistema Universal de Salud Mental. No se puede escatimar esfuerzos. Si fuera necesario detener la construcción de nuevas carreteras o expresos, para utilizar ese dinero en atender la emergencia, se debe hacer así."[56]

Y enseguida arremete contra sus comerciantes:

"...hay que romperle el espinazo al negocio multi-billonario que representa el narcotráfico en Puerto Rico. Y la mejor manera que tenemos a nuestro alcance es mediante la medicación de las drogas ilegales, con programas de rehabilitación disponibles para todos los enfermos de drogodependencia."[57]

Lo extraño es que no existe ninguna relación entre la medicalización de las drogas y el efecto de disminuir el negocio de las mismas, sobre todo si se tiene en cuenta que la mayor parte de la población que consume drogas ilegales no requeriría de los servicios médicos, sencillamente porque no están enfermas. Además, la población adicta no es el soporte principal del mercado de drogas, sino precisamente quienes le superan en número, que son los consumidores que no han sido interceptados

---

[55] Ídem.

[56] Ídem.

[57] Ídem.

116

por la Ley: entre ellos, médicos y demás profesionales de la salud, psicólogos y abogados, artistas, atletas, estudiantes y profesores, trabajadores y políticos, expertos y profesionales, comerciantes, asalariados o mantenidos, adinerados o endeudados; padres, familiares e hijos de vecinos, amigos y conocidos, viejos y jóvenes; cuerdos y locos; enfermos y saludables; desentendidos y anexionistas, estadolibristas e independentistas...

...si bien para el animo lucrativo del Capital (pos)moderno Puerto Rico es algo así como una gran "shopping mall", para el gobierno sigue siendo un gran "nursery", en el que lleva por encargo amaestrar a su clientela. Pero también es, a la vez, algo así como una gran cárcel, pues las autoridades públicas de la Ley restringen, por virtud de su fuerza superior, las libertades y derechos de la ciudadanía, confinada al poder de Estado y su Razón de Ley. La ironía es que entre quienes critican esta condición, hay quienes sugieren hacer de Puerto Rico algo así como un gran manicomio...

El principal problema de las drogas es la prohibición, y las violencias que gravitan en su entorno no son ocasionadas por ellas, sino principalmente por efectos enraizados en su ilegalización. Las respuestas salubristas activadas por el independentismo más conservador se traducen de inmediato en achaques morales a un problema eminentemente político, que es el de la relación entre el sujeto de derecho y el poder coercitivo del Estado de Ley. No tienen mayor fundamento que el de sus prejuicios, sostenidos estos por los propios tabúes de la política prohibicionista-punitiva que creen combatir... en la gran orquesta del poder, siguen tomando el instrumento con la izquierda, pero tocándolo con la derecha...

La paradoja (pos)colonial

La línea que diferenciaba entre el discurso del colonizador y del colonizado se ha borrado en el discurso imperial de la Ley. Es la clave de la condición (pos)colonial: la dominación sigue ejerciéndose, pero ahora con el consentimiento expreso del dominado: el colonizado piensa y actúa en los mismos términos que alguna vez le impuso el poder del amo, se imagina y se siente libre tal y como quiso alguna vez el amo que el esclavo imaginara y sintiera su propia libertad. Habla el colonizado: debo ser libre

117

porque sé que puedo ser amo, dueño y señor de mi destino... Estado. Tal como el señorío, la mismidad y el destino fue inventado por el Padre, a su imagen y semejanza, que es la de la Moral imperial de la Ley. El independentismo tradicional quiere emular la Moral imperial del Estado de Ley del que quiere independizarse, pero no se limita a prometer imitarlo, sino a excederlo, a enmendar sus fracasos y mejorar la eficacia de sus políticas. Evidencia de ello está en la posición moralista del Congreso Nacional Hostosiano:

> "Para empezar, el gobierno de Puerto Rico tiene que reconocer el fracaso de las agencias estadounidenses responsables del control de nuestras costas (...), de nuestros aeropuertos, aduanas y otras agencias federales en su usurpada responsabilidad de evitar la entrada de drogas a Puerto Rico. Cada vez es más la droga que entra por nuestras costas y menos la que detectan. No vemos un genuino interés en erradicar el tráfico y la entrada de drogas al país."[58]

Y concluye:

> "Es momento de plantearle al país que entidades puertorriqueñas se responsabilicen de vigilar nuestras costas, puertos y aeropuertos, en un genuino esfuerzo por proteger nuestra juventud. Los federales han fracasado. La juventud puertorriqueña no figura en su lista de prioridades. Puerto Rico lo puede hacer mejor."[59]

La figura representativa del Nuevo Movimiento Independentista, Julio Muriente, por su parte, se hace eco de la misma moralidad demonizadora heredada por la ideología prohibicionista norteamericana más retrógrada y recalcitrante, repitiendo una

---

[58] H.L. Pesquera; "Una mirada al problema de las drogas", 21 de febrero de 2002; en http://www.redbetances.com.

[59] Ídem.

118

crítica que, paradójicamente, tiene por fundamento la misma racionalidad imperial del Estado de Ley al que critica:

> "Denunciamos al gobierno de Estados Unidos como el responsable principal de que Puerto Rico se haya convertido en uno de los centros de trasiego de drogas más importantes de América."[60]

Es este el agravante que quiero destacar de inmediato, con relación a los principios de derecho que reivindico en este escrito y que he clasificado, sobre este tópico, como una ingenuidad política del discurso nacionalista: que, a todos los efectos, las insuficiencias en las medidas habituales de la mano dura criticadas por estos sectores pueden ser *superadas* si los puertorriqueños tuvieran en sus manos el poder político para gobernarse con *soberanía*. Pero la soberanía de un Estado de Ley es siempre la misma en todas partes: la exigencia de obediencia incondicional de sus súbditos a sus designios legales, a su moralidad dominante, a la voluntad imperial de la Ley. ¿En dónde radica entonces la gran diferencia prometida, si los sujetos seguirán siendo desposeídos de la libertad y el derecho sobre sus propios cuerpos? Los legisladores seguirán legislando leyes de un mismo contenido y finalidad, la de las prohibiciones; los jueces seguirán dictando sentencias en las mismas claves y con las mismas intenciones; los condenados, pues, seguirán siendo los condenados... aunque lo sean para bien propio y de todos, seguirán siendo sujetados a las violencias de la rehabilitación moral, ya como criminales o, además, como enfermos... ya por federales, ya por puertorriqueños...

De la intervención clasista a la excepción nacional: Puerto Rico se lava las manos

Si bien es cierto que la política prohibicionista es impuesta, según el lenguaje formal de la Ley, de manera indiscriminada sobre toda la población, también es sabido que una de las modalidades más dramáticas de su implementación, que ha sido la intervención

---

[60] J. Muriente, según citado en D. Rivera Vargas; "Culpas a los federales", *El Nuevo Día*, miércoles 2 de octubre de 2002; en http://www.adendi.com.

militar en los caseríos del país (residenciales públicos), ha dejado intactas a las "comunidades privadas", privilegiadas por la mirada estatal y su Ley. El marcado sesgo clasista y discriminatorio, aunque justificado por todo el andamiaje ideológico del imaginario prohibicionista y las estigmatizaciones del discurso penal en general, fue denunciado desde el primer día, a principios de la década de los noventa. El gobierno actual se apropió tácticamente de la crítica, pero no para dejar de estigmatizar sino para extender la estigmatización por toda la sociedad, que es la respuesta retórica clásica de todos los gobernantes ante los reproches que enfrentan, precisamente porque fuera de la retórica populista de la Ley, responden a otras directrices de clase, también consagradas en el espíritu de la Ley:

> "No vamos a sitiar los residenciales como se hizo en el pasado y no vamos a estigmatizar las comunidades pobres porque hay criminales en el Condado y en Garden Hills también." [61]

El gran estereotipo criminalizador del discurso estatal – respaldado por los discursos de ciertas disciplinas "sociales"- articulado en la ecuación pobreza = criminalidad, recolectó las cosechas de sus paradojas críticas y las convirtió en fundamento científico y social de sus intervenciones represivas. Las izquierdas del país pusieron los gritos en el cielo y no vacilaron en denunciarlo, pero las denuncias se quedaron en el borde de la reacción ante el *evidente* prejuicio de clase que representaba la intervención militar contra los sectores menos privilegiados económicamente. No obstante, las razones de esta modalidad interventora tienen raíces en la crítica que la izquierda tradicional ha mantenido siempre a las precarias condiciones de vida que el capitalismo fuerza a gran parte de la población a someterse. La relación teórica es la siguiente: el sistema no sólo no ofrece alternativas de empleo suficiente justamente remuneradas sino que no puede emplear a toda la fuerza laboral que tiene en disposición. De acuerdo a esta racionalidad, los más pobres, incluso los "asistidos económicamente", se buscan la vida al margen de la

---

[61] S.M. Calderón según citada en "Para el Súper no hay ´pejes´ aquí"; *El Nuevo Día*, sábado, 30 de agosto de 2003; en http://endi.com.

Ley, precisamente porque ésta no les considera lo suficiente, limitando en exceso las posibilidades de subir de categoría social. Y algo de verdad hay en todo ello, sin duda. El problema surge, no obstante, en lo que queda fuera de este discurso, en sus márgenes, o bien, entre sus líneas textuales pero, sobre todo, en su puesta en práctica.

En primer lugar, que lo que constituye delito es siempre una definición estatal y que ésta responde, principalmente, a una racionalidad vinculada a la economía política de la ideología de clase dominante, en función de sus intereses y a favor de sus privilegios. Intereses y privilegios de los que la condición de pobreza de las mayorías resulta esencial para su mantenimiento y continuidad. Esto no ha cambiado en la actual condición de época, sino que se ha atenuado, y representa un signo distintivo de la (pos)modernidad a escala global. El agravante es que esta condición se ha atenuado por efecto de hegemonía, desde donde los modos como la crítica política de la izquierda tradicional (apropiada por la retórica estatal) aborda el tema contribuyen, paradójicamente, a perpetuar tales efectos.

En el contexto global de la prohibición de las drogas, recurrir a los estigmas ideológicos del discurso moralista de "la víctima" tiene por saldo inmediato marcar a las poblaciones más pobres con el rótulo de víctimas potenciales, ya porque se ven tentadas a incurrir en actos delictivos para aliviar sus precarias situaciones económicas (o simplemente aparentar un mejor nivel de vida o nivelarse con los estándares sociales de los pudientes, etc.), o ya de caer víctimas de las drogas como recurso de escape de las miserias sin fin a las que se han visto forzadas a vivir sus vidas. ¿Cómo reprocharle al Estado, que al fin se mueve a su favor, para rescatarla de estas tentaciones, que al fin no resuelven en realidad sus males y en todo caso operan como obstáculos para resolverlos? El reproche de la izquierda tradicional no se limita al modo represivo de su intervención sino a su carácter clasista y discriminatorio. La ambigüedad al respecto ocupó sitial privilegiado en la escena mediática, pues las comunidades inter-venidas no simpatizaron sin reservas con las intervenciones, aunque dentro de ellas hubo vecinos que se movilizaron en apoyo incondicional, quizá mayoritariamente. Esto tuvo un efecto neutralizador en la crítica política de la izquierda, como es habitual. La procedencia de clase de ésta no es, en su mayoría, baja; ciertamente no viven en los caseríos, y los residentes suelen activar una indiferencia brutal a sus voces. Simultáneamente, siguen siendo las clases menos privilegiadas la fuerza política de mayor apoyo a los gobiernos, irrespectivamente de las contradicciones teóricas que esta realidad pueda representar a la racionalidad de izquierda, de menor impacto aún en la razón *popular*. En este sentido la crítica a las insensibilidades del capitalismo se mantuvo siempre afuera, fue y ha sido de muy poca resonancia en los barrios intervenidos, y muy probablemente la repercusión política de esta crítica siga siendo insignificante en tiempos venideros. Este es un efecto ideológico que las izquierdas han enfrentado a lo largo de todos los trajines de sus historias, y tampoco ha variado cualitativamente recién entrado el siglo XXI.

Traducido al ámbito de la frágil lucha por la despenalización, sucede que éstas "izquierdas" reproducen, en su esencia, el mismo discurso del poder estatal ante el que se presentan como fuerza alternativa, signo éste de la condición (pos)moderna. Se fusionan, o más bien, se disuelven en la Gran Moral del discurso prohibicionista y comparten el mismo objetivo estratégico de "la guerra a las drogas", diferenciándose, si acaso, en consideraciones metódicas inmediatas. Pero esta diferencia aparente está enraizada en una ingenuidad política compartida por las izquierdas tradicionales, a saber, que supondría que en países donde las condiciones de vida son menos injustas y las personas menos desposeídas, los bienes y recursos repartidos más equitativamente, etc., las gentes se abstendrían de usar las drogas o, si acaso, las incidencias no serían tan elevadas como en nuestro escenario (pos)colonial.[62] No sé si exista algún país en el que de

---

[62] En la Declaración General del Frente Socialista (1987) –por ejemplo- aunque no tocan con mayor profundidad el tema (no más allá de la crítica a las modalidades represivas que asume "la guerra contra las drogas" y su vínculo con las racionalidades militaristas y sus correlativas intervenciones *imperialistas* en América Latina), participan de esta ilusión utópica cuando, haciendo una crítica al "capitalismo colonial" sentencian: "ante este panorama de desesperanza, ¿quién puede extrañarse de que muchos se acojan a las oportunidades que ofrece la economía subterránea del narcotráfico?" Ilusión que se torna de inmediato en ingenuidad política, al dar a entender que bajo un régimen socialista, mediante sus correlativos cambios estructurales, extrañaría entonces que muchos se acogiesen a la economía subterránea de las drogas, como si las drogas fueran un problema en sí causado por el capitalismo. La omisión del reclamo de derecho a sus usos permite una lectura entre líneas de

122

hecho la gente viva a gusto en este sentido y que de vez, agradecida por los favores del Estado, haya renunciado gustosa y voluntariamente al uso de alguna droga. Pero, en todo caso, ¿por qué habrían de hacerlo, si las razones que admitirían para dejar de consumirlas seguirían siendo siempre las mismas razones que las han prohibido: las razones del prejuicio, la desinformación y los tabúes morales? ¿Que afectan el potencial productivo? Falso. ¿Que nublan el entendimiento, que distorsionan la capacidad crítica y apaciguan el espíritu revolucionario de las juventudes? Falso. Ni siquiera la tenencia de un poder adquisitivo privilegiado es condición para el rechazo del uso de drogas. Mucho menos lo es que la infraestructura social provea equitativamente servicios o *derechos* sociales. Y la razón simple es que una cosa no tiene que ver con la otra, que el uso de drogas es una práctica que compete a la singularidad de la persona, por motivos que trascienden el reducido espacio representacional de la crítica a la economía política capitalista tanto como a sus correlatos morales. No son las drogas las que determinan cómo un sujeto particular va a participar dentro de un movimiento o cualquier otra actuación dentro de la vida social y sus vaivenes. En algunos ciertamente tendrá un efecto inmovilizador y hasta incluso idiotizante, pero esto es un efecto de superficie, pues condiciones de mayor peso, más complejas por cierto, inciden en la vida anímica de cada cual y de maneras muy distintas. Evidencia de ello es, simplemente, que puede ocurrir exactamente todo lo contrario y mil combinaciones posibles entre ambos extremos...

La abstinencia a las drogas no es la condición esencial de la creatividad, de la productividad o de la actividad política. No es una virtud que pueda traducirse en mejor carácter, en espíritu crítico o en ánimo combativo. Tampoco lo es el uso de las drogas, pues ni lo uno ni lo otro dicen nada por sí mismo. No se es ni mejor persona ni peor ciudadano por ello. Además, no habría por qué achacarle a las drogas ilegales los efectos sociales más nocivos cuando, a todas cuentas, gran parte de lo peor de nuestra sociedad se debe a personas, muy probablemente, limpias de drogas

---

que su crítica política también reproduce la misma ideología mítica sobre la que se sostiene la política prohibicionista a escala global, aunque no sería de extrañar que compartieran simpatías con las alternativas medicalizadoras o legalizadoras basadas en un control fuerte por parte del Estado, para contrarrestar la "anarquía capitalista" que caracteriza el "neoliberalismo"...

ilegales; sanos, cuerdos, educados y muy racionales, productivos, respetuosos de la ley y profesionales...

Si el discurso prohibicionista fuera consecuente con sus fundamentos, tampoco las drogas legales deberían estar exentas de reproche. Pero, aunque la distinción actual entre drogas legales e ilegales es arbitraria y carente de fundamentos científicos fiables, no se trata de englobar dentro de una misma moralidad puritana-prohibitiva todas las drogas, desde el café y la cerveza a la marihuana y el éxtasis. Sabido es que hay drogas legales que pueden resultar más adictivas que otras drogas ilegales, incluso más dañinas. Pero esto es un problema que compete, primero al usuario y luego, si acaso, a otro registro de la intervención estatal, que no es el del actual orden represivo, sino al de la educación y la prevención, y al de la terapia y la medicina.

A lo que respecta al tema de esta parte, lo que intereso destacar es no sólo la evidente absorción de la crítica de la izquierda tradicional por parte del Estado, y su consecuente efecto ideológico de hegemonía moral, sino la secuela de esta movida táctica de la estrategia prohibicionista en general: el problema de drogas no afecta únicamente a las clases inferiores, sino que amenaza a la totalidad de la vida social. Colonizada la crítica clasista resta un paso más: nacionalizar a la víctima. Puerto Rico es representado como una Gran Unidad en consenso de guerra contra las drogas, una Identidad Nacional que sirve para legitimar una prohibición que erró al dejar de lado a los ricos, no sin protección ni al margen de la justicia de la Ley, porque ahora también reconozcan criminales entre ellos, sino porque toda la Nación está aterrorizada por la amenaza de la Criminalidad y, en particular, por la que se desprende del tráfico ilegal de drogas y de las drogas en sí. Pero no, el Estado no va a llevar las redadas a las residencias privilegiadas, no va a invadir militarmente urbanizaciones exclusivas, no va a desposeer a estos sectores pudientes de sus derechos de propiedad ni van a incursionar violentamente sobre sus intimidades, como en "un pasado" hicieron en los barrios pobres, con sus habitantes. Hay criminales entre los más privilegiados, es verdad –reconoce el gobierno-. Sólo que no grandes narcotraficantes...

Según el Superintendente de la Policía, Rivera Cotto, los grandes narcotraficantes no viven en Puerto Rico, "no viven en urbanizaciones exclusivas y de ricos en el país, sino en Estados

Unidos."[63] Es por esta razón –argumenta- que casi nunca se han visto redadas policiales en urbanizaciones exclusivas, mientras que por norma -añade- siempre se interviene en residenciales públicos o en barriadas pobres. De la misma manera –según el artículo citado- tampoco aparecen en las portadas de periódicos arrestos de personas de alto nivel económico o social, como empresarios, banqueros, jueces, jefes de agencia o sus familiares, que hayan sido arrestadas por su relación con el narcotráfico.[64] Su conclusión es que "estamos extranjerizados".

> "Los patrones de la criminalidad, de crimen organizado, han cambiado muchísimo. (...) Ahora el narcotráfico se mueve por la informática, a larga distancia. El que financia los cargamentos de drogas tiene unos consejeros y funcionan, por lo general, desde los Estados Unidos continentales. No pone un pie aquí. Aquí lo que hay son distribuidores de una escala intermedia que son los que contratan unos tiradores para los puntos de drogas. (...)Esos son más bien, distribuidores independientes que sirven de testaferro al sinvergüenza que está en los Estados Unidos continental y que es el que financia el narcotráfico aquí."[65]

La izquierda tradicional, independentista por razones históricas de peso, está siendo genialmente desposeída de sus retóricas políticas más fuertes, pues ahora el gobierno de Puerto Rico, siempre colonial, advierte que es verdad, que una parte de los males sociales del país tiene por residencia el Imperio. Pero no se descuida, pues su amistad política lo fuerza a solidarizarse con su lucha interna, y el gobierno de Puerto Rico se ofrece para aliarse incondicionalmente, aunque no tuviera por opción real la posibilidad de abstenerse. Los ricos locales seguirán durmiendo

---

[63] S.D. Rodríguez Cotto según citado en "Para el Súper no hay ´pejes´ aquí"; *El Nuevo Día*, sábado, 30 de agosto de 2003; en http://endi.com.

[64] Ídem.

[65] Ídem.

tranquilos, pues sus propiedades no serán invadidas y sus privacidades seguirán siendo protegidas, como siempre, por la fuerza de seguridad estatal; incluso protegidas de los peores efectos de sus mismos prejuicios. Ahora el pueblo en general se tiene por reclutado en una guerra que, sin tenerlo en cuenta, se libra contra sí mismo, es decir, contra cada cual en su singularidad desposeída del derecho sobre sí. Las comunidades más pobres no dejarán de ser el objetivo en la mira de la mano dura, sólo que ahora –al parecer- son ellas mismas las que se ponen en el blanco. La izquierda tradicional sigue su reclamo de independencia, pero la patria alternativa que promete su discurso está demasiado saturada de la razón imperial de la Ley, su modelo de ser nacional sigue siendo el ideal del poderío imperial norteamericano del que reclaman independencia, el del Estado de Ley y sus moralidades, prohibiciones y prejuicios culturales...

Razones éstas de más por las que, dentro de este gran escenario, la alternativa despenalizadora en particular, como los movimientos antiprohibicionistas en general, vinculados a un proyecto político de democracia radical, desde una resignificación política alternativa y emancipadora del Derecho, deberá ser activada desde un discurso político transnacional... de solidaridad entre las gentes que habitan los pueblos, a pesar de los estados-nacionales... o sus colonias...

Paradojas del fracaso: consideraciones teóricas-críticas

> "La idea de que tener más policías o guardias nacionales
> es la manera de atender el tema de las drogas
> es como no acabar de aprender de fracasos anteriores." [66]
> F. Martín (senador)

Reconocer el fracaso de los métodos con que se está combatiendo el "problema de las drogas" en el mundo es, sin lugar a dudas, un paso firme para iniciar una larga caminata entre los senderos de las alternativas despenalizadoras. Sin embargo, debería admitirse también que este aludido fracaso es relativo y encara en su seno más crítico una paradoja peligrosa: de una parte,

---

[66] F. Martín según citado por AP en "Fernando Martín truena contra medidas para lidiar con el crimen", *El Nuevo* Día, sábado, 6 de septiembre de 2003; en http://endi.com.

puede admitirse sin grandes reservas un fracaso con relación a los objetivos prohibicionistas esgrimidos por las retóricas ideológicas del Estado de Ley, toda vez que representan sus intervenciones como cumplimiento del deseo popular de seguridad, bajo la modalidad de una "guerra contra las drogas".

De otra parte, pero actuando simultáneamente, tras este supuesto fracaso, el poderío interventor del aparato estatal se ha consolidado, potenciando e hibridando progresivamente sus recursos interventores sobre la vida social y privada, tanto materiales como ideológicos. Desde la reconfiguración del papel de lo militar en la sociedad civil hasta el carácter lucrativo del negocio de las prohibiciones para diversos sectores, desde la hiperbolización del discurso médico-policial hasta la incontenible expansión del "crimen organizado". Entre las preguntas clave podría destacar las siguientes: ¿Qué es lo que ha fracaso realmente? ¿Qué, tras el signo de un fracaso, cobra vida o renueva su poder? ¿Cuáles son los referentes de ese fracaso? ¿En función de qué se proponen alternativas para lidiar con el mismo? ¿De la gobernabilidad en el Estado de Ley? ¿Del derecho de las personas a administrar sus propios cuerpos, sus goces y recreos personales? Es un tema complejo, y como tal deberá ser abordado desde diferentes posiciones que, para efectos analíticos, guardan cierta distancia entre sí, pero que tienen muy precisos efectos de conjunto, efectos que afectan radicalmente la vida de cada persona, sobre todo en lo concerniente a la posibilidad de vivirla de acuerdo a su propia ilusión de mismidad...

Fracaso de la política de mano dura: el primer desengaño

> "La política de represión a ultranza contra la droga,
> patrocinada por la mayoría de los gobiernos occidentales,
> ha resultado un fracaso."[67]
> *J.L. Díez Ripollés*

Tomadas en cuenta estas consideraciones, pasaría entonces a afirmar —con debidas reservas- que la política de mano dura ha fracasado, y que mantenerla deja por saldo más problemas de los que resuelve. Esto es un hecho que vale tanto para Puerto

---

[67] J.L. Díez Ripollés; "La opción despenalizadora"; en *El País*, 31 de mayo de 1988, p.36; en http://www.punksunidos.com.

Rico como para el resto de las naciones del mundo que han suscrito las torpes políticas de la represión para lidiar con las mil realidades sociales que se desenvuelven bajo el signo espectral de la criminalidad. En otro artículo del autor citado en el epígrafe éste señala tres claves que ponen de manifiesto el fracaso, que aunque no se refieren directamente a Puerto Rico, ciertamente sucede lo mismo en idénticos términos:

- el porcentaje de droga interceptado es mínimo respecto del que se pone a disposición de los consumidores;

- la demanda por parte de éstos no cesa de crecer;

- la opción por la represión ha desencadenado unos efectos colaterales (...) cuya nocividad social sobrepasa con creces los beneficios, no logrados, que persigue la política criminalizadora.[68]

Según ya sostuve en otra parte[69], la desarticulación de los puntos de drogas por los operativos policiales tiene tanta efectividad como la que tiene para quien quiere acabar con las molestias de las hormigas patear sus hormigueros. "Desarticular" no puede ser interpretado ilusamente como "acabar con", sino todo lo contrario. Ahora, en lugar de poder identificar unos focos precisos donde se condensaba en mercados locales, puntos en comunidades, el mercado callejero de las drogas se riega por todos los recovecos de la ciudad y así mismo se desparrama incontoniblemente en todas las zonas impenetrables por la moralidad caduca de esta vieja Razón de Estado. Ahora se multiplican las ventas e incluso mejoran sus servicios a la clientela[70], que a pesar de la inteligencia de los gobiernos no ha

---

[68] J.L. Díez Ripollés, "La despenalización, en la dirección correcta", el *País*, 3 de noviembre de 1994; en http://www.punksunidos.com.

[69] G. Sued; "La alternativa despenalizadora: una reivindicación democrática"; *Claridad*, 2-8 de octubre de 2003; y en http://indymediapr.org.

[70] El actual superintendente de la Policía lo reconoce y advierte, aunque en dirección opuesta a la posibilidad de aminorar los problemas que el propio estado prohibicionista ha provocado.

mermado ni un ápice desde que éstos tuvieron la extraña idea de prohibirlas. Así como las hormigas pateadas de sus hormigueros, estas personas desplazadas de sus espacios siguen extendiéndose por debajo de la tierra, pero también en la superficie cotidiana de la vida social. Coincidentemente, el psicólogo Salvador Santiago, una de las figuras promotoras del enfoque salubrista como alternativa despenalizadora en Puerto Rico, sostiene:

> "Esa política de desarticular puntos de droga tiene un costo muy alto para la sociedad civil (...) Tan pronto se prohíbe una sustancia que tiene mucha demanda en el mercado tu promueves el crimen organizado, la violencia y la corrupción"[71]

Lo cierto es que se equivocan los gobiernos si creen que con ponerles encima periódicos empapados de promesas electorales van a debilitar sus movimientos, su naturaleza, que es idéntica a la de cualquier otro mercado en ánimo de lucro: continúa practicando sus habituales modos de sobrevivencia, perfeccionando sus artimañas y adecuándose constantemente a las condiciones a las que los gobiernos los fuerzan a existir. Irónicamente, el gobierno reconoce que es su política interventora la causa principal de la guerra entre narcotraficantes y de los asesinatos relacionados a ella. En un articulo de la prensa local, la gobernadora reaccionaba a las preguntas sobre los asesinatos que "han causado la muerte de varias personas inocentes en los pasados días" y dijo que son una terrible tragedia cuya alza atribuyó a la guerra de traficantes de drogas, que "están sintiendo el impacto de los operativos que ha estado llevando a cabo la Policía", agencia que reclama haber desarticulado más de 400 "puntos" de venta de sustancias controladas.[72] En otra parte —según cité anteriormente-:

---

[71] Según citado por D. Rivera Vargas en "Pedido a coro de nuevas tácticas contra el crimen", *El Nuevo Día*, jueves, 4 de septiembre de 2003; en http://endi.com.

[72] Según G. Cordero "Convocatoria al pueblo para unirse contra el crimen viernes; *El Nuevo Día*, 29 de agosto de 2003; en http://endi.com.

"...La guerra de drogas y las balaceras que hemos visto son resultado directo de esto".[73]

En otro artículo, ante la incontenible oleada de asesinatos y a consecuencia de la guerra por el control de puntos de drogas provocada por el gobierno -según admitido por la Mandataria- ésta sostiene:

"Siempre es una desgracia cuando mueren seres humanos. Todo tiende a indicar que estas muertes son consecuencia de la guerra entre traficantes. Es una desgracia que hayan fallecido, pero al parecer eran delincuentes, tanto los que murieron como los que perpetuaron el asesinato."[74]

¿Cómo interpretar estas palabras? ¿Dónde poner el énfasis para hacerlo? ¿En las palabras de lamento? ¡No! En las que dejan ver el espíritu devastador e insensible de la mano dura del gobierno, que hace la salvedad y rompe el lamento con un "pero", un "pero" que de alguna manera debería aliviar las conciencias perturbadas de la ciudadanía: eran delincuentes. Se están matando entre "ellos" por el control de los puntos de droga, y el gobierno lo celebra: no cambiará su plan anti-crimen, seguirán provocando asesinatos, seguirán produciendo asesinos... Descaradamente insiste en que la raíz del problema es el "trasiego de drogas" y emplaza a la ciudadanía a ensuciarse con la sangre que la prohibición no cesa de derramar entre sus duras manos... a que seamos cómplices de sus morbosidades...

Aterrorizar primero, dar lástima después, son las claves de un buen espectáculo; ésta es la estrategia heredada de las filosofías de Estado más antiguas. Las muertes entre delincuentes son un mal menor para el gran cuadro de bienestar social y seguridad que promete el Estado. La pregunta obligada ante esta extraña situación, incontenible y en ascenso, sería si acaso no habrían

---

[73] S.M. Calderón; según citada en Agencia EFE; "Gobernadora reitera esfuerzos para combatir criminalidad"; *El Nuevo Día*, jueves, 28 de agosto de 2003; en http://endi.com.

[74] S.M. Calderón, según citada en M. Rivera Marrero; "No cambiará la estrategia policiaca"; *El Nuevo Día*, jueves, 4 de septiembre de 2003; en http://endi.com.

130

mayores probabilidades de disminuir la incidencia criminal vinculada al tráfico ilegal de drogas si el Estado descriminalizara su mercado, a sus comerciantes y su clientela. Me inclino a pensar que sí. De todos modos, demasiados factores culturales operan en sentido contrario y, además de los prejuicios morales y el desconocimiento general, la posibilidad de lucro que le representa la prohibición a sectores poderosos de la sociedad, incluyendo al propio aparato represivo del gobierno, hace más difícil la tarea...

Del lucrativo negocio de la (in)seguridad pública

Según un artículo publicado en el *Nuevo Día* a finales de 2003, "el alza de la criminalidad en Puerto Rico ha servido de justificación para crear un andamiaje de agencias estatales, federales y privadas que dispone de una legión de no menos de 104,233 oficiales cuya encomienda principal es la protección de vidas y de propiedades. Esto equivale a 2,743 miembros de alguna fuerza de ley y orden por cada 100,000 habitantes; un efectivo por cada 36 personas."[75] Según Gerardo Cordero, redactor del artículo:

> "El mercadeo de la inseguridad, ha generado también una multimillonaria industria costeada por los ciudadanos que, según sus recursos económicos, procuran proteger sus casas y otros bienes con controles de acceso, vigilancia de guardias privados, instalación de alarmas, rejas y hasta con cámaras para mantener un constante rastreo electrónico que desaliente a escaladores u otros maleantes o, al menos, torne difícil un acto delictivo."[76]

Y añade:

---

[75] Y continúa la cita: "En agentes de la Policía estrictamente, hay 548 uniformados por cada 100,000 habitantes, una proporción inexistente en muchas de las principales naciones del mundo" (En G. Cordero; "Lucrativo el negocio de la protección", *El Nuevo Día*, 26 de diciembre de 2003 en http://www.endi.com)

[76] Ídem.

"Sin embargo, ni los recursos del estado ni los de los ciudadanos se han traducido en cambios significativos en la ola de asesinatos -que cada año supera las 700 bajas-, ni otros delitos de violencia, que mantienen al país en un deshonroso sexto lugar a nivel mundial con mayor tasa de asesinatos, según la revista Population & Societies del Instituto Nacional de Estudios Demográficos."[77]

De acuerdo al artículo de Cordero, "la fuerza de seguridad privada se estima en 51,071 oficiales y, sumando el personal de ley y orden federal y estatal, existe un equipo de al menos 104,233 oficiales dedicados diariamente a la protección de vidas y propiedades."[78] En ese renglón –añade el periodista- "al comparar presupuestos estatales de los pasados diez años, se observa un alza de 128.5%: de $680 millones asignados a esos fines en el año fiscal 1993 a $1,554 millones en el año fiscal corriente."[79]

Podrán, posiblemente, haber incontables variaciones relativas a los números, pero ciertamente en los datos provistos por este artículo, complementario de los citados anteriormente, se *ve* englobada la tendencia dominante a reproducir el modelo de vigilancia policial-tradicional sin menoscabo de sus evidentes y concurridos fracasos, lo que da paso a mil sospechas. Sabido es que una parte en crecimiento de la ciudadanía procura *comprar* la

---

[77] Según el artículo citado, en Estados Unidos la industria de seguridad electrónica solamente genera más de $30,000 millones al año, y cuando a ésta se le suman otros servicios de seguridad como guardias, verjas y otros elementos relacionados, la cifra se eleva a más de $100,000 millones anuales, según datos provistos por la Security Industry Association de Estados Unidos. En Puerto Rico –según Cordero- no hay cifras locales sobre la magnitud de la industria de la seguridad. (Ídem)

[78] La demanda por seguridad privada en este país –según Cordero- es tal que al menos dos compañías nuevas de guardias privados se registran cada mes en la Policía, estimó el teniente César Ríos, jefe de la división que expide las licencias para la operación de estos negocios. Según éste, en las fuerzas de seguridad privada existen 26,071 guardias y detectives privados con licencia, aunque posiblemente la misma mitad de los legalmente registrados podría estar ejerciendo este tipo de labores sin contar con las licencias requeridas por ley. (Ídem)

[79] Ídem.

seguridad que al Estado, aunque no cesa de prometerla, le resulta imposible asegurar. El miedo al espectro criminal sigue siendo el resorte clave de esta tendencia, que está siendo aceleradamente absorbida por la lógica lucrativa del mercado de las (in)seguridades ciudadanas. Irónicamente –según las estadísticas- éstas aumentan al mismo ritmo que son puestas en venta por los mercaderes de "soluciones" a los *problemas de la criminalidad*...

Un cuadro dramático, quizá retocado de cierta ficción apocalíptica, puede augurarse para el porvenir: que las comunidades se aíslen cada vez más como fortalezas y dentro de ellas los vecinos se encierren en sus hogares-cárceles y que la ciudadanía atrincherada, al fin, se arme hasta los dientes para protegerse de ella misma, no sólo de los temores que ha inventado, cultivado y refinado con tanto empeño y por tanto tiempo, sino de los problemas mismos que ha creado con las terribles soluciones que ingenuamente imaginaba que los resolverían... La prohibición y el castigo, la vigilancia armada y la seguridad comprada, acrecientan el desprecio por la libertad individual que caracteriza al Estado de Ley, y no prometen ninguna resolución innovadora sino secuelas de un movimiento *cultural* y *político* tempestuoso, que probablemente en su momento se volcará contra sí, y los vientos huracanados de los prejuicios que lo animan dejaran entre las estelas de sus violentas crueldades tantas muertes como cualquier otra guerra declarada... Entre tanto, muchos sacan partida de los miedos compartidos y entre ellos, algunos más se lucran de las prohibiciones...

Del lucrativo negocio de las prohibiciones

> "...posiblemente la prohibición absoluta
> también obedezca a razones poco confesables,
> de carácter estrictamente económico...;[80]
> *A.Cuerda*

Y continúa la cita:

"...en efecto, el producto prohibido genera colosales beneficios, y puede haber muchas almas

---

[80] A.Cuerda; "Despenalización de las drogas, una propuesta"; en *El Mundo*, 21 de noviembre de 1994, pp.4-5; en http://www.punksunidos.com.

hipócritamente prohibicionistas, cuyos bolsillos se rellenan de esas ganancias."

Una de las razones históricas principales para mantener siempre, en todos los tiempos, activa la sospecha sobre las políticas prohibicionistas de los estados de Ley, es precisamente la relacionada a los vínculos indisolubles entre éstas y la voluntad lucrativa que subyace sus intenciones, incluso las que más benévolas se representan bajo el signo de la legalidad y en función del bienestar y la seguridad social. Harto sabido es que detrás de todas las persecuciones de los gobiernos articuladas bajo los signos de una guerra (interior-doméstica o exterior), los principales favorecidos de sus esfuerzos bélicos han sido los mismos: los que comercian en torno a ellas. La prohibición es un negocio lucrativo, tanto para la dimensión ilegal como para la legal. Pertenece, como ya he apuntado, a una estrategia general de control y dominación, que trasciende la superficie de sus justificaciones retóricas de corte populista. Se trata de una economía política que administra -mediante los tabúes de las prohibiciones- gran parte de los temores de la población, en buena medida producidos por el propio discurso de la prohibición. Se trata, en fin, de una modalidad de la violencia disciplinaria del poderío normalizador del Estado de Ley (pos)moderno, y a la vez, de un poder híbrido del que, además de potenciar los dispositivos de control social y de expandir los recursos interventores del aparato estatal en general, diversos sectores se benefician económicamente, no sólo a costa de terribles consecuencias sociales —como las violencias y crueldades habituales (perse-cuciones, encierros, estigmatizaciones, chantajes, corrupciones, muertes- sino en detrimento vertiginoso de las condiciones claves de una vida social democrática cualitativamente alternativa. Entre estas coordenadas, pregunta Savater:

"¿Alguien cree de veras que un negocio fabuloso nacido precisamente de la prohibición de determinadas sustancias que ya forman parte de los deseos de mucha gente y de la persecución de la venta a algo que quiere ser comprado va a ser liquidado aumentando la prohibición y la persecución? Si las bandas de *gangsters* han nacido para aprovecharse de un tabú, cuanto más tabú, más provecho de los gangsters."[81]

La pregunta es, por supuesto, retórica. Demasiada gente *cree* no sólo en que en realidad es posible "ganar la guerra a las drogas", sino que lo creen así porque lo consideran deseable, justo y necesario. Lo más terrible es que al parecer la inmensa mayoría dispone de los recursos para convertir en hechos concretos esta creencia, para materializar bajo el signo de lo democrático el deseo adscrita a ella. Y aunque su contenido no sea sino el efecto ilusorio de mil ficciones, éstas adquieren cuerpo en los modos de sus aplicaciones, en sus violencias legales. Que la prohibición y sus correlativas prácticas coercitivas es saldo de una opción democrática es por lo menos el argumento más repetido por los gobiernos prohibicionistas, clave en los programas de gobierno de los partidos políticos en competencia (ya de derecha como de izquierda); en los sermones de todas las iglesias como en las retóricas de las clases profesionales vinculadas al compromiso político de asistir a favor del bienestar y la seguridad social: instituciones académicas, "profesionales de la salud y de la conducta humana", sociólogos y psicólogos, médicos, jueces y legisladores, educadores, portavoces de la policía y jerarcas de las iglesias, colectivos comunitarios, periodistas y anejos, etc. El fantasma de la sociedad civil se materializa en estas instancias culturales, que operan, por lo general, como refuerzos legitimadores de las políticas interventoras adscritas a la ideología prohibicionista, a sus tabúes míticos, a sus prejuicios. La traducción más leída a su favor es cuantificada en los contextos electorales, teniendo por efecto -irrespectivamente del Partido que administre en mayoría el gobierno- mantener en curso activo una misma política, que diluye las diferencias partidistas y fusiona en un mismo movimiento ideológico la voluntad general de gobierno: el control efectivo de las poblaciones dentro del imaginario imperial de la Ley.

Tal vez, y por lo que pueda valer, me parece pertinente sostener como una posibilidad de hecho que la complementariedad entre la ideología prohibicionista del Estado de Ley y las

---

[81] F. Savater; "La cruzada de las drogas" en *A decir verdad*, México, Fondo de Cultura Económica, 1987; en http://www.punksunidos.com.

fuerzas políticas de la sociedad civil, desparramadas por todos los recovecos de la vida social, pero condensadas en la materialidad práctica de las intervenciones estatales, se debe, en gran parte, más que a las manipulaciones ideológicas de los propios gobiernos, a quienes tienen grandes intereses en los ilegalísimos y se procuran inmensos beneficios económicos con la política prohibicionista. Pero también por este medio se procura el Estado generar empleos y producir profesiones al servicio de sus moralidades, fusionando a los *expertos* de la "conducta y la salud" humana en las razones de sus prejuicios...

No es la salud del pueblo la que se beneficia, no es la moral cultural la que se fortalece, no es la seguridad social la que se acrecienta ni mucho menos la libertad ciudadana la que se amplía... ¿qué relaciones de poder mantiene en juego la política prohibicionista? ¿Para qué? ¿Quién gana? ¿Quién pierde? En esta guerra lleva las de perder el pueblo llano... las de ganar la voluntad de gobierno, el Estado policial se consolida... y los narcotraficantes se lucran... porque la prohibición es la primera condición para obtener sus riquezas y demás poderíos...

Conclusiones preliminares: reinventando el imaginario democrático (II)

Si bien es cierto que el discurso estatal trata a todo cuanto por Ley presume bajo sus dominios como si se tratara de un gran bloque moral unitario, de sujetos conscientes y racionales que le han cedido buena parte de sus libertades a cambio de seguridad y bienestar (traducida esta cesión en el sometimiento voluntario a las ordenes de sus leyes), no habría en cambio por qué ceder a las tentaciones seductoras de ese discurso ideológico y representar los reclamos de derecho en su mismo lenguaje. Entre estas coordenadas estimo pertinente reforzar esta consideración con las siguientes claves teóricas y políticas:

- que en el Estado de Ley el discurso prohibicionista es representado por la fuerza ideológica de su autoridad como si se tratara de un sentimiento moral compartido homogéneamente por todo el espectro social;

- que así mismo, la racionalidad dominante del poderío estatal supone que están arraigados culturalmente los principios sobre los que fundamenta las correlativas políticas represivas y punitivas;

- que éstas no están enraizadas en un conocimiento científico universal sino en consideraciones de índole moral y religiosa, en tabúes culturales y prejuicios colectivos;

- que su finalidad inmediata es la eficacia y efectividad del gobierno en el Estado de Ley, por lo que existen contradicciones irreconciliables entre los principios del Derecho y la voluntad imperial de la Ley;

-    que, en este sentido, este discurso ideológico se materializa representándose a sí mismo como la autoridad legítima para delimitar los derechos singulares de la ciudadanía, incidiendo sobre las libertades individuales a partir de consideraciones morales y, sobre todo, de economía política sobre los cuerpos;

- que la sociedad civil no existe como unidad homogénea, excepto cuando la Razón de Estado la activa como dispositivo de subyugación ideológica a la racionalidad totalizadora de la Ley;

- que la Ley no representa ni la Moral Social ni la Voluntad General, y que, encuadrada dentro de la imaginería prohibicionista, representa, por el contrario, una afrenta al Derecho;

- que la radicalización del imaginario democrático requiere integrar estos principios políticos de derecho a la libertad de cada sujeto sobre su propio cuerpo, trátese ya de las prácticas y preferencias sexuales, del aborto o del consumo de drogas, tanto como de la libertad de expresión, de prensa, de religión y de cualquier otra práctica social, individual o colectiva, de la que disponga el sujeto para procurarse seguridad, disfrutar de la relativa libertad de la que dispone, y gestionarse su propia felicidad o sus remedios como pueda...

- que el Estado es más bien un recurso que otra cosa, un poder híbrido del que dispone el ciudadano para hacer menos doliente los embates que le impone la vida social y respaldar sus iniciativas como las de cualquier ser humano, y procurarse mediante este recurso las condiciones materiales imprescindibles para potenciar una vida social e individual lo más plena posible o, cuando menos, para aliviar la carga que le supone a cada cual vivir la vida social en estos tiempos...

- el encargo de la Ley no debe idealizarse, ni concederle mayor poder a los gobiernos de los que el Derecho pueda lamentarse; además, tampoco mediante su poder deben regularse todas las prácticas culturales e individuales. Esto no sólo es imposible sino que es indeseable;

- teniendo en cuenta estas consideraciones, no se trataría de legalizar las drogas sino de despenalizar su comercio y uso en función del principio de derecho a la libertad de cada cual sobre su propio cuerpo;

- el Estado debe abstenerse de coartar el derecho de cada cual a la búsqueda de su propia *felicidad* (al goce de su individualidad, al relativo disfrute irrestricto de sí mismo) o consuelos alternos, y no debe hacer que la condición de ciudadanía se convierta en impedimento de la disposición singular del cuerpo;

- sólo a partir de estas reivindicaciones de derecho sería considerable la alternativa legalizadora como medida de regulación de ciertos aspectos del mercado de drogas, si acaso como garantía de la calidad de los productos y control de precios, etc;

- asimismo, las propuestas salubristas como opciones de conciencia de cada ciudadano, inscritas en este principio de derecho, pasarían a formar parte de los recursos de los que dispone cada vida social singular para obtener las ayudas que requiera de acuerdo a sus propios criterios y necesidades de salud...;

Razones éstas de más por las que -valga la repetición textual- la alternativa despenalizadora en particular, como los movimientos antiprohibicionistas en general, vinculados a un proyecto político de democracia radical, deberán ser activados desde un discurso político transnacional... es decir, desde una resignificación política alternativa y emancipadora del Derecho, de solidaridad entre las gentes singulares que habitan los pueblos, a pesar de las identidades colectivas y culturales en las que pudieran representarse y los estados-nacionales de los que no pueden (des)sujetarse...

Parte III

El poder seductor de lo prohibido

El poder seductor de lo prohibido

"Cuanto más se prohíbe algo, más popular se hace."[1]
M. Twain

"...la prohibición ha hecho más atractivo el negocio de la droga,
y también allí fomenta la criminalidad
y la corrupción a todos los niveles." [2]
G. García Márquez

"...no sólo la fuerza de las drogas
proviene del negocio de lo prohibido
sino también, psicológicamente,
de la *tentación* de lo prohibido." [3]
F. Savater

¿Cómo dar cuenta de ello, del atractivo poder seductor que ejerce la prohibición? ¿Qué relaciones se entrecruzan contradictoriamente dentro del discurso prohibicionista y cuáles, de entre ellas, se vuelcan contra él, destinando sus esfuerzos prohibitivos a encarnar las profecías de fracasos anunciados en todos los tiempos? ¿Cuáles otras se refuerzan inconteniblemente y en el acto se esparcen por todo el espectro de la vida cultural? ¿Qué deseos se animan por virtud de lo prohibido, sobre todo allí donde lo prohibido se refuerza de una moralidad de dudosa legitimidad social, de tabúes demasiado sospechosos y de mitos ideológicos de extraña valía para la vida de cada sujeto particular? ¿Qué efectos sobre la vida privada de los ciudadanos se materializan cuando las prohibiciones estatales tienen como principal fundamento de su autoridad la fuerza bruta de la Ley? Y a propósito de la actual prohibición de ciertas drogas y la

---

[1] M. Twain; *El diccionario de Mark Twain* (1895), Editorial *Valdemar*, Madrid, 2003; p.200.

[2] G. García Márquez; "Apuntes para un debate sobre las drogas" (1993); en http://www.punksunidos.com.

[3] F. Savater; "Las drogas y sus exorcistas" en *Libre mente*, Editorial Espasa Calpe, Madrid; 1995; pp. 113-115; en http://www.punksunidos.com.

correlativa criminalización y penalización de sus comerciantes y usuarios, ¿acaso esta política detiene la fuerza del lucrativo negocio de la droga, o por el contrario vigoriza las condiciones para el mismo? ¿Detiene la criminalidad o acaso incita a mayores violencias y crueldades, corrupciones, engaños...? ¿Qué fuerzas sociales o privadas se benefician realmente del entramado prohibicionista? ¿Cuáles se debilitan y cuáles, por consecuencia, se preservan intactas o se refuerzan y extienden sus dominios?...

El poder seductor de la prohibición

Desde tiempos en que la escritura pasó a ser una pieza de la racionalidad domesticadora de las culturas, por letra de los primeros filósofos moralistas de la Ley la prohibición fue convertida en un recurso de incalculable valor social, imprescindible para toda vida civilizada o en miras de serlo. Los moralistas de la Razón de Ley y demás supersticiones la achacarían a la necesidad vital de contener la "maldad innata de los hombres" o lo que es igual, controlar las incontenibles tentaciones de sus deseos, siempre asechando entre perversiones e inmoralidades, entre ilegalismos y sin razones, en fin, para domesticar las más poderosas pasiones que, por condición propia a su animalidad, le son constitutivas irremediablemente a todo ser humano. Pero a las tecnologías disciplinarias vinculadas a la finalidad estatal de las prohibiciones les sería correlato, desde lo más profundo de los seres en los que se deberían materializar, una paradoja irresoluble. No poca es la literatura que, tratando los trajines de la existencia humana, lo destaca. Ya escribía Ovidio: "Siempre nos inclinamos hacia lo prohibido y deseamos lo que se nos niega."

Muy posiblemente no exista entre los textos filosóficos de orientación estadista, siempre de fuertes inclinaciones moralizadoras, alguno que no resalte como una cualidad esencialmente humana esta paradoja implicada en el acto de prohibir. Montaigne lo expresaba así: "Prohibirnos algo es despertarnos el deseo." Mark Twain ya lo anunciaba a su manera: "A lo prohibido le rodea un encanto que le vuelve inefablemente deseable."[4]

---

[4] M. Twain; *El diccionario de Mark Twain*; Op.cit., p.200.

Quizá el primer error de Dios: la tentación irresistible que le provocó a Eva darse al riesgo de pecar, que desde el génesis bíblico ha sido el acto de desobedecer la Ley del Padre, su prohibición. Eva encarnaría desde entonces la fuerza indómita de las tentaciones que provocan todas las prohibiciones de todas las leyes que se imponen por virtud de una fuerza superior. Antígona representó antes este drama frente a Creonte, no por curiosidad sino como reclamo de derecho propio frente al arbitrario poder despótico de la Ley. Y, a propósito de la fuerza que lo prohibido ejerce sobre el deseo, Ariosto, en *Orlando el Furioso*, re-citando este estribillo milenario, reiteraba: "Se desea más lo que nos está vedado."

Ante el acto de la prohibición se activa el Deseo, que es la fuerza interior que mueve la vida anímica del sujeto, consciente o inconscientemente, con razón o instintivamente, a satisfacerlos, aunque una relativa incompletud permanezca como suerte irremediable de todas sus pasiones y anhelos. Plinio el Joven, en sus *Epístolas*, decía: "Ninguna cosa nos place, cuando la hemos conquistado, como nos gustaba cuando la deseábamos."

Irrespectivamente de esta suerte, la prohibición surte un poderoso efecto de atracción transgresora que trastoca la voluntad prohibitiva de la Ley y en su acto se convierte de inmediato en su revés. Tasso ya lo advertía: "Instinto de la mente humana es que el hombre desea más aquello que se le veda."

Siguiendo las claves de filósofos, literarios y poetas, podría convenir, tal vez, que la aportación más significativa del discurso psicoanalítico inaugurado por Freud a principios del siglo XX es, más que el reconocimiento de esta milenaria intuición filosófica, la consagración de una generalidad que atraviesa el inmenso espectro de la Filosofía Política y el caudal de sus hibridaciones teóricas, ya desde las más diversas criminologías o desde las filosofías del derecho, desde las sociologías o las psicologías jurídicas, pasando por todo tipo de estilos literarios y, siguiendo la pista a la genealogía de esta intuición, hasta dar con las imaginaciones más atentas de los poetas: el poder seductor de la prohibición. Es ésta una paradoja constitutiva del discurso imperial de la Ley e irresoluble precisamente por la imposibilidad que la atraviesa, que es la de fijar en términos absolutos la totalidad de almas a las que invoca a sumirse a sus dominios.

La clave teórica para traducir esta afirmación no está, sin embargo, ni en la autoridad autoreferencial del discurso psicoanalítico ni en las razones científicas de otras disciplinas que reclaman para sí la propiedad exclusiva de este objeto espectral. Es a partir de los efectos concretos de las prohibiciones, de cómo afectan la vida de cada persona, que debe ser interpretado este entendido. Pero no se trata de operar una inversión teórica, de mirar ahora con los ojos de los oprimidos en lugar de privilegiar la mirada del opresor. Condenados, jueces y verdugos pueden compartir abiertamente una misma actitud y creencia: aunque es menos habitual tal vez, a un juez bien podría remorderle la conciencia ante un fallo del que no pudo zafarse por función de su encargo en Ley; escapársele así una lágrima al verdugo que tuvo ocasión de empatizar o al menos guardar alguna simpatía con la víctima de su ejecución; tanto como un condenado, mirándose a sí mismo con los ojos paternales del Estado o la benevolente mirada de la Moral, podría, como de hecho sucede, sentir muy profundamente la necesidad de sufrir una pena y así mismo la justeza de su condena. La imaginación literaria está cargada de infinidad de ejemplos, nutridos a la vez de experiencias cotidianas en los escenarios judiciales y carcelarios. No se trata, insisto, de manipular una inversión teórica. Con respecto al dominio imperial de la Ley, las delincuencias, las perversiones, las desviaciones, inmoralidades, son signos de una realidad que excede la significación en propiedad de los intérpretes autorizados. La traducción desde la perspectiva que propongo es ésta:

- que la Ley no representa la totalidad de almas que asegura representar en su discurso;

- que mil diferencias contradicen de inmediato su voluntad universalizadora;

- que no todos tienen cabida bajo sus cuidos;

- que siempre es incierto el número de quienes se sienten representados verdaderamente por ella;

- y sobre todo, que la Ley no puede condensar bajo sus dominios los deseos más íntimos de las personas, de todas y a la vez en todo momento.

Es ésta una verdad jurídica que ha sido mantenida a lo largo de todas las historias de la voluntad política del poderío estatal: la imposibilidad esencial de la Ley de representar la voluntad de todas las personas. Repetidamente lo he sostenido en otros escritos y, a propósito de una crítica radical a la voluntad imperial de la Ley, he citado la letra (in)mortal de Platón:

> "...una ley no podría abarcar nunca al mismo tiempo y con exactitud lo ideal y más justo para todos, y luego dictar la más útil de las normas; porque las desemejanzas entre los hombres y los actos, y el hecho de que nada goza jamás, por así decirlo, de fijeza entre las cosas humanas, no permiten que un arte, sea el que sea, imponga en cuestión alguna ningún principio absoluto valedero para todos los casos y para todo el tiempo."[5]

Basta con que la Ley prohíba algo para que enseguida se desencadene el incontenible deseo transgresor. Deseo imprevisible a pesar de que toda prohibición de Ley lleva en la punta de su mandamiento la amenaza constante de un castigo y su moralidad siempre está armada de una fuerza superior para, de no convencer, imponerse. La traducción es siempre una paradoja. Es un saber que la Ley tiene por certero y que usa precisamente como fundamento de su poder interventor. La analogía permanente entre el ciudadano y el infante le resulta esencial al poderío en clave paternal del Estado de Ley. Lo mismo sucede con la invención de la locura como recurso de dominación política sobre ciertos sujetos desposeídos de una parte esencial de su mismidad por el poder que los convierte en enfermos para enseguida reclamar la potestad soberana sobre sus cuerpos y espíritus. Una buena parte de la psicoanalítica freudiana aportó a consagrar este razonamiento[6], repetido y reforzado por el acto mismo de la

---

[5] Platón; *El político*; Editorial *Instituto de Estudios Políticos*, Madrid, 1960.

repetición, de todos los modos posibles por las retóricas ideológicas de las más diversas filosofías estadistas y sus anejos eclesiásticos. Pero aún así, este saber puesto habitualmente en función del poder normalizador, disciplinario y coercitivo de la Razón de Estado, ahora sufre un revés radical: otra lectura del mismo es posible, otra interpretación, quizá antes marginal, ahora se desplaza al centro de atención: entrecruzando el humanismo liberal más radical con las ilusiones del anarquismo libertario, desde cierta psicoanalítica freudiana hasta la criminología crítica moderna, contaminada por ciertas sensibilidades éticas y posturas políticas en claves posmodernas: al otro lado de la Ley -pero sin salirse de ella- está siempre latente la fuerza indómita del Deseo, que es incontenible a plenitud bajo sus dominios, pues es encarnación viva de la propia condición social de lo humano, de una incierta animalidad indómita aunque nunca menos domeñable...

Desear lo prohibido por razón de Ley no es un signo que pueda traducirse bajo los códigos de la Ley sino del Deseo mismo. No se trata de una perversión del Ser sino de una actuación que acontece precisamente por su irremediable condición de Sujeto. Sujeto sujetado por la Ley, pero también por las fuerzas deseantes que lo constituyen a pesar de todas las razones de la Ley, aunque estas se prometan darse sobre él por su propio bien y se arroguen el derecho a imponerse sobre él a pesar de sí. La paradoja reside en que la Ley reconoce la fuerza irradicable del Deseo y sobre este reconocimiento justifica la perpetuidad de las prohibiciones. La invención de los tabúes míticos de la sexualidad pertenece a este registro ideológico. También, en idénticos términos, los mitos sobre los que se fundamenta la prohibición de las drogas. El enclave de ambos registros es el cuerpo humano, objeto por excelencia de la Ley. De ahí la importancia de oponerle resistencia bajo la forma del Derecho, a favor del Deseo, es decir, del cuerpo como propiedad indelegable del Sujeto y no como objeto privilegiado de la voluntad imperial de la Ley.

---

[6] Tema éste al que dedico particular atención en mi tesis doctoral, inédita aún, *Devenir de una (des)ilusión: reflexiones sobre el imaginario psicoanalítico y el discurso político en Sigmund Freud* (Madrid, 2004) y que desarrollo en otro escrito inédito también, *Aporías del Derecho: Entre el Deseo y la Ley: reflexiones sobre la imaginería psicoanalítica, el discurso criminológico y el derecho penal en el Estado de Ley* (Madrid, 2003).

Algunas claves psicoanalíticas: el Deseo ante la Ley

> "No pecar es el sueño de un ángel."
> *V.Hugo (Los miserables)*

No es clínica sino política la aportación más significativa que puede abstraerse del cuerpo teórico de la obra de Freud, con relación a este tema del poder que ejerce sobre el deseo la prohibición. En *El malestar en la cultura*, por ejemplo, Freud establece un vínculo indisoluble entre la búsqueda instintiva de satisfacción personal y las restricciones impuestas culturalmente, ya bajo el registro de la Moral social dominante o por fuerzas de la Ley.[7] Efecto consecuente de las regulaciones y prohibiciones, legales o morales, impuestas por el poderío estatal o cultural, es la condición generalizada del malestar en la vida social. Alude, de una parte, al desencantamiento, a la frustración, a la desilusión general frente a las promesas paternales del discurso estatal:

> "El ciudadano (...) comprueba que el Estado le ha prohibido al individuo la injusticia, no porque quisiera abolirla, sino porque pretendía monopolizarla..."[8]

Y enseguida remite a lo más profundo de los *adentros* del ser, a sus respuestas instintivas, a sus reacciones anímicas *normales* frente a las prohibiciones del *exterior*; al Deseo ante la Ley:

> "La satisfacción de los instintos, precisamente porque implica tal felicidad, se convierte en causa de intenso sufrimiento cuando el mundo exterior nos priva de ella, negándonos la satisfacción de nuestras propias necesidades."[9]

Encadenando en su teoría las retóricas milenarias del Deseo, Freud afirma que para soportar la vida no podemos

---

[7] S.Freud; "El malestar en la cultura" (1930); en *Obras Completas* (Tomo III); Editorial *Biblioteca Nueva*, Madrid; 1996.

[8] Ídem.

[9] Ídem.

pasarnos sin lenitivos[10], es decir, que no podemos habitar la existencia prescindiendo de *remedios* que nos sirvan para amortiguar los embates de la cruda e insensible realidad. Estos "remedios" –apunta– los hay de tres especies y cuando mínimo uno resulta indispensable para la vida:

- distracciones poderosas que nos hacen parecer pequeña nuestra miseria (como la actividad científica o la creación artística);

- satisfacciones sustitutivas que la reducen (que son, como las producidas por el arte, ilusiones frente a la realidad, aunque no por ello menos eficaces por el poder que tiene la imaginación en la vida anímica);

- narcóticos que nos tornan insensibles a ella (vinculado a la intoxicación química de nuestro cuerpo, los estupefacientes, por ejemplo, nos proporciona directamente sensaciones placenteras (...) de manera que nos impiden percibir estímulos desagradables.)[11]

A propósito de las temáticas del Derecho de las personas sobre sus propios cuerpos y las políticas prohibicionistas del Estado de Ley, vinculadas a la criminalización del uso de ciertas drogas, me parece pertinente acentuar este tercer punto tratado por Freud, eco, por demás, de las tradiciones filosóficas, jurídicas y políticas liberales del Derecho. El uso de drogas puede ser traducido, no como una perversión del alma o una desviación del espíritu, sino como un modo "muy humano" de cada persona lidiar con su propia vida, ya para procurarse un placer pasajero o para sentir la breve satisfacción de un fugaz consuelo, un alivio, un desahogo; una distracción; una satisfacción sustitutiva; un aplacamiento ante las insensibilidades que marcan la vida. Escribe Freud:

---

[10] Ídem.

[11] Ídem.

"Se atribuye tal carácter benéfico a la acción de los estupefacientes en la lucha por la felicidad y en la prevención de la miseria, que tanto los individuos como los pueblos les han reservado un lugar permanente en su economía libidinal. No sólo se les debe el placer inmediato, sino también una muy anhelada independencia frente al mundo exterior."[12]

Y concluye:

"Los hombres saben que con ese "quita penas" siempre podrán escapar al peso de la realidad, refugiándose en un mundo propio que ofrezca mejores condiciones para su sensibilidad."[13]

El filósofo español Fernando Savater, destacado activista de las corrientes anti-prohibicionistas contemporáneas, acentúa –en radical oposición a las mitologías tergiversadoras de estadistas-prohibicionistas y demás moralistas- el valor realmente positivo que para las personas, a lo largo de las historias culturales, ha tenido, tiene y tendrá el uso de las drogas, legales o ilegales:

"...sus posibilidades como fuente de placer o derivativo del dolor, como estimuladoras de la creatividad; como potenciadoras de la introspección y del conocimiento; en una palabra, de sus aspectos auxiliares válidos para la vida humana, en cuyo concepto han sido consumidas durante milenios, son consumidas y lo seguirán siendo."[14]

Estos tres *remedios* generales destacados en el escrito de Freud operan más como satisfacciones sustitutivas, empleados con el fin de evitar el displacer que acontece como condición inevitable de vivir la vida. Esta generalización de las condiciones de la vida

---

[12] Idem.

[13] Idem.

[14] F.Savater; "Tesis sociopolíticas sobre las drogas" (1998); en en http://www.punksunidos.com.

humana en sociedad pertenece, en esencia, a una secuela de un fundamento filosófico y político clave en el pensamiento liberal del derecho estatal moderno. Rousseau, por ejemplo, así lo expresaba:

> "La felicidad del hombre en este mundo constituye un estado negativo; debe medirse por la menor cantidad de males que se sufren."

Irrespectivamente de las radicales diferencias políticas e ideológicas entre los más diversos autores, la relación indisoluble entre la prohibición y el ánimo del deseo para trasgredirla es una coincidencia indiscutible. También suele ser el reconocimiento de una misma suerte que es, a la vez, la condición de un encadenamiento contingente de deseos: la que reza que la satisfacción de un deseo deja por saldo inmediato una sensación de vacío, una frustración, un desencanto:

> "Lo que la vida a todos nos enseña consiste, en suma, en que los objetos de nuestros deseos siempre nos defraudan, vacilan y se vienen abajo, ocasionándonos más dolor que alegría..."[15]

Ya lo anunciaba Lucrecio:

> "Siempre nos parece que el mayor bien es el que nos falta; si logramos alcanzarlo, suspiraremos por otro bien, con el mismo ardor."

Es a la insaciabilidad de la voluntad individual a la que Schopenhauer refiere el hecho permanente de que toda satisfacción genere un nuevo deseo.[16] Platón ya lo anunciaba:

> "Lo humano por naturaleza son los placeres, los dolores y los deseos, de todo lo cual es forzoso que todo ser mortal esté algo así como completamente

---

[15] A.Schopenhauer; *El mundo*, II, p.375 en *El arte de insultar*, Op.cit., p.89.

[16] A.Schopenhauer; *Paralipomena*, en *El arte de insultar*, Op.cit., pp.89-90.

colgado o atado por medio de sus más grandes intereses..."[17]

Sófocles, en su Edipo Rey, por su parte, auguraba las suertes de sus destinos:

"¡Hay, generaciones de mortales!
A mis ojos, vuestra existencia equivale a cero.
¿Qué hombre conoció otra felicidad que la que él mismo fue
imaginándose, para caer luego en el infortunio,
después de dicha ilusión?"

Freud refinó teóricamente estas intuiciones literarias y cerró las brechas de las inconsistencias racionalistas de los filósofos, y ató los destinos ya anunciados a lo más profundo del Ser, a su inconsciente. Las ilusiones, no obstante, seguirían siendo los soportes imprescindibles de toda vida cultural, ya para sujetar con firmeza prohibitiva las riendas de sus destinos —como sucede en los regímenes de gobierno en el Estado de Ley- o ya para soltar riendas a las potencias emancipadoras de los deseos singulares o colectivos —como aspira el proyecto político de democracia radical en función del Derecho-. En todo caso, no se trata de modo alguno de renunciar al propósito de la satisfacción, sino —en letra de Freud- de procurarse cierta protección contra el sufrimiento. A todas cuentas —subraya- los instintos domesticados (sujetados, sometidos, rendidos) se prestan a sufrir menor dolor:

"La insatisfacción de los instintos domeñados procura menos dolor que las de los no inhibidos."[18]

Domesticar la exigencia insumisa del Deseo o la necesidad regida por el principio del placer supone minimizar la intensidad como se experimente la felicidad, lo que deja como saldo una innegable limitación de las posibilidades de experienciar el placer. Explica Freud:

---

[17] Platón; *Las leyes* (Libro V); Ed. *Instituto de Estudios Políticos*, Madrid, 1960; p.169.

[18] S. Freud; "El malestar en la cultura"; op.cit.

"...pues el sentimiento de felicidad experimentado, al satisfacer una pulsión instintiva indómita, no sujeta por las riendas del Yo, es incomparablemente más intenso que el que se siente al saciar un instinto dominado. (...) Tal es la razón económica del carácter irresistible que alcanzan los impulsos perversos, y quizá de la seducción que ejerce lo prohibido en general."[19]

Si está prohibido es porque en lo más profundo se desea, es la conclusión a la que llega la psicoanalítica freudiana. La prohibición de la Ley aparece en escena como efecto del poderío regulador del Estado o la Cultura, como reacción domesticadora, disciplinaria, normalizadora, ante la fuerza del Deseo; del deseo de cada persona a satisfacer sus necesidades anímicas al margen de la Ley o la Moral dominante, no por que actúe conscientemente contra ella sino precisamente porque el Deseo precede a la Ley y nunca puede ser domesticado por completo, ni mucho menos erradicado. Ante la voluntad totalizadora de la Ley, la vida anímica de cada sujeto le opone resistencia:

"Al parecer no existe medio de persuasión que permita inducir al hombre a que transforme su naturaleza en la de una hormiga; seguramente jamás dejará de defender su pretensión de libertad individual contra la voluntad de masa."[20]

La paradoja, nuevamente, es la siguiente: de una parte podría convenirse en que este es el fundamento teórico -o quizá simplemente el prejuicio ideológico- sobre el que el poderío estatal perpetúa sus prohibiciones: a saber, porque sabe *que* nunca nadie podría ser plenamente domesticado, y por consiguiente, cada *ciudadano* es siempre, en esencia, sospechoso –razón por la que justifica ilimitar sus vigilancias- y, por ende, potencialmente peligroso –razón que se auto-referencia como *evidencia* de la *necesidad* vital de sus intervenciones-. De otra, como ya apunte en el apartado anterior, es una destacada condición la imposibilidad

---

[19] Ídem.

[20] Ídem.

de la Ley para poder *representar* totalmente el conjunto de voluntades que habitan bajo sus dominios y, a la vez, que las fuerzas deseantes que constituyen el Ser de los sujetos bajo sus jurisdicciones exceden la voluntad política de control y dominación de la misma.

Creer ser más de lo que realmente se *es* tanto como exigirse a sí mismo más de lo que en verdad puede dar, hacer o ser, es la traducción psicoanalítica de la hipocresía cultural moderna, matriz de gran parte de los malestares anímicos sufridos por todos, aunque en variadas medidas. No es a un problema de *salud mental* sino a la condición de la vida social misma a la que deben ser remitidas todas las cuestiones de las drogas. Ciertamente la psicoanalítica freudiana da algunas claves para traducir los signos del Deseo en reivindicaciones de Derecho, para interpretar las transgresiones a las prohibiciones legales como posibles signos de la inadecuabilidad generalizable de las mismas, de su eminente arbitrariedad; del carácter ideológico de sus razones y de la carga mítica de sus fundamentos demonizadores, así como de los efectos negativos que ciertos tabúes culturales y legales ejercen sobre la vida anímica de los sujetos. La moraleja es, sin duda, que no todos somos iguales, y que cada cual -según sus condiciones y potencialidades, por falta de ellas o a su pesar, debe procurarse las mejores suertes que pueda sacarle a la vida. La ingenuidad: creer que bajo el registro de la legalidad o de la moral cultural dominante todos y cada uno pueden acomodarse sin más. La mayor de las injusticias: imponer un modelo único de moralidad, forzar a todos a ajustarse a sus delimitaciones y castigar por no hacerlo. La salida ética y política a estas encerronas: reivindicar el derecho de cada cual a decidir sobre sus ilusiones de mismidad, de las que el cuerpo propio es la clave esencial...

Función política de la prohibición: más acá de las drogas

Es esencial interrogar de otro modo la política prohibicionista de las drogas. Tomaré, por ejemplo, las claves teóricas de la psicoanalítica freudiana. ¿Por qué y para qué prohibir lo que se desea, si en todo caso lo que se desea no es, en realidad, lo que se dice desear, lo que se cree desear, sino un *sustituto* de un deseo siempre más profundo, oculto a la razón consciente del deseante, ajeno a su propia mismidad deseante. Ya el Estado está advertido:

al prohibir activa la fuerza indomeñada del deseo, la pasión instintiva por lo prohibido. Lo prohibido ocupa el lugar de un objeto del deseo que ahora, en el acto de la prohibición, se le presenta como opción alternativa a la mirada del sujeto, a su ánimo dolido en busca de consuelo, a su alma maltratada y necesitada de algún remedio; a la menos dramática mas no por ello menos genuina razón de sencillamente querer hacerlo, de disfrutar haciéndolo. La fuerza de la razón, procurada fallidamente por recurso de las embestidas ideológicas de la hipócrita moral del Estado de Ley, bajo el signo de "educación", no ha surtido los efectos esperados: erradicar el uso de drogas. Otra razón le sale enseguida al paso para poner en ridículo sus pretensiones, pues es imposible erradicar eso que constituye una parte esencial de la vida de tanta gente. Entonces, ¿cuál es el efecto real de la prohibición? ¿Erradicar los *males* que se propone? ¡No! Preservarlos, reforzarlos y perpetuarlos. Este ha sido el saldo histórico de las políticas prohibicionistas, no sólo un considerable aumento en la población consumidora de drogas sino un ascenso vertiginoso y al parecer incontenible de la misma. Sí, el Estado prohibicionista de la Ley es responsable también de la progresiva ascendencia del uso social de las drogas legales e ilegales. Y aunque algo de ingenuidad puede subyacer sus políticas criminalizadoras, el efecto político trasciende el ámbito de la prohibición de drogas: la misma opera como dispositivo legitimador de sus intervenciones, como justificante para ampliar inconteniblemente sus vigilancias "preventivas" y así mismo acercarse cada vez más a los frágiles dominios de la vida privada, a las manoseadas reservas de intimidad que restan aún a cada persona...

Una de las claves *teóricas* sobre las que las fuerzas represivas del poderío estatal se justifican como valor social ineludible e irrenunciable está fuertemente arraigada en un prejuicio heredado de las filosofías políticas clásicas: a saber, que –dada la naturaleza del ser humano- la violencia física es lo único que tiene una eficacia directa para regular la convivencia social, ya que éstos sólo para ella tienen receptividad y respeto. La base más sólida de este entendido suele construirse haciendo alusión constante al signo de la "experiencia" histórica de la humanidad, pues no hay relato que, cuando de la Ley trata, no remita incesantemente a la fuerza que posibilita su dominación. Platón lo advertía y Pascal lo reiteraba, y de entre todas las filosofías

156

políticas y jurídicas modernas que le continuaron poco o nada ha variado cualitativamente al respecto. En la letra de Schopenhauer se condensa este gran prejuicio milenario, el de la *experiencia* y el saber de la Ley sobre los objetos de sus intervenciones:

> "Si (...) se eliminase toda coacción y se quisiese emplear con los hombres solamente la razón, el Derecho y la equidad, presentándoselos de la forma más clara y apremiante, pero contra sus intereses, saltaría a la vista la impotencia de las fuerzas meramente morales, pues no se obtendría otra respuesta que carcajadas de burla."[21]

La invariabilidad de esta suerte marca el destino de la humanidad a verse sometida sin salida a los sometimientos por la fuerza de la Ley como condición natural de toda vida social (...) Pero, aunque algo de ello es sin duda cierto, habría que situar la interrogante en otra parte, al otro lado de la Ley, en las figuras que se resisten a sus mandamientos de obediencia: ¿Por qué hay sujetos irreceptivos a los mandamientos de Ley? ¿Qué es eso que impide que respete la prohibición? ¿Por qué no le es suficiente la claridad de sus razones? ¿Por qué habría de resultarle risible, objeto de burla y carcajadas? La razón clave es simple: porque es contraria a los intereses de los sujetos. Entonces ¿cuán razonables son sus razones? ¿Cuán razonable es la razón que, de no convencer por recurso de sus preceptos, decide imponerse por virtud de la fuerza superior? La violencia física como recurso de regulación social es razonable, ¿para quién? Cuando un motivo moral no interpela al sujeto no habría por qué volcar mecánicamente toda la ira estatal contra el sujeto desentendido, no sin antes mirar qué es eso que debería concernirle de modo tal que no contraviniera la voluntad de la Ley y, simultáneamente, determinar con claridad para qué la Ley interesa imponerse mediante el recurso de la violencia física, de la coacción, cuando el sujeto no comparte el mismo interés. Dicho de otro modo, si una parte significativa de los deseos humanos es incontenible bajo el dominio de la Ley, ¿para qué ésta se empeña en forzarlos a

---

[21] A. Schopenhauer; *Paralipomena* en *El arte de insultar*, op.cit., p.99.

encuadrarse en ella, en someterlos contra su voluntad, contra sus inclinaciones pasionales, sus deseos... sus razones o derechos?

No existe una fórmula única y válida universalmente que pueda definir en definitiva los límites y extensiones del poderío de la Ley, y quizá esta suerte, aunque cargada de dramatismos, violencias y crueldades, sea una de la que toda vida social esté sujeta durante toda su existencia y sin afuera posible. El mundo de la Ley es un mundo de relaciones de lucha permanentes, contingentes e imprevisibles. En él chocan infinidad de relaciones de poder de las que el mandamiento de la Ley es sólo el efecto puntual de las luchas que se libraron en su entorno, y por esta misma suerte pueden variar. Lo que es hoy prohibido puede que alguna vez no lo fuera o bien que en el porvenir tampoco lo esté. Los lenguajes de la Ley, sus historias, tienen las mismas palabras para dar cuenta de ello, de sus inconsistencias, de sus ambigüedades, de sus contradicciones y, sobre todo, de sus arbitrariedades. Ayer fue inmoral el consumo del alcohol y lo inmoral se hizo ilegal y lo ilegal dejó a su paso crueldades y violencias razonables para las fuerzas que conquistaron el poder de la Ley y la Moral; persecuciones, encierros y muertes fueron acogidas como legítimas por el sólo hecho de que eran legales. Hoy la historia se repite, pero otra cosa sustituye al viejo objeto de su razón. El alcohol forma parte integral de la cultura occidental y es soporte de gran parte de su economía. ¿En dónde residen las diferencias sensibles entre esta droga y las actualmente ilegales? ¿En qué consiste exactamente la inmoralidad de sus usos? ¿Cuál es la razón social para que la Ley sustituya de vez en cuando los objetos de sus prohibiciones? Los argumentos de la prohibición legal del alcohol eran idénticos a los actualmente esgrimidos contra otras drogas. Entonces, ¿el problema reside acaso en la falta de claridad de las razones? ¡No! En los excesos coactivos de la Ley, en fin, en la reiterada violación de los derechos de las personas sobre sus propios cuerpos, sobre sus vidas propias. Entonces, si las mismas razones sociales, jurídicas, políticas y morales por las que se eliminó la prohibición del alcohol valen hoy para erradicar las relacionadas a las drogas ilegales, ¿por qué se repite esta historia? En primer lugar, porque las drogas en sí no son la clave de la prohibición sino éstas por su valor de uso político dentro de una estrategia general de control social por parte del poderío estatal: la prohibición es la clave de la prohibición misma, y los objetos a los que se refieren pueden variar históricamente, pero siempre por razones de índole política, aunque se representen a sí mismos oficialmente y por la autoridad de la Ley como cuestiones de moral o de salud pública, de seguridad social y hasta incluso de derecho.

Me explico: si el Estado razona del modo que apunte antes, sobre el entendido de que toda regulación social para ser efectiva no puede prescindir del recurso de la violencia física, tanto como de la manipulación de los miedos y demás coacciones psicológicas, entonces la prohibición es una pieza táctica dentro de su estrategia general de control y dominación social: tiene un valor político en sí misma, y su contenido específico puede variar de acuerdo a consideraciones tácticas dentro de una misma estrategia. Las drogas son uno de los chivos expiatorios de los que el Estado se sirve para justificar sus intervenciones y ampliar sus dominios, nada más. ¿Por qué esta prohibición legal sería motivo de burla? Sencillamente porque en sí misma es ridícula y carece de fundamento racional, si se interpreta desde una perspectiva democrática del Derecho y no desde la voluntad imperial de la Ley.

Conclusiones preliminares: reinventando la imaginería democrática (III)

> ¡Cuánta propaganda han logrado hacerle a las drogas
> quienes las prohíben y quienes las persiguen![22]
> *F.Savater*

Por curioso que parezca –advierte Antonio Cuerda– algunas leyes penales son criminógenas, es decir, que provocan más delitos que los que evitan:

"Cuando se prohíbe bajo pena algo que es difícilmente controlable por los instintos humanos, como es la necesidad que sienten algunos de evadirse mediante el consumo de alcohol o de drogas, necesidad que está insertada en las raíces de muchas

---

[22] F.Savater; "Las drogas y sus exorcistas" en *Libre mente*, Editorial Espasa Calpe, Madrid; 1995; pp. 113-115; en http://www.punksunidos.com.

culturas, la prohibición absoluta de estos productos o bien es ingenua, o bien se impone de mala fe."[23]

Y añade:

"Es posiblemente ingenua porque la comisión de los delitos de traficar o consumir alcohol o drogas se va a seguir produciendo y además con tendencia a crecer, ante el acicate añadido de entrar en la esfera de lo oculto y clandestino."

El escenario a escala global no parece dar indicios de cambio sustancial. A mediados de 2003, otro colectivo antiprohibicionista perfilaba el estado de situación en éstos términos:

"No sólo no han limitado el tráfico de drogas ilícitas, sino que han contribuido a su aumento. Han causado efectos negativos en los eslabones más débiles (consumidores y productores), violando sus derechos humanos básicos, criminalizando, discriminando y marginando. Han despilfarrado fondos que mejor serían utilizados para establecer programas de prevención, reducción de riesgos y tratamiento. Han dañado al medio ambiente, por los métodos no sostenibles de erradicación y sustitución de cultivos. Han violado la soberanía estatal, en particular de los países productores. Han erosionado el Estado de Derecho, con la creación de órganos de control que escapan a su vez del control democrático, extendiendo la arbitrariedad y la corrupción. Y, sobre todo, han generado una espectacular falta de credibilidad de estas políticas. Y, aún así, se empeñan en mantener estas injustas leyes."[24]

---

[23] A. Cuerda; "Despenalización de las drogas: una propuesta" en *El Mundo*, 21 de noviembre de 1994; pp.4-5; en http://www.punksunidos.com.

[24] E. Navascués, J. García, E. Escobar, M. Moracho, I. Lipuzkoa, I. Rodríguez. Miembros de PROLEGA (Colectivo Ciudadano por una política sobre drogas justa y eficaz), en *Diario de Noticias*, 7 de abril de 2003.

Dos años antes, en un artículo de Mikel Isasi, publicado en 2001, éste señala que hace tiempo que el debate sobre la legalización de las drogas está en punto muerto. La razón –sostiene- es simple: la discusión la ganaron hace tiempo los enemigos de la prohibición. No es que hayamos ganado la lucha contra la misma –añade- sino que no hay respuesta consistente a nuestros argumentos.[25] Teniendo en cuenta las marcadas diferencias que ya he tratado sobre la categoría "legalizadora" (subrayando las posibles consecuencias paradójicas con relación al espíritu del Derecho y las implicaciones ideológicas dentro del registro hegemónico de la Ley), a continuación reproduciré textualmente unos puntos clave sobre los que se basa la propuesta despenalizadora de este autor, desde un enfoque anti-prohibicionista, suscrito y sostenido en este escrito:

- Un mundo sin drogas no es posible ni deseable. La práctica de la ebriedad es consustancial a la naturaleza humana, en todas las culturas y épocas, aportando, en general, más elementos positivos que negativos.

- Drogarse es un derecho. Nadie tiene legitimidad para imponer una determinada dieta farmacológica a los ciudadanos. La decisión de consumir drogas o no y con qué sustancias hacerlo forma parte del derecho de cualquier persona adulta al control del propio cuerpo y al libre desarrollo de la personalidad. En consecuencia, producir y vender drogas a adultos tampoco puede ser castigado. Este no es, como algunos pretenden, un planteamiento neoliberal, sino radicalmente libertario.

- El libre uso de drogas es un derecho individual inalienable que no tiene más límite que el respeto a los derechos de otras personas y que no puede ser puesto en entredicho por la existencia de mayorías morales, reales o ficticias, o por supuestos conflictos con intereses colectivos. Desde esta perspectiva, ningún proyecto colectivo que pretenda restringir derechos inalienables es realmente liberador ni alternativo.

---

[25] M. Isasi; "Drogas y Derecho: más allá del debate" en *Gara*, 2 de agosto de 2001; en http://www.punksunidos.com.

- La guerra contra las drogas causa más daño que las drogas mismas. Las evidencias de ello son tantas y tan conocidas que no vamos a insistir. En consecuencia, el principal problema no son las drogas, sino su ilegalidad. Aplazar la legalización sólo aumenta el daño que sufren los millones de víctimas de esta guerra. Por cierto, es absolutamente falso que exista un "discurso que pone en la legalización de las sustancias el medio para acabar con todas las consecuencias negativas de los consumos y con las drogodependencias". La legalización resuelve los problemas de la ilegalidad, que son muchos, pero nadie ha dicho nunca que sea la panacea.

- La distinción entre drogas legales e ilegales carece de base científica. Los estudios comparativos muestran que el alcohol es la droga de uso social más peligrosa y, aún así, la que se comercializa con menos restricciones.

- Las políticas de reducción de daños son imprescindibles, pero insuficientes. De hecho, los daños que reducen suelen estar causados por factores directamente relacionados con la ilegalidad, más que por las propias drogas, así que la idea de reducir al mínimo los daños relacionados con las drogas implica, como principal medida, acabar con la situación de ilegalidad.

- En conclusión, hablamos de defender un derecho inalienable y acabar con una guerra mundial que causa daños inmensos, cuya superación no puede traer sino una reducción de los problemas y un aumento de las libertades.

Entre estas coordenadas, podría coincidirse con otro escrito de Savater que sostiene:

> "Las drogas han acompañado a los hombres desde la antigüedad más remota y es absurdo pensar que van a desaparecer en el momento histórico en el que es más fácil producirlas: precisamente lo que hay que hacer es acostumbrarse a convivir con ellas, sin traumas, sin prohibiciones puritanas, sin tentaciones diabólicas y con información responsable. A las llamadas drogas

les sobran mecenas, exorcistas, árbitros, curanderos…
y les faltan desmitificadores." [26]

Tomando estas reflexiones en consideración, habría que preguntarse y volverse a preguntar insistentemente, ¿para qué el Estado mantiene su empeño en conservar su presumida política prohibicionista? O quizá, para ser más precisos, ¿qué fuerzas políticas de la vida social se nutren de ella y qué efectos específicos procuran con relación a qué horizonte estratégico? Si las motivaciones de sus actos consagran sus compromisos al espíritu imperial de la Ley, al de una moralidad absolutista, no es a un Estado de Derecho a lo que apuntan sus esfuerzos sino a la consolidación de un régimen estatal de Ley (que es por su propia naturaleza siempre prohibicionista, represivo y punitivo) y sus discursos legitimadores tanto como sus prácticas interventoras, no podrán ser dichas o actuadas fuera de un cierto discurso terrorista: pues, y valga la redundancia, no hay prohibición legal que no éste armada de un fusil y que no signifique en su inmediatez la amenaza de castigar a sus detractores por el solo hecho de contravenir sus mandamientos. El aval de las mayorías no convierte este hecho en democrático, sino simplemente en un poder despótico avalado por las mayorías; una cultura de crueldad y una vida social habitada sin posibilidad de un afuera de sus violencias…

Ya van décadas de circulación y los mareos se tornan insoportables. El uso de drogas es una cuestión de complejas raíces históricas, de oscuras y en buena medida ininteligibles prácticas culturales; confusas motivaciones anímicas las tornan para muchos en paliativos legítimos para enfrentar la cruda realidad de la vida; en recurso de refuerzo para andareguear entre los laberintos del placer, de los que no existe regla moral universal que los haga de una vez y en definitiva de un único modo y válido para todos, de ser; sus usos pertenecen a la más genuina necesidad de buscar aquí y allá satisfacer algo de sí consigo mismo, aunque en ocasiones las rutas encaminadas puedan ser tan torpes y dolientes como las mismas procuradas por las prohibiciones. Pero sobre todo, el uso de drogas no se trata de un problema

---

[26] F. Savater; "Las drogas y sus exorcistas" en *Libre mente*, Editorial *Espasa Calpe*, Madrid; 1995; pp. 113-115; en http://www.punksunidos.com.

psicológico de la persona –aunque algo de ello pudiera atravesarla- (ni mucho menos de la sociedad, de la decadencia de valores o de la perturbada moralidad general) sino de un derecho de ella misma sobre su propio cuerpo. Entonces, ¿para qué la prohibición? Carece de fundamento científico, psicológico y sociológico; desde la perspectiva del Derecho adolece de razón moral; es ilegítimo desde una perspectiva jurídica radicalmente democrática; pertenece al derecho político de las personas y no al de la potestad del Estado sobre las mismas. Entonces, y valga la provocativa reiteración de la sospecha, ¿para qué?...

Parte IV

Ficciones criminológicas, (De)construcción y Derecho

Parte IV

Ficciones criminológicas,
(De)construcción y Derecho

"Classifying human acts and actors is political,
because the classification will inevitably help some persons
and harm others"[1]

T. Szasz

La utopía despenalizadora: atando cabos, soltando riendas

Todo cuanto hasta aquí he referido a la cuestión despenalizadora ha sido parte de una estrategia política más amplia, que he situado como parte de un proyecto radicalizador del imaginario democrático, en la que la práctica teórica es una pieza fundamental. No existe una escuela de pensamiento o alguna tradición intelectual a la que pueda remitir sin reservas el conjunto de lo que hasta ahora he sostenido en este escrito. Tampoco existe una gran teoría social en la que pueda condensar absolutamente la complejidad del tema, que es el de la libertad humana y el derecho singular de cada cual sobre su mismidad y demás ilusiones de autonomía existencial. Existencia sin exterioridad posible del contexto de la vida social a la que está sujetada irremediablemente toda condición del ser. Ninguna disciplina teórica, como ninguna práctica jurídica, reflexión moral o elucubración filosófica, puede reclamar exclusividad sobre el dominio de este tema, pues es por cuenta propia irreducible a cualquier registro definitivo y no se agota, pues, sino en el devenir relativamente incierto, imprevisiblemente variable y contingente de la vida misma. Las reflexiones teóricas trazadas en este escrito son a la vez posiciones políticas sobre una cuestión que trasciende la habitual formalidad de la mirada académica, pues forman parte constitutiva del gran espectro objetivado por su propia práctica teórica, crítica y reflexiva, política. El enfoque podría ser signado como *transdisciplinario*, pues tiene como referentes ineludibles las identidades disciplinarias tradicionales, consideradas como terrenos en disputas permanentes y atravesados por antagonismos irrecon-

---

[1] T.Szasz; *The Myth of Psychotherapy: Mental Healing as Religion, Rhetoric, and Repression* (1978); Editorial *Syracuse University Press*, New York, 1988; p.183.

ciliables, inconsistencias epistemológicas, contradicciones políticas y morales, fantasías generalizadoras, prejuicios deterministas, manías reduccionistas, etc. Y a la vez reconoce las limitaciones de sus respectivos campos representacionales, la inadecuabilidad de sus discursos para dar cuenta de su propio objeto de estudio y sus complicidades políticas o resignaciones ante el "orden social imperante". La clave que destaca desde una práctica teórica transdiciplinaria es de orden ético y político: la negativa a ceder la palabra crítica y alternativa al monopolio de los saberes reinantes, que –a propósito del Derecho- no suelen ser –por lo general- sino dispositivos de subyugación ideológica al poderío imperial del Estado de Ley, soportes refinados del orden absorbente de su hegemonía. Las discusiones sobre libertades políticas, personales o colectivas –desde un imaginario democrático libertario- no pueden ser rendidas incondicional-mente ante las autoridades formalizadas por el poder estatal, trátese ya de científicos sociales o profesionales de la salud o la conducta humana, de filósofos morales u otros religiosos estadistas, de legisladores, jueces y demás añadidos de la moral cultural dominante y sus modalidades legales prohibicionistas.

He procurado fusionar en mi escritura una práctica que es a la vez teoría social crítica y filosofía política (de)construccionista. La puesta en paréntesis de una parte de este concepto juega un papel decisivo, pues inviste esta práctica de un carácter permanentemente crítico y reflexivo, destacando como cualidad ineludible de su objeto de análisis la condición conflictiva del mismo, su complejidad constitutiva y su relativa irreducibilidad a cualquier registro teórico absoluto. Parte de la premisa de que todo conocimiento inscrito bajo el semblante de la ciencia o del saber no es neutral u objetivo, sino que la misma apariencia de objetividad enviste toda una relación de complicidad entre el poder que la nombra como tal y la voluntad que lo mueve a hacerlo. -Refraseando a Michel Foucault- no es, pues, como filósofos que deberán tratarse las cuestiones del derecho y las libertades, sino como estrategas políticos situados dentro de un contexto beligerante entre muy precisas y a la vez contingentes relaciones de poder.

(De)construcción: algunas claves teóricas

> "Language thus not only reveals and conceals acts and actors;
> It also creates what and who they are." [2]
>
> T. *Szasz*

Utilizo el concepto de (de)construcción -o (des)montaje-
para designar, no un sistema rígido de pensamiento sino una
práctica teórica táctica, destinado principalmente a demostrar la
particular inestabilidad del lenguaje y, sobre todo, el carácter
tembloroso, o más bien la frágil condición de los fundamentos
sobre los que se sostienen la mayor parte de las teorías sociales y
políticas contemporáneas. La premisa básica parte de la moderna
teoría del lenguaje (Saussure), que destaca la arbitrariedad de la
relación entre el significante y el significado (es decir, la palabra y
el sentido). Las palabras, desde este enfoque, no están fijadas en
definitiva a un orden estático de significado o sentido, y siempre,
por el contrario, no cesan de remitir a otros múltiples sentidos,
que exceden el contexto inmediato en el que aparecen. Las teorías
sociales dominantes están fundadas sobre esta creencia en el
sentido fijo de las palabras, así como la mayor parte de los
supuestos culturales, creencias y entendidos filosóficos y
científicos, políticos y religiosos. Esta creencia (metafísica) en que
las palabras pueden transmitir significados estables, que se puede
detener sus posibles sentidos y fijarlos a un significado definitivo y
sin mayores problemas, es lo que Derrida llama logocentrismo. La
primera jugada de una estrategia deconstructiva consiste –según la
manejo- en poner en cuestionamiento esta gran creencia cultural y
enseguida proceder a demostrar, más que su carácter ilusorio, las
fuerzas que se mueven a partir de ella para preservarla y
perpetuarla; rastrear los efectos estratégicos que persiguen en
dicho acto e identificar las relaciones de poder que la constituyen y
que, paradójicamente, chocan incesantemente como condición
esencial del mantenimiento de esa misma creencia y, por
consiguiente, de las relaciones de poder que la posibilitan y que
ponen su mayor empeño en impedir su resignificación, y con ello
la posibilidad de una significación alternativa.

No se trata, sin embargo, de un simple juego de palabras,
ni por el contrario, de negar que se trate, de cierta manera, de

---

[2] Ídem.

juegos de palabras. Cierto es que hay juegos que no tienen por defecto otra motivación que entretener a los jugadores, pero también éstos forman parte del juego y la suerte que les toca no es precisamente el criterio más adecuado para caracterizar sus posiciones. El juego precede a los jugadores, asigna posiciones, regula sus movimientos, impone restricciones y penaliza las transgresiones. El juego de la Ley lo evidencia, y más dramáticamente aún en la materialidad de sus represiones. Las ambigüedades de sus categorías paradójicamente más fuertes es un signo del valor político de la retórica, como arte milenario de seducción por medio de la palabra. Es ésta la condición de entrada a un juego permanentemente abierto a la posibilidad de apropiación de los significantes clave de su discurso y de resignificaciones alternativas. Ahí, por ejemplo, que la imaginería democrática pueda radicalizarse desde sus cimientos, que la racionalidad imperial de la Ley no tenga el privilegio definitivo sobre los sentidos del Derecho y que las libertades de los sujetos puedan reconfigurarse a pesar de la infinidad de sobre-determinaciones sociales que los atan a lo largo de todas sus existencias...

El escenario (pos)moderno de la sospecha: puesta en crisis de los saberes reinantes

Enmarañadas en un gran relato histórico, las hibridaciones retóricas que constituyen, soportan y mueven el imaginario jurídico/político en la actual condición (pos)moderna siguen perpetuando las modalidades de una misma dominación ideológica: la Razón de Estado. Las variaciones históricas operadas en sus campos discursivos y sus prácticas en general permanecen encadenadas y a la vez encadenando una ilusión de continuidad evolutiva, imaginada como movimiento progresivo y ascendente de la razón humana que, destacando ciertos matices filosóficos y precisas modulaciones teóricas, persiste en fusionar el espectro de lo social y el inmenso poderío estatal bajo el dominio imperial de la Ley. La retórica ideológica dominante aparece en este gran relato condensada y consagrada en un eufemismo jurídico político: el Estado Democrático de Derecho. Eufemismo retórico que tiene por encargo ideológico primario servir de referente legitimador a una milenaria práctica de control y dominación general, tal vez cada vez más difusa pero a la vez más difundida entre las más diversas e íntimas prácticas sociales y, precisamente por ello, cada vez más poderosa. Muy poca es la literatura que circula en estos tiempos que no exalte como valor superior de la humanidad la disposición consciente, racional y voluntaria a la servidumbre ante la Ley; que no enaltezca como signo civilizatorio una supuesta inclinación humana a su sometimiento. Cuantiosas réplicas de un mismo discurso, de una misma práctica de control y dominación, de una misma voluntad política, la de la Ley, saturan de repeticiones enmascaradas de innovación las más diversas tensiones y disputas intelectuales, teóricas y políticas, que acaparan los temas del Derecho y lo confunden intencional o inconscientemente con la Ley.

Teóricamente puede hablarse de un efecto general de hegemonía, pero no como decisión consciente, como elección racional o acto libre y voluntario, sino como efecto general de complejos procesos de subyugación ideológica. Tal vez no existe registro de lo cultural que no esté condicionado por el lenguaje de la Ley, ni siquiera referente moral alguno que no busque refugio seguro bajo sus dominios. Así mismo la religión se piensa en sus términos y la ciencia, que presume de superarla, de trascenderla, no puede sino reconocerse a sí misma sólo bajo la ilusión de seguridad que promete bajo su cuido. La Verdad sigue siendo un otro modo del decir de la Ley. El Estado es, entonces, el significante de un orden del poder regulador de la vida social que excede la potencia unificadora del propio lenguaje que lo nombra. Ya no representa una relación unívoca, coherente consigo misma, porque su Identidad es un constructo teórico, una ficción ideológica, una retórica vaga de una condición que es, por cierto, irrepresentable en términos absolutos bajo ningún registro del lenguaje. Lo Social no es tampoco el signo privilegiado que se le opone, que existe como realidad distinta en esencia al Estado. Lo Social y el Estado se condensan en el discurso imperial de la Ley, que no deja margen de exterioridad posible porque no reconoce un afuera de sus dominios. La Libertad, dentro de éstos, es el signo de una Ilusión, pero su materialidad se revela en la infinidad de fuerzas que se resisten a la servidumbre, al sometimiento. El Derecho es sólo el signo preferido de sus luchas...

El grueso de textos inscritos bajo los registros de las disciplinas sociales modernas –como la sociología y la psicología jurídica, la sociología del derecho, la antropología criminal, la criminología, la penología, el derecho penal, el psicoanálisis criminológico, la filosofía del derecho y demás hibridaciones de las filosofías políticas estadistas, aparecen en la escena cultural como eufemismos escolásticos de la dominación imperial del Estado de Ley. El saldo de sus conocimientos "científicos" (aunque en determinados aspectos contradictorios entre sí) ha sido la exaltación como principio de incuestionable valor social la disposición racional, consciente y voluntaria de los súbditos de un Estado a la servidumbre al régimen de Ley. Las variaciones políticas más radicales, generalmente entrenzadas dentro del imaginario emancipador de la modernidad, han coincidido en el signo ideológico estadista por excelencia: que es una necesidad vital la existencia de un gran poder que regule y vigile, controle y domine, las vidas de todos y que someta sus destinos al orden de sus bondades y buenas intenciones sociales. Un temor generalizado y a la vez un cierto desprecio a la libertad individual confundido con el deseo colectivo de seguridad ha sido de las consecuencias más dramáticas del desenvolvimiento histórico de su poderío. El poder hegemónico de la ideología prohibicionista aparece como efecto de la voluntad política de la ciudadanía, el consentimiento a la dominación como valor democrático por excelencia y el despotismo de las mayorías como legitimidad irrefutable de sus crueldades y demás violencias de Ley.

En este gran escenario epocal las etiquetas académicas modernas siguen siendo ramificaciones de un mismo tronco ideológico: el del poder de Estado, el del arte de gobierno. Las variantes son superficiales, tecnicismos retóricos enraizados en mitologías de un mismo arte, el de gobierno; en prejuicios y tabúes culturales enmascarados de ciencia y profesionalidad. Dentro del contexto del poderío imperial de la Ley, las disciplinas académicas que tienen por objeto el alma humana y sus derivados modernos son tecnologías híbridas de una práctica general de dominación. De ahí la relevancia y pertinencia de tratar estas cuestiones desde una posición intelectual transdisciplinaria y políticamente orientada a radicalizar el discurso democrático en las claves del Derecho –según lo he significado en este escrito-.

La escena *intelectual* puertorriqueña: de la cooptación ideológica del Estado a la condición (pos)colonial

Hibridaciones modernas de las filosofías políticas estadistas, buena parte de las disciplinas llamadas ciencias sociales pertenecen, por lo general, a los dispositivos de subyugación ideológica más refinados del discurso del Estado de Ley, por lo que no es de extrañar que en una cierta medida las políticas de gobierno procuren refuerzos en ellas, fundamentos legitimadores y hasta razones de existencia. La sociología y la psicología tradicional y en particular la criminología, han cumplido a lo largo del siglo XX una función ideológica clave para la consolidación del efecto de hegemonía del discurso imperial de la Ley y, consecuentemente, del imaginario prohibicionista en la actual condición de época. No ha faltado nunca en la representación mediática de las políticas de gobierno alguna figura que, titulada en alguna rama del saber científico-social -como profesional de la conducta humana-, no aparezca en escena como fundamento de autoridad legitimadora de alguna brutalidad de gobierno. El discurso oficial de la Ley, si bien no ha dejado de contar con la bendición incondicional de ciertas figuras de las iglesias —salvo algunas excepciones-, a la misma suerte a convenido gran parte de las ramificaciones "sociales" de la Ciencia.[3] Pero no existe un

---

[3] La Autoridad de la Ciencia tiene un fundamento místico: la creencia en que posee un Conocimiento que representa la Verdad. Creencia ésta que aunque no se ha debilitado profundamente a lo largo del siglo XX, permanece en disputa constante y bajo los cernidores de la sospecha, siendo un signo de la condición (pos)moderna la crisis de legitimidad de todo cuanto aparece bajo el semblante de sus dominios. Sin embargo, signo distintivo de la actual condición de época es, a la vez, el hecho de que sigue siendo una categoría política legitimadora y su Autoridad mística sigue ejerciendo una fuerza poderosa en función del poderío ideológico del Estado de Ley. Que una ley cualquiera se presente bien fundada en algún conocimiento científico basta para que dé la impresión de que se trata de una cuestión sólida e incuestionable, moralmente buena y socialmente justa. Lo mismo sucede cuando el reproche que se le hace a la ley es que ésta no tiene fundamento científico que la sostenga, como si esta fuera una cualidad que significara algo fiable y justo por el sólo hecho de ser ciencia. Lo cierto es que, aunque es el modo común de oponerle resistencia a los fundamentos arbitrarios y prejuicios morales sobre los que se sostienen muchas leyes, no debe tomarse sin reservas como la condición esencial para dar fuerza de legitimidad a una ley. De una parte, porque la Ciencia puede dar paso a leyes injustas e incluso

173

discurso oficial, uniforme y de consenso entre ninguna disciplina social, que permita reducirlas a una identidad estable y traducible como funcionaria exclusiva de la Razón de Estado dominante. Y aunque por lo común operan como jueces agregados de la racionalidad policial y de la moralidad penal del Estado, también existen entre sus dominios excepciones críticas radicales. Quizá no haya exterioridad con respecto al gran espectro del Estado, pero ciertamente cada disciplina de las ciencias sociales es un territorio en disputa permanente, y quien diga que habla a nombre de alguna de ella como si se tratara de una unidad singular de pensamiento, de una Identidad particular de alguna rama del conocimiento, no sólo se equivoca sino que muy probablemente miente; aunque su persona crea genuinamente que lo que dice es la verdad...

Esta alerta cobra particular pertinencia a la luz de los acontecimientos más recientes en torno al "problema de la Criminalidad en Puerto Rico", pues el gobierno ha procurado, desde la convocatoria a la unidad nacional para lidiar con él, construir una imagen publicitaria de su política en la forma ideológica de un gran consenso social. Para tales efectos a constituido un Comité cuya composición interna supone un reflejo de la coincidencia social general sobre la existencia de un gran problema singular y que han convenido etiquetar en las categorías políticas de Criminalidad y Violencia. Alguno que otro independentista, del que su figura supondría una representación de este sector minoritario de la población; algún profesor universitario, que representaría a la comunidad intelectual y la Educación en general; algún titulado como profesional de la salud y otro como profesional de la conducta humana, para los mismos fines representacionales; algún religioso, que representaría la espiritualidad y la moralidad del pueblo creyente; algún líder sindical que lo haría con respecto a la clase trabajadora; algún padre que representaría los valores de la familia puertorriqueña; algún afectado dramáticamente por el crimen, que encarnaría la angustia y el temor de la población en su conjunto; así como alguno que otro que represente al gobierno como mediador, regulador y coordinador de la voluntad general.[4] Pero nada más

---

reforzar prejuicios sociales. De otra, porque ésta es una categoría política cuya función no suele ser la justicia sino la legitimación del poder de la Ley.

alejado de alguna posibilidad real que la fuerza representacional de estas figuras, aunque no dejan de ser fichas clave del montaje político del gobierno.

La categoría teórica (pos)colonial remite, como he tratado a lo largo de este trabajo, al efecto ideológico de hegemonía que el discurso estatal opera desde los más diversos registros de la vida social, entre puntos de vista encontrados en mil disputas sin salida y posiciones políticas antagónicas, donde las fuerzas que se representan a sí mismas como resistencias y alternativas se fusionan en la misma racionalidad imperial del Estado de Ley, aunque bajo otros registros representacionales pretenden aparecer como fuerzas en oposición. La característica más relevante y distintiva de esta condición aparece en la inmediatez de la reproducción de las condiciones ideológicas sobre las que se sostiene el poder que creen resistir, pero que en *esencia*, es decir, en la superficie de sus prácticas discursivas, consagran los mismos requerimientos de orden de Ley vinculados a la racionalidad imperial del Estado colonial o soberano. Este concepto teórico, por supuesto, no se agota en este esquema, pero ciertamente en lo relativo al imaginario prohibicionista de las drogas y demás prohibiciones análogas (siempre represivo y punitivo, aunque aparezca bajo las modalidades de la medicalización o la legalización) y sus correlatos de obediencia y sumisión a la Ley, proporciona un material bruto para teorizar sobre él. La sentencia clave en la que podría englobar el signo (pos)colonial con relación a lo político en el contexto local, en la condición (pos)moderna, es que, a todas cuentas, no existen diferencias cualitativas entre los discurso de resistencia y alternativa arraigados en las *identidades nacionales* y los discursos vinculados a un imaginario globalizador del poderío hegemónico del Estado y los correlatos ideológicos totalizadores de la Ley.

---

[4] Las figuras del anexionismo, aunque quedan fuera del Comité (pues se atienen a las políticas tradicionales de mano dura), no quedan fuera del juego más amplio, pues su papel es el de representar la centralidad estratégica de los márgenes, en los que se encuadra el discurso general en su armonía represiva contra el narcotráfico y las drogas.

La sociología criminológica crítica: una teoría social despenalizadora

Tomando en cuenta estas consideraciones sobre la práctica teórica concentraré atención inmediata en analizar la cuestión de la prohibición de las drogas y sus embates sociales integrando, principalmente, aunque sin limitarme a ello, una reseña reflexiva y crítica sobre un artículo publicado en 1989, del criminólogo crítico italiano Alessandro Baratta[5], que guarda pertinencia muy precisa aún quince años después...

Coincidentemente con todos los estudios críticos que se han realizado sobre el tema del impacto de la política prohibicionista de las drogas, desembarazados de las complicidades políticas con la ideología represivo-penal del Estado de Ley, Baratta sostiene que a pesar de las operaciones de que nos informan diariamente los medios de comunicación, a escala mundial no puede notarse un resultado apreciable de la represión penal sobre el tráfico nacional e internacional y sobre el consumo de drogas.[6] En la actualidad –advierte- la gran mayoría de los consumidores de drogas ilegales no es dependiente, no es asocial ni criminal ni tampoco está enferma. Además –añade- hay muchísimas más enfermedades y muertes causadas por las drogas permitidas, como el alcohol y el tabaco. Y no por ello habría de abogarse por criminalizar sus ventas o penalizar sus usos, sino más bien reorientar los enfoques hacia una educación alternativa (informativa y preventiva) circunscrita a los principios de Derecho ya apuntados y como parte de un proyecto radicalizador de la imaginería democrática.

Varios signos revelan el dramático impacto social de la política prohibicionista, que son el fundamento clave de esta reivindicación de derecho y de la urgencia de una educación alternativa en la clave de estas consideraciones. Tal es, por ejemplo, el trato estigmatizante, prejuiciado y discriminatorio a la que un sector significativo de la población consumidora se ha

---

[5] A. Baratta; "El debate sobre la despenalización: introducción a una sociología de la droga" en *Debats*, septiembre de 1989, Valencia; pp.58-69.

[6] Op.cit., p.63.

visto sometido por el enfoque prohibicionista y su correlativa práctica interventora represivo-punitiva. Ciertamente, como destacan los más diversos estudios, actualmente hay más consumidores dependientes y más, entre ellos, marginados en zonas del espectro cultural que contravienen las regulaciones penales y que participan de múltiples prácticas criminales. Efecto de la política prohibicionista ha sido el que sectores de la población vinculados al consumo de drogas ilegales se vean forzados a marginarse en zonas que imposibilitan un desplazamiento alternativo, acorralándolos en un círculo vicioso sin salida, a saber, reproduciendo y atenuando las condiciones anímicas y físicas de la dependencia. La dependencia de drogas ilegales, aunque de por sí es *curable*, se hace tanto más difícil cuanto más integrada está la persona en este ambiente de relativa auto exclusión social, que constituye un espacio de refugio ante la persecución represiva del cuerpo policial y de la mirada hostigadora de la moral social estigmatizante. Como sostiene Baratta, la reacción social criminalizante y marginalizante produce por sí misma la realidad que la legitima.[7]

Es la propia imaginería prohibicionista, dramatizada en sus prácticas interventoras, la que produce estos efectos sobre el objeto de sus intervenciones, a saber, incidiendo en la subjetividad del usuario de modo tal que fuerza al sujeto a marginarse, no por efecto de la droga en sí sino por la reacción social dominante, encarnada en el espíritu represivo y punitivo de la Ley. Espíritu que hoy recorre entre ciertos sectores una modalidad compasiva de la misma represión, no para perseguirlos por ser criminales, sino perseguirlos aún, pero ahora para "curarlos de su enfermedad".

El discurso de la prohibición se reproduce a sí mismo y uno de los mecanismos de los que se procura refuerzo es, como ya he apuntado antes, la manipulación de los temores sociales con relación al espectro de la criminalidad. La figura del "drogadicto" cumple una función ideológica de refuerzo a la política prohibicionista en general, y ha sido una pieza clave en la configuración de sus modalidades interventoras. El efecto general es de doble impacto: de una parte -como ya traté- fuerza al dependiente a someterse a las suertes de la marginalidad

---

[7] Ídem.

criminalizada, impidiéndole a la persona estigmatizada moverse a fuera de su condición, por fuerza de la presión social que se empeña en mantenerle apertrechado en su sitio marginal. De otra parte, esta "realidad social" es efecto directo de la propia imaginería prohibicionista, que convierte al sujeto consumidor en objeto de sus intervenciones, en fundamento legitimador de sus coerciones. Es la función simbólica del chivo expiatorio, designada en este contexto por el registro de la Ley al sujeto de consumo en general y al drogadicto en particular. El efecto de hegemonía del discurso imperial de la Ley en clave prohibicionista es evidente.

Según el trabajo de Baratta existe un consenso generalizado en el público hacia la actual política de la droga y los medios de comunicación lo reflejan, independientemente de sus diferentes posiciones sobre otros temas.[8] En la actualidad poco o nada ha variado significativamente. El saldo general de un análisis sobre los modos representacionales dominantes en la escena cultural y política destaca una actitud negativa por parte de la sociedad civil, del público espectador del espectáculo mediático del discurso estatal y protagonista a la vez de la retórica de sus libretos. Actitud o postura inducida en gran parte por la penalización misma y permanentemente activada por la acción objetivadora de los medios de comunicación. No porque estén cerrados a otras alternativas, sino porque de cierta manera reflejan la marcada ausencia de éstas dentro del imaginario social contemporáneo. El contenido de la información que circula a diario está cargado ideológicamente por este efecto de hegemonía del discurso imperial de la Ley y su inclinación prohibicionista, limitando el contenido de la escritura y la significación de las imágenes gráficas al encargo de confirmar las razones que hacen de la prohibición, de la represión y el castigo, una necesidad social. Las muertes y demás violencias vinculadas al tráfico ilegal de drogas siguen siendo representadas como evidencias de la Realidad, consecuencias causales tanto por la perversidad criminal de los mercaderes ilegales en general como de las drogas en sí, que impactan a sus consumidores y los hunden en el tenebroso mundo de lo criminal... o lo enfermo.

---

[8] Op.cit., p.62.

Tres claves se precisan para desmitificar estos entendidos: primeramente, que la mayor parte de los consumidores de drogas ilegales no tienen ningún problema de salud por causa directa del uso de éstas, y que lo hacen con arreglo a su propia voluntad y en uso del derecho a la propiedad de sus cuerpos; segundo, que el comercio de drogas es, en sí mismo, parte del mercado global de bienes de consumo, y no implica de por sí ninguna diferencia cualitativa con respecto al comercio de cualquier otro producto de demanda social y aprecio cultural; en tercer lugar, es la ilegalidad de la droga la que fuerza a la marginación de los sectores dependientes, impidiendo que éstos tengan la posibilidad de bregar con su situación como un problema de su propia salud. Es un efecto de aislamiento producido principalmente por los mecanismos de la prohibición lo que posibilita que se reproduzcan permanentemente gran parte de las condiciones de la dependencia.

Siguiendo los lineamientos de Baratta, vale reiterar que buena parte de los efectos negativos del consumo de drogas ilegales, que se estudian incorrectamente como efectos primarios de la droga, son en realidad efectos de la ilegalización de las mismas. Esta falta de diferenciación da razón a las incongruencias en las que incurre la orientación etiológica de la criminología tradicional al atribuir las causas de la criminalidad a la drogodependencia o de ésta a la criminalidad. Es ésta omisión ideológica que representa como "raíz del problema de la criminalidad" tanto el consumo de drogas ilegales como el tráfico, la que sirve de base al discurso prohibicionista, represivo y punitivo, del gobierno. En realidad –sostiene Baratta- la mayoría de los efectos más graves de la droga sobre la salud y el estatus social del drogodependiente dependen de las circunstancias en las que se produce el consumo de droga ilegal en un régimen prohibicionista:

- la calidad de la sustancia, que no está sometida a ningún control debido a que es mercancía ilegal;

- las condiciones higiénicas y de vida en las que se realiza el consumo, que añaden muchos nuevos riesgos a los efectos primaros;

- el precio elevado de las drogas, que favorece la inserción de una parte de los drogodependientes en el contexto criminal del tráfico para procurarse la sustancia, o induce a otras conductas ilegales con la misma finalidad[9];

Es en este contexto que la figura del drogadicto aparece como efecto del discurso prohibicionista, no como invención retórica sino –además- como una condición a la que el propio poder legal de la prohibición fuerza al sujeto a someterse. En letra de Baratta:

"Por efectos de la represión y de la estigmatización, la situación psíquica de los drogodependientes criminalizados se transforma no pocas veces en el sentido del estereotipo hoy dominante."[10]

El ambiente social que rodea a los drogodependientes está negativamente influenciado por su estigmatización –concluye Baratta-. La prohibición penal, absorbida, reforzada y reproducida por la moral cultural dominante, produce impactos negativos sobre las relaciones sociales de estas personas con sus *semejantes*, o más bien, con los que no lo son. Tema éste harto explotado por todos los medios de los que dispone la moral prohibicionista de la sociedad: el cine, la televisión, la radio, las revistas, la prensa, etc.; los sermones de la iglesia y los reproches morales de los vecinos; la propaganda "educativa" del Estado y los hostigamientos psicológicos de las disciplinas de la conducta humana y los profesionales de la salud; familiares y amigos, convertidos en policías de la moral cultural dominante, en súbditos agregados de la razón imperial de la Ley en un régimen prohibicionista. Pero también por las reacciones de resistencia activadas por las víctimas de estas otras víctimas ensimismadas y al margen de los códigos básicos de brega social: lealtad, confianza, respeto, consideración, etc.

La respuesta que se representa en la generalidad del estereotipo es reforzada por las experiencias individuales, regadas por todo el espectro de la vida social cotidiana, convirtiendo la

---

[9] Op.cit., p.62.

[10] Ídem.

experiencia "personal" en el fundamento de todas las generalizaciones coercitivas. El peso de esta razón, que son las razones que cada cual pudiera tener para desconfiar de "los drogadictos", es clave para el efecto de hegemonía del imaginario prohibicionista, pero también para su transformación. La estigmatización es un recurso psicológico de la resistencia social ante las amenazas que le representan las personas que *dependen* de ciertas drogas y que para conseguirlas no vacilarían en los medios. Las estadísticas reportadas y múltiples estudios han aportado a consolidar esta imagen unitaria de la identidad fuerte del drogadicto como amenaza social. Y aunque sin duda han exagerado mucho, no es menor el impacto social de esta representación, que reproduce el estigma como "defensa social", pero que al hacerlo lo convierte en condición esencial para la reproducción permanente del estigmatizado y de la amenaza que le representa, encerrándose así en un círculo sin salida: en el vicio social de generalizar la experiencia personal como fundamento de todas las realidades sociales, es decir, de hacer de la experiencia personal el fundamento del prejuicio de la moral cultural dominante y de las violencias de la ley estatal prohibicionista...

> "...no hay nada más alejado de la realidad del mundo de la droga que su representación unidimensional por parte del discurso oficial."[11]

Siguiendo esta clave, Baratta destaca que más allá de la representación unidimensional del "discurso oficial" existen innumerables consumidores y adictos que, contrariamente al estereotipo prevaleciente, continúan desarrollando su rol de profesionales y trabajadores sin perjuicios ulteriores para su identidad social. Sin embargo, advierte que al igual que otros recursos, el privilegio de la participación en estos mundos ocultos está desigualmente distribuido en la sociedad:

> "...la pertenencia a grupos sociales más desaventajados produce una mayor exposición al peligro de ser confinado al mundo de la marginación y de la criminalidad, mientras que la participación del

---

[11] Ídem.

consumo de drogas ilegales está presente en todas las áreas sociales."[12]

Una parte del discurso oficial de "ayuda" gubernamental a las clases marginadas y a los sectores más pobres a "salir de las drogas" -reproducido sin variaciones en todos los programas de los partidos políticos en competencia- encubre esta profunda distinción de clase. Daría la impresión de que el problema de la droga es exclusivo de los sectores pobres y que, si acaso, aunque afecta a otros más pudientes, éstos son la excepción a la regla. Los embates represivos se sostienen entre eufemismos compasivos tales como la responsabilidad del Estado con las clases menos privilegiadas o el sentido del deber del gobierno para con los más necesitados. La relación ideológica entre la pobreza, la criminalidad y la droga no sólo destaca las zonas pobres como objetivos claves de la intervención estatal sino que a la vez resalta las zonas de clase alta como modelos de un mundo libre de drogas (o cuando menos no representan una amenaza social). La caricatura mediatizada puede representarse así: un consumidor pobre es, sin duda, un drogadicto y muy posiblemente un delincuente, está enfermo y es peligroso, además de inútil a la sociedad. Una persona adinerada, sin embargo, será, si acaso, extrovertida en el círculo de sus intimidades o en todo caso simplemente normal; si acaso saliera a la luz pública su persona, aparecería como teniendo un problema existencial pasajero, un episodio depresivo; una tristeza de la que la droga fue un error con la que sólo pretendía aliviarla. Además, sabido hasta el hastío es que la inmensa mayoría de la población confinada por uso o tenencia de drogas no proviene de una clase social privilegiada. Lo que no puede traducirse en que éste sector social esté menos involucrado en el mundo de las drogas ilegales sino que, si acaso, goza de las suertes de una relativa indiferencia por parte del Estado, es decir, de la protección que les brinda a sus vidas privadas precisamente porque se abstiene de intervenir sobre ellas...

Tal vez una de las razones principales por las que el Estado se abstiene de intervenir directamente sobre las clases

---

[12] Op.cit., p.63.

privilegiadas se deba, simplemente, a que su función política responde al interés de su preservación general en el dominio del poder de gobierno.[13] Además, sabido es que consideraciones estrictamente *personales* tienen tanto o incluso mayor peso en el escenario de la política de gobierno que cuestiones de principio, teóricas, o legales. La diferencia mediática es que cada vez que se interviene a un joven de caserío es interpretado como continuidad del fenómeno criminal. Cuando se interviene a un hijo de alguna figura de gobierno o de alguna familia que goza de alguna fama, influencia o reconocimiento social se representa como un gran escándalo. La Justicia de la Ley en muy raras ocasiones se imparte equitativamente, muy posiblemente porque el primero es registrado de inmediato bajo la categoría de "delincuente común", potencialmente reincidente, y el segundo, bajo la de "error de juventud" o sus analogías.[14] Lo cierto es que, indistintamente de estas suertes, las razones por las que el Estado lleva ante un estrado de ley a sus detenidos y acusados, son razones que no

---

[13] La categoría de *clase* presenta cierta problemática teórica si no se utiliza con determinada precisión y cautela. Esta no remite a una unidad identitaria homogénea, aunque en el contexto de ciertas luchas políticas se suele fusionar dentro de una impresión de unidad caricaturesca, como si se tratara de un sector social unificado por privilegios económicos o por ausencia de ellos, organizado nítidamente u orientado por intereses uniformemente compartidos. Las clases política y económicamente *dominantes* ciertamente guardan una estrecha relación con el poder económico del que disponen, pero teóricamente esta distinción es de muy vaga valía para lo que intereso destacar en este escrito. El ejercicio de la dominación trasciende esta esfera de coincidencia, que se disuelve entre infinidad de ambivalencias ideológicas y prácticas contradictorias dentro del seno de una relativa misma condición económica. En todo caso, en la actual condición de época la imaginería prohibicionista sobre la que se asienta el poder imperial de la Ley trasciende las distinciones tradicionales de clase, y trabajadores asalariados, desempleados y demás marginales se fusionan con ricos y empresarios privados, propietarios y demás privilegiados económicamente. Ahí –como he tratado hasta ahora- se materializa como efecto de hegemonía la ideología imperial del Estado de Ley y sus modalidades prohibicionistas...

[14] Evidencia de ello existe de sobra, pero no intereso traer aquí nombres particulares, aunque hoy son ya de dominio público, es decir, de la mezquina publicidad del poderío prohibicionista y penal del Estado de Ley. Publicidad que no sólo convierte a los intervenidos en símbolos del trato igualitario de la Ley, sino que los convierten en hijos descarriados que avergüenzan los "buenos nombres" de la sociedad...

aguantarían el radical juicio inquisitivo del Derecho. El acusado por consumo estaría acusado de hacer con su cuerpo lo mismo que podría hacer cualquier otra persona cualquier día de su vida. El acusado de comerciar, de poseer ilegalmente una "sustancia controlada", también estaría haciendo lo que cualquiera haría: un intercambio de bienes entre adultos, un comercio de un producto de alta demanda en el mercado, etc. El acto en ambos casos no es ni dañino en sí a ninguna de las partes, ni nocivo a terceros, al gran Otro, a la sociedad. La acusación estatal estriba exclusivamente en la ilegalidad del acto, y ahí reside precisamente el mayor problema legal: su irresolubilidad...

¿Por qué es irresoluble el problema de las drogas? En primer lugar, porque para la mayoría de la gente vinculada a la esfera de su mercado y consumo simplemente no es un problema, y en el mayor de los casos, muy posiblemente se trate de una solución más de entre las que el sujeto se procura para lidiar con las condiciones propias de su existencia en la vida social. En segundo lugar, porque la estigmatización estatal del mundo de las drogas como un *problema social* tiene fundamentos de dudosa valía social e impactos negativos sobre el derecho singular de cada sujeto, en parte porque consisten en prejuicios morales y en parte porque responden a la lógica interior de la propia reproducción ideológica del poderío estatal. Además, claro está, de los inmensos beneficios materiales que le representa a ambos polos, el ilegal como el legal, la política prohibicionista en general...

Justicia penal / violación de Derecho

Retomando el ensayo citado de Alessandro Baratta, coincidente con todos los enfoques críticos al respecto, éste sostiene que el objetivo de la política penal sobre drogas, tanto a escala nacional como internacional, es prácticamente inalcanzable.[15] La información mediática que circula alrededor del mundo demuestra, al margen de las manipulaciones retóricas de los gobiernos, que la represión penal sobre el tráfico y consumo de drogas no ha tenido un resultado efectivo. Estadísticamente – según sostiene este autor- la justicia penal apenas incauta entre un

---

[15] Op.cit., p.63.

5 a un 10 por ciento del total de sustancias ilegales que circulan en el mercado global de las mismas. Ante este cuadro, que no ha variado cualitativamente desde entonces, Baratta concluye:

> "Esforzándose al máximo y trabajando en las condiciones óptimas, el impacto de la acción de la justicia penal sobre la oferta de droga no podría superar, casi con toda seguridad, el doble de este porcentaje."[16]

Los problemas de la dependencia, por consiguiente, no podrían ser resueltos siguiendo los habituales patrones represivo-punitivos. Más de tres décadas de experiencia histórica respaldan esta sospecha, evidenciando que la extravagante inversión de capital en recursos policiales no ha contribuido a disminuir la oferta del negocio de las drogas ilegales y que, por el contrario, ha habido un aumento progresivo y sostenido en la demanda de estos productos.[17] La representación homogénea de la imagen del "problema de la droga" en los medios de información y su unidimensionalidad (centrada en los aspectos penales), constituye gran parte de su condición irresoluble. Es así, quizá en parte por una ingenuidad generalizada culturalmente sobre el valor de uso de las drogas, pero también, sin duda, porque esta representación ideológica cumple una función de ocultamiento, tanto de la experiencia positiva que le supone a la mayoría de los consumidores el uso de drogas, como del carácter lucrativo de la prohibición y la función igualmente positiva que le supone al aparato estatal la misma. No obstante, ésta situación no está resuelta dentro de una lógica estratégica coherente sino que se mueve permanentemente entre incongruencias y contradicciones...

El mantenimiento de la ilegalidad de las drogas tiene repercusiones incluso dentro del propio sistema judicial y penal

---

[16] Op.cit., p.63.

[17] Si ha habido una considerable disminución en el consumo de determinadas drogas en ciertos países, ciertamente no se debe a la intervención represiva y punitiva del aparato estatal. Además −según estudios referidos en el trabajo de Baratta- por el contrario, la experiencia de despenalización del consumo de cannabis llevadas a cabo en Holanda y en algunos estados de los Estados Unidos, muestran que el consumo no ha aumentado. (Op.cit., p.63.)

que la soporta. Entre ellas –retomando el escrito de Baratta- el hecho de que la legislación penal de éstas potencia violaciones a algunos principios fundamentales sobre los que se sostiene el andamiaje legitimador del sistema judicial-penal en un "Estado de Derecho". Baratta destaca los siguientes:

- En relación a la idea del "derecho penal mínimo" como criterio inspirador de una justicia penal adecuada a los principios del Estado de Derecho y a los derechos humanos, la política criminal vigente sobre drogas permanece por debajo de estas consideraciones, al violar en la práctica los principios del derecho penal "liberal".

- El *principio de legalidad* resulta violado con las prácticas de negociación con el mundo de la criminalidad y las inmunidades concedidas a los informantes.

- El *principio de idoneidad* impone que se demuestre rigurosamente que la penalización es un medio útil para controlar y resolver un problema social determinado. Sin embargo, las experiencias y las investigaciones sobre la eficacia de la acción de la justicia penal en el control de la droga demuestran que la penalización no es un medio útil para controlar y resolver los problemas de la drogodependencia, sino que los agrava.

- El *principio de subsidiariedad*, que impone la demostración previa de que no hay alternativas adecuadas a la penalización, resulta violado por la intervención del sistema punitivo. Esta intervención no sólo no tiene en cuenta las alternativas existentes, sino que influye negativamente sobre los sistemas terapéutico-asistencial e informativo-educativo.

- El *principio de proporcionalidad* de la pena a la gravedad del perjuicio social del delito resulta además violado por una legislación que ha visto aumentar, antes que disminuir, la severidad de las penas.

- El *principio de racionalidad*, que impone tener en cuenta las razones a favor y en contra de la penalización en relación al cálculo de los "beneficios" –si es que los hay- y de los costes sociales producidos por ella, resulta violado por la política actual de la droga: ningún discurso científico ha podido demostrar los beneficios de la penalización, mientras que, por el contrario, muchos han demostrado sus altos costes sociales. Además –añade Baratta- la penalización de la droga expone al sistema penal a graves contradicciones internas:

> "El elevado índice de reincidencia y la escasa eficacia preventiva (...) expone al sistema de la justicia penal, particularmente en el caso de la penalización de la droga, a una crisis potencial de legitimidad y de credibilidad."[18]

El hecho de que el discurso oficial basado en el tabú de las drogas no guarde relación con gran parte de lo que constituye la experiencia personal de quienes la consumen e incluso de quienes, sin hacerlo, comparten cotidianamente con usuarios, tiene un impacto negativo y contradictorio sobre los proyectos educativos e informativos que el Estado promueve. Aunque guarden el profundo deseo de aminorar el poder seductor de las drogas ilegales, precisamente porque inscriben sus lenguajes e imágenes en los tabúes, prejuicios y miedos del discurso prohibicionista, están destinados a fracasar. La consagración retórica del estereotipo negativo de las drogas, centrada simbólicamente como eje de lo criminal en la vida social, tiene como matriz de su razón la mirada unidimensional del régimen prohibicionista, que bajo el semblante de un "proyecto educativo sobre drogas", caricaturiza las figuras míticas de sus prejuicios y temores, exagera las dramatizaciones de lo que constituye el problema y estigmatiza a los actores del drama estatal de la criminalidad bajo registros de poca relación con la vida real de los mismos.

Relación entre el capitalismo y la prohibición de las drogas

El mercado global de drogas ilegales participa de la misma lógica del capital, a su racionalidad económica –movida por el ánimo de lucro y en clave de competencia- y estructura de funcionamiento –condicionada por la demanda de los

---

[18] Op.cit., p.64.

consumidores y organizada su producción, distribución y venta por una jerarquía asalariada sujeta a las variaciones del mercado-. La distinción entre este producto y cualquier otro, radica en su ilegalidad, incidiendo esto sobre su valor general. Según Baratta:

> "Esto significa un aumento de más de mil veces el precio en la "calle" de las sustancias en comparación con lo que podría ser su valor en un mercado sin prohibición legal."[19]

La penalización de las drogas es la principal causa de los elevados costes de las mismas. El coste no detiene la demanda de la mayor parte de los consumidores, que al parecer no tienen trabas mayores para pagarla al precio de la oferta, pero ciertamente tiene consecuencias sobre quienes no pueden costear sus adicciones por condición de precariedad económica. Los ricos no cesan de acrecentar sus riquezas y el público consumidor carece de medios para incidir sobre los precios y reclamar, si así lo deseasen, un ajuste razonable y forzar una negociación a su favor con los grandes intereses que lo sostienen. Lo que no quiere decir que de ser legalizadas los consumidores tendrían al fin la palabra en última instancia sobre los precios de lo que consumen. De ser así, ciertamente el capitalismo se viviría de alguna otra manera... Pero la razón matriz de la imposibilidad de incidir sobre los costos de las mercancías esta sobredeterminada por la condición de la ilegalidad, y no cabe la menor duda que los más afectados son quienes *dependen* física y anímicamente de estas sustancias que, por efecto de la política prohibicionista, están marginados y forzados a buscárselas como puedan, por lo general, al margen de la Ley. La misma suerte le toca, aunque de otro modo, a los campesinos pobres de las regiones latinoamericanas –tildadas por el discurso oficial como *productoras*-. Como suele suceder, son relativamente privilegiados con respecto a los desheredados y relegados a vivir irremediablemente las miserias más insensibles en sus *propios* países, pero no menos explotados y controlados por el sistema del mercado de las drogas ilegales. Situación ésta que trasciende las posibilidades estructurales del poderío económico estatal para proveer alternativas razonables dentro del marco de la Ley, y que

---

[19] Ídem.

188

menos aún resuelve con las políticas actuales orientadas hacia la exterminación total de las fincas de cultivo, desposeyendo totalmente a los campesinos de los medios mínimos de subsistencia. En el contexto puertorriqueño, no sería otra la suerte, pues el Estado de Ley no tiene la capacidad estructural de ofrecer alternativas de empleo a los sectores que están actualmente empleados bajo el espectro de la economía subterránea, de la que el narcotráfico es una de sus vertientes más remuneradoras.

Los estilos de vida que la "sociedad de consumo" promueve, según son soportes esenciales de la economía de mercado capitalista legal, también lo son a la vez de sus modalidades ilegales. Si el Estado no tiene en verdad nada *mejor* que ofrecer a cambio, nada más que retóricas morales del "deber ser" que lo jurídico ha petrificado en la ley de la prohibición, no porque no lo desee sino porque le es imposible hacerlo, entonces, ¿por qué castiga a quienes se buscan la vida al margen de sus imposibilidades?

La prohibición de las drogas pertenece a la historia de los procesos de consolidación de la economía capitalista a escala global, de la que forman parte integral los reajustes en el orden interior del poderío del Estado de Ley en la actual condición (pos)moderna. A la gran ilusión de un "mercado libre" le es correlato sustancial un Estado que resuelva -con la fuerza superior de la Ley- imponer regulaciones y controles precisos sobre ciertas prácticas que posibiliten el desenvolvimiento de esta gran ilusión de libertad, de la que no todos gozan ni mucho menos participan de los mismos privilegios y derechos. No es de extrañar que alguna parte del razonamiento despenalizador encuentre fundamento en el derecho de "libre mercado" y represente la política prohibicionista como una arbitrariedad que en principio contraviene el *sentido* de una sociedad de economía capitalista y basada en los principios liberales del derecho, consagrados en la letra formal de las constituciones democráticas modernas y sus correlativas moralidades culturales. Las alternativas legalizadoras y medicalizadoras participan en cierta medida de este entendido, procurando que el Estado se encargue de regular ciertos aspectos clave del mercado de drogas, sin menoscabo a los derechos referidos y en función de los mismos principios generales. Pero, aunque parezca contradictorio, la prohibición legal de las drogas pertenece íntegramente a los circuitos de la lógica del capital, que convierte este mercado en uno de los posiblemente más lucrativos del mundo, tanto para los sectores situados al margen de la Ley como para quienes se benefician dentro de ella. La progresiva militarización de la policía, la expansión desmedida de dispositivos de vigilancia y control, la disminución de las libertades civiles, en especial las vinculadas a la singularidad de la vida privada de cada cual, son en parte efectos de la racionalidad estratégica sobre la que se sostiene la política de la prohibición. El Estado se refuerza como garante de la moral cultural más conservadora y a la vez procura armarse para cumplir su función política moralizadora en clave policial.

Pero el capitalismo, en la actual condición de época, es una categoría política espectral que, como el ordenamiento jurídico de los Estados de Ley, integra infinidad de variaciones que se ventilan entre legalismos e ilegalismos. La legalización de las drogas no es contradictoria con la lógica del capital, sólo que la prohibición, al parecer, le resulta todavía políticamente provechosa y económicamente más conveniente. La debilitación de alguno de los dos polos sería, muy posible, una condición para cambiar la relación actual de la legalidad con respecto a las drogas. A saber, una transformación cualitativa en el imaginario cultural dominante, inscrita en los principios del Derecho, desvirtuaría las retóricas prohibicionistas y podría dar paso a una mutación radical de orden político y consecuentemente jurídico, aunque en la dimensión de lo económico sigan primando las incertidumbres...

En el escenario actual, sin indicios de cambio sustancial en los tiempos más próximos, la justificación del reclutamiento vertiginoso de policías y la consecuente inversión multimillonaria para reforzar su armamento no se limita a cumplir las razones de su pretexto, que es enfrentar los embates de la criminalidad y el mundo de las drogas. La misma fuerza policial que invade un caserío es la que se mueve para intimidar o atacar las manifestaciones sociales en reclamos de derechos, como las huelgas de trabajadores, protestas estudiantiles o resistencias ambientalistas. Estas "fuerzas contra el crimen" no cesan de actuar como fuerzas de seguridad al servicio de propietarios privados, de ser el refuerzo de políticas de gobierno que contravienen los deseos de amplios sectores de la población y hasta de dar protección -contra el pueblo mismo del que devengan su salario y al que deben su existencia- al servicio de intereses relativamente *ajenos*. Relativamente, pues, como trataré en otra parte, porque no existen gobiernos en la actualidad que no respalden incondicionalmente los modos represivos de la prohibición, que nunca dejan de afectar a gran parte de la misma población de la que se imaginan y autonominan protectores.[20]

Con relación a las poblaciones *dependientes* física y anímicamente, es común encontrar entre la literatura despenalizadora una ilusion utópica compartida, que ya he tratado en otras partes. Retomaré el texto de Baratta para ejemplificarlo:

> "El centro de una política alternativa de control de la drogodependencia no es el sistema, sino el hombre; no es la represión, sino la oferta de servicios de asistencia y de cura y, sobre todo, la prevención de la demanda de drogas de "alto riesgo" (incluyendo, también, las 'legales')"[21]

En este sentido, concluye:

> "...si la demanda de droga surge hoy en gran parte de la necesidad de evadirse de las miserias de la realidad, liberarse de esta necesidad significa sobre todo construir el proyecto de una realidad, es decir, de una sociedad más justa y humana que no produzca la necesidad de escapar de ella sino la de vivirla."[22]

La base de esta posibilidad la articula enseguida como una crítica al capitalismo, que no está exenta de razones, por supuesto, pero que no obstante participa de un registro *problemático* de ilusiones. Si bien reconoce que:

---

[20] Una representación dramática acontece en la quema de sembradíos cocaleros en países de Latinoamérica por las fuerzas militares norteamericanas, que cuenta con la bendición de los gobiernos latinoamericanos, y que no ofrecen otra opción a los campesinos que la de obedecer las leyes de su prohibición...

[21] Op.cit., p.65.

[22] Op.cit., p.66.

"La historia de las drogas, antes de la economía capitalista, demuestra que las drogas son, con alguna rara excepción, un aspecto normal de la cultura, de la religión y de la vida cotidiana en cada sociedad, no 'un problema'."[23]

...paradójicamente participa del entendido ideológico que hace de la droga un problema, no un problema en sí, sino uno ocasionado por las miserias de la realidad de las que mediante éstas sus usuarios procuran evadirla. Ciertamente algo de ello es justamente así, y no menos probable es que la mayor parte de quienes estén *enganchados* a ellas lo estén porque les resultan medios efectivos para aliviar sus penas o evadir la realidad de sus miserias. Y verdad es, sin duda, que gran parte de las penas y miserias de las que estas personas quieren evadirse están directamente relacionadas con las condiciones de vida que les resultan insoportables y que a la vez son imprescindibles para la reproducción material e ideológica de las relaciones sociales dentro de una economía política capitalista. Ante esta "realidad", Baratta sostiene que:

"...en la medida en que la demanda de determinadas drogas, hoy legales o prohibidas, responde a necesidades de estimulación intelectual o afectiva, de comunicación, desahogo y de placer (...) 'liberación de esas necesidades' significa tanto en relación con estas drogas como con cualquier otra mercancía, rescatar en la medida de lo posible su *valor de uso* de la violencia de la lógica capitalista del valor."[24]

Pero, de ser posible una sociedad más "justa y humana" ¿implicaría esto una "liberación de las necesidades" de las drogas? ¿En qué consistiría lo "más justo" y lo "más humano", que de algún modo "lo real" bajo sus dominios cesaría al fin de

---

[23] Ídem.

[24] Esta lógica —sostiene Baratta— transforma cada recurso, de medio para satisfacer necesidades, en medio de valorización del capital; y a los hombres —añade— es decir, a los productores-consumidores, de sujetos y finalidad del proceso productivo, en instrumentos, en objetos de manipulación. (Op.cit., p.66)

representarle una carga emocional a la existencia de los sujetos? ¿Por qué la "evasión de la realidad" constituye un problema? ¿Para quién le resulta una molestia? ¿Para qué persistir en el empeño en *interpretar* como algo esencialmente negativo, moralmente nocivo, malo, los vicios de la gente? ¿Cómo habría de ser esa sociedad en la que todos coincidieran en la "necesidad de vivirla" y no en la de "escapar de ella"? ¿Qué es lo que "la sociedad" podría ofrecer a cambio a los sujetos? ¿Acaso el Estado podría alguna vez, en su justeza y humanidad, llenar en definitiva todos los posibles vacíos existenciales que podrían depararle a cada cual su propia vida, por el sólo hecho de vivirla en sociedad? ¿Acaso la Cultura bajo sus cuidos podría poner fin a la posibilidad de sentir alguna miseria en el alma? ¿Acaso la Ley que rija en esta "nueva realidad" podría alguna vez evitar que la vida misma carcomiera alguna parte del espíritu? ¿Qué Gran Moral colmaría plenamente los deseos más profundos que habitan en cada cual y a pesar de sus propias mismidades? ¿Qué Razón lograría convencer al fin a todos los súbditos de un Estado a que renuncien por ella buena parte de *sus* pasiones y a todo cuanto los pudiera empujar a buscar suertes en sus márgenes? ¿Qué gran responsabilidad ciudadana podría entretener en el cumplimiento de sus deberes de modo tal que ya no tengan razón los aburrimientos y las ganas de experimentar o recrearse con sus propios cuerpos?...

La adicción a drogas es un mal que afecta a la persona que así lo sienta, pero no es un mal que afecte a la sociedad, no por lo menos de modo tal que ésta no pudiera resolverlo ofreciendo asistencia a quienquiera que la solicite. De otra parte, la mayor parte de la gente que usa drogas legales o prohibidas no tiene ningún problema con ellas. Las más diversas gentes y en las más diversas circunstancias usan dogas, gente muy entretenida o por que está aburrida, sin nada que reprobarle a la vida o porque maldice el día que fueron nacidas; con problemas económicos o de grandes privilegios, talentos y virtudes. Científicos de todo tipo, artistas y médicos, banqueros y políticos, izquierdas y derechas, religiosos e intelectuales, personas de todo el registro de la ciudadanía, consumen algún tipo de droga, y la diferencia que la Ley ha impuesto en torno a ellas y que las moralidades prohibicionistas aprovechan para descargar la infinidad de reproches que le tienen a la vida, no justifica las penas y crueldades a las que, por sus fuerzas, someten no sólo a consumidores y comerciantes, sino a la ciudadanía entera. Sometimiento que resulta insoportable a toda ética de convivencia social basada en el Derecho, y cuyo elemento esencial es el cuerpo y alma propia de cada cual.

Pienso que la crítica a los regímenes prohibicionistas, a los modelos de gobierno represivos y punitivos, a las modalidades de sus intervenciones, no tiene que prometer grandes ilusiones. No dejan de ser urgentes y radicales las exigencias de derecho que le oponen resistencia y se proponen como alternativas a las prácticas represivas y punitivas dominantes. Así como la prohibición de las drogas pertenece a un registro ideológico mucho más complejo del que se presenta en la escena mediática y en la articulación de las retóricas de gobierno y voces afines, la reivindicación del derecho a las drogas también pertenece a un registro más complejo: al de la reinvención alternativa del discurso del Derecho y la radicalización de la imaginería social democrática. El sólo acto de hablar o escribir a favor de la despenalización es un acto de resistencia ante los embates de las violencias del Estado de Ley y de las crueldades de sus prácticas penales. Abogar por la descriminalización del derecho de las personas sobre sus propios cuerpos es salirle al paso a los prejuicios igualmente crueles de un espectro cultural igualmente represivo y punitivo. Para ello no habría por qué ceder a la tentación de ofrecer mundos ideales o finalidades trascendentales. Las resignificaciones posibles del Derecho y de lo democrático, como todo cuanto pueda inscribirse en el registro de lo político, que es el de las relaciones que constituyen toda vida social, están sujetas a variaciones históricas, contingentes, imprevisibles en términos absolutos e incontenibles dentro de ningún registro totalizador, como los referidos habitualmente a las categorías del Estado, la Moral, la Cultura o la Ley. Condición esta que no desvirtúa las ilusiones libertarias ni tampoco niega la deseabilidad de habitar un "mundo mejor", una vida más "justa y humana" si se quiere. Sólo confirma que la materialidad más precisa de sus posibilidades será siempre el saldo puntual de las relaciones de lucha que cada uno esté dispuesto o no a librar, y de los riesgos que esté o no dispuesto a enfrentar...

Parte V

La imaginería prohibicionista (pos)colonial: de la Ley del Imperio al Imperio de Ley

La imaginería prohibicionista (pos)colonial: de la Ley del Imperio al Imperio de Ley

...las luchas contra la ideología prohibicionista de los estados de Ley contemporáneos, para darse con la mayor eficacia política posible y lograr la mayor efectividad práctica, deben ser articuladas desde una sensibilidad ética y política transnacional. Las razones para ello son múltiples, y procuraré condensar aquí algunas de las que estimo más pertinentes. Rastrearé algunas de las posiciones más relevantes de los movimientos despenalizadores en el contexto europeo, latinoamericano, caribeño y norteamericano, e indicaré los puntos clave de coincidencia contra las políticas internacionales enclaustradas dentro del paradigma represivo-punitivo de la ideología prohibicionista sobre las drogas. Simultánea-mente, procuraré identificar en las articulaciones de sus discursos las claves que, de una parte, fortalecen las posibilidades de reinvención de la imaginería democrática a favor de las libertades políticas en las claves alternativas del Derecho y, de otra, los puntos que, por el contrario, podrían incidir en debilitarlas e incluso erradicarlas. Pero antes bien, haciendo de este escrito una resonancia de la consigna "pensar globalmente, actuar localmente", activada principalmente por los movimientos ecologistas desde el siglo XX, y que me parece muy oportuna para efectos de este proyecto despenalizador, concentraré las primeras partes de mi análisis en el contexto (pos)colonial del Estado de Ley puertorriqueño...

Laberintos retóricos del Estado de Ley

> "En ninguna ciudad tendrían las leyes la fuerza que deben tener,
> si no fuesen sostenidas por el temor."
> *Sófocles*

...criminalidad, narcotráfico, violencia. La sola mención de estos signos espectrales inspira infinidad de reacciones sociales: se libran en torno a ellas indefinidas disputas políticas, morales, y teóricas, se entrecruzan antagonismos irreconciliables y se convienen pactos de alianzas entre los más diversos sectores sociales, instituciones y gobiernos; se activan sentimientos de repulsa, de venganza y de compasión; se saturan sus lenguajes descriptivos y analíticos de exageraciones, de prejuicios culturales, objetivos estratégicos de control social y conocimientos científicos incongruentes entre sí; de fantasías jurídicas y (con)fusiones religiosas, cargadas de buenas intenciones; y entre ellas, de dramáticas manipulaciones retóricas y de los deseos más genuinos de seguridad y bienestar social, pero, sobre todo, de temores. Y el temor -sea cual fuere su referente específico- es una condición de la psique humana que resulta útil a toda voluntad de gobierno. La eficacia de sus políticas prohibitivas, las represivas y las penales, reside, en gran parte, en el dominio del arte de manipular los miedos de la gente, pero también de administrar los miedos propios de los gobernantes, de jueces, senadores y legisladores, de funcionarios públicos de alto rango en las jerarquías del poder de las instituciones estatales, de profesionales de las disciplinas del espíritu, predicadores y demás fuerzas reguladoras de la vida social, que comparten las mismas creencias y temores. Creencias y temores que no dejan de ser invenciones históricas de la Ley, de motivaciones políticas muy precisas y que desde *entonces* –aunque lo ignoren o se resistan a guardar cuenta de ello- soldó al alma perversa regida por las pasiones y la maldad que reina entre todos los *hombres*. De ahí que la Ley y la Moral se confundan bajo un mismo registro ideológico y que sus prácticas se entrecrucen indistintamente en las modalidades infinitas de las represiones. En la dimensión de sus dominios, estas tres categorías son, más que metáforas de una ideología de control y dominación política, literalmente fantasmas que asustan, como asustan los infiernos y demonios a los niños antes de creer en los favores del cielo y tener como soporte esencial de su fe el miedo. Miedo al castigo por desobedecer la voluntad del Padre, a sus penas, que son las de la Ley y que nunca son otra cosa que la justicia vengativa de su espíritu. Pero estos fantasmas son reales precisamente porque existen en la imaginación más creída de la gente, y aunque no dejan de ser productos de las fantasías totalizadoras de los discursos de gobierno, también son historias vivas de creencias culturales, creídas como verdades incuestionables, no porque representan el cúmulo de las experiencias más dramáticas de los pueblos –como se empeñan en repetir las retóricas de los gobiernos- sino porque *sus* representantes, regados en todo el escenario social y sus lenguajes, así lo dicen reiterativamente y no descansan en sus repeticiones.

Y no podría ser que todos y cada uno, entre sus marcadas diferencias, estuvieran equivocados o mintieran. ¿O sí? Lo cierto es que son palabras que designan fuerzas espectrales, relaciones que no caben dentro de las mismas palabras que las nombran, que escapan a sus potencias enunciativas; que son signos que no designan, porque no pueden contener todas sus pretensiones si no es mediante un malabarismo ideológico que cierre en la metafísica de la representación toda duda posible: creer por fe en que lo sabido es lo único que vale la pena saber, creer que lo real es lo que designa como tal su poder y que su verdad está ahí, justo donde se puede contar. Contar ya porque puede decirse como cuento, como relato, historia... como noticia; o porque a la vez puede convertirse en cifras, en datos, en estadísticas... en números.

Quizá no sería exagerado afirmar que el móvil anímico de toda pena judicial (que es siempre una venganza legal) es una inclinación hacia la crueldad, aunque la conciencia moral se resista a reconocerlo y la haga aparecer en la superficie de sus razones como una práctica social justa y necesaria, e insista en concebirla como un acto de la humanidad civilizada cuando, en esencia, se trata de una práctica violenta de su crueldad institucionalizada, también humana; "demasiado humana". Las variaciones en las prácticas penales de los estados modernos, introducidas bajo los semblantes ideológicos de reformas *humanistas*, sólo han procurado justificar el castigo mediante otros recursos retóricos, dejando intacta la cruel práctica de castigar, de encerrar o hacer pagar al condenado de algún otro modo la deuda contraída con la Justicia del Estado de Ley. Deuda que es también otro modo del decir de sus violencias. Entre ellas, la rehabilitación sigue siendo un eufemismo sobre el que se sostienen gran parte de sus prestigios. Así como el Estado ejerce su dominación general bajo el modo de un *conocimiento* sobre el sujeto que convierte en objeto de sus intervenciones, bajo el signo de una cura, de un tratamiento, castiga. Y castigar a una persona por hacer uso de su propio cuerpo es, de alguna extraña manera, un acto razonable, moral y justo para la Razón de la Ley, que también de modo extraño ha logrado reivindicar sus violencias prohibicionistas dentro del difuso registro del Derecho, y hacer de sus habituales crueldades ecos de la imaginaria voluntad política del pueblo. En este escenario, la represión estatal ejercida sobre el derecho de cada cual a actuar sobre sí mismo aparece representada como una práctica esencialmente *democrática*. En la actual condición (pos)moderna, esta representación ideológica del discurso dominante del Estado de Ley, y sobre la que su régimen prohibicionista sostiene sus intervenciones contra los principios del Derecho, puede ser traducida como un despotismo popular. Los signos espectrales de lo cultural y lo moral pasan a reforzar el poderío hegemónico de su dominación, pero como toda razón despótica, sigue siendo la fuerza bruta su cualidad principal, su condición esencial y el fundamento último de sus legitimidades...

Entre estas coordenadas la justicia penal sigue teniendo por móvil el milenario ánimo de venganza. Su objetivo político: el control de las singularidades bajo la amenaza permanente de sus castigos. No deja nunca de ser una gran hipocresía que el Estado (regado entre múltiples autoridades institucionales e hibridaciones culturales), creído como un Gran Padre, después de reprender a sus hijos les abra sus brazos y ofrezca una segunda oportunidad, una oportunidad a que acepten sus términos y obedezcan sus mandamientos. En un principio Dios desterró y no perdonó, condenó y maldijo a sus hijos por haberle desobedecido. Pero el Estado de Ley no puede darse el lujo de hacer lo mismo, no por lo menos con todos sus indisciplinados hijos. Les encierra y al tiempo les *rehabilita*, les ofrece reinsertarse nuevamente a los favores de sus cuidos, a la libre comunidad, a la ciudadanía. Pero en verdad no perdona nunca, pues si desobedece nuevamente, si reincide, será sometido aún con mayor vigor a una más severa pena. Depurada esta práctica penal de sus retóricas legitimadoras, queda al descubierto un reproche que nunca se desvaneció, un rencor que aguardaba pacientemente el tiempo para desquitarse, para vengarse. El mito rehabilitador sigue siendo la justificación de la moral disciplinaria, coercitiva y punitiva de la justicia penal. Todo castigo judicial es siempre una pena anímica y corporal, y toda pena de encierro carcelario o prácticas análogas son siempre una crueldad legitimada por la autoridad legal del Estado, una violencia de Ley.

La venganza judicial y sus correlativas crueldades están enraizadas a la extraña manía estadista de creer que es posible y deseable dominar absolutamente todas las pasiones prohibidas por sus mandamientos, erradicar los deseos proscritos de la Ley, exorcizar los espíritus pervertidos que la moral cultural dominante ha inventado como condición esencial de la vida social civilizada. La prohibición de ciertas drogas, la criminalización de sus usos, pertenece a este gran relato de las crueldades vengativas del Estado, que se representa a sí mismo como el poder político del pueblo organizado, de su voluntad general y sus valores culturales, como garante de sus derechos. Si el uso que un sujeto pueda hacer de su propio cuerpo es considerado jurídicamente nocivo, perjudicial, amenazante o peligroso para la sociedad, entonces no sería de extrañar que la sociedad se defendiera, previniendo el daño o contrarrestando con sus fuerzas organizadas sus embates. Pero, ¿qué es lo que está amenazado realmente cuando una persona se daña a sí misma? ¿La sociedad? ¿El Estado? ¡No! ¿Qué hace realmente cuando lo encierra? ¿Evitar que se siga dañando a sí mismo? ¡No! Entonces, ¿para qué lo hace? Para reforzar las condiciones ideológicas de su dominación imperial.

El sujeto del discurso prohibicionista, objeto de sus intervenciones, juega un papel táctico dentro de una estrategia general de control y dominación social, en función de los requerimientos políticos e ideológicos del Estado de Ley. La droga en verdad no es un problema *real*, ni lo sería tampoco su comercio o los usos personales. La conversión de ésta en problema se logra mediante un recurso retórico que hace de estas palabras las claves a partir de las que los gobiernos legitiman determinadas modalidades de sus intervenciones. La guerra contra las drogas librada a escala internacional se sostiene principalmente dentro del registro de lo simbólico. Es una lucha política que el Estado de Ley sostiene para auto-reforzar sus dominios, para hacer, en fin, más eficaz su dominación ideológica, sus controles y regulaciones dentro del registro imperial de la legalidad, sus dispositivos normalizadores dentro de una racionalidad moral totalizadora. El Estado de Ley enfrenta al Derecho con su radical desprecio a la libertad individual, por su legalizado menosprecio a la relativa autonomía singular de los sujetos. En un régimen prohibicionista, buena parte del derecho de cada cual a hacer de su propia mismidad y cuerpo lo que desee ha sido convertido en ilegal y lo ilegal en irracional, en inmoral, en enfermedad o locura, en perversión del alma o en encarnación del Mal. Es ésta una ideología globalizada en el poder hegemónico del Estado de Ley, que trasciende fronteras nacionales y fusiona las diferencias culturales, políticas, morales o religiosas, en el habitual movimiento represivo y punitivo de la prohibición...

Pero el consumo de drogas, legales o ilegales, es parte de las prácticas culturas más diversas a escala global, y como cualquiera de sus mercados, tiene garantizado sus usuarios por suertes que ningún Estado puede controlar en definitiva. Pertenece al registro de prácticas culturales milenarias y los hechos de sus prohibiciones no han tenido nunca por efecto ni siquiera mantenerlas a raya. Se trata de una verdad que se vive a diario en la transparencia de las propias estadísticas policiales, que cuando dicen todo lo que han "desarticulado", dicen entre sus líneas y de inmediato todo cuanto les es imposible contener entre sus "duras manos"...

El desenvolvimiento de la ideología prohibicionista en Puerto Rico y la profunda inscripción de ésta en la imaginería social, marca los límites y entrampamientos más difíciles a los que un espíritu emancipador, movido por el ánimo político de un proyecto radicalizador del imaginario democrático en las claves del Derecho, debe enfrentarse. Lo mismo sucede en los demás países regidos por regímenes de gobierno e imaginarios culturales prohibicionistas. Trataré de inmediato esta cuestión en el contexto puertorriqueño, procurando reforzar algunos aspectos que pudieron quedar de lado en las partes anteriores, reseñando críticamente algunas situaciones específicas que dramatizan esta condición en el actual Estado de Ley. Luego pasaré a tratar ciertos aspectos teóricos y políticos vinculados a los modos como se activan las alternativas despenalizadoras en el escenario internacional y cómo enfrentan la prohibición, tanto en el contexto europeo y norteamericano como en el caribeño y latinoamericano, y su indisoluble relación con la política anti-drogas del gobierno estadounidense.

El contexto (des)penalizador puertorriqueño: laberinto sin salida...?

En 1999 el entonces alcalde de Ponce, Rafael Cordero Santiago (Churumba) propuso permitir el consumo "supervisado" de drogas ilegales en Puerto Rico, como una alternativa para disminuir el crimen relacionado con el narcotráfico. Según el artículo citado[1], éste además propuso que se escogiese esa ciudad para desarrollar un programa piloto. Para que su plan tuviera éxito -añadió- debía ser "una cosa científica, bien montada por especialistas adecuados, psiquiatras, sociólogos y psicólogos". A preguntas de los medios sobre el alcance de su propuesta éste respondió: "Que no sea un delito consumir droga". Según el texto citado, un periodista radial le preguntó si una propuesta como ésa le restaría votos en las elecciones generales, a lo que contestó:

> "Yo no lo hago por ganar o perder votos, lo hago porque brego con realidades (...) el problema de la adicción a drogas ilegales es un 'monstruo' que se ha complicado con el SIDA y que ha 'contagiado' a muchas familias puertorriqueñas (...) Algo tenemos que hacer."[2]

Churumba *es* tal vez la figura de gobierno más sensata en la escena política local, en lo que respecta a este tema. Sus argumentos fueron sostenidos por *conocimientos* difundidos a escala global, pero de los que los funcionarios de gobierno insisten en permanecer desentendidos y enmarañando sus terquedades prohibicionistas con las desabridas razones del miedo y del prejuicio.[3] Entre sus argumentos estaba la referencia obligada a los

---

[1] S. Caquías Cruz; "Vía libre a las drogas ilegales", *El Nuevo Día*, jueves 12 de agosto de 1999.

[2] Ídem. Según la Organización Mundial de la Salud (OMS), el Caribe es la segunda región a nivel mundial con mayor número de casos de SIDA. Datos del Centro de Control y Prevención de Enfermedades (CDC, por sus siglas en inglés) indican que, a nivel nacional, Puerto Rico ocupa el cuarto lugar. De los 26,137 casos reportados en el país durante los últimos 20 años, el 51% ha sido por el contacto de drogas intravenosas, de acuerdo con datos del Departamento de Salud. (Ver M. Parés Arroyo; "Latente la amenaza de las drogas", *El Nuevo Día*, sábado 1 de diciembre de 2001)

[3] La Administración de Servicios de Salud Mental y contra la Adicción (ASSMCA) rechazó de inmediato la propuesta del alcalde de Ponce, Rafael Cordero Santiago, para permitir el consumo supervisado de drogas ilegales. Awilda Montalvo, subadministradora de ASSMCA, dijo que la posición de su agencia y del Departamento de Salud es la de rechazar cualquier iniciativa para legalizar el uso de drogas. Su rechazo dijo estar basado en "que los estudios en el área de la prevención revelan que uno de los factores que lleva a que los

programas de medicación y legalización que se han implementado *exitosamente* en varios países europeos (entre ellos y con variantes específicas, Holanda, Finlandia, Suiza, Inglaterra). La premisa clave de la que parte la propuesta "despenalizadora" de Cordero Santiago es la misma que circula por todas las naciones prohibicionistas: que las violencias criminales vinculadas al tráfico de drogas ilegales, en cuanto representa un lucrativo negocio, podrían disminuir considerablemente si se descriminaliza el consumo de drogas y el Estado asume su control de modo alternativo, tal y como hizo en Estados Unidos con el alcohol, por ejemplo, que dio resultado "porque se acabaron las matanzas vinculadas a su tráfico ilegal"[4]. La apuesta del alcalde Cordero es ésta:

> "...se debe 'destruir' la base económica que sostiene el narcotráfico: Si tú destruyes la base económica de la droga, el problema de la droga no es que se vaya a eliminar, pero sí va a disminuir dramáticamente."[5]

Según el artículo citado, el alcalde ponceño dijo que con su legalización el mercado de la droga 'se cae', provocando el 'colapso económico' del narcotráfico. También planteó que con su propuesta, la venta y consumo de drogas dejaría de formar parte de la economía subterránea para convertirse en algo lícito: "Lo que hoy te cuesta $20 te va a costar un dólar" –sostuvo-.[6] Su propuesta está enmarcada en el reconocimiento de que quienes están envueltos en el tráfico de drogas ilegales también están dispuestos, muy posiblemente, a matar o a morir antes de salirse del negocio. La despenalización implicaría, sobre este aspecto, un

---

jóvenes consuman alcohol, cigarrillos y drogas ilegales es la 'accesibilidad' a esas formas de adicción. Según la funcionaria: "La accesibilidad es uno de los factores de riesgo que lleva a la juventud a involucrarse en los problemas de las adicciones en las diferentes áreas." (Según citada en S. Caquías; "Opuesta la ASSMCA)", *El Nuevo Día*, jueves 12 de agosto de 1999.

[4] En S. Caquías Cruz; "Vía libre a las drogas ilegales", Op.cit.

[5] Ídem.

[6] Ídem.

intento por "mejorar la calidad de vida" –según la apuesta del ex-alcalde ponceño-.

La reacción del gobierno federal ante la propuesta despenalizadora del alcalde Cordero Santiago no fue de extrañar. El Jefe de la Oficina de la Administración Federal Antidrogas (DEA[7]), "rechazó" la propuesta de establecer un "proyecto experimental de legalización de drogas"[8]. Pero la expresión de un "rechazo" firmado bajo la autoridad federal no puede traducirse en una mera cuestión de diferencias de criterio u opiniones. Son relaciones de poder lo que está puesto en juego, no de opinión. La Autoridad federal es la Ley infranqueable de todas las leyes que rigen dentro del territorio colonial de Puerto Rico, y no existe modo jurídicamente legítimo para su poder que reconozca el derecho autónomo de Puerto Rico a "experimentar" al margen de sus disposiciones legales. La subordinación política y jurídica que caracteriza el régimen colonial se pone de manifiesto en el instante en que el gobierno federal opone alguna negativa o resistencia a alguna propuesta local. El Jefe del DEA *recordó* que este organismo se opone a la legalización de drogas y –según el artículo citado- recordó además que "la ley federal supera las leyes estatales"...

Un año después, a finales del 2000, Cordero Santiago continuaría reclamando que se discutiera la medicación de drogas ilegales como "una alternativa a la adicción, al narcotráfico y a crímenes como los asesinatos."[9] Reiteró que es un dato sabido por todos que la adicción a drogas está "atada a la criminalidad, a la salud mental y al desmembramiento de la familia" y que –según el artículo citado- si en un punto estarían de acuerdo todos los sectores, es que con lo hecho hasta el momento "no hemos resuelto nada". En 1994 la DEA –según el alcalde- calculó que en los Estados Unidos el narcotráfico movía $150,000 millones al año. El funcionario estimó que en Puerto Rico el narcotráfico debería mover más de $7,000 millones.[10] Cordero Santiago dijo

---

[7] Esta agencia contaba para finales de 1999 con jurisdicción sobre 77 oficinas en 56 países.

[8] En J. Colombani; "No federal a propuesta", *El Nuevo Día*, ; jueves 12 de agosto de 1999.

[9] M. Santana; "Insiste en la medicación de la droga"; *El Nuevo Día*, miércoles 1 de noviembre de 2000.

que la cocaína, la heroína, la marihuana y otras drogas apenas tienen costos de producción y que su valor en la calle está directamente relacionado con la ilegalidad de su venta:

"Si este producto, que es adictivo y que vale $20 en un callejón, lo pones barato, derrumbas un imperio que hoy tiene fábricas, acciones bancarias, acciones en multinacionales"[11]

El Alcalde –apunta el texto citado- reconoció que medicar la droga no acaba inmediatamente con la adicción, pero dijo que rompe con la estructura en que está basada el narcotráfico "y acaba las matanzas" por el control de puntos de droga.

"Yo lo que quiero es que acaben las matanzas, que acabe ese mercado negro y salvar a la juventud."[12]

Pero, sus deseos de bien se enfrentan a las *buenas* intenciones de una cultura política históricamente represiva, punitiva e intolerante, de la que sus gobiernos e instituciones oficiales parecen ser sus más legítimos representantes. El problema de la jurisdicción colonial queda desplazado a un segundo plano y de inmediato sacado de las consideraciones locales en el instante en que la escena mediática es ocupada por las fuerzas de oposición ideológica a los proyectos alternativos sobre las drogas. Las identidades políticas locales de mayor exposición pública y de reconocido rango de autoridad moral encarnan el mismo espíritu prohibicionista que rige al gobierno federal, que se mantiene al margen de los trajines internos pero que no cesa de recordar que la última palabra la tienen reservada *ellos* y que la decisión en última instancia es a *ellos* a quienes les compete...

No obstante, en Puerto Rico, como quizá en todos los países donde rige el espíritu imperial de una Ley prohibicionista antidrogas, se abren espacios de "discusión" sobre alternativas al

---

[10] Ídem.

[11] Ídem.

[12] Ídem.

modelo represivo-punitivo imperante. A principios de 2001, el presidente de la Comisión de Derechos Civiles (CDC), Antonio Bennazar Zequeira, advirtió que el afán por combatir el narcotráfico desde una perspectiva policíaca está llevando a la sociedad a aceptar más y más limitaciones al disfrute de los derechos y libertades por los ciudadanos.[13] Haciendo referencia a las conclusiones a las que llegó en 1996 el Quinto Congreso del CDC dedicado al problema de las drogas, sostuvo:

> "Si Puerto Rico quiere resolver el problema de la criminalidad en su vertiente que tiene que ver con el uso de las drogas, tiene que cambiar el enfoque… de criminalización y de persecución que ha demostrado ser un fracaso y que ha costado raudales de dinero."[14]

Y añadió:

> "Hay que ser sincero y hay que ser valiente y admitir que hemos perdido la llamada guerra contra las drogas, la hemos perdido aparatosamente"

Haciendo un llamamiento a reenfocar la mirada de la política prohibicionista y a considerar seriamente los enfoques medicalizadores y legalizadores, comparando la actual situación por la que atraviesa Puerto Rico con el contexto norteamericano durante la época dela prohibición del alcohol. La actual política prohibicionista se traduce a diario en violaciones a los derechos civiles de la ciudadanía y –según cita el artículo-:

> "En el afán de controlar el trasiego de drogas estamos empobreciendo la calidad de nuestras vidas, vista esa calidad desde la perspectiva del más amplio disfrute de las libertades individuales políticas."[15]

---

[13] A. Bennazar Zequeira, según citado en J. Ghigliotty; "En guardia por los derechos civiles", *El Nuevo Día*, domingo 25 de marzo de 2001; en http://www.adendi.com.

[14] Ídem.

[15] Ídem.

La CDC –destaca el autor del artículo citado- no fue invitada a deponer ante las vistas celebradas sobre el proyecto de ley que creó la Oficina para el Control de Drogas de Puerto Rico...

A finales de ese mismo año, de otra parte, se celebró un foro en el Recinto de Ciencias Médicas de la Universidad de Puerto Rico, titulado "Drogodependencia: enfermedad o crimen", donde prevaleció entre los deponentes una inclinación a favorecer el enfoque salubrista contra el modelo prohibicionista.[16] Según el profesor universitario y economista Heriberto Marín, el modelo de prohibición de drogas "criminaliza al adicto... es lo más bajo dentro de la escala de valores". Tiene además como premisa de partida –añade- "que cualquier uso de drogas es inmoral, no importa qué cantidad ni qué droga", y un enfoque "militarista y guerrero contra las drogas".[17] Al enfocarse en reducir la oferta de drogas en el mercado –según el texto citado- Marín sostuvo que el modelo prohibicionista fomenta acciones que buscan prevenir. Por esto la incautación de cocaína donde se produce, en América del Sur o a escala doméstica, podrían producir reducción en la oferta de drogas disponible en la calle, lo que a su vez sube los precios. Pero, a juicio del economista, las alzas en los precios de las drogas no disuaden al usuario que la busca, sino que hace que sea un negocio aún más lucrativo para los productores y narcotraficantes.[18] El marco prohibicionista –añade- propicia además la corrupción[19], tanto en el sector público -de funcionarios

---

[16] Ver C. Edith Torres; "La cura y el castigo en la balanza", *El Nuevo Día*, domingo 16 de diciembre de 2001; en http://www.adendi.com.

[17] H. Marín según citado por C. Edith Torres, "La cura y el castigo en la balanza"; op.cit.

[18] Ídem.

[19] El tema de la corrupción vinculado al contexto de la "guerra a las drogas", así como el del "lavado de dinero", aparece constantemente en la escena mediática del país. Tal sucede, por ejemplo, con los problemas que enfrenta el cuerpo de la Policía, tanto a nivel local como federal, en cuanto a que de entre sus efectivos no cesan de darse casos de corrupción y arrestos por vínculos con el narcotráfico. En el 2001, por ejemplo, fueron arrestados 29 agentes estatales, por vínculos con el narcotráfico. (Ver M. Parés Arroyo; "Un mal viejo y sin fronteras la corrupción policíaca", *El Nuevo Día*, sábado 25 de agosto de 2001.) A principios de 2002 fueron arrestados 9 guardias municipales por vínculos con el trasiego de drogas y otros delitos. (Ver C.E. Torres; "Arrestan a 9 guardias

en posiciones claves-, como en el sector privado -con el lavado de dinero. Y a juicio del economista, colocar tras las rejas en una cárcel a la persona convicta por usar drogas, bajo el modelo prohibicionista, le causa un daño mayor que el propio consumo de droga: Con el modelo de salubridad "no se le hace al adicto un daño mayor que el que le hace el consumo de la misma droga".[20] Enfocar el consumo de drogas como un problema de salud pública tiene como premisas de partida que criminalizar el uso de drogas aumenta la brecha entre usuarios y las instituciones de la sociedad, generando males peores que el uso mismo de la droga – añadió-. Además, al reconocer la adicción a drogas como una enfermedad crónica, se va a entender que no es una enfermedad fácil de curar y que va a tener etapas de recaída, pues el enfoque de salubridad admite que el efecto de las drogas es "producto de interacción compleja entre factores fisiológicos, psicológicos y culturales".

> "Los daños asociados al uso de drogas no son necesariamente producto de la droga en sí, surgen de las condiciones bajo las cuales se usan. Es posible incurrir en uso con menos riesgos. El tratamiento puede facilitar la mitigación de los daños asociados con las drogas, aun cuando el usuario no pueda comprometerse con la abstinencia total."[21]

---

por múltiples delitos", *El Nuevo Día*, viernes 11 de enero de 2002); A finales de ese mismo año el Negociado de Investigaciones Federales (NIE) arrestó a una ganga de policías por razones de corrupción relacionadas al narcotráfico. (Ver D. Rivera Vargas; "Bajo arresto una ganga de policías", *El Nuevo Día*, miércoles 4 de diciembre de 2002); En el 2003 fueron arrestados 4 guardias penales por "contrabando de drogas" en sus respectivas instituciones carcelarias. (Ver D. Rivera Vargas; *El Nuevo Día*, viernes 17 de octubre de 2003.) Un breve recuento histórico de la corrupción de la policía en Puerto Rico aparece en R. Arrieta Vilá; "Marcada la Uniformada", *El Nuevo Día*, miércoles 15 de agosto de 2001. Las noticias referidas fueron tomadas de http://www.adendi.com.

[20] H. Marín según citado por C. Edith Torres, "La cura y el castigo en la balanza"; Op.cit.

[21] Ídem.

Otro ponente citado en este artículo, que me parece pertinente reseñar, es el cirujano Enrique Vázquez Quintana, para quien "una alternativa para controlar los problemas sociales que conlleva la adicción a las drogas es la legalización."[22] Esta legalización –apunta- conllevaría considerar como delito menos grave la posesión de drogas. Además –añade- requeriría medicación de los adictos, que podrían adquirir drogas legalmente, pero su uso sería limitado a un área o región y se distribuirían por profesionales o por el Gobierno, y se cobrarían arbitrios a la droga que entra al país.[23] No obstante –según el artículo citado- Vázquez Quintana reconoció que la medicación de las drogas tiene de frente numerosos obstáculos, empezando por la opinión del ciudadano común:

> "Primero habrá que hacer una campaña educativa para convencer al ciudadano común de la deseabilidad de utilizar un método para controlar el daño que le ocasiona a la sociedad el uso de drogas. El ciudadano común le teme al término medicación de las drogas y le teme a los adictos."[24]

Y añadió:

> "También habría que convencer a los políticos de turno. Hasta el presente, ningún político ha propuesto alterar la forma de lidiar con el problema de la

---

[22] E. Vázquez Quintana; en C. Edith Torres, "La cura y el castigo en la balanza"; Op.cit.

[23] Vázquez Quintana presentó ante los médicos un proyecto o plan piloto para examinar los resultados de la medicación de drogas. En ese experimento participarían grupos de adictos a una droga y no usuarios. Su propuesta está dirigida a que los adictos bajo el plan piloto reciban dosis de droga de acuerdo a sus necesidades particulares, suministradas por los administradores del proyecto, mientras que el otro grupo de usuarios de droga continuaría adquiriéndola como usualmente hacen en el mercado negro. El proyecto duraría tres años y examinaría la propagación de SIDA y hepatitis en los tres grupos, y la actividad criminal en la que incurran los grupos representativos participantes. (Ídem)

[24] Ídem.

adicción a drogas en nuestro país. Posiblemente no se atrevan, por miedo a perder unas elecciones..."[25]

Ante las propuestas de medicalizar o legalizar las drogas, hubo reacciones que apoyaban la primera pero se oponían a la segunda, como el director del Proyecto Iniciativa Comunitaria, Jorge Vargas Vidot, para quien la legalización sería como poner en un supermercado las drogas y caer en los problemas de la "sociedad de consumo."[26] Otra reacción que puso en duda ambas alternativas la esgrimió el secretario del Departamento de Corrección, Víctor Rivera González, quien mantuvo sus reservas por el carácter "impreciso" de las drogas que se promueven medicar o legalizar. Según el funcionario, no sería viable *medicar* cualquier droga, como el crack, e hizo un llamamiento a considerar posiciones intermedias entre el modelo prohibicionista y el salubrista:

> "¿Por qué criticar el modelo prohibicionista porque prohíbe el consumo de drogas, pero permitir que sea el mismo Estado el que provea la droga?"[27]

Decididamente este funcionario, que encarna fielmente el espíritu prohibicionista en sus palabras, tiene de su parte toda la Razón del Estado: el prejuicio. La respuesta a su pregunta sería sencilla: ¿por qué no? Sobre todo cuando ya han sido expuestas repetidas veces y desde múltiples puntos de vista (autorizados y reconocidos por el Estado), la ineficacia de la política prohibicionista y sus terribles consecuencias a todos los niveles de la vida social.

Hasta aquí los términos de las ponencias y debates giran en torno a cómo el Estado *debe* o *debería* intervenir con relación al llamado "problema de las drogas". Desde la perspectiva del Derecho esta coincidencia de intereses de gobierno puede ser

---

[25] Ídem.

[26] J. Vargas Vidot según citado por C. Edith Torres, "La cura y el castigo en la balanza"; Op.cit.

[27] V. Rivera González según citado por C. Edith Torres, "La cura y el castigo en la balanza"; Op.cit.

traducida en cómo el Estado *debe* intervenir sobre la vida singular de las personas que hacen usos autónomos de sus propias vidas. Vale destacar, pues, que aunque dentro del *debate* aparecen como polos opuestos los registros de la prohibición y las alternativas salubristas o legalizadoras, en su conjunto pertenecen al mismo orden representacional de los prejuicios del imaginario estatal prohibicionista, procurando todas las vertientes afinar los modos de la intervención estatal sobre el derecho de cada vida singular a administrar la propiedad de su cuerpo...

El enfoque salubrista –como ya apunte en otra parte- es el que más simpatías goza por parte de los sectores vinculados a la salud pública, profesionales de la "conducta humana", médicos, psiquiatras, psicólogos y académicos afines. Y aunque este enfoque, como el legalizador, sigue siendo una modalidad alternativa de la misma práctica represiva de la prohibición, se enfrenta a serios obstáculos puestos por la "opinión pública", que comparte las mismas preocupaciones y temores que estos sectores, pero los contenidos de sus prejuicios e intolerancias llevan el refuerzo de toda una tradición cultural afincada dentro de la ideología imperial de la Ley estatal...

No es noticia nueva el hecho cultural de que el escenario político en Puerto Rico está marcadamente condicionado por las fuerzas organizadas de los sectores *religiosos* más intolerantes, y tanto proyectos legislativos alternativos como las posibles políticas de gobierno cónsonas con un ideario despenalizador se ven tronchadas por ellas. Lo que destaca de esta condición es que los representantes de gobierno no son simples simpatizantes o aliados coyunturales sino que son parte integral de esas mismas fuerzas de la intolerancia religiosa organizada.[28] Y aunque algo de chantaje

---

[28] La fusión entre la Iglesia y el Estado bajo el eufemismo del "servicio público o social" contra las drogas no es una práctica nueva en los Estados de Ley, siempre y cuando los discursos religiosos participen del lado disciplinario del poderío estatal. Según un artículo de prensa, por ejemplo, el precandidato del Partido Nuevo Progresista (PNP) a la comisaría residente en Washington, Luis Fortuño, se comprometió a impulsar un programa contra la criminalidad que fusiona dos conceptos abismalmente opuestos: la mano dura de la pasada administración y el otorgamiento de fondos federales a las iglesias de todas las denominaciones para que aúnen esfuerzos preventivos dirigidos a los jóvenes. Esta propuesta ya ha sido puesta en vigor por el presidente de Estados Unidos, George W. Bush, a través de la cual se les da dinero de fuentes federales a las iglesias para que éstas, a su vez, pongan a funcionar programas destinados

está presente en las voces religiosas (al amenazar a viva voz a los candidatos electorales de todas las filas con sus votos en contra), ciertamente los políticos de turno no parecen guardar mayores diferencias. En la figura de la gobernadora de Puerto Rico se concentran las reservas "morales" de toda una tradición cultural conservadora de sus más insensibles prejuicios sobre las drogas:

> "No estoy opuesta a que, en una forma controlada, se hagan experimentos en términos de medicación, como una forma muy controlada. Pero, en términos generales, estoy en contra de medicar la droga, y ciertamente de legalizarla también"[29]

Respecto a la propuesta de cobrar impuestos por la marihuana, Calderón respondió que "eso es una cosa absurda"...

En el contexto local, como en el escenario internacional, las fechas, voces y figuras de la prohibición pueden alternarse sin que por ello sufra un trastoque radical la ideología prohibicionista en su conjunto. A principios de 2001, el superintendente de la Policía, Pierre Vivoni, sostuvo que la medicación de drogas en Puerto Rico "seria algo inaceptable", pues sería "rendirse" al narcotráfico.[30] Llevando la cuestión a una de "principios" sostuvo en conferencia de prensa:

> "Yo no creo que esa sea la solución. Yo no creo que se hacen pactos con el enemigo."[31]

Según el artículo citado, Vivoni explicó que el tema de la medicación no fue objeto de discusión intensa en la Conferencia

---

especialmente a los jóvenes y a la prevención de las drogas y el crimen. (En M.M. Figueroa; "Fortuño quiere unir las iglesias con la mano dura"; *Primera Hora*, martes 7 de octubre de 2003; en http://www.primerahora.com)

[29] M. Rivera Marrero; " 'No' a medicalizar la droga", *El Nuevo Día*, jueves 11 de abril de 2002; en http://www.adendi.com.

[30] En G. Cordero; "Inaceptable la medicación de la droga"; *El Nuevo Día*, miércoles 10 de abril de 2001, en http://www.adendi.com.

[31] Ídem.

Internacional para el Control de las Drogas, recientemente celebrada. Y concluyó que en el problema de las drogas: "todos los países del mundo somos uno, pues este mal nos atañe a todos."[32] Los primeros años del siglo XXI seguirían marcados por los enfoques represivos. En el 2003, el Director de la Oficina de Control de Drogas en Puerto Rico, Luis G. Zambrana, reiteraría la negativa del gobierno a considerar medidas alternativas a las enfocadas desde la represión:

> "Es fundamental continuar atacando los puntos de drogas, porque operan abiertamente, desafiando el orden social. Hay que seguir impactándolos en todo Puerto Rico."[33]

La "rehabilitación" seguiría siendo la razón moral de las prohibiciones, clave de la retórica legitimadora de sus variaciones represivas, que por "principio" castigan...

El mito rehabilitador: eufemismo de la dominación estatal

> "Si abandonaba Hogar CREA,
> me tenía que coger ocho años en Vega Baja"[34]

Cuando una persona es procesada judicialmente por algún delito relacionado al consumo de drogas ilegales, el sistema de justicia penal podría ofrecerle, como parte de la pena impuesta, la posibilidad de someterse a un tratamiento *rehabilitador*. Ofrecimiento éste que no es una mala idea ni una mala práctica por sí mismo, pero que levanta serias dudas sobre el espíritu que lo sostiene, pues antes de dicho *ofrecimiento* el juez ya ha dictado

---

[32] Ídem.

[33] "Rotundo no al tráfico legal de marihuana"; *El Nuevo Día*, lunes 24 de marzo de 2003, http://www.adendi.com.

[34] Esta mujer citada, M. Abreu, recibió su quinto "certificado de reeducación" de los Hogares Crea. Certificando que ya llevaba cuatro años de tratamiento, después de 30 meses de tratamiento inicial. (En M. Santana; "Más presos podrían recibir tratamiento", *El Nuevo Día*, lunes 27 de enero de 2003; en http://www.adendi.com)

sentencia sobre la persona cuyo delito es de dudosa validez jurídica y cuyo posible problema lo es exclusivamente para la persona usuaria. Y es que no existe ninguna correlación natural entre el uso de drogas y la definición jurídica del delito, que supone –si acaso se basa en el respeto del Derecho- una víctima para consumarse como tal. El daño que le supone un usuario de drogas ilegales a la sociedad es simbólico, pero el daño que el Estado le supone a la persona que encierra es muy real, cruelmente real. El montaje ideológico de un sujeto en objeto simbólico legitimador de la práctica represiva del Estado con respecto a las drogas no tiene otro fundamento que el que se construye a sí mismo sobre la base de una retórica sobrecargada de prejuicios morales. La idea de que existe una relación directa entre la delincuencia y el uso de drogas ilegales está fundada sobre la misma base, que no tiene más razón que la que su fuerza superior le asegura para encerrar a tanta gente.

Según el secretario de Corrección y Rehabilitación, Miguel Pereira, de las 30,000 personas en Puerto Rico con restricción a su libertad porque cometieron algún delito, alrededor de 7,000 están en algún tipo de tratamiento de adicción a drogas.[35] No obstante, entre el 60 y el 65% de los que ingresan en prisión –añade- son usuarios de drogas ilegales. De las 30,000 personas con alguna restricción a su libertad, la mitad tienen la restricción máxima, que es la cárcel, indico Pereira.[36] Los otros 15,000 disfrutan de algún tipo de desvío a la pena de prisión, que incluye probatoria, libertad bajo palabra y grillete electrónico. 7,000 cuya libertad ha sido condicionada a someterse a un tratamiento y a pruebas de drogas periódicas, abundó.[37]

El Estado de Ley, asumiendo un encargo político moralizador, se declara abiertamente perseguidor de los vicios de la gente. Encargo éste que no resistiría un análisis jurídico serio basado en el reconocimiento de los derechos democráticos, si acaso la singularidad existencial de la persona fuera puesta en primer término a la hora de interpretar qué es eso que constituye

---

[35] M. Santana; "Más presos podrían recibir tratamiento", *El Nuevo Día*, lunes 27 de enero de 2003; en http://www.adendi.com.

[36] Ídem.

[37] Ídem.

un delito y que como tal debería representar un problema a la sociedad en su conjunto, o siquiera a algún particular. Si lo que se considera un "problema" se tratara concretamente de una condición de dependencia, ¿de quién sería el problema realmente? ¿Del Estado? ¡No! De la persona singular. Entonces, ¿por qué habría el Estado de perseguirla, juzgarla y condenarla, si acaso ésta se daña a sí misma y sólo a sí? ¿Por qué habría de forzarla a someterse a un tratamiento contra su voluntad o criterio? Porque así lo dicta la Ley, y tiene el poder para imponer su dictamen...

La fuerza de la Ley está condicionada por las fuerzas culturales, y éstas tienden también a coincidir en que la adicción a drogas ilegales es un problema social que debe ser *atendido* por el Estado. Y el Estado es una fuerza donde se condensan las fuerzas culturales que han convenido, sin mayor razón que la de sus desconocimientos y prejuicios, en que existe una estrecha relación entre el consumo de drogas y las violencias sociales, entre el comercio de éstas y la criminalidad. De lo que no se percatan es que si al Estado le resultara políticamente conveniente despenalizar el uso y comercio de las drogas ilegales, *la criminalidad*, ese mismo día, disminuiría estrepitosamente... La mayor parte de la población confinada muy posiblemente ya no lo estaría... Las condiciones carcelarias de hacinamiento y otros males relacionados se aliviarían considerablemente... Las millonarias arcas del presupuesto nacional destinadas a la guerra contra el narcotráfico se desbordarían y podría reinvertirse el capital en mejorar las condiciones de la vida social, incluyendo los servicios para tratar a los adictos... Estas consideraciones económicas y sociales saltan a primera vista cuando confrontan los fracasos reiterados de las políticas prohibicionistas, represivo-punitivas. La pregunta sigue siendo la misma: ¿por qué no...?

Lo que no resta al interés de un análisis teórico y político es que la escena cultural reservada a los profesionales de la salud y científicos sociales reproduce, dentro de una crítica al enfoque represivo de la prohibición, las mismas condiciones ideológicas que afrentan los derechos de las personas sobre sus propios cuerpos, insistiendo en que la alternativa adecuada es la provista desde un enfoque salubrista. Y aunque ciertamente hoy son una fuerza política minoritaria, dispersa y sin centro de cohesión fijado a una estructura organizada para tales fines, en el porvenir podrían resultar en un giro de la política *penal-legalista* a una igualmente penal, pero médica. La poderosa influencia de un espíritu policial marca el carácter distintivo del enfoque salubrista, al mantener como horizonte una gran Moral demonizadora de las drogas, no por ser ilegales sino porque no son *saludables*. La población adicta es convertida en objeto de las intervenciones estatales, antes exclusivamente policiales, ahora médico-policiales, siempre moralizadores policiales...

Pero mientras el hacha va y viene, el modelo prohibicionista permanece intacto y sostenido sobre sus fundamentos originarios: los prejuicios culturales, los miedos manipulados y la fuerza bruta del poder coercitivo y penal del Estado de Ley. Las modulaciones de sus prácticas son afinaciones tácticas que responden a un mismo horizonte estratégico (aunque no menos iluso e ingenuo): eliminar de raíz el mercado de drogas ilegales y a la vez erradicarlas del deseo de la gente...

El Zar Antidrogas *boricua*: una imitación (pos)colonial

Mientras el independentismo nacionalista achaca los fracasos en la guerra a las drogas al desentendimiento de las autoridades federales, las fuerzas políticas más poderosas de la nación (pos)colonial reiteran la necesidad de integrar esfuerzos en una ofensiva conjunta "para detener el trasiego y consumo de drogas en la isla". La propuesta de campaña electoral del actual gobierno se materializaría en la designación de un *zar* al frente de la Oficina de Control de Drogas de Puerto Rico que llevaría este encargo:

> "La nueva entidad encausará una planificación estratégica para reducir el consumo, abuso y disponibilidad de las drogas ilegales en el país. Se convertirá en el enlace de cooperación interagencial, tanto a nivel estatal como federal, para integrar los esfuerzos de la lucha contra el trasiego de sustancias controladas."[38]

---

[38] En "Sila insiste en el zar boricua", *El Nuevo Día*, martes 21 de marzo de 2000; en http://www.adendi.com.

La sugerencia de crear un zar en Puerto Rico se la dio "personalmente" el zar norteamericano Barry McCaffrey, que está a cargo de la Oficina sobre Política Nacional para el Control de Drogas de Estados Unidos, destaca la entonces candidata a la gobernación:

> "McCaffrey me dice que aquí, en Puerto Rico, se necesita mucha coordinación, debido a la vulnerabilidad que tenemos por estar rodeados de agua" y por ser el 'puente de trasbordo' de drogas desde América del Sur."[39]

Para tales efectos, advierte Calderón:

> "Necesito una persona muy especial para nombrar a ese puesto. Tiene que ser una persona de rigor casi militar. Preferiblemente de trasfondo militar, pero con una visión humanista."[40]

Menos de un año después estaría cuajado el proyecto de ley que ordenaría la creación de este "nuevo" enfoque gubernamental para lidiar con el problema de las drogas en Puerto Rico. El Presidente de la Comisión de Gobierno y Seguridad Pública del Senado, Roberto Prats –según un artículo de prensa- sostuvo que la Oficina del Zar Antidrogas, se convertirá en un buen instrumento para combatir el trasiego, la venta y el consumo de drogas en la isla.[41] En conferencia de prensa –según citado- destacó que por primera vez en Puerto Rico se atacará el problema de las drogas enfocando simultáneamente la oferta y la demanda. Esa ley –sostiene- ordenaría el diseño e implementación de un "plan estratégico" que especificará "estrategias" para prevenir y controlar el tráfico de drogas:

---

[39] J. Colombani; "El narcotráfico", El Nuevo Día, jueves 10 de febrero de 2000; en http://www.adendi.com.

[40] Ídem.

[41] I. Rodríguez Sánchez; "Promueve la creación de la Oficina del Zar Anti-Drogas", *El Nuevo Día*, miércoles 31 de enero de 2001; en http://www.adendi.com.

"Es imperativo tener un ente que sea responsable de la implementación de toda iniciativa o esfuerzo gubernamental, pues como ya sabemos la 'mano dura' no basta para atender este grave problema."[42]

Y añade:

"Los adictos y potenciales usuarios los atenderemos con estrategias de prevención. A los que la venden los identificaremos con una mejor y más efectiva coordinación entre las agencias de seguridad pública, tanto estatales como federales."[43]

En el contexto local, esta "estrategia gubernamental" procuraría "coordinar esfuerzos para combatir las drogas en conjunto con agencias como el Departamento de Educación, Corrección, Vivienda y Familia." El senador Prats añadió que esta ley también ordena la creación de un "Consejo Asesor para el control de drogas en Puerto Rico" que estará compuesto por secretarios de distintas agencias gubernamentales y representantes del sector cívico y religioso, así como del sector privado. El mismo estaría presidido por la gobernadora Sila M. Calderón y funcionaría como "una especie de monitor de todos los trabajos". Además:

"Esta ley ordena al Zar Antidrogas mantenerse al día en cuanto a estrategias y planes de acción a nivel de todos los Estados Unidos y otros países"[44]

Orden ésta que cumple una función más de fachada ideológica que de práctica alternativa, pues Puerto Rico ya hacía tiempo había sido considerado por el gobierno federal "zona de alta intensidad de trasiego de drogas" y ya existían organismos de coordinación interagencial al respecto –según el entonces Jefe del

---

[42] Ídem.

[43] Ídem.

[44] Ídem.

DEA-.[45] Tampoco la dificultad que enfrentan en "la lucha contra las drogas" se deba a una deficiencia tecnológica[46], pues "Estados Unidos tiene a su servicio la mayor tecnología para combatir el narcotráfico."[47]

Ya en 1999 las autoridades federales habían iniciado el primer operativo antinarcóticos multinacional en la región del Caribe. En él, bajo la dirección del DEA, participaron 14 países, además de Puerto Rico.[48] Según el secretario de Justicia local, haciéndose eco del plan del DEA: "Se van a dar duros golpes por

---

[45] J. Colombani; "No federal a propuesta", *El Nuevo Día*, jueves 12 de agosto de 1999; en http://www.adendi.com.

[46] Un artículo publicado a principios de 2000 en *El Nuevo Día* iniciaba así: EL Año 2000 ha llegado, pero los avances tecnológicos que son símbolo de la era cibernética que vivimos no imperan todavía en la Policía, la principal agencia encargada de la seguridad en el país. El superintendente de la Policía, Pedro Toledo, dijo que en 1998 y 1999 invirtieron $40 millones para mejorar los recursos tecnológicos de la agencia. (G. Cordero; " 'Atrás' en la tecnología", *El Nuevo Día*, martes 1 de febrero de 2000; en http://www-adendi.com.)

[47] Ídem. Es esta la reacción ante la propuesta del entonces candidato a la gobernación por el Partido Nuevo Progresista, Carlos Pesquera, quien en una entrevista realizada por la periodista Juanita Colombani, expresó: "No te quiero sonar demasiado tecnológico, pero se puede tener un manto de protección electrónico sobre Puerto Rico con radares y sistemas de vigilancia. Es función de tecnología y recursos humanos. Por cuestión de su tamaño Puerto Rico tiene que poder tener los mecanismo para una protección más efectiva de sus costas." (En J. Colombani; "Guerra tecnológica al crimen", *El Nuevo Día*, domingo 24 de septiembre de 2000;http://www.adendi.com.)

[48] El operativo regional anunciado sería el primero que surge producto de los esfuerzos de la DEA por establecer en la zona del Caribe una red de intercambio de información sobre el narcotráfico, que contempla, en su momento, cubrir a unos 25 países. Para finales de 1998, 12 países de la región ya tenían la red en operación tras la instalación de sistemas computadorizados de comunicación. Según las autoridades federales, la mayor parte de la droga que llega a Estados Unidos pasa por la zona del Caribe. (En J. Colombani; "Gestan un mega operativo en zona caribeña"; *El Nuevo Día*, lunes 8 de noviembre de 1999; en http://www.adendi.com.) Los países que participaron en el operativo fueron Panamá, Colombia, Venezuela, Bolivia, Ecuador, Suriname, Trinidad-Tobago, Monserrate, Dominica, San Kitts, Nevis, Antigua, Anguila, San Martín, Islas Vírgenes Británicas, Barbuda, Granada, Barbados, San Vicente, Santa Lucía, Aruba, Curazao, Jamaica, Haití, República Dominicana y Puerto Rico. (En W.D. Covas: "Redada en 26 países", *El Nuevo Día*, jueves 30 de marzo de 2000; en http://www.adendi.com.)

todo Puerto Rico y las Islas Vírgenes". A finales de 2000 en un operativo internacional denominado "Libertador" (coordinado desde Puerto Rico), las autoridades policiales de 36 países en el Caribe, Centro y Sudamérica "impactaron durante casi un mes las rutas de tráfico de droga en la región, lo que produjo a su vez el arresto de 2,876 personas en los países participantes." En Puerto Rico, los arrestos vinculados a este operativo fueron 10 en total.[49] En el 2002, ampliado el espacio político para reforzar las retóricas del pánico por el trasfondo del "terrorismo" (tras la destrucción de las Torres Gemelas en NY), una "nueva" campaña contra el uso de drogas que ata el narcotráfico al terrorismo fue anunciada como esfuerzo conjunto de la Administración Antidrogas Federal (DEA) y la Fundación de Mujeres Legisladoras de los Estados Unidos.[50] Según la información distribuida en la conferencia de prensa, 28 de las organizaciones internacionales identificadas por el Departamento de Estado de los Estados Unidos como terroristas están vinculadas al tráfico de drogas.[51] Representantes del gobierno de Puerto Rico se hicieron de inmediato eco de esta "información y publicitaron su incondicionalidad. Según la senadora Lucy Arce:

> "La guerra contra el tráfico ilegal y uso de drogas junto al terrorismo es un asunto que todos los ciudadanos debemos atender."[52]

La senadora Velda González, por su parte, manifestó que trabajará con la Fundación de Mujeres Legisladoras y la DEA para elaborar medidas legislativas para fortalecer la lucha contra el terrorismo y el narcotráfico.[53] La noción del gobierno local de

---

[49] En C. Edith Torres; "Desbaratan red de narcotráfico internacional"; *El Nuevo Día*, miércoles 22 de noviembre de 2000; en http://www.adendi.com.)

[50] J. Ghigliotty Matos; "Narcotráfico y terrorismo atados en una campaña"; *El Nuevo Día*, viernes 24 de mayo de 2002; en en http://www.adendi.com.

[51] Ídem.

[52] Ídem.

[53] Ídem.

procurar "refuerzos" en la "guerra contra el narcotráfico" y "coordinar" más efectivamente con las agencias federales, ha dado paso a extender la presencia militar norteamericana en la Isla. No se limita a "coordinar" esfuerzos "estratégicos" con agencias especializadas (como la Agencia Federal Antidrogas (DEA), el Servicio de Aduanas, el Negociado Federal de Investigaciones (FBI) y la Guardia Costanera). A principios de 2002 –por ejemplo– el portavoz del Comando Sur anunció que mantendrá jurisdicción sobre los esfuerzos militares por combatir el narcotráfico en Puerto Rico y el Caribe.[54] La guerra mundial contra el espectro criminal del narcotráfico devendría en una progresiva disolución de las diferencias formales entre los roles de lo militar y lo policial, signo éste de la condición (pos)moderna en el contexto global. El lenguaje de la guerra seguiría siendo el lenguaje oficial de las políticas de gobierno para justificar sus intervenciones coercitivas sobre la vida social en su conjunto, y las drogas, como el narcotráfico y ahora el terrorismo, seguirían justificando lo militar y lo policial, es decir, la fuerza bruta, como enclaves vitales de la gobernabilidad democrática y de los derechos civiles...

La condición (pos)colonial de Puerto Rico se evidencia no sólo en que toda la representación ideológica del fenómeno de lo criminal, del narcotráfico como encarnación demoníaca del mal y de gran parte de las violencias sociales como sus efectos inmediatos, es idéntica a la del poderío gubernamental norteamericano, no por efecto de una dominación jurídica, subordinación política o dependencia económica impuesta, sino por efecto de una subyugación ideológica más compleja, que se materializa en una internalización colectiva, en el espíritu cultural prohibicionista. A todas cuentas, si las leyes vigentes sobre drogas, su consumo y comercio, representaran en realidad la voluntad general, podrían interpretarse las estadísticas que favorecen las prohibiciones como que los puertorriqueños piensan, sienten y padecen en idénticos términos a como piensan, sienten y padecen las autoridades norteamericanas más conservadoras, influyentes política y jurídicamente y dominantes moralmente. Por lo menos es esta la imagen de Gran Consenso que domina la escena mediática bajo el semblante ideológico totalizador de "opinión

---

[54] En L. Mulero; "Se queda el Comando Sur combatiendo el narcotráfico"; *El Nuevo Día*, viernes 19 de abril de 2002.

pública". Tales son las voces más destacadas de los "representantes" de la "sociedad civil"...

En fin, el zar antidrogas no es una idea boricua, sino un plagio más del discurso federal. La idea de "coordinar esfuerzos" tampoco es exclusiva del gobierno local, pues en verdad no tiene opciones reales al respecto. La condición (pos)colonial remite –en este contexto- al efecto de la hegemonía ideológica del poderío estatal prohibicionista, pero Puerto Rico sigue estando subordinado jurídica, política y económicamente al poder colonial norteamericano. Las fuerza políticas anexionistas locales dramatizan estas coincidencias en sus planes de gobierno, y guardan complicidades genuinas con el poderío federal dominante. Aunque paradójicamente en Estados Unidos se libran de las luchas despenalizadoras posiblemente más significativas de todo el mundo, los gobiernos locales permanecen aferrados a las ideologías más conservadoras, represivas y punitivas del Imperio norteamericano. En el contexto electoral del 2000 –por ejemplo- el candidato novoprogresista a la gobernación, Carlos Pesquera, expresó al zar antidrogas, el general Barry McCaffrey, la importancia de afianzar la alianza federal y estatal en la lucha contra las drogas.[55] El consentimiento a al utilización de los terrenos de la isla como enclaves estratégicos de la "guerra contra las drogas" quedaría implícito en los prometidos pactos de alianza política entre los gobiernos.[56] Efecto ilusorio éste que queda al descubierto en el instante en que la posibilidad de oposición

---

[55] L. Mulero; "Pesquera expone su plan anti drogas", *El Nuevo Día*, martes 21 de marzo de 2000; en http://www.adendi.com.

[56] Tal sucede con la instalación del radar relocalizable de alta potencia (ROTHR), instalado en Vieques y en Juana Díaz, que a pesar de las fuertes oposiciones de diversos sectores sociales, de las comunidades adyacentes y de ambientalistas, sería considerado como "una herramienta importante en la lucha contra las drogas". Consideración desmentida desde un principio por la ineficacia técnica del radar para cumplir sus objetivos y a la vez revelada como artimaña para la ampliación y parte del reajuste estratégico del estamento militar norteamericano en el territorio local. Según Pesquera -entonces candidato a la gobernación (derrotado entonces y vuelto a derrotar en 2003)-: "La primera prioridad es desatar una guerra inteligente contra las drogas y los puntos de drogas". Según el artículo citado, éste "considera que la tecnología es un recurso eficiente para ayudar a erradicar el mal." Además, apoya la integración de las ramas militares en la "lucha contra el narcotráfico." (Ídem)

radical del gobierno puertorriqueño no sería tolerada por la fuerza federal norteamericana...

El escenario (des)penalizador norteamericano

Tal vez la referencia crítica más contundente y citada a favor de la despenalización sea el libro del norteamericano Thomas Szasz, *Nuestro derecho a las* drogas, publicado en 1992. Aunque ya desde la década de los 70 este autor había publicado escritos sobre el tema, en éste relata con mayor amplitud los trajines de la historia de la prohibición en ese contexto, y destaca los fundamentos jurídicos y políticos que, contradictoriamente, sirven para desarmar las políticas prohibicionistas en las claves del Derecho, incluyendo los enfoques medicalizadores y legalizadores.[57] De otra parte, en 1988, el *New York Times* publicó un artículo en el que destaca que: "exasperados por la aparentemente interminable ola de asesinatos y corrupción generada por el tráfico mundial de droga, un creciente número de funcionarios públicos y expertos pedía un debate sobre algo que hace algunos años se hubiera considerado impensable: legalizar las drogas."[58] Según el artículo, varios alcaldes (de Washington, Baltimore y Miniápolis) y numerosos congresistas norte-americanos, declararon recientemente que "la prohibición contra las drogas puede haber fallado." Todos ellos pidieron al Gobierno que reconsidere las leyes contra la cocaína, heroína, marihuana y otras drogas. El argumento de los partidarios de la legalización – según la reseña- parte de la base de que son las leyes contra la droga, no las drogas en sí mismas lo que causa los principales daños a la sociedad:

> "Si las drogas fueran legales (...) los mercados ilegales perderían decenas de miles de millones de dólares, los imperios de los *barones* de la droga se derrumbarían, los adictos dejarían de cometer crímenes callejeros para financiar su hábito, y la policía, los jueces y las

---

[57] Ver T. Szasz; *Nuestro derecho a las drogas* (1992); op.cit.

[58] *New York Times*; "Cobra fuerza en Estados Unidos la idea de legalizar la droga", *El País*, 19 de mayo de 1988; en http://www.elpais.com.

cárceles dejarían de estar desbordadas por un problema que no tiene esperanza de solución."[59]

Pero –según advierte el artículo- la mayor parte de los políticos y responsables de la Administración todavía ven el abandono de las leyes antidrogas como una peligrosa apostasía. Según ellos, la legalización de la droga podría hacer a estas sustancias más baratas, puras y mucho más fácilmente accesibles, lo cual podría provocar un salto en la curva de adicción, en los costos hospitalarios, muertes por sobredosis, destrucción de las familias y daños a la propiedad. Las pérdidas –afirman- podrían superar de lejos a los beneficios. Por mucho más de una década, la idea de la legalización ha estado tan lejos de formar parte aceptable de un debate que virtualmente no ha habido ninguna investigación o estudio sobre sus posible efectos –lamenta el autor citado-.[60]

La política federal norteamericana sobre drogas es prohibicionista, represiva y punitiva, pero no representa un espíritu nacional uniforme u homogéneo que coincida con ella y sus leyes. Tampoco el Gobierno es una gran unidad consensuada y conforme en materia de drogas. A finales de 1993 -por ejemplo- la portavoz de la Casa Blanca, Dee Dee Myers, salió al paso a resaltar la posición contraria del Gobierno a la legalización del consumo de drogas en Estados Unidos, pocas horas después de que la Cirujana General Jocelyn Elders, la máxima autoridad sanitaria, propusiera la medida como forma de combatir el crimen violento.[61] La traducción de esta reacción no es muy compleja: las cuestiones de las drogas no son materia de razonamientos científicos o médicos, sino políticas. El entonces presidente, Bill Clinton, retomando sus posturas sostenidas durante la pasada contienda electoral, se limitó a reiterar que la política federal

---

[59] Ídem.

[60] Otro autor que trabaja profundamente el tema a favor de la legalización en el contexto norteamericano es D. Husak; *¡Legalización Ya!: argumentos a favor de la despenalización de las drogas*; Editorial Foca, Madrid, 2003.

[61] En J. Cavestany; "Bill Clinton rechaza la legalización de las drogas", *El País*, 9 de diciembre de 1993; en http://www.elpais.com.

contra las drogas no iba a cambiar.[62] La portavoz de la Casa Blanca, *recordó* al respecto:

"El presidente se opone en firme a la legalización de las drogas y, en este caso, ni siquiera está dispuesto a considerar el tema."[63]

De otra parte, Lee Brown, brazo derecho de Clinton en la política de lucha contra la droga, afirmó que la legalización de estas sustancias es "el equivalente moral del genocidio".[64] La Cirujana General fue objeto de burlas por parte de los sectores más conservadores del prohibicionismo entre los que -destaca el artículo citado- el líder republicano del Senado, Bob Dole, señaló en tono irónico que "la Cirujana General puede ser perjudicial para su salud", en referencia a la advertencia que aparece impresa en los paquetes de tabaco. Otro republicano, el senador Don Nickles, de Oklahorna, afirmó: "Si la Cirujana General necesita hacer un estudio para ver si las drogas son perjudiciales para la salud, entonces necesitamos un nuevo Cirujano General".[65]

No obstante, Elders se reafirmó en su postura a favor de la legalización de las drogas, sosteniendo que "es necesario hacer algunos estudios, ya que en países donde se han legalizado las drogas, se ha observado una reducción del índice de criminalidad sin que haya aumentado el índice de consumo de drogas." En este contexto, y siguiendo las claves de Elders, el juez de distrito Robert Sweet, uno de los más prominentes defensores de la legalización de las drogas, señaló que EEUU debe aprender la

---

[62] Un estudio citado por Andrés Ortega en un artículo publicado en *El País* llegó a la conclusión de que aplicar el prohibicionismo cuesta 15 veces más que los tratamientos para lograr la misma reducción en costes sociales del consumo de drogas. La Administración Nixon gastó 65 millones de dólares en la guerra contra la droga en 1969; la de Reagan en 1982, 1.650 millones; y la de Clinton en 2000, cerca de 18.000 millones. Ortega, A.; "Legalizarlas"; *El País*, 4 de septiembre de 2001; en http://www.elpais.com.

[63] En J. Cavestany; "Bill Clinton rechaza la legalización de las drogas"; op.cit.

[64] Ídem.

[65] Ídem.

226

lección derivada de los años de la prohibición, cuando el alcohol era ilegal, y el crimen que generó. La Fundación Política de la Justicia Criminal afirmó que la legalización favorecería "un método regulado y administrado de tratar con lo que es un negocio manejado por bandas criminales".[66] Varios años después, en su edición del 26 de julio de 2001 –por ejemplo- *The Economist*, centrándose en los principios neoliberales de la economía de mercado, publicó un reportaje de 16 páginas defendiendo la legalización de las drogas. Entre muchos argumentos, destacaba que la Guerra contra las Drogas "absorbe entre 35 y 40 billones de dólares al año en impuestos pagados por los contribuyentes de Estados Unidos".[67]

La situación bajo la administración de George Bush no sería distinta: el espíritu represivo y punitivo más recalcitrante de la prohibición seguiría siendo la clave para lidiar con el problema de la criminalidad y las drogas. En su discurso sobre el Estado de la Nación, dirigido a principios de 2003, la población adicta seguiría siendo una pieza clave en su retórica para legitimar el régimen prohibicionista en el Estado de Ley norteamericano:

"Otra causa de desesperanza es la adicción a las drogas. La adicción se interpone a la amistad, la ambición, las creencias morales y reduce toda la abundancia de la vida a un sólo deseo destructivo. Como gobierno, estamos combatiendo las drogas ilegales al interrumpir el suministro y reducir la demanda por medio de los programas de educación contra las drogas. Sin embargo, para aquellos que ya son adictos, la lucha contra las drogas es una lucha de toda una vida."[68]

Y al parecer, para toda la vida prometería la prohibición, y sus respectivas represiones. Dejando intacta la postura prohibicionista y fuera de discusión cualquier ruta alternativa, se

---

[66] Ídem.

[67] En R. Rovai; "El debate sobre la legalización de las drogas en América Latina", Revista *Forum*, 28 de agosto de 2003; en http://www.narconews.com.
[68] G. Bush; "Discurso sobre el estado de la Nación" publicado en *El Nuevo Día*, 29 de enero de 2003; en http://www.adendi.com.

limitaría a proponer "un nuevo programa de $600 millones para ayudar a 300,000 estadounidenses adicionales a recibir tratamiento durante los próximos tres años." Por lo demás, el grueso del discurso se concentró en legitimar como derecho inalienable, como deber moral y responsabilidad política para con el bien, la libertad y la seguridad de toda la humanidad, y por encargo directo de Dios, todas sus intervenciones militares a lo largo y ancho del planeta...

Globalización de la ideología prohibicionista

Las retóricas del miedo, sus correlativos chantajes morales y hostigamientos psicológicos, relacionadas al espectro de la criminalidad, al narcotráfico y las drogas ilegales, son enclaves ideológicos de todos los gobiernos de Occidente. Es un signo de la condición (pos)moderna que las fronteras nacionales y las diferencias culturales se disuelvan dentro de estas retóricas totalizadoras: el fantasma de la criminalidad recorre Europa. La colonización posmoderna se opera mediante una inversión ideológica. Es en América donde aparece por vez primera, y se expande a lo largo de todo el siglo XX por todos los países europeos, como encarnando una maldición centenaria, la de los rencores vengativos de los espíritus desposeídos de sus cuerpos, maltratados y abusados, desterrados y casi extinguidos, por los invasores imperiales hace más de quinientos años. Fue en la primera gran colonia *liberada* de América donde esta modalidad del milenario espíritu prohibicionista de los gobiernos se personificó como engendro de un Mal que a toda costa se debería erradicar. Fue ahí, en Estados Unidos, donde el espectro criminal, milenariamente polimorfo, tomó entre sus formas una muy precisa aunque no menos fantasmal: la del narcotráfico. Fue ahí donde dieron inicio las primeras cruzadas contra los demonios encarnados en "las drogas", y el lugar de las brujas, antes y a la vez de los indios y los negros, a la par con la de los "comunistas", pasó a ser ocupado por otras víctimas de la voluntad imperial del Estado de Ley norteamericano. Los resquebrajados gobiernos latinoamericanos, permanecen empeñados en emular sus torpezas y crueldades, sin menoscabo de sus desventajas estructurales, de sus moribundas economías y desastrosas condiciones políticas; no vacilan en imitar sus manías ideológicas y de embriagarse con sus venenos morales. Se alinearon al unísono con sus prejuicios culturales, pero no por ingenuidad sino porque reconocieron el valor estratégico, político y económico, que para cualquier gobierno tendría una política prohibicionista férrea. Al otro lado del mundo, Europa también se convirtió en una réplica del mismo modelo y por las mismas razones, ensamblado en cadena como cualquier mercancía ideológica que sirva para consolidar los poderíos disciplinarios de los modernos estados de Ley...

Desde la década de los sesenta se han ido consolidando pactos y alianzas internacionales entre los Estados de Ley bajo la consigna imperial de "Un mundo libre de drogas, podemos conseguirlo". Bajo este ilusorio lema se han fortalecido las tesis ultra prohibitivas previamente marcadas en las Convenciones Internacionales sobre Estupefacientes de 1961, 1971 y 1988.[69] La sesión especial sobre drogas de la Asamblea General de 1998 en Nueva York, prometió "eliminar o reducir significativamente la oferta y demanda de drogas ilícitas antes del año 2008." Una política global restrictiva, represiva y punitiva, articulada bajo la óptica legal y moral más recalcitrante de los sectores más conservadores de los Estados Unidos, sería el horizonte que el resto de los gobiernos de América y de Europa seguirán sin grandes reservas. La imaginería jurídica, soporte fundacional de los modernos Estados de Ley, sería el soporte ideológico clave para la preservación, reforzamiento y perpetuación de los regímenes prohibicionistas a escala global...

La "comunidad jurídica internacional": fundamento mítico de la política prohibicionista

En 1986, el embajador español Enrique Suárez de Puga, publicó un artículo reseñando a su favor la postura prohibicionista de la ONU, sobre la base de un reconocimiento por parte de la "comunidad internacional" de la "urgente necesidad de nuevos instrumentos para combatir el tráfico ilícito."[70] Las medidas

---

[69] E. Navascués, J. García, E. Escobar, M. Moracho, I. Lipuzkoa, I. Rodríguez. Miembros de PROLEGA (Colectivo Ciudadano por una política sobre drogas justa y eficaz), en *Diario de Noticias*, 7 de abril de 2003.

propugnadas en el foro reseñado por el embajador siguen siendo las mismas que en la actualidad: a saber, localización, congelación y confiscación; extradición por delito de tráfico de drogas; vigilancia y, fiscalización de sustancias químicas precursoras de la fabricación de drogas sintéticas; tratamiento de porteadores comerciales y cooperación a través de fronteras; etc.[71] Lo que intereso destacar aquí es que, desde siempre, las bases ideológicas más fuertes de las políticas prohibicionistas internacionales han estado sostenidas por una gran ficción jurídica: la ilusión de la existencia de un consenso entre las naciones en materia de drogas. Esta *interpretación*, demagógica por demás, no es extraña al imaginario democrático moderno, sostenido principalmente por las ilusiones representacionales formales. En el Imperio de Ley a cada Estado le basta con el hecho de que sus leyes contemplen las prohibiciones para que éstas aparezcan legitimadas como expresión de los deseos de las mayorías, como representación de la voluntad general de los pueblos bajo sus *cuidos*. El hecho concreto de que cada Estado-Nacional en el siglo XX y recién entrado el XXI participa de la misma racionalidad prohibicionista es el referente-realidad que sirve de soporte ideológico y material a sus practicas represivas y punitivas, características de sus regímenes prohibicionistas. Pero, ¿cuál es el fundamento de esta interpretación de lo jurídico? Sin duda, el prejuicio. Prejuicio que traspasa las fronteras nacionales, los idiomas y demás diferencias culturales, y que aparece sostenido, reforzado y perpetuado por las representaciones mediáticas dominantes, articuladas en su mayoría por racionalidades favorecedoras de los mitos, miedos y rencores vinculados al espectro de las drogas, y favorecidas a la vez de sus prohibiciones. Esta cita del embajador español lo ejemplifica:

> "Los periódicos están recogiendo continuamente hechos luctuosos y penales que se imputan al abuso de la droga. Es moneda común el hacer responsable a la droga de la delincuencia por la búsqueda de los drogadictos de medios económicos para financiar su

---

[70] E. Suárez de Puga; "La comunidad jurídica internacional y el tráfico de drogas" (Reunión de la Comisión de Estupefacientes de las Naciones Unidas); *El País*, 2224 de marzo de 1986; en http://www.elpais.com

[71] Ídem.

dependencia. El tema es popular, pero conviene también que los periódicos den a conocer igualmente de qué forma la comunidad internacional está buscando los medios jurídicos para defenderse contra esta plaga."[72]

El encargo político de la "comunidad internacional" aparece en la escena mediática como el de "defender a la sociedad" del poderoso monstruo de las drogas. Lo jurídico en este escenario pasa a convertirse en un dispositivo retórico legitimador del poder interventor de los estados sobre los derechos de las personas a hacer uso autónomo de sus vidas propias. La "mundialización" del problema de la droga es el recurso retórico por excelencia del imaginario jurídico prohibicionista:

"Los países han coincidido en que los tratados existentes no podían hacer frente con eficacia a un problema que ha asumido las dimensiones de una amenaza de alcance mundial contra la salud y el bienestar de los pueblos y contra el propio tejido social."[73]

Los reajustes estratégicos seguirían estando basados en los mismos entendidos ideológicos y las formas jurídicas que éstos adoptaran sólo serían lo suficientemente flexibles como para adaptarse a las particularidades de cada orden de Estado-nacional:

"Se trataría, por tanto, de que las disposiciones de la nueva convención fueran compatibles con los distintos ordenamientos constitucionales y jurídicos en vigor y que fueran coherentes con los principios generalmente aceptados en el marco del derecho penal internacional."[74]

---

[72] Ídem.

[73] Ídem.

[74] Ídem.

El poderío penal de cada Estado-nacional seguiría estando dado por sentado, legitimado en el acto inmediato de su referencia, naturalizado como un derecho inalienable de todo régimen de gobierno, irrespectivamente de la materialidad de sus penas y sin poner en duda siquiera las bases de sus razones. La internacionalización del imaginario prohibicionista y su formalización dentro de los organismos jurídicos internacionales estaría basada, pues, en el respeto a la autodeterminación de los pueblos, a la independencia nacional y soberanía.[75] Los textos convenidos y pactados internacionalmente *reconocerían* que a cada jurisdicción nacional le compete juzgar judicialmente y procesar penalmente a los traficantes de drogas ilegales, así como lidiar internamente con los problemas que puedan enfrentar por motivo de sus usuarios. Respecto a la cooperación transfronteriza –por ejemplo- la comunidad internacional estuvo de acuerdo –sostiene el autor citado- en que no debería darse oportunidad a los narcotraficantes de cruzar las fronteras nacionales y buscar refugio en otros países aprovechándose del vacío jurídico que pueda existir. Por el momento –añade- se convino que unas sanciones duras constituirían un elemento disuasor eficaz en la lucha contra el narcotráfico.[76]

Entre los países participantes del discurso prohibicionista existen variaciones ideológicas y de orden táctico, y aunque al parecer todos coinciden en la necesidad de fortalecer los dispositivos represivos y hacer más severas las penas, todavía a mediados de la década de los ochenta imperaba una cierta reserva en hacer de la represión más bruta la clave central de las estrategias prohibicionistas. Según el embajador Suárez de Puga:

"No ha dejado de existir un grupo de países cuya opinión es de carácter maximalista y que deseaba que la nueva convención incluyese otros elementos de

[75] Reconocimiento éste que, ante la imposibilidad de acceder a acuerdos internacionales absolutos mediante la ONU, cada país mantiene relaciones específicas con otros países, al margen de los convenios "mundializadores". Por ejemplo, en 1989, España, Italia y Estados Unidos crearon una oficina central contra las drogas, y desde entonces han ido integrando otros países.

[76] E. Suárez de Puga; "La comunidad jurídica internacional y el tráfico de drogas"; op.cit.

carácter más universal y mayor amplitud que darían al crimen del tráfico de drogas una conceptuación de índole casi universal."[77]

Tales opiniones no llegaron a prosperar –añade-, y a título de ejemplo podríamos indicar los siguientes criterios: la calificación del tráfico ilícito de drogas como "delito contra la humanidad". Tal calificación no añadiría a este delito un elemento diferente que hiciera más fácil su persecución y, por último, tampoco encontró apoyo suficiente la idea de la creación de un tribunal penal internacional. Idea ésta que dio un nuevo giro a su favor a la entrada del siglo XXI, y aunque no cuenta con el apoyo de los Estados Unidos, sí confirma la progresiva consolidación ideológica a escala mundial del poder hegemónico del Estado de Ley, de la que la "guerra mundial contra el narcotráfico", ahora fusionada en la "guerra mundial contra el terrorismo", cumple una función integradora clave...

El rostro (des)penalizador de la Europa de Ley

Mientras los gobiernos continúan refinando sus políticas prohibicionistas y fortaleciendo sus dominios a escala mundial, otras fuerzas sociales mantienen vivas las voces de alerta y denuncia, procurando a la vez ofrecer alternativas concretas y urgentes. A finales de la década de los ochenta –por ejemplo- se celebró en España un congreso "mundial" sobre la dependencia a las drogas (II Congreso Mundial Vasco, San Sebastián, del 3 al 11 de septiembre de 1987), tomando como puntos centrales los temas relacionados a los aspectos farmacológicos, preventivos, asistenciales, jurídico penales, los relativos impactos de los medios de comunicación sobre la opinión pública y las políticas vigentes en materia del control de drogas. Teniendo éste evento de referente, el criminólogo crítico Alessandro Baratta destaca las posibles contribuciones a las luchas despenalizadoras.[78] Entre ellas subraya la posibilidad de:

---

[77] Ídem.

[78] A. Baratta; "El uso de drogas y la justicia", *El País*, 15 de octubre de 1987; en http://www.*elpais.es*.

"...contribuir a romper esquemas y hábitos mentales que son la base de un círculo vicioso en el que el problema actual de la droga corre el riesgo de permanecer encerrado y con escasas posibilidades de solución."[79]

En su reseña destaca que, desde este punto de vista, diversos trabajos han llamado la atención sobre los efectos negativos o costes sociales que produce la actual política de penalización del uso de ciertas drogas. Entre ellos acentúa que:

"La prohibición del tráfico y consumo de algunas drogas introduce en su venta una variable de perversión que las convierte en una mercancía que procura incalculables beneficios a los grandes productores y traficantes."[80]

Y añade:

-   En el mercado negro que se crea de este modo se introduce una red internacional del crimen organizado que puede alcanzar posiciones muy elevadas tanto en lo que respecta al poder económico como al político, e influir y corromper el sistema de los poderes legítimos de los Estados.

-   También resultan negativos los efectos de la acción de la justicia penal sobre los consumidores.

-   Los altos precios que alcanzan estos productos en el mercado negro obligan, además, a muchos consumidores a participar en el pequeño tráfico para poder pagarse la dosis de la sustancia que necesitan.

---

[79] Ídem.

[80] Ídem.

- A la dependencia de esta última se agrega, en su caso, la otra -no menos peligrosa- de la cadena del tráfico ilegal, de la cual se convierten en los últimos *peones,* los más explotados y los más reprimidos.

- El estigma social del que son objeto determina que se margine a una parte de drogodependientes y se forme una subcultura en la que los excluidos buscan recíprocamente un sostén.

- También los perjuicios a la salud, a veces trágicos, que padecen los drogodependientes son en buena medida efecto de la mala calidad de las sustancias asimiladas, carentes de control sanitario porque su uso está prohibido, por las dificultades de una dosis adecuada debido al porcentaje variable de la sustancia psicótropa en relación con los aditivos arbitrarios, y a menudo también por las condiciones precarias de vida.

- El marco punitivo en el que está prácticamente inserta la acción terapéutico-asistencial, de acuerdo con las legislaciones actualmente vigentes en Europa, impide poner en práctica los principios y métodos más avanzados para el tratamiento y reinserción social de los drogo-dependientes, y con frecuencia actúa en sentido opuesto.

Dentro de este contexto –añade Baratta- la intervención o no del sistema penal no parece tener una influencia significativa sobre la oferta y demanda de la droga. A pesar de las espectaculares acciones de las policías de todo el mundo, de las que la Prensa informa diariamente, los sistemas oficiales revelan que la acción conjunta de las policías nacionales e internacionales logra sacar del mercado no más del 5% al 10% del volumen de los productos ilegales.[81] Con relación a los estudios presentados sobre el papel de los medios de comunicación, destaca la siguiente crítica:

"...como los estudios en la materia lo han demostrado, los *medios de comunicación* hoy presentan una imagen

---

[81] Ídem.

parcial y deformada del propio problema, en la que el aspecto médico-social predomina sobre el *criminal*. Con ello, los *medios de comunicación* contribuyen a perpetuar un estereotipo del drogadicto y una actitud del público que favorece la actual política de penalización."[82]

Teniendo esto por consecuencia que, en gran medida, esta representación mediática contribuye a dificultar los posibles cambios en las políticas de control de drogas vigentes. La conclusión en la que desemboca la alternativa despenalizadora, a pesar de que no goza de gran respaldo popular, es que ésta apunta sus esfuerzos hacia la eliminación de esa parte del sistema de intervención estatal que ha sido ineficaz y que a la vez ha tenido por consecuencia graves efectos sociales, sin descartar la necesidad de controles alternativos basados en enfoques alternativos.

"Se trata, entre otras cosas, del control de la calidad de las sustancias, de la prohibición de suministrárselas a menores y tóxico-dependientes, de prohibir la publicidad (extensiva a todas las drogas peligrosas, incluso las hoy permitidas); se trata, por último, del control administrativo y fiscal de la actividad productiva y comercial relacionada con las drogas para impedir la formación de grandes concentraciones monopolizadoras y de *nuevas* formas de introducción del crimen organizado en este sector."[83]

En 1989, el periodista radical italiano, Marco Taradas, se presentó a las elecciones favoreciendo el anti-prohibicionismo en materia de drogas, como oposición a la política de mano dura vigente, que consideraba delito el consumo de droga y penaba con la cárcel a los adictos. 400.000 votos lo llevaron a ocupar el puesto de diputado. Teniendo el tema de eje de un sondeo de un importante periódico del país, el artículo citado hace referencia al saldo del mismo, en el que cien figuras reconocidas públicamente,

---

[82] Ídem.

[83] Ídem.

italianas y extranjeras, daban sus razones todos a favor de la despenalización de las drogas en todo el mundo.[84]

Entre los motivos alegados –reseña el autor del artículo citado- además de los clásicos de que así se acabaría con buena parte de la criminalidad y se le quitaría a ésta el monopolio del mercado de la droga, figuran otros como, por ejemplo, que la devastación moral para obtener la droga como robos y prostitución, es mucho mayor que sus efectos; o también que sería mejor probar el camino de la legalización, ya que hasta el momento los demás remedios, empezando por la represión, se han revelado inútiles. Otros afirman que todo es hipocresía, ya que en realidad la droga es libre, aunque haya que pagarla 10 veces más de lo que se pagaría en farmacia.[85]

A principios de 1995 la ONU publicó un informe sosteniendo que el consumo de drogas y la violencia del narcotráfico habían aumentado en todo el mundo (Informe de la Junta Internacional de Fiscalización de Estupefacientes, dependiente el Consejo Económico y Social de Naciones Unidas).[86] Este documento constituyó un frontal e inequívoco ataque a la distinción entre drogas blandas y duras, a los defensores de la legalización del consumo y de oposición a la experimentación terapéutica o suministro a drogodependientes.[87]

---

[84] Entre ellas incluía varios premio Nóbel, como Milton Friedman, filósofos, médicos, policías, periodistas, escritores, directores de cine, antropólogos psiquiatras, estilistas, poetas alcaldes, etc. Entre los españoles destacó la figura del escritor Juan Luis Cebrián, quien piensa que dicha liberalización "sería un eficaz sistema de lucha contra el predominio de la mafia de los narcotraficantes", Fernando Savater, entre otros; José Manuel Sánchez García, funcionario de policía, que asegura que "su experiencia personal le ha convencido de que lo mejor y más eficaz sería la total legalización de las drogas"; y Manuela Carmena Castrillo, magistrada, quien afirma que está convencida de que una legislación prohibitiva "no sólo es negativa, injusta, cruel y contra los derechos humanos, sino, sobre todo, fundamentalmente inútil". (En J. Arias; "100 personalidades del mundo apoyan la despenalización de las drogas"; El País, 25 de julio de 1989; en http://www.elpaís.com.)

[85] Ídem.

[86] V. Schnitzer; "La ONU rechaza legalizar las drogas y distinguir entre 'blandas' y 'duras'"; El País, 27 de febrero de 1995; en http://www.elpais.com.

[87] Ídem.

Los argumentos sobre los que sostiene este documento –según citado- son, de una parte, que la distribución legal ampliaría la demanda y que "los defensores de la legalización no expresan los deseos de la mayoría de la opinión pública". Para defender sus tesis contra la legalización, los autores del informe citan una encuesta de opinión realizada en España y publicada por el Plan Nacional sobre Drogas: según sus resultados, sólo el 4% de la población española mayor de 18 años apoya medidas de legalización de la droga; el 60% se manifiesta decididamente a favor del mantenimiento de la penalización, y más de un 30% está incluso contra el tratamiento de sustitución a base de metadona para los heroinómanos. "Los resultados de la encuesta realizada en España se hallan en consonancia con la actitud de la sociedad en muchos otros países europeos" -afirma el informe-.[88] El grueso del informe se concentra en demostrar un aumento vertiginoso en el consumo de drogas en todo el mundo, aunque *reconociendo* paradójicamente que las medidas represivas no han logrado reducir los flujos de drogas ilegales en los mercados del mundo.

Haciéndose eco de la "opinión pública", del "deseo de las mayorías" representado en *ella*, en las encuestas, en las estadísticas, la mayor parte de los políticos de las naciones prohibicionistas encarnan sin reservas los prejuicios culturales más crueles y arremeten, en la conversión de éstos en decretos de ley, contra los principios democráticos del Derecho, consagrados paradójicamente en las propias constituciones que les sirven de fuerza moral, política y jurídica legitimadora, a las represiones inevitables de la prohibición. En el contexto español –por ejemplo- durante la clausura de la Convención Nacional sobre Drogas a mediados de la década de los noventa, el presidente nacional del Partido Popular, José María Aznar, reiteró su total rechazo a cualquier propuesta o debate sobre la legalización de las drogas: "No estoy dispuesto a aceptar vacilaciones que tengan como precio vidas humanas.":

"Quiero decir con toda claridad cuál es mi posición, por si alguien tiene alguna duda: estoy en contra de cualquier propuesta de legalización de la droga.

---

[88] Ídem.

(...)Quien quiera que haga una propuesta o abra un camino de duda sobre la posible legalización de la droga, a mí me va a tener siempre en contra."[89]

Legalizar la droga significaría, según Aznar, "abandonar a su suerte tanto a los que han caído en ella como a los que puedan caer, en aras de preservar hipotéticamente al resto de la sociedad de una manera cobarde e injusta".[90] El discurso prohibicionista del Estado de Ley español estaría conformado sobre las mismas bases ideológicas compartidas por el resto de regímenes prohibicionistas a escala global. Las categorías retóricas inspiradas en los lenguajes habituales de la represión seguirían ocupando la centralidad del discurso: encubiertas por los eufemismos ideológicos de la "rehabilitación", la "salud pública" y la "realidad social". Los usuarios seguirían siendo criminalizados y los narcotraficantes seguirían representando la encarnación de los males y violencias sociales inscritos al dominio espectral de la criminalidad. La severidad de las penas y, en fin, la ampliación del aparato represivo del Estado, seguirían siendo las claves de las "alternativas" de los gobiernos ante el problema nacional e internacional de las drogas...

En 1997, fue presentado el primer informe mundial del UNDCP (Programa de la ONU para el Control de Estupefacientes) publicado con motivo del "día internacional contra el uso indebido de drogas." Según el informe:

- 140 millones de personas fuman hachís o marihuana, ocho millones consumen heroína y 13 millones cocaína.

- Cada año, el narcotráfico mueve alrededor de 400.000 millones de dólares, lo que equivale al 8% del comercio mundial.

- Se fabrican anualmente unas 300 toneladas de heroína.

---

[89] E. Castelló; "Aznar no admite ni siquiera el debate sobre la legalización de las drogas"; *El País*, 2 de abril de 1995; en http://www.elpais.com.

[90] Ídem.

- Entre 1985 y 1994 se ha duplicado la producción de hoja de coca, la mitad de las plantaciones se encuentran repartidas en 220.000 hectáreas en el Perú.

- En Pakistán, país de 126 millones de habitantes, se registran tres millones de drogadictos.

- Entre el 3.3% y el 4.1% de la población mundial consume narcóticos ilegales y está disminuyendo el promedio de edad de los consumidores.

- Entre 1991 y 1994 se duplicó en los Estados Unidos el número de escolares de 14 años que fuman cannabis. Simultáneamente, está aumentando en un 16% anual el consumo de drogas sintéticas.[91]

Los signos de la ineficacia de las políticas prohibicionistas según suelen ser *interpretados* por los sectores más conservadores y dominantes en los gobiernos con el ánimo de fortalecer viejos prejuicios y con ellos sus habituales prácticas represivas y punitivas, también pueden ser objetos de una lectura alternativa, despojada de prejuicios morales incongruentes con los principios del Derecho...

A mediados de 1998, más de 630 filósofos, escritores y políticos de 36 países, entre los que se encuentran 67 jueces y juristas españoles y ocho premios Nóbel, enviaron una carta al secretario general de las Naciones Unidas (ONU), Kofi Annan, solicitando la despenalización de las drogas.[92] Los firmantes apelaban, con motivo de la sesión especial de la Asamblea General sobre las Drogas, que se celebraría en Nueva York ese mes, "un diálogo en el que el miedo, los prejuicios y el énfasis en la penalización cedan al sentido común". El escrito pide "franqueza y honestidad" –según cita el texto-.[93]:

---

[91] Tomado de J. Rudich; "140 millones de personas fuman drogas blandas según la ONU", en *El País*, 27 de junio de 1997; en http://www.elpais.com.

[92] C. Blanco; "Personalidades de 36 países piden a la ONU la despenalización delas drogas"; *El País*, 7 de junio de 1998; en http://www.elpais.com.

"Creemos que la guerra contra las drogas que se libra actualmente en el mundo puede estar causando más daños que el mismo abuso de drogas."[94]

Con un espíritu marcadamente crítico –apunta el artículo- discrepan del enfoque de "criminalización y penalización" de las drogas que adoptan las nuevas convenciones internacionales de las Naciones Unidas. Opinan los autores del escrito –añade- que esta vía restringe las capacidades de cada nación para idear soluciones efectivas, frente a "una amenaza para jóvenes y ciudadanos que sólo a través de un trabajo común dentro y fuera de las fronteras" encontraría solución. Ese esfuerzo conjunto dista mucho, según el escrito, del papel que están jugando los Gobiernos, enfocado a "promulgar cada año nuevas medidas punitivas de control de drogas, incrementándose el costo de los esfuerzos". El resultado –afirman- conduce a que el ingreso anual generado por la industria ilegal de las drogas ascienda a 400.000 millones de dólares, "fortalece organizaciones criminales, corrompa Gobiernos y estimule la violencia", con la inherente deformación de los mercados económicos y de los valores de la sociedad.[95] Según este documento:

"La lista de fracasos de las políticas antidroga se completa, según el documento, con la imposibilidad en muchos países de detener la expansión del SIDA, la hepatitis y otras enfermedades contagiosas, la violación de los derechos humanos y los atentados contra el medioambiente, acompañado de una defectuosa inversión en salud y educación."[96]

---

[93] Entre los firmantes destaca el artículo al premio Nobel Adolfo Pérez Esquivel, el financiero George Soros, los escritores Günter Grass, Ivan Illich, Dario Fo, Fernando Savater y Mario Benedetti, la comisaria europea Emma Bonino, el ex secretario de las Naciones Unidas, Javier Pérez de Cuéllar, y los magistrados Perfecto Andrés Ibáñez, Cándido Conde Pumpido, Claudio Movilla y Antonio Martín Pallín, entre otros.

[94] Ídem.

[95] Ídem.

[96] Ídem.

Los firmantes –reseña el artículo- depositan su confianza en las Naciones Unidas "que tienen un papel legítimo e importante que desempeñar"- para que no se persista en las actuales políticas que, a su juicio, sólo están consiguiendo "un mayor abuso de las drogas, mayor fortalecimiento del narcotráfico y de los criminales que lo controlan, más enfermedad y sufrimiento". Finaliza el texto pidiendo al secretario general, Kofi Annan, que "el énfasis en la penalización ceda la vía al sentido común, la ciencia, la salud pública y los derechos humanos".[97]

Pero la política de la ONU, como previeron los firmantes de esta petición despenalizadora, no varió ni un ápice.[98] Los planes para el control de drogas ilícitas siguieron estando enmarcados dentro del habitual enfoque prohibicionista, represivo y punitivo. El horizonte de la ONU seguiría siendo la "disminución de la demanda", obviando los costes sociales que por tanto tiempo han demostrado la ineficacia de las políticas y sus efectos contrarios a

---

[97] Ídem.

[98] En 1979 salió publicada la siguiente información: La cantidad de drogas y estupefacientes en general descubierta en tráfico ilícito y embargada por la policía, con la sola excepción de la morfina, aumentó en forma alarmante en 1978 en relación al año precedente, informó ayer ante la comisión de estupefacientes de Naciones Unidas el representante de la Interpol, M. A. Bossard. Según datos proporcionados por la Interpol, los embargos de *cannabis* (marihuana y líquido concentrado) registraron un aumento que prácticamente dobla la cantidad anterior: 887 toneladas en 1978 contra 439 toneladas en 1977, sin que existan síntomas de que el tráfico ilícito de *cannabis* vaya a disminuir. Otro aumento, calificado de «espectacular», se refiere a los embargos de opio: 1.968 kilos en el año 1977 y 2.895 kilos en 1978. En relación a la cocaína casi se triplican las cantidades embargadas en Europa, al pasar de 58 kilos en 1977 a 152 kilos el año pasado. Una parte de esta cantidad global fue descubierta 'en tránsito' al Próximo Oriente y Estados Unidos. Por otra parte, la comisión de la ONU sobre los estupefacientes (integrada por delegados de treinta países) se opuso a la despenalización del uso de *cannabis*, aspiración manifestada en Estados Unidos y Holanda en ciertos círculos científicos y jurídicos, y, desde luego, de consumidores. Los delegados de Bélgica, Francia, Unión Soviética y Egipto, más el propio director del departamento del órgano internacional de control de estupefacientes de la ONU, no sólo entregaron contundentes argumentos en contra de la despenalización del *cannabis*, sino que además denunciaron «las aspiraciones de ciertos medios norteamericanos y canadienses. (AF; "Aumenta el tráfico ilegal de drogas: la ONU se opone a la despenalización del cannabis"; *El País*, 16 de febrero de 1979; en http://www.elpais.com.)

sus propios objetivos, incluso más dañinos que el problema de la drogadicción en sí.

La entrada al siglo XXI, como era de esperar, no dio al traste con las políticas prohibicionistas de los organismos de gobierno nacionales e internacionales, a pesar de las reiteradas evidencias de los fracasos de sus modelos represivos y punitivos. El consumo de drogas ilegales a escala global seguiría en ascenso y el narcotráfico seguiría consolidando su poderío y expandiendo sus dominios al margen de la Ley. En 2001 la ONU publicó su *Informe Mundial sobre las Drogas 2000*, donde informa que unos 180 millones de personas, el 4,2% de la población mayor de 15 años, son consumidores de drogas ilegales.[99] Las voces despenalizadoras permanecerían en la escena mediática como voces políticas alternativas pero, como tales, marginales con respecto al discurso oficial de los gobiernos y la "opinión pública" compartida por las

---

[99] El *cannabis*, tanto en su forma de resina (hachís) como en hoja (marihuana), con 144 millones de usuarios, es el estupefaciente más consumido. Le siguen las anfetaminas (29 millones), la cocaína (14 millones) y los opiáceos (13,5 millones, incluidos 9 millones de heroinómanos). Un resumen se puede consultar en Internet en www.undcp.org. El documento de la Oficina de Naciones Unidas para el Control de las Drogas y la Prevención del Crimen (ODDCP, en sus siglas en inglés), señala, además de los efectos de las drogas ilegales, como mortalidad, delincuencia, narcotráfico o propagación de enfermedades, ciertos motivos para sentirse 'optimistas'. La ONU afirma que ha habido progresos 'muy importantes' en relación con la cocaína y la heroína.

Desde 1992 a 1999, la fabricación de cocaína ha descendido aproximadamente un 20% aproximadamente en todo el mundo, invirtiendo así la 'desmesurada' tendencia ascendente de los ochenta. La fabricación de esta droga en todo el mundo ascendió a 765 toneladas en 1999. La superficie cubierta por cultivos de coca registró en 1999 una disminución del 14% respecto de 1990. Colombia produjo en 1999 las terceras partes de la hoja de coca y el 80% de la cocaína. Respecto a los opiáceos, la producción ilícita de adormidera descendió de 5.800 toneladas en 1999 a menos de 4.800 toneladas en 2000, según la ONU. Desde 1994, la disminución ha sido del 15%, invirtiendo también la tendencia creciente. Afganistán y Birmania fueron, en 1999, el origen del 90% del opio. El consumo que más aumentó en los noventa fue el de las anfetaminas y drogas de diseño *(éxtasis)*, sobre todo hasta 1997. A partir de esa fecha, según refleja el informe de la ODCCP, se ha estabilizado en Europa y Norteamérica, pero ha seguido creciendo en Asia suroriental. Frente a la reducción de la producción de drogas que recoge la ONU, el tráfico se ha globalizado, y han aumentado sus rutas de comercialización. Así, el número de países que notificaron decomisos de drogas aumentó de 120 en 1980 a 170 en 1998. (E.de Benito; "180 millones de personas consumen drogas ilegales en el mundo, según la ONU", *El País*, 23 de enero de 2001)

mayorías de todos los países. Regadas entre escritos dispersos por todo el mundo y desplazadas por el centro de atención prohibicionista, seguirían alertando sobre los embates de la política internacional de drogas e insistiendo en la despenalización como la solución más pertinente ante los problemas que la misma prohibición ha exacerbado de una parte y generado simultáneamente...

A principios de 2003, la Liga Internacional Antiprohibicionista, un grupo con más de 2.000 miembros (entre ellos 106 eurodiputados y otros americanos y africanos), pidió a la ONU que cambiara su enfoque sobre la lucha contra las drogas, regulara el comercio y uso de los estupefacientes y descriminalizace la venta de *cannabis* y la distribución controlada de heroína.[100] La crítica general a la ONU[101] (o más bien la acusación), consistía en denunciar que su política prohibicionista ha tenido por consecuencia el aumento dramático de los daños que inflingen las sustancias prohibidas, premiando actuaciones represivas frente a la reducción de daños. Según el eurodiputado, miembro de la Liga, Marco Cappato:

> "La ONU 'no ha dudado en negociar con dictadores, terroristas (...) todo en nombre de la guerra santa contra las drogas'. (...) En la ONU hay *buenos alumnos* como China, Birmania o Irán a los que se felicita porque curan la droga con una bala en la cabeza, y *malos* como Holanda (por la venta de *cannabis*), Canadá (que permite su uso medicinal) o Suiza (por sus programas de dispensación de heroína)."[102]

La agrupación reconoce –apunta el texto citado- que "el abuso de las drogas constituye un problema de envergadura

---

[100] E.de Benito; "106 eurodiputados piden que la ONU levante la prohibición de la venta de drogas"; *El País*, 7 de febrero de 2003.

[101] En 1998 la Asamblea General de la ONU consolidó su política prohibicionista estableciendo como objetivo un mundo sin drogas a partir de 2008.

[102] Según citado en E.de Benito; "106 eurodiputados piden que la ONU levante la prohibición de la venta de drogas"; op.cit.

mundial", pero afirma que "la acción del Estado, a través del derecho penal y la policía, no tiene sino una incidencia marginal" sobre su control. Además –añade- las leyes no impiden que los estupefacientes circulen libremente, y su tráfico constituye el segundo comercio mundial después de las armas. Con la prohibición, según la Liga, aumenta la rentabilidad del negocio. "No conozco ningún argumento sólido a favor de la prohibición", pero en cambio sí a muchos que viven gracias a ella, sostuvo Fernando Savater, también de la Liga antiprohibicionista. Entre los beneficiarios, sitúa a funcionarios de los organismos internacionales, los ejércitos y policías, los que la producen y venden y los que curan y rehabilitan a los adictos.[103]

Económicamente, la lucha policial contra la droga es ineficaz, según la Liga: "La persecución produce muchos más gastos que la posible rehabilitación. Si se legalizara, se podría gravar con impuestos, de manera que el beneficio fuera para el Estado y no para los traficantes, como ocurre con el tabaco y el alcohol", justificó Savater.[104] Otro aspecto contra la prohibición es el sanitario. Los consumidores, según la Liga, carecen de información sobre la composición y efecto de los estupefacientes y su carácter clandestino dificulta el acceso a los programas de prevención y reducción de daños, y obliga a los consumidores a vivir en los límites de la criminalidad mientras que aumenta el coste y los beneficios del producto.[105]

La misma historia seguiría repitiéndose año tras año. La ONU, aunque no es un cuerpo político homogéneo, ciertamente el grueso de su poder simbólico lo determinan las fuerzas ideológicas más conservadoras del espíritu de la prohibición, legitimando todas las intervenciones que se hagan bajo su sello como acciones de *consenso* internacional. Este organismo se mantiene firme ante sus habituales posturas y sin ninguna intención de considerar despenalizar el uso de las drogas ilegales. La Comisión de Estupefacientes de la ONU, se reunió poco después en Viena para evaluar la estrategia adoptada hacía cinco años (1998). Fruto de esa "evaluación" sería –según el artículo

---

[103] Ídem.

[104] Ídem.

[105] Ídem.

citado- que no piensa cambiar sus planes prohibicionistas pese a las presiones de las ONG que abogan por la legalización.[106] Antonio Maria Costa, jefe de la Oficina de las Naciones Unidas contra las Drogas y el Delito, eco de las manías prohibicionistas, se limitó a repetir el mismo estribillo de las retóricas de todos los regímenes prohibicionistas representados en este organismo internacional (124 países): "Los resultados obtenidos hasta el momento todavía están lejos de los objetivos marcados hace cinco años (...) Todavía queda mucho camino por recorrer". A todos los efectos –según reseña el autor de éste artículo- no planteó ningún cambio sustancial y se limitó a reiterar l necesidad de consolidar la colaboración entre los Estados para combatir el tráfico de drogas ilegales.[107] Frente a las críticas de las organizaciones internacionales anti-prohibicionistas respondió:

"Os haremos ver que el *laissez faire* en la autodestrucción de la persona, no es la solución".[108]

El discurso prohibicionista reiterado por la ONU, sin menoscabo de la exaltación de la represión y el castigo, muestra una tendencia hacia las retóricas de la "educación y la prevención" como medidas imprescindibles para "disminuir" la demanda y consumo de drogas (según proyectado en el plan de 1998 que culminaría en 2008). En el contexto europeo -según el documento-, además de procurar la erradicación de los cultivos, el "objetivo general" sigue siendo la "protección de la salud".[109] Es éste el fundamento ideológico sobre el que basan los rechazos absolutos a cualquier alternativa que pretenda liberalizar los usos

---

[106] D. Espinós; "La ONU se reafirma contra la legalización de las drogas", *El País*, 17 de abril de 2003; en http:/www.elpais.com.

[107] Ídem.

[108] A.M. Costa, según citado por D. Espinós; "La ONU se reafirma contra la legalización de las drogas"; Op.cit.

[109] El auge de las drogas sintéticas, con el éxtasis y las anfetaminas al frente, que afectan básicamente a la juventud europea, se ha convertido en una nueva preocupación para la ONU. Estos estupefacientes se producen básicamente en Europa y la detección de los centros de fabricación resulta muy compleja. En la ONU temen que estas drogas se conviertan en "el gran problema".

de las drogas. Es ésta la Razón del Estado de Ley para justificar, legalizar y moralizar, el desprecio al derecho de cada cual sobre su propia persona...

Alianzas prohibicionistas entre América Latina y la Unión Europea: refuerzos ideológicos del Estado de Ley

De singular interés para este tópico es el impacto globalizador de la ideología prohibicionista sobre determinadas esferas del poder de control y dominación social del Estado de Ley. Ciertamente la representación de una imagen de consenso global contra las drogas y sus correlativas ficciones jurídicas, tiene un efecto legitimador de las políticas intervensionistas de los países más poderosos del mundo. La condición agravante que se presenta usualmente alrededor de este tema es el inmenso poder invisibilizador que tiene por efecto general la ideología prohibicionista a escala global. Aunque cada régimen de gobierno activa sus fundamentos sobre la base de un argumento en apariencia "doméstico", hay países que su noción de domesticidad trasciende sus fronteras nacionales. Si bien ahora el "enemigo interior" de mayor rango en la escala de valores del Estado de Ley es (además del terrorista) el narcotraficante, su figura suele ser asociada con la del "extranjero", y muy particularmente con el énfasis puesto en el siempre extranjero "latinoamericano". Esta estigmatización política del "extranjero" engendra todo tipo de prejuicios, de los que no entraré en detalle ahora, pero además de tener consecuencias graves para las personas que se hacen la vida, o lo intentan, fuera de las tierras donde fueron nacidas, también es un pretexto ideal para activar una "política exterior" de corte imperialista. El escritor latinoamericano Gabriel García Márquez lo destaca en una columna publicada a principios de la década de los noventa:

"...la guerra contra la droga no ha sido mucho más que un instrumento de intervención en América Latina."[110]

---

[110] G. García Márquez; "Apuntes para un debate sobre las drogas" (1993) en http://www.punksunidos.com.

Llevada la guerra doméstica a las afueras del territorio nacional, en nombre de principios universales y supuestos valores humanos, en ocasiones disfrazada de ayuda humanitaria o de asistencia económica a los países "menos privilegiados", la fuerza imperial de la Moral prohibicionista del Estado de Ley más poderoso de la tierra, interviene militarmente en América Latina. No obstante, esta modalidad de la intervención militar goza de la autoridad moral que confieren gustosamente los gobiernos latinoamericanos cuyos países están bajo sus regímenes de poder. El contexto europeo juega un papel determinante en este aspecto, y aunque no *interviene* "directamente", participa como refuerzo legitimador de la ideología imperial de la prohibición y de ésta como recurso para fortalecer el andamiaje interventor de sus estados nacionales de Ley. Así, por ejemplo, en un informe publicado a principios de los noventa por una de las ramificaciones de las Naciones Unidas encargadas de refinar las estrategias globales de la "guerra contra las drogas", *constata* que, siguiendo la misma tónica que en años anteriores, se ha producido un marcado aumento en el consumo de sustancias prohibidas, se ha incrementado la violencia y la delincuencia, así como la peligrosidad en la lucha contra el narcotráfico. Según el autor del texto citado:

> "...en lógica consecuencia, se aboga, se exige casi, continuar con la política de intolerancia, represión y victimización de millones de personas implicadas en la cadena de producción, distribución, consumo y terapia que se ha ido tejiendo en torno a las drogas prohibidas."[111]

Así, por ejemplo, en la declaración final de la VI Reunión Ministerial del Grupo de Río (14 países) y la UE (15 países), sostenida a principios de 1996, se subrayó como esencial "la responsabilidad compartida en la lucha para reducir la oferta y demanda de drogas ilegales, y el lavado de dinero y delitos conexos", que mueven anualmente cerca de 500.000 millones de dólares. En cuanto al narcotráfico, la declaración instaba a la

---

[111] J.M. Mendiluce; "Drogas: un necesario cambio de rumbo"; *El País*, 27 de marzo de 1995; en http://www.adendi.com.

cooperación judicial en los ámbitos civil y penal, y a la aplicación de "medidas conjuntas de tipo práctico", aunque con serias reservas y en oposición a la propuesta por el congresista norteamericano Dan Burton, partidario de fumigar la coca invadiendo países productores.[112] Es éste uno de los reproches que hacen los movimientos despenalizadores europeos y latinoamericanos a la ONU: que ha centrado toda la carga represiva en los países productores, olvidando a la otra cara de la moneda, los países consumidores y blanqueadores de dinero: EEUU y Europa.[113]

Al margen de las políticas *formales* de los gobiernos, las *izquierdas* latinoamericanas tradicionales participan de la misma ideología prohibicionista que la de los gobiernos de *derecha* a las que se oponen. En el Foro de Sao Paulo[114], celebrado en Cuba – por ejemplo- el comandante de las Fuerzas Armadas Revolucionarias de Colombia (FARC), Rodolfo González, denunció la naturaleza intervencionista de la iniciativa militar que Estados Unidos pretende imponer en la región con motivos de la "guerra contra las drogas". Según la reseña publicada en Internet por la revista *La Fogata*[115], éste, tras denunciar los objetivos de la intervención militar norteamericana, reiteró la disposición de la FARC a cooperar con la comunidad internacional, e incluso con Washington, en la lucha contra el tráfico de drogas. Según cita el artículo reseñado:

> "...el narcotráfico es un negocio capitalista, pues, (...) los 500 mil millones de dólares que produce se los apropian los organismos financieros internacionales,

---

[112] En J.J. Aznárez; "América Latina y la UE convocan en Bolivia a luchar contra el narcotráfico", 15 de abril de 1996; en http://www.elpais.com.

[113] E. Navascués, J. García, E. Escobar, M. Moracho, I. Lipuzkoa, I. Rodríguez. Miembros de PROLEGA (Colectivo Ciudadano por una política sobre drogas justa y eficaz), en *Diario de Noticias*, 7 de abril de 2003.

[114] Este foro, inaugurado en Brasil en 1990, reúne partidos políticos de izquierda, 150 organizaciones progresistas de 84 países, y contó con la asistencia de más de 500 delegados.

[115] "Izquierda latinoamericana y caribeña prosigue debates en Cuba", en *La Fogata*, en http://www.lafogata.org.

las empresas productoras de los químicos para procesar la hoja de coca, y el complejo militar industrial que vende armas a los traficantes."[116]

Lo aparentemente paradójico de esta "crítica al narcotráfico como efecto del capitalismo y de la política intervensionista norteamericana" es que, en realidad, no se puede hablar de una violación al derecho internacional, a la soberanía nacional, a la autonomía de los gobiernos, a la independencia. De una parte, porque muy posiblemente las mayorías que constituyen los estados nacionales favorecen tales medidas y, de otra, porque el poder imperial domesticador que se cierne sobre todos los sujetos en cualquier Estado de Ley es relativamente independiente de estructura económica y sus correlativos ordenamientos políticos y jurídicos. En el contexto latinoamericano y caribeño, se trata de un fenómeno (pos)colonial, cuyo rasgo distintivo es el efecto de hegemonía global que ha tenido el imperialismo ideológico de la política prohibicionista de todo Estado de Ley. Ideología que comparten las izquierdas tradicionales, que aún mantienen el ánimo combativo de "tomar el poder", un poder que traducido en su materialidad legal prohibicionista no deja nunca de ser un atentado disciplinario, violento y cruel contra la autonomía individual.

La prohibición en Cuba: el Caribe (pos)colonial

Regímenes de gobierno en apariencia *radicalmente* diferentes comienzan a disolver sus *diferencias* cuando en la práctica material e ideológica de sus intervenciones se revelan como réplicas esenciales de la voluntad imperial de la Ley. Es éste un signo de la condición (pos)colonial; es esta una condición clave para el cierre ideológico-legitimador del imaginario prohibicionista a escala global, y las políticas demonizadoras sobre las drogas sirven para tales efectos, en función de los requerimientos de gobernabilidad de los Estados de Ley en la actual condición de época, irrespectivamente de las particularidades culturales, políticas o económicas. En el contexto cubano las retóricas *revolucionarias* del gobierno participan de la misma moralidad retrógrada y

---

[116] Ídem.

recalcitrante que las fuerzas *reaccionarias* que imaginan resistir. En materia de las prácticas judiciales-penales el gobierno cubano éstas tampoco son cualitativamente diferentes a las modalidades más crueles del sistema judicial norteamericano. En Cuba, como en Puerto Rico y el resto de América Latina, Europa y Norte América, se practican gigantescas operaciones policiales contra el tráfico y consumo de drogas, sobre los mismos entendidos y en función de los mismos objetivos. Como sucede en la Europa prohibicionista, el rasgo característico del Caribe (pos)colonial es el mimetismo, la réplica de los modelos prohibicionistas del Estado de Ley norteamericano, la imitación de sus prácticas interventoras, la repetición de sus prejuicios culturales dominantes y correlativas crueldades punitivas...

Pero la realidad es que las intolerancias prohibicionistas del régimen de gobierno cubano se materializan en prácticas represivas particularmente más violentas y crueles que en otros países, quizá, en parte, porque sus fundamentos ideológicos no descansan sólo en las retóricas de la Salud Pública sino en las de la Moral del Estado, que, como análoga encarnación del severo Dios-Padre del Antiguo testamento bíblico, debe castigar severamente a los hijos que lo desobedezcan. Cuba ha declarado la "guerra a muerte" al Demonio (pos)moderno de las drogas. Y, así como cualquier otro Estado de Ley, por religiosa devoción pastoral, trata a la ciudadanía como si se tratara de rebaños...

En un artículo publicado en España a principios de 2003 – según su autor- la "guerra a muerte" contra las drogas, desatada por las autoridades, luego de reconocer la existencia de "un incipiente mercado interno" de consumo y venta de estupefacientes, incluye la promulgación de un decreto-ley que dispone la confiscación de las viviendas, tierras y bienes inmuebles de aquellos que trafiquen, produzcan o consuman drogas.[117] Ya en 1999, el Parlamento cubano aprobó una modificación del Código Penal que endureció sensiblemente las sanciones contra el tráfico de drogas. Desde entonces, en los casos más graves, cuando se trata de operaciones de narcotráfico internacional o si en el comercio ilegal de drogas están implicados funcionarios del Estado, las sanciones pueden llegar hasta 30 años de cárcel o

---

[117] M. Vicent; "Cuba declara la guerra a las drogas"; *El País,* 2 de feb. de 2003.

incluso a la pena de muerte.[118] Según el articulo citado, las suertes de la represión, redadas, arrestos, etc., no han sido tampoco eficaces ni efectivas:

> "A pesar de la severidad de las sanciones, la captura de ciudadanos extranjeros que trataban de utilizar el territorio cubano para introducir droga en Estados Unidos o Europa no disminuyó. La venta clandestina de drogas en La Habana y otras ciudades de la isla tampoco se redujo pero, por el contrario, aumentó en los últimos años, lo que disparó la alarma y determinó que el Gobierno cubano emprendiese la actual ofensiva."[119]

Funcionarios cubanos –según el texto citado- aseguran que las redadas y arrestos recientes muy pronto tendrán traducción en juicios públicos, en los que se procesará tanto a ciudadanos cubanos como extranjeros. Y cita a un abogado cubano:

> "Los tribunales ahora aplicarán las penas con mayor severidad, y también harán uso de los nuevos instrumentos legales creados para combatir el tráfico de drogas."[120]

El Estado de Ley cubano, como cualquier Estado de Ley contemporáneo, integra a la par de la severidad de sus leyes contra las drogas un amplio registro de ilegalismos. Por decreto legal (ley 232 firmada en enero de 2002) Cuba es escenario de ofensivas contra las *ilegalidades,* que abarcan desde la venta de puros en el mercado negro al alquiler de casas o cuartos sin autorización oficial, pasando por los taxis clandestinos, el ejercicio del trabajo por cuenta propia en profesiones no legalizadas o el extendido alquiler particular de películas de video.[121] Las penas varían desde

---

[118] Ídem.

[119] Ídem.

[120] Ídem.

[121] Ídem.

el desalojo de las tierras a campesinos que cultiven marihuana, la confiscación de propiedades a usuarios o comerciantes de drogas ilegales u otros bienes prohibidos por las leyes estatales (incluyendo la pornografía y la prostitución), el encierro y hasta la pena de muerte. La convocatoria a la sociedad a que se identifique en la Razón de Estado se practica en idénticos términos que en cualquier otro régimen prohibicionista. En Puerto Rico convoca el Estado a la sociedad civil y en Cuba a los *revolucionarios*. Los Comités de Defensa de la Revolución –por ejemplo- hicieron un llamamiento a sus miembros para que denuncien en cada barrio a los presuntos traficantes, y paralelamente a las redadas, las autoridades han iniciado una campaña preventiva en televisión contra la droga. Al nivel de escuelas, instituciones comunitarias y servicios del Ministerio de Salud Pública se imparten programas de preparación, así como de atención terapéutica a los toxicómanos.[122] La manipulación mediática también formaría parte de esta "guerra (inter)nacional". Según una editorial del *Granma*, Cuba utilizaría todos "los recursos que hagan falta para el combate a muerte contra el narcotráfico internacional y el incipiente mercado interno que vulgares delincuentes foráneos y nacionales tratan de estimular". Según el *Granma* la fuente de entrada de droga en la isla son mayormente el resultado de las operaciones de narcotráfico internacional, en su tránsito hacia Estados Unidos. Algunas de los cuales "son escamoteadas por elementos inescrupulosos y delincuenciales con afán de lucro". En adición a ello –continúa la cita- "se dan casos de delincuentes extranjeros con pretensiones de utilizar nuestro país, no sólo como ruta de tránsito, sino también imponer semejante e inmoral negocio, asociándose para ello a elementos locales también dispuestos, a cualquier precio, a promover tan deleznables prácticas."[123]

Disolución de las diferencias entre países "productores" y "consumidores"

Ante la progresiva consolidación global de la ideología prohibicionista y esgrimiendo una crítica radical a las terribles consecuencias sociales que se desprenden de ésta, se han activado

---

[122] Ídem.

[123] Ídem.

movimientos en distintas partes del mundo para favorecer alternativas despenalizadoras, entendidas éstas como la clave para aliviar el embate de las violencias y delincuencias que el Estado mismo ha provocado mediante la criminalización del espectral mundo de las drogas. Sin duda, habría que coincidir con García Márquez en que:

> "Son esos métodos, más que la droga misma, los que han causado, complicado o agravado los males mayores que padecen tanto los países productores como los consumidores."[124]

Y habría que coincidir nuevamente con él, que en estos tiempos urge:

> "Poner término a la guerra interesada, perniciosa e inútil que nos han impuesto los países consumidores y afrontar el problema de la droga en el mundo como un asunto primordial de naturaleza ética y de carácter político..."[125]

Pero aunque el discurso oficial criminaliza indiscriminadamente a todo el espectro de hibridaciones relacionadas "al mundo de las drogas ilegales", es preciso destacar que existen diferencias significativas que deben ser consideradas y enseguida problematizadas. Una de ellas es la distinción categórica entre "países productores" y "países consumidores". Distinción que, aunque es utilizada también por las *resistencias* a las políticas prohibicionistas no deja de ser sospechosa. Ciertamente la fuerza prohibicionista de los países del "primer mundo" goza de un poder hegemónico global, en el que el lenguaje de su dominación está caracterizado por eufemismos ideológicos que en esencia siguen denotando los mismos prejuicios racistas y xenofóbicos que han caracterizado las historias de Occidente. Entre ellos, destaca la presunción generalizada de que los productores son, por

---

[124] G. García Márquez; "Apuntes para un debate sobre las drogas" (1993) en http://www.punksunidos.com.

[125] Ídem.

lo general, extranjeros, y los consumidores las víctimas domésticas. Otro mito de similar costura y común en la escena mediática –por ejemplo- es la explotación del equivalente imaginario entre narcotráfico y guerrilla, divisa publicitaria ésta de las campañas intervensionistas.[126] Pero aunque comparto en gran medida el espíritu de la postura crítica de García Márquez, éste mantiene un equívoco en su discurso que tiene un efecto ideológico confuso. Así como tantos otros escritores latinoamericanos y europeos, centra la crítica más radical de sus posturas contra la figura imperial norteamericana y sus sombras más devotas, como el gobierno español y demás potencias europeas. Ciertamente el papel preponderante que juegan las potencias económicas, políticas y militares que se representan a sí mismas como esencialmente "países consumidores", significando este término como víctimas de las invasiones extranjeras, es innegable. Pero "el problema de la droga", afrontado como un asunto primordial de naturaleza ética y política, no es una *imposición* de los países "consumidores" a los "productores". Esta dicotomía esencialista no sólo tiene un efecto sobre-simplificador sino que comparte el mismo efecto ideológico invisibilizador del discurso imperial que pretende combatir. La inversión retórica de las posiciones no resuelve gran cosa, pues la mecánica del binomio opresor/oprimido, colonizador/colonizado, etc., está trastocada radicalmente en la actual condición de época. El opresor ahora parece que *oprime* por arreglo consentido a la voluntad del oprimido, ya porque su *interior* está habitado y regido por el espíritu del opresor, o simplemente porque ha convenido en aceptar los términos de la sumisión. Condiciones éstas que, entre otras más complejas, disuelven en la unidad prohibicionista las diferencias que se representaban cómodamente en estas categorías: ponen en su lugar la noción de un pacto consagrado en la Ley.[127] Y es que en la actualidad no existe una diferencia

---

[126] Sobre este tema y sobre los relacionados a las intervenciones militares en regiones latinoamericanas, y las opciones alternativas de los sectores afectados, principalmente campesinos pobres, véase –por ejemplo- los artículos publicados en *The Narco News Bulletin* en http://www.narconews.com.

[127] La gran cantidad de foros internacionales activados por instancias privadas y gubernamentales para lidiar con el problema criminal que –insisten- les representa el mundo del narcotráfico ilegal, evidencia mi crítica. Tal es el ejemplo de la II Asamblea General de la Conferencia Parlamentaria de las Américas, celebrada del 19-23 de julio de 2000, en Río Grande, Puerto Rico. En

radicalmente cualitativa con respecto a los enfoques anti-drogas entre los sectores más conservadores de los países americanos y europeos, y tampoco entre los sectores que dentro de los estados nacionales se representan como alternativas a los mismos. Trátese ya de las posturas de la derecha reaccionaria o de la izquierda *revolucionaria*, repartidas en la escena mediática y cultural, todos comparten y avalan la misma racionalidad punitiva de la Ley en clave prohibicionista (aunque algunos crean que no es una variante punitiva la imposición del tratamiento rehabilitativo y la estigmatización de los usuarios en enfermos). Esta es una de las claves de la mutación de lo político en la condición posmoderna, que para efectos de la crítica a la ideología imperial del prohibicionismo puede ser traducida a una la fusión de las diferencias entre la izquierda y la derecha, como efecto político del poder hegemónico de la Ley.

Siguiendo la rítmica del siglo XX, en los inicios del siglo XXI el poder público no dejaría de pensarse a sí mismo como guardián legítimo de la moralidad privada. La estrategia general de la política del prohibicionismo se soporta sobre la conversión ideológica de los problemas políticos de los estados, de gobernabilidad, a cuestiones de índole moral. La etiqueta política dominante de la Moral es lo suficientemente abstracta como para que pueda trascender las fronteras de la Identidad nacional. Desde la gran ilusión de que existe en realidad una Gran Moral compartida entre los pueblos del mundo y que repudia "las drogas", borra las diferencias culturales, que se disuelven en la imaginación totalizadora de la Ley, en su voluntad política de unificar a *todos*, igualitariamente, bajo sus dominios. La América que en Eduardo Galeano quiere "ser como ellos", mantiene viva la ingenua consigna de "un mundo sin drogas, es posible". Objetivo estratégico éste que, además de ilusorio porque es sencillamente imposible de realizar, es también indeseable. El mundo de las drogas prohibidas es un mundo imaginario, pues las drogas hoy

---

el acta de la sesión de trabajo sobre narcotráfico, esta Asamblea se limita a repetir todas las claves del paradigma prohibicionista habitual, y orientan sus esfuerzos hacia su consolidación práctica, es decir, al cultivo de los tabúes, prejuicios ideológicos, retóricas de miedo y prácticas represivas. Entre los Estados Nacionales implicados en la política prohibicionista y punitiva contra "las drogas ilegales", se hace mención de Perú, Ecuador, Brasil, Costa Rica, Colombia, Venezuela, Uruguay y España.

prohibidas lo son, sobre todo, por defecto de las fantasías morales de sus detractores, a quienes les basta el sólo hecho de que estén prohibidas para creer que lo están porque en realidad representan y constituyen la raíz de gran parte de los males sociales. Ilusión ésta de la que sacan partida los beneficiarios de las prohibiciones, que han convertido las moralidades represivas en fuentes de inmensos ingresos económicos, puestos de empleo y carreras profesionales...

Pero hoy, como desde hace mucho tiempo, aparecen drogas nuevas que se pueden producir prácticamente en cualquier casa, y cualquier lugar puede ser un laboratorio, una fabrica, una tienda. Ante la posible disminución de las drogas ilegales tradicionales, por efecto de la destrucción de sus cultivos, las tecnologías modernas, además, hacen posible que se disuelvan las fronteras del mercado y posibilitan el auge incontenible y global de la producción de drogas *artificiales*. El mercado ya se ha hecho lugar seguro en las redes de Internet, y la demanda se esparce por espacios en los que los estados no pueden tener acceso, si no es mediante crudas violaciones a la privacidad de la ciudadanía, las intimidades individuales o compartidas, infringiendo, en fin, los derechos más básicos de toda posible convivencia social...

El debate sobre la legalización en Latinoamérica

Una de las razones por las que se pude hablar sin tapujos de "imposición" cuando se habla de la relación de América Latina con las políticas prohibicionistas norteamericanas, es simplemente por el hecho de que el gobierno de los Estados Unidos condiciona su relación con estos gobiernos al cumplimiento pleno de sus propios términos, que no están sujetos a negociaciones si acaso la negociación le resultara inconveniente. Tras la fachada de alianza diplomática entre gobiernos, de colaboración en la guerra contra el narcotráfico, existe una política de chantaje y manipulación, de amenaza y de terror. En un artículo publicado en Internet en 2003, Ethan Nadelman, fundador y director ejecutivo del Drug Policy Alliance en New York, destaca que:

"The futility of the war on drugs has long been obvious, but the evidence of failure grows starker each year. Attacking the supply side has yielded nothing: Drugs are cheaper, purer, and more plentiful than ever."[128]

Y añade:

"Far from improving the health of nations, the war on drugs has cut a swath of misery and corruption throughout Latin America.(…) The enormous economic dislocation and intensifying waves of social unrest in Latin America are the results of failed prohibitionist policies, not drugs per se."[129]

Más adelante reconoce:

"In all of human history, no society has ever been drug free, nor will any be so in the future. Drugs are not going to disappear; the challenge is to mitigate the harm they cause."[130]

Dentro de este contexto sostiene que la ruta alternativa más sabia que podría tomar Latinoamérica sería la de la legalización, aunque advierte que todavía, aunque es la solución más sensata, sigue siendo considerada como una opción demasiado radical: "es una solución de sentido común a la que aún no le ha llegado su momento". Pero destaca que se trata de una política pragmática que trata a las drogas "como lo que son": un asunto de salud pública y no de justicia criminal". Su propuesta cierra con la siguiente sentencia:

"Now is a propitious moment for Latin America to break with the drug policies imposed on it by the United States."[131]

---

[128] E. Nadelman; "Addicted to Failure", julio-agosto de 2003; en http://www.foreignpolicy.com.

[129] Ídem.

[130] Ídem.

[131] Ídem.

Pero el problema político de la demonización de las drogas tiene por extensión lógica del carácter despótico sobre el que se sostiene la imaginería prohibicionista la demonización no sólo de usuarios o comerciantes, sino de quien quiera que hable a favor de la despenalización, no sólo total, sino incluso de quienes proponen que el Estado mantenga un relativo control sobre las mismas mediante los modelos legalizadores.[132] Según Silvia Inchaurraga (presidenta de la Asociación de Reducción de Daños de la Argentina (ARDA) y secretaria ejecutiva de la Red Latino-americana de Reducción de Daños (Relard)) en Argentina, como en otras partes del mundo, la satanización no es sólo de las drogas, sino también de las ideas y de los defensores de la antiprohibición, son resultado de un acercamiento confuso por parte de muchos que discuten el tema, y, claro, de una política oficial global estadounidense que no abre espacio para un debate más amplio.[133] Según Inchaurraga:

> "Legalizar las drogas no es legalizar las sustancias, es legalizar un acercamiento más racional, efectivo y humano de los problemas asociados con ellas y con su consumo. Es una alternativa a la actual legalización de mentiras... (…) La legalización es una alternativa a los daños de la prohibición: contaminación de SIDA por el uso de jeringas, violencia policial, mercado clandestino, adulteración de sustancias y sobredosis"[134]

Compartiendo la misma impresión, el economista y estudioso del narcotráfico peruano, Hugo Cabiesses, afirma que actualmente el debate al respecto de la legalización en su país es casi nulo. "Cuando alguien propone un debate al respecto o es

---

[132] La alternativa de legalización propuesta desde el escenario latinoamericano, aunque tienen variantes singulares dentro de un mismo horizonte *despenalizador*, aparecen condensadas en el libro del argentino Elías Neuman, *La Legalización de las drogas*, Editorial *Depalma*, Buenos Aires, 1991.

[133] S. Inchaurraga según citada en R. Rovai; "El debate sobre la legalización de las drogas en América Latina", Revista *Forum*, 28 de agosto de 2003; en http://www.narconews.com.

[134] Ídem.

satanizado o ignorado, lo que es todavía peor".[135] Cabiesses sostiene que eso sucede a consecuencia de las presiones del gobierno de los Estados Unidos, pero que individualmente existen ministros y funcionarios de alto rango que piensan que la mejor salida para el problema del narcotráfico es la legalización, "pero tienen miedo de manifestarse públicamente".[136] Y muy posiblemente en todos los países donde la política pública esté regida por la ideología prohibicionista y sus correlativos intereses económicos y políticos, la suerte no sea otra, aunque, como dice el periodista brasileño, Hélio Schwartsman:

> "El día en que las drogas estuvieran legalizadas, el poder del narcotraficante no sería mayor del que tiene el dueño de la farmacia".[137]

Lo cierto es que no deja de ser un motivo de sospecha el hecho de que los gobiernos latinoamericanos, aún a sabiendas de que la política prohibicionista no sólo no resuelve los males que promete resolver sino que ocasiona males aún de peor envergadura, persistan maniáticamente en seguir al pie de la letra los deseos y mandamientos del gobierno estadounidense. Y bien podría pensarse que no se trata de eso, que los gobernantes creen genuinamente en las razones que "ellos mismos" sostienen para legitimar moralmente la "guerra a las drogas", incluso que crean que en verdad sus represiones favorecen a la humanidad entera. Lo que no deja de ser cierto es que Estados Unidos tiene intereses paralelos al de "erradicar el mal de las drogas en el mundo". Y cierto es que sus intereses económicos, políticos y militares en la región latinoamericana se podrían ver seriamente afectados si los gobiernos optaran por *legalizar* las drogas. Alberto Giordano (periodista estadounidense y editor de narconews.com), uno de los mayores actores de la legalización de las drogas, pregunta:

---

[135] H.Cabiesses según citado en en R.Rovai; "El debate sobre la legalización de las drogas en América Latina"; Op.cit.

[136] Ídem.

[137] H.Shwartsman según citado en en R.Rovai; "El debate sobre la legalización de las drogas en América Latina"; Op.cit.

"¿Cuál sería la justificación de los Estados Unidos para de alguna forma tener a sus fuerzas armadas actuando de manera consentida en países como Bolivia, Perú, Colombia y Ecuador, por ejemplo, si las drogas fueran tratadas como un problema social y de salud pública?"[138]

Pienso que la respuesta a esta pregunta, lamentablemente, no será dada por la lógica esperada de Giordano. El narcotráfico es hoy un pretexto de la intervención militar norteamericana en el resto de América, es verdad, pero su descriminalización no tendría por qué traducirse en la retirada militar de la región. Los intereses sobre los que se sostiene no son tan frágiles como lo que representa en la escena mediática como su justificación inmediata. Podría pensarse que también llegara un oscuro día en que al fin hubieran destruido todos los sembradíos y ya no hubiera materia prima en el continente para ese tipo de drogas. Al ritmo que llevan, y con el ímpetu que lo mantienen, eso quizá sería más posible que la legalización. Es el principio de la racionalidad militar: destruir al enemigo, no consentir ni ceder ni negociar, simplemente eliminarlo. Pero, incluso si desistieran de hacerlo, que alguna vez sucediera que los gobiernos cambiaran de parecer y reconocieran que la legalidad de las drogas es política y económicamente más conveniente y provechosa que la prohibición, sin duda el gobierno estadounidense encontraría otra razón para justificar su presencia militar en Latinoamérica, y el terrorismo es una de ellas. La desmilitarización de América es el horizonte de una alternativa sobre la que habría que preguntarse de otro modo, pues las fuerzas del consentimiento parecen ser más poderosas aún que las de los sometimientos por la fuerza. Sobre este entendido se sostienen las bases más sólidas de la dominación en el Estado de Ley. La ideología global de la prohibición no se sostiene sobre las represiones que ejerce en las poblaciones más débiles en fuerza, como sucede con los campesinos que cultivan ilegalidades para ganarse la vida, o en las juventudes que practican inmoralidades para elevarse al nivel de una imagen que confunde el Ser por el Tener y que estos tiempos

---

[138] A.Giordano según citado en R.Rovai; "El debate sobre la legalización de las drogas en América Latina"; Op.cit.

imponen mediante infinidad de seducciones. No se sostiene por la cruda realidad de un mundo exterior depravado, insensible o carente de valores. Se sostiene por otro orden de la realidad, el que está fuertemente arraigado en lo más profundo de las conciencias, es decir, en la superficie de las creencias culturales, de la moral dominante, articulada con los lenguajes de la Ley y diseñadas para preservar, expandir y perpetuar sus dominios.

Lo más terrible de la prohibición y sus embates, no sólo para sus víctimas inmediatas, maleantes, drogadictos o víctimas inocentes, sino para la vida social en su conjunto, es que todas sus represiones, sus violencias y crueldades, pertenecen al imaginario social democrático y los gobiernos actúan legítimamente como sus representantes. Ahí la pertinencia de no confundir el Derecho con la Ley, de apropiarse de esta categoría política y resignificarla alternativamente, desde la crítica radical a las prácticas actuales del Estado de Ley hasta la reivindicación de las libertades esenciales de cada sujeto humano, la singularidad de su existencia, la inviolabilidad de su dignidad, de su privacidad, su intimidad... su cuerpo... su vida. Es ésta la clave para reinventar la imaginería democrática, es decir, las condiciones ideológicas para vivir lo social de alguna otra manera...

Moraleja: más acá de las drogas

No todo lo que la mayor parte de la gente favorezca o considere de Bien común, desee o repudie, tendría por qué convertirse en ley. Que la mayoría lo desee no debe ser el fundamento legitimador por excelencia, pues el sólo hecho de ser mayorías no convierte el deseo en democrático, en bueno o justo, simplemente lo hace mayoritario. Los deseos colectivos no por ello son menos genuinos, pero su valor para la vida no radica ahí, en una consideración cuantitativa *interpretada*, o más bien confundida, como una expresión cualitativa o trascendental. No existe fórmula alguna para resolver esta cuestión, pero vale la pena reconocer que la fórmula actual, que las fiebres sociales de hacer de todas sus ocurrencias Ley, no hace sino formalizar dentro del lenguaje jurídico deseos que, muy probablemente, sólo puedan resolverse fuera de sus dominios. Demasiadas leyes son hoy inútiles, no resuelven lo que prometen y a veces lo que prometen se traduce de inmediato en problemas mayores que los que pretende resolver. Tal sucede con todas las leyes que mantienen la manía de meterse en la vida íntima de las personas, y que por cuestiones morales justifican violarlas, como sucede con las leyes sobre la sexualidad en general, incluyendo el consumo de drogas. El Estado, desde la óptica del Derecho, no debe intervenir abusivamente y sin reservas sobre la moralidad individual, pues esto lo convierte en perseguidor de los vicios de la gente, de sus gustos personales, de sus preferencias sexuales o estilos de vida, de sus creencias, tal y como sucedió en tiempos de la Inquisición y consecuentemente en sus modernas analogías...

...y cada cual tendrá, como siempre ha tenido, *su* propia opinión sobre las cosas de este mundo, y así, a quien le parezca que el consumo de drogas es un problema, pues bien, es su opinión y en ella su propio problema. Tal sucede con quien no comulga con otros colores de piel diferentes al suyo, o no le gusta de donde viene la otra persona o le molesta como ésta vive su propia vida. Podrá ser, para su conveniencia y con arreglo a su propia conciencia, racista, xenofóbico, homofóbico, o lo que quiera. Pero para la persona singular que así piensa esto no constituye un problema más allá de su propia conciencia, y su solución no depende realmente del Otro que no le agrada, sino de sí mismo. El problema, en fin, es tan real como lo son los celos imaginarios en una relación de pareja, y resolverlo es sólo posible en su propia cabeza. Pero el problema mayor surge en el momento en que esta opinión adquiere la fuerza de la Ley para imponerse. Es una de las enseñanzas históricas de los estados modernos, que *aprendieron* que la Iglesia, o cualquier fe dogmática, no *podía* continuar teniendo un brazo armado para imponer a todos por igual sus creencias. Kierkegard lo recordaba en sus escritos. Aunque en estos tiempos, en la materialidad de sus prácticas apenas pueda diferenciarse entre el Dios totalitario y severo de la Iglesia y la voluntad imperial de la Ley en el Estado moderno. La Moral sigue siendo un signo unificador de ambos registros ideológicos absolutistas...

La fuerza acaparadora de la Ley no es superior intelectualmente, ni tiene más razón ni mucho menos es más sensible a las dolencias, angustias, sentimientos, deseos o anhelos que las razones que cada vida singular puedan tener sobre ellos. Es superior porque es más fuerte. Pascal lo recordaba hace siglos, y siglos antes Platón y desde entonces hasta *nuestros* días, aunque ocultándolo entre eufemismos estadistas y ficciones políticas y jurídicas, casi todas las filosofías e historias de la Ley. Thoureau lo reiteraría reivindicando el principio de la desobediencia ante la voluntad absolutista del Estado de Ley…

¿Qué hacer, pues, sobre el "problema de las drogas"? ¡Despenalizar sus usos, descriminalizar a sus usuarios! Ante las dudas, baste recordar que hay moralidades más dañinas que las drogas mismas; creencias culturales que, convertidas en Ley, resultan más crueles que la crueldad a la que somete un adicto su propio cuerpo y existencia…; hay amoríos que, generalizados a todos por *igual*, se hacen más dolientes para los amados que los odios más despiadados de quienes se resienten por sus *diferencias*…

Consideraciones finales: el Derecho como ética-política alternativa

Estas últimas líneas no guardan pretensión de fórmula alguna, simplemente pretendo en ellas delinear una vez más algunas claves para resignificar, crítica y reflexivamente, el Derecho como signo de resistencia política alternativa al dominio imperial de la Ley. La despenalización de las drogas, de todas las drogas, es sólo un ápice dentro del gran escenario en el que se desenvuelven sus posibilidades y contrariedades…

Pienso que -desde esta posición- para hacer valer el Derecho no se trataría más de preguntar ni siquiera quién es tal o cual persona, pues basta reconocer el solo hecho de que *es*… No condicionaría sus ofrecimientos, porque no tiene más que ofrecer que lo que cada cual, en su singularidad existencial, esté o no dispuesto a reivindicar en su nombre. Al fin y al cabo, se trata de una mera palabra, poderosa, peligrosa y prometedora, es verdad, pero una palabra al fin. Por esta condición, como la libertad, está sujetada a infinidad de variaciones, tanto bajo los registros indefinidos de posibles significaciones como bajo los signos de otra infinidad de actuaciones. Es un significante que sólo designa una condición indeterminada de la vida: la posibilidad de tomar partida en ella, de transformar sus suertes y sus determinaciones, de resignarse o no ante ellas, de renunciar o no a los intentos por "transformarla"… Decir o escribir Derecho no es designar el ánimo humano o su carencia para rendirse o soportar las frustraciones de la vida, sus amarguras y demás miserias, anhelos e ilusiones. La palabra denota un verbo porque es acción, pero ésta no puede contenerse definitivamente en lo decible o en la escritura... No es un misterio indescifrable o inaccesible al entendimiento, pero puede prescindir de toda comprensión para darse cuerpo propio, para bien o mal, en el acto de cualquier reivindicación sobre la propia ilusión de mismidad, de relativa autonomía existencial, de sí mismo sobre sí...

Ningún poder centralizador puede contener los campos de acción que se suscriben bajo su registro, ni el Estado ni la Moral, ni la Cultura ni la Ley. El Derecho es signo de un riesgo permanente, y sólo adquiere algún sentido al calor de sus usos, de las luchas que se libran bajo su registro. No es una cualidad humana ni tampoco una ilusión de sus fantasías trascendentales. Es una postura anímica ante la vida, una actuación social. Ahí su materialidad política. En un lenguaje jurídico sólo puede traducirse como la fuerza singular de cada cual para hacer valer o restarle valor a su propia vida. Ahí las posibilidades de juntar fuerzas y realizar proyectos colectivos, de procurar seguridad entre las gentes y bienestar de entre sus acciones. El Derecho es, pues, la clave de la posibilidad de solidaridades... Pero también la posibilidad de disentir, de oponerse, de abstenerse, de negarse a participar o de hacerlo de otra manera... de resistir las sujeciones a las que no interese someterse por razones o sin ellas...

El Derecho no es la fuerza legítima de las mayorías, silentes o ensordecedoras. Ya entre silencios o entre griterías, es la clave de todos los sentidos posibles que puedan dárseles a los trajines de la vida social en relación sin un afuera posible de sus irremediables represiones. No puede reducírsele a las prescripciones y ordenanzas de las leyes estatales o a los mandamientos de las moralidades dominantes. Es semblante legitimador de toda violencia que lucha o resiste por vivir la vida a su manera, aunque *su* manera tampoco sea del todo suya y su resistencia o lucha no sea más que el acto de su pasividad ante la vida. Manera que puede coincidir con los deseos de las mayorías, sí. Pero también puede hacerlo contra ellas o a pesar de ellas. El Derecho encarna o anima todos los registros de las más diversas ilusiones libertarias, sus campos representacionales, los deseos de los que no puede dar cuenta racional y sus racionalidades y demás pasiones. No habita en el Ser. No se puede poseer plenamente, pero tampoco prescindir absolutamente de él. Ahí la diferencia más radical de entre lo humano-social y lo animal, la máquina, el maniquí o la marioneta. Es el signo de una fuerza en potencia, un arma y una armadura; para la imaginería política es análogo a una flor inventada por la poesía, que no desvirtúa su hermosura por estar llena de espinas; la tinta más oscura con la que se podrían rescribir o alterar los libretos forzados de la Historia y la Cultura; una herida sangrante en el poderos cuerpo de la Ley y a la vez una posible pócima sanatoria. Bajo sus dominios puede el Derecho convertirse en la voz embriagante y alucinatoria de las más elevadas ilusiones democráticas y a la vez trocarse en veneno mortal para el alma del Rey creído encarnación de Dios, entre sus seudónimos modernos Estado, Nación o su predilecto, Pueblo...

El Derecho es un acto siempre actuado como presencia interior del Otro a la vez que como fuerza indómita que lo resiste desde lo más profundo de la condición humana, que es la de ser sujeto...; pero es el signo de una sujeción que a la vez es potencia que libera... Es apariencia de una paradoja irresoluble, pero que tiene una materialidad muy concreta, la del cuerpo aprisionado por un espíritu, que siente y que padece, que odia y ama en un mismo movimiento, que desvaría y piensa y se imagina a veces vacío y en ocasiones completo... Es el nombre de la fuerza en resistencia a todo poder que la niega o que pretende someterla a pesar de ella... Pero, no obstante esta apología libertaria, ¿acaso deja de ser un derecho el sometimiento voluntario a la sumisión, el consentimiento racional a la dominación? No, claro que no. Por eso o a su pesar, tal vez, sus luchas más prometedoras se libran siempre en su devenir... solitariamente y en silencio...

Segunda Unidad

Antología de ponencias y ensayos investigativos
(2005-2015)

El discurso criminal y la ideología prohibicionista en el Estado de Ley de Puerto Rico[1]

...no son los signos que apuntan sus miras a las infinitas mutaciones cosméticas de la (pos)modernidad los que debemos rastrear, investigar y descifrar con mayor urgencia, cuando escudriñamos el carácter eminentemente ficcional de ese meta-fenómeno histórico-político-social que es lo criminal. Principalmente porque estos signos que aparentan cambios radicales pertenecen a un mismo registro ideológico, al consagrado en el habitual orden del terror que subyace a todas las racionalidades prohibicionistas bajo un gran signo de apariencia inmutable, el de la Razón del Estado de Ley. Es a la dinámica de las ilusiones que se procuran desde ellas mismas que debemos orientar nuestra mirada, a los efectos que tienen lugar a partir de ellas; condicionados, movidos y sostenidos por ellas...

Preámbulo

...a principios de mayo de este año leía un titular en *El Nuevo Día*: "Aparece un nuevo tipo de criminal sin respeto a la vida"[2] Este titular repetía las palabras del superintendente de la Policía, Pedro Toledo, y cita:

> "El criminal de antes iba directamente a su rival. Pero este criminal nuevo no tiene el más mínimo respeto por la vida humana y si tiene que disparar y matar niños no le importa."

---

[1] Ponencia presentada como presentación del libro *El espectro criminal*, en la sala de conferencias de la Biblioteca Lázaro, en la Universidad de Puerto Rico, Recinto de Río Piedras, el miércoles 1 de junio de 2005. Una versión preliminar fue presentada bajo el título **"De lo criminal en el Estado de Ley: variaciones retóricas de una misma práctica política de gobierno"**, en el conversatorio "Ficciones criminológicas, (de)construcción y Derecho", organizado por el Departamento de Sociología y Antropología de la Facultad de Ciencias Sociales, de la Universidad de Puerto Rico, Recinto de Río Piedras, el lunes 14 de marzo de 2005.

[2] Santana Ortiz, Mario; "Aparece un nuevo tipo de criminal sin respeto a la vida"; *El Nuevo Día*, miércoles, 11 de mayo de 2005; sección Policías y Tribunales; p.53.

Teniendo éstas palabras como telón de fondo la cruel muerte de una niña que fue usada como escudo humano en un tiroteo, el superintendente abunda sobre el perfil de este "nuevo tipo de criminal":

> "...es una persona joven, que ha adquirido cierto poder económico gracias al narcotráfico, y que usa otros jóvenes para su negocio."

Lo interesante y que resalta de inmediato es que esta descripción vale perfectamente para cualquier personaje en una película de gángsters desarrollada en los tiempos de la prohibición del alcohol, como sugiere la histórica o mítica figura de Al Capone en *The Untouchables* (interpretado por Robert De Niro en 1987), mientras la estrella de la película, el actor Kevin Costner encarnaba la figura obsesiva de Eliot Ness, heroizado y paradójicamente ridiculizado, un agente federal que consagra su vida a hacer valer la Ley de la prohibición a toda costa y a cualquier precio, sin escatimar recursos de la más extrema violencia, incluso ilegales. Lo que, a propósito del carácter policial obsesivo, vale recordar que unos días después de las declaraciones del Superintendente de la Policía – como "hecho aislado"- las autoridades sometieron cargos criminales a tres oficiales de la Policía acusados por asesinato. Según la información publicada, los oficiales arrestaron a un individuo en el residencial público donde vivía, lo esposaron y apalearon aunque éste no opuso ninguna resistencia, según testigos citados. Al día siguiente murió por hemorragias internas, según la autopsia. La razón de los policías para intervenir: sospechaban que poseía sustancias controladas.[3]

Siguiendo el rastro a este "nuevo criminal", cuya aparición anuncia el Superintendente Toledo, podemos identificar su guarida predilecta en el mundo del cine. Bajo el mismo género de drama criminal o policial, por ejemplo, en las clásicas matanzas familiares entre mafias en las secuelas de *The Godfather* (1972), de principios de los años setenta Aunque aun más resalta el parecido entre el perfil de este "nuevo criminal" y el personaje principal de la película *Scar Face*, originalmente puesta en escena en 1932, y rehecha en 1983. Al

---

[3] En Associated Press; "A enfrentar cargos por asesinato tres policías"; *El Nuevo Día*, jueves, 12 de mayo de 2005.

Pacino interpreta a Tony Montana, que "...es una persona joven, que ha adquirido cierto poder económico gracias al narcotráfico, y que usa otros jóvenes para su negocio." Lo cierto es que esta descripción nada de nuevo tiene y Toledo lo sabe. La pregunta obligada sería entonces, si lo sabe, ¿por qué miente? Porque sabe que la ilusión de la aparición de un "nuevo criminal" más criminal aún que cualquier otro, es un recurso retórico efectivo para legitimar moralmente su obsesiva política de Mano Dura contra el Crimen. Sabe que el sólo hecho de hiperbolizar la maldad de este modo -hincharla, exagerarla- seduce, convoca y vende. Es la aplicación práctica de la fórmula aristotélica clásica: horrorizar primero, dar lástima después. Y lo hace porque sabe que el miedo de la gente ante las olas de violencia callejera puede ser manipulado. Violencias que acontecen por infinidad de razones o sin razones que se pierden bajo el ostentoso signo de lo criminal. Y habrá quien crea en su palabra y poniendo fe en ella sienta algún consuelo para sus amarguras, y lo mismo, tranquilidad para sus inseguridades. Pero lo cierto es que no deja de ser demagógica la retórica reciclada del superintendente de la Policía. Dice lo que cree que la gente común quiere escuchar, pero al parecer no sabe que por hacerlo deja por rastro cuantiosas estelas de tristeza, de angustia y dolor de seres queridos, víctimas de alguna que otra manera de esas violencias mortales, de las que el poder estatal es en gran parte autor e inspirador, cómplice y responsable. Y lo es, precisamente por representar lo criminal y sus violencias del modo como habitualmente acostumbra a hacerlo. Las promesas de Mano Dura sirven de consuelo para mucha gente, es verdad, pero a lo sumo ofrecen falsas ilusiones de seguridad, lo que pone en entredicho, y en primera instancia, la valía moral de sus promesas...

Mentiras piadosas son las respuestas que ofrecen las autoridades estatales frente a su incapacidad para lidiar con ese fantasma de lo criminal, que paradójicamente imagina, inventa y reinventa, que produce y reproduce y que, teniéndolo por real y verdadero, no cesa de escapársele de sus manos y de imposibilitársele su control absoluto. Sabemos que la figura de Autoridad del superintendente de la Policía goza de un relativo poder para influenciar la opinión pública dominante, y si logra hacer creer que ha aparecido un "nuevo criminal", entonces -desde su propia racionalidad- harían todo el sentido del mundo sus doctrinas represivas y punitivas adscritas a la política criminal de Mano Dura.

La retórica criminalizadora dominante arregla y rehace el escenario político-social en el que se desenvuelve el futuro ideal de un Estado policial; ideal que nos recuerda el filme de ciencia-ficción *Minority Report* (2002), donde el sistema judicial se sostiene por una avanzada tecnología de vigilancia –combinada con ingeniosas patrañas psíquicas- que posibilitan predecir el crimen antes de que acontezca y, por supuesto, detener al asesino antes de que incluso él mismo sepa que lo iba a ser alguna vez.

Este "nuevo criminal" -al que hace alusión Toledo- evoca más que otra cosa la genial dramatización de los asesinos a sueldo que interpretan los actores John Travolta y Samuel L. Jackson en *Pulp Fiction* (1994), de Quentin Tarantino. Y quizá un tanto también a Mickey y Malory (Woody Harrelson y Juliette Lewis) en *Natural Born Killers* (1994), convertidos en estrellas por los medios de información; antes el objeto caricaturesco de la vieja antropología criminal, hoy de la retorcida psiquiatría forense y las modernas hibridaciones criminológicas positivistas, todavía dominantes en el mundo académico...

Ciertamente existe una relación simbiótica entre la ciencia-ficción, el drama policial y criminal producido por la industria del cine, y los discursos oficiales en el Estado de Ley. Se intercambian y complementan mutuamente, comparten libretos y guiones, y se hacen ambos replicantes de las mismas actuaciones... Pero este discurso, todavía dominante en el mundo del cine *comercial*, también tiene sus inconsistencias y posibilita reinvertir roles tradicionales así como (re)presentar *realidades* alternas, omitidas, excluidas u ocluidas por lo general de las representaciones y lenguajes oficiales. Tal suerte acontece en la película *Traffic* (2002), que da al traste con la realidad monolítica del discurso estatal y policial, con el monólogo imperial de la Ley: cuando el juez y zar anti-drogas - interpretado por Michael Douglas- se da cuenta que su joven hija, linda y bien educada, inteligente y aplicada en el colegio, privilegiada con todas las comodidades, atendida y bien criada por sus padres, en fin, sin razón aparente, se droga...

Cómo se narran las historias que integran la guerra a las drogas, declarada por el gobierno norteamericano e interna-cionalizada por sus propias razones e intereses; cómo se representan lo criminal y la violencia en los lenguajes dominantes y marginales, desde las instancias de gobierno hasta los quehaceres intelectuales, desde los dogmas religiosos hasta los saberes populares, o sus correlatos, los prejuicios culturales, es de singular importancia para comprender el fenómeno de lo criminal y sus secuelas de violencia. La representación oficial de la guerra a las drogas invisibiliza las complejas relaciones humanas que se desenvuelven en torno a ella y consecuentemente oculta, impide, imposibilita que las problemáticas implicadas en ella sean asumidas con la seriedad y el tacto, la profundidad y la sensibilidad con que urgen ser tratadas...

Introducción

...la mayor parte del escrito que daré lectura esta noche a modo de presentación de mi libro *El espectro criminal* es, esencialmente, una ponencia que presenté a mediados de marzo, invitado por el departamento de Sociología y Antropología de la Facultad de Ciencias Sociales de este Recinto, a tratar algunas temáticas puntuales en mi libro. La actividad tenía por título el mismo que una de las partes del libro y que, por su pertinencia, creo que sirve aún y por largo rato de referente para todo cuanto vamos a hablar esta noche: *Ficciones criminológicas, (de)construcción y Derecho*.[4] Lo que he hecho, principalmente, es abundar un poco más la ponencia anterior y tratar de "poner al día" algunos datos que sirven de soporte y evidencia a mis investigaciones, líneas argumentativas y conclusiones sobre el tema de lo criminal. Demás está por decir que entre los meses de marzo hasta finales de mayo nada ha acontecido en nuestro orden social, político, económico y jurídico, que no sirva de fundamento para mis críticas más radicales a este orden, también policial y carcelario, represivo y punitivo. Mi trabajo intelectual sigue siendo, sobre todo, un análisis profundo y crítico de las racionalidades dominantes en las temáticas vinculadas al fenómeno de lo criminal y las prácticas sociales de la violencia en el Estado de Ley, tanto en el plano de lo judicial y legislativo, en el gobierno en general como en la dimensión teórica, si alguna, que le confiere en un mismo movimiento -a las múltiples y diversas modalidades de

---

[4] En "De lo criminal en el Estado de Ley: variaciones retóricas de una misma práctica de gobierno"; ponencia presentada en el conversatorio "Ficciones criminológicas, (de)construcción y Derecho", organizado por el Departamento de Sociología y Antropología de la Facultad de Ciencias Sociales, de la Universidad de Puerto Rico, Recinto de Río Piedras, el lunes 14 de marzo de 2005.

sus intervenciones- rango de autoridad con fundamento científico, fuerza política y legitimidad moral.

En esta ponencia procuraré condensar algunos temas clave que he desarrollado particularmente, aunque no con exclusividad, en *El espectro criminal*, donde afino determinados conceptos teóricos y políticos sobre la cuestión de lo criminal en el Estado de Ley, la imaginería prohibicionista y la terca manía de tener por derecho legítimo la cruel práctica de castigar y encerrar personas. Temas éstos que ya había empezado a tratar en mis primeros libros, *Violencias de Ley* (2001) y *Utopía Democrática* (2001). Aunque alguna parte de esta ponencia -debo confesar- lleva escrita un tiempo, y he reproducido, editado y refraseado algunos textos de otros escritos que he publicado en prensa e Internet durante los últimos años, he procurado contextualizarla en el aquí y el ahora, quizá como evidencia de la gran paradoja que caracteriza las grandes promesas de cambio y que, como titulé la pasada ponencia, no se tratan de otra cosa que de variaciones retóricas de una misma práctica política de gobierno.

La pertinencia más relevante desde el escenario académico-universitario es tal vez el hecho de que, entre sus huestes, demasiados todavía insisten en representar lo criminal y sus efectos en los mismos términos que los funcionarios de gobierno, y celebran como una gran invención y necesidad democrática las prohibiciones, y avalan y legitiman como inevitable sus crueles prácticas penales y carcelarias. Todavía profesores e intelectuales, "científicos sociales", "profesionales de la conducta humana", insisten en tratar el tema de lo criminal y la violencia como un problema de índole moral más que político, y hasta concluyen en el imperativo de fortalecer las instancias penales; en ampliar las intervenciones represivas; en hacer más severas las penas; vigilar más, controlar más, castigar más... Por sus bocas habla el Estado de Ley, policial y prohibicionista, y sus cátedras se convierten, de cierto modo, en voceras de los habituales prejuicios culturales y, peor aún, en ecos de las "buenas intenciones" de legisladores mal informados, políticos por sueldo y demás oportunistas...

El escenario de época en el que aparece este libro y en el que adquiere a plenitud su pertinencia, es, cuando poco, dramático; teatral y trágico; conmovedor, siniestro y fatal. Y lo es a pesar de que el hecho que podamos hablar del tema con toda la tranquilidad y seguridad que puede proveer el privilegiado espacio de la

Universidad, de algún modo tenga por efecto invisibilizar -o al menos suavizar- alguna parte significativa de su marcado dramatismo. Los acontecimientos relacionados bajo el signo de lo criminal durante los pasados tres meses nos sirven de referencia inmediata para evidenciar lo que digo.

Baste quizá haber escuchado sensiblemente -o quizá releer ahora con un poquito más de incredulidad- el recién mensaje sobre el estado de situación del país[5], pronunciado por el gobernador a principios de marzo. Sabido es habló de la "falta de honestidad" que ha caracterizado los mensajes de estado de situación durante las pasadas décadas y acentuó "en palabras sencillas", que "el gobierno no te ha resuelto tus problemas y gasta más que lo que tiene disponible." "Se ha vivido del cuento por demasiado tiempo" – enfatizó el gobernador-. Acto seguido de su dura crítica, enmarcó el recital de su libreto en la ostentosa frase la "Nueva Era de la Responsabilidad". Frase desde la que Puerto Rico se encaminaría por un "Nuevo Rumbo", fundamentado en "los valores y las fortalezas que tiene este pueblo" -entre las que destacó, claro, el "orgullo patrio" y "nuestra fe en Dios"-, claves éstas a partir de las que se haría realidad la "Agenda de Puerto Rico". Todo esto -según sostiene- se haría teniendo una "visión integrada de la sociedad" que él convendría en llamar "Triángulo del Éxito". Triángulo éste del que uno de sus tres lados sería, por supuesto, el referido a "la lucha contra el crimen." Las legislaciones, dentro de este "novedoso" escenario, deberían ser, pues, "responsables" y evitar seguir "legislando con parchos" para, en fin, tener un "país de primera."

Arreglada la retórica demagógica del gobierno, en su mensaje consagra nuevamente el modelo represivo del Estado de Ley, policial, prohibicionista y carcelero, como modelo legítimo, justo y necesario. La ideología de la Mano Dura, encarnada caricaturescamente en la figura del actual Superintendente de la Policía, Pedro Toledo, sigue siendo la racionalidad imperante en este modelo promovido y reforzado por la "nueva" administración de gobierno. Ya para justificar las medidas punitivas de moda o bien para legitimar sus habituales violencias coercitivas, se reitera en la

---

[5] Mensaje sobre el Estado de Situación del País del Gobernador del Estado Libre Asociado de Puerto Rico, Aníbal Acevedo Vilá ante la Decimoquinta Asamblea Legislativa, 9 de marzo de 2005; en www.endi.com.

desfachatada práctica de manipular la información sobre la situación de la criminalidad en el país:

> "En tan sólo dos meses ya se comienzan a ver los signos de que empezamos a ganar las primeras batallas. Hasta ayer, la Policía de Puerto Rico ha logrado una reducción de 15.2% en los asesinatos, 25 menos que el año anterior. Pero todavía queda mucho, mucho por hacer. Vamos a darle castigo seguro al criminal."

La pregunta obligada que debería hacerse cualquiera que tome en serio las problemáticas referidas a lo criminal sería, sin duda ¿qué tiene que ver una cosa con la otra? ¿Sobre qué base de conocimiento se sostiene esa forzada y extraña relación de causalidad entre el número de delitos registrados estadísticamente y el mes del año? Pero bueno, las preguntas sobre el tema ocuparían un espacio tremendo y no viene al caso ahora. Baste por el momento, reconocer que allí donde el gobierno celebra las primeras victorias se abren infinidad de dudas y de razones para sospechar. Sobre todo cuando sabemos que muchos académicos comulgan con estas retóricas y activan sus complicidades políticas bajo la fachada de "conocimiento científico". Además, resulta demasiado similar al discurso del ex gobernador Rosselló (sombra y resonancia local, tal vez, de la política criminal de Giuliani en Nueva York, y sin duda eco colonial de la tradición represiva norteamericana encarnada en sus presidentes), cuando en su mensaje sobre el tema anunciaba la política de Mano Dura como matriz en la guerra contra el crimen hace más de una década atrás:

> "Aquí estamos para vencer en esta lucha que Dios nos ha puesto por delante. Pero él sabe que tenemos el corazón para vencer, porque él mismo está de nuestra parte, guiando nuestra fe."[6]

Y concluye:

---

[6] P. Rosselló; Mensaje especial a la legislatura y al pueblo de Puerto Rico sobre la criminalidad, 11 de febrero de 1993.

"Nos han pedido guerra y guerra tendrán. Que lo
sepa el criminal (...) nuestra paciencia se acabó."[7]

El nuevo gobernador, Acevedo Vilá, como ante que él
Calderón, se hace eco de la misma retórica estadista de pánico al
espectro criminal y perpetúa la política habitual bajo el semblante de
la guerra, ya no en los términos de la Mano Dura pero siempre en
su mismo lenguaje arreglado ahora para la ocasión: "Castigo Seguro
al delincuente y al narcotraficante".

"Vamos a darle un mensaje claro al criminal de que
juntos daremos la batalla con todos los recursos.
No le daremos tregua."[8]

Una sociedad vigilada en las claves de un Estado policial,
sitiada y asediada por intromisiones invasoras de cada vez más
renglones de la vida privada, será el saldo prometido. Pero promesa
al fin, que se disipa de ser posibilidad real en el abismo de su
arrogante propaganda de gobierno omnipotente: es una ilusión vana
ésta que de pasar desapercibida será tenida por verdadera, del
mismo modo que los niños tienen por verdadera la existencia del
Infierno y de Dios. Y quizá tengan por cierto que una mentira
mientras más exagerada más gente cree en ella. Cito, pues, la gran
mentira echada de su discurso:

"En el área de nueva tecnología, hemos puesto en
marcha un plan único en nuestra historia para
instalar una red de cámaras que detecte actividad
criminal en toda la isla."[9]

---

[7] Ídem.

[8] Sostiene: El plan que ya hemos comenzado con el Superintendente Pedro
Toledo y el Secretario de Justicia, Roberto José Sánchez Ramos, se enfoca en tres
áreas: (1) nueva tecnología, con una red de cámaras sin precedente en nuestro
país; (2) policía más adiestrada y con más recursos; y (3) reforma total en la
investigación criminal. Los tres aspectos son vitales para darle Castigo Seguro al
delincuente y al narcotraficante.

[9] Y añade: También, nuestro plan incluye poner a funcionar un moderno
laboratorio de DNA del Instituto de Ciencias Forenses y durante este año se

Y como quien cree genuinamente que la ciudadanía aclama por todos los vientos el cuido paternal del Estado, *nos* trata como niños y pregona su cuento de cuna:

"Señoras y señores, la tecnología que antes sólo se veía en las películas y la capacidad de atrapar a los criminales más escurridizos, ahora es una realidad disponible para que nuestros oficiales del orden público puedan investigar y arrestar a los delincuentes."

Minority Report, Clock Work Orange, Enemy of the State, Demolition Man, Robo Cop, Equilibrium, ¿a qué películas estará haciendo referencia? No importa. Es así como promete hacerlo realidad:

"Lo vamos a hacer con más patrullas, radios y sistemas de cámara y satélites integrados, computadoras y equipos de huellas digitales para todas las comandancias de la Policía. (...) Modernizaremos a la Policía para que pueda prevenir y combatir el crimen y devolver la tranquilidad a los ciudadanos."

Es decir, ¡mintiendo! En otras palabras, construyendo refinadamente una gran ilusión que, por vaivenes del destino, muy posiblemente demasiados terminarán olvidando que lo era y -como advertía Nietzsche- asimismo tendrán por verdadera: la máxima: "venceremos permanentemente a los males del crimen y la violencia".

Sabido es que al terror del fantasma criminal le es correlato directo el acrecentamiento del reclamo público de mayor seguridad, aunque sea al precio de poner en juego mortal cada vez más los reducidos espacios de libertad y derecho. Indisolublemente ligada a esta relación, toda una poderosa economía en ascenso se desvive para responder las demandas de seguridad. La inseguridad ciudadana, cultivada con esmero por el Estado de Ley, deriva

---

habrá completado la digitalización del archivo de huellas digitales y su integración con el banco de huellas del FBI.

cuantiosas ganancias a estas empresas que, en un lenguaje sirven a las necesidades sociales de seguridad y en otro se lucran de los miedos de la gente. En el gran mercado de lo Social se exhiben en lujosas vitrinas comerciales las razones del miedo, y por el Estado son puestas en venta las ilusiones de seguridad, mientras las empresas privadas se enriquecen a costa de esta inmensa industria del terror... 30$ millones de dólares ha invertido el Estado en lo que va de año en "nuevas tecnologías de seguridad", en "tecnologías contra el crimen ", según informó ayer un rotativo local.[10] "...equipos que antes formaban parte exclusiva del mundo de la ciencia-ficción o del militarismo." –abunda el reportaje-. Eco de las palabras del gobernador, no casuales, un co-director de la empresa de seguridad Truenorth, es citado como fuente de referencia para el mismo reportaje:

> "Ya nadie se puede portar mal. (...) Lo que tú ves en esas películas (ciencia-ficción) es menos de lo que en realidad hay."[11]

Es a la modalidad de Estado policial a lo que el Estado de Ley, hiper-autoritario en ambos registros, apunta sus inclinaciones en cuanto a política criminal se refiere. A todas luces, fuera de alguna que otra crítica –siempre marginal en los medios-, se podría tener la impresión de que el pueblo llano no deja de exigir el cuido paternal del Estado y le reclama, como un niño consciente de su condición de fragilidad, ser cuidado y vigilado en todas partes, en todo momento. Lo cierto es que entre las tecnologías de vigilancia por satélite[12] a los micro-chips que se instalan en el cuerpo humano para registrar y monitorear sus movimientos, cada vez más reducido es el espacio de libertad del que puede disponer la ciudadanía.

---

[10] Rivera Vargas, Daniel; "Protección de las rejas a la tecnología"; *El Nuevo Día*, martes, 31 de mayo de 2005; p.4-5.

[11] Ídem.

[12] El sistema de radar de vigilancia Echelon, con base en Sabana Seca, capaz de interceptar comunicaciones en todas sus modalidades, visuales o auditivas, se vuelve obsoleto frente a la efectividad de los satélites para interceptar comunicaciones. Ver Rivera Vargas, Daniel; "Espionaje global con base boricua"; *El Nuevo Día*, martes, 31 de mayo de 2005; p.8.

Aunque gran parte de su eficacia real de las tecnologías electrónicas dependa de las mismas condiciones psicológicas que la arquitectura carcelaria del panóptico, ideado a finales del siglo XVIII (1787) por Jeremy Bentham, lo cierto es que en la actualidad al mismo tiempo que ofrecen seguridad amenazan con erosionar derechos civiles. Desde las cámaras de vigilancia electrónica hasta las tecnologías biométricas, que permiten identificar personas por rasgos como la voz, los ojos, las facciones, e incluso los vasos sanguíneos -pudiendo incluso prescindir de las tradicionales huellas dactilares-, el derecho de privacidad, de intimidad, se desvanece en el acto en el que el espectro criminal se materializa en objetos de consumo bajo el signo de seguridad.

Recordemos que a nivel del gobierno central, el Departamento de Vivienda ya hoy, según un artículo publicado ayer, debe estar estrenando sus cámaras de vigilancia en el residencial Las Gladiolas de Hato Rey.[13] Otros veinte complejos de vivienda pública –caseríos o residenciales- serán impactados con cámaras de vigilancia este año fiscal, añade la noticia. Evidentemente, la vigilancia estatal a los sectores más pobres del país es uno de los tentáculos del proyecto para "modernizar la lucha contra el crimen". El carácter elitista, clasista y discriminatorio del Estado de Ley se hace patente en los modos como éste interviene de manera directa sobre estos sectores poblacionales.

La intención eminentemente disciplinaria de estas tecnologías de control y vigilancia puede re-confirmarse en otra instancia de igual poder: el Departamento de Justicia. Esta instancia central del poderío estatal determinó a finales de abril de este año que instalar detectores de metales y cámaras de seguridad en las escuelas públicas no viola el derecho a la intimidad de la comunidad.[14]

Otro punto me parece importante tocar: aunque la promesa de que las tecnologías de vigilancia sustituirán progresivamente a los policías de carne y hueso se hace cada vez más una posibilidad considerable, lo cierto es que hoy el cuerpo de Policía asciende ya a

---

[13] Rivera Vargas, Daniel; "Arranca plan millonario con cámaras"; "; *El Nuevo Día*, martes, 31 de mayo de 2005; p.6

[14] En Roldan, Camile; "Apoyo a los detectores de metales en las escuelas"; *El Nuevo Día*, miércoles, 27 de abril de 2005; p.30.

20,000, y eso, bajo ningún registro sensato, es un buen signo para el porvenir, cada vez más parecido a la adaptación al cine de la crítica al totalitarismo de gobierno y a la población conformista que lo sostiene, en la obra de George Orwell, *Nineteen Eighty-Four* escrita en 1949 y adaptada al cine en 1956; o a la resiente versión –inspirada o plagiada- en la película *Equilibrium* (2002), de Kurt Wimmer, donde la Paz se ha impuesto al fin sobre la Guerra mediante un régimen de gobierno autoritario y disciplinario, que ha logrado erradicar las emociones de sus súbditos; prohibido los libros, las artes, la música, al extremo de penar con la muerte a quien viole la prohibición de sentir alguna emoción, pasión o sentimiento.

En Orwell no estaba sólo en los posters pegados en las paredes de la ciudad la imagen del vigilante en vigilia permanente, la hostigadora mirada del "hermano mayor" que recuerda: Big Brother (is) Watching You. Tampoco en Bentham estaba a la altura de la torre panóptica el efecto hostigador de sentirse, creerse o saberse vigilado. Estaba, como el de sentirse cuidado, en la imaginación y el sentimiento del que se imagina y siente vigilado o cuidado. Es el efecto psicológico del poder ideológico lo que opera como soporte principal de las tecnologías de seguridad contra el crimen. En la modernidad incluso el dominio de la fuerza bruta depende de ello...

Lo más terrible es que en esta realidad ya no se trata de un Estado que se impone brutalmente sobre sus súbditos, pues las tecnologías más efectivas para el control poblacional no son precisamente las más represivas, como ha demostrado la obra del teórico y filósofo político Michel Foucault. Evidencia de ello podemos aventurarnos a detectar dentro de las propias racionalidades dominantes en la población confinada, que desde mediados del mes de abril, al menos 13,000 mil de los 15,000 confinados, participaban de un paro de brazos caídos en protesta por la ineficiencia de la administración carcelaria para "rehabilitarlos". La paradoja -o ideal realizado del imaginario penal del Estado- es que ahora los confinados no protestan su confinamiento, ni mucho menos cuestionan la autoridad moral del poder estatal para mantenerlos cautivos por razón de su fuerza en ley. La población confinada, irónicamente, se hace Estado de Ley, y exige a los administradores de sus cautiverios – si bien forzados ahora aparentemente consentidos- que cumplan lo prometido, que los "rehabiliten". Recuérdese que la rehabilitación es la razón legitimadora del Estado secular moderno - humanista, civilizado y aún algo cristiano- para encerrar a seres humanos bajo sus dominios. Recuerda esta escena al personaje principal en la película *A Clock Work Orange*, de Stanley Kubrick, que rogaba al Estado que lo encarceló que hiciera lo que tuviera que hacer para rehabilitarlo, reeducarlo, remoralizarlo, curarlo de su maldad que no puede evitar y que lo hace delinquir: lavarle el cerebro, en fin, domesticarlo...

Mientras tanto, la Administración de Corrección tergiversa la protesta y manipula la opinión pública diciendo que la protesta se debe a que los confinados no aceptan las nuevas medidas de control implementadas para lidiar con el tráfico de drogas al interior del sistema penal. Pero no sin antes recordar, por supuesto, que los presos son ciudadanos que han perdido sus derechos por delinquir y ofender a la sociedad y que, en última instancia, no pueden los mismos reos decidir cómo se les debe tratar... ese es el precio a pagar por violar la ley, sentenciaba el secretario de Corrección, Miguel Pereira. Los reos no saben que la rehabilitación es un mito retórico del Estado, que éste no tiene la capacidad ni el interés político de hacerla realidad...

El cuadro se torna más tétrico aún cuando desde el Estado de Ley se augura como una inevitabilidad la ampliación del régimen carcelario. También a finales de abril de este mismo año salieron a la luz pública unas cifras que, a mi parecer, deberían atenderse con mayor seriedad. A propósito de las disputas en torno a la privatización de los servicios de salud en las cárceles del país, el secretario de la Administración de Corrección, Miguel Pereira, estimó –y cito- que el número de reos creció de 5,000 en la década de los 80 hasta 15,000 al presente, y que dentro de 20 años Puerto Rico va a tener 45,000 confinados, con un costo a la sociedad insostenible –y cierro la cita-.[15] La privatización de los servicios de salud implicaría unos $27 dólares por confinado al día, convirtiéndose en el servicio de salud más ridículamente caro del planeta. Lo que no es el mayor problema, pues según Pereira, el gobierno de Puerto Rico invierte al año $40,000 dólares por cada confinado. Cifra ésta que si bien debe resultar risible para cualquier economista con dos dedos de frente, tiene de contraste la inversión que hace el Estado para cada niño en el sistema de educación pública, que no excede los $4,000 dólares. Valga re-citar como

---

[15] En Cordero, Gerardo; "Cuesta cara la salud de los confinados"; *El Nuevo Día*, miércoles, 27 de abril de 2005; p.52.

coincidencia sus conclusiones, aunque guardemos reservas sobre sus intenciones:

> "Cualquier sociedad que se gasta 10 veces más por confinado que por niño está destinada al fracaso."[16]

Sabemos también que esta misma semana diversos sectores de la "sociedad civil" siguen organizándose para hacerle frente a la posible reimposición de la Pena de Muerte en Puerto Rico. Recordemos que recientemente un jurado local favoreció mayoritariamente la pena capital, y que ésta no prevaleció por suerte de un tecnicismo legal que exige unanimidad para autorizar la ejecución de esta pena, es decir, para autorizar en ley al Estado a matar. Entrevistas y encuestas indican la tendencia poblacional a favorecer la pena de muerte, lo que crea un clima de histericidad en ciertos sectores que todavía creen que la Constitución del ELA (1952) es reflejo nítido de la voluntad del pueblo puertorriqueño. Me inclino a pensar que un referéndum para enmendar la sección siete de la carta de derechos de *nuestra* Constitución se libraría en una pelea reñida. Desde 1994, por decreto federal, la pena capital se hace coextensiva a Puerto Rico, irrespectivamente de su implicación jurídica y política, abiertamente inconstitucional. El trato colonial es evidente, y la demagogia del consenso popular no puede superarlo. Lo triste es que algunos sectores cantan victoria cuando la pena de muerte es sustituida por la cadena perpetua, y el encierro de por vida lo celebran como triunfo humanista o cristiano... Tema éste que ya he tratado en mi libro Violencias de Ley (2001) y que, para provocar reflexiones, valga recordar que la pena de muerte en Puerto Rico podría ser reimpuesta democráticamente y por voluntad de los puertorriqueños...

Todo esto y más, mucho más, debemos enmarcarlo dentro del amplio y complejo contexto de la política imperial norteamericana. No podemos perder de perspectiva que las consolidaciones del aparato represivo y carcelario del Estado de Ley aparecen hoy ligadas al discurso gubernamental contra el terrorismo. Si bien sabido es que la figura del narcotraficante sustituye (aunque no en definitiva) la del comunista como objeto

---

[16] En Associated Press; "Destaca problema de reincidencia en cárceles", El Star; miércoles 27 de abril de 2005; p.11.

central de la intervención policial del Estado (quizá desde la década de los noventa) -tanto como enemigo interior como enemigo exterior- la figura del terrorista aparece en escena a jugar la misma función política: antes el comunista, luego el narcotraficante, ahora juntos, el terrorista; todos criminales.

Los intentos por aumentar los poderes de intervención conferidos mediante el Patriot Act, la Ley Patriótica, siguen en todo su apogeo. Lo cierto es que es esta otra modalidad de la intervención del poderío estatal en la dimensión de la vida privada donde la Ley deteriora al maltratado Derecho. Recordemos que la palabra terrorismo, como criminal, invoca también un modo del Estado decir que tiene entera legitimidad para actuar sobre la vida privada de cualquiera, como quiera, donde y cuando quiera. Recordemos, además, que entre las facultades que provee esta ley están las de autorizar —mediante orden judicial secreta o prescindiendo de ella- revisar lo que cualquiera -ciudadano o no- lee, compra en librerías, saca de las bibliotecas, expedientes médicos, actividades, incluso religiosas; esta ley permite al Estado tener acceso a documentos bancarios, a interceptar llamadas telefónicas o correos electrónicos, informes de crédito, allanar domicilios, etc., aún sin tener prueba veraz de algún vínculo terrorista y —repito.- sin necesidad absoluta de tener orden judicial.[17]

Al independentismo en Puerto Rico se le ha tratado históricamente de modo similar, por lo que no debe resultarnos extraña la práctica de espionaje en si misma, pues es condición del poder de todo Estado. Lo cierto es que, a propósito de las temáticas del libro, rastreo cómo en singular medida el independentismo ha sido domesticado, cooptado ideológicamente bajo la modalidad de una hegemonía imperial, la del Estado de Ley en clave (pos)colonial. Tema éste que es de particular interés dentro del libro que presentamos esta noche.

Y aunque en la condición (pos)moderna algunas variaciones retóricas del discurso imperial de Ley dan la impresión de que el paso de los tiempos ha traído consigo reformas cualitativas sobre la población menos privilegiada económicamente (estigmatizada hoy con el sello clasista de "Comunidades Especiales"), nada indica que la suerte de estos sectores, a los que se les achaca una correlación

---

[17] Peña, María; "Solicitud para extender la Ley Patriótica"; *El Nuevo Día*, miércoles, 6 de abril de 2005; p.94.

directa con la actividad criminal y, por consiguiente siguen siendo intervenidos violentamente por el Estado de Ley, vaya a variar en lo sustancial. Ya en otro escrito cité al poeta Llorens Torres (1876-1944), por quien paradójicamente lleva por nombre un inmenso caserío, quien en su tiempo de principios del siglo XX- que al parecer no deja de ser nuestro inerte tiempo- ya tronaba contra el poderío seductor y somnífero de las retóricas legalistas:

"¡Al demonio todas las constituciones de América!
Que a los pobres no nos garantizan
más que derechos irreales:
el de propiedad,
el de libertad de reunión, el de inviolabilidad del domicilio,
muy sonoros, muy huecos (...)
¿A qué garantizarnos el derecho de propiedad,
tan siempre de los menos,
tan nunca de los más?..."[18]

Y en otro verso arremetía contra los códigos de Ley, antes Civil, siempre Penal:

"Aunque todo es de Dios, para
que todos lo disfrutemos, ved algunas de las pestes
que dice este libro negro:
que en cada trozo de tierra
debe pagársele al dueño
los frutos que ella produzca,
y el que no tenga dinero
deba morirse de hambre
mirándolos desde lejos;
que las casas de los pobres
también tienen amo y dueño,
y a los que un mes no las paguen,
porque trabajo no hubieron,
la justicia los arroje
a que duerman al sereno; (...)
Pero ¿qué dice este código?

---

[18]L. Llorens Torres; fragmento de la poesía "Todo a todos"; *Obras completas*, tomo I, Instituto de Cultura Puertorriqueña, San Juan, 1984; pp.380-81.

¿A qué padres de alma negra
ha salido tan canalla
este libro sin vergüenza?
Debo decirlo y lo digo,
aunque se parta mi lengua
que se vendió en los comicios
a dos pesos por cabeza."[19]

Y así, si en verdad existe cosa tal como una "Agenda de Puerto Rico", y si convenimos que existe un Gran Consenso sobre esto de la Mano Dura o del Castigo Seguro -que no es lo mismo pero es igual- sepamos pues, que hemos autorizado a que cuando poco nos agredan por nuestro propio bien y si no, por el bien de los demás... aunque nunca los demás se sepan enterados. Nemesio Canales (1878-1944), por quien irónicamente también fue nombrado otro residencial público, lo advertía hace ya casi un siglo (1913):

"Francamente, bien miradas las cosas, creo que ya no hay motivo para alarmarnos y alborotarnos tanto cada vez que a uno de la policía se le va la mano y tiene la desgracia de estropear a alguien... Una de dos: o nos acabamos ahora mismo de caer de algún nido, o estamos perfectamente enterados de que una macana solo sirve para pegar, y que si hemos autorizado al policía para que la use, esto es, para que pegue, le hemos puesto en el caso de que se aficione a pegar -y hasta premiada con un sueldo- no nos debe extrañar que le pegue y machaque al lucero del alba."[20]

(...) Decididamente es increíble que en el seno de una sociedad civilizada y cristiana se tolere que haya representantes de la autoridad que lleven, como emblema de su misión oficial un grosero garrote

---

[19]L. Llorens Torres; fragmento de poesía "El Código Civil"; op.cit., pp.427-28.

[20]N. Canales, "Policías y macanas", *Literatura puertorriqueña*, Editorial *Edil*, Río Piedras, 1983; p. 91.

pendiente de un cordón. La verdad es que una sociedad así solo merece que le abran la cabeza a garrotazo limpio..."

...sería más que una ingenuidad política una torpeza creer que la política pública-criminal del actual partido de gobierno ha dado un vuelco radical hacia la Mano Dura, que ha cedido a los chantajes del partido adversario o que, en fin, ha incurrido en una práctica *nueva* al dar rienda suelta a la Guardia Nacional para "combatir la criminalidad", por ejemplo. ¡No! Que nadie se confunda: la Mano Dura ha sido desde siempre la misma política pública de todos los gobiernos en los estados de Ley, equívocamente llamados de Derecho. Aunque la misma varíe entre mil retóricas y demagogias, en esencia se trata de una misma política que tiene el principio de la represión como matriz de todas sus actuaciones, y la prohibición de las drogas sigue siendo la excusa por excelencia de sus más violentas intervenciones. En Puerto Rico se atestigua a diario el mismo secreto harto sabido y vociferado por todos: que las intolerancias y prejuicios de sus gobiernos se convierten día a día en infinidad de crueldades; que la fuerza bruta que las materializa sigue dejando el mismo saldo mortal en ascendencia incontenible; que la política punitiva, vengativa y penal se traduce inevitablemente en los lenguajes del desprecio a la libertad y dignidad de cada existencia singular; que el Derecho se confunde entre los cuentos más risibles de la voluntad inmisericorde de la Ley, y que la palabra democracia se trueca en un signo más del cinismo de sus repetidas violencias y redundantes crueldades...

No es de extrañar que la escena mediática permanezca saturada por infinidad de reacciones sobre el tema de la criminalidad, sosteniendo la ilusión general de que aumenta vertiginosamente en algunas ocasiones y en otras disminuye sensiblemente. Recitando los mismos libretos del discurso del pánico, el Estado (el gobierno que lo administra y las figuras politiqueras que hablan en *su* nombre) ha respondido con los trillados coros del terror, manipulando con sus cantares hipnóticos los más genuinos miedos de las gentes. Bajo sus presumidos cuidos paternales, el gobierno administra con virtual genialidad el miedo al espectro criminal, convirtiéndolo en fundamento de legitimidad de sus habituales brutalidades y demás intervenciones políticas, judiciales y penales, carcelarias, policiales y militares.

En este gran escenario, lúgubre y triste pero paradójicamente celebrado y colorido, considero de gran pertinencia atraer la atención sobre determinadas posturas que aparecen como alternativas radicales ante el grave problema social que representan las violencias callejeras relacionadas al fenómeno de la prohibición legal de ciertas drogas. La premisa matriz de la que parto es que la prohibición misma es la clave de gran parte de las violencias mortales que tanto aquejan y que, consecuentemente, la política y práctica represiva del Estado, de cero tolerancia hacia ciertas drogas y de mano dura a los ciudadanos que hacen usos de ellas, es responsable en buena medida de las violencias y muertes que promete combatir, prevenir y erradicar, castigar y vengar... y no el imaginario fantasma de la criminalidad, que ha sido, es y seguirá siendo un pretexto imperecedero para justificarse a sí mismo: el Estado de Ley, como garante legítimo del control de la población y del monopolio exclusivo de la violencia...

Pero la Mano Dura no se limita a la política actual de los gobiernos. Algunos sectores que la critican participan, tal vez sin saberlo, de la misma lógica interior que la domina. Tal sucede, por ejemplo, con quienes aparecen en escena reivindicando la medicación de las drogas como alternativa radical para lidiar con el fenómeno de la criminalidad. Sin ánimo de menospreciar las "buenas intenciones" de quienes creen que la medicación de las drogas prohibidas es una solución al problema de las violencias callejeras, subiré a escena algunas advertencias:

Creo que el principio de la Educación es medular para resolver alguna medida de este gran problema. Pero no basta recitar repetidas veces el mismo estribillo, porque la educación también puede estar cargada de los mismos prejuicios y los educadores pueden convertirse en eso mismo que critican. El discurso que aboga por la medicación debe circunscribirse exclusivamente al ámbito de la salud de quienes se sienten afectados por el consumo de las drogas y quieren curarse. Sólo la persona usuaria debe considerarse así misma como enferma y si acaso procurar para sí y sólo para sí la cura. Etiquetar a cualquier usuario de drogas como adicto y en el acto señalarlo como "enfermo mental" es una generalización que sólo tiene valor desde un punto de vista político de gobierno: la voluntad de control y dominación estatal sobre la vida pública y privada de la gente que lo habita y constituye...

Quede claro que hablar del "problema de las drogas" como un problema de "salud mental" es jugar el mismo juego de palabras características de la Mano Dura, no ya desde el lenguaje jurídico-policial sino desde la retórica médica, también policial. Ciertamente un problema radical estriba en el lenguaje que pretende representar las alternativas, pero la solución no reside exclusivamente en un mero juego de palabras. Existe una diferencia radical entre el uso y el abuso de las drogas, entre el usuario y el adicto. Análogamente, las personas que consumen alcohol no son por ello alcohólicas, ni mucho menos enfermos mentales. Cierto es que alguna vez hubo un tiempo en que el consumo del alcohol estuvo prohibido por la Ley, y la prohibición señalaba a los usuarios como criminales. El saldo de violencias que ensangrentaron la época es un hecho histórico conocido por todos. La legalización fue la respuesta estatal más acertada y conveniente para la convivencia social. Hoy los usuarios de alcohol no son, por el sólo hecho de consumirlo, producirlo o distribuirlo, ni criminales ni enfermos mentales, sino ciudadanos respetables o, cuando poco, gentes normales...

Quizá a la larga el tratamiento médico de usuarios de drogas será alguna vez tan normal como lo es hoy el tratamiento criminal de los mismos. Lo más triste es que detrás de las genuinas compasiones humanistas de quienes hoy abogan por ello, con la mejor de las intenciones, es que en lugar de cárceles habrá manicomios, y los usuarios ya no serán tildados con el sello de criminales sino con la etiqueta de locos. En la práctica reinará el imperio del siempre todavía, el del prejuicio y la crueldad carcelaria de la Mano Dura, ya no vestida de azul y togada tal vez, entonces aún togada y con batas blancas.

En el Estado de Ley, bajo la hegemonía imperial de su propia lógica interior, la legalización de las drogas será quizá alguna vez también una realidad concreta. En determinado momento durante el curso de las historias sociales dejará de mirarse como una derrota el reconocimiento del derecho de las personas a disponer de sus propios cuerpos. Esta realidad no tendrá por efecto el ascenso del consumo de drogas, como mal auguran algunos. En todo caso, si el Estado procurase alguna vez una política educativa honesta y bien informada sobre los efectos de las drogas, el resultado será positivo para el bienestar social, pues muy posiblemente quienes hagan uso de ellas lo hagan mejor informados, y tengan bajo sus dominios la posibilidad de hacer uso de éstas de manera más responsable, asumiendo sus riesgos y consecuencias conscientemente o, al menos, filtrando los habituales mitos embrutecedores del discurso prohibicionista.

Pero todavía no deja de ser una gran hipocresía politiquera el refinado hostigamiento moral que presupone el discurso intelectualoide de la medicalización, incluyendo, por supuesto, la retórica manoseada de la rehabilitación. La "rehabilitación", si no es voluntaria, es y seguirá siendo un castigo impuesto por la misma racionalidad prohibicionista y penal que hoy impera, eco de la voluntad vengativa que rige el derecho a castigar en todo Estado de Ley.

Otro punto que quiero traer a colación no es la crítica a la ecuación clasista que asocia la pobreza con la criminalidad, tan usual y aún de moda entre las gentes de buena fe, bien educados y profesionales. La prohibición es un negocio lucrativo para los más adinerados, es verdad, pero también es un modo del Estado bregar con la imposibilidad de absorber a toda la población bajo un registro universal de Ley. Tema éste que amerita mayor atención y que ya he tratado en otra parte. El problema de la criminalidad, en fin, no es la pobreza, pues se basta ella misma para ser su propio problema. A todas cuentas, si lo criminal es lo ilegal, y lo ilegal lo define el Estado, si la pobreza para sí misma es una dolencia y la criminalidad para ella y desde sí una anestesia, ¿por qué el Estado no erradica las condiciones de la pobreza, que *es*, según su Razón, la raíz del problema criminal?... pero la realidad es que tampoco una cosa tiene que ver con la otra. La criminología socialista tampoco deja de ser sociología ciudadana del Estado de Ley...

El consumo de drogas ilegales es parte de la cultura y como cualquiera de sus mercados, tiene garantizado sus usuarios por suertes que ningún Estado puede controlar en definitiva. En el escenario global, el uso de drogas pertenece al registro de prácticas culturales milenarias y los hechos de sus prohibiciones no han tenido nunca por efecto ni siquiera mantenerlo a raya. Mil palabras pueden jurar todo lo contrario, pero su efecto invisibilizador lo será sólo en apariencia. Se trata de una verdad que se vive a diario en la transparencia de las propias estadísticas policiales, que cuando dicen todo lo que han "desarticulado", dicen entre sus líneas y de inmediato todo cuanto les es imposible contener entre sus duras manos.

El uso de drogas es una práctica cultural milenaria, hecho histórico éste que debería forzarnos a asumirla desde una perspectiva más amplia, comprensiva y tolerante. La realidad es que ni la gente va a dejar de usar drogas, ni quienes las usan lo hacen sólo porque tengan problemas, ni mucho menos, por lo general, son problemas para nadie... Punto y aparte aparecen en escena los problemas relacionados a las adicciones. Éstas, sin embargo, son sólo partes de una problemática mucho más compleja, que envuelve el conjunto de las condiciones de vida a las que cada sujeto singular está forzado a vivir o sobrevivir. Meter la situación problemática en un condensado paquete retórico, bajo la etiqueta de criminalidad, es un acto demagógico que tiene por efecto reproducir las condiciones que imposibilitan tratar a los adictos a favor de ellos mismos como personas dignas, como ciudadanos en derecho. Me parece que a todas cuentas evitar malos ratos innecesarios a los usuarios es un beneficio singular que redundaría en el bienestar colectivo... Creo -y nota aparte- que sería de mayor utilidad social en lugar de encarcelar usuarios o vendedores de drogas, encerrar reclutadores militares y soldados. A todas cuentas, creo que existe un fundamento moral de mayor fuerza para hacerlo que el que justifica la criminalización de usuarios de drogas.

Imaginemos que mañana deja de ser ilegal el uso de las drogas. ¿Dejarán de ser pobres los pobres? No. ¿Acaso tendrán hogar los deambulantes? ¿Las prostitutas de la calle ya no tendrán razones por las que ofrecer en alquiler sus cuerpos? ¿Disminuirán las violencias domésticas? ¿Cesarán al fin los maltratos a menores? ¿La salud dejará de ser un lujo para las mayorías y la educación ya no será un privilegio de pocos? Claro que no.

Con la legalización seguramente disminuirán las violencias mortales que acontecen por el hecho de la prohibición, pero las crueldades y miserias a las que está destinada la vida de tanta gente no dejarán de serlo hasta que no procuremos transformar radicalmente las condiciones materiales y existenciales de la vida social en general. Condiciones éstas que tienen entre sus efectos determinadas modalidades de la violencia y que hoy se invisibilizan por el discurso y las prácticas de la prohibición imperial del Estado de Ley. Las propuestas medicalizadoras, en los términos en que son tratadas al día de hoy, siguen siendo extensiones de la Mano Dura.

Sólo la despenalización absoluta es la alternativa democrática más cónsona con el espíritu del Derecho, que es (o debería ser), sobre todo, el poder de potestad que posee cada persona singular sobre su propia vida. Entonces, y sólo entonces, tendría su justo valor integrar la medicación como alternativa para quienes deseen hacer uso de ella...

En síntesis: las políticas públicas actuales de cero tolerancia a las drogas arrastran reminiscencias de un terrible pasado histórico que se repite incesantemente en el devenir. La ideología prohibicionista reinante y la correlativa fuerza bruta de la represión estatal imposibilitan asumir la complejidad de problemas que tienen entre sus efectos el de la adicción para los adictos, las guerras entre narcotraficantes y los azares mortales de las balas perdidas y, sobre todo, la Gran Guerra del Estado contra su más temible enemigo interior: el fantasma criminal, inventado por su propia imaginación, por sus prejuicios y miedos, por su voluntad de control y dominación... y por los favorecidos de las prohibiciones... La despenalización es la única alternativa que, desde la perspectiva del Derecho, responde a un proyecto político radicalmente democrático, que va más allá de las drogas y los restregados cuentos-somníferos del temible espectro criminal. Lo demás, toda vez que no fortalezca una práctica social emancipadora, seguirá siendo un inmenso tapujo embrutecedor en un mismo movimiento: el de la prohibición y el castigo, el de la venganza judicial y el chantaje moral, el del hostigamiento psicológico y la represión, el de la violencia estatal y la crueldad de la cultura dominante que lo anima y lo soporta, lo preserva y perpetúa; el del discurso imperial de la Ley y su Mano Dura; en fin, el reino del siempre todavía...

Más acá de la pena de muerte:
Entre la crueldad democrática y el derecho legal a castigar[21]

...al actual escenario de época sigue siéndole propio el gran drama de la crueldad humana y sus elaboradas, retocadas y refinadas violencias. Las más aclamadas en el devenir de estos tiempos siguen siendo las representaciones trágicas, repitiéndose una y otra vez sobre infinidad de repeticiones... inspiradas en los mismos libretos de la guerra, de la brutalidad y de la venganza; de la ignorancia, de la mezquindad y del miedo. Entre ellos destacan las encumbradas apologías a las penas de castigo, de encierro y de muerte... plagios sin rastro de origen ni huellas de originalidad; tramas sin Autor singular pero actuadas por gentes reales, interpretadas entre miles de historias sangrantes, dolientes y mortales. El Estado declara la guerra a su enemigo exterior y para el acto le asigna por papel un estigma del mal, el del personaje terrorista; al enemigo interior también lo sitúa en la escena de la guerra y por papel también asigna un estigma del mal, el del personaje criminal. Ambos signos teatrales son los justificantes por excelencia de la pena de muerte en el Estado de Ley, también libreto de terror y actuación criminal....

A principios de noviembre de 2006, el presidente de los Estados Unidos, George Bush, elogió la sentencia de muerte contra Saddam Hussein, condenado a la horca, calificándola como "un hito en el camino del país árabe hacia la democracia" La sentencia de pena de muerte –afirma Bush- "Es un logro importante para la joven democracia iraquí y su gobierno constitucional" "Hoy las

---

[21] Este escrito es continuidad y contextualización de mis investigaciones sobre el tema, publicadas en 2001 bajo el título *Violencias de Ley: reflexiones sobre el imaginario jurídico y penal moderno y el derecho estatal a castigar*. Tema que he seguido rastreando, desarrollando y refinando a manera de ponencias: 1) Simposio *Extradición y pena de muerte*, en la Facultad de Derecho Eugenio María de Hostos, en Mayagüez, el jueves 23 de marzo de 2006. Revisada, editada y presentada en: 2) Ciclo de conferencias *Más acá de la pena de muerte*, Facultad de Ciencias Sociales de la Universidad de Puerto Rico, Recinto de Río Piedras, el jueves 14 de septiembre de 2006. 3) Teatro de la Universidad Interamericana de Arecibo, el 9 de noviembre de 2006. 4) Foro *La pena de muerte en Puerto Rico... una amenaza latente*, Facultad de Humanidades, UPR-RP, el martes 28 de noviembre de 2006.

víctimas de ese régimen han recibido un tipo de justicia que muchos pensaron nunca llegaría…"[22]

El libreto de la brutalidad imperial se representa en Puerto Rico mediante el arte de la mímica colonial. Así, por ejemplo, el caso de pena de muerte más reciente en Puerto Rico, el de Carlos Ayala, que se ventiló hasta finales del mes de octubre de 2006. En este caso la pena de muerte fue impulsada obsesivamente por la fiscal federal Jacabed Rodríguez Coss, quien al final de su exposición acusatoria reclamó al jurado: "Condénenlo a la sentencia que merece, a la sentencia que se ajustaría a sus acciones. Senténcienlo a morir".[23] El reclamo de venganza mortal que exige esta mujer, bien educada y profesional, prestigiosa funcionaria de gobierno y digna representante del poder de castigar en el Estado de Ley, es apenas resonancia de las intolerancias más morbosas que caracterizan la actual condición de época. Poco después, el mismo periódico publicó una carta de una persona que disentía de los opositores a la pena de muerte, reclamando que no fuera incluido entre *ellos* (entre "nosotros"), primeramente porque no lo representamos y, además, porque no guarda ninguna reserva de amor para con los criminales pues, según titula su escrito, en Puerto Rico "Parece que amamos al criminal".[24] Ésta no es una opinión aislada y cada vez resulta menos extraña. Es una opinión propia de las racionalidades más intolerantes, represivas y punitivas que caracterizan los imaginarios de Justicia en el Estado de Ley, recién iniciado el siglo XXI. Unas semanas antes el "periodista" Ismael Fernández, a propósito de la muerte de dos jóvenes en un trágico accidente de tránsito, escribió: "…guiaban a 80 millas, aparentemente endrogadas. En los restos del vehículo dice la policía que encontró no menos de cinco bolsitas de marihuana. Ambas murieron en el acto. Con todo lo doloroso que pueda ser, la muerte de ambas es bien merecida. Castigo merecido y que la pasen bien en

[22] Según citado por Riechmann, Deb (Associated Press) ; "Es un logro para la democracia iraquí", (Sección Portada) Periódico *El Nuevo Día,* lunes, 6 de noviembre de 2006.

[23] En Y. Vargas (Prensa Asociada) "Pende de de un hilo su suerte: Carlos Ayala entre la pena de muerte y la cadena perpetua", Periódico *Primera Hora,* miércoles, 25 de octubre de 2006.

[24] La carta está firmada por Gabriel .J. Ramírez; "Parece que amamos al criminal", Periódico *El Nuevo Día,* Sección *Cartas*, domingo, 26 de noviembre de 2006.

el purgatorio antes de llegar al destino final."[25] En ese mismo artículo, que titula y promueve a la vez "La ley del Talión", lamenta la decisión del jurado en el caso de Ayala, y concluye: "En todos los casos de pena de muerte hay marchas y protestas y vigilias objetando la ejecución. (…) pero la gente está matándose desde el momento mismo de la creación. El Creador sabe. (…) Es ley de Dios. Si mueren los inocentes, ¿por qué no deben morir también los culpables? Algún día, a pesar de los lloriqueos piadosos de los muchos y los reclamos hipócritas de los antiamericanos (…) habrá una sentencia de pena de muerte en Puerto Rico. Ese es el sistema de justicia federal, nuestro sistema, al cual estamos adscritos y del cual formamos parte por amplia mayoría y voluntad del pueblo puertorriqueño. Es justo y leal, igual para todos. Como la justicia de Dios Todopoderoso."

Para la misma fecha se anunciaba la reciente publicación del libro *La criminalidad en Puerto Rico: causas, tratamiento y prevención*. Según la breve reseña biográfica sobre su autor, Roberto E. Morán, éste cursó estudios doctorales y post-doctorales en el Houdsley Hospital of Psychiatry, en Londres, Inglaterra y fundó el primer programa de Educación Especial en la Universidad de Puerto Rico, Recinto de Río Piedras. En reconocimiento de sus méritos y aportaciones al campo de la Educación Especial, la Facultad de Educación instituyó un premio anual que lleva su nombre. El Dr. Morán se ha retirado recientemente de sus labores de catedrático universitario y dedica parte de su tiempo a redactar nuevos libros basados en *sus* "experiencias clínicas". En la contraportada, Isla Negra Editores animan a su lectura: "Este libro constituye una importante aportación a un tema que marca y define gran parte de la historia de nuestro pueblo. Su formato ágil, monográfico, pero documentado, lo hace accesible y útil al lector especializado, y al ciudadano interesado y preocupado por el tema." Veamos. En su libro, el Dr. Morán, presenta a Puerto Rico como una Isla sin problemas dramáticos que justifiquen la violencia criminal que la atosiga, como pudieran ser la pobreza extrema o el discrimen racial o religioso. Basado en los informes y datos estadísticos del Departamento de Corrección, del Departamento de Salud Mental, de Hogares Crea, la Oficina de estadísticas del la Policía y el periódico *El Nuevo Día*, el

---

[25] I. Fernández; "La ley del Talión"; Periódico *El Nuevo Día*, Lunes, 30 de octubre de 2006.

Dr. Morán *evidencia* la alarmante alza en la criminalidad. Alza que continúa en ascenso mientras que -según *demuestran* las estadísticas citadas- los modelos tradicionales para enfrentar este problema han fracasado, incluyendo los modelos importados desde Norteamérica, de filosofía permisiva, demasiado flexibles y tolerantes con los criminales y que, además, no se adaptan a la *realidad puertorriqueña* – advierte el veterano especialista en la conducta humana-. El problema de la criminalidad en Puerto Rico -afirma el Dr. Morán- lo ocasionan principalmente personas con problemas de conducta, y las conductas problemáticas (muchas de las que se convierten en actos criminales) deben corregirse mediante estrictas técnicas de modificación de conducta, que deben iniciarse al calor del hogar y extenderse efectivamente por todos los renglones de la vida social, desde la escuela al gobierno, desde la iglesia hasta las instituciones carcelarias. Desde esta perspectiva, condición neurálgica de la criminalidad es la falta de "un gran líder", de "una figura de autoridad con personalidad autoritaria". En el ámbito del hogar, la figura de un padre que exija e imponga respeto a su autoridad, que fije reglas estrictas y corrija con severidad los problemas de conducta de sus hijos. De modo similar el maestro deberá disciplinar a sus estudiantes y modelar rigurosamente sus conductas en consonancia con las reglamentaciones vigentes, en armonía con los principios de autoridad institucional y respeto a la autoridad del maestro. Trasladado al escenario social más amplio -nos *revela* el Dr. Morán- que la criminalidad está ligada a la ausencia de "un gran líder", firme, de mano dura, fuerte y decidido, como Moisés, Winston Churchil, Napoleón o Fidel Castro...

Además de un gobierno de mano dura, el citado doctor en psiquiatría recomienda la implementación de ciertas restricciones para entrar a las escuelas públicas así como para vivir en los residenciales públicos. La educación y la vivienda pública –según el autor- deben ser entendidas como *privilegios* y no como *derechos*, de modo tal que las personas que se procuren *disfrutarlos* estén bien conscientes de que si violan el contrato serán despojadas de sus privilegios y castigadas severamente. En fin, esta es la conclusión a la que llega el Dr. Roberto Morán, autor-psiquiatra-catedrático y especialista en Educación Especial: "Concluimos que la disponibilidad y facilidad para adquirir las armas de fuego y las drogas son las causas principales para la criminalidad en Puerto Rico, por lo que exhortamos a que se considere aplicar la pena de muerte a los que trafican, poseen y usan armas de fuego ilegales y las drogas." Reveladas las *causas* de la criminalidad e incluido a raíz del *diagnóstico* el *tratamiento* mortal, el especialista en Educación Especial anuncia su función *preventiva*: "Al aprobar la Pena de Muerte eliminamos la posibilidad de que el asesino vuelva a cometer el crimen". Este es su razonamiento: "Si *educamos* a todas las personas y les hacemos saber las consecuencias de sus actos estarán conscientes de que el asesinar a una persona es asesinarse automáticamente ya que la sanción es la pena de muerte." Como *evidencia* cardinal el autor menciona que, en Singapur –por ejemplo– la cultura refuerza sus tradiciones de respeto a la autoridad de gobierno y sus leyes con penas severas, incluyendo la pena de muerte, por lo que "tiene una baja taza de criminalidad y la comunidad vive libremente en paz y tranquilidad." (Según el *Singapore: Facts and Pictures*, de 1992.)

Y así, sucesivamente, este doctor, profesional y experto en la conducta humana, aporta un libro más al inmenso caudal de prejuicios y demás retóricas terroristas que caracterizan, moldean, animan y orientan las prácticas penales en nuestro *moderno* Estado de Ley. Encadenando manoseadas ideas retrógradas, comunes en la literatura psiquiátrica-policial, el Dr. Morán asevera que el problema criminal en Puerto Rico se resolvería por medio de técnicas de "educación-modificación de la conducta", mediante la estricta imposición de leyes y de penas severas, incluyendo la de muerte. En su libro, como es usual en el género, con platónica entonación paternal el autor juega a ser a la vez y en un mismo movimiento padre y juez, médico y maestro, policía de la moral y verdugo. La "experiencia clínica", signo de presumida autoridad, es convertida en dispositivo legitimador de la violencia institucional del Estado, de la insensible severidad de sus penas y del cruel castigo de muerte. Así, la "experiencia clínica" aparece como base justificadora de una ideología penal y de una práctica punitiva de raíces milenarias, que anhela, desea y suplica enérgicamente por el advenimiento de un régimen de poder de gobierno intolerante con "los criminales", autoritario y represivo, democráticamente despótico. Súplica ésta del Dr. Morán que tal vez no deja de ser expresión de una demanda neurótica, regresión infantil encubierta en el lenguaje de una autoridad racional, educada y adulta, profesional. Pero, sobre todo, expresión intelectual de una escurridiza modalidad de la crueldad y esa modalidad de la violencia institucionalizada, hecha poder cultural en estos tiempos…

¿Qué fuerzas condicionantes –sociales y psicológicas- hacen posible la terca persistencia histórica de ésta terrible y cruel práctica penal? ¿Qué pasiones tenidas por razonamientos posibilitan que esta pena siga siendo una alternativa legítima dentro del registro de penalidades adscritas al discurso y la práctica de la Ley? ¿Qué creencias tenidas por saberes convierten esta pena en bien deseable para la sociedad? Toda una suerte de goce sádico entraña el poder de castigar, el poder de dañar y doler (con sabida crueldad o sin conciencia de ello, agresivamente o entre sutilezas tibias –como la reprimenda de un padre, de un maestro o de un juez), incluyendo el poder de matar con frialdad, calculadamente y sin remordimiento alguno. Goce de crueldad que ya no es dote exclusivo de la locura criminal o de la maldad de unos cuantos perturbados y violentos, *innatos* o hechos por desdén de los malos tiempos, del azar o a fuerza del destino; el goce de la crueldad que se hace del poder de castigar no es más resonancia particular de la conducta extraviada, de un alma enferma e insensible y por ello peligrosa e invariablemente contagiosa, que de no poder modelarse a tiempo y a la justa medida del modelador –(re)educador o (re)moralizador, (re)socializador o (re)habilitador, siempre domesticador- habría de procurarse eliminarla por todos los medios posibles; legales y "científicos"…

La sádica práctica del poder de castigar, de poder dañar, de doler o matar (y el relativo goce que de ella se deriva), no pertenece ya al registro exclusivo de una mentalidad perversa, retorcida desde el nacimiento, o de una voluntad demoníaca y envilecida por desentendimiento de *la sociedad*, sus injusticias y la cruda y también cruel realidad. Infinidad de sutiles mezquindades siguen reforzando las finas redes de la razón-disciplinaria moderna, y quizá aún más en la condición (pos)moderna- donde bajo el dominio imperial de la Ley y en la forma política-retórica de un Estado de Derecho, Constitucional y Democrático, sigue conjugándose –institucional, psicológica y culturalmente- ese goce sádico relativo al poder de castigar, al poder de causar daño y doler; que incluye el poder de encerrar y de matar, de calcular una muerte ajena y obtener de ello satisfacción profesional sin menoscabar el placer personal de hacerlo "bien" –si no como Dios manda, al menos sin reserva de legitimidad moral, porque se hace a nombre del Bienestar Social, de la Seguridad Nacional, de la Justicia y del Pueblo- y, en fin, en todas las de la Ley.

Las prácticas sociales y culturales de la crueldad siguen siendo signos distintivos clave de estos tiempos, y a la vez condición de posibilidad de los modos de control y de dominación característicos del Estado de Ley. Iniciado el siglo XXI todavía siguen compartiéndose entre profesiones de sobreestimado prestigio y singular valía social; entre las figuras de legisladores y jueces; de abogados y fiscales; de profesionales de la conducta humana, sociólogos y médicos, editores, ministros y maestros... La pena de muerte sigue siendo el saldo de una racionalidad milenaria, de culturas históricamente constituidas sin reparo alguno sobre el ejercicio del poder disciplinario del castigo, hoy "humanizado", *civilizado*, pero castigo al fin. **El poder de castigar en el Estado de Ley es una práctica de la crueldad institucionalizada, una violencia legalizada.** Comprendámoslo: la pena de muerte, como el encierro carcelario y demás formas de tortura y tormento civilizado y civilizador, no es más que una consecuencia racionalmente lógica y relativa a la configuración estructural y práctica de un complejo sistema de regulación, control y dominación social, basado en la idea del castigo...

...Sade, a finales del siglo XVIII, ya dejaba por escrito algunas claves a partir de las que hoy puede cuestionarse críticamente todo el andamiaje ideológico-legitimador del discurso jurídico moderno y develar, en el acto, la crueldad que subyace irremediablemente toda práctica penal. Freud, a principios del siglo XX, [quizá sin tener cuenta de ello ni compromiso explícito], las retomaría y daría sólida y radical forma teórica, [lo suficientemente subversiva, tal vez, como para que el siglo XXI entrase sin apenas poderse detectar alguna reserva significativa de su existencia.] Dejaré a Freud en suspenso para otra ocasión[26] y re-citaré a Sade, cuando en un escrito de 1795 condena la pena de muerte y advierte al gobierno que daba forma a la Revolución Francesa (matriz política de la modernidad): "No, no asesinéis a nadie: tales atrocidades son las propias de los reyes o de los depravados que los imitaron." Sade invita a pensar psicológicamente al condenado, no

---

[26] Este tema lo trabajo con mayor detenimiento en otros escritos publicados entre 2001 y 2005, que sirven de investigación y análisis base de un proyecto intelectual inédito, todavía en proceso de ampliación, bajo el título *Aporías del Derecho: entre el Deseo y la Ley: reflexiones sobre el imaginario psicoanalítico y el discurso criminológico.*

sólo a tratar de comprender "sus razones" sino las fuerzas anímicas que lo impulsan y que desembocan en determinado acto, quizá cruel, como podría ser el asesinato; **pero delito criminal siempre por definición del poder de Estado**. La frialdad de la ley -advierte Sade- no podría penetrar jamás este mundo interior en que se mueven las pasiones y que, desatadas en el condenado, pudieron dar paso al delito penado con la muerte por el Estado de Ley. Lo pasional en Sade aparece como fuerza sobredeterminante de las acciones propias al ser-humano. Fundamento filosófico éste que, de tomarse en cuenta, posiblemente tendría por efecto —al menos- la posibilidad de *comprender* de otro modo el acto penado por la Ley y hasta incluso, si se quiere, hasta de *perdonar* al sujeto condenado que, como *sabemos* hoy (o deberíamos saber), nunca ha sido, en términos absolutos y definitivos, dueño y señor de sí mismo, *responsable* único y exclusivo de cada uno de *sus* actos. **La *naturaleza* del ser humano, biológica y psicológica, siempre social y a la vez a pesar de ello**, se arroga para sí los privilegios de actuar de modos tales que pudieran parecer excesos dramáticos, irracionales e ininteligibles, insensibles y morbosos, hirientes y horrendos a los ojos de algunos, incluyendo la Ley que los tendría por fundamento de sus formas y contenidos reguladores y penales. Pero la práctica penal -por su naturaleza represiva- inhibe la voluntad de saber, de conocer las causas más profundas y que no cesan de escapársele cada vez que, en lugar de procurar iluminar con razones, oculta y oscurece hasta cegar con su voluntad maldiciente y vengativa, impaciente e intolerante, pero bien decorada con vistosas ilusiones de seguridad y de justicia, de profesionalismo y ciencia, como el libro citado del Dr. Morán. La mano dura, cualquiera de sus modalidades —ya como parte del aparato represivo del Estado o de la Universidad, con su acostumbrado y cómodo silencio pero habitual complicidad-, aplasta la posibilidad de la razón crítica, de la reflexividad y del pensamiento sensible, porque es, en esencia, una fuerza bruta y a la vez, y sobre todo, embrutecedora...

Ya Sade lo recordaba: la pena de muerte debe suprimirse porque nunca ha reprimido al crimen, pues éste se reproduce a diario, cada vez que el Estado mata al condenado: "Debe esa pena eliminarse, en una palabra, porque no hay cálculo peor hecho que el de hacer morir a un hombre por haber matado a otro, puesto que de tal procedimiento resulta evidentemente que, en lugar de un hombre de menos, nos quedamos sin dos de un golpe, y sólo a los verdugos o a los imbéciles puede serles familiar semejante aritmética."

Desde mediados del siglo XVIII, un influyente renglón del *humanismo* moderno lo ha advertido con claridad e impulsado reformas filosóficas, teóricas y prácticas en los sistemas y entendidos penales, aunque las más de las veces resultasen variaciones cosméticas del mismo arrogado poder de castigar. Beccaria (1764) –por mencionar un ejemplo- ya lo había sostenido, y en el devenir de los tiempos poco o nada ha cambiado sustancialmente que pudiera trastocar su razonamiento: la pena de muerte, en cuanto que una pena atroz, no es útil ni necesaria. De una parte, porque la crueldad de la pena no es un disuasivo efectivo y, de otra, porque mediante la muerte no se repara el daño o la ofensa a la sociedad. Mírese como se mire, la pena de muerte no cumple de ningún modo el objetivo de la ley, sea cual fuere y por más que varíe históricamente. Hoy, como entonces, sigue siendo imperativo y urgente oponer razones en resistencia a toda racionalidad mortal del Estado, en cualquiera de sus manifestaciones, tanto más peligrosas cuanto más pasan por expresiones legítimas, necesarias y de utilidad social, como las sostenidas por ciertos "profesionales de la conducta humana" y "expertos en materia del Derecho"…

El problema de la pena de muerte no es uno de índole Moral, y ni siquiera se trata de uno de orden formal o exclusivamente Jurídico o Legal, sino, además y sobre todo- de un problema Político. Y me aventuro a ir un poco más lejos y plantear que ni siquiera se trata de "un problema" en sí mismo, sino de una compleja condición en la que lo político, lo moral y lo jurídico se inmiscuyen al extremo de tornarse casi imposible distinguir sus fronteras en propiedad, determinar la extensión de sus jurisdicciones o establecer con claridad los límite demarcados en sus representaciones. La práctica penal sigue siendo una práctica social que la imaginaría jurídica moderna cultiva celosamente, adopta e interioriza, arregla, ordena y legitima sin reservas como Derecho en propiedad, como naturaleza propia de todo Estado, como deber social. Castigar, dentro del registro representacional dominante, se tiene como condición de posibilidad de la civilización moderna; como destino inevitable y necesidad perpetua e infranqueable de toda formación social; como condición inherente a toda vida en ella. Castigar sigue siendo un deber jurídico, político y moral en el

Estado de Ley; una responsabilidad inexcusable; una obligación ineludible. Valga reiterar: **la pena de muerte viene a ser una extensión propia del imaginario social que tiene al castigo por fundamento y condición de su propia existencia.** Ya Nietzsche lo advertía en el siglo XIX, arremetía contra ello y nos invitaba a hacerle frente: "Colaborad en una obra provechosa, hombres creativos y bien intencionados, ayudad a extirpar del mundo la idea del castigo, que por todas partes lo invade. Es la más peligrosa de las malas hierbas. (…) Se ha introducido esta idea no sólo en las consecuencias de nuestra conducta, siendo ya cosa funesta e irracional interpretar la relación de causa a efecto, como de causa a castigo. Pero todavía se ha hecho algo peor: se ha despojado a los acontecimientos puramente fortuitos de su inocencia, sirviéndose del arte maldito de la interpretación con arreglo a la idea del castigo. Se ha llevado la locura hasta el punto de ver en la existencia misma un castigo. Se diría que la imaginación sombría de los carceleros y verdugos ha dirigido hasta ahora la educación de la humanidad." El psicoanálisis lo confirmaría…

La racionalidad jurídica dominante entre las prácticas penales refuerza dinámicamente las disposiciones anímicas que favorecen al castigo como recurso "socializador", domesticador, moralizador, disciplinario y vengativo. El discurso de la psiquiatría "criminal" en particular y de la psicología experimental-conductista en general, ejemplificados en el citado libro del Dr. Morán, refuerzan los modos de dominación característicos de un régimen de gobierno autoritario y represivo, que en estos tiempos pasan inadvertidos como prácticas normales, útiles y necesarias, legítimas y morales, naturales de la vida social. En estos términos, la pena de muerte es tenida como un mal necesario, aunque mal menor si se piensa en función de "la sociedad", que mediante ella se defiende sin presumida maldad, a veces hasta con cargos de conciencia y, de vez en vez, con cierto aire de arrepentimiento. Pero ya no será Dios el referente del poder que ejerza su voluntad de Justicia mediante esta pena, sino el Pueblo, ese moderno fantasma legitimador de las más terribles prácticas de crueldad, algunas institucionalizadas hoy en el Estado de Ley, pero todas y a la vez en él, regadas y desparramadas por todo el espectro social y cultural…

Para comprender este fenómeno constitutivo del imaginario social moderno -los modos como se ejerce sobre la vida el derecho a castigar en el Estado de Ley- habría que asumirlo, no como objeto privilegiado de la reflexión filosófica o sociológica del Derecho, ni siquiera como objeto del conocimiento histórico de lo jurídico en general. Siguiendo los trabajos de Michel Foucault, habría que asumirlo, quizá, como lo haría un estratega político en un contexto de guerra. Habría, pues, que interrogar su pertinencia dentro de determinados juegos de poder; es decir, identificar su valor táctico dentro de un contexto más amplio, el de una estrategia: estrategia de gobierno, de regulación, control y dominación –como en el *Matrix* de los hermanos Wachowski- sin un afuera posible del Estado de Ley. Pero, en términos prácticos, habría que admitirse que no se trata simplemente de un problema de inteligibilidad lo que nos presenta el tema de la pena de muerte. El *problema* de la pena de muerte, para quienes nos presenta un problema, no es de naturaleza teórica, ante la que un ejercicio intelectual dedicado resolvería con debido esfuerzo. No se trata de un problema de interpretación que depurado de contaminaciones ideológicas, mirado "objetivamente", al fin podría... razonarse a favor de la vida. ¡No! Se trata de un posicionamiento ético y político, de asumir postura ante la vida social y ante los poderes que pretenden regularla y que irremediablemente la sobredeterminan; ante el ser humano que no sólo habita sino que constituye al Estado en todas sus dimensiones y sin exterioridad de sus dominios...

El análisis que sobre la Pena de Muerte habría de adecuarse a la realidad del Estado de Ley puertorriqueño guarda ciertas particularidades en lo relativo a la relación colonial con el gobierno de los Estados Unidos -de subordinación jurídica, política y económica- aunque, en esencia, pienso que no existe una diferencia radical, sustancial o cualitativa en materia penal entre ambos regímenes de gobierno y las culturas sobre las que se sostienen. De primera impresión -si acaso las autoridades en materia de "Derecho" no se equivocan o no mienten- el discurso jurídico formal, para existir, debe representar el sentido social, cultural o nacional de Justicia, cuya expresión lo sería a la vez de la Voluntad del Pueblo, inscrita y prometida garantizada con fuerza de ley en el texto constitucional. En el contexto local, ambos registros se fusionan en la Sección siete de la Carta de Derechos de la Constitución del ELA, de 1952: un derecho moral, el de la vida, y su conversión en derecho civil-político, es decir, garantizado en principio por los recursos del sistema judicial y el monopolio del la violencia legítima del Estado de Ley, su fuerza armada. Hasta aquí la retórica liberal goza de absoluta coherencia teórica y, en términos estrictamente formales, el ordenamiento jurídico puertorriqueño, incluyendo su sistema judicial y penal, debería funcionar efectivamente. Pero lo cierto es que existe, más que una brecha, un abismo entre la teoría y la práctica del Derecho en Puerto Rico aunque, no obstante, esta realidad guarda perfecta coherencia en cuanto que Estado de Ley, al que corresponde una sociedad disciplinaria, represiva y autoritaria; punitiva; carcelaria y, al parecer, de cada vez más fuertes inclinaciones mortalmente vengativas, aunque disfrazadas de ciencia o, por lo que pueda valer la reiteración, de "experiencias clínicas".

Lo cierto es que nada debe extrañarnos que, consecuencia de la propaganda contra la Violencia y la Criminalidad en nuestro Estado de Ley[27] -sostenida por tantos y tantos prejuicios y temores tan reales como ilusorios- en un porvenir no lejano venga a consolidarse una poderosa fuerza social que favorezca la pena de muerte. Imaginado o previsto este tétrico posible futuro, valdría seguir preguntándose: ...si una mayoría del pueblo pidiera y lograse reinstalar la pena de muerte, ¿se convertiría ésta en un derecho democrático? En otras palabras, ¿sería un derecho democrático el poder de ejecución mortal que ejerce el Estado sobre una persona, por el sólo hecho de ser legal, es decir, convertido en ley? ¿Es entonces justa la democracia? Y si este derecho legal del Estado poder quitar la vida a un sentenciado adquiriese rango constitucional, es decir, que suponga representar la expresión suprema de la voluntad general del pueblo puertorriqueño, que a su vez se supone expresión de los valores morales más arraigados de este pueblo, ¿se diría entonces que sí, que la pena de muerte se trata de un valor moral legítimo, simplemente porque ha adquirido un rango constitucional? ¿Es acaso que vale la regla formal de la mayoría, la regla democrática por excelencia, para todo lo que tiene que ver con la vida? ¿Cuál es la justa medida de lo justo cuando está en juego una vida? ¿La de la Ley? ¿La de la mayoría? Dilema éste que se resuelve en apariencia en un lenguaje ético, pero que no sería nunca sino el saldo de una contienda política librada –irónicamente- entre la vida y la muerte.

---

[27] La temática concerniente al imaginario criminal y las correlativas retóricas políticas de la violencia, las trabajo a profundidad, teórica y políticamente, en mi libro *El espectro criminal*, publicado en 2004.

En resumidas cuentas, imaginemos: si al *final* quedásemos a duras penas unos cuantos que nos opongamos a cederle al Estado el poder de quitarle la vida a un ser humano, por la razón que sea, y la gran mayoría avalara y exigiera el deber del Estado hacer valer la justicia de su ley, ¿dejaríamos de oponernos? Es una posibilidad muy real que la pena de muerte pueda reinstalarse en Puerto Rico, no sólo por la voluntad colonial del gobierno norteamericano, como acontece hoy, sino por vía electoral, expresión del "pueblo puertorriqueño", de la "voluntad general". Podría convertirse la pena de muerte en un derecho legítimo y democrático del Estado de Ley puertorriqueño. Es ésta una posibilidad que nos preocupa a los abolicionistas, y en ella se reafirma la imperativa pertinencia de esta lucha...

No quisiera concluir este escrito con una retórica alarmista –aunque algo de ella se hace inevitable-, ni limitarme a advertir para el futuro la posibilidad de un revés constitucional a favor de la pena de muerte. Eso no es lo que más me preocupa, ni lo que intereso llamar a la atención. Sabemos que el Congreso de los Estados Unidos ha decretado que, como extensión de su poder jurídico y político sobre Puerto Rico, en la Isla aplica esta pena. Eso es un hecho y nada debe extrañarnos, pues es una práctica habitual de la experiencia colonial del país. Pero la posibilidad de *imponer* la pena de muerte no reside exclusivamente en el ejercicio del poder colonial norteamericano, sino en la indisposición anímica del pueblo puertorriqueño a salirle al paso, hacerle frente y rechazarlo. La imposición de esta pena mortal es tanto más posible cuanto más desentendidos nos mantengamos de su carácter político y social, no meramente legal. Sabemos que las administraciones de gobierno local han demostrado no sólo su impotencia en el límite de lo legal sino su indisposición a hacer valer determinantemente el derecho constitucional a la vida. Tampoco eso a nadie debe extrañar. Valga reiterarlo de otro modo: creer que la pena de muerte se trata de un mero pleito legal sin graves implicaciones psico-sociales es una ingenuidad propia de una mentalidad legalista o academicista (como la de esos *intelectuales* ingenuos, que repitiendo los credos de la Ley aspiran hacerse un espacio de reconocimiento privilegiado en sus dominios), de la que no deberíamos participar. Por mejor intencionados y preparados que estén los abogados abolicionistas y aunque mil razones de principio pesen a su favor, la suerte en el juego judicial es siempre azarosa, contingente; imprevisible. Esta lucha es una que en lo más inmediato podrá librarse en sala, es verdad, pero la victoria se obtendrá en otra parte...

El derecho a la vida, como cualquier otro derecho, es letra muerta si no hay cuerpos y voluntades que lo hagan valer. La Universidad debe jugar un papel activo en esta lucha, no solo ante la amenaza de la pena de muerte sino ante todo cuanto hace posible que aún entrado el siglo XXI siga apareciendo como una posible alternativa legítima contra lo criminal, como opción válida y lícita, justa y razonable, del poder represivo en el Estado de Ley. El estudio radicalmente crítico del poder penal, el de castigar y sus variaciones híbridas, de ese poder cultural milenario, heredado y cultivado día a día, hecho subjetividad y a la vez poder subjetivador (como lo reprimido en el represor), al extremo de reproducirse infinitamente como valor social del que lo social mismo no puede prescindir para su existencia, sigue siendo condición clave para comprender y a la vez para hacer frente a esa afrenta del poder interventor del Estado de Ley. El saldo de la indiferencia ante esta situación no va a tener por efecto aliviar o aminorar los embates de violencias criminales, por el contrario, dejará una estela de efectos nefastos, funestos; fúnebres. Entre ellos, pues, los que podamos imaginar tras la ampliación desmedida del poder represivo del Estado de Ley, de sus violencias y sus crueldades, legales -es verdad- pero a la vez también criminales...

Nunca estaría de más que ante este dramático y morboso exceso político, el del poder de penar con la muerte, nos negásemos a permanecer desentendidos o a dejarlo pasar por inadvertido. Sepamos que nunca es demasiado temprano para procurar impedir o al menos contrarrestar esa terca manía de excederse del Estado de Ley en su arrogante y pretencioso poder de administrarnos las vidas...

El discurso imperial de la Salud Pública
y la violencia política estigmatizadora[28]
(Algunas reflexiones teóricas, éticas y filosóficas)

> "En el mundo hay demasiados males reales
> como para permitirnos aumentarlos con otros imaginarios que,
> por demás, terminan siendo causa de nuevos males verdaderos."
> *A. Schopenhauer*

...y tal suerte acontece con el discurso de la Salud Pública en Puerto Rico, que en su noble pretensión de actuar de buena fe y con las mejores intenciones, demasiadas veces termina por convertirse para tantos, si no en un mal mayor que el que pretende resolver, en creador de males antes inexistentes, paradójicamente por defecto de su propia inventiva y creación. Desde el siglo pasado y bajo la modalidad retórica de un Problema Social de primer orden, la Salud Pública pasa a ser objeto de atención e interés para el Estado de Ley, para enseguida convertir todo cuanto inscribe bajo su registro en pieza clave de su maquinaria ideológica de control social, en eje estratégico de su dominación general. Imbricado con el discurso de la Seguridad, el de la Salud Pública goza de similar soberbia imperial, propia del poderío de la Ley y sus modernos regímenes de gobierno. El siglo XXI escenifica cada vez con más nitidez la fusión ideológica entre ambos registros discursivos. Ya por ingenuidad política, con entera genuinidad o por mezquindad, este significante polisémico aparece cada vez más restringido a los usos oficiales del poder estatal, excesivamente conservador y coercitivo de la libertad individual y colectiva. Colonizado el significante Salud por la racionalidad uniformadora del Estado de Ley, diversas instituciones (locales y federales) llevan por encargo político y legal administrar efectivamente eso que aparece bajo el signo espectral de "Salud Pública". Pero lo cierto es que, aunque existen regulaciones legales, imperativos morales y penas judiciales en torno a este concepto, nadie sabe a ciencia cierta

---

[28] Ponencia: ***"El discurso imperial de la Salud Pública y la violencia política estigmatizadora"***, presentada en la Tercera Conferencia Puertorriqueña de Salud Pública: *Salud Pública, Justicia Social y Derechos Humanos: desafíos de una sociedad diversa*, en el Centro de Convenciones de Puerto Rico, San Juan, el miércoles 9 de mayo de 2007.

y en definitiva de qué es de lo que se trata. Ni siquiera podríamos garantizar que sería posible definirlo alguna vez y por siempre, en términos absolutos, de modo tal que la definición pudiera al fin tener validez universal, de aplicación para todos, en todo momento. Sospecho que esto sería imposible. Y aún de no serlo, pienso que darse a semejante intento es, cuando menos, indeseable...

Así como sojuzgar para la uniformidad del pensamiento, del sentimiento y del ser, es un acto inequívoco de tiranía, propio de un régimen de gobierno autoritario y, por contraste, antagónico a los principios radicales en los que se asientan los valores democráticos, de modo similar ocurre con el discurso imperial de la Salud Pública, sobre todo cuando bajo su signo se materializan políticas públicas de dudoso valor social, como las vinculadas en la política prohibicionista, a la que le sirve de fundamento de legitimidad racional. La Salud Pública, en este contexto, se convierte en referente legitimador del derecho penal, del poder de castigar del Estado de Ley, de su fuerza represiva; de sus violencias. Sabemos que la alusión al discurso oficial de la Salud Pública como fundamento de prácticas coercitivas de intervención estatal no se basa exclusivamente en conocimientos objetivos, experiencias clínicas y referencias científicas. Por lo general, como refuerzo de su discurso imperial integra chantajes morales, amenazas de represión y otros hostigamientos psicológicos, similares a los utilizados por la imaginería religiosa dominante.

El desprecio por la libertad individual es parte de la cultura prohibicionista sobre la que se asienta y reproduce el Estado de Ley. Nada debe extrañar advertir que la Salud Pública, en cuanto que discurso imperial, opere como pretexto justificante del control general que ejerce el Estado sobre individuos y poblaciones. La ambigüedad propia del concepto de Salud le es constitutiva de su poder significante; no lo debilita sino que, por el contrario, posibilita la ampliación casi irrestricta de sus dominios.

Mark Twain, opuesto a la prohibición del alcohol en Estados Unidos (justificada como problema de Salud Pública) y advirtiendo sus consecuencias sobre la libertad individual, se preguntaba:

"¿De quién es la propiedad de mi cuerpo? Probablemente es mía... si experimento con él, ¿quién debe ser responsable? Yo, no el Estado. Si escojo imprudentemente, ¿muere el Estado? Oh, no."

El filósofo español, Fernando Savater, siguiendo esta línea de pensamiento y en oposición a la criminalización de las drogas y sus usuarios, reivindica el derecho de cada cual a decidir las suertes de su propia mismidad:

> "El derecho a hacer uno con su vida lo que quiera, incluido arriesgarla, disiparla o perderla, es una condición básica de la libertad democrática: el Estado no puede prohibirme que me autodestruya *porque no es mi dueño.*"

Pero el Estado de Ley, excedido en su arrogancia paternal, actúa como si fuese dueño y señor de cada cual, y gran parte del discurso imperial de la Salud Pública lo evidencia, sobre todo bajo la modalidad de sus prohibiciones y correlativas políticas punitivas. Y es que existe más que una estrecha relación de complicidad entre el discurso de la Salud Pública y el ejercicio de la dominación general propio de un Estado de Ley, autoritario y represivo por su naturaleza política, desde la que reclama para sí y con privilegio de exclusividad el monopolio de la violencia legítima, el derecho de represión, de prohibición y castigo. Estructuralmente, el discurso de la Salud Pública en Puerto Rico participa de la misma racionalidad imperial que la arrogada para sí del poder interventor de la Ley, por demás inhibidor de los imaginaros de libertad individual y colectiva. La Salud Pública se ha convertido en un sofisticado dispositivo de manipulación ideológica por el control social, motor de reserva de la imaginería prohibicionista y del derecho político a castigar. El miedo, la ignorancia y la mezquindad siguen siendo sus principales posibilitadores.

La Enfermedad, que es la contraparte antagónica y complementaria del discurso de la Salud, es también una categoría política maleable, sujeta a manipulaciones políticas e intereses económicos. Todos sabemos que la relación del discurso imperial de la Salud con la política estatal prohibicionista representan un negocio lucrativo de gran envergadura, sobre todo para oportunistas y mercaderes de tratamientos y curas, inventores de enfermedades y comerciantes de salud... En este escenario no extraña que un médico o un psiquiatra, por ejemplo, con sus respectivas razones médicas y psiquiátricas, justifiquen las políticas de mano dura, la limitación de derechos constitucionales, la ampliación del aparato represivo estatal y sus tentáculos carcelarios, que reclamen mayor severidad de las penas y hasta que aboguen a favor de la pena de muerte. Sobre todo en el Estado de Ley, donde las retóricas oficiales del discurso de la Salud Pública representan lo Criminal y la Violencia como síntomas de una sociedad enferma o de individuos enfermos. Esto es así, aunque la obsesión por el control, quizá combinada con algo de aburrimiento o poca imaginación para ocupar el tiempo, opte por inventarse enfermedades para justificar, además de su sueldo, la existencia misma de su puesto o profesión. Decía el escritor Karl Kraus:

"Cuando a alguien no lo aqueja nada, la mejor manera de curarlo consiste en decirle que tiene una enfermedad y cual enfermedad tiene."

En el Estado de Ley, las categorías de Seguridad y Salud Pública son matrices claves de su poderío estigmatizador, refuerzo éste del conjunto de sus dominios sobre la vida social. Los estigmas de enfermedad tienen, por lo común, un efecto ideológico inmediato: la invisibilización de la complejidad de la realidad social y la consecuente insensibilización sobre la compleja vida del estigmatizado.

En términos teóricos, el estigma no soporta la crítica epistemológica (aparezca éste como categoría diagnóstica, como juicio moral o normativa legal). Gran parte del discurso de la Salud Pública y el de la Seguridad, por ejemplo, se sostienen sobre la noción de "peligrosidad". Sin embargo, ésta categoría no está definida por criterios clínicos o científicos, que permitan sus usos fuera de toda duda razonable. El valor de utilidad y el sentido de la noción de peligrosidad no responde a un criterio clínico sino a su función política, a la productividad táctica dentro del discurso que la utiliza. Hoy los presos deben estarlo porque se les estigmatiza de peligrosos. Los locos reaparecen como peligrosos después del acontecimiento mortal en Virginia Tech. Las quejas y lamentos de las víctimas tienen tanto poder definitorio como las autoridades estatales, toda vez que coincidan en el diagnóstico: sujeto peligroso (delincuente o loco) y en el tratamiento: castigo seguro (terapia o rehabilitación). La prensa participa sin reservas ni miramientos.

La unidad representacional del estigma es una ilusión intelectual tenida como realidad referencial y perpetuada por virtud de la coherencia estructural del lenguaje que construye desde sí y para sí su propio sentido, coherencia y unidad representacional. El estigma es una práctica racional del discurso de la dominación, aunque gran parte de su poder opera desde lo inconsciente. Institucionalizado y reglamentado, cumple una función formal: identificar las diferencias, catalogarlas, asignarles rango y valor o restárselo; juzgarlas y controlarlas. El estigma reconoce la existencia de una diferencia precisamente porque la nombra como tal. Pero en el estigma no se condensa un saber preciso y profundo sobre el estigmatizado y su vida, fruto de la reflexión dedicada de seres sensibles, atentos y experimentados, sino una realidad inversa: la de una pretenciosa voluntad política, voluntad de poder, de control y dominación. El poder estigmatizador ha modulado hábilmente sus fuerzas y retóricas adaptándose a los requerimientos de los tiempos, pero las huellas de sus violencias siguen intactas, en todos los sometidos bajo su régimen de dominación…

El estigma muestra una realidad, la percibida y construida desde la óptica valorativa del poder que estigmatiza. Y a la vez que construye una realidad distorsiona otra, la del estigmatizado. Como efecto de conjunto, el estigma oculta lo real, lo suplanta, ocupa su lugar. Predominantemente, el estigma es un signo degradante, una definición rígida y sobre-simplificada. Por lo general opera como justificante ideológico de la situación del estigmatizado, de su posición en desventaja o de su marginalidad; de la persecución de la que puede ser objeto o de la opresión a la que puede ser sometido; legitima su vigilancia; su represión; su exclusión, reclusión o castigo (aunque aparezca bajo el eufemismo de un tratamiento psicológico o médico, y la justificación de que se trata de la salud del tratado y la del pueblo.)

En las claves del Estado de Ley, el discurso de la Salud Pública no puede prescindir del empleo del poder estigmatizador para hacerse valer. Ante este escenario, la mecánica reduccionista de sus categorizaciones hechas mandamientos de ley y el relativo desprecio por la libertad humana, no nos presenta un problema teórico o metodológico sino ético y político. Problema, para quienes nos representa un problema, que debe abordarse con honestidad intelectual, tal vez con cierta dosis de humildad ante la arrogante pretensión del discurso imperial de la Ley y su modalidad privilegiada en estos tiempos, el discurso de la Salud Pública.

La construcción de una cultura verdaderamente democrática debe tener a bien la apertura a la reflexividad sobre la categoría de Salud, su historicidad, su esencia política, y procurar a toda costa ser sensible ante las diferencias individuales, tantas veces convertidas en enfermedades por el discurso imperial de la Salud... Reconozcamos que no existe un criterio universal que permita definir en términos absolutos qué es la Salud Pública. Sucede lo mismo con idéntica suerte con todo cuanto pudiera ser referido al espectro de lo Moral y lo Cultural, de la Justicia, de la Libertad y la Seguridad, del Bien y del Mal, de la Educación, de la Violencia o de la Paz. Pienso que tampoco sería deseable que así lo fuera, dada la naturaleza variable y contingente de los deseos humanos y sus particulares condiciones de existencia. Pero sobre todo porque históricamente los poderes que han pretendido poner punto definitivo a sus definiciones, se han apropiado arbitrariamente de estas categorías y las han utilizado para legitimar sus reducidos puntos de vista e imponerlos por virtud de sus fuerzas superiores, irrespectivamente de las consideraciones de las personas en las que este poder se materializa. En estos tiempos (pos)modernos, la Salud pasa a ocupar, en la escena de lo político, el lugar que antes ocupaba para las autoridades eclesiásticas las cruzadas contra el pecado. Recordemos que el concepto de Salud, como el de Enfermedad, se mantiene en la escena de lo cultural como categoría política, y ambos son piezas claves tanto para la preservación de la imaginería prohibicionista dominante y sus correlativas violencias como para las posibles alternativas que nos demos a imaginar.

Lo cierto es que, valga la reiteración, no existe ningún consenso social sobre este aspecto, y por tanto sus fronteras permanecen relativamente abiertas a ser resignificadas por las diversas fuerzas que entren en el juego del poder político. ¿Quién tiene la autoridad última de definir qué es la salud para una persona o para un pueblo? ¿Qué poder podría definir de manera cerrada esta categoría de modo tal que la misma comprendiera en su definición la realidad de todos y cada uno? ¿Por qué habría de insistirse en tal pretensión? ¿Para qué? ¿Qué implicaciones tendría esta definición para la vida singular de cada persona? ¿Qué se reivindica cuando la salud se exige como derecho? ¿Cómo interpretar el hecho de que una definición universal, siempre abstracta, encarna el riesgo indefectible y permanente de desposeer al sujeto concreto del poder discrecional sobre su propio cuerpo? ¿No se presta acaso esta intención a la misma suerte que da paso a la política prohibicionista, donde la práctica de un derecho es convertida en enfermedad por arreglo a la Moral dominante y la Ley? ¿No arriesga demasiado la persona singular al convertir ciertos derechos en enfermedad, según las disposiciones jurídicas o las autoridades médicas que sirven sin reservas al Estado de Ley? Nuevamente, ¿quién decide qué está dentro de la Salud Pública que el Estado armado deberá proteger? ¿El médico? ¿Cuál de entre ellos? ¿El psiquiatra? ¿El Cirujano General? ¿Las autoridades sanitarias? ¿Acaso el gobierno? ¿El juez o el legislador? ¿La Iglesia? ¿La persona singular o la colectividad?...

Las preguntas pueden devolverse incesantemente sobre sus respuestas, y eso lo que evidencia es que ciertamente no existe un consenso social sobre qué debería inscribirse permanentemente bajo el signo político de la Salud Pública. Y es que la definición no pertenece a una consideración clínica sino política. Por mi parte, favorezco que sea el individuo singular quien tenga la última palabra sobre hasta dónde interesa que la política pública de la Salud incida sobre su persona. Cualquier determinación colectiva a tales efectos no debe implementarse en menoscabo de este singular derecho.

Sería ingenuo presentar las críticas al poder imperial de la Salud Pública y sus políticas prohibicionistas sin acentuar que las mismas deben ser consideradas desde una perspectiva más amplia, quizá como parte de un proyecto político de democracia radical. Desde esta óptica se reconoce la necesidad social de un sistema de Salud Público eficiente y efectivo, incluso se exige como derecho, al entender que es esta una de las razones principales de la existencia misma del Estado: que asista plenamente a quien solicite ayuda. La diferencia sustancial que se debe subrayar es que no es lo mismo la política que actualmente criminaliza y penaliza las prácticas sociales que se alejan de las prescripciones legales que tienen como objeto la "Salud Pública", (como las relacionadas al consumo de drogas ilegales, por ejemplo, y esas necesidades específicas que un ciudadano particular pudiera tener cuando, por hacer uso de su derecho sobre sí, de su libertad y autonomía, pudiera sentir resentida o maltratada su propia salud.

Existe, pues, una marcada diferencia teórica y práctica entre el mito de la existencia de un consenso social sobre la Salud, y el derecho político a la asistencia médica que pudiera requerir cualquier particular. La primera responde a una concepción imaginaria cargada de prejuicios ideológicos, pues pertenece antes a una práctica moralizadora y disciplinaria del poderío estatal con arreglo a toda una economía política de los cuerpos vinculada al efecto de hegemonía prohibicionista. La segunda pertenece a una concepción radicalmente democrática del derecho de cada persona a decidir sobre su propio cuerpo y a obtener del Estado la ayuda que necesite, si así lo desease. A esta perspectiva le es correlativa un proyecto político socializador de los servicios de salud, sin que este reclamo de derecho deba ser traducido en una autorización irrestricta del poder estatal a decidir qué es bueno o malo para la salud de cada cual e imponer medidas punitivas para quien no se ajuste a sus determinaciones o traspase sus fronteras...

El estigma: un signo de la violencia política[29]
(Algunas reflexiones teóricas, éticas y filosóficas)

"La Ley hace el pecado"
Pablo

...invariablemente, el estigma sigue siendo el saldo puntual de una práctica de la violencia política.[30] De raíces culturales milenarias, en la actual condición de época todavía no ha dejado de resultarle de estimada valía práctica al Estado de Ley, en lo relativo al ejercicio del control, la regulación y la dominación social. La potencia estigmatizadora es, dicho de otro modo, una característica propia del poderío disciplinario y normalizador que le es constitutivo a todo régimen imperial de Ley; un signo de la violencia que lo produce, que lo mueve y lo mantiene; una huella de la crueldad cultural que lo sostiene...

Del significado formal de la palabra *estigma* nada podemos reprochar, pues alude a otro modo de decir una señal, una huella, un signo. Es, no obstante, rastreando algunas de sus más cruentas

---

[29] Capítulo en Libro - "*El estigma: un signo de la violencia política (reflexiones teóricas, éticas y filosóficas*" en N. Varas Díaz y F. Cintrón Bou (Editores), **Estigma y Salud en Puerto Rico: consecuencias detrimentales de lo alterno** (Editorial *Publicaciones Puertorriqueñas*, 2007)

[30] Lo político no remite con exclusividad a las cuestiones y trámites de gobierno sino, además, a las instancias que constituyen formal, transversal y marginalmente la maquinaria ideológica y represiva del poderío estatal, del que no hay un afuera absoluto posible. Lo político es significante de las complejas relaciones de poder que inciden en todo cuanto tiene que ver con la vida social; con la cultura y la ley, la subjetividad en devenir y los procesos subjetivadores; la economía en todas sus dimensiones; la moral y las moralidades, la religión y las ciencias. Dentro de sus dominios es considerado parte integral lo relativo a la producción de saberes y el carácter situado y beligerante del conocimiento, así como las correlativas prácticas que sobre sus fundamentos legitiman determinadas modalidades de representar al sujeto social y, consecuentemente, de administrarlo bajo el signo de sus racionalidades. Incluye, pues, las creencias tenidas por saberes y verdades; las contiendas de significados, los poderes que los producen, las condiciones que los posibilitan y las resistencias que se les oponen. En este sentido, el poder estigmatizador, la función política del estigma y los efectos que de ésta práctica se desprenden, son considerados como parte integral de las estructuras e instituciones propias al encargo político del Estado de Ley: la regulación, control y la domesticación social. Dentro de estas claves teóricas, por ejemplo, la religión y la educación, y no sólo la Iglesia y la Escuela, serían objeto de reflexión crítica.

historias, las de la violencia política del poder estigmatizador, que podemos identificar sus continuidades, sus variaciones históricas y sus modulaciones retóricas, y advertir sus modalidades actuales; reconocer las claves de sus eficacias y las condiciones de sus efectividades; y delinear algunas claves de resistencia a sus embates...

Entre las historias de la estigmatización destacan las prácticas de infligir una marca forzada brutalmente sobre el cuerpo de los condenados o sobre quienes habrían sido clasificados bajo algún registro de lo desviado, de lo socialmente inútil o de lo políticamente peligroso (criminal o pecador; enemigo, inmoral o loco); ya como señal grabada en la piel por condición de esclavo o como pena infamante, también marcada con el hierro candente de la Moral dominante y de la Ley. Desde la antigüedad hasta nuestros días, estigmatizar sigue siendo significante de ultrajes y afrentas; de burlas, de escarnios y de vergüenzas; de humillaciones, deshonras y desprecios...; paradójica marca de una voluntad política vengativa y sádica, la de la Justicia de la Ley, hoy representada ideológicamente en las claves del Derecho penal[31], siempre poder de castigar, de doler y dañar...

Determinados requerimientos de época han forzado ciertas modulaciones al ejercicio de la violencia política estigmatizadora, incluyendo la condición de justificarse a sí misma.[32] Y lo ha hecho con eufemismos que suavizan sus lenguajes y le procuran

---

[31] Como referencia a las temáticas relativas al derecho penal, sus fundamentaciones y desenvolvimientos históricos y sus legitimaciones ideológicas y políticas, incluyendo la pena de muerte, ver: G. Sued; *Violencias de Ley: reflexiones sobre el imaginario jurídico penal moderno y el derechos estatal a castigar*, Editorial *La Grieta*, San Juan, 2001. Además, los trabajos más recientes compilados en I. Rivera Beiras (Coord.); *Mitologías y discursos sobre el castigo: historia del presente y posibles escenarios* (2004) y *Política Criminal y Sistema Penal: viejas y nuevas racionalidades punitivas*, Editorial *Anthropos*, Barcelona, 2005.

[32] A la progresiva consolidación histórica de la imaginería democrática, del humanismo moderno y del discurso de los derechos humanos como matrices reguladoras de lo político dentro del Estado de Ley, le ha sido correlato condicionante la suavización de los lenguajes del poder coercitivo estatal, es decir, una humanización retórica de las violencias y racionalidades represivas de las que detenta el monopolio legítimo. Los temas relacionados los trabajo en el libro *Utopía Democrática: reflexiones sobre el imaginario político (pos)moderno y el discurso democrático*; Editorial *La Grieta*, San Juan, 2001.

apariencias que tornan más tolerables sus brutalidades habituales. A la sentencia de encierro carcelario, por ejemplo, le preceden los estigmas de la violencia y la peligrosidad del sujeto confinado. Las tecnologías de encuadramiento y domesticación que justifican ideológicamente el valor social del encierro[33] y la pena requieren del estigma para justificarse, sea bajo los signos de la rehabilitación o de la corrección, de la remoralización, la resocialización o la reeducación.[34] El secreto que el sistema se niega a confesar es que el sujeto de la pena debe ser estigmatizado previa y efectivamente, de lo contrario no podría legitimar su tratamiento penal ni su propósito correccional tendría referente justificador. Y es que entre el delito y el estigma no existe relación de reciprocidad alguna, como tampoco existe relación de causalidad natural entre el delito y la pena. Ambas relaciones son posibles dentro del discurso y el poder de la Ley, al extremo que la relación entre delito y pena no puede prescindir de la aplicación efectiva del estigma sobre el confinado para justificarse políticamente y legitimarse moralmente…

Si bien la práctica de la violencia estigmatizadora ha sido un rasgo distintivo propio de las filosofías morales desde la antigüedad, siempre políticas, es desde el siglo XIX que encuentra refugio teórico seguro dentro de las sociologías y psicologías emergentes, las que aparecen en el contexto histórico, cultural y político de la modernidad occidental como tecnologías de refuerzo ideológico de su proyecto político disciplinario/normalizador.[35] Rígidas categorías calificativas y clasificatorias, tales como "desviación", "patología", "perversión", "delincuencia", "peligrosidad", "anormalidad", "locura", "inmoralidad", integrarán sus lenguajes y constituirán buena parte del nuevo semblante identitario del poder estigmatizador moderno: la ciencia. Los estigmas "científicos" se

---

[33] En el Código Penal la pena de reclusión se justifica como condición propicia para el "tratamiento de la rehabilitación social del convicto."

[34] La "rehabilitación moral y social" del convicto, a la par con el "castigo justo", "la protección a la sociedad" y la "justicia a la víctima", son los cuatro propósitos y fines de la pena, según el nuevo Código Penal de Puerto Rico (2004).

[35] El poder de normalización -siguiendo los lineamientos teóricos en la obra de Michel Foucault- consiste en las tecnologías de producción de sujetos útiles y dóciles, constituidas por complejas relaciones de poder y viabilizadas mediante determinadas estrategias de control social, regulación y disciplina.

sumarán a las modalidades representacionales dominantes, agrupadas indistintamente como ciencias del alma, disciplinas del espíritu o profesiones de la conducta humana. Aunque estos campos de producción de saber se desenvuelven diferencialmente y con relativa autonomía, guardan estrechos vínculos, reguladores y condicionantes, con el discurso imperial del la Ley y la Moral Social dominante. Los nuevos estigmas, ahora convertidos en categorías referenciales con estatuto científico seguirían teniendo de base justificatoria infinidad de intolerancias y prejuicios culturales, religiosos y estatales. Realidad ésta que presenta un problema epistemológico en lo relativo a la producción del saber[36] y, a la vez, un problema de índole político en el que se engloban las prácticas de la estigmatización como refuerzos ideológicos en el ejercicio de una dominación. Problema político que se evidencia dramáticamente en sus efectos sobre las poblaciones y sujetos particulares en los que se materializan las prácticas estigmatizadoras, como la criminalización, la deslegitimación, el reproche moral o el hostigamiento psicológico. Discrímenes, prejuicios, exclusiones y marginaciones; persecuciones, violencias y crueldades reclaman derecho de ciudadanía bajo sus dominios...

No es de extrañar que bajo el signo de la desviación[37] aparezcan registrados numerosos eufemismos retóricos, que cumplen una doble función ideológica invisibilizadora: ocultar la compleja realidad histórica en la que se hace aparecer y se perpetúa el estigma y, simultáneamente, negar su existencia como recurso, resultado y condición de una violencia política, de una dominación ejercida.

Una premisa teórica que subvertiría el orden representacional dominante supondría que el estigma no refracta ni la perversidad moral del sujeto ni el carácter oscuro de alguna

---

[36] Esto es, partiendo de la premisa de que el encargo del discurso científico es trascender la superficialidad ideológica de las apariencias en todos sus registros representacionales y no el de perpetuarlas acrítica e irreflexivamente. Lo que supone, pues, advertir la necesidad de diferenciarse del lenguaje de uso común, reconociendo sus limitaciones y entorpecimientos para la práctica teórica y sus fines.

[37] Para rastrear la producción intelectual e histórica de los discursos adscritos en la categoría de la desviación social puede referirse a los textos compilados en P.A.Adeler y P.Adler; *Construction of Deviance: Social Power and Interaction*; Editorial *Thompson/Wadsworth*, USA, 2003.

psicología perturbada, de alguna patología del espíritu o de una enfermedad del alma; y si alguna maldad se creyera reflejada, sépase que el estigma es espejo e imagen reflejada en un mismo tiempo. El estigma no designa esencia alguna, ni siquiera la causa primera de nada. El estigma califica y clasifica pero no dice nada del estigmatizado, ni de lo más profundo de sus adentros ni de lo que es por suertes del destino o malas jugadas de la vida. El estigma es un estigma, una marca que impone un poder exterior y ajeno al acto y al actor del mismo. El estigma se impone en respuesta a la quimera de una sociedad siempre imaginaria, ofendida y quisquillosa; fuertemente armada…

El estigma es hipérbole de la intolerancia cultural dominante, eco resonante de infinidad de prejuicios morales, cultivados celosa e irreflexivamente entre las instancias reguladoras y coercitivas del poderío estatal, incidiendo (sobre)determinantemente en todos los ámbitos de la vida social. El efecto ideológico inmediato es la invisibilización de la complejidad de la realidad social y la consecuente insensibilización sobre la también muy posiblemente compleja vida del estigmatizado. La dramática evidencia aparece a diario en los medios noticiosos, en los modos dominantes de representar monolíticamente un "problema social" y, por ende, caricaturescamente inventar relaciones de causalidad entre éste y los *culpables* (o responsables). Tal es el caso de la figura estigmatizada del usuario de drogas ilegalizadas, desmitificada por la literatura más progresista en cuestiones de derechos humanos así como por las fuentes científicas de primer orden, pero todavía icono efervescente de la maldad en estos tiempos, marcados por racionalidades autoritarias, intolerantes y punitivas, propias de la imaginería prohibicionista en el Estado de Ley.[38] Un ejemplo impactante y reciente es el del escrito del periodista Ismael Fernández, quien, a propósito de la muerte de dos jóvenes en un trágico accidente de tránsito, nos dice: "…guiaban a 80 millas, aparentemente endrogadas. En los restos del vehículo dice la policía que encontró no menos de cinco bolsitas de marihuana. Ambas murieron en el acto. Con todo lo doloroso que pueda ser, la muerte

---

[38] Para ampliar las referencias sobre ésta y temáticas relativas, ver G. Sued; *El espectro criminal: reflexiones teóricas, éticas y políticas sobre la imaginería prohibicionista, las alternativas despenalizadoras y el Derecho en el Estado de Ley*; Editorial *La Grieta*, San Juan, 2004.

de ambas es bien merecida. Castigo merecido y que la pasen bien en el purgatorio antes de llegar al destino final."[39] Las jóvenes que perecieron han sido degradadas a un rango de humanidad inferior por virtud del poder estigmatizador, que reduce sin reservas el tiempo de sus existencias al instante de la tragedia y enseguida juzga y acusa iracundamente, ya no para castigar sus faltas sino para justificar sus muertes[40]...

El drogadicto[41], un estigma distintivo de las intolerancias modernas del siglo XX y todavía de éste, que dice más del estigmatizador que del estigmatizado, de sus prejuicios e insensibilidades, de su predisposición anímica a la crueldad y su disposición a ejercerla sin miramientos; de sus obstinaciones, supersticiones y rancias intransigencias. Como en la antigüedad, la estigmatización, ese poder de marcar con signo distintivo y diferencial a otros seres humanos, lo sigue siendo como siempre: por recurso de un poder superior en fuerza y no en razón. En este caso, la del Estado de Ley y la cultura prohibicionista que posibilita sus violencias. Es la razón de la fuerza superior, legitimada habitualmente por el discurso legal y la retórica moral del poder dominante, la condición de posibilidad del estigma. El estigmatizado drogadicto, por su parte, encara un doble problema: el de su salud deteriorada y el de las reacciones "sociales" -

---

[39] I. Fernández; "La ley del Talión"; Periódico *El Nuevo Día*; Lunes, 30 de octubre de 2006; p.71.

[40] Evidencias del terrorismo estigmatizador se evidencian en las racionalidades punitivas cuya máxima expresión dentro del discurso penal se manifiesta en la legitimación judicial y moral de la pena de muerte. En el contexto local esta pena está proscrita constitucionalmente, sin embargo, aplica jurídicamente por decreto de la ley Federal, desde 1992. El caso más reciente en Puerto Rico se ventiló a fines del mes de octubre de 2006, impulsado por la fiscal federal Jacabed Rodríguez, quien reclamó al jurado: "Condénenlo a la sentencia que merece, a la sentencia que se ajustaría a sus acciones. Senténcienlo a morir". (en Y. Vargas (Prensa Asociada) "Pende de un hilo su suerte: Carlos Ayala entre la pena de muerte y la cadena perpetua", Periódico *Primera Hora*, miércoles, 25 de octubre de 2006).

[41] De acuerdo y en función a los requerimientos de la Ley, el estigma "adicto" es definido: "Toda persona que habitualmente use cualquier droga narcótica de forma tal que ponga en peligro la moral, salud, seguridad o bienestar público...", según la "Ley de Sustancias Controladas de Puerto Rico", vigente desde 1971.

discriminatorias y marginalizantes- que refuerzan viciosamente su precaria condición de salud y a la vez agravan su problema. La misma suerte la comparten las poblaciones marginadas o los particulares identificados, clasificados y calificados entre la multiplicidad de estigmas derivados del gran estigma de la pobreza[42], que trataré más adelante en el escrito.

No obstante las variaciones histórico-retóricas en los lenguajes de la estigmatización, pueden identificarse paralelismos estructurales, particularmente a partir de sus efectos encadenantes, propios de esta modalidad práctica de la violencia política. Las metáforas utilizadas en su devenir histórico siempre cumplen una función encubridora y, a la vez, ideológicamente legitimadora: de una parte, encubren la voluntad política que ejerce su poder de dominación por recurso de una fuerza superior que, por tanto, goza de la potencia estigmatizadora. De otra, simultáneamente, procuran la legitimidad de una relación de subyugación impuesta sobre el sujeto o la población estigmatizada. Las palabras "problema" y "social" pertenecen a la jerga del poder estigmatizador y constituyen categorías reguladoras fuertes dentro del orden de sus discursos.[43] La representación cultural dominante de lo que constituye un "problema social" participa de la creencia generalizada de la existencia de "conductas desviadas" y de sujetos que las encarnan y

---

[42] Bajo los signos estigmatizadores de la pobreza se dan cita múltiples grupos sociales, por lo general marginados, discriminados o excluidos: desde las personas sin hogar a los residentes de caseríos (o su eufemismo gubernamental de moda, "comunidades especiales"); desde las prostitutas hasta las madres solteras de escasos recursos económicos o ningunos; desde los extranjeros sin documentos legales hasta sus representaciones y malos tratos xenofóbicos; desde envejecientes enfermos y sin recursos de salud o sustento hasta desertores escolares tratados mecánicamente como potenciales delincuentes juveniles; a trabajadores desempleados formalmente y a los comerciantes y consumidores del mundo de la economía subterránea y demás sectores excluidos de los favores y cuidos de la ley, y perseguidos por ella… Entre suertes similares, bajo el gran signo de la pobreza se perpetúan los estigmas de clase y los estigmas raciales; los estigmas religiosos, homofóbicos, sexistas y patológicos; los mal llamados sociales, y los escurridizos pero brutales estigmas de la ley...

[43] Vale advertir que ambas palabras, "problema" y "social" son significantes polisémicos, es decir, que no tienen una definición definitiva ni remiten a un sentido cerrado y absoluto sino múltiples. Los significados y sentidos posibles varían con relación a los contextos en que son puestos en funcionamiento y con respecto a la relación de fuerzas significantes.

las materializan. Tras la noción de "estigma social" se esconde una voluntad despótica, sin duda la de las minorías gobernantes y las privilegiadas por sus favores. Pero es signo distintivo de la condición (pos)moderna que la noción de estigma social incluso represente el despotismo democrático de las mayorías.[44] A propósito de lo que vale abrir un paréntesis teórico: La sociedad existe como cuerpo unificado por virtud del signo "social" y como semblante de los efectos que de él se desprenden, pero no fuera de él. Lo social no existe sino como significante ideológico legitimador de las violencias normalizadoras, que se valen de él para justificarse. No existe como unidad homogénea fuera del discurso de la Ley y sus usos retóricos responden a una determinada estrategia política, y no a una esencia que la trascienda. La noción de *necesidad* o de *problema* "social" adquiere sentido a partir de las exigencias y requerimientos que se inscriben bajo la misma, las de regular o controlar determinadas diferencias; las de tratar, rehabilitar o castigar, contener o eliminar las prácticas identificadas, calificadas, juzgadas y cualificadas como desviaciones, enfermedades, peligros, necesidades o problemas sociales.[45] El registro de diferencias estigmatizadas bajo el signo de lo social resalta las intolerancias de época y de los poderes dominantes antes que reflejar expresiones de males sociales a erradicar...

En términos teóricos, el estigma no soporta la crítica epistemológica. La unidad representacional del estigma es una

---

[44] Esto es, cuando mediante un proceso democrático formal, como un proceso de sufragio o referéndum, por ejemplo, se impone despóticamente la voluntad de las mayorías sobre las minorías, imponiendo la ilusión de representar el sentir moral social y con ello el sentimiento popular de lo justo. Dentro de este proceso se consolidan las fuerzas marginalizantes, discriminatorias y excluyentes de los estigmas y, consecuentemente se perpetúan las condiciones ideológicas y materiales de su reproducción.

[45] Entre estos, resultan comunes en la representación mediática, en los programas políticos como en la academia y la literatura profesional y especializada, los relacionados al fenómeno de la criminalización estatal por uso de ciertas drogas, la criminalización de ciertos sectores poblacionales por incurrir en determinadas modalidades de la economía al margen de la legalidad; el discrimen político, incluyendo por cuestiones de género, raza y clase; la calificación de ciertas prácticas sexuales como perversiones o inmoralidades, y la conversión general de problemas políticos en problemas de índole moral o psicológico, como por ejemplo, los que aparecen bajo las categorías estigmatizadoras de la violencia, de la enfermedad mental o la psicopatología, y de la criminalidad.

ilusión intelectual tenida como realidad referencial, y perpetuada por virtud de la coherencia estructural del lenguaje que construye desde sí y para sí su propio sentido de coherencia y unidad representacional. El estigma representa una verdad propia del sujeto estigmatizado, porque ya ha sido estigmatizado efectivamente y lo real, desde entonces, ya no tiene otra referencia que lo que predomina, orienta y regula su orden representacional y lo devuelve incesantemente hacia sí: el estigma. Filósofos y psicólogos, trabajadores sociales y psiquiatras, criminólogos y demás profesionales de la Ley y las ciencias de la moral y del espíritu, participan de la creación incauta de estos signos de agravio e infamia. En su devenir histórico, podrá ser que se hayan borrado las huellas de algún estigma, que nos resulte casi imposible rastrearlas hasta su punto inicial, al instante de la violencia originaria. Podría pensarse que, muy probablemente, los efectos de los estigmas, lejos de haberse superado, han sido absorbidos por la imaginería cultural y, al fin, consagrados entre el resto de los perjuicios populares, creídos saberes y verdades incuestionables y hasta tenidos por sentido común...

Así, por ejemplo, los estigmas religiosos -todavía recién inaugurado el siglo XXI- siguen siendo soportes integrales del Estado de Ley y sus violencias coercitivas. Sabido es que, consecuencia de la resistencia a los ataques (en apariencia mortales) infligidos por el imperio de la Razón moderna, el discurso religioso del cristianismo se acopló efectivamente a las condiciones históricas de la modernidad. Desarmada formalmente la Iglesia y desplazada de sus habituales privilegios políticos, el cristianismo siguió cumpliendo una función domesticadora esencial dentro de la compleja maquinaria normalizadora de la modernidad y sus estados y culturas emergentes. Hoy sigue siendo, sin duda, una matriz clave de la violencia política estigmatizadora, insignia social de una histórica intolerancia institucionalizada e integrada a la imaginería cultural. Paradójicamente, aunque jurídica, legal y constitucionalmente existe separación entre Iglesia y Estado[46], su poder estigmatizador sigue ejerciéndose con fuerza sobredeterminante en enclaves neurálgicos para la vida social, incidiendo embrutece-

---

[46] Según dispuesto en la sección 3 de la Carta de Derechos de la Constitución del Estado Libre Asociado de Puerto Rico, de 1952, que lee: "Habrá completa separación de la iglesia y el estado."

doramente sobre renglones como la educación, la sexualidad y lo moral.[47] En un artículo publicado recientemente en la prensa local de mayor circulación, un sacerdote católico arremete contra el Departamento de Educación y demoniza sus intensiones de ampliar y profundizar las temáticas relacionadas a la sexualidad humana.[48] Para este representante de la ideología religiosa dominante, desmitificar los tabúes sexuales resulta una "profanación de la conciencia". Para él, el sistema de Educación miente ante los llorosos ojos de Dios cuando asevera que la masturbación es placentera y natural, cuando en realidad -afirma- no lo es. Por el contrario -sentencia- es algo malo, ilegítimo e inmoral.[49] Asimismo, "perder" la virginidad debe ser tenido por una deshonra similar y proponer lo contrario "la bomba más destructora de la dignidad de las niñas, adolescentes y jóvenes, y de la misma sociedad" En otro artículo condena la alternativa del aborto como un crimen[50], y "razona": si Dios no hubiera intervenido, la niña o la mujer no estaría embarazada —concluyendo que- "Ir contra la razón es ir

---

[47] Esto, en abierto contraste con lo dispuesto en la Sección 5 de la Carta de Derechos, que lee: "Toda persona tiene derecho a una educación que propenda al pleno desarrollo de su personalidad y al fortalecimiento del respeto de los derechos del hombre y de las libertades fundamentales."

[48] Por su parte y de modo coincidente, la camada representante del protestantismo local arremetió contra los intentos de "legislar inmoralidades" como la propuesta legislativa que prohibiría la discriminación por orientación sexual. Su figura portavoz, el reverendo Jorge Raschke justificó su postura sosteniendo que de aprobarse la legislación "se abriría la puerta ancha a los activistas homosexuales para alcanzar todo lo que tienen en su agenda política". Más adelante, en su discurso de Clamor a Dios, pediría como un *deber* orar por el pueblo de Israel, el pueblo escogido por Dios, para que pueda prevalecer en su lucha por retener la tierra prometida" (J. Raschke es citado en A.R. Gómez; "Impera el tema del sexo en Clamor a Dios"; Periódico *Primera Hora*, Martes, 5 de septiembre de 2006.) Durante esos días, compartiendo estigmas xenofóbicos, el gobierno israelí bombardeaba brutal e inmisericordemente al pueblo palestino.

[49] M. Mateo; "La profanación de la conciencia", Periódico *El Nuevo Día*, Martes, 22 de agosto de 2006.

[50] A la altura del siglo XXI todavía el aborto permanece tipificado como delito grave en el Código Penal, en abierta afrenta a los derechos reproductivos de las mujeres, al derecho humano a decidir sobre sus cuerpos. Los fundamentos racionales de mayor peso siguen siendo eco de la moral religiosa del cristianismo medieval...

contra Dios."[51] Racionalidades oscurantistas como éstas siguen ejerciendo una influencia política significativa sobre las instituciones de educación y el ámbito legislativo, inculcando valores estigmatizantes sobre todo cuanto la Iglesia considera pecaminoso e inmoral, arrastrando a sus estudiantes como a la ciudadanía en general a los abismos existenciales de sus insidiosas fantasías místicas. Las consecuencias perjudiciales de sus estigmas siguen causando estragos en la vida de muchos, aún a sabiendas de que absolver las faltas espirituales con rezos y arrepentimientos no resuelve otros problemas reales en la vida social de los estudiantes, como los relacionados a los embarazos imprevistos y no deseados entre menores de edad; las enfermedades que pudieran transmitirse, más por desconocimiento que por darse a compartir placeres con sus cuerpos; o los efectos de una educación moral en claves de intolerancia contra determinados estilos de vida y preferencias sexuales también estigmatizadas por la Iglesia…

Nada de mayor inutilidad social[52] que las mentiras religiosas y similares supersticiones embrutecedoras, que bajo el signo de una Gran Moral -que responde irónicamente a un Reino que no es el de este mundo- tienen a mal la posibilidad de que las juventudes adquieran el derecho al conocimiento y control racional, responsable e informado sobre sus propios cuerpos. Sobre todo, esas supersticiones que sirven de fundamento a los tabúes sexuales, prohibiciones y dogmas de intolerancia de los que se nutren las estigmatizaciones políticas de la Iglesia. Hoy, probablemente, no sólo los colegios católicos siguen hostigando psicológicamente a sus estudiantes, atosigándolos con antiquísimos prejuicios morales confundidos con valores sociales, sino también todas las escuelas públicas del Estado de Ley.

El estigma es una práctica racional del discurso de la dominación, aunque gran parte de su poder opera desde lo inconsciente, bajo el signo de un buen haber social o de una verdad creída incuestionable. Institucionalizado y reglamentado, cumple una función formal: identificar las diferencias, catalogarlas,

---

[51] M. Mateo; "Sí a la pena de muerte", Periódico *El Nuevo Día*, Martes, 24 de octubre de 2006.

[52] Esto es, desde una perspectiva democrática radical, asentada en el reconocimiento del principios ético y político del derecho de cada cual a administrar su propio cuerpo.

asignarles rango y valor o restárselo; juzgarlas y controlarlas. El estigma reconoce la existencia de una diferencia precisamente porque la nombra como tal. Nada deben extrañar las consecuencias marginalizantes de la estigmatización política de la Iglesia, del estigma religioso. Construye una identidad estigmatizada por oposición a sus rígidas creencias, a sus dogmáticas orientaciones ideológicas y arbitrarias regulaciones institucionales. De ahí que el estigma juegue una doble función política: la exclusión y, a la vez, la inclusión del estigmatizado dentro de su ordenamiento general. Dicho de otro modo, en el acto de exclusión y marginación propio del estigma se opera una identificación, seguida de una clasificación y una calificación que produce un efecto de inclusión, registrado dentro del dominio del poder interventor, autorizado por el estigma y la fuerza ideológica que lo impone. El rechazo al acto pecaminoso emplaza a la vez al condenado a someterse al cuido pastoral de la Iglesia, a sus medidas correccionales y sanadoras del alma rendida a las tentaciones carnales y mundanas. En otras palabras: la ley hace el pecado –como sentencia San Pablo-, y el pecado interpela al sujeto como pecador, el sujeto se identifica, se reconoce y responde, se hace pecador. De modo similar acontece bajo los registros de lo ilegal, lo inmoral o la locura...

Además de las consecuencias psicológicas de los estigmas, que procuran avergonzar y humillar a los señalados, juzgados y acusados, el entorpecimiento de la experiencia existencial se hace patente. El bloqueo institucional al derecho a obtener una educación bien informada y puesta al día de los conocimientos científicos producidos sobre el tema de la sexualidad, por continuar el ejemplo, es un exceso abusivo del poder de la Iglesia, consentido políticamente por el Estado y resguardado legalmente como derecho en Ley. El bloqueo arbitrario y caprichoso de conocimientos sobre la sexualidad humana es una afrenta a los valores democráticos que rigen en principio el Estado de Derecho, y aún así prevalece el poder del estigma religioso; esa práctica institucional embrutecedora e insensible, disfrazada ideológicamente como conciencia moral de todo el pueblo. Estigmas religiosos de la mitología cristiana todavía prevalecen jurídicamente regulados o tipificados como delitos en el Estado de Ley[53], aunque filosófica y

---

[53] El Código Penal (Capítulo III) reproduce y privilegia el modelo de Familia concebido por la dogmática religiosa del cristianismo, a partir de la cual tipifica como delito cualquier relación sexual alternativa, obviando y penando el derecho

científicamente han demostrado resultar de carencia de valor social alguno. Por el contrario, abonan a reproducir intolerancias culturales, perpetuar actitudes discriminatorias y promover tratos irrespetuosos sobre las diferencias estigmatizadas…

La estigmatización más efectiva no es la que se marca, literalmente, con hierro incandescente sobre la piel, sino la que opera bajo el registro de lo simbólico sobre todo el cuerpo del estigmatizado, sobredeterminado sus suertes en el devenir de su existencia. La temprana historia de ésta práctica de la violencia política en el Caribe colonial guarda similitudes muy precisas con las modalidades contemporáneas de la estigmatización: persigue objetivos afines, cumple funciones análogas y redunda de modo similar sobre la vida del estigmatizado. Entre los relatos de la época de la conquista, por ejemplo, destacan las historias del significante mítico "caribes", las relativas a su conversión en estigma político del poder colonial.[54]

A pesar de su brutal dominación, las fuerzas de ocupación colonial no tenían un plan preciso o un proyecto definido y calculado para hacerlo. No respondían a las directrices de ideólogos políticos alertas y cautos, y ni siquiera a buenos estrategas de guerra. Para los reyes las tierras y riquezas, para Dios la Gloria eterna de sus victorias y para los demás lo demás. La época de la conquista se caracterizó por improvisaciones y desaciertos, y sin duda la ocupación y asentamiento imperial fue posibilitada más por el desequilibrio militar entre las fuerzas que por las virtudes y destrezas de los colonizadores. Colonizadores que, el más o el que menos, llevaba a rastras las cadenas de infinidad de supersticiones, características de la época y sus culturas. Los más educados compartían las mismas fantasías medievales y demás males de la educación religiosa, quizá con mayor finura retórica, pero religión al fin. Al desconocimiento de las culturas aborígenes le sucedían muy genuinos miedos arraigados en sus perturbadoras imaginaciones, a

---

de las personas a entablar relaciones consensuales fuera de los límites restrictivos de la Razón de la Iglesia, hecha Ley en el Estado laico. Evidencia de ello son los artículos relativos a la regulación arbitraria del Matrimonio y la consecuente prohibición y criminalización de la Bigamia, del Adulterio y de prácticas relativas.

[54] El tema es, de hecho, mucho más complejo de lo que lo trabajo aquí. Para referencia, ver J. Sued Badillo; *Los caribes: realidad o fábula"*, Editorial *Antillana*, San Juan, 1978.

las que les era familiar enfrentar temores dándoles sentido en las claves de su imaginería religiosa. Herederos de las violencias ideológicas constitutivas del cristianismo medieval y la Iglesia Católica, la empresa colonial reforzaría psicológicamente su poder armado con el poder de diferenciar bandos, de identificar al enemigo; de estigmatizar. La invención de los mitos de la antropofagia, por ejemplo, cumplió una función clave como justificación de la empresa colonial. La conquista colonial requirió de la estigmatización de las poblaciones indígenas para acelerar sus sometimientos, no sólo porque en conjunto les representaban diferencias culturales marcadas (impropias, impúdicas, deshonestas) con la moral dominante en la Europa de la época sino, sobre todo, porque (in)determinados grupos les oponían resistencias. El estigma de la docilidad como atributo de la supuesta naturaleza pacífica de los indígenas serviría de referencia de contraste con los otros, los fieros e insumisos, los caribes.[55] El estigma, en este caso, sería moralmente infamante y a la vez políticamente acusatorio: desde canibalismo hasta sodomía y poligamia, desde idolatrías heréticas hasta indisposición al sometimiento…

La invención de estigmas de contraste entre una población indígena dócil y otra cruel y beligerante facilitó la progresiva transformación del mito de los caribes en "un conveniente argumento para solicitar favores reales o legitimar dudosas

---

[55] En el contexto local, esta representación se extendió durante el siglo XX entre la literatura política dominante, reforzando la creencia ideológica en una identidad del puertorriqueño que, por supuesta herencia cultural (aunque sin ningún fundamento biológico o antropológico) le correspondería una predisposición psicológica a la docilidad. Pero la historia beligerante de la vida política y social en la realidad colonial darían al traste, ya desde las revueltas nacionalistas de mediados del siglo pasado a las huelgas y manifestaciones de trabajadores y estudiantes hasta nuestros días. El efecto inmediato, la estigmatización de las disidencias políticas como peligrosas y/o sospechosas, y la cualificación peyorativa de determinadas expresiones de inconformidad y protesta bajo el estigma de la violencia. Entre las consecuencias de los estigmas políticos, extendidas hasta el tiempo presente por los gobiernos locales y las autoridades federales, destacan: vigilancias, carpeteos y persecuciones, intimidaciones y hostigamientos; despidos, confiscaciones; difamaciones; violación a derechos de privacidad, de intimidad, de organización y otras libertades civiles en derecho, como la de reunión, de organización, de prensa, etc; incluyendo asesinatos políticos y encubrimientos judiciales, como el del veterano líder independentista Filiberto Ojeda en septiembre de 2005.

empresas comerciales", incluyendo la esclavista –como demuestran las investigaciones de Sued Badillo-. Los vínculos de continuidad ideológica se hacen patentes en los códigos del derecho penal contemporáneo, donde las nociones de peligrosidad siguen teniendo por fundamento estigmas y estereotipos legitimadores, a su vez, de las violencias que lo posibilitan. El trato a la población confinada como ciudadanos de segunda categoría, las justificaciones del encierro y los términos de la intervención correccional lo evidencian. Reminiscencias de la explotación esclavista cobran nuevos bríos bajo los mitos rehabilitadores.[56] Los pecados laicos de la Ley siguen penando y menospreciando sexualidades alternativas a las relaciones privilegiadas de la Iglesia: el matrimonio, la monogamia[57], la heterosexualidad.[58] Todavía los estigmas religiosos hacen de los pecados ilegalismos...

---

[56] "No existirá la esclavitud, ni forma alguna de servidumbre involuntaria salvo la que pueda imponerse por causa de delito, previa sentencia condenatoria." Así lee la sección 12 de la Carta de Derechos. Sin embargo, en la palabra "salvo" el Estado encuentra legitimidad legal y moral para ejercerla a discreción, aunque encubierta ideológicamente en el eufemismo de la rehabilitación. A la población confinada se le emplea para realizar fuera de la cárcel igual trabajo que el que realizaría un trabajador no confinado, pero por una paga simbólica, muy por debajo del mínimo que por ley cobraría cualquier asalariado. Esto constituye una práctica discriminatoria que tiene por condición el estigma del delincuente. Estigma que redunda favorablemente, más que sobre la moral a rehabilitar del confinado-trabajador, en el bolsillo de los beneficiados de sus trabajos, que muy posiblemente tampoco sean "la sociedad" en abstracto, sino muy concretos propietarios privados.

[57] Resonancia de las estigmatizaciones religiosas dominantes sobre sexualidades alternativas, la poligamia es tenida legalmente como pecado público, como delito moral contra la Familia. El actual caso de la familia Elías, por ejemplo, pone de manifiesto el carácter estigmatizador de sus contenidos y evidencia la crueldad que irremediablemente las intolerancias morales y religiosas tienen por efecto. Aunque no están siendo procesados formalmente bajo este registro legal, los juicios valorativos estigmatizantes han matizado todo el procedimiento, según se ha podido apreciar a través de los medios. El Departamento de la Familia removió los once hijos de esta familia no tradicional, integrada además por sus tres compañeras consensuales, madres de los hijos removidos por orden judicial, mientras se ventilan en el Tribunal los cargos criminales por la muerte de unos de sus hijos recién nacido. A una de las madres, embarazada mientras se veía el caso, el gobierno intentó privarla de la custodia de su hijo por nacer...

[58] La política abiertamente discriminatoria e institucionalizada en el Estado de Ley contra la homosexualidad y sus variantes se evidencia en la tipificación de los

Moraleja: En el estigma no se condensa un saber preciso y profundo sobre el estigmatizado y su vida, fruto de la reflexión dedicada de seres sensibles, atentos y experimentados, sino una realidad inversa: la de una mezquina y cruel voluntad política, voluntad de poder y dominación. El poder estigmatizador ha modulado hábilmente sus fuerzas y retóricas adaptándose a los requerimientos de los tiempos, pero las huellas de sus violencias siguen intactas, en todos los sometidos bajo su régimen de dominación…

Como parte de la estrategia política para unificar su poderío, la Iglesia de la Edad Media reclamó para sí el monopolio absoluto del poder sobrenatural, y no admitía competencia. La brujería, la magia, el espiritismo y otros signos bajo los que se adscribían múltiples tradiciones de creencias y prácticas religiosas fueron estigmatizados como doctrinas heréticas o pactos satánicos[59], sus escritos prohibidos y sus escritores lectores y practicantes y marginados, perseguidos, castigados y ejecutados.[60] Durante la Edad Media la Iglesia reinventó la brujería como significante antagónico a la voluntad de Dios, como desafío a sus representantes legítimos en la tierra. La bruja mala, un invento de la teología cristiana. Todo lo contrario a su ordenamiento caería bajo el signo del pecado, estigma por excelencia de la violencia política de la Iglesia. Bajo sus fueros quedarían proscritos los conocimientos sobre el cuerpo y la sexualidad sometida al dominio del tabú; sobre todo la de la mujer, sometida irremediablemente a una cultura de subordinación patriarcal por encargo o maldición del Dios-Padre en Génesis: "…con dolor parirás tus hijos y te arrastrarás a tu marido, que te dominará." "Una vez inventado el enemigo, sus leyendas se multiplicaron y la sociedad quedó marcada por un miedo irracional (…) La bruja se convirtió en todo aquello que se rechazaba. (…) la

---

"delitos contra la moral pública" en el Código Penal. La relación entre el delito de "obscenidad" y los "desviados sexuales", así como el paralelismo entre el "delito de prostitución" y "el comercio de sodomía", lo evidencia.

[59] Sobre este tema, puede consultarse a J.B. Russell; *Historia de la brujería: hechiceros, herejes y paganos*, Editorial *Paidós*, Barcelona, 1998.

[60] Para referencia sobre este tema, ver a M. Rey Bueno; *Los libros malditos: textos mágicos, prohibidos, secretos, condenados y perseguidos*; Editorial *EDAF*, Madrid, 2005; y M. Infelise; *Libros prohibidos: una historia de la censura*; Editorial *Nueva Visión*, Buenos Aires, 2004.

gente se convenció de la existencia del demonio, de la maldad de las brujas y de la veracidad de las leyendas asociadas."[61] Así, las religiones indígenas se convertirían también en objeto de la estigmatización colonial, pretexto de sus violencias. La Inquisición española las vincularía con la brujería y esto, junto a las acusaciones de antropofagia, se combinaría efectivamente para conformar una política colonial con efecto genocida sobre la población indígena y esclavista.

Estelas sangrientas de infamias y torturas, de castigos crueles y brutales asesinatos; de corrupción judicial y excesos en el ejercicio del poder de castigar; fabricación de casos y acusaciones basadas en mentiras y falsos testimonios, ya por venganza, por intereses o por mera riña; violencias raciales, étnicas, de género; maltrato a la mujer; demonización del goce de los cuerpos y demás represiones contra el placer sexual, son algunos saldos de esta creencia tenida en su tiempo por verdadera, tanto por el poder estigmatizador como por buena parte de los estigmatizados. Creían que la bruja mala era tan real como creían en la bondad infinita de Dios. Pero hoy la Iglesia duda de la existencia real de las brujas, y ni siquiera sabe si alguna vez tuvo fundamento teológico. Lo cierto es que el poder estigmatizante fue empleado en todas sus modalidades y hoy, aunque por condiciones históricas ha suavizado sus métodos, sigue ejerciendo una influencia infamante, un poder humillante, degradante de la dignidad humana.

La construcción de una identidad desviada, de una conducta perversa que justifique la idea del castigo y de la culpa, el requerimiento de arrepentimiento y de perdón, entre tantos otros anacronismos de la crueldad, siguen siendo matrices ideológicas del aparato judicial y penal en el Estado de Ley. La estigmatización de determinadas diferencias sociales es necesidad del poder de gobierno para justificarse, para sostenerse y moverse, expandirse y perpetuarse. Ayer las brujas, caribes y piratas, hoy usuarios, productores o comerciantes de drogas ilegales... prostitutas[62] y

---

[61] R. Muñoz Saldaña; "Los dos rostros de la brujería" en Revista *Muy interesante*, Editorial *Televisa*, México, año XXIII No.10; octubre de 2006; pp.36-50.

[62] Bajo el estigma "prostituta" se reduce la existencia de la mujer al comercio de su cuerpo, descalificándola discriminatoriamente como ser humano y sometiéndola a condiciones de riesgo sobre su salud y su vida en general. La prostitución es objeto de la prohibición y la criminalización en el Estado de Ley,

homosexuales, extranjeros pobres y jóvenes inconformes, deambulantes, disidentes y...

Pero la perpetuidad de los estigmas no depende exclusivamente de la fuerza de la Ley para imponerse, sino, además, de la posibilidad de insertarse profundamente entre las prácticas sociales e integrarse constitutivamente en los imaginarios culturales. La efectividad política reside en su efecto de hegemonía, en que el sujeto estigmatizado se identifique con el estigma, se sienta representado en él y actúe en concordancia con sus requerimientos. Es decir, que el subordinado consienta su dominación, se piense a sí mismo en sus términos y no pueda ni siquiera imaginarse fuera de sus dominios. Dentro del terreno movedizo de las ciencias humanas, disciplinas del espíritu, esta suerte acontece sin excepción.

Entre las variaciones retóricas del significante estigma, dentro del espectro de las psicopatologías o las sociologías de la desviación, aparecen categorías y marcos teóricos que modulan ideológicamente los ejercicios de su dominación. En ocasiones desplazan atenciones, obvian su historicidad política e ignoran las particulares condiciones sociales de su aparición y las relaciones de poder que posibilitan su reproducción. Y aunque algunas disciplinas pudieran reclamar el estigma como objeto de estudio, por lo general participan de la función estigmatizadora, de los procesos que la viabilizan...

Los estereotipos[63], por lo general, al igual que los estigmas, constituyen categorías rígidas y simplificadas, sobrecargadas de connotaciones despectivas, ofensivas y despreciativas, saturadas de prejuicios culturales e intolerancias religiosas en claves similares. Los estigmas mediatizan y condicionan todo lo relativo a la percepción de lo estigmatizado y, por tanto, sus pensamientos y acciones. En otras palabras, el estigma actúa en la construcción de una realidad que es, a la vez, sobredeterminada por el estigma. Así,

---

tipificada en el Código Penal. La regulación punitiva que el Estado ejerce sobre la sexualidad de sus súbditos, con más fuerza sobre las mujeres, es una secuela de la estigmatización religiosa, que no reconoce ni respeta los principios radicales de los derechos democráticos, sobre todo los que no comulgan con las intolerancias de sus moralidades.

[63] Sobre el tema del estereotipo uso de referencia (sin limitarme a él ni suscribirlo a cabalidad) el estudio monográfico integrado en el libro de I. Martín.Baró; *Acción e Ideología: Psicología Social desde Centroamérica*, UCA Editores, San Salvador, 1988.

el estigma es tenido por real y usado como materia prima en la construcción de la realidad: el estigma es auto-referencial. Los materiales de los que está hecha la realidad que sirve de referente al estigma, al igual que a los estereotipos, y que le sirve de base para sus generalizaciones simplificadas, suelen ser creencias sin otros fundamentos que ellas mismas; prejuicios sociales, dichos, rumores y anécdotas; chismes, cuentos y medias verdades, incluyendo entre todo ello las certidumbres del teórico, del especialista y del profesional...

El estigma es un calificativo ideológico del que no se puede abstraer evidencias suficientes que lo justifiquen. Esto es, pues, que la generalización simplificada de las características atribuidas bajo el signo de un estigma no puede comprenderse sino dentro de la dinámica política que lo posibilita. Por su naturaleza política el estigma es de particular utilidad como calificativo ideológico tanto para la representación antagónica entre grupos en conflicto[64] como para las disciplinas de la conducta humana, las que se arrogan la potestad de designar la diferencia entre lo normal y lo (psico) patológico...

Desde el siglo XIX las especulaciones criminológicas-positivistas[65] establecerían relaciones causales entre la desviación, el delito o la conducta antisocial, y la predisposición genética. Las huellas hereditarias de lo criminal o lo psicopatológico podrían reconocerse en determinadas características físicas, localizadas justo a la vista de todos, en el cuerpo; a ras de piel. Pero esas marcas que delatarían al criminal innato, al psicópata o al sociópata, no serían sino el efecto puntual de las estigmatizaciones realizadas por las

---

[64] La representación oposicional está fuertemente arraigada en los imaginarios políticos tradicionales, de modo similar a la lógica dicotómica que caracteriza el discurso religioso en la contradicción entre lo satánico y lo divino, o las filosofías morales que le precedieron, entre el Bien y el Mal. A propósito de ello, M. Edelman nos recuerda: "En todas las épocas y en todas las culturas nacionales, las maniobras y controversias políticas han girado en torno de las interpretaciones conflictivas (...) los líderes son percibidos como tiránicos o benévolos, las guerras como justas o agresivas, las políticas económicas como soporte de una clase o del interés público, las minorías como patológicas o útiles..." M. Edelman; *La construcción del espectáculo político*, Editorial *Manantial*, Argentina, 1991.

[65] Como textos de referencia de la historia de la criminología, ver: E. Larrauri; *La herencia de la criminología crítica*, Editorial *Siglo XXI*, España, 2000.

nuevas ciencias, sin otra referencia interpretativa que su propio saber-estigmatizador, puesto en juego desde la perspectiva situada del teórico/intérprete. Demasiado *evidentes* resultaron las evidencias para los tiempos en devenir, que requerían modos de dominación más efectivos y por ello menos visibles; lenguajes técnicos más precisos y por ello más difusos; abstracciones teóricas rígidas pero con un margen de ambigüedad que posibilitase –como para la Ley– variaciones arbitrarias (tácticas) entre sus aplicaciones; en fin, todo cuanto pudiera representarse, contarse, clasificarse y cualificarse, pero no *verse* con la misma "claridad" como la Inquisición *veía* en los lunares de algunas mujeres las marcas irrefutables de un pacto satánico...

Los desarrollos científicos y tecnológicos en el campo de las neurociencias, como la genética y la psico/biología reabren sus puertas en el siglo XXI a las especulaciones positivistas criminológicas, psicoanalíticas y psiquiátricas. Sin embargo, no han superado las razones de la sospecha. Desde vaguedades teóricas e inconsistencias epistemológicas hasta improbabilidades empíricas, caprichos personales disfrazados de retórica científica, intensiones mezquinas y disparates intelectuales siguen destacándose entre sus dominios.[66] Las razones para desconfiar, las críticas y emplazamientos éticos siguen teniendo pertinencia, sobre todo si se sigue el rastro a la estela de estigmas discriminatorios que estas presuntas ciencias de la psique humana dejaron a su paso en el devenir de sus historias.[67] Todavía se cree en la existencia de una relación causal entre las *desviaciones* y la biología, y que se puede rastrear e identificarse la etiología del crimen o los desórdenes de la

---

[66] Tal sucede con la interpretación oficial de las estadísticas de gobierno, por ejemplo, cuando sus funcionarios a cargo interpretan como indicadores de lo Real eso que es, a la vez, legitimador de sus dominios y justificante para la ampliación de su poder interventor. La generalización de datos que corresponden a cuestiones aisladas y particulares da lugar a sacar de proporción realidades, a manipularlas y, a la vez, a invisibilizar sus particularidades y complejidades. Bajo las meta-categorías políticas de la Violencia, la Criminalidad, la Salud Mental, la Crisis Moral, acontece a diario...

[67] Las historias de la locura, las variaciones y modalidades en el orden de sus representaciones y sus prácticas, así como los crueles tratos sobre los estigmatizados bajo sus diagnósticos y tratamientos, lo evidencia. Entre las referencias contemporáneas más importantes vale destacar los trabajos de M. Foucault, R. Porter y T. Szasz.

334

personalidad a partir de determinados factores genéticos y fisiológicos. Las crisis epistemológicas de las ciencias sociales en general, vinculadas a deficiencias teóricas internas y a la imposibilidad de dar cuenta certera de sus objetos de estudio, facilitarían la reemergencia fortalecida de este poder estigmatizador[68]…

Mientras tanto, la psiquiatría, las psicopatologías y las psicologías conductistas, las sociologías de la desviación[69], la criminología positivista o no, la antropología criminal y ciertos psicoanálisis, continuarían reproduciendo el discurso de la Ley dentro de sus categorías diagnósticas y tratamientos durante todo el siglo XX hasta nuestros días. Por su parte, las legislaciones penales en el Estado de Ley, incluyendo los requerimientos normativos generales, seguirían multiplicándose y acaparando cada vez más renglones de la vida social, relativamente desentendidas o al margen de las posibles críticas que de entre estos campos del saber pudieran poner en cuestionamiento o desautorizar sus entendidos, supuestos y habituales prácticas de control y dominación social.[70] Entre los vaivenes, reproches y competencias por el poder representacional entre las disciplinas del espíritu, las universidades las cooptarían e institucionalizarían y el Estado regularía sus prácticas y contenidos dentro de los límites de la Ley. Para las sociologías el psicópata pasaría a ser sociópata, la etiología de sus desviaciones o desórdenes no sería ya psicológica sino social. Para la psicología lo mismo pero al revés. Y, en el mejor de los casos, entre las modas

---

[68] Esto, además del carácter lucrativo que le representa el mercado de estigmas de la locura y sus variantes retóricas a la mega-industria de los psico-fármacos y las drogas psicoterapéuticas.

[69] A la metáfora de la sociedad como organismo viviente (propio desde las teorizaciones funcionalistas a partir de Emile Durkheim), le corresponde la distinción sociológica entre lo normal y lo patológico. A la salud le corresponde lo normal y a lo enfermo la anomia, la anormalidad, la patología. La sociedad se enferma, y puede ser curada… Desde esta perspectiva no se evidencia el paso de la sociedad carcelaria (represiva) a la sociedad hospital (tratamiento moral), sino a la fusión simbiótica entre ambos registros representacionales dentro del ejercicio general de la dominación social…

[70] Este tema lo trabajo bajo el título *Aporías del Derecho: entre el Deseo y la Ley: reflexiones teóricas y políticas sobre la imaginería psicoanalítica, el discurso criminológico y el derecho penal en el Estado de Ley*, 2006 (inédito)

interdisciplinarias, una fusión integradora entre ambas disciplinas. Ante la crudeza punitiva del Estado y las representaciones insensibles de la ley penal, los criminales —sin dejar de seguir siéndolo- pasarían también a ocupar el papel de enfermos mentales; perturbados del alma; idos de espíritu; maniáticos; anormales o locos, o sus eufemismos académicos: desviados, trastornados...[71]

Si bien la relación entre ambos campos discursivos con el de la biología fue abiertamente distante y hostil, el fin del siglo XX asistió a un revés. Entre más acogidas que críticas, los determinismos biológicos advendrían soportes científicos de los reduccionismos psicológicos y a la vez de las generalizaciones sociológicas. El Estado de Ley se consolida progresivamente entre sus pactos de alianza. Los sujetos de Derecho – objetos de la Ley, gozarían en propiedad de todo cuanto les ha sido desde siempre requerido, esto es, desde los enclaves de la dominación. Así, por ejemplo, entre las categorías diagnósticas del discurso de la psiquiatría, que teóricamente presume de integrar los tres registros representacionales (psicología, sociología y biología), los problemas con la Ley, desde la delincuencia al vandalismo, el uso de drogas, la deserción escolar, robar hasta el sexo practicado al margen de los requerimientos de la moral dominante, devendrían rasgos característicos del desorden de personalidad anti-social o efectos de determinadas fuerzas sociales condicionantes y sobredeterminantes (muy posiblemente enraizadas en desórdenes orgánicos tratables con pisco-fármacos). Siempre habría una fórmula: un sujeto con relación a la Ley, que le requiere obediencia incondicional e indiferencialmente. La función del estigma en esta ecuación sigue siendo la de centrar en el sujeto la causa y la razón o sin razón para desobedecerla y, a la vez justificar la intervención, la de la Ley, para hacerse obedecer...

La ambigüedad retórica es una condición clave para la efectividad y eficacia del poder de dominación institucional, político

---

[71] Este ajuste en el estigma criminal es la moderna razón moral y justificadora del castigo, retórica legitimadora del encierro carcelario en el Estado de Ley. En el Código Penal, que presenta como fin de la pena la rehabilitación moral del convicto, la pena de restricción terapéutica consiste en: "la restricción de la libertad que fije la sentencia para que el convicto se someta a un régimen de restricción y tratamiento, de manera que pueda obtener la intervención terapéutica, el tratamiento rehabilitador y la supervisión necesaria para su cumplimiento."

o cultural. La posibilidad de los juegos interpretativos que constituyen en los procesos judiciales la referencia democrática por excelencia, por ejemplo, se deben a esta condición. Condición que el poder no reconoce abiertamente, quizá porque genuinamente lo ignora. Aún así ejerce su dominación sin reservas, pues la ambigüedad de su lenguaje no limita su campo de acción sino que lo posibilita, ampliando el horizonte móvil de sus intervenciones. Sucede con las tipificaciones legales del mismo modo que con las categorías clínicas del discurso psiquiátrico. Ambos registros requieren desde sí lenguajes precisos, clasificaciones y categorías diagnósticas o determinaciones legales que justifiquen sus prácticas sin dejar margen de duda por vaguedad, imprecisión o falta de claridad. Así se presenta, por ejemplo, el Manual diagnóstico y estadístico de los trastornos mentales[72], la autoridad referencial de mayor rango en el gran mercado global de psiquiatrías y demás psicopatologías. El propósito del DSM-IV aparece como el de proporcionar "descripciones claras" de las categorías diagnósticas, con el fin de que "los clínicos" puedan diagnosticar y tratar los "trastornos mentales". El estigma psiquiátrico de trastorno mental, sin embargo, no goza de una descripción *clara*, y esta es condición de su efectividad ideológica y eficacia práctica. Según lamenta el DSM-IV, aunque el término "trastorno mental" implica una distinción entre trastornos "mentales" y "físicos" (un anacronismo reduccionista del dualismo mente/cuerpo[73]), sigue siendo utilizado porque "no se ha encontrado una palabra adecuada que pueda sustituirlo." Reconoce que "no existe una definición que especifique adecuadamente los límites del concepto "trastorno mental", pero lo clasifica, lo diagnostica y le aplica tratamientos. Advierte que "carece de una definición operacional consistente que englobe todas las posibilidades", por lo que recurre, en su lugar, a "una gran

---

[72] Todas las referencias al Manual diagnóstico y estadístico de los trastornos mentales, de la American Psychiatric Association, son de la última versión DSM-IV.

[73] Abunda en otra parte: "hay que subrayar que éstos son sólo términos de conveniencia y, por tanto, no debe pensarse que exista una diferencia fundamental entre los trastornos mentales y los trastornos físicos. De igual modo, sería un error creer que los trastornos mentales no están relacionados con factores o procesos físicos o biológicos, o que los trastornos físicos no están relacionados con factores o procesos comportamentales o psicosociales."

variedad de conceptos" para la definición de trastornos mentales, aunque –anota- "ninguno equivale al concepto y cada caso requiere una definición distinta."[74] La ambigüedad conceptual es estructural y funcionalmente constitutiva de los dominios de la psiquiatría, así como condición de posibilidad para la expansión ilimitada de sus intervenciones...

Los problemas epistemológicos que caracterizan los dominios teóricos de la psiquiatría se resuelven concentrando el poder de resolverlos en la "experiencia clínica" de los profesionales de la conducta humana, aún *reconociendo* que son incapaces de llegar a un acuerdo definitivo sobre qué es lo que constituye su objeto de estudio y sobre qué realmente ejercen sus intervenciones.[75] El DSM, sin embargo, es utilizado con la misma devoción referencial que caracteriza las dogmáticas religiosas. Los trastornos mentales están definidos con el mismo material que las fantasías místicas, el de la vaga imaginación de sus creadores. El DSM es la Biblia de la psiquiatría, y se tiene como matriz referencial de realidades *profundas* del ser, de esas que le devienen malestar, desasosiego, pesadumbre en el alma; irritación espiritual; trastorno mental... Pero a pesar de que en realidad su "conocimiento" es irremediablemente *superficial*, celebra su utilidad práctica sin miramientos: "Permite tomar decisiones sobre alteraciones ubicadas entre la normalidad y la patología." Anacronismo reduccionista éste que por voluntad de

---

[74] Según el DSM-IV, éste "refleja el consenso sobre la clasificación y el diagnóstico de los trastornos mentales, conseguido en el momento de la publicación inicial del manual. Los nuevos conocimientos generados por la investigación y la experiencia clínica conducirán indudablemente a una mayor comprensión de los trastornos incluidos en el manual, a la identificación de nuevas enfermedades y a la eliminación de otras en futuras clasificaciones. El texto y los tipos de criterios requerirán nuevas revisiones a medida que surjan nuevos datos y nuevos conocimientos."

[75] Esta es la ficha de tranque a la que recurren autoridades similares cuando llegan al límite de sus justificaciones teóricas y no pueden dar cuenta racional de sus especulaciones, sus conclusiones o contradicciones. Lo mismo sucede -por ejemplo- en el campo del psicoanálisis desde sus estadios iniciales y sigue siendo así hasta hoy. Es el momento en que la ciencia cede su rigidez metodológica a la metafísica, el saber se hace Religión y la teoría Dogma; la Razón se convierte en acto de Fe y la autoridad en Ley. Sobre esto trabajo en mi libro *Devenir de una (des)ilusión: reflexiones sobre el imaginario psicoanalítico y el discurso teórico/político en Sigmund Freud;* Editorial *La Grieta,* San Juan, 2005.

poder el discurso de la psiquiatría no interesa superar. El dualismo normalidad/patología sigue siendo la puerta de entrada ancha no sólo a la arbitrariedad clínica en particular sino a la violencia política estigmatizadora que le es propia en términos generales.

El estigma clínico (psico)patológico se impone sobre el sujeto del mismo modo que bajo cualquier otro dominio del poder estigmatizador. Traza la raya diferencial y señala al objeto de la diferencia, el sujeto que encarna el punto de alteración entre lo normal y lo patológico; lo clasifica dentro de las etiquetas prefabricadas, estatuidas y consagradas en el DSM; lo juzga bajo la modalidad retórica de un diagnóstico; interviene sobre él para restablecerlo a la *normalidad*, con arreglos terapéuticos preestablecidos con relación a las definiciones y lo reglamentado en torno a ellas. Esta ciencia indicativa conceptualiza el trastorno mental como un "síndrome" o un patrón de conducta o psicológico de "significación clínica", irrespectivamente de las causas. Es decir, el síndrome debe considerarse formal y prioritariamente como "la manifestación individual de una disfunción comportamental, psicológica o biológica." Dejando entre líneas la conciencia de saberse objeto de críticas, advierte el DSM-IV: "Ni el comportamiento desviado (político, religioso o sexual, por ejemplo) ni los conflictos entre el individuo y la sociedad son trastornos mentales, a no ser que la desviación o el conflicto sean síntomas de una disfunción." Es precisamente en esta posibilidad, la referida en la salvedad del "a no ser que" que el discurso psiquiátrico se adjudica la licencia de poder convertir las luchas políticas, las disidencias y las críticas, resistencias e inconformidades, en locuras... Del mismo modo que sacerdotes, obispos y predicadores convierten a detractores en pecadores, psiquiatras, psicólogos clínicos y practicantes agregados lo hacen bajo el signo del pecado secular por excelencia: el trastorno mental.

Ante esta advertencia crítica y harto evidenciada[76], el DSM-IV responde: "Una concepción errónea muy frecuente es pensar

---

[76] Al requerimiento formal de la realización de perfiles psicológicos de los prisioneros políticos y de guerra, por ejemplo, le es común un diagnóstico en las claves policiales de la psicopatología. La degradación de las motivaciones políticas a categorías clínicas de trastornos mentales es parte integral de las historias de la estigmatización, en su desempeño como soportes del poder de gobierno que los emplea y pone bajo sus cargos la legitimación psicológica de sus torturas y atropellos. El psicoanálisis, por su parte, las infantiliza...

que la clasificación de los trastornos mentales clasifica a las personas; lo que realmente hace es clasificar los trastornos de las personas que los padecen." El cinismo se desborda entre líneas. Nos dice: Por esta razón, el texto del DSM-IV evita el uso de expresiones como "un esquizofrénico" o "un alcohólico" y emplea las frases "un individuo con esquizofrenia" o "un individuo con dependencia del alcohol". Las retóricas de la dominación gozan de esa cualidad en estos tiempos, la de aparentar con arreglos de palabras ser otra cosa distinta a lo que en realidad son: modalidades en el ejercicio de una dominación. La diferencia en el lenguaje es cosmética y responde a una función ideológica, la de hacer creer real una ilusión. La clasificación de trastornos es condición para la clasificación de personas. Es la mecánica de la estigmatización, manifiesta en el orden de sus efectos concretos sobre el ser. Dígase que el sujeto diagnosticado con una locura no es loco, sino que tiene una locura. Este juego de palabras, ¿resolvería cualitativamente el problema de la estigmatización? Probablemente no. Pensémoslo en un escenario análogo: decir que el sujeto acusado de delito no es delincuente sino que ha cometido un delito, ¿haría alguna diferencia? La pena sigue siendo impuesta como si cometer un delito y ser delincuente no pudieran pensarse diferencialmente. Al loco quizá no lo encierren, pero ciertamente para "curarse" de su locura debe someterse a un tratamiento (moral y médico), igual que el confinado para librarse de la culpa debe rehabilitarse.[77] Lo cierto es que, muy probablemente, si el que comete delito no fuera, en esencia, delincuente, el poder judicial sería cuestionado en lo más profundo de sus principios legitimadores, y el Derecho Penal en el Estado de Ley, tal y como existe, se vendría abajo. Sin sujeto delincuente, ¿qué sería de él lo que debería rehabilitarse? ¿Para qué encerrarlo, si no *es* delincuente? Y, sin delincuente que rehabilitar,

---

[77] La diferencia entre tratamiento voluntario e involuntario envuelve un problema ético y político desde el discurso del derecho democrático y el principio de la inviolabilidad de la dignidad humana. Para la racionalidad carcelaria dominante el castigo de encierro es parte esencial del proceso de rehabilitación moral del confinado. Lo sospechoso es que es el juez quien establece el tiempo de la condena y, antes que él, los legisladores penales ya la habían decidido y establecido. El tratamiento rehabilitador viene por añadidura, como recurso legitimador de la pena de encierro, como refuerzo a la ideología penal en el Estado de Ley. Como referencia en el escenario psiquiátrico, ver a T.S. Szasz; *The Myth of Mental Illness: Foundations of a Theory of Personal Conduct,* Editorial *Perennial,* New york, 1974.

¿qué valor tendría la pena? Fuera del discurso de la Ley la pena no guarda relación alguna con la posibilidad de enmendar la falta del delito. Entonces, sin sujeto en el que se centre y unifique –por virtud del estigma- la ilusión de unidad entre pena y delito, ¿para qué castigar?

La noción de delincuencia, igual que la de pecado, está estructurada de modo similar a la de trastorno mental. A las tres categorías les resulta imprescindible un sujeto que las encarne, un ser en el que se materialicen sus estigmatizaciones. El criminal, el pecador o el loco, son los tres grandes registros del poder estigmatizador todavía recién inaugurado el siglo XXI. Se reinventan y unifican, se sofistican y refuerzan bajo los signos de la Moral y de la Ley...

Dentro de este contexto, existe una estrecha relación entre el gran discurso de la Salud Mental y los procesos judiciales en el Estado de Ley. El diagnóstico clínico (incluyendo las categorías clasificatorias, criterios y definiciones del DSM-IV), por lo general, sirve de soporte ideológico al derecho penal, aún cuando pudieran darse discrepancias técnicas entre cuestiones de orden estrictamente legal y el diagnóstico clínico. La ambigüedad y superficialidad del discurso psiquiátrico le resta credibilidad y fiabilidad al DSM limitando su poder referencial, por lo que el poder judicial, antes de admitir el discurso de la psiquiatría dentro de sus juegos, le requiere de otros refuerzos justificadores, de algún otro registro de autoridad que interprete las locuras, quizá, de manera similar a como el juez interpreta las leyes: con arreglo a la autoridad en ley para hacerlo. La psiquiatría designa como representante autorizada la "experiencia clínica" del psiquiatra o del "profesional de la salud mental" [78], que también juzgará al confinado, no ya para decidir entre el bien y el mal, sino entre la normalidad y la locura... Aún así, dadas las deficiencias teóricas y la dudosa evidencia empírica que caracterizan el DSM-IV, el diagnóstico clínico de un trastorno mental no basta para establecer la existencia "legal" del trastorno o de cualquier otra

---

[78] Esta es la advertencia del DSM-IV: "Los criterios diagnósticos específicos de cada trastorno mental son directrices para establecer el diagnóstico (...) La correcta aplicación de estos criterios requiere un entrenamiento especial que proporcione conocimientos y habilidades clínicas. Estos criterios diagnósticos y la clasificación de los trastornos mentales reflejan un consenso a partir de los conocimientos actuales en este campo, pero no incluyen todas las situaciones que pueden ser objeto de tratamiento o de investigación."

condición que impida el cumplimiento requerido al sujeto por la Ley.[79] El DSM-IV lo justifica por la gran variabilidad correspondiente a cada categoría diagnóstica. Además, el discurso psiquiátrico no interesa contradecir ni limitar el poder de la Ley, sino ser admitido a su reinado y compartir un pedazo del poder de administrar la vida. El diagnóstico clínico no interesa cuestionar la Ley o el castigo, y le basta con reconocer ahí sus límites formales. Advierte y reconoce que, frente a la Ley: "Las consideraciones clínicas y científicas usadas para categorizar determinadas alteraciones como trastornos mentales pueden ser irrelevantes a la hora de pronunciarse sobre temas legales, como responsabilidad individual, intencionalidad o competencia."[80] El diagnóstico, así como la información que de él se desprende, se procuran de utilidad para el proceso legal, para "aumentar el valor y la fiabilidad" del dictamen legal. El DSM-IV se promete como "facilitador del correcto entendimiento de los rasgos relevantes de los trastornos mentales a las personas que toman decisiones legales." La referencia a sus categorías clasificatorias y definiciones puede dar al traste con otros registros de especulaciones populares sobre los trastornos mentales o los modos de actuar de un sujeto, incluso hasta contradecir las racionalidades de la Ley y de la pena en cualquiera de sus dimensiones. No obstante, las refuerza. En la práctica formal, su compromiso político está puesto en otra parte, orientado a intervenir sobre el sujeto de la pena legal y no sobre el sistema penal que lo condena.[81]

---

[79] En el Código Penal se integra la etiqueta de "incapacidad mental" y de "trastorno mental" como eximente de responsabilidad legal y penal, pero inexplicadamente bloquea la racionalidad psiquiátrica: "Los términos enfermedad o defecto mental no incluyen una anormalidad manifestada sólo por reiterada conducta criminal o antisocial."

[80] En otra parte sostiene: "El hecho de que un individuo cumpla criterios del DSM-IV no conlleva implicación alguna respecto al grado de control que pueda tener sobre los comportamientos asociados al trastorno. Incluso cuando la falta de control sobre el comportamiento sea uno de los síntomas del trastorno, ello no supone que el individuo diagnosticado como tal sea (o fue) incapaz de controlarse en un momento determinado."

[81] Probablemente, si la población confinada le representase la posibilidad de un negocio lucrativo seguro para la psiquiatría, la profesión estaría reclamando mayor inherencia en los procesos judiciales y, seguramente, ganando clientes para sus oficios y, quizá, hasta reclamarían legislaciones procurando manicomios en lugar

342

Irrespectivamente de las variaciones culturales e históricas o de las particularidades de los más diversos regímenes de gobierno, la estigmatización corresponde a una práctica social cargada de connotaciones peyorativas, de prejuicios e intolerancias, marcada por una voluntad de control y dominación política. Estructuralmente, puede establecerse un paralelismo análogo con el etnocentrismo, que viene a ser el nombre técnico que el discurso de la antropología y la historia asignan a las mentalidades del poder dominante a partir del cual su régimen representacional constituye el centro de todas las representaciones posibles, consideradas éstas como útiles y necesarias, legítimas, justas, racionales; normales. Por oposición, las demás, las otras, aparecen ordenadas y calificadas con referencia a sus esquemas valorativos. Lo legítimo y lo moral, lo útil y lo necesario, lo justo y lo normal se definen con arreglo a su poder mientras que el desprecio a lo otro, a lo diferente, se conjuga entre estereotipos y estigmatizaciones. Las ciencias humanas, que aparecen desde el siglo XIX, se mueven en los circuitos de la dominación etnocentrista, es decir desde la estigmatización política de las diferencias culturales. Así, además de los sesgos abiertamente clasistas del discurso psiquiátrico, por ejemplo, la conversión de prácticas culturales diferentes a la cultura dominante en trastornos mentales o desórdenes de la personalidad, produce diagnósticos y tratamientos etnocentristas, un discurso matizado de discrimen cultural, de violencia política. El DSM-IV reconoce esto como un problema y advierte de los riesgos de diagnosticar como psicopatológicas variaciones normales del comportamiento, de las creencias y de la experiencia que son habituales en otras culturas. Por ejemplo, -advierte- ciertas prácticas o creencias religiosas de minorías étnicas podrían diagnosticarse como manifestaciones de trastorno psicótico, si no se aplican las categorías con cautela.[82] Este

---

de cárceles. Pero el sistema penal es un servicio público y el pueblo no puede darse el lujo de perder la agradable sensación de seguridad que le procura el encierro, y la satisfacción de la justicia, de saber castigados a los malhechores... En el futuro, tal vez no vayan a haber tantas cárceles como manicomios, sino que resultará imposible diferenciar las unas de los otros...

[82] La ironía resulta de la propia definición de lo psicopatológico, pues es aplicable a cualquier modalidad de la práctica religiosa. Tanto las creencias religiosas particulares como los dominios de la fe en general se ajustan con suma facilidad a las categorías psicopatológicas. Las devociones obsesivas y los fanatismos fundamentalistas son quizá sus expresiones más dramáticas, pero las diferencias lo

reconocimiento constituye, sin embargo, una característica propia de la naturaleza totalizadora del discurso de la enfermedad mental, que se pretende de validez y aplicabilidad universal.[83] Es consecuencia directa del objetivo del proyecto político normalizador de la modernidad, consolidada en estos tiempos de globalización de la economía capitalista, a la que le resulta imperativo el requerimiento político e ideológico del estigma de la "igualdad humana" y para la que las diferencias culturales e individuales resultan variaciones cosméticas, superficiales. Diferencias que serán reconocidas y a las que se le asignará su debido lugar en el Estado de Ley. Diferencias que, de no ajustarse razonablemente a sus requerimientos, se convertirían en blancos de ataque, en problemas sociales, criminalidades o enfermedades de salud mental...; obstáculos a superar; problemas a erradicar...

La estigmatización en los lenguajes de la locura sigue siendo un recurso retórico clave de la dominación y sus proyectos intervencionistas, tales como las políticas imperiales y coloniales que legitiman las guerras a partir de la construcción política del enemigo a combatir y a vencer.[84] Pero la realidad en el Estado de Ley es que

---

son sólo en grado, pues estructuralmente pertenecen a una misma locura. Freud lo había teorizado ya e inscrito su obra en la apuesta de liberarse de las ataduras infantiles que los adultos llaman religión. Sin embargo, el Estado de Ley no se las ha ingeniado aún para prescindir de ellas, y quizá tampoco interese hacerlo...

[83] Según el DSM-IV: "La amplia aceptación internacional del DSM indica que esta clasificación es una herramienta muy útil para identificar los trastornos mentales tal y como son padecidos por los individuos de todo el mundo. Sin embargo, existen pruebas de que los síntomas y el curso de un gran número de trastornos están influidos por factores étnicos y culturales."

[84] Nos recuerda Martín-Baró: "Matar a otra persona deja de ser delito para convertirse en necesidad social tan pronto como esa persona es definida como enemigo de la patria y su asesinato es amparado por la autoridad." No existe escenario bélico que no esté atravesado por violencias estigmatizadoras, pues éstas le son irremediablemente constitutivas. A la guerra en Irak, como es sabido, le precedió una inmensa y costosísima campaña de propaganda política destinada a demonizar la figura representativa del régimen de gobierno iraquí, caracterizada por acusaciones sin evidencias y, a la vez, por evidencias sacadas de proporción y tergiversadas. El estigma político "terrorista" no tardaría en ser impuesto a cualquiera dentro del país ocupado militarmente que resistiese con armas y violencia a las fuerzas de invasión norteamericanas. El espiral de la violencia sigue en ascenso vertiginoso y nada augura su contención en el porvenir inmediato. La estigmatización sigue siendo un poderoso motor de impulso...

la misma lógica totalizadora vale para toda la ciudadanía, es el requerimiento imperial de la Ley: ante ella todos somos iguales y como si en esencia lo fuéramos nos trata. Bajo sus dominios, la estigmatización psiquiátrica deviene en un refuerzo legitimador integral de su poderío interventor y sus lenguajes técnicos y formales enriquecen y sofistican las modalidades del control disciplinario y la dominación normalizadora moderna...

Entre estas coordenadas, la construcción de categorías estigmatizadoras en claves psicopatológicas sigue siendo una práctica del discurso normalizador de la psiquiatría. Bajo el signo de "categorías diagnósticas" empleadas en estricta función de "objetivos clínicos", el sujeto intervenido es convertido en objeto de una modalidad de la dominación que no puede prescindir de la estigmatización. El diagnóstico y el tratamiento responden a partir del encuadramiento efectivo del sujeto dentro de las categorías establecidas en el orden de su discurso. La reducción de su existencia a la mecánica propia del estigma clasificatorio se evidencia en el superfluo lenguaje descriptivo de la categoría clínica o diagnóstica. El lenguaje de la "experiencia clínica" con el que se construye la definición de la categoría "trastorno disocial de la personalidad" o "desorden de conducta"[85] y "trastorno de la identidad sexual"[86], por ejemplo, lo evidencian dramáticamente.

---

[85] Según el DSM-IV, también ha sido denominado psicopatía, sociopatía o trastorno disocial de la personalidad (desorden de conducta).

[86] La homosexualidad sigue siendo tenida como enfermedad mental, curable por la intervención psiquiatrita. El lenguaje con el que se construyen los criterios para el diagnóstico de "trastorno de la identidad sexual", además de evidenciar el carácter discriminatorio de esta categoría estigmatizadora, sirve de ejemplo de la vaguedad teórica de sus especulaciones y de la arbitrariedad política de sus aseveraciones. Según el DSM-IV: "A. Identificación acusada y persistente con el otro sexo (...) B. Malestar persistente con el propio sexo o sentimiento de inadecuación con su rol. En los adolescentes y adultos la alteración se manifiesta por síntomas tales como un deseo firme de pertenecer al otro sexo, ser considerado como del otro sexo, un deseo de vivir o ser tratado como del otro sexo o la convicción de experimentar las reacciones y las sensaciones típicas del otro sexo. (...) En los niños (...): sentimientos de que el pene o los testículos son horribles o van a desaparecer, de que sería mejor no tener pene o aversión hacia los juegos violentos y rechazo a los juguetes, juegos y actividades propios de los niños; en las niñas, rechazo a orinar en posición sentada, sentimientos de tener o de presentar en el futuro un pene, de no querer poseer pechos ni tener la regla o aversión acentuada hacia la ropa femenina..."

Según define el DSM-IV: "Los sujetos con trastorno disocial pueden tener escasa empatía y poca preocupación por los sentimientos, los deseos y el bienestar de los otros. (...) Pueden ser insensibles, careciendo de sentimientos apropiados de culpa o remordimiento. A veces es difícil evaluar si el remordimiento experimentado es genuino, puesto que estos sujetos aprenden que la manifestación de culpa puede reducir o evitar el castigo. (...) El trastorno disocial suele asociarse a un inicio temprano de la actividad sexual, beber, fumar, consumir sustancias ilegales e incurrir en actos temerarios y peligrosos. El consumo de sustancias ilegales puede incrementar el riesgo de persistencia del trastorno disocial. Los comportamientos propios del trastorno disocial pueden dar lugar a suspensiones o expulsiones escolares, problemas en la adaptación laboral, conflictos legales, enfermedades de transmisión sexual, embarazos no deseados y (...) La característica esencial del trastorno antisocial de la personalidad es un patrón general de desprecio y violación de los derechos de los demás (...) El trastorno antisocial de la personalidad se presenta asociado a un bajo status socioeconómico y al medio urbano (...) El trastorno disocial implica un patrón repetitivo y persistente de comportamiento en el que se violan los derechos básicos de los demás o las principales reglas o normas sociales apropiadas para la edad (...) Los sujetos con un trastorno antisocial de la personalidad no logran adaptarse a las normas sociales en lo que respecta al comportamiento legal. Pueden perpetrar repetidamente actos que son motivo de detención (que puede o no producirse) como (...) dedicarse a actividades ilegales. Las personas con este trastorno desprecian los deseos, derechos o sentimientos de los demás. (...) Pueden involucrarse en comportamientos sexuales o consumo de sustancias que tengan un alto riesgo de producir consecuencias perjudiciales. (...) también tienden a ser continua y extremadamente irresponsables. (...) La irresponsabilidad económica viene indicada por actos como morosidad en las deudas (...) tienen pocos remordimientos por las consecuencias de sus actos (...) Pueden tener un concepto de sí mismos engreído y arrogante (pensar que el trabajo normal no está a su altura, o no tener una preocupación realista por sus problemas actuales o futuros) y pueden ser excesivamente tercos, autosuficientes o fanfarrones. Pueden mostrar labia y encanto superficial y ser muy volubles y de verbo fácil (...) La falta de empatía, el engreimiento y el encanto

346

superficial son características que normalmente han sido incluidas en las concepciones tradicionales de la psicopatía y pueden ser especialmente distintivos del trastorno antisocial de la personalidad en el medio carcelario o forense, en el que los actos delictivos, de delincuencia o agresivos probablemente son inespecíficos. (...) Estos sujetos también pueden (...) tener una historia de muchos acompañantes sexuales y no haber tenido nunca una relación monógama duradera (...) pueden ser expulsados del ejército, pueden no ser autosuficientes, empobrecerse e incluso llegar a vivir en la calle o pueden pasar muchos años en prisión[87] (...)"

La aceptación irreflexiva y acrítica del discurso imperial de la Ley y la Moral Social dominante, de sus significaciones, racionalidades y juicios bajo el registro de una definición clínica, son signos atenuantes de la complicidad política de la psiquiatría con el Estado de Ley, con sus respectivas instancias de dominación, de las que el poder estigmatizador es consustancial. Para el discurso psiquiátrico la Ley es referente de lo normal, por lo que a lo ilegal le hace corresponder lo patológico. Para las sociologías de la desviación vale la misma lógica, y también para la imaginería religiosa dominante como para las psico/biologías policiales emergentes. En un régimen social, el del Estado de Ley, en el que el poder estigmatizador le resulta esencial para gestionar las condiciones de su propia reproducción, es preciso advertir las reacciones en cadena propiciadas por el estigma y la estigmatización. La mayor eficacia del poder estigmatizador, valga la reiteración, reside en su interiorización por parte del estigmatizado, en el dominio de una gran apariencia de aceptación acrítica e irreflexiva de sus contenidos y, a la vez, en la adaptación sumisa y

---

[87] El DSM-IV añade en su definición: "Estos individuos también pueden experimentar disforia, incluidas quejas de tensión, incapacidad para tolerar el aburrimiento y estado de ánimo depresivo. Pueden presentar de forma asociada trastornos de ansiedad, trastornos depresivos, trastornos relacionados con sustancias, trastorno de somatización, juego patológico y otros trastornos del control de los impulsos. Los sujetos (...) tienen frecuentemente rasgos de personalidad que cumplen los criterios para otros trastornos de la personalidad, en especial los trastornos límite, histriónico y narcisista." Me atrevería a apostar que al menos la amplia mayoría de los diagnósticos clínicos psiquiátricos a la población confinada incluyen la definición de esta categoría diagnóstica y otras anejas. Sobre todo a los penados que exigen mejores condiciones carcelarias, por su naturaleza aburridas, deprimentes y exasperantes...

resignada a sus requerimientos, condiciones y mandamientos. La efectividad de la estigmatización se evidencia cuando el estigmatizado, inconsciente o voluntariamente, encarna y personifica al poder estigmatizador, cuando su vida se acopla a la medida de sus deseos de dominación. Así como el pecador arrepentido busca perdón del pastor para salvar su alma, el reo exige rehabilitación a la fuerza penal que lo confina y el enfermo mental demanda la cura de sus males al médico del espíritu trastornado. Relaciones éstas que nada tienen de extraño en las culturas modernas del siglo XXI, salvo si es puesto en cuestionamiento eso que constituye el pecado, el delito o la locura... quién los nombra y los significa; sobre quiénes y para qué...

El estigma constituye una pieza clave de la violencia política, y el registro de sus efectos en detrimento de la vida del estigmatizado es inmenso. Incluye prejuicios, malos tratos, acoso y hostigamiento psicológico, victimización, sometimiento a acusaciones o insinuaciones maliciosas, chantaje moral, ridiculización, humillación, burla, privación de derechos, descrédito, desprecio, presiones, frustraciones, abusos, engaños, amenazas, intimidaciones, crueldades, injusticias y violencias afines. Calificativo, categoría diagnóstica, etiqueta o estereotipo, son modos alternos de decir estigma. Y la estigmatización institucionalizada, irrespectivamente de la particularidad de su instancia formal, corresponde a una generalización propia a los esquemas representacionales y valorativos de determinados grupos de poder. Así, el estigma no cesa nunca de evocar e invocar juicios de valor; perspectivas y posturas políticas; posicionamientos. Lo cierto es que la persona estigmatizada es tenida por propietaria de todos los atributos que pertenecen a la categoría calificativa y clasificatoria del estigma, irrespectivamente de que en realidad la persona estigmatizada los posea o no.[88] Al igual que el estereotipo,

---

[88] Durante el verano de 2006, por ejemplo, el Recinto de Río Piedras de la Universidad de Puerto Rico expulsó a varios estudiantes por alegado comercio de marihuana con otros estudiantes. La administración de la UPR lo justifica alegando violación a reglamentos institucionales, leyes estatales y federales, pero, sobre todo, como respuesta a los temores y quejas de la "comunidad universitaria", en el ánimo de velar por su "seguridad". Además, porque estos estudiantes daban un mal ejemplo a los demás estudiantes. Antes de radicarles cargos, la Rectora del Recinto solicitó a la Policía de Puerto Rico su intervención y ésta proveyó un agente encubierto por casi un año. El informe oficial del agente encubierto apenas decía que estos estudiantes asistían a sus clases y entre sus

el estigma es una impresión fija, que corresponde muy poco al fenómeno que pretende representar, y su matriz no está en lo que designa sino en la racionalidad que procura del estigma una función representacional determinada.[89]

Es un distintivo de las culturas modernas la disposición anímica a pensar sin miramientos con categorías rígidas, quizá por efecto de la herencia de las estructuras ideológico-religiosas y de las tradiciones dominantes dentro del pensamiento político. A ambos registros representacionales les es característico la construcción oposicional de un otro que lo legitime por contraste, que justifique sus obsesiones y compulsiones de dominación, ya bajo el signo de la rehabilitación, del perdón o de la cura...

Irrespectivamente de la generalización cultural del poder estigmatizador y sus efectos, sigue siendo sobre los sectores sociales menos privilegiados que recaen sus descargas más pesadas, atribuyendo características generalizadas y simplificadas en calificativos despreciativos que, a la vez, sobre-determinan los modos como serán concebidos y tratados los estigmatizados. Ante la compleja realidad de la condición de la pobreza es propio de las clases privilegiadas asignar valores interpretativos, significaciones y definiciones que redundan en la protección de las condiciones de

---

tiempos libre atendían a sus clientes. El estigma de "tiradores de droga" justificaría moralmente la expulsión de la Universidad; el estigma de "peligrosidad" justificaría la insensibilidad institucional... A estos estudiantes, que trabajaban y también estudiaban, ¿cómo rehabilitarlos? ¿De qué?

[89] También en el mismo Recinto de la UPR, a finales de 2006 se radicaron cargos contra un grupo de estudiantes por alegadamente violar los reglamentos durante una manifestación de protesta contra la privatización del Teatro de la Universidad. Las reacciones inmediatas por parte de la administración fueron condenatorias de las acciones de los estudiantes. Los sectores más conservadores le hicieron eco en los medios, reclamando medidas punitivas severas y represivas, la aplicación de la mano dura y la reactivación de una política institucional intolerante y confrontativa. La estigmatización política sería la clave de la tergiversación y la manipulación ideológica de los acontecimientos. La profesora S. Álvarez Curbelo, por ejemplo, acusó en prensa a los estudiantes tildándolos de "fascistas". Otros, como en contextos huelgarios, los estigmatizaron como "socialistas", otros como "revoltosos", como "peligrosos" y "violentos". Los estudiantes acusados enfrentan amenaza de expulsión. Mientras tanto, la Asamblea General de Estudiantes, celebrada en noviembre de 2006, decidió repudiar las determinaciones oficiales, solidarizarse con los estudiantes implicados y...

sus privilegios. La pobreza es una de ellas. El estigma del pobre devuelve sobre sí, bajo el modo de razones, la condición de su propia pobreza. Desde la perspectiva de las clases privilegiadas el pobre es pobre porque quiere, y el estigma lo confirma: es pobre porque es irresponsable, vicioso y vago. Si no lo fuera, ¿por qué habría de padecer y soportar su pobreza? El estigma impide que se asuma la condición de pobreza en toda su complejidad histórica, como efecto de un orden económico, político y social estructurado de modo tal que no sólo la posibilita sino que la necesita irremediablemente para perpetuarse. La función invisibilizadora del estigma de la pobreza es una condición ideológica que favorece a los sectores más privilegiados, quienes reconocen las diferencias, las condensan en estereotipos y les asignan su debido lugar: ¡El pobre está donde merece estar! El estigma de la pobreza, nos recordaba Ignacio Martín-Baró, defiende y tranquiliza a los más privilegiados, que saben, como enseña el estigma, que el pobre lo es ya por degeneración moral, ya por su naturaleza inferior.

El estigma es un dispositivo estigmatizador: no se detiene en su límite formal; produce otros estigmas que a la vez lo refuerzan como signo identitario, como unidad de sentido y referente de lo real.[90] En las sociedades capitalistas los estigmas de clase están dirigidos a controlar a los sectores poblacionales empobrecidos, marginados y excluidos, y a justificar las restricciones estructurales de un sistema que, bajo el signo de combatirla, la usa para perpetuarse sin reservas por sus consecuencias. Los efectos psicológicos del estigma son degradantes para la persona, promueven sentimientos de impotencia al extremo de forzar al

---

[90] Vale reconocer que existen perspectivas teóricas que advierten de personas que se inscriben dentro de determinados estereotipos y comparten sobre sí las imágenes y concepciones del estigma, toda vez que éste le supone una afirmación de su propia identidad, por contraste (rechazo, rivalidad, competencia, etc.) o por auto-referencia a su propio grupo identitario. Esto vale tanto para individuos o grupos políticos, (organizaciones, sindicatos, partidos, sectas, etc.), como para otros sectores o personas que se identifican con el estigma, se sienten representados en él y que, dentro de sus particulares condiciones, no pueden imaginarse de algún otro modo. Tal es el caso, por ejemplo, de algunos deambulantes, de drogadictos o de enfermos. Tal es el caso, por ejemplo, de la mujer maltratada que, por evitar los estigmas condenatorios de la Iglesia, *prefiere* soportar los malos tratos y abusos del marido antes de optar por el divorcio o asegurarse debida protección.

estigmatizado a rendirse a sus razones y definiciones, a resignarse. Los estigmas de clase constituyen piezas de un complejo mecanismo de dominación social que perpetúa las condiciones de marginación, exclusión u opresión de los sectores o personas estereotipadas o estigmatizadas. Pero no sólo los no estigmatizados estigmatizan, sino que le es propio a la compleja y paradójica naturaleza política del estigma que también entre los estigmatizados hayan quienes *se sientan* representados en el estigma y también quienes, de entre ellos, estigmaticen.[91]

Las consecuencias sociales del estigma de clase son, en ciertos modos, similares a las de los estigmas invocados por las fantasías religiosas, por el discurso psiquiátrico- psicopatológico y por el derecho penal. La imagen estereotipada no sólo puede orientar la mirada sino, incluso, hasta hacer ver lo que no existe, como las brujas malvadas, los monstruos en el clóset y los demonios posesos del alma; ángeles que nos guardan y vírgenes madres de dioses, que lloran cuando las niñas cantan... El psicoanálisis desde Freud propuso una interpretación teórica de todo ello, asociando las fantasías religiosas a deficiencias en el desarrollo psicológico del infante, y las violencias a una predisposición anímica a la crueldad... Y con todo y las diferencias que pudieran tenerse, lo cierto es que un efecto innegable es que a la persona estigmatizada se le percibe en los términos fijados por el estigma, y esto irrespectivamente de que la persona real sea o no como el estigma dice que es...

Una resonancia del estigma clasista es la creencia generalizada de que los pobres pueden mejorar su calidad de vida si ponen más empeño y se esfuerzan en salir del hoyo de la pobreza, como si la causa de la pobreza fuera la pobreza misma, y los responsables de sus condiciones los pobres que la habitan. En las

---

[91] Estas consideraciones temáticas pueden adscribirse bajo el concepto teórico de lo (pos)colonial, al carácter paradójico en el que los colonizados se identifican política, cultural y existencialmente con el poder colonizador, sus esquemas conceptuales y valorativos, al extremo de que resulta casi imposible diferenciar cualitativamente entre ambos. El colonizado se opone al colonizador, pero en el ejercicio de su resistencia se convierte en su réplica, actúa y piensa a su imagen y semejanza. Esta paradoja política puede mirarse como efecto ideológico de la hegemonía ejercida por el discurso imperial de la Ley... Ejemplo es la adopción acrítica del discurso prohibicionista norteamericano sobre determinadas drogas y su integración irreflexiva a los códigos de valor cultural, reproducidos entre las principales variante políticas locales...

sociedades capitalistas no es posible erradicar la pobreza, pues es una condición estructural propia del capitalismo, de la cultura que lo soporta y del Estado de Ley que lo sostiene. Las miserias de las mayorías (difuminadas entre infinidad de matices históricos y particularidades contextuales), siguen siendo requerimientos de los que la sociedad capitalista no puede prescindir para sostenerse y perpetuarse. Los estigmas de clase son signos de las violencias políticas que lo posibilitan. La sobre-representación de los sectores pobres en las instituciones penales revela el contenido clasista de sus intervenciones, y el estigma de lo criminal lo invisibiliza…

Pero, y valga la redundancia, los estigmas tienden a perpetuarse mediante su propia confirmación perceptiva, como cuando un confinado en lugar de cuestionar la pena exige al sistema que lo condena su propia rehabilitación. La categoría delincuente es un estigma que trasciende el acto penado por ley, pues identifica la trasgresión legal con un modo del ser propio a las nociones religiosas del mal. De ahí que el reproche moral que la Ley hace al condenado procure de él la culpa, y el castigo de la pena tenga por objetivo su conversión y arrepentimiento. La justificación del encierro carcelario, en estos términos, no puede prescindir del estigma del criminal, el estigma de la peligrosidad, el estereotipo de la persona peligrosa por el hecho de haber sido acusado de cometer un delito. La pena procura que el reo pague algo más que la deuda a la sociedad ofendida por su falta. Exige arrepentimiento. El estigma legitima la severidad de cualquier pena, pero no por la maldad propia del penado sino por el estigma impuesto al sujeto: el estigma criminal. El Estado de Ley consagra así la crueldad de la pena como soporte imprescindible de la sociedad; el derecho a castigar, a dañar o a doler, como signo de la civilización moderna y condición civilizatoria. Todo el ritual judicial penal participa de esta mentalidad: jueces, abogados y fiscales, acusados y víctimas, testigos y jurados, todos juzgan la evidencia de los *hechos*, pero no ven en sus juicios que la materia prima de los hechos es el estigma. Y es que probar fuera de toda duda razonable la comisión de un delito no es justificación suficiente para imponer una pena, a no ser que se trate de una venganza. De algún modo el acusado, declarado culpable, debe guardar dentro de sí algo que haga creer que posee una condición que justifique su encierro carcelario; que tiene algo dañado, un trastorno mental que justifique el sometimiento al tratamiento rehabilitador de su moral. Algo en su ser debe poseerlo, de modo tal que el nombre de la Ley y en defensa de la sociedad, de una u otra manera, puede exorcizarlo; en el lenguaje de la mecánica, algo dañado que pueda repara; en el de la medicina, algo enfermo, que pueda curar. El Estado lo impone y el reo demanda ser tratado como tal, exige rehabilitación social al sistema, tratamiento moral y cura a su maldad. El estigma se constituye en referente ideológico, en la representación imaginaria que -dentro del registro de lo simbólico- es tenida por lo real; fuerza legitimadora de la violencia política en el Estado de Ley...

Formalmente, dentro del imaginario democrático moderno y el discurso del Derecho consagrado en el texto constitucional, la estigmatización podría interpretarse como una de las modalidades discriminatorias que el Estado tiene por encargo político evitar y contrarrestar. La estigmatización, sea cual fuere el registro en que se inscriba, constituye en principio una violación a la dignidad humana. Pero no la que se ve forzada a igualarse por mandamientos de Ley, sino la que se reconoce, se valora y se respeta en su diversidad; en las claves de una ética alternativa del Derecho y no al son de la moral tradicional de la Ley...

El estigma muestra una realidad, la percibida y construida desde la óptica valorativa del poder que estigmatiza. Puede ser tenida por verdadera y creída con toda genuinidad, mas no por ello resulta otra cosa que un estigma. Y el estigma, a la vez que construye una realidad distorsiona otra, la del estigmatizado. Como efecto de conjunto, el estigma oculta lo real, lo suplanta, ocupa su lugar. El estigma es predominantemente un signo degradante, es una definición rígida y simplificada que resalta los aspectos más negativos de una situación, de una condición o de de una relación, individual o colectiva (real o imaginaria; verdad o mentira). Opera como justificante ideológico de la situación del estigmatizado, de su posición en desventaja o de su marginalidad; de la persecución de la que puede ser objeto o de la opresión a la que puede ser sometido; legitima su vigilancia; su represión; su exclusión o castigo. Y sabido es que el derecho a castigar ocupa un sitial privilegiado dentro del discurso de lo político, entre las instancias regulativas del gobierno y los imaginarios culturales que las atraviesan. La represión, la ampliación vertiginosa de las tecnologías de control y vigilancia estatal, el aumento en la severidad de las penas carcelarias y la progresiva trivialización y menosprecio de los derechos civiles y humanos en las legislaciones prohibicionistas del Estado de Ley, son algunas de las consecuencias sociales que tienen al poder estigmatizador como condición de posibilidad.

Dentro de este escenario de época, el estigma sigue siendo una marca despectiva, humillante; un signo de desprecio; una seña ofensiva; una violencia infamante. Sin embargo, no ha dejado de cumplir su primera función ideológica: materializar intereses *sociales,* por lo general los que promueven y justifican las clases dominantes y los sectores más privilegiados, procurándose como evidencia de su legitimidad moral y eficacia política el consentimiento de los sectores populares, que los adoptan y asumen como propios, aunque el grueso de la fuerzas estigmatizantes no cesen de volcarse irremediablemente contra los más débiles, desventajados y desprotegidos de entre ellos. La estigmatización, suavizada entre variaciones retóricas y especulaciones intelectuales, podrá ser racionalizada y hasta tenida como justa, útil y necesaria para la estabilidad general del Estado de Ley, sus instituciones y los gobiernos que las administran, garante de la seguridad ciudadana y de la salud mental de sus súbditos civiles. Sin embargo, no deja de constituir en lo esencial una violencia política, una violación a la dignidad humana...

La Prohibición:
matriz de la violencia criminal[92]

...la prohibición (bajo la modalidad retórica de la guerra *contra* las drogas) es la clave de gran parte de las violencias que tanto aquejan a la ciudadanía, y la política bélica y represiva que la refuerza, de cero tolerancia y de mano dura (o castigo seguro) a los ciudadanos que las producen, comercian o hacen usos de ellas, es responsable en buena medida de las corrupciones y muertes, enfermedades, miserias existenciales y materiales y demás violencias que el Estado de Ley –ingenua y demagógicamente– promete combatir, prevenir y erradicar, castigar y vengar. Saber cuál es la función táctica del discurso de la prohibición dentro de una estrategia general de control estatal y regulación social; qué racionalidades lo justifican; qué criterios legitiman sus prácticas represivas; qué papel juegan las categorías políticas de violencia, de salud, de enfermedad y de criminalidad dentro de su orden interior, el de su estrategia; en función de qué valores y objetivos se narran las historias que integran la guerra a las drogas, declarada e impuesta por el gobierno norteamericano, internacionalizada desde sus propias razones e intereses y asimilada acríticamente por el Estado de Ley puertorriqueño; cómo se representa en los lenguajes dominantes y marginales, desde las instancias de gobierno hasta los quehaceres intelectuales y académicos, desde los dogmas religiosos hasta los saberes populares y mediáticos, o sus correlatos, los prejuicios culturales; todo ello es de singular importancia para comprender el fenómeno de lo criminal, la relaciones entre la prohibición y el tráfico ilegal de drogas y las secuelas de violencia que tienen por efecto. La representación oficial de la guerra a las drogas trivializa -si no es que invisibiliza- las complejas relaciones humanas y ciudadanas que se desenvuelven en torno a ella y, consecuentemente, oculta y entorpece, impide e imposibilita que las problemáticas implicadas sean asumidas con la seriedad y el tacto, la profundidad y la sensibilidad con que urgen ser tratadas...

---

[92] Ponencia presentada en el ***Segundo Encuentro de Prevención de Violencia***, el miércoles 30 de mayo de 2007, en el Centro de Convenciones, San Juan. La misma es parte de un proyecto más amplio en proceso de desarrollo, y por requerimientos de límite de tiempo ha sido editada.

Objetivamente, el lucrativo negocio (*nacional*) del narcotráfico es parte de los complejos sistemas de comercio transnacional que son integrales de las dinámicas globalizadoras del Capital. El narcotráfico en Puerto Rico, como cualquier otra modalidad de la economía subterránea, del crimen organizado, del mercado negro o de la piratería, no puede ser comprendido al margen de las lógicas propias de la economía política de mercado en la que se inserta activamente y a partir de la cual adquieren pleno sentido las variaciones tácticas que opera desde sí y para sí, y que son constitutivas de su poderosa y ascendente fuerza económica y política. Así como cualquier otro negocio cuyo motor de acción es la voluntad lucrativa y que aspire a mantenerse a flote en el agresivo mundo de la competencia, el negocio de drogas ilegales se organiza eficazmente para responder con efectividad las demandas puntuales de su clientela. Como cualquier compleja empresa comercial, el narcotráfico modula sus estrategias en respuesta a las condiciones contingentes que sobre-determinan los contextos en que opera. El éxito de sus actividades económicas, legales o ilegales, depende de ello.

La particularidad de esta gran empresa comercial es que, aunque estructuralmente su ordenamiento organizativo, su administración general y sus fines particulares corresponden en idénticos términos a cualquier otra empresa comercial en el mundo del mercado, ésta se organiza, opera y funciona al margen de las regulaciones formales de los gobiernos. Ésta es precisamente la condición más favorable para el gran negocio del narcotráfico y el fin lucrativo que lo anima: la ilegalidad.

En clave marxista, podría inferirse que la incapacidad estructural del Estado capitalista de absorber y emplear para sí toda la fuerza laboral dentro del orden de su propia lógica de regulación legal, tiene por consecuencia la aparición de economías subterráneas y correlativas prácticas sociales situadas al margen o fuera de la Ley. Ciertamente sabemos que en el Estado de Ley, asentado sobre la base de una economía capitalista, no hay posibilidad de empleo para todos y que, además, una parte sustancial de los trabajos existentes no son remunerados con justicia salarial. Podría suponerse que esta es una de las grandes contradicciones del sistema capitalista, imposible de superar por su propia naturaleza y estructura. Pero la realidad es mucho más compleja y todo análisis que se detenga aquí resulta en una réplica superficial y peligrosa de un discurso clasista y discriminatorio, pues no está en la pobreza la condición de la criminalidad sino en el Estado de Ley que criminaliza.

Cada vez más sectores de las poblaciones del mundo encausan sus vidas entre los circuitos del narcotráfico, ya para resolver necesidades vitales y de subsistencia que de otro modo no podrían resolver, o ya para satisfacer otro orden de necesidades, no menos reales y poderosas, como las creadas por y para la sociedad consumerista, clave ésta de la economía de mercado global dominante. Para esta parte de la ciudadanía (individuos, grupos o familias) muy posiblemente no existen alternativas económicas que puedan competir con las ofrecidas por el narcotráfico, y esto es un hecho que el Estado de Ley capitalista no sólo no puede superar, sino que tampoco interesa hacerlo.

La historia del comercio de drogas es, posiblemente, más antigua que el Estado mismo que pretende regular o proscribir su libre circulación e intercambio. La prohibición de ciertas drogas es un fenómeno moderno del Estado de Ley, a diferencia de la producción y consumo de las mismas, que es una práctica cultural e histórica relativa al derecho natural de las personas. La conversión de éstas prácticas sociales en ilegalidades criminales tiene consecuencias paradójicas: de una parte, la ilegalidad, lejos de contener las prácticas relativas al comercio y usos de drogas, crea y refuerza las condiciones para la exacerbación de las virtudes lucrativas del negocio del narcotráfico y las convierte en alternativas económicas legítimas desde la perspectiva de las necesidades reales de las personas involucradas (productoras, distribuidoras, vendedoras o usuarias); de otra parte, la prohibición y las políticas para implementarla, generan terribles violencias y corrupción tanto a nivel privado como a nivel estatal, en instituciones y agencias de gobierno.

Sabido es que al terror al espectro criminal le es correlato directo el acrecentamiento del reclamo público de mayor seguridad, aunque sea al precio de limitar y reducir cada vez más los espacios de libertad y derecho. Indisolublemente ligada a esta relación, toda una poderosa economía en ascenso se desvive para responder las demandas de seguridad. De la inseguridad ciudadana -cultivada con esmero por el Estado prohibicionista- derivan cuantiosas ganancias las empresas que, en un lenguaje sirven a las necesidades sociales de seguridad y en otro se lucran de los miedos e inseguridades de la gente. La mentalidad punitiva y carcelaria se nutre de todo ello.

Según el secretario de la Administración de Corrección, el Lic. Miguel Pereira, el número de reos creció de 5,000 en la década de los 80 hasta 15,000 al presente, y dentro de 20 años Puerto Rico va a tener 45,000 confinados, con un costo insostenible a la sociedad. Además de la población confinada, un número similar está siendo intervenido por otras divisiones del sistema penal. Ampliando las alarmantes especulaciones de Pereira, podríamos estimar que dentro de 20 años cerca de 100,000 personas estarán bajo la custodia del sistema penal del País, la mitad encarcelada. Más de $400 millones de dólares al año se gasta el gobierno de Puerto Rico en el sistema penal carcelario, cerca de $80.00 dólares diarios por confinado. Aproximadamente $40,000 dólares al año, el gobierno gasta por cada confinado, en contraste a la inversión que hace el Estado para cada niño en el sistema de Educación Pública, que no excede los $4,000 dólares. Estas cifras anuncian y evidencian no sólo el fracaso del modelo prohibicionista sino, además, de los valores que lo mueven y de la sociedad que lo sostiene.

La política pública asentada en el modelo de la prohibición, aunque varíe entre mil retóricas y demagogias (mano dura o castigo seguro), en esencia se trata de una misma política que tiene el principio de la represión como matriz de todas sus actuaciones, y la prohibición de las drogas sigue siendo la excusa por excelencia de sus más violentas intervenciones. En Puerto Rico se atestigua a diario. Algunos sectores que la critican participan, tal vez sin saberlo, de la misma racionalidad que la domina. Tal sucede, por ejemplo, con quienes reivindican la medicación de las drogas como alternativa para lidiar con el fenómeno de la criminalidad y la violencia, pero mantienen una postura intervencionista similar a la cultivada por la tradición prohibicionista.

Pienso que el discurso que aboga por la medicación debe circunscribirse exclusivamente al ámbito de la salud de quienes se sienten afectados por el consumo de las drogas y quieren *curarse*. Sólo la persona usuaria debe considerarse así misma como *enferma* y, si acaso, procurar para sí y sólo para sí la cura. De lo contrario, la "rehabilitación" -sea lo que sea-, si no es voluntaria, es y seguirá siendo un castigo impuesto por la misma racionalidad prohibicionista y penal que hoy impera. Asimismo, etiquetar a cualquier usuario de drogas como adicto y en el acto señalarlo como "enfermo mental" es una generalización vana, que tiene valor desde un punto de vista político de gobierno: la voluntad de control y dominación estatal sobre la vida pública y privada; y desde un punto de vista económico, oportunista y usurero: el de quienes hacen profesión y riqueza a expensas de la industria del miedo, de la represión y del encierro.

Quede claro: reducir el "problema de las drogas" a un problema general de "salud mental" es jugar el mismo juego de palabras característico de la Mano Dura. Existe una diferencia radical entre el uso y el abuso de las drogas, entre el usuario y el adicto. Análogamente, las personas que consumen alcohol no son por ello alcohólicas, ni mucho menos enfermas mentales. Recordemos que alguna vez el consumo del alcohol estuvo prohibido por la Ley, y la prohibición señalaba a los usuarios como criminales. El saldo de violencias que ensangrentaron la época es un hecho histórico conocido por todos. La legalización fue la respuesta estatal más acertada y conveniente para la convivencia social. Hoy los usuarios de alcohol no son, por el hecho de consumirlo, producirlo o distribuirlo, ni criminales ni enfermos mentales, sino ciudadanos respetables o, cuando poco, gentes normales...

Quizá a la larga el tratamiento médico de usuarios de drogas será alguna vez tan normal como lo es hoy el tratamiento criminal de los mismos. Lo más triste es que detrás de las genuinas compasiones humanistas de quienes hoy abogan por ello, con la mejor de las intenciones, es que en lugar de cárceles habrá manicomios, y los usuarios ya no serán tildados con el sello de criminales sino con la etiqueta de locos. En la práctica reinará el imperio del siempre todavía, el del prejuicio y la crueldad carcelaria de la Mano Dura, ya no vestida de azul y togada tal vez, entonces aún togada y con batas blancas.

En el futuro, la legalización de las drogas será, probablemente, una realidad concreta, regulada como cualquier otra política pública. En determinado momento durante el curso de las historias sociales dejará de mirarse como una derrota el reconocimiento del derecho de las personas a disponer de sus propios cuerpos. Esta realidad no tendrá por efecto el ascenso del consumo de drogas, como mal auguran algunos. En todo caso, si el Estado procurase alguna vez una política educativa honesta y bien informada sobre los efectos de las drogas, el resultado será positivo para el bienestar social, pues muy posiblemente quienes hagan uso de ellas lo harán mejor informados, y tendrán al fin criterios bien fundados para emitir juicios responsables y asumir conscientemente sus virtudes, riesgos y consecuencias.

A propósito de ello, valga un paréntesis de alerta: Si bien podemos coincidir en que la Educación es, en principio, medular para resolver alguna medida de este gran problema, habría que advertir que no basta recitar repetidas veces el mismo estribillo, porque la Educación también puede estar cargada de prejuicios y mezquindades, de ignorancias e ingenuidades; y los educadores pueden convertirse en eso mismo que critican, o promoverlo y reforzarlo creyendo que hacen lo contrario. Las campañas de educación sobre drogas debe incluir entre sus objetivos fundamentales la reeducación de los educadores...

El consumo de drogas ilegales es parte de la cultura y como cualquiera de sus mercados, tiene garantizado sus usuarios por suertes que ningún Estado puede controlar en definitiva. En el escenario global, el uso de drogas pertenece al registro de prácticas culturales milenarias y los hechos de sus prohibiciones no han tenido nunca por efecto ni siquiera mantenerlo a raya. Se trata de una verdad que se vive a diario en la transparencia de las propias estadísticas policiales, privadas o gubernamentales, que cuando dicen todo lo que han "desarticulado", dicen entre sus líneas y de inmediato todo cuanto les es imposible contener entre sus duras manos.

Los usos de drogas (legales o ilegales) pertenecen a realidades sociales y culturales que sólo pueden ser comprendidas a partir del reconocimiento de la complejidad que le es inherente a la pluralidad de motivaciones singulares, psico-sociales, materiales y existenciales, propias de la diversidad individual característica de la condición humana. La adicción, como situación extrema y problema de salud del sujeto de la adicción, debe ser mirada y tratada desde una perspectiva más amplia, comprensiva y tolerante que la promovida por la moralidad política dominante, uniformadora, insensible y tiránica. La realidad es que ni la gente va a dejar de usar drogas, ni quienes las usan lo hacen sólo porque tengan problemas, ni mucho menos, por lo general, son problemas para nadie... Punto y aparte aparecen los problemas relacionados a las adicciones. Éstas, sin embargo, son sólo partes de una problemática mucho más compleja, que envuelve el conjunto de las condiciones de vida a las que cada sujeto singular está forzado a vivir o sobrevivir. Insertar la problemática en un condensado paquete retórico, bajo la etiqueta de criminalidad, de enfermedad o de violencia, es un acto demagógico que tiene por efecto reproducir las condiciones que imposibilitan tratar a los adictos a favor de ellos mismos, como personas dignas y en derecho.

Imaginemos que mañana deja de ser ilegal el uso de las drogas. ¿Dejarán de ser pobres los pobres? No. ¿Acaso tendrán hogar los deambulantes? ¿Las prostitutas de la calle ya no tendrán razones por las que ofrecer en alquiler sus cuerpos? ¿Disminuirán las violencias domésticas? ¿Cesarán al fin los maltratos a menores? ¿Dejará de ser la salud un lujo para las mayorías? Y la buena educación, ¿dejará de ser privilegio de pocos? Claro que no. Con la legalización seguramente disminuirán las violencias mortales que acontecen por el hecho de la prohibición, pero las crueldades y miserias a las que está destinada la vida de tanta gente no dejarán de serlo hasta que no procuremos transformar radicalmente las condiciones materiales y existenciales de la vida social en general.

En síntesis: las políticas públicas actuales de cero tolerancia a las drogas arrastran reminiscencias de un terrible pasado histórico que se repite incesantemente en el devenir. La ideología prohibicionista reinante y la correlativa fuerza bruta y costosa de la represión estatal imposibilitan asumir la complejidad de problemas que tienen entre sus efectos el de la adicción para los adictos, las guerras entre narcotraficantes y los azares mortales de las balas perdidas y, sobre todo, la multimillonaria guerra del Estado contra su más temible enemigo interior: el espectro criminal, inventado por su propia imaginación, por sus prejuicios y miedos, por su voluntad de control y dominación... y por los favorecidos de las prohibiciones...

Reconozcamos que -desde los principios políticos y democráticos del Derecho- no existe fundamento de legitimidad que justifique la criminalización de los usuarios de drogas. Racionalmente, no existe tampoco evidencia científica ni argumento filosófico o moral que demuestre las virtudes sociales del modelo prohibicionista. Por el contrario, sí existen razones históricas de más para abolirlo, tanto para evitar sus crueldades y violencias en espiral y ascenso, como para promover una política pública bien pensada, sensible, reflexiva e inteligentemente, para que redunde en el bienestar social...

La despenalización es la única alternativa que, desde la perspectiva del Derecho, responde a un proyecto político radicalmente democrático, basado en el reconocimiento del poder de potestad que posee cada persona singular sobre su propia vida. Entonces, y sólo entonces, tendría su justo valor integrar la medicación como alternativa para quienes deseen, voluntariamente, hacer uso de ella. Lo demás, toda vez que no fortalezca una práctica social emancipadora, seguirá siendo un inmenso tapujo embrutecedor en un mismo movimiento: el de la prohibición y el castigo, el de la venganza judicial y el chantaje moral, el del hostigamiento psicológico y la represión, el de la violencia estatal y la crueldad de la cultura dominante que lo anima y lo soporta, lo preserva y perpetúa; el del discurso imperial de la Ley y su Mano Dura; en fin, el reino del siempre todavía...

Homofobia: ciencia, derecho y religión[93]

El discrimen contra la homosexualidad en la Isla es engendro de la intolerancia religiosa de la cristiandad; y el desprecio bíblico hacia los seres humanos que la practican cultiva y fomenta las condiciones psicosociales que todavía degeneran en todo tipo de prejuicios irracionales y que, de una forma u otra, se materializan en actos de violencia física y emocional contra los ciudadanos homosexuales. La mitología de la fe cristiana estigmatiza a éstas personas como sodomitas y pecadoras, inmorales y abominables (Levítico: 18:22) Según las *sagradas escrituras*, deben ser reprendidas severamente de modo similar a cualquier otro criminal (asesinos, incrédulos, hechiceros, idólatras, etc.); y, a la vez, condenadas a arder en el lago de fuego y azufre durante su "segunda muerte" (Apocalipsis 21:8) La primera muerte, sin embargo, no acontece en la perturbada imaginación o deseos sádicos de los religiosos, sino en la cruda realidad: "Si alguno se acuesta con varón como los que se acuestan con mujer, los dos han cometido abominación; ciertamente han de morir. Su culpa de sangre sea sobre ellos." (Levítico 20:13)

Con base en las sanguinarias supersticiones religiosas de la Iglesia católica-romana, durante los primeros estadios de la conquista y colonización española, las autoridades regentes en la Isla aprisionaron y quemaron en la hoguera a más de una docena de cristianos "sodomitas", acusados de cometer el pecado/crimen nefando de la homosexualidad. Arraigado en las mismas creencias, todavía durante el siglo XX se continuó practicando el mismo discurso de odio homofóbico heredado de la imaginería cristiana, pero ya no se trataba sólo de un pecado abominable sino, además, de un delito clasificado y penado por las leyes seculares. Las legislaturas insulares conservaron la misma clasificación delictiva medieval en los códigos penales modernos, y la psiquiatría -heredera moderna del Santo Oficio de la Inquisición) hizo aparecer la homosexualidad como trastorno de personalidad o desorden de identidad. El pecado se convirtió en enfermedad mental y en

---

[93] Presentado a la Comisión de Derechos Civiles, Participación Ciudadana y Economía Social del Senado de Puerto Rico en las vistas públicas sobre el P. del S. 238 (contra el discrimen por orientación sexual e identidad de género). Enviado lunes, 15 de abril de 2013.

desviación social; en delito y, a la vez, en locura.   Aunque la autoridad de la Iglesia retuvo su jurisdicción habitual sobre estas almas "desviadas" y "perdidas", la "ciencia" se ocupó de fundamentar el discrimen con una retórica no menos prejuiciada y fantasiosa. A finales de los años 30, la prensa del país reseñaba los hallazgos "científicos" sobre el "problema": "El homosexual es un anormal y como tal cae dentro de la jurisdicción del médico." La *nueva* clasificación estigmatizadora no interesaba la salvación del alma sino la adaptación del sujeto homosexual a las normas y valores sociales dominantes. Éste aparecería como anormal e inadaptado social, con una "inclinación sexual torcida" y, además, como potencialmente peligroso y propenso a delinquir, a violar niños o a prostituirse, e incluso a suicidarse, en caso de resultarle insoportable la angustia y la vergüenza de su condición y la conciencia de su acusada inmoralidad. La psicología de la época alertaba a jueces y policías sobre estas "aberraciones", y daba claves a padres y maestros para detectar los signos sintomáticos de esta alegada enfermedad o anormalidad de los instintos sexuales en los niños afeminados.

En las sociedades cristianas modernas, como Puerto Rico, el hostigamiento psicológico hacia los homosexuales sigue siendo una práctica generalizada que trasciende los malos deseos de las doctrinas de la fe; y los más fanáticos no se limitan a condenarlos a sufrir el castigo del fuego eterno (Judas 1:7) sino que, además, les imposibilitan el pleno disfrute de sus derechos políticos/civiles y constitucionales, como el derecho al matrimonio o a la adopción, y demás preceptos de igualdad ante las leyes, como las relativas a la dignidad humana, a la protección contra la violencia doméstica o el acoso laboral.

Convertido el pecado de la homosexualidad en objeto de intervención médico-legal, pseudo-ciencias de la conducta humana se volcaron a ofrecer e imponer tratamientos clínicos para *curar* la psiquis trastornada, *rehabilitar* moralmente al paciente y lograr su sana *reinserción* social. Estos remedios, tratamientos y curas a la supuesta enfermedad reforzaron las antiguas condenas morales y obsesiones normalizadoras de la sexualidad cristiana, fijadas en la mentalidad primitiva de la Biblia y todavía celada violentamente por los "bullies" de Dios…

Aunque desde los años 70 se desmintieron oficialmente los fundamentos *científicos* de la homofobia y se formalizó la retirada de los argumentos *médico-psiquiátricos* que estigmatizaban la homo-sexualidad como una enfermedad mental, la mentalidad homofóbica sobre la que se asentaban predomina aún entre los diversos grupos de intolerancia religiosa, ejerciendo su influencia política mediante chantajes y acosos, prejuicios e ignorancias, supersticiones y engaños. Asimismo, el fundamento principal para la marginación legal y la exclusión de derechos políticos/civiles a la población homosexual sigue siendo de origen religioso y responde a una finalidad religiosa, contraria a los principios más elementales de sana convivencia social. Las políticas públicas y legislaciones que legitiman y reproducen estos entendidos con base en la fe cristiana son irracionales, y se concretizan en prácticas institucionales discriminatorias e inconstitucionales así como en actos de brutalidad y embrutecimiento cultural. La invocación al respeto a la *espiritualidad* singular o a la credulidad religiosa no puede justificar los atropellos concretos a las personas que comparten sus amoríos y cuerpos de manera diferente a la prescrita en la Biblia y promulgada por sus intérpretes contemporáneos, creídos portavoces *elegidos* de Dios (¿esquizofrénicos funcionales o charlatanes?)

Las muchedumbres que constituyen la cristiandad isleña, posiblemente la mayor parte de la población insular (incluyendo a miembros de este cuerpo legislativo y la alta jerarquía del gobierno), comulgan con los mimos credos y prácticas discriminatorias, entorpeciendo las garantías constitucionales de igualdad ante las leyes y, consecuentemente, actuando en desprecio y menoscabo de derechos humanos elementales. La Constitución de Puerto Rico debe enmendarse e integrar la protección del Estado contra cualquier manifestación de discrimen homofóbico, del mismo modo que prohíbe otras prácticas discriminatorias contra los principios de "esencial igualdad humana" ante la Ley. Impóngase esta utopía democrática contra las fuerzas tiránicas de la fe judeocristiana, católica y protestante; e imperen los derechos humanos sobre el despotismo de las mayorías y sus vicios *morales*, supersticiones/alucinaciones religiosas y prejuicios trocados en ley…

Una acción afirmativa para evitar actos discriminatorios por omisión y/o con el consentimiento institucional del Estado, basándonos en el principio de inviolabilidad de la dignidad humana y la aspiración ciudadana a la *igualdad* en Derecho, es la tarea de revisar y ajustar a las realidades de cada época los valores culturales y políticos constitucionales. A tales fines, precisaría enmendarse la Constitución para incluir la *preferencia* sexual (orientación sexual e identidad de género) bajo el protectorado de la Ley. Así leería el artículo enmendado: "No podrá establecerse discrimen alguno por motivo de raza, color, sexo, nacimiento, origen o condición social, ni ideas, preferencias u orientaciones políticas, religiosas o sexuales. Tanto las leyes como el sistema de instrucción pública encarnarán estos principios de esencial igualdad humana."[94]

---

[94] La propuesta de enmienda constitucional fue publicada en **"Derecho y preferencia sexual"**, *El Nuevo Día*, 20 de mayo de 2009.

El imaginario prohibicionista
y la despenalización de la Marihuana[95]

Hace casi diez años publiqué un libro, *El espectro criminal*[96], en el que abordé desde una perspectiva interdisciplinaria las problemáticas relativas a la ideología prohibicionista y los excesos del derecho penal. Esta obra la inicié mientras completaba estudios doctorales en España, dando continuidad a un proyecto intelectual mucho más abarcador y complejo, iniciado varios años antes.[97] Me animaba el deseo de contribuir a los esfuerzos a nivel local e internacional por desmitificar el fenómeno histórico, político y social de la guerra contra las drogas ilegalizadas y alertar sobre las consecuencias psicosociales de la criminalización de sus usuarios. Quise traer a la atención general otra dimensión del "problema" de las drogas, desde una perspectiva más sensible ante la vida humana, más considerada sobre la compleja naturaleza de la vida social, y acorde con los principios jurídico-políticos de los derechos civiles y humanos; en contraste con los discursos oficiales que opacaban e imposibilitaban acercarnos al tema sin temor a represalias y acosos.

Los objetivos que tracé no han variado en lo absoluto, a saber: confrontar los prejuicios culturales sobre los que se asienta la ideología prohibicionista y animar cambios sustanciales en las mentalidades represivas que la celan, la preservan y la perpetúan. Los requerimientos esenciales de esta ambiciosa empresa siguen siendo los mimos: honestidad intelectual, integridad ética y voluntad política. Las conclusiones a las que llegué hace más de diez años también siguen siendo las mismas. He dictado conferencias en universidades y publicado numerosos artículos en los principales

---

[95] Adaptación de la ponencia presentada a la Comisión de lo Jurídico, Seguridad y Veteranos, del Senado de Puerto Rico, para las vistas públicas sobre el P. del S. 517; lunes, 11 de noviembre de 2013. Publicado en Revista *80 grados*, viernes, 10 de octubre de 2013. (http://www.80grados.net) Una versión acotada bajo el título "Despenalizar la marihuana", en *El Nuevo Día*, sábado, 7 de diciembre de 2013.

[96] Sued, Gazir; *El espectro criminal: reflexiones teóricas, éticas y políticas sobre la imaginería prohibicionista, las alternativas despenalizadoras y el Derecho en el Estado de Ley*; Editorial *La Grieta*, San Juan, 2004.

[97] Sued, Gazir; *Violencias de Ley: reflexiones sobre el imaginario jurídico-penal moderno y el derecho estatal a castigar*, Editorial *La Grieta*, San Juan, 2001.

medios de información del país, reiterando las denuncias al fracasado proyecto prohibicionista y a la mentalidad represiva que lo anima; promoviendo una mirada alternativa, bien informada y de sesgo humanista a favor de la despenalización. Las leyes van a cambiar paulatinamente, en la medida en que sus hacedores, promotores y celadores, se den cuenta de sus errores y tomen conciencia de sus horrores. Aunque los cambios se materialicen a cuenta gotas, tengo fe en que las irracionalidades del prohibicionismo alguna vez serán cosa del pasado, y acaso objeto de burla y de vergüenza colectiva…

Lamentablemente, la condición colonial ha entorpecido el libre flujo de ideas y discusiones en la Isla. Hemos sido testigos de la fuerza intimidatoria que ha ejercido el gobierno federal estadounidense durante los últimos cuarenta años. Hasta hace relativamente poco tiempo parecía inútil tratar de discutir con seriedad y profundidad este asunto, al menos fuera de algunos circuitos académicos y de ciudadanos activistas de los derechos democráticos, que por lo general se limitaban a protestar las ejecutorias clasistas, elitistas y discrimina-torias de la política de mano dura, pero sin entrar de lleno al fenómeno histórico que la posibilitaba: la prohibición. La clase política dominante en el país siempre jugó un papel segundón y por décadas predominó una actitud irreflexiva sobre el tema.

Pero el panorama político ha cambiado y hoy se nos presenta un escenario diferente. El gobierno federal ha autorizado a todas las jurisdicciones bajo su dominio a tratar el asunto de la despenalización de la marihuana de manera autónoma, y cada estado o territorio tiene la potestad jurídica de enmendar sus propias leyes y ajustarlas en acorde a su propio entendimiento. Por primera vez en la historia de la prohibición en Puerto Rico el cuerpo legislativo se abre a una discusión honesta sobre el tema, y el gobernador insular, aunque ha expresado reservas, la avala públicamente. Queda en nosotros asumir la responsabilidad "delegada" y procurar cambios sensibles en las leyes insulares, enmendar sus errores y amoldarlas racionalmente a las demandas ciudadanas de justicia social y respeto a los derechos civiles de nuestro tiempo.

El proyecto de ley 517 es pertinente en este contexto, donde ignorancias y supersticiones todavía fundamentan gran parte de nuestros códigos legales. La viabilidad de este proyecto está condicionada a que reconozcamos la poderosa injerencia y complicidad de los sectores beneficiarios de la prohibición, dentro y fuera de la ley.

La oposición más sonada no va a contar con representación formal en vistas públicas o en los medios informativos, y debemos conformarnos con intuirla. Se trata de los grandes intereses económicos de los narcotraficantes, para quienes el negocio resulta lucrativo precisamente por su ilegalidad. Pero otros sectores de gran influencia en la política pública y que sí tienen voz en foros públicos hacen el juego indirectamente al narcotráfico, y se procuran beneficios económicos de la prohibición y la estigmatización criminal de la ciudadanía usuaria. Destaca la gula lucrativa de un poderoso sector de la industria farmacéutica, sus comerciantes y distribuidores, entre los que se distinguen algunos médicos y psiquiatras, que han expresado oposición al proyecto por temor a perder una parte sustancial de su clientela. Otro poderoso sector que opone resistencia a la despenalización es el de los mercaderes de ilusiones de seguridad; proveedores de tecnologías, armamentos y personal para combatir en una guerra en alzada contra un enemigo imaginario, desentendidos de sus víctimas reales. Pero al margen de la mezquindad de los intereses lucrativos que gravitan en torno a la prohibición, la principal fuerza opositora sigue siendo la ignorancia.

La ignorancia produce efectos narcóticos similares a los delirios de la fe religiosa. Cuando ambos registros se combinan y echan raíces profundas en la psiquis humana pueden degenerar en desórdenes mentales con dramáticas consecuencias sociales. La obsesión prohibicionista de la marihuana es ejemplar al respecto, particularmente cuando se proyecta en conductas antisociales, paranoides y neuróticas. En la dimensión cultural, esta relación simbiótica entre la ignorancia y la fe religiosa se traduce en prácticas de violencia estigmatizadora y hostigamiento psicológico. En la dimensión cultural, esta relación simbiótica entre la ignorancia y la fe religiosa se traduce en prácticas de violencia estigmatizadora y hostigamiento psicológico. En la dimensión jurídico-penal se agrava la situación de sus víctimas, despreciándose institucionalmente la singularidad existencial del ciudadano, consumidor o comerciante.

Los fundamentalistas religiosos creen que la despenalización contradice a Dios (1 Corintios 6:19-20[98]) y militan contra los derechos civiles a favor de los despotismos de su fe. La clase política isleña que comulga con sus credos y padece los mismos trastornos psicológicos, distorsiona la realidad e imagina males donde no los hay. Los argumentos de algunos "profesionales" de la salud, políticos y funcionarios de Gobierno que defienden la prohibición, están viciados por creencias religiosas; tergiversan la información que circula el mundo; manipulan datos estadísticos; sacan de proporción el alegado problema y exageran la relativa nocividad de sus efectos. Pero, además de considerar las raíces psicológicas de sus prejuicios e imposturas, vale advertir los intereses lucrativos de los beneficiarios de la prohibición y, asimismo, sospechar posibles vínculos con el crimen organizado, en el bajo mundo como dentro del protectorado de la ley.

Sabemos que la prohibición -y no el consumo de drogas prohibidas- es matriz de numerosos crímenes y violencias relacionadas al mundo de las drogas. Sin embargo, la propaganda prohibicionista es engañosa. Sus promotores saben que la prohibición favorece al narcotráfico y que potencia corrupciones en niveles sensibles de la vida social y los gobiernos que la administran. Además, es pretexto fraudulento para agigantar el aparato represivo del Estado, drenar al erario público y justificar prácticas invasivas de la vida privada y la intimidad.

La legislación prohibicionista desconoce -o aparenta desconocer- su propia historia, los principios básicos de la psicología humana y los factores culturales del consumo de drogas. Este desconocimiento aparente, sostenido con experimentaciones fraudulentas o "evidencia científica" falseada, sigue siendo el fundamento prohibicionista y criminalizador de la ciudadanía usuaria.

---

[98] "¿O ignoráis que vuestro cuerpo es templo del Espíritu Santo, (el cual está) en vosotros, el cual tenéis de Dios, y que no sois vuestros? Porque comprados sois por (gran) precio; glorificad, pues, (y traed) a Dios en vuestro cuerpo y en vuestro espíritu, los cuales son de Dios." (1 Corintios 6:19-20)

Breve historia de la prohibición de la marihuana

La prohibición de la marihuana en los Estados Unidos tiene raíces en la mentalidad que dominó la política pública del gobierno federal durante la prohibición del alcohol en los años 30. Esta mentalidad no se asentaba en conocimientos fácticos sobre la marihuana sino en creencias falsas e imposturas, inducidas por una moralidad puritana y de sesgo racista y xenofóbico. Para finales de los años 60, un amplio sector de la comunidad médica estadounidense ya había sido embaucado ideológicamente por la propaganda criminalizadora del discurso prohibicionista. En 1967, la *American Medical Association* sometió un informe que vinculaba la incidencia delictiva y el auge de conductas antisociales al uso de marihuana entre las poblaciones más empobrecidas de la nación, principalmente entre negros y puertorriqueños.[99]

Entrada la década de los 70 dominaba la falsa creencia en que la marihuana era una droga adictiva, que deterioraba la personalidad del usuario y que, además, degeneraba progresivamente en severos trastornos psiquiátricos, inducía a conducta criminal y a prácticas sexuales desenfrenadas. Ante este dramático escenario y con el fin de contener sus embates imaginarios se legisló la prohibición tal y como hoy la conocemos. Los efectos de la campaña de "educación" demonizadora de la marihuana se hizo extensiva a Puerto Rico en 1971, con la aprobación de la ley núm.4 (ley de sustancias controladas)

A pesar de la potencia represora e intimidante de la prohibición, durante el último tercio del siglo XX ya se clamaba por tratar el tema con sensatez y se denunciaba la falta de cordura de los promotores de la prohibición y la mano dura. Desde los años 60 se denunciaba que el mayor riesgo que enfrentaba un usuario de marihuana no era ocasionado por la marihuana sino por el sistema legal de la prohibición, que lo estigmatizaba como criminal y/o desajustado emocional; lo perseguía, arrestaba y encarcelaba, sometiendo al penado a crueles daños psicológicos, económicos y sociales. Desde entonces los usuarios de marihuana han sido sometidos a los tormentos psicológicos de la estigmatización criminal y psiquiátrica, a la traumática experiencia carcelaria y sus

---

[99] Según cita Greenspoon, Lester M.D.; *Marihuana Reconsidered*; Harvard University Press; Massachusetts, 1971; p.327.

consecuentes ramificaciones sobre la vida del penado, afectando su reputación, sus relaciones familiares, académicas, laborales, y violentando los principios más elementales de su dignidad como ser humano.

Durante las décadas subsiguientes el gobierno federal e insular hicieron caso omiso al hecho de que los efectos psicoactivos de la marihuana varían de persona en persona, y ningún estudio proveía datos fehacientes sobre su alegada nocividad y mucho menos sobre la supuesta peligrosidad social de sus usuarios. Previo a la instauración del régimen prohibicionista existían estudios que contrastaban con el discurso oficial y de moda entre los promotores de la prohibición. Antes de formalizarse la legislación prohibicionista ya se sabía que los efectos de la marihuana, como los de cualquier otra droga psicoactiva, varían de acuerdo a los rasgos de personalidad de cada usuario, a sus características fisiológicas y al mismo tiempo están condicionados por complejos factores sociales. Aunque no era posible generalizar un diagnóstico absoluto sobre los efectos de la marihuana, desde la década de los 70 se ha repetido persistentemente la misma gran farsa ideológica; las agencias de gobierno la han coreado irreflexivamente, e incurrido en costosísimas prácticas represivas para lidiar con un problema criminal imaginario; y la ciudadanía ha financiado sus millonarias campañas propagandísticas, con efectos sociales desensibilizadores y embrutecedores. Al mismo tiempo, muchos profesionales de la salud se han procurado beneficios económicos personales para tratar enfermedades inexistentes. Sus pacientes son referidos por un sistema de justicia que priva de la libertad a los ciudadanos y los sentencian a someterse a programas de "rehabilitación" para tratar una adicción que también es inexistente. El confinamiento carcelario y la imposición de tratamientos psiquiátricos o programas de "rehabilitación" a los usuarios de marihuana son negocios fraudulentos, perjudiciales para su "clientela" e inservibles y gravosos para la sociedad escamoteada…

Es de conocimiento general que una misma persona puede fumar marihuana recreativamente y provocar sobre sí diversas sensaciones anímicas y fisiológicas que varían de acuerdo a las condiciones de uso, la dosis, la calidad de la droga, el estado emocional de la persona, sus motivaciones, etc. La campaña prohibicionista, sin embargo, se ha caracterizado por encubrir e ignorar sistemáticamente los factores psicológicos y sociales que

inciden de manera diferenciada en cada individuo y que sobre-
determinan los efectos psicoactivos del uso de marihuana. La
omisión voluntaria de estas variables en el discurso oficial de la
prohibición acentúa la sospecha sobre las motivaciones de sus
custodios y promotores. De hecho, ningún estudio científico serio -
desde la sociología y la psiquiatría a la experimentación
psicofarmacológica- puede afirmar de manera categórica que la
marihuana afecta de un mismo modo a todos sus consumidores.
Sacar de contexto casos aislados e ignorar la complejidad propia de
cada existencia singular no sólo contradice los principios éticos y
metodológicos de la investigación científica, sino que los suplanta
por prejuicios morales o mezquindades personales disfrazadas de
ciencia.[100]

A pesar de las reiteradas imposturas que conforman el
imaginario prohibicionista y sus campañas publicitarias, no existe
registro de casos de violencia asociados directamente al consumo de
marihuana. En su lugar, priman las especulaciones viciadas por el
discurso prohibicionista, los prejuicios anclados en la ignorancia
sobre el tema y los temores irracionales promovidos por su
propaganda.

Argumentar que la mayor parte de la población confinada
en la Isla ha usado la droga alguna vez no valida la racionalidad
prohibicionista. Primeramente, porque la mayor parte de la
población usuaria no está ni ha sido confinada, y obviamente
excede su valor de ejemplaridad. No existe relación de causalidad
entre el uso de la marihuana y la conducta delictiva. El grueso de
consumidores de marihuana son personas normales y respetuosas
de la ley... aunque evidentemente no de sus excesos,
irracionalidades y abusos. Usar testimonios de drogadictos o ex-
adictos para refrendar los mitos de la marihuana es una táctica sucia
de la propaganda prohibicionista, y exhibe la frivolidad e ignorancia

---

[100] No obstante, incluso se ha generalizado a la especie humana los informes de
experimentaciones fraudulentas en animales. La obsesión por criminalizar la
marihuana tiene por epítome ejemplar la sádica y cruel experimentación invasiva
con primates Rhesus, como los que se siguen usando en Puerto Rico: para
"demostrar" la alegada nocividad fatal de la marihuana, los "científicos" forzaron
a los Rhesus a inhalar la droga de manera constante hasta intoxicarlos por sobre
dosis y matarlos por asfixia. Años más tarde se reveló que fue la falta de oxígeno
la causa de muerte cerebral y no alguna propiedad de la marihuana.

de sus promotores, no la realidad empírica sobre los efectos de la droga.

A la misma conclusión podemos llegar con respecto a la ficción ideológica montada por algunos médicos y psiquiatras que alegan que el uso de marihuana degenera invariablemente en desórdenes de personalidad, psicosis o daño cerebral. El conocimiento científico sobre la etiología de estas enfermedades o condiciones médico-psiquiátricas desmiente que la marihuana sea su principal causa o detonante. Aunque existe un extenso registro de pacientes diagnosticados con trastornos psiquiátricos o encausados por conductas criminales que han sido usuarios de marihuana, sus casos no pueden generalizarse mecánicamente a toda la población usuaria. Hacerlo es una impostura intelectual y una falta a la ética profesional que se asemeja, más bien, al cálculo maquiavélico de los estafadores...

El discurso de la prohibición refrenda y reproduce estos falsos entendidos. La repetición perseverante de los mismos argumentos no puede interpretarse como fundamento de su validez, sino como síntoma de una epidemia de ignorancia generalizada.

Marihuana: demolición de un peligro ilusorio

Pese a todo, la despenalización del consumo de marihuana en la Isla será un hecho en un futuro previsible. Ya se ha demostrado que la propaganda prohibicionista está basada en la especulación, ocultación y manipulación del lenguaje científico y de datos experimentales y estadísticos. Ya se ha demostrado que la marihuana se prohibió para mitigar un problema imaginario, y que no existe relación causal entre su consumo y la criminalidad o la locura. Ya se ha demostrado que, aunque se trata de un "delito sin víctima", afecta vidas singulares y propicia una cultura de engaños y prejuicios, maltrato y discrimen injustificado. Ya se ha demostrado que la criminalización de sus usuarios ha dejado un saldo inestimable de daños psico/sociales, y que la prohibición potencia las condiciones de la violencia criminal, incluyendo la corrupción de funcionarios públicos, judiciales y policiales, así como prácticas de fraude y usura entre profesionales de la salud (médicos, psiquiatras, psicólogos y trabajadores sociales, entre otros)

Ya se ha demostrado que la propaganda mediática de la "guerra contra las drogas" está inspirada, ha sido reciclada y continúa imitando la mentalidad demonizadora de los años 30 en los Estados Unidos; ha contribuido al falseamiento sobre los efectos reales de la marihuana; a la estigmatización prejuiciada e irracional de sus usuarios; y ha promovido la ignorancia como principio de la política pública sobre narcóticos en la Isla. Ya se ha demostrado, en fin, que la ley prohibicionista es contraproducente al bienestar social, a la salud mental y a la dignidad de los usuarios, así como a la seguridad ciudadana en general.

Ya han sido desmentidas las retóricas que criminalizan el consumo de marihuana y demonizan a sus usuarios como "peligrosos" a la sociedad. Ya se ha demostrado que no existe registro sobre actos de violencia relacionados a usos recreativos; que ni siquiera se trata de una droga adictiva, y que sus posibles efectos nocivos a la salud no se equiparan a los de las drogas legales y de consumo generalizado.

Sabemos que el uso recreativo de la marihuana no causa trastornos psiquiátricos ni induce a conducta criminal, y aunque puedan existir casos excepcionales, no representan un problema significativo a escala social. Tampoco el uso de drogas es un problema de la sociedad moderna, de la alegada decadencia de valores o de una suerte de perturbada moralidad, como insisten los fundamentalistas religiosos. El uso de drogas, legales e ilegales, es un derecho de cada persona singular, un derecho sobre sí misma y para sí. Este es el fundamento jurídico de la despenalización, y el Estado debe protegerlo y no entrometerse indebidamente...

Recomendaciones preliminares y alternativas

Puesta en su justa perspectiva, a la luz de la experiencia histórica y del inmenso caudal de conocimientos de los que disponemos, la marihuana debe despenalizarse sin más pretextos y dilaciones. No debemos seguir tolerando los daños que ocasiona el modelo prohibicionista al individuo y a la sociedad. En este contexto, aquí y ahora, debemos superar las tentaciones demagógicas de los promotores y beneficiarios de la prohibición. No hacen falta más "estudios", que a la postre terminarán drenando al erario público y repitiendo lo que ya todos sabemos: que la política prohibicionista ha fracasado, no sólo porque ha sido inefectiva su estrategia represivo-punitiva sino, además, porque carece de fundamentos racionales y es contraproducente a la sociedad en conjunto.

No obstante, si al final de estas vistas se derrota el proyecto 517 y se impone la creencia en que es "necesario" invertir recursos en "nuevos estudios", adviértase que entre líneas se está reconociendo la inefectividad del modelo prohibicionista y admitiéndose la posibilidad de estar equivocados; que la ley ha sido perjudicial y que sus fundamentos habían sido falseados desde sus inicios. Lo que no sería admisible sería retener intacto el modelo prohibicionista y su enfoque represivo-punitivo durante el tiempo en que se realicen dichos "estudios". En tal caso, anticipo al cuerpo legislativo varias enmiendas para su consideración:

- Que se establezca un periodo de amnistía general y/o moratoria, de un mínimo de diez años, en que se despenalice el uso de la marihuana y, si se estima pertinente, se establezcan regulaciones legales racionales, similares a las que rigen sobre los usos del alcohol y el tabaco.

- Que se reconozca el poder discrecional a la autoridad médica para prescribir marihuana con fines clínicos, y que su potestad al respecto quede sujeta dentro del marco de regulaciones aplicables a cualquier otra droga o tratamiento de enfermedades o condiciones de salud.

- Ante los evidentes o sospechados esquemas de fraude de los beneficiarios de la prohibición: que se establezca una comisión interdisciplinaria, quizá bajo autoridad del Departamento de Salud, que fiscalice críticamente los diagnósticos médico-psiquiátricos que establecen relación de causalidad entre el uso de la marihuana y los trastornos psicológicos de sus pacientes. Justifico la intervención estatal en el negocio público o privado de la salud mental, principalmente porque muchos casos han sido referidos o forzados a programas de "rehabilitación" por virtud del poder de la ley prohibicionista y la autoridad discrecional de los jueces, y no guardan relación alguna con las propiedades de la droga. Es decir, el juez que dicta sentencia e impone la pena dispuesta por ley, tácitamente diagnostica como enfermo al confinado por posesión de marihuana, y los profesionales de la "rehabilitación" se lucran de ello…

- Que durante la amnistía general o moratoria se desencarcele incondicionalmente a la población confinada o sometida a rehabilitación por sentencia judicial por uso o posesión de marihuana. Desempolvemos el antiguo principio de justicia que reza que es preferible tener cien delincuentes en libertad que un solo hombre o mujer encarcelado injustamente.

- Que se devuelvan las ayudas económicas a los estudiantes afectado por cargos relacionados a la tenencia de marihuana y, en caso de haber sido expulsados, sean matriculados nuevamente y no se deje constancia de cargos por conducta delictiva en su expediente académico, policial, judicial o laboral.

-Indistintamente de las suertes del proyecto en ciernes, urge concertar a nivel nacional una campaña educativa honesta y bien informada, crítica y desmitificadora, que contrarreste la absurda propaganda de la "guerra contra las drogas" y desmantele, desde sus cimientos, la ideología imperante del modelo prohibicionista, sus prejuicios y temores irracionales.

Iniciativa pedagógica por la despenalización

Cónsono a los cambios en las políticas prohibicionistas a nivel internacional y a los movimientos estadounidenses por la despenalización y la legalización de la marihuana, el P. del S. 517 abona a que en Puerto Rico se atienda con madurez política el asunto. Insisto: la clase política debe abstenerse de sacar de proporción los *males* relativos a las drogas ilegales, en gran medida imaginados y/o repetidos sin estudiar o pensar profundamente sobre el tema y sus implicaciones.

Con el fin de contrarrestar la propaganda prohibicionista y paliar sus embates irracionales y embrutecedores, pienso que es pertinente proveer material didáctico, información objetiva y herramientas intelectuales a la ciudadanía, para que pueda asumir una posición responsable y crítica sobre el tema en ciernes. A tales efectos y para contribuir a una formación educativa que fomente la comprensión sensible sobre los efectos psicosociales de la prohibición en Puerto Rico, digitalicé una antología de mis investigaciones, conferencias y publicaciones bajo el título *El espectro criminal*; y las obsequié íntegras a *nuestro* cuerpo legislativo, representantes de la Cámara y del Senado, así como a la alta jerarquía del Gobierno insular, incluyendo al Gobernador, a los secretarios de Estado, de Salud y Educación, al superintendente de la Policía y a los jueces del Tribunal Supremo, entre otros. Pueden leerlo en sus aparatos electrónicos y tienen autorización expresa del autor para imprimirlo y reproducirlo a discreción, compartirlo entre quienes estimen pertinente y socializar los conocimientos que comparto sin traba alguna.

Si vamos a hacer la diferencia, la ignorancia y la desidia intelectual no pueden prevalecer sobre nuestras responsabilidades ciudadanas. Debemos procurar instruirnos y estar bien informados para tomar decisiones sabias y pertinentes, para superar prejuicios, rectificar equivocaciones y no repetir los errores del pasado. La clave para hacerlo: honestidad intelectual, integridad ética, voluntad política y un genuino deseo de saber. La ignorancia no es un derecho.

Inconstitucional la Ley prohibicionista:
Fin a la "guerra contra las drogas"[101]

> "The enumeration in the Constitution, of certain rights,
> shall not be construed to deny or disparage
> others retained by the people."
> *Amendment IX, U.S Constitution* (1791)

> "La enumeración de derechos que antecede n
> o se entenderá en forma restrictiva
> ni supone la exclusión de otros derechos
> pertenecientes al pueblo en una democracia,
> y no mencionados específicamente."
> *Art. II, Secc.19, Constitución del E.L.A de PR* (1952)

El Estado de Ley puertorriqueño está obligado jurídicamente a ceñir sus prácticas de gobernabilidad y respectivas legislaciones reguladoras y penales dentro de los parámetros ideológicos, principios éticos y derechos políticos constitucionales[102] (explícitos e implícitos), en consonancia con la Declaración Universal de los Derechos Humanos[103] y conforme a los preceptos imperativos del derecho constitucional estadounidense. La finalidad expresa en *nuestro* texto constitucional es "…promover el bienestar general y asegurar para nosotros y nuestra posteridad el goce cabal de los derechos humanos…", a los que "…el orden político está subordinado…" Partiendo de esta premisa, podemos afirmar que en las sociedades democráticas ninguna ley puede o debe

---

[101] Ponencia presentada en el foro público *Crimen y Castigo en Puerto Rico*, auspiciado por el Movimiento Unión Soberanista (MUS), celebrado en el Colegio de Abogados, miércoles 4 de noviembre de 2013. Publicado en Revista *80grados*, viernes, 20 diciembre de 2013. (http://www.80grados.net)

[102] "La dignidad del ser humano es inviolable" (Secc. I); "Se reconoce como derecho fundamental del ser humano el derecho a la vida, a la libertad…" (Secc. 7); "Toda persona tiene derecho a protección de ley contra ataques abusivos a su honra, a su reputación y a su vida privada…" (Secc. 8); Art. II; Carta de Derechos de la Constitución del Estado Libre Asociado de Puerto Rico.

[103] "Todo individuo tiene derecho a la vida, a la libertad y a la seguridad de su persona…"; "Nadie será sometido a torturas ni a penas o tratos crueles, inhumanos o degradantes…"; "Nadie será objeto de injerencias arbitrarias en su vida privada (…) ni de ataques a su honra o a su reputación…"

contradecirlos o vulnerarlos; y que no consentimos que las autoridades de Gobierno (ejecutiva, judicial y legislativa) se excedan en el ejercicio de los poderes delegados. Por eso exigimos transparencia en su administración y condenamos cualquier ejecutoria que desvirtúe su encargo político constitucional.

Sin embargo, advertimos serias contradicciones en *nuestro* ordenamiento jurídico penal. La relativa inefectividad e impotencia de las instituciones penales para concertar sus objetivos disuasivos, ejemplarizantes y correccionales, no son de naturaleza económica o gerencial. Las causales de esta condición residen en las propias leyes que definen sus objetivos y asignan sus funciones. Desde una perspectiva histórica, podemos corroborar que la Asamblea Legislativa se ha excedido en su encargo político constitucional, y la imaginería represora y punitiva que predomina en la cultura jurídica insular se ha impuesto casi de manera irrestricta y paradójica, moldeando una parte sustancial del imperio de la Ley contra principios constitucionales y derechos humanos, algunos expresados literalmente en el texto de la Ley, otros implícitos en el espíritu democrático de nuestro pueblo.

La aceptación irreflexiva y el plagio de legislaciones federales inconsistentes y contradictorias con los principios y derechos humanos agravan la situación. La reproducción acrítica de la política prohibicionista estadounidense, con el alegado objetivo de prevenir, controlar y reducir la incidencia criminal, es ejemplar al respecto. La criminalización de la ciudadanía usuaria de drogas ilegalizadas por el gobierno federal[104] fue copiada al pie de la letra[105], al margen de la realidad cultural y social en la Isla, sin reservas críticas ni análisis sobre sus contenidos e implicaciones. Todavía hoy retiene vigencia y fuerza de ley a pesar de sus anacronismos e incoherencias teóricas y desvirtuada utilidad social. Hasta la fecha y durante décadas, se ha drenando gran parte del erario público para financiar la "guerra contra las drogas", a pesar de que se ha probado reiteradamente que el modelo ha fracasado y que, en última

---

[104] "Ley Federal de Sustancias Controladas": Título II del *Comprehensive Drug Abuse Prevention and Control Act of 1970*", Pub. Law 91-513, aprobada el 27 de octubre de 1970.

[105] Ley de Sustancias Controladas de Puerto Rico (Ley Núm. 4 del 23 de junio de 1971)

instancia, genera más problemas (económicos y psico-sociales) de los que pretende resolver.

La clave teórica para comprender la problemática en ciernes es la siguiente: la ley hace el delito. La racionalidad penal que la apareja constituye un dilema ético y un problema político permanente y no debemos obviarlo. A todas luces, la legislación prohibicionista es inconstitucional. Sus prácticas represoras y penales constituyen modalidades de intromisión estatal indebida sobre la vida privada e íntima de la ciudadanía; sus fundamentos son incongruentes y contradictorios con los principios éticos/políticos de los derechos constitucionales; y sus prácticas punitivas constituyen invariablemente castigos crueles, aunque se pretenda encubrir su violencia bajo el eufemismo de la seguridad ciudadana y la *rehabilitación* del condenado, aprisionado injustamente, multado o forzado a someterse a programas fraudulentos de modificación de personalidad (psiquiátricos o religiosos).[106]

La racionalidad prohibicionista y punitiva de la "ley de sustancias controladas" tipifica "delitos sin víctimas" y castiga severamente al ciudadano sentenciado, en menosprecio de su singularidad existencial y en desprecio de su derecho inalienable e irreducible: el de disponer *libremente* sobre su propio cuerpo. Es decir, vivir cada cual su propia vida sin coerciones arbitrarias, acosos y asechos irrazonables por parte del Estado. Toda legislación penal que transgreda este principio representa un abuso de autoridad y constituye invariablemente una violación a la dignidad humana. Todo castigo en su nombre es un acto de crueldad.

La salud del ciudadano no puede ser pretexto justificador de intromisiones autoritarias por parte del Estado de Ley, que debe limitarse a orientar, educar y proveer servicios de salud, física y mental, no a imponerlos violentamente contra la voluntad expresa del individuo. Este principio vale para todo lo concerniente al consumo de sustancias narcóticas (legales o ilegales), así como todo cuanto respecta a cualquier otra dimensión relativa al ejercicio de la soberanía de cada cual sobre su propio cuerpo.

En lo que respecta a las drogas narcóticas ilegalizadas, el Estado debe despenalizarlas y limitarse a establecer regulaciones normativas sobre sus usos y, en todo caso, garantizar la calidad de

---

[106] Sued, Gazir; "Del Derecho Penal y la (sin)razón carcelaria", Revista *80 grados*, 15 de noviembre de 2013.

los productos de modo similar a como lo hace con las drogas legales; las comercializadas por el imperio de las farmacéuticas y la oligarquía médica; y las producidas y consumidas en el libre mercado, como el café, el tabaco y el alcohol.

Adviértase que la desvinculación de gran parte de la ciudadanía de los preceptos del prohibicionismo pone en entredicho su legitimidad y presumido valor social. No existe un "consenso social" que justifique la criminalización y castigo (cárcel, tratamiento o multa) por lo que consumimos personalmente. El uso de drogas es una práctica social milenaria y pertenece a la condición humana hacerlo. No es responsabilidad del Estado impedirlo por recurso de su fuerza represiva, sino reconocerlo, advertir sus posibles consecuencias y tratar con debida sensibilidad a quienes lo necesiten realmente. Las legislaciones reguladoras de la vida social deben reflejar con nitidez, no los "valores" imaginarios de la sociedad para la que se legisla, sino las aspiraciones realistas de viabilizar condiciones de existencia singular y convivencia social lo más llevaderas posible.

En la actualidad, nuestro ordenamiento jurídico-penal produce efectos antagónicos e irreconciliables con su principal objetivo estratégico-político. Esto es, suponiendo que el encargo esencial del Estado de Ley es viabilizar condiciones de existencia social, singular y colectiva, que redunden en el bienestar y la seguridad de la comunidad puertorriqueña en conjunto, sin menoscabo de las diferencias individuales que le son constitutivas. El derecho de las personas a decidir sobre sus propios cuerpos es consustancial al espíritu del derecho democrático. El concepto mismo de la libertad carecería de sentido si se renuncia a este principio ético-político.

La legislación prohibicionista y criminalizadora que enmarca y orienta la "guerra contra las drogas", no sólo contrasta con las garantías constitucionales y es violatoria de la dignidad humana. Simultáneamente, se ha mostrado inútil para contrarrestar la incidencia criminal a la vez que la posibilita, la refuerza y la perpetúa. Además, los sectores "profesionales" que se prestan a refrendar sus mitos y hacen negocios con base en sus ficciones incurren en prácticas anti-éticas y fraudulentas, aunque legales.

Alternativas jurídicas contra la estratagema prohibicionista

Analizadas las racionalidades y sinrazones históricas que han moldeado el imaginario jurídico penal en Puerto Rico[107], e identificados los desafueros legislativos que han dado forma y contenido a la política prohibicionista en la Isla -en menoscabo de principios éticos y políticos constitucionales-; y advertidas las consecuencias económicas y psicosociales de sus vicios represores y crueldad punitiva, es preciso rectificar las leyes relativas al prohibicionismo y ajustar sus disposiciones en concordancia con *nuestra* compleja realidad cultural, aún contra la voluntad dominante en el cuerpo legislativo y entre la alta jerarquía del Gobierno insular.

Plan A: Derogación de ley prohibicionista y despenalización regulada

Ante este estado de situación, estimo prudente actuar fuera del atolladero político en el que está entrampada la Asamblea Legislativa insular. Pienso que sería oportuno estratégicamente, en la lucha por la despenalización y en defensa de los principios y derechos democráticos, radicar una demanda ante el Tribunal Supremo de Puerto Rico para derogar la legislación prohibicionista (Ley Núm.4 de 1971) y atemperar sensiblemente las regulaciones legales sobre narcóticos a nuestra realidad cultural y necesidades psicosociales como pueblo.

Derogada la ley (suprimido el delito y anuladas sus penas) mediante la autoridad del Tribunal Supremo, el uso de sustancias narcóticas quedaría despenalizado en pleno derecho y con fuerza de ley. Procedería de inmediato orden de cese y desista a cualquier práctica de intervención represiva y estigmatizadora contra la ciudadanía usuaria; y, en el contexto carcelario, la extinción de las penas y la liberación incondicional de los confinados, incluyendo los recluidos (in)voluntariamente en programas de modificación de conducta (rehabilitación moral) dentro o fuera de la cárcel -según dispone el Art. 4. del CP-

---

[107] Sued, Gazir; *El espectro criminal: reflexiones teóricas, éticas y políticas sobre la imaginería prohibicionista, las alternativas despenalizadoras y el Derecho en el Estado de Ley*; Editorial *La Grieta*, San Juan, 2004.

Plan B: Amnistía general: despenalización regulada

En caso de que el Tribunal Supremo de Puerto Rico se abstenga de acoger la demanda para derogar las leyes prohibicionistas, y prevalezca la racionalidad dominante en la Asamblea Legislativa, resta proponerle la consideración de una medida alternativa que no represente un antagonismo irreconciliable entre ambas autoridades y se oriente hacia fines cónsonos con los derechos civiles y el encargo político de la autoridad constitucional. A tales fines, propondría la implementación de un periodo de amnistía general, de un mínimo de diez años, en que se despenalice el consumo de sustancias narcóticas ilegalizadas y se establezcan medidas de seguridad y regulaciones legales racionales, similares a las que rigen sobre los usos del alcohol, el tabaco y demás drogas legales. Durante este periodo se realizarían estudios científicos pertinentes y, finalmente, se analizarían y evaluarían los efectos económicos y psico-sociales con base en la realidad objetiva y la misión reguladora del Estado de Ley en una sociedad democrática y protegida por las garantías constitucionales.

Plan C: Amnistía General e Indulto

En caso de que el Tribunal Supremo desestime la demanda despenalizadora y sus enmiendas alternativas, resta emplazar al Gobernador a que atienda nuestros reclamos y, en el ejercicio de su autoridad[108], imponga el periodo de amnistía propuesto y ejerza su poder de indulto o "clemencia ejecutiva" a la población sentenciada, encarcelada y/o sometida involuntariamente a programas de "rehabilitación" moral, de base psiquiátrica o religiosa. Asimismo, el Gobernador asumiría la responsabilidad política y legal de salvaguardar los preceptos fundamentales de la Constitución, por encima de las negligencias, yerros y desidias de la Asamblea Legislativa y del Tribunal Supremo de Puerto Rico.

---

[108] La Constitución atribuye al Gobernador el poder de: "Suspender la ejecución de sentencias en casos criminales, conceder indultos, conmutar penas y condonar total o parcialmente multas y confiscaciones por delitos cometidos en violación de las leyes de Puerto Rico." (Art. IV; Secc. 4)

Plan D: Despenalización regulada de la Marihuana

Si bien el proyecto de ley 517 es, en principio, un paso de avanzada en este contexto, su valor histórico para la sociedad puertorriqueña no reside en sus medidas inmediatas y concretas, relativas a la despenalización regulada de la marihuana. Más allá de sus delimitaciones formales, se han abierto a la discusión pública las incoherencias y graves implicaciones de la política prohibicionista en conjunto. El saldo general de las vistas públicas ha sido favorable en este sentido, pero las presiones políticas de poderosos sectores influyentes le han dado un giro impregnado de contradicciones incompatibles con su intención original, y han distorsionado los imperativos pragmáticos del referido proyecto para amoldarlo a los prejuicios e intereses de los beneficiarios de la prohibición, dentro y fuera de la Ley.

Desvirtuado el proyecto 517 al retener las mismas ficciones criminalizadoras que pretendía contrarrestar y enmendar, queda refrendada la ideología prohibicionista. Las disposiciones penales, aunque moduladas, siguen materializándose en la violación de la dignidad humana y derechos constitucionales de la persona, perseguida y acosada, juzgada y condenada al pago de multas injustificadas y bajo constante amenaza de ser sometido a tratamientos "rehabilitadores" (in)voluntarios, por una condición de peligrosidad criminal imaginaria o un problema de salud mental o enfermedad inexistente.

1. Reconociendo la fragilidad generalizada en la voluntad política de operar cambios sustanciales en las leyes sobre narcóticos ilegalizados en la Isla, así como advirtiendo la poderosa influencia de los sectores beneficiarios de la política prohibicionista, es pertinente radicar una demanda paralela ante el Tribunal Supremo de Puerto Rico y emplazar al Gobernador a que interceda contra la inconstitucionalidad de las leyes penales regentes sobre usuarios y usos alternos de la marihuana en la Isla.

La racionalidad de esta demanda sería idéntica a la radicada contra la política prohibicionista en general, pero ajustada pragmáticamente al objetivo inmediato de suprimir el delito relativo a la tenencia y consumo de marihuana. Las premisas jurídicas, éticas y políticas, serían también las mismas, a saber[109]:

> -que no existe concordancia entre la legislación existente y la realidad cultural puertorriqueña así como en relación con las aspiraciones sociales de seguridad, bienestar y goce de los derechos humanos;

> -que la prohibición de la marihuana y consecuente criminalización de usuarios se materializa en prácticas penales[110] estigmatizadoras, crueles, injustas e injustificables, violatorias de la dignidad humana;

> -que se ha probado inútil para combatir el crimen y más inútil aún para contener las condiciones pisco-sociales de las violencias criminales en general; y que en todo caso las preserva, reproduce y agrava;

> -que los ciudadanos usuarios no constituyen peligro alguno para sí ni para la sociedad, y las penas que sufren carecen de fundamentos científicos; y están arraigadas en la ignorancia, prejuicios culturales y religiosos, e intereses económicos de los beneficiarios de la prohibición -dentro y fuera de la Ley-

---

[109] Sued, Gazir; "El imaginario prohibicionista y la despenalización de la Marihuana"; Ponencia presentada ante la Comisión de lo Jurídico, Seguridad y Veteranos, del Senado de Puerto Rico, en las vistas públicas sobre el P. del S. 517; 11 de noviembre de 2013. Publicada en Revista *80 grados*, 10 de octubre de 2013; "Marihuana: un mal imaginario", Revista *80 grados*, 28 de junio de 2013.

[110] Art. 404 Penalidad por posesión: (24 L.P.R.A. sec. 2404) (a) Será ilegal el que cualquier persona, a sabiendas o intencionalmente, posea alguna sustancia controlada, a menos que tal sustancia haya sido obtenida directamente o de conformidad con la receta u orden de un profesional actuando dentro del marco de su práctica profesional, o excepto como se autorice en esta Ley. Toda persona que viole este inciso incurrirá en delito grave y convicta que fuere será castigada con pena de reclusión por un término fijo de tres (3) años.

-que la marihuana no es una sustancia adictiva y, salvo algunos casos excepcionales y condiciones particulares, los usuarios de marihuana no son "adictos", por lo que no pueden juzgarse como tales según define la ley regente desde 1971[111];

-que la legislación existente y el orden de sus penas no protegen a la sociedad, principalmente porque se trata de un mal imaginario, de un "delito sin víctima" y sin relación de causalidad con la incidencia criminal en la Isla. Por el contrario, propicia la delincuencia y la violencia, la corrupción y el fraude en múltiples dimensiones sociales e institucionales, públicas y privadas;

-que, a sabiendas que las propiedades narcóticas de la marihuana no inducen trastornos psicológicos generalizables ni conductas criminales o peligro alguno al sujeto usuario y la sociedad, la pena de "rehabilitación" constituye un eufemismo de una práctica despótica de manipulación y subyugación psicológica, antagónica a los principios éticos y derechos civiles en las sociedades democráticas;

-que la ley atenta contra la singularidad existencial del ciudadano y restringe de manera abusiva e ilegítima la libertad y el derecho de la persona a disponer de su propio cuerpo, salud y bienestar físico y mental...

- En este contexto, la criminalización de la ciudadanía consumidora de marihuana, estimada en 535,000 personas (según informe de AMSCA), constituye una práctica de menosprecio a la vida, al bienestar y la seguridad de estos seres humanos.

---

[111] "Adicto" significa todo individuo que habitualmente use cualquier droga narcótica de forma tal que ponga en peligro la moral, salud, seguridad o bienestar público o que está tan habituado al uso de las drogas narcóticas, que ha perdido el autocontrol con relación a su adicción. (Art. 102, op.cit.)

2. Paralelo a las gestiones propuestas con relación al carácter inconstitucional de la política prohibicionista, solicítese al Secretario de Salud que, en el ejercicio de su autoridad legal[112], elimine la marihuana de entre las clasificaciones de la ley de sustancias controladas porque no reúne los requisitos para retener su inclusión -según dispuestos en la misma-.[113]

3. Consonó con las tendencias despenalizadoras internacionales, y en armonía con los principios constitucionales y *conocimientos* científicos actuales, el Estado de Ley puertorriqueño debe reconocer el poder discrecional a la autoridad médica para prescribir marihuana con fines clínicos, y que su potestad al respecto quede sujeta dentro del marco de regulaciones aplicables a cualquier otra droga o tratamiento de enfermedades o condiciones de salud. En tal caso, el Secretario de Salud insular cuenta con el hecho de que su uso medicinal es aceptado y legal en un creciente número de jurisdicciones estatales en los Estados Unidos.

Conclusión

Es preciso repensar críticamente nuestro ordenamiento jurídico penal en conjunto, revisar las legislaciones que antagonizan con los preceptos constitucionales relativos a los derechos humanos, en consonancia y en función de sus objetivos centrales (la seguridad, el bienestar y el goce de los derechos humanos y libertades civiles). La autorización del Gobierno federal a tratar el asunto de la despenalización regulada de la marihuana de manera autónoma no se limita a la instancia de la Asamblea Legislativa. La

---

[112] Art. 201 Autoridad y normas para clasificar sustancias. (24 L.P.R.A. sec. 2201); Ley Núm. 4 de 1971.

[113] La ley de sustancias controladas sitúa la marihuana bajo Clasificación I.: (A) La droga u otra sustancia tiene un alto potencial de abuso. (B) La droga u otra sustancia no tiene uso medicinal aceptado en los Estados Unidos. (C) Ausencia de condiciones aceptadas de seguridad para su uso bajo supervisión médica. El Secretario de Salud debe excluir la marihuana del registro de sustancias prohibidas porque: 1. no representa potencial de abuso real que pueda generalizarse indiscriminadamente a todos sus usuarios; 2. y el conocimiento científico actual sobre sus efectos narcóticos evidencia que no existe riesgo para la salud pública, ni riesgo de crear dependencia psíquica o fisiológica que, salvo excepciones singulares, dañen la salud de la persona usuaria.

potestad jurídica para enmendar nuestras leyes y ajustarlas a nuestra realidad cultural, económica y social, también recae en el Tribunal Supremo, que tiene el poder y la autoridad legal para garantizar su concordancia con las garantías constitucionales, enmendar sus contradicciones y suprimir delitos incongruentes con los derechos civiles y humanos. También el Gobernador de Puerto Rico tiene la responsabilidad y el poder legal de hacerlo, en caso de que el cuerpo legislativo y la alta rama judicial se desentiendan de sus obligaciones constitucionales.

La criminalización de los usuarios de marihuana, trátese de consumidores, productores o comerciantes, es uno de esos errores y excesos legislativos que debemos enmendar radicalmente. La despenalización regulada es el primer paso para enmendar los yerros legislativos que amenazan con agravarse en el porvenir. La despenalización, en este sentido, no solo representa los valores constitucionales sino que, visto desde una perspectiva criminológica, contribuyen a paliar las violencias callejeras provocadas por la prohibición, así como las corrupciones y fraudes que gravitan en su entorno.

Pero más allá de la marihuana, comprendamos que la "guerra contra las drogas" ilegalizadas hace más daño a la sociedad que su comercio y consumo. La evidencia histórica nos ha dado la razón y contamos con argumentos jurídicos, éticos y políticos sólidos para ponerle fin en definitiva. La novena enmienda de la Constitución estadounidense y su versión puertorriqueña (Art. II, Secc.19), no son enigmáticas ni carentes de sentido y pertinencia actual. Por el contrario, son pilares éticos y políticos fundamentales para fortalecer y amplificar el horizonte de los derechos humanos y principios democráticos en nuestra sociedad. De nuestra parte queda hacerlos valer...

La pena carcelaria y el discurso "rehabilitador" en el Estado de Ley de Puerto Rico[114]

> "La ley te hace sufrir porque eres culpable,
> porque puedes serlo,
> porque quiere que lo seas."
> *C. Beccaria* (1764)

La mayor parte de las tipificaciones delictivas que todavía se preservan en las legislaciones penales de Occidente pueden rastrearse hasta los códigos y legislaciones penales regentes bajo el imperio romano en el siglo VI, reproducidos sin cambios sustanciales en todos los reinos cristianos (católicos y protestantes) en su devenir histórico y a pesar de sus constantes discordias bélicas internas y guerras entre sí. A partir del siglo XVI, las potencias imperialistas de la cristiandad europea se repartieron las Américas y, al margen de las violentas competencias por imponer sus dominios en el Nuevo Mundo, cultivaron la misma racionalidad jurídico-penal y sus respetivas estructuras institucionales, judiciales y punitivas. Las guerras de independencia y consecuente emergencia de estados nacionales soberanos no incidieron sobre el primitivo imaginario absolutista de la Ley, y el derecho estatal a castigar se conservó intacto en las Américas y el Caribe (pos)colonial.

Durante el siglo XIX, todos los estados (pos)coloniales de las Américas *produjeron* códigos penales, y entre retóricas nacionalistas los hicieron aparecer como de autoría propia y cónsonos con sus respectivas *realidades* regionales. No obstante, los *nuevos* códigos penales fueron copias transcritas o plagios de los códigos regentes en los estados, reinos e imperios europeos, principalmente de España, Francia, Portugal e Inglaterra. Hasta entonces, aún entre sus celebradas *reformas,* preservaron las primitivas tipificaciones delictivas sin alteraciones sustanciales. En el contexto colonial puertorriqueño de fines del siglo XIX regía el código penal español *reformado* en 1870. Una adaptación del mismo fue promulgada en 1876 para las provincias coloniales de Cuba y Puerto Rico.

---

[114] Ensayo investigativo: **"La pena carcelaria y el discurso 'rehabilitador' en el Estado de Ley de Puerto Rico"**; sometido a Revista *Umbral,* Universidad de Puerto Rico, Recinto de Río Piedras; mayo de 2015.

Dentro del discurso-poder absolutista de la Ley, la ancestral función preservativa del ordenamiento constitucional siguió siendo el encargo político legitimador del "derecho" penal en todos los estados de Ley del siglo XX y XXI. Al margen de las modulaciones retóricas y reformas estructurales-institucionales, la pena/violencia de encierro carcelario se conserva aún como denominador común en todos los registros del Derecho Penal; y a pesar de la probada improductividad social de la pena de confinamiento y del evidenciado fracaso de su programa político "rehabilitador", todavía los cuerpos legislativos modernos la enaltecen como una práctica necesaria y útil para "la sociedad".

La ignorancia generalizada sobre la historia política del Derecho Penal y, en particular, sobre la primitiva ideología y práctica carcelaria, no se debe a falta de información o ausencia de críticas radicales y alternativas prácticas. El carácter violento, vengativo y cruel del poder penal en la actual condición de época no es cualitativamente diferente al de las épocas o contextos históricos que le antecedieron; y el primitivo objetivo domesticador-disciplinario -de (re)programación psicológica, colonización ideológica y encuadramiento moral- no es sustancialmente diferente al de épocas pretéritas. La palabra "rehabilitación" (re)aparece como eufemismo de los primitivos objetivos punitivos del Derecho Penal, y opera en el discurso de la Ley como encubridora de su despotismo imperialista, de su violencia fundacional y de la crueldad vengativa que anima y sostiene el conjunto de las prácticas penales, indistintamente de sus modalidades concretas, variantes e hibridaciones históricas. La Ley hace el delito e impone, de manera mecánica, un castigo para sus detractores. Bajo sus dominios el castigo es, invariablemente, un acto vengativo. El encierro carcelario pertenece a esta arcaica lógica punitiva; y la *rehabilitación* es, como era antes, una racionalización calculada en función de sus objetivos políticos.

Entre estas coordenadas, la pena carcelaria no representa una suerte de evolución *humanista* del poder penal del Estado, ni tampoco aparece como sustituta de la pena de muerte. Desde la antigüedad, ambas penas han coexistido simultáneamente, y su aplicación ha respondido a los cálculos políticos o caprichos de sus administradores, ambos consagrados al imperio de la Ley. Al menos desde los tiempos de Sócrates, la pena de muerte no era considerada ni siquiera un castigo justo, porque libraba a los condenados de todo sufrimiento, y las justicias de la ley penal (divinas o humanas), para ser justas, requerían que sufrieran en vida. Hacer sufrir antes que matar al condenado era el encargo principal de legisladores, jueces y verdugos, ejecutores de las justicias del poder penal. Al margen de las sentencias de muerte y de los suplicios públicos, la cárcel en sí misma era una modalidad de la venganza de la Ley, y el sufrimiento psicológico y corporal, propio de las condiciones carcelarias, era condición esencial para la *rehabilitación* moral y reinserción social de los condenados.

Aunque la racionalidad legitimadora de su poderío está fuertemente arraigada en premisas falsas, en problemas imaginarios, en principios obsoletos y preceptos teóricos errados, el sistema penal moderno se sostiene a sí mismo en función de otros intereses radicalmente incompatibles con su discurso legitimador y propaganda oficial. El inmenso y complejo aparato burocrático que ordena y sostiene el poder penal en general y el encierro carcelario en particular constituye un problema social, económico y político, incluso de mayor envergadura para la sociedad que las diversas manifestaciones delictivas que pretende contener o promete erradicar.

El objeto central de este ensayo es presentar una síntesis de mis investigaciones y análisis sobre la historia política del Derecho Penal en el Estado de Ley de Puerto Rico, de las "reformas" de *sus* códigos penales, de sus políticas carcelarias y del progresivo agigantamiento del sistema penal en la Isla. La intensión principal que anima este trabajo es presentar evidencia histórica del fraude del discurso "rehabilitador" y de la crueldad deshumanizante inherente a toda práctica carcelaria...

Código Penal de Puerto Rico (1879)

Aunque desde inicios de la conquista y durante los cuatro siglos subsiguientes aplicaron en *principio* las mismas leyes y procedimientos judiciales y penales españoles en todos los territorios coloniales de las Américas[115], sus aplicaciones prácticas estuvieron sujetas a las "condiciones especiales" de las colonias. Formalmente existía una relativa uniformidad legislativa en todos

---

[115] Principalmente las recopiladas en las *Leyes de Indias* (1680); el *Fuero Juzgo* (1241); el *Fuero Real* (1255); las *Siete Partidas* (1265); y la *Novísima Recopilación de las leyes de España* (1567/1775/1804)

los dominios del reino español, pero el ejercicio de la jurisprudencia colonial siempre estuvo sujeto al poder discrecional de las autoridades gubernamentales, encargadas por decretos reales y disposiciones constitucionales a regir y administrar las "provincias" de ultramar mediante "leyes especiales análogas á sus respectiva situación y circunstancias, y propias para hacer su felicidad..."[116] Hasta el último cuarto del siglo XIX todas las disposiciones constitucionales de España habían impedido la aplicación mecánica e indiscriminada de los códigos penales regentes en la península a sus remanentes coloniales en el Caribe. Si bien la misma regla de trato "especial" siguió aplicando para las "provincias" coloniales de Cuba y Puerto Rico, la apocada gerencia imperial española insistía en uniformar "en lo posible" la jurisprudencia antillana con la de la metrópoli.

Con arreglo a disposición constitucional de 1876[117] (Art. 89) y por Real Decreto de 1879[118], en los "territorios jurisdiccionales" de Cuba y Puerto Rico debía observarse el Código Penal de España (1870)[119], "modificado" para adecuarlo a "las condiciones especiales de nuestras provincias ultramarinas".[120] A partir de 1879 regiría un mismo Código Penal[121] para ambas jurisdicciones, ajustado a la *realidad* colonial y sin menoscabo del poder discrecional de sus respectivas autoridades gubernamentales. (Art. 633) Simultáneamente fue puesta en vigor una ley provisional para reglamentar los

---

[116] Real Orden de 22 de abril de 1837, decretada por el rey Fernando VII. La misma disposición aparece integrada también en las constituciones políticas de 1845 (Art.80) y 1869 (Art.108)

[117] Constitución de la Monarquía Española (1876) Título XIII. Del Gobierno de las Provincias de Ultramar.

[118] Real Decreto de 23 de Mayo de 1879.

[119] Código Penal de España (reformado), 17 de julio de 1870.

[120] Informe de la Comisión para el proyecto de Código Penal para las provincias de Cuba y Puerto Rico, nombrada por decreto de 9 de febrero de 1874.

[121] Código Penal para las provincias de Cuba y Puerto Rico (1879) Art. 634. - Quedan derogadas todas las leyes penales generales anteriores á la promulgación de este Código, salvo las relativas á los delitos no sujetos á las disposiciones del mismo...-

procedimientos judiciales en materia criminal,[122] y se mantuvieron vigentes las legislaciones supletorias (bandos de policía y buen gobierno, reglamentos de orden público y salubridad, ordenanzas municipales, leyes sobre esclavos, etc.)

Las modificaciones al Código Penal de Cuba y Puerto Rico no trastocaron en lo absoluto los elementos esenciales del Código Penal español, y en lo sustancial siguió siendo el mismo que el del resto de las naciones europeas y latinoamericanas de la época. Las primitivas tipificaciones delictivas y correlativas prácticas penales siguieron operando invariablemente. Fuera del orden y la coherencia del discurso de la Ley, el poderío represor del Estado permaneció intacto, administrándose el Derecho Penal en función de los mismos objetivos estratégico-políticos de todos los estados de Ley: la preservación del ordenamiento jurídico-constitucional por recurso combinado entre sus fuerzas represivas y sus tecnologías de subyugación ideológica y encuadramiento moral y disciplinario.

Al margen de las particularidades coyunturales y condiciones "especiales", dentro del orden imperial de la Ley los cubanos y puertorriqueños eran ciudadanos españoles, objetos de los mismos requerimientos disciplinarios y sujetos a las mismas tecnologías de domesticación social y encuadramiento moral que el resto de los ciudadanos peninsulares. En idénticos términos a como operaban los estados de Ley en los continentes europeos y americanos, las libertades y derechos civiles estaban subordinadas inexcusablemente a los mandamientos de la Ley, a hacer lo que ordena y no hacer lo que prohíbe. Dentro del marco ideológico del discurso constitucional se habrían invisibilizado las diferencias regionales y todos los súbditos/ciudadanos *igualados* ante la Ley.

Las variantes locales y modificaciones circunstanciales del Derecho Penal en las islas caribeñas tampoco incidieron sobre la configuración estructural del primitivo derecho estatal a castigar, los mismos delitos se mantuvieron inalterados en la *nueva* codificación penal y la ejecución de las penas siguió condicionada por consideraciones administrativas, económicas y políticas. Aún en los contextos de guerra y bajo ley marcial, la suspensión de los

---

[122] Ley provisional de Enjuiciamiento Criminal (1879) / Ley provisional para la aplicación de las disposiciones del Código Penal para las provincias de Cuba y Puerto Rico (pp.156-173)

derechos constitucionales y las prácticas penales siguieron rigiéndose bajo las mismas disposiciones legales que en España. No obstante, aunque se conservaron las mismas tipificaciones delictivas, se incluyeron algunos artículos exclusivos para Cuba y Puerto Rico, en particular los relativos a delitos *políticos*, registrados como "delitos contra el orden público" (rebelión[123] y sedición), y los relativos a la legislación penal sobre esclavos. Los reos de rebelión, siendo caudillos o que ejercieran mandos subalternos, eran sentenciados a penas de cadena perpetua a muerte (Art.238-39) y los "ejecutores de la rebelión" a penas de prisión y reclusión temporal (Art.244). Los reos de sedición eran castigados con reclusión temporal, prisión correccional, etc.

La pena de muerte siguió practicándose como de costumbre en las provincias coloniales de Cuba y Puerto Rico tal y como se practicaba en España. Las ejecuciones siguieron siendo públicas y mediante el garrote (Art.100-102). La pena de cadena perpetua y temporal también siguieron practicándose en idénticos términos, forzando a los reos a trabajar en beneficio del Estado en empleos "duros y penosos", dentro de sus respectivas jurisdicciones (Art. 105) Los reos sentenciados a otras penas privativas de libertad y correccionales (prisión, cárcel, penitenciaría) también eran esclavizados, suspendidos sus derechos civiles y sometidos a la "vigilancia de la autoridad".

Igual que en España, los hombres condenados a penas de cadena perpetua, reclusión, relegación o extrañamiento, podían ser indultados a los treinta años de cumplimiento de la condena, "...á no ser que por su conducta ó por otras circunstancias graves no fuesen dignos del indulto, á juicio del Gobierno." (Art. 27) En caso de tratarse de penas de cadena, reclusión, relegación y extrañamiento "temporales" las condenas se extenderían entre los doce a los veinte años. Las penas mayores de presidio, prisión y confinamiento eran de seis a doce años; y las de presidio y prisión correccional de seis meses a seis años. A las mujeres les aplicaban penas menores por los mismos delitos. (Art.94)

Las *nuevas* leyes penales seguían castigando a sus detractores con la pena de "arresto mayor á prisión correccional" (Art. 227) y,

---

[123] Art. 237 -Son reos de rebelión los que se alzaren públicamente y en abierta hostilidad contra el Gobierno para cualquiera de los objetos siguientes: 1. Proclamar la independencia de las islas de Cuba y Puerto Rico, ó de cualquiera de ellas.-

de modo similar al resto de los códigos penales europeos y americanos, si los sentenciados no tenían recursos para satisfacer las "responsabilidades" pecuniarias, eran encarcelados en *proporción* a la deuda hasta un año. (Art.49)

Enraizado en la moral cristiana dominante, el Código Penal de 1879 también regulaba y castigaba las prácticas sociales que la contravinieran de modo alguno, tipificándolas como delitos contra las "buenas costumbres" y la "moral pública". Aunque el discurso de la Ley se representaba a sí como independiente de las antiguas prescripciones eclesiásticas, en la práctica las conservaba y reproducía sin contradicciones mayores. En algunos delitos relacionadas al ámbito doméstico se manifiesta con nitidez: como la ilegalidad de matrimonios al margen de las condiciones católicas; la criminalización del aborto o el derecho del marido a *corregir* violentamente a su esposa desobediente e incluso a matarla -exento de responsabilidad criminal- en caso de sorprenderla *infraganti* en acto de adulterio. Para otras dimensiones de la vida social el *nuevo* Código Penal seguía autorizando a la autoridad policial a intervenir y reprimir a quienes de cualquier modo "ofendieran el pudor o las buenas costumbres" (Art.457) o expresaran de cualquier modo "doctrinas contrarias á la moral pública." (Art. 458)

Reforma jurídico-penal bajo la soberanía estadounidense

Hasta finales del siglo XIX las leyes regentes durante cuatro siglos de dominación española se impusieron por decreto imperial en todas sus provincias coloniales. Hasta la fecha, los puertorriqueños nunca tuvieron participación alguna en la redacción de las leyes que regían sus destinos. A pesar del carácter discriminatorio de la centenaria práctica de exclusión en los asuntos legislativos, la gobernabilidad general en la Isla fluyó con relativa normalidad, y del mismo modo sus instancias judiciales e instituciones penales. Hasta entonces, todas las dimensiones del orden jurídico-político del Estado de Ley insular eran de fabricación española y de ningún modo puertorriqueña, aunque su administración cotidiana fuese predominantemente nativa y el funcionamiento de las instituciones de Gobierno se practicara con cierta autonomía regional.

Impuesta la soberanía imperial estadounidense tras la derrota militar de los ejércitos españoles en 1898, las leyes y códigos civiles y criminales aplicables en la Isla permanecieron vigentes y relativamente intactos, en conformidad con la nueva estrategia política de gobernabilidad colonial. Así en lo judicial como en lo penal nada significativo cambió bajo el gobierno militar provisional, salvo algunas disposiciones legales consideradas incompatibles, contradictorias o adversas a su política administrativa. Los funcionarios puertorriqueños -confirmados por la autoridad del gobernador militar- sólo interesaban ocupar puestos en las instituciones existentes, no cambiarlas.

No obstante, ante las inminentes reformas proyectadas por el Congreso de los Estados Unidos y respaldadas incondicionalmente por un influyente sector de la aristocracia política puertorriqueña, otro sector de entre las élites políticas locales se manifestó receloso y reclamó como propio el derecho existente, y sin reservas lo llamó *puertorriqueño*. Más que su conformidad con los códigos de ley existentes, expresó un celo posesivo en cuanto a sus preceptos, sus métodos y contenidos, sus definiciones y objetivos. De una parte, en su programa político, el Partido Republicano afirmó: "Queremos el establecimiento del sistema de administración de Justicia americano..." De otra, el dirigente del Partido Federal, Luis Muñoz Rivera, reaccionó: "Si algo tiene Puerto Rico, son tribunales y legislación. (…) pero nuestra legislación, civil, criminal, procesal (...) es superior a la de cualquier estado de la Unión americana."[124] Coincidentemente, el designado Secretario de Justicia, Herminio Díaz Navarro, presentó su defensa sobre "nuestras" leyes:

"Our laws, the majority of which are codified, are not a capricious system, but a collection of laws which, fitting one into the other and forming as a whole a fairly complete system, lay down in their precepts the solutions which at the time of their promulgation were accepted by the most radical and advanced European

---

[124] *El Territorio*, martes, 2 de mayo de 1899; citado en Delgado Cintrón, Carmelo; *Derecho y colonialismo: la trayectoria histórica del Derecho puertorriqueño*; Editorial Edil; Río Piedras, 1988; p146.

schools of lawyers for the intricate problems of law which juridical experience presented."[125]

El Secretario de Justicia no objetó la necesidad de operar algunas reformas, pero defendió los códigos existentes -basados en la razón de Ley europea- como si los puertorriqueños fuesen sus legítimos herederos, porque sus leyes habían sido hechas para *ellos*. El problema –alegaban- no era el contenido de las leyes, sino la corrupción de muchos de sus ejecutores, que en ocasiones la aplicaban discriminatoriamente o la ejercían para beneficio propio. Sin embargo, el objetivo de las reformas gubernamentales, legislativas e institucionales, era más bien amoldar sus lenguajes a la retórica jurídica estadounidense, no forzar cambios radicales en sus primitivos objetivos políticos que, en última instancia, no eran diferentes. El cambio de gobierno no trastocó en lo esencial la función de la Ley, ni fueron alterados cualitativamente sus códigos. Más allá de las discordias entre la clase política isleña, lo que estaba en juego no era el "Derecho puertorriqueño" sino la productividad del discurso de la Ley en conjunto, su eficacia estratégica en el contexto de los requerimientos coyunturales de gobernabilidad general.

El resentimiento del sector conservador del "Derecho puertorriqueño" fue advertido en el informe del gobernador militar W. Davis, en 1900.[126] Asimismo, el designado Secretario de Justicia abogó porque las reformas a "nuestras leyes" no se hicieran siguiendo las recomendaciones de los comisionados estadounidenses, porque el resultado sería "improductivo" y podría "causar daño":

"That was the procedure followed by the Spanish Government for four hundred years. The colonial ministers, without understanding us, legislated for

---

[125] Díaz Navarro, Herminio (Secretario de Justicia); "Reforms in the Civil and Criminal Codes'"; 12 de abril de 1899; integrado en Carroll, Henry K (Special Commissioner to Porto Rico); *Report on the Industrial and Commercial Condition of Porto Rico* (1898); Washington: Government Printing Office, 1899; pp.284-288.

[126] *Report of the Military Governor of Porto Rico on Civil Affairs* (1898-1900); Division of Insular Affairs; War Department; Washington; Government Printing Office, 1902; p.63.

Cuba and Porto Rico from their offices, which system stifled our society and prevents its growth by reason of certain laws circumscribing its activity."

Si hubiese de efectuarse algún cambio en los códigos debería tramitarse por puertorriqueños y no por extranjeros, por mejores que fuesen sus intensiones. Durante el breve periodo de gobierno militar, más allá de algunos retoques menores, las leyes codificadas bajo el dominio español permanecieron vigentes y administradas sin mayores obstáculos por instituciones y funcionarios puertorriqueños. Sin embargo, más allá de la alegada amenaza al "Derecho puertorriqueño", no hubo expresión en la escena mediática, jurídica y política del país que no favoreciese la americanización del sistema de Justicia en la Isla. La política colonial del Congreso no autorizó la imposición arbitraria del sistema de Justicia estadounidense, sino una progresiva adecuación del sistema vigente en Puerto Rico, preferiblemente mediante el consentimiento previo de los representantes puertorriqueños. Tanto el Secretario de Justicia como los jueces del Tribunal Supremo de Puerto Rico reconocieron la necesidad de revisión y reforma de las leyes de Puerto Rico. El proyecto de gobierno colonial en Puerto Rico tampoco contemplaba la sustitución permanente de puertorriqueños por estadounidenses sino, por el contrario, la absorción ideológica de éstos en función de su régimen experimental de dominación por consentimiento...

Ley Orgánica de Puerto Rico (1900)

A partir del (re)establecimiento del Gobierno Civil en Puerto Rico y bajo la jurisdicción suprema del Congreso estadounidense, la antigua potestad disciplinaria, represiva y punitiva del Estado se amoldó a los requerimientos administrativos del *nuevo* ordenamiento de Ley.[127] Las leyes y ordenanzas existentes bajo el antiguo régimen de gobierno español y compatibles con las leyes estatutarias de los Estados Unidos permanecieron vigentes (Art.8); y el poder de alterar, modificar, enmendar o revocar "cualquier ley u ordenanza civil o criminal" quedó sujeto a la autoridad legislativa insular, "según lo estimare conveniente"

---

[127] Ley Orgánica de Puerto Rico (Ley Foraker); 12 de abril de 1900.

(Art.15) dentro del marco de restricciones de la Ley. Aunque los "poderes legislativos locales" residían formalmente en la Asamblea Legislativa de Puerto Rico (Art.27), toda ley decretada por este cuerpo de gobierno debía ser "comunicada" al Congreso de los Estados Unidos, que "se reserva la facultad de anularla si lo tuviere por conveniente." (Art.31)

Los tribunales preexistentes en la Isla también fueron preservados sin trastoques sustanciales y el poder judicial siguió operando como de costumbre, sujeto a las nuevas regulaciones de la Ley (Art.33). Además, el Gobernador fue investido de autoridad para conceder indultos, suspender la ejecución de sentencias, condonar multas y confiscaciones por delitos cometidos contra las leyes de Puerto Rico, e incluso para conceder suspensiones de sentencias por delitos contra las leyes de los Estados Unidos "hasta conocerse la decisión del Presidente". (Art.17)

Paralelo a los ajustes estructurales del *nuevo* régimen de Ley, el Congreso constituyó una comisión especial a cargo de revisar las leyes de Puerto Rico con el objetivo de "formular y proponer las leyes que fueren necesarias para formar un gobierno sencillo, armónico y económico; establecer justicia y asegurar su pronta y eficaz administración; inaugurar un sistema general de educación e instrucción pública (...) y dictar las demás disposiciones que sean necesarias para asegurar y extender los beneficios de una forma de gobierno republicano a todos los habitantes de Puerto Rico." (Art.39)

Código Político (1902)

Organizado el gobierno insular y atendiendo las directrices de la Ley, la Asamblea Legislativa decretó el Código Político de Puerto Rico[128], refrendando las disposiciones de la Ley Orgánica de 1900 y estableciendo detalladamente los poderes jurisdiccionales del Gobierno. Entre éstos, reiteró los "derechos" gubernamentales de: "castigar por delitos"; "arrestar y encarcelar para la protección de la paz ó la salud pública, ó de la vida ó seguridad individual"; "disponer la custodia y sujeción de personas que sufran de enajenación mental, borrachos u demás personas que no estén en

---

[128] Código Político de Puerto Rico; 1 de marzo de 1902.

su sano juicio"; "disponer la custodia y sujeción de los pobres de solemnidad al objeto de su manutención"; "disponer la custodia y sujeción de los menores desamparados por sus padres ó tutores naturales, al objeto de asegurar u educación, reforma y sostenimiento"; entre otros. (Art.4) El Director de Prisiones y "los establecimientos penales de la Isla" quedaron bajo la "jurisdicción é inspección" del "Attorney General" (Fiscal General) (Art.75), encargado además de rendir informes, juicios administrativos y recomendaciones sobre la "interpretación de las leyes" al Gobernador, sobre la jurisprudencia criminal y civil y sobre la administración de justicia. (Art.77) Al Director de Prisiones – nombrado por el Gobernador- le fue encargado: "visitar é inspeccionar todas las instituciones establecidas para la reclusión de adultos en pleno uso de sus facultades intelectuales, acusados ó convictos de crimen", y *hacer* –entre otras disposiciones reguladoras y administrativas- que todas las instituciones bajo su jurisdicción fuesen "justas, humanitarias y económicas"; *vigilar* por el cumplimiento y eficacia de sus funcionarios; proteger y preservar la salud de los confinados; etc. (Art.155) Además, el Director de Prisiones estaba a cargo de preparar los reglamentos de las "prisiones insulares como municipales"; y de nombrar los alcaides, agentes, médicos, carceleros, guardias, maestros y demás funcionarios, según "considere necesario para la seguridad y aprovechamiento de los presos ó para el mantenimiento de la disciplina" (Art.157-59) El Director de Prisiones también debía reglamentar el régimen de trabajo exigido a los presos, ocupación, recompensas y conmutaciones de penas por su "buen conducta" y demás asuntos relacionados con el "bienestar de los presos y su gobierno" (Art.159); y asimismo, someter un perfil mensual y detallado de la población convicta. (Art.160)

Código Penal / Código de Enjuiciamiento Criminal (1902)

En la sesión del 2 de enero de 1902, la Comisión Codificadora designada por la Asamblea Legislativa presentó el Código Civil, el Código Penal y el Código de Enjuiciamiento Criminal.[129] El 1ro de marzo de 1902 la Asamblea Legislativa

---

[129] Los códigos fueron preparados por L.S. Rowe, Juán Hernández López y J.M.Keedy.

aprobó, por mayoría, el *nuevo* Código Penal de Puerto Rico.[130] Reacciones disidentes aparecieron publicadas en varios periódicos del país, elogiando y exaltando las virtudes de los códigos españoles, caracterizados por su *cientificidad* en contraste con el código aprobado que, por ejemplo, para el Fiscal de la Corte de Distrito de San Juan, Jesús M. Rossy, era "un disparate jurídico."[131] Por el contrario, José de Diego, delegado en la Asamblea Legislativa, manifestó que el Código Penal aprobado era superior al español en todos sus conceptos, y que aunque los códigos americanos son rústicos en su forma, eran "eminentemente superiores en su espíritu".[132]

Más acá de las diferencias retóricas y las motivaciones políticas que subyacen las divergentes posiciones en torno a los *nuevos* códigos, en lo que respecta a la primitiva práctica del Derecho Penal, nada sustancial cambió. El grueso de tipificaciones delictivas integradas en el Código Penal de 1879, similares al resto de las naciones europeas y latinoamericanas de la época, fueron conservadas; y las variaciones en las penas fueron menores. Los *nuevos* códigos aprobados y decretados por la Asamblea Legislativa de Puerto Rico fueron sustancialmente similares a los vigentes en el Estado de California. Según el informe del *Attorney General* (James S. Harlan) al primer Gobernador civil (William H. Hunt) -los *nuevos* códigos son "essentially American in form and substance":

> "In their general structure, all criminal codes must of necessity be substantially alike. They must define crimes and offenses and establish penalties to be suffered by those guilty of them."[133]

---

[130] Código Penal de Puerto Rico; 1 de marzo de 1902.

[131] En *La Democracia*, 23 de enero de 1902; reproducido en Rigual, Néstor; *Incidencias parlamentarias en Puerto Rico*, Editorial Edil, Río Piedras, 1972.

[132] En *Puerto Rico Herald*, New York, 19 de abril de 1902 (reproducido en Bothwell González, Reece B., *Puerto Rico: cien años de lucha política*; Vol. II, Doc. Núm. 67; Editorial *Universitaria*, Río Piedras. 1979; p.182-184.

[133] Report of Attorney-General (James S. Harlan) (1902); integrado en *Second Annual Report of the Governor of Porto Rico* (William H. Hunt), (1901-1902); Government Printing Office; pp.95-103.

La definición de lo que constituye *delito* siguió siendo esencialmente la misma: "un acto cometido u omitido en violación de alguna ley que lo prohíbe u ordena", aparejando cualquiera de las penas dispuestas (muerte; prisión; multa; etc.) (Art. 10) De modo similar al código español derogado, el *nuevo* Código Penal mantuvo el asesinato judicial entre sus recursos penales. Además de la pena de muerte, conservó las penas de cadena perpetua, que conllevaban "la muerte civil del sentenciado" (Art.2), entre otras modalidades de penas carcelarias. (Art. 202) El Código de Enjuiciamiento Criminal de Puerto Rico[134] estableció el juicio por jurado para los casos de pena de muerte (Art.2), sustituyó por decreto el método de ejecución por garrote y reguló el ritual de muerte (Art. 313-14; 342; 534)

Reforma en las cárceles (1898-1902)

Al momento de la ocupación estadounidense habían 11 cárceles y una penitenciaría. La población confinada sobrepasaba los 3,000, de los que un gran número ni siquiera había tenido una primera vista judicial (hearing), según el informe del gobernador militar Davis. Las condiciones carcelarias, incluyendo el estado estructural de las instituciones, la administración del sistema penal y el brutal trato a los prisioneros, fueron objeto de duras críticas.[135] El informe del comisionado especial para Puerto Rico, Henry Carroll describe:

> "The prisons (…) are almost without exception worthy of condemnation. They are generally crowded, damp, pervaded by foul smells, dangerous to health, according to native physicians. With the exception of

---

[134] Código de Enjuiciamiento Criminal, 1 de marzo de 1902.

[135] Aunque las cifras de confinados no concuerdan con exactitud, la crítica al sistema carcelario era generalizada entre los escritos e informes de la época: When the Americans came into possessions of the island there were between 1500 and 2000 persons confined in the various jails awaiting trial, and an equal or greater number on the outside subject to call under criminal charges. Many of the prisoners in the jails were confined in the most trifling accusations. (Olivares, José; *"Our Islands and their people"*; Thompson Publishing Company, 1899; p.382)

separation of sexes, no division whatever is attempted. Young and old, the first offender and the old criminal are herded together, the man accused and awaiting trial with those serving long sentences. The care of the penitentiary at San Juan was undertaken by the insular government. (...) Many of the prisoners in the penitentiary were kept in chains. General Henry abolished this form of punishment and put the district prisons under the care of the province. Much has been done under the military government to remedy abuses and improve the sanitary conditions, but the whole system needs to be reorganized according to modern penological methods."[136]

Posteriores investigaciones fueron realizadas por el funcionario designado (jail inspector) para tomar "acción correctiva" sobre el "deplorable" estado de situación del sistema carcelario, según el informe del gobernador-general Davis, coincidente con el informe del comisionado Carroll:

"The inadequate system of prison administration and the miserable and inhuman conditions to which the inmates of these establishments were subjected was early brought to the attention of the military governor. The judge-advocate of the department made careful investigation into the jail administration and brought to light a most shocking state of affairs, fully confirming the reports, prayers, and protests that had previously been received respecting mismanagement, brutal treatment, and maladministration."[137]

El 12 de junio de 1899, el gobernador Davis traspasó la administración de las prisiones y cárceles, hasta entonces bajo el control absoluto del Departamento de Justicia, a una Junta para el control de las prisiones. A la junta, que también asesoraría al gobernador militar sobre las peticiones de perdón, le fue requerido

---

[136] Carroll, Henry K.; *Report on the ...Condition of Porto Rico* (1898); op.cit., p.23.

[137] *Report of the Military Governor of Porto Rico...* (1901); op.cit., p.103.

establecer regulaciones para la administración de las prisiones en todos sus aspectos. Según el informe del gobierno militar (1901), los resultados fueron satisfactorios:

> "The sanitary condition of the jails, which had been indescribably filthy and horrible, was radically changed. (...) The expenses were greatly reduced, the jails were cleaned and made decent, useless employees were discharged, and the Porto Rican Volunteers, regularly detailed, took the place of many of the hired jail guards, whose employment was, in many cases, found to have been determined by political or personal considerations."

En la orden del 29 de septiembre autorizó a los tribunales imponer sentencias de trabajo forzado a los confinados, integrando una modalidad institucional de la esclavitud entre los recursos penales.

> "Under Spanish law a criminal sentenced to confinement was simply imprisoned, but was not obliged to perform any kind of labor. This vicious practice was corrected by an order (...) which authorized tribunals to impose sentences of hard labor."[138]

La política de someter a la población penal a un régimen de servidumbre involuntaria contó con el respaldo y refuerzo ideológico de la aristocracia política insular.[139] El 18 de diciembre de 1899, el gobernador Davis decretó una orden de amnistía general:

> "...granted to all persons charged with the commission of crimes committed previous to January 1, 1895, in cases where no verdict had yet been reached, and a further amnesty was granted to all fugitives from

---

[138] Op.cit., p.55.

[139] De Diego, José; "Dura, Sed Juxta Lex"; *Apuntes sobre delincuencia y penalidad*; Editorial Tipografía La Correspondencia, San Juan, Puerto Rico, 1901. (CPR 364.66 G984)

justice who were accused of any crimes committed before January 18, 1900."[140]

Muchos prisioneros a quienes no se les había radicado cargos al momento de la ocupación o estaban confinados por ofensas menores fueron liberados. El número de confinados se redujo de cerca de 3,000 a menos de 900, posibilitando la agilización de investigaciones y procesos judiciales.[141] El número de cárceles fue reducido de once a cinco. El 23 de diciembre tramitó una orden a los fines de agilizar los procedimientos criminales y reducir el término de aprisionamiento provisional. El proyecto de reforma penal y carcelaria iniciado bajo del gobierno militar fue respaldado por la mayor parte de la clase política puertorriqueña. El programa del Partido Federal, por ejemplo, se comprometió a *pugnar*:

"...para que prevalezca en las leyes penales el fin humano y justo de que la pena sirva a la corrección y moralización del delincuente, de lo cual se deriva la urgencia de modificar nuestro desastroso sistema penitenciario, mas propio para envilecer que para corregir y moralizar a los que lo soporten. La construcción de verdaderas cárceles como lo exigen la ciencia penal y los sentimientos de humanidad ha de ser una de nuestras preocupaciones, de tal manera que, después de las vías de comunicación sean las cárceles objeto preferente de nuestro estudio en lo que a obras públicas concierne."[142]

---

[140] *Report of the Military Governor of Porto Rico...* (1901); op.cit., p.55.

[141] Shops for the employment of the convicts in the insular penitentiary were established and equipped, and brooms, hats, shoes, and other clothing were manufactured in quantity not only sufficient to supply the prison and all the jails, but as well to justify competition for supplying some articles to inmates of the orphan and insane asylums. (*Report of the Military Governor of Porto Rico...* (1901); op.cit., p.55)

[142] Manifiesto publicado en *La Democracia*, 5 de octubre de 1899; reproducido en Bothwell González, Reece B., *Puerto Rico: cien años de lucha política*; Vol. I, Tomo I; op.cit., pp.266-270.

Para la fecha de radicación del informe del gobernador Allen, la población penal en la Isla ascendía a 993, distribuidos entre cinco prisiones.[143] El número de reos –al parecer del Fiscal General, James S. Harlan– no era motivo de preocupación: "When it is considered that there are nearly 1,000,000 people on this island, the number of prisoners is very small, only 1 person in every 1,000."[144] En su informe al Gobernador, pasó balance sobre las condiciones carcelarias en la Isla y destacó las relativas mejorías logradas bajo la administración estadounidense, en contraste con el tiempo de la dominación española:

> "Porto Rico, like other Spanish provinces, had many a faithful copy of the prisons of the peninsula, and one of the first labors of the American military government was to empty the jails of forgotten prisoners and to moderate in some degree the reeking filthiness which made them veritable pest holes, and eventually to clean them up and reduce them to something like good sanitary condition."[145]

No obstante, dado el crecimiento de la población penal, las mejorías señaladas no eran suficientes. Según el informe del Director de Prisiones, M. Luzunaris[146], aunque el estado general de los "establecimientos penales" había mejorado, las condiciones "higiénicas y morales" todavía dejaban mucho que desear. La sobrepoblación, el hacinamiento y la mezcla indiscriminada de

---

[143] Report of Attorney-General (James S. Harlan) (1902); op.cit., pp.83-84.

[144] De éstos, 154 estaban confinados por homicidio y 223 por otros delitos graves (felonies),para un total de 377 delitos graves (felonies) y 616 delitos menos graves (misdemeanors). Del total, 453 estaban encarcelados en la penitenciaría de San Juan y 540 entre las 4 cárceles de las principales ciudades de la isla. De este total, 134 prisioneros aguardaban la celebración de juicio y 859 estaban en proceso de ser sentenciados. Sólo 5 mujeres estaban encarceladas en toda la isla de Puerto Rico.

[145] Ídem.

[146] "Report of Director of Prisons" (Maximino Luzunaris), Office of Director of Prisons, San Juan, 1901; en *First Annual Report of Charles H. Allen, Governor of Porto Rico* (1900-1901); Washington, 1901. pp.405-06.

prisioneros, obstruía la consecución efectiva del objetivo "correccional":

> "The hygienic conditions of the jails are far from being satisfactory (...) and they are also unfit for the effective correction of the criminals who, in these places as well as in the penitentiary, are all located in the same apartments."

Según Luzunaris, la penitenciaría actual no era suficientemente grande como para admitir el número de prisioneros que ya habían sido sentenciados (243) y que debían ser trasladados. Subrayada la insuficiencia de celdas para el almacenamiento de la población confinada, el Director de Prisiones peticionó el establecimiento de una nueva penitenciaría y abogó en su informe por la *modernización* del sistema carcelario:

> "Real prisons, jails of punishment where criminals can be confined, either alone in their respective cells or associated with others, where they can be compelled to work either in silence and loneliness or together with others, where their improvement may be obtained so that when the day of their liberty arrives they may return into society and be useful members of same, this is what is needed. (...) The system of cells, considered from the psychological point of view, is the best fitted to effect a moral regeneration of the criminals, for it has been proven that the mind of a man while isolated works actively because of the lack of distractions."

En su informe, el gobernador Allen no abundó sobre los objetivos "correccionales" o de "regeneración moral de los criminales", pero quedó sobrentendida su postura al suscribir íntegro el informe de Luzunaris, que destacó la función *rehabilitadora* del encierro carcelario. La prioridad del sistema penal, sin embargo, siguió siendo la misma que en las épocas precedentes:

> "It is the earnest desire and intention of the authorities to afford every person accused of crime a speedy and

impartial trial, and to punish every infraction of the law, no matter by whom committed."[147]

Ley Orgánica de Puerto Rico (1917)

La nueva Ley Orgánica de Puerto Rico[148] reafirmó el carácter territorial de la Isla, revalidó su ordenamiento jurídico-político colonial y reforzó las disposiciones de gobierno regentes hasta entonces. El texto de la Ley integró las clausulas de la Constitución de los Estados Unidos aplicables a la Isla, acentuando el imperio de la Ley como matriz reguladora del poder del Estado en todas sus dimensiones (ejecutivas, legislativas y judiciales). Entre las disposiciones relacionadas a la potestad disciplinaria, represiva y punitiva del Estado de Ley de Puerto Rico se estableció: que ninguna ley podría "privar de la vida, libertad o propiedad sin el debido proceso de ley", ni negar "igual protección de las leyes"; que en los procesos criminales el acusado gozaría del derecho a su defensa y asistencia de abogado; que no existirá la servidumbre involuntaria, a no ser como castigo por un delito cuando el acusado haya sido convicto debidamente; y que no se exigirían fianzas desproporcionadas, "ni se impondrán multas excesivas ni castigos crueles e inusitados." (Art.2)

Las leyes, ordenanzas y códigos decretados por la Asamblea Legislativa hasta entonces y en lo sucesivo tendrían plena autoridad toda vez que "no estén en contradicción con esta Ley" (Art.40/Art.57); y debían seguir siendo *comunicadas* al Congreso (Art.23), "el cual se reserva la facultad y autoridad de anularlas." (Art.34) La Ley Orgánica de 1917 dispuso, además, que en las elecciones generales del 1948 los electores insulares podrían elegir al Gobernador de Puerto Rico (Art.12).

Hasta mediados del siglo XX permaneció inalterado el régimen jurídico-constitucional establecido en las legislaciones orgánicas de 1900 y 1917, y aunque las autoridades administrativas del Gobierno de Puerto Rico estuvieron investidas de potestades autónomas con fuerza de Ley, todas las reformas operadas en el

---

[147] *First Annual Report of... the Governor of Porto Rico* (Ch.H.Allen) (1901); op.cit., pp.83-84.

[148] Ley Orgánica de Puerto Rico (Acta Jones); 2 de marzo de 1917.

orden interior del Estado insular, así como los contenidos de los ajustes estructurales y enmiendas al Código Penal de 1902[149], estuvieron sujetas a la subordinación absoluta del Congreso estadounidense.

Bajo la autoridad reguladora de las leyes orgánicas de 1900 y 1917, además de preservar las cárceles existentes, se inauguraron otras nuevas en los distritos de Arecibo (1906) y Humacao (1912). La penitenciaría estatal (oso blanco) fue construida en Río Piedras e inaugurada en 1933. Además, se establecieron "campamentos" carcelarios en Río Grande (1943) y Cayey (1946). En 1946 se reorganizó el sistema penal, creándose la división de Corrección, adscrita al Departamento de Justicia. Además, atendiendo los requerimientos administrativos de la creciente población penal y conforme a las directrices del Departamento de Justicia Federal, la Asamblea Legislativa decretó una serie de legislaciones afines entre 1946 y 1951.[150]

Constitución del Estado Libre Asociado de Puerto Rico (1952)

En 1952 el Congreso de los Estados Unidos aprobó, con algunas enmiendas, la *nueva* constitución de Puerto Rico.[151] Aunque atribuida a la autoría intelectual de la clase política puertorriqueña y representada como expresión de la "voluntad popular", en esencia se trató de una réplica de los estatutos regentes en las leyes

---

[149] En 1937 la Asamblea Legislativa operó algunas modulaciones menores al lenguaje del Código Penal de 1902, y aunque se representó como una reforma importante, sus elementos sustanciales quedaron intactos.

[150] Ley de probatoria de adultos (Ley Núm. 259 de 3 de abril de 1946); Ley de libertad bajo palabra (Ley Núm. 266 de 4 de abril de 1946); Ley que crea la Corporación Industrial de Prisiones (Ley Núm. 505 de 30 de abril de 1946); Ley que crea el cuerpo de Guardias Penales (Ley Núm. (¿?) de 29 de abril de 1946); Ley que concede permisos a los confinados para visitar sus hogares y familiares. (Ley Núm. 43 de 23 de julio de 1947); Ley que autoriza al Secretario de Justicia a fomentar la producción agrícola en las instituciones penales (Ley Núm. 25 de 7 de julio de 1948); 1951 (Ley Núm. 401 de 10 de mayo de 1951) Ley que autoriza al Secretario de Justicia a establecer reglas y reglamentos para la administración de las instituciones penales de Puerto Rico.

[151] Constitución del Estado Libre Asociado de Puerto Rico, 6 de febrero de 1952.

orgánicas de 1900 y 1917. Más allá de la propaganda ideológica de las fuerzas políticas dominantes en la Isla, en lo sustancial consistió en una revalidación del ordenamiento jurídico-político previamente establecido. Si bien en términos formales consolidó la relativa autonomía del Gobierno de Puerto Rico, también refrendó –con el consentimiento de la mayoría electoral- su relación de subordinación al poder supremo del Congreso y de la Constitución estadounidense.

En la dimensión del Derecho Penal -aunque no se trastocó la primitiva mentalidad represiva y punitiva de la Ley y se conservó virtualmente intacto el Código Penal de 1902- se elevó a rango constitucional la ideología "rehabilitadora" entre los objetivos del también primitivo poder carcelario:

> Art.VI. Sec. 19. Será política pública del Estado Libre Asociado (…) reglamentar las instituciones penales para que sirvan a sus propósitos en forma efectiva y propender, dentro de los recursos disponibles, el tratamiento adecuado de los delincuentes para hacer posible su rehabilitación moral y social.

Bajo el *nuevo* régimen constitucional no disminuyó el ritmo de crecimiento del aparato represivo del Estado y continuó la proliferación de sus instituciones carcelarias ("correccionales"). En 1953 se creó la División de Corrección adscrita al Departamento de Justicia; en 1954 se inauguró la cárcel de mujeres (Escuela Industrial para Mujeres) en Vega Baja y la cárcel de "jóvenes adultos" en San Juan; se establecieron nuevos "campamentos" carcelarios en Naguabo (1953), Mayagüez (1965) y Jayuya (1970); y conforme a las nuevas legislaciones de la época[152], en 1971 se inauguró el primer "Hogar de Adaptación Social" en Río Piedras.[153] Además, en 1970 el gobierno federal intensificó su política prohibicionista,

---

[152] Ley que autoriza la concesión de pases a los confinados que cualifiquen para fines educativos, laborales, adiestramientos, etc. (Ley Núm. 62 de 23 de mayo de 1967)

[153] Ley Núm. 8 de 1971 crea los "Hogares de Adaptación Social" (HAS)

criminalizadora y penal sobre "sustancias controladas"[154], creando nuevas y numerosas tipificaciones delictivas que pronto redundarían en un vertiginoso incremento de la población encarcelada en todas sus jurisdicciones, incluyendo a Puerto Rico. En 1971, la Asamblea Legislativa suscribió y reprodujo sin reserva alguna la política prohibicionista del gobierno federal y decretó una legislación penal análoga como si se tratara de una iniciativa local de cuño puertorriqueño.[155]

Reforma penal de 1974

En 1974 fue derogado el Código Penal de 1902. Según reza el informe de la comisión senatorial a cargo de establecer un *nuevo* Código Penal para Puerto Rico[156], el código de 1902 debía *reformarse* porque era "obsoleto"; porque su concepción de la pena era de carácter "estrictamente expiacioncita y no rehabilitador"; porque ignora los avances criminológicos contemporáneos y sus modelos terapéuticos; porque usa un lenguaje arcaico; porque contiene la institución de "muerte civil" del sentenciado; etc. De acuerdo al informe senatorial, el *nuevo* Código Penal dispone que "la pena se cumplirá de manera que dé al convicto el tratamiento adecuado para su rehabilitación moral y social", en conformidad al postergado mandamiento constitucional (Art. VI, Secc.19) de 1952. La retrógrada mentalidad punitiva que moldeó al derogado Código Penal de 1902 -como a los códigos penales que le antecedieron- no fue alterada sustancialmente en el *nuevo* Código Penal de 1974. Los "objetivos generales" para la imposición de la pena eran: (a) La protección de la sociedad y la prevención de la delincuencia. (b) El castigo justo al autor del delito. (c) La rehabilitación moral y social del autor dentro de los recursos disponibles del Estado. (d) El logro de la uniformidad en la imposición de la pena. (e) La consideración de la naturaleza disuasiva de la pena. (Art. 60)

---

[154] Ley Federal de Sustancias Controladas ("Comprehensive Drug Abuse Prevention and Control Act of 1970") del 27 de octubre de 1970.

[155] Ley de Sustancias Controladas de Puerto Rico (Ley Núm. 4 del 23 de junio de 1971)

[156] Informe de la Comisión de lo Jurídico Penal sobre P. del S. 753 / Código Penal de Puerto Rico (Ley Núm. 115 del 22 de julio de 1974)

Además de reproducir la misma ideología penal de los antiguos estados de Ley, el *nuevo* Código Penal conservó el ancestral registro de tipificaciones delictivas de manera virtualmente intacta, parafraseando algunas y añadiendo otras, pero la mayor parte de las innovaciones de la *reforma* consistió en imponer "penalidades más fuertes" a los delitos preexistentes. La primitiva violencia que caracterizaba las legislaciones penales en los antiguos reinos patriarcales de la cristiandad europea se preservó sin alteraciones, y la crueldad punitiva de la Ley siguió operando sin remiendos, como se evidencia en la preservación de la política criminalizadora de los derechos reproductivos de las mujeres, de la homosexualidad, del adulterio, de la bigamia, del incesto, de la prostitución y la pornografía ("materia obscena"), entre otros. La pena fija para una mujer que consintiese practicarse un aborto era de entre dos a cinco años de reclusión carcelaria (Art. 92); la sodomía o "crimen *contra natura*" era penada con encierro carcelario por un término de hasta diez a doce años (Art. 103)…

La pena carcelaria ("pena de reclusión") "consiste en la privación de libertad en la institución adecuada durante el tiempo señalado en la sentencia." (Art.40 / Art.58) El tiempo de la condena a pena de reclusión, como en los códigos precedentes, debía ser por un término específico de duración y no podía excederse del término fijo establecido por ley para el delito. (Art.58) Es dentro de la delimitación del tiempo predispuesto como castigo que se añade la función *rehabilitadora*, pero no como objetivo central de la pena sino como apéndice de refuerzo ideológico a la condena. Si bien la autoridad judicial se reserva la potestad de juzgar si el "tratamiento" ha logrado la "curación y readaptación" del condenado, si el convicto "dejó de ser peligroso" (Art.75) y cualifica para cumplir la condena fuera de la cárcel o debe permanecer en ella, la pena carcelaria se extingue automáticamente cuando se ha cumplido la sentencia impuesta por ley (Art.81), independientemente del juicio del tribunal o de las evaluaciones psiquiátricas. El tiempo cumplido extingue la pena y esto, para la maquinaria punitiva del Estado e indiferentemente de la realidad existencial del condenado, equivale a rehabilitación.

El carácter clasista y discriminatorio de la legislación penal en la Isla también fue revalidado en el Código Penal de 1974. Aunque constituye una contradicción evidente en relación al ideario *rehabilitador* que justificaba las prácticas punitivas de la época, si el culpado en el tribunal no podía pagar la multa impuesta "la misma se convertirá en pena de reclusión a razón de cincuenta (50) dólares por cada día de reclusión." (Art.48) Los reos procedentes de entre los sectores más empobrecidos en la Isla seguirían siendo los principales objetos de la intervención penal "rehabilitadora"...

Ese mismo año volvió a reestructurarse el sistema penal de la Isla, creándose por decreto legislativo la *nueva* Administración de Correcciones.[157] Aunque sustancialmente la ideología y práctica penal carcelaria seguirían siendo las mismas que en épocas anteriores, como parte de la reorganización del sistema se enfatizó el discurso "rehabilitador" como fundamento "constitucional" de las condenas, preestablecidas en el *nuevo* Código Penal y en las numerosas "leyes especiales" locales[158] y en las aplicables del gobierno federal en la Isla.

Aunque una parte sustancial de las estadísticas delictivas estaba enraizada en la política prohibicionista de la época, y la mayor parte de las prácticas y violencias criminalizadas por la Ley tenían sus causas en condiciones psico-sociales complejas e ignoradas negligentemente por los cuerpos legislativos y sus más influyentes asesores y "especialistas", el discurso en torno a la criminalidad y la (in)seguridad ciudadana se convirtió en eje de propaganda electoral de los principales partidos políticos de la Isla. Entrampados en el imaginario absolutista de la Ley, ambas fuerzas políticas compartieron indiferenciadamente la misma ideología represiva y punitiva expresada en los códigos penales desde inicios de siglo. Las administraciones de Gobierno de los últimos 25 años del siglo XX preservaron celosamente la lógica penal carcelera.

Consecuentemente, el sistema penal carcelario siguió creciendo y expandiéndose durante los años restantes de la década de los 70.[159] Al mismo tiempo, el presupuesto asignado al

---

[157] Ley Orgánica de la Administración de Corrección (Ley Núm. 116 de 22 de julio de 1974)

[158] En el marco de la política prohibicionista y la "guerra contra las drogas" la legislatura autorizó al Secretario de Justicia a desarrollar programas de tratamiento para adictos en las instituciones penales de la Isla. (Ley Núm. 4 de 23 de junio de 1974)

[159] Durante este periodo se estableció un nuevo campamento carcelario ("correccional") en Arecibo (1973); se inauguraron varios "centros de detención", en San Juan (1974) y Fajardo (1981); comenzó a operar la

414

Departamento de Corrección también siguió acrecentándose. En 1975 la población penal era de 10, 435, y el presupuesto asignado para el año fiscal 1974-75 sumaba $15,000,000; y para el año fiscal 1979-80 ascendió a $25,687,400. A pesar de la proliferación de establecimientos penales y de las enmiendas legislativas y regulaciones administrativas del DC para lidiar con la sobrepoblación en las cárceles del país[160], a partir de 1979 y recurrentemente hasta 2012, el Tribunal Federal impondría multas millonarias al Gobierno de Puerto Rico por negligencias administrativas e incumplimiento de los requerimientos carcelarios del gobierno Federal, y por violaciones a los derechos civiles y constitucionales de los confinados.

Estado de situación en las cárceles

A fines de la década de los 70, las condiciones infrahumanas en las cárceles de Puerto Rico dieron al traste con la propaganda estatal que las encubría y negaba, y que, a pesar de ellas, ensalzaba la primitiva y cruel pena carcelaria bajo el eufemismo de la rehabilitación. En 1979, varias asociaciones de confinados en distintas cárceles del país y, de manera individual, 58 reos, radicaron demandas separadas en el Tribunal Federal contra el Gobierno de Puerto Rico, el Gobernador y funcionarios de las múltiples divisiones del Departamento de Corrección. La primera acción legal fue radicada el 7 de febrero de 1979 y las demandas fueron consolidadas como "pleito de clase" el 2 de abril de 1979. En 1980, el Tribunal Federal suscribió las evidencias presentadas por sus investigaciones y falló a favor de los reos demandantes[161], quedando al descubierto la radical discordancia entre el discurso institucional de la Administración de Corrección y la realidad de las condiciones de existencia bajo su encargo. En 1986, el juez federal Juan Pérez Jiménez, aunque reconoció la autonomía formal de las autoridades

---

Institución Regional Metropolitana, en Bayamón (1976) y se estableció un nuevo "Hogar de Adaptación Social" en Carolina (1977)

[160] En 1978 la legislatura dispuso que la concesión de permisos para salir fuera de la prisión era integral al tratamiento rehabilitador de los confinados (Ley Núm. 21 de (?) 1978)

[161] La sentencia preliminar fue emitida el 5 de septiembre de 1980 por el Tribunal Federal.

carcelarias y el derecho del "Commonwealth" de Puerto Rico "to define and punish crime", reafirmó la potestad del Tribunal Federal "to protect federal rights and enforce the Constitution of the United States within this jurisdiction, even behind the prison walls." En su informe de sentencia sobre el caso (Memorandum Opinion[162]), el juez federal destacó la ignorancia de los acusados (el gobierno insular y los administradores del sistema penal) en el campo de la penología moderna, y recriminó severamente a la AC por incumplimiento de las disposiciones prescritas desde 1980 por el Tribunal Federal:

> "The Court must regrettably find that the defendants have all too frequently offered the appearance of compliance with its decree as a substitute for obedience, the laws of the Commonwealth have been ignored by administrators (at all levels) who disobey in silence, and vast sums of money, whose expenditure has been repeatedly proffered to the Court as evidence of reformation, have been wasted without bringing about any substantial and enduring change in the reality of daily life in Puerto Rico's prisons."

Según la evidencia confirmada por las investigaciones del Tribunal, la AC "systematically inflicts cruel and unusual punishment on the persons whom the law has committed to its custody". Aunque el Tribunal reconoció que los mandamientos constitucionales de 1952 y las leyes penales producidas en la Isla evocan formalmente el compromiso político de respetar y proteger la "dignidad humana" de los reos y de garantizar "humane conditions" en las instituciones penales, las investigaciones evidenciaron que la realidad histórica era otra:

> "...the intolerable cruelty of the conditions forced on the plaintiff class is caused by the intentional acts and omissions, or the deliberate disregard of the natural consequences of the acts and omissions, of the

---

[162] Carlos Morales Feliciano Et. Al., Plaintiffs, V. Carlos Romero Barcelo, Et Al., Defendants. Civ. A. No. 79-4 (Pg). United States District Court, D. Puerto Rico. March 21, 1986.

416

defendants and their agents and employees. This has been true for decades."

El informe de sentencia detalló el estado de situación de las cárceles y esbozó sus efectos nocivos a la población penal en la Isla. Entre los descubrimientos de prueba el informe destacó que el deterioro acelerado de las estructuras carcelarias era el resultado de "inadequate maintenance" y que resultaban ser "dangerous and unfit for human occupation", a pesar de los millones invertidos en sus reformas y modernizaciones.[163] La población penal encarcelada para 1981 era de 3,800 y "this number has continued to increase during the pendency of this action." El problema de la sobrepoblación ("overcrowding") también fue destacado en el informe de sentencia:

> "Overcrowding is at the center of the many ills which make the conditions of imprisonment in the Commonwealth's penal institutions constitutionally unacceptable. Neither statistics nor anecdote will suffice to express the intensity of confinement, physical and psychological, to which the plaintiff class is condemned."[164]

Las crueles e inhumanas condiciones de hacinamiento generalizado en las cárceles insulares fueron descritas detalladamente en base a las investigaciones, descubrimiento de pruebas e informes de la National Institute of Corrections[165] y testimonios de "expertos" consultados. La administración penal de la Isla fue acusada de operar negligentemente y de desentenderse sistemáticamente de las necesidades físicas y psicológicas básicas de los reclusos. Además de señalar los problemas relativos a las

---

[163] La cárcel de menores en Miramar –por ejemplo- fue caracterizada como un "hellhole" que imposibilitaba la rehabilitación en todos sus aspectos.

[164] Por ejemplo, la cárcel de Bayamón fue diseñada para una población de 450 a 500 reclusos pero, a la fecha, la población encarcelada alcanzaba sobre 1,400.

[165] Según el informe citado de la National Institute of Corrections, las cárceles de la Isla se caracterizan por violar sistemáticamente "recognized health standards, life safety codes and building codes."

negligencias y desidia administrativa, sus violaciones a los preceptos constitucionales, leyes y reglamentos institucionales, el informe de sentencia responsabilizó a la Administración de Corrección y al Gobierno de Puerto Rico del régimen de violencia e inseguridad generalizado en las cárceles del país:

"Violence takes the form of sexual assaults, mayhem or homicide, all of which occur with intolerable frequency throughout the system. Firearms and explosives have been used during riots (…) Suicides are frequent. Assaults by guards on inmates are frequently reported. Guards frequently look the other way or incite other guards or inmates when violence occurs. There is a widespread insecurity and universal fear throughout the system."

La política administrativa más frecuente para lidiar con las violencias cotidianas era el encierro permanente en las celdas ("24-hour lock-up"). Considerando las "deplorable conditions" de las instituciones penales, esta práctica "disciplinaria" –aunque conforme a la reglamentación institucional en vigor- también fue juzgada como una modalidad de castigo carente de base penológica y contrario a los objetivos rehabilitadores: "…the operation of the disciplinary process (…) is frequently used arbitrarily and capriciously by custodial and administrative personnel."

El informe de sentencia evidenció otras prácticas sistemáticas en las instituciones penales que durante décadas no sólo violaban los derechos constitucionales de los confinados sino que, además imposibilitaban la función "rehabilitadora" en todas sus dimensiones. Entre ellas, destacó el carácter irracional del sistema de clasificación de la población penal; la arbitrariedad en la política de concesión, si alguna, de servicios y programas laborales, recreativos y educacionales; y la ausencia de programas de tratamiento efectivo al sector penal con "problemas de adicción", que constituía más de la mitad de la población penal.

"Institutional programs, however, do not exist or are inadequate: when in operation they can be arbitrarily suspended (…) The resources are available but they are wasted by daily acts of negligence…"

El informe de sentencia de 1986, coincidente con el de 1980, reiteró que el origen de los problemas carcelarios y la persistente violación de los estatutos constitucionales del Derecho Penal en la Isla no era económico, sino efecto de la "systematic administrative malpractice and negligence" del régimen administrativo y los funcionarios demandados. A la fecha -condenó el juez federal-: "Nothing has been done to alleviate overcrowding." "...the mathematical fact is that overcrowding is worse." Las condiciones de vida en las cárceles del país –añadió- "can only be called brutalizing.":

> "Living conditions in Puerto Rico's prisons are unusual in the extreme - almost without parallel in the literature on prison conditions that we have canvassed - and the cruelty of the punishment inflicted on those who may be punished is hard to believe."

Desde una perspectiva jurídica, el informe de sentencia concluyó que las condiciones carcelarias eran violatorias de la 8va enmienda de la Constitución de los Estados Unidos, que prohibía el "cruel and unusual punishment". Además, las condiciones prevalecientes en las cárceles de Puerto Rico –sentenció el informe- eran el resultado de la indiferencia deliberada de sus administradores y constituían "unnecessary and wanton infliction of pain", injustificable en términos absolutos desde una perspectiva constitucional como penológica. Además, las actuales condiciones carcelarias y las violaciones diarias de los estatutos constitucionales y regulaciones institucionales –reiteró concluyentemente el Tribunal- eran consecuencia de la mala administración ("misadministration", "improvisation", "administrative incompetence" y "reckless indifference of state officials", etc.), y no de falta de recursos económicos.

Las reformas institucionales y ajustes político-administrativos ordenados por el Tribunal Federal desde 1980 serían atendidas a cuenta gotas, y el pleito legal se prolongaría sucesivamente por más de treinta años. Las multas impuestas por el Tribunal Federal entre 1987 y 1994, ascendieron a $135.3

millones.[166] Según declaraciones públicas del Gobierno, en 2011 las multas sumaron $260 millones. A pesar de que el origen del pleito de clase iniciado en 1979 no era de naturaleza económica sino administrativa, los gobiernos de la Isla seguirían agigantando el presupuesto del sistema penal, en parte como respuesta a la presión de los requerimientos federales, en parte como efecto de la lógica represiva, punitiva y carcelera que seguiría predominado en el Estado de Ley de Puerto Rico. Dentro de estas coordenadas despuntaría el potencial lucrativo del negocio carcelario de la rehabilitación.

Reforma Penal de 1992

Durante la década de los 80 continuó el crecimiento de sistema penal y de la población confinada en la Isla.[167] También durante la última década del siglo XX continuó ampliándose el ostentoso aparato represivo del Estado, invirtiéndose cada vez más del erario público en las medidas de "seguridad", estructuras carcelarias (públicas[168] y privadas[169]) y programas de *rehabilitación* de confinados.

---

[166] Oficina de Comunicaciones y Prensa Presidencia del Senado; Comunicado de Prensa; de 8 de julio de 2006

[167] En 1986 se estableció la Institución Correccional de San Juan y se inauguró un "Proyecto Modelo de Rehabilitación" en Juana Díaz. En 1987 inició operaciones el Hogar de Adaptación Social de Vega Baja; la institución Correccional de Ponce; y el Anexo 352 de "custodia preventiva" en San Juan. En 1988 se inauguró el Anexo 282 de Bayamón, el Anexo de "seguridad máxima" en Guayama; y los "centros de detenciones" del Oeste y el regional de Bayamón. En 1989 la Asamblea Legislativa amplió las funciones y facultades de la Administración de Correcciones que, para el año fiscal 1989-1990 contaba con un presupuesto consolidado de $171,732,612.

[168] Durante los años 90 se inauguró una nueva institución *correccional* en Arecibo (1990); una nueva cárcel para "jóvenes adultos" y otra para mujeres en Ponce (1991); un Complejo Correccional en Río Piedras (1993); el Anexo 448 en Bayamón y otro en Ponce (1995); y tres "hogares de adaptación social" en Ponce (1991), en Arecibo (1995) y Humacao (1998). En 1997 empezó a operar el Hospital Psiquiátrico y en 1998 empezaron a operar las "regiones correccionales" de San Juan, Ponce, Mayagüez y Bayamón.

[169] En 1995, dos establecimientos carcelarios ("centros correccionales") empezaron a operar bajo administración de empresas privadas en Ponce; y otra

La política represiva y punitiva del Estado siguió operando sin miramientos en el curso de los años subsiguientes e intensificándose progresivamente la severidad de las penas. Además, las enmiendas a las leyes penales tendían a multiplicar las tipificaciones delictivas, desembocando consecuentemente en un acelerado aumento de la población penal y de los gastos del Estado para el sostenimiento de su inmenso sistema carcelario. Según los informes del Departamento de Corrección, el presupuesto asignado para el año fiscal de 1984-85 fue de $47,830,000; y para el de 1989-90 había ascendido a $171,732,612. En 1991, la población penal encarcelada era 11,238 y la proporción de convictos en las cárceles de la Isla se calculó en 315 por cada 100,000 habitantes.

En 1986 la Asamblea Legislativa inició un proceso de revisión del Código Penal de 1974, y en 1992 presentó un *nuevo* proyecto de reforma.[170] Por condiciones políticas de la época, el proyecto fue engavetado. Durante el proceso, el entonces secretario de Justicia presentó un cuadro "dramático" del estado de situación del "Derecho Penal puertorriqueño". Hasta la fecha (1993), además de las tipificaciones delictivas contenidas en el Código Penal de 1974 y sus adiciones, existían dispersas entre los numerosos tomos de *Leyes de Puerto Rico* más de 180 delitos graves, que estaban en vigor y duplicaban la cantidad de delitos integrados al Código Penal vigente. Además, en adición existían otros 700 delitos menos graves también vigentes. Hasta entonces "la legislación penal *no contenida* en el Código penal es aproximadamente cuatro veces mayor." Según el cálculo -sin contar la legislación penal federal aplicable a la Isla- en Puerto Rico rigen más de 1,100 delitos.[171]

Ese mismo año, el Gobierno operó una nueva *reforma* administrativa del sistema penal[172], pero dejando inalterada la

---

cárcel privada en Guayama (Correctional Corporation of America), con 1000 reos. En 1997 inició su negocio una cárcel privada en Bayamón (Wackenhut Corporation of America)

[170] P. del S. 1229; 3 de febrero de 1992.

[171] Pérez Díaz, Jorge E.; Ponencia del Secretario de Justicia sobre la reforma del Código Penal de Puerto Rico (P. del S 1229); *Revista Jurídica Universidad de Puerto Rico*; Vol. 62; Núm. 2; 1993.

[172] El Departamento de Corrección y Rehabilitación (DCR) fue creado bajo el Plan de Reorganización Núm. 3, 9 de diciembre de 1993. Su misión:

política carcelera del Estado. En 1995, la población penal encarcelada era 11,810 y para 1998 había aumentado a 14,876. El presupuesto asignado para el año fiscal de 1998-99 fue de $306,000,000. Para el año de 1999, El Departamento de Corrección y Rehabilitación (DCR) contaba con doce instituciones carcelarias[173] y numerosos programas complementarios. A la fecha, la población penal en la Isla ascendía a 33,856 (16,013 encarcelados y 17,843 reos cumpliendo sentencias en programas fuera de la cárcel). Desde la aprobación del Código Penal de 1974 hasta 1999 la población penal aumentó dramáticamente. Para 1999 se registraron 23,421 confinados más que en 1975. Para el año 2000, aunque el número de la población penal encarcelada era relativamente menor que la del año anterior (14,691), la proporción de condenados en prisión por cada 100,000 habitantes ascendió a 384.[174]

Reforma penal de 2004

A mediados de 2004, la Asamblea Legislativa de Puerto Rico derogó el Código Penal regente desde 1974 y aprobó la adopción de un *nuevo* Código Penal.[175] La razón central que justificó el *nuevo* proyecto de "reforma" penal fue, en esencia, la misma que justificó la derogación del Código Penal de 1902 y la consecuente adopción del Código Penal de 1974, ahora derogado. Según la Exposición de Motivos de la Asamblea Legislativa (P. del S. 2302 / Ley 149 de 2004), el Código Penal de 1902 "constituyó una

---

"estructurar, desarrollar y coordinar la política pública del Estado Libre Asociado de Puerto Rico sobre el sistema correccional y la rehabilitación de la población correccional."

[173] Hasta 1999 estaban en funcionamiento instituciones carcelarias ("correccionales) en Aguadilla, Arecibo, Bayamón, Carolina, Cayey, Fajardo, Guayama, Humacao, Ponce, Rio Grande, San Juan y Vega Baja.

[174] Según informes del International Centre for Prison Studies (http://www.prisonstudies.org) Es preciso advertir que las cifras, proporciones y demás datos estadísticos oficiales sobre la población penal en la Isla son inexactos. Incluso los informes anuales publicados por la Administración de Corrección y Rehabilitación - por error o conveniencia- cambian arbitrariamente.

[175] Código Penal del Estado Libre Asociado de Puerto Rico / Ley Núm. 149 de 18 de junio de 2004 (P. del S. 2302)

transculturación jurídica mediante la incorporación festinada de disposiciones ajenas a nuestros valores, costumbres y realidad social"; y a pesar de los ajustes realizados por la jurisprudencia insular y el cuerpo legislativo, el Código Penal de 1974 "no logró establecer una base criminológica precisa y articulada, dejó de incorporar tendencias penológicas de la época y mantuvo disposiciones que se habían insertado en nuestro ordenamiento legal provenientes del extranjero en conflicto con nuestra tradición y cultura jurídica."

En el curso de casi tres décadas que antecedieron la *reforma* penal de 2004 fueron aprobadas doscientas enmiendas, que "se caracterizan por un marcado aumento en el catálogo de los delitos y de las penas". Según el informe, estas enmiendas se aprobaron "en forma apresurada" y las enmiendas a los delitos y las penas "tampoco han sido cónsonas con la realidad criminal o penitenciaria." El texto legislativo enfatizó que "las penas que están en vigor, tanto en el Código Penal como en las leyes especiales, no son reales" y que "las penas legisladas no guardan proporción con la severidad relativa de los delitos." En base a estas críticas, el *nuevo* Código Penal debía, entre otras consideraciones, ajustar sus disposiciones en conformidad a "nuestra tradición y cultura jurídica", a las "condiciones y necesidades de este siglo", y garantizar la *proporcionalidad* entre los tipos delictivos y las penas.

Según los alegatos del cuerpo legislativo, gran parte de las enmiendas previamente aprobadas respondía a las precarias condiciones fiscales del sistema carcelario y en particular al problema económico que le representaba las recurrentes multas federales. El problema medular –desde la perspectiva punitiva predominante en el cuerpo legislativo y la jurisprudencia insular- era que los convictos no cumplían la totalidad de las sentencias dispuestas por las leyes, ocasionando "una diferencia abismal entre la pena impuesta al convicto y la pena que realmente se cumple."

Al margen de la *crisis* fiscal del Estado, las condenas penales de los reos ya no podrían ser reducidas automáticamente para paliar las multas por hacinamiento carcelario. Acentuando el fin político de "restituir la confianza pública en su sistema penal", el *nuevo* proyecto de reforma dispuso que "el sentenciado cumplirá la pena impuesta por el tribunal." No obstante, para atender la incapacidad estructural del sistema carcelario, anunció la ampliación de los "tipos de pena" que podría imponer el tribunal, "en cumplimiento del deber constitucional de promover la rehabilitación del convicto".[176]

Asimismo, el texto de la ley acentuó la adecuación estructural y práctica de la reforma con los principios constitucionales de "legalidad y proporcionalidad de las penas"; encomió la *precisión* y *claridad* del lenguaje y la redacción del *nuevo* Código Penal, que "suprime lagunas existentes que crean dudas y conflictos de interpretación", y viabiliza el *respeto* a las leyes a la par con los esfuerzos de *prevención* de la criminalidad. La finalidad del castigo siguió siendo esencialmente la misma que en los códigos precedentes: La prevención de delitos y la protección de la sociedad; el castigo justo al autor en proporción a la gravedad del delito y a su responsabilidad; la rehabilitación moral y social del convicto; la justicia a las víctimas de delito. (Art.47)

Al pie de los ajustes estructurales (retóricos, fiscales y burocráticos) -anunciados en el proyecto de reforma penal de 2004- el objetivo político explícito era hacer creer a la ciudadanía que existe un Derecho Penal "puertorriqueño" y que éste representa "los valores comunitarios"; que el Código Penal *reformado* "establece un sistema justo y racional de sentencias" y que las correlativas prácticas penales, además de servir de instrumento de "afirmación de nuestros valores", contribuyen a *prevenir* la incidencia criminal y, a la vez, la *rehabilitación* de los condenados.

Más allá de la demagogia nacionalista y la retórica pomposa, ingenua e ilusoria de las aspiraciones confesadas por la Asamblea Legislativa, el objetivo político de la *reforma* del discurso penal del Estado siguió siendo el de reforzar la maquinaria de subyugación ideológica al imperio de la Ley, y modular las condiciones de gobernabilidad general a tono con los imaginarios requerimientos de época. La nueva *reforma* penal de 2004 –*asesorada* por "expertos y tratadistas" locales y extranjeros- no solo privilegió de manera explícita el primitivo enfoque punitivo que caracterizó las reformas penales anteriores sino que, además, reprodujo las tipificaciones delictivas de los códigos penales *derogados*.

Recién aprobado el *nuevo* Código Penal, la Asamblea Legislativa decreto más de treinta "leyes especiales" con sus

---

[176] Además, anunció un procedimiento "nuevo" que autoriza al Departamento de Corrección y Rehabilitación a "certificar que el recluso está rehabilitado y es elegible para reincorporarse a la comunidad sin riesgo para la sociedad."

respectivas penalidades.[177] Entre ellas, decretó una ley que reiteraba el mandato constitucional de 1952, que disponía proveer "tratamiento adecuado de los delincuentes para hacer posible su rehabilitación moral y social".[178] Como preámbulo de la nueva legislación y en consonancia con los lineamientos ideológicos de la reforma penal de la época, el cuerpo legislativo recalcó "la necesidad urgente de transformar la política correccional como componente fundamental de un sistema de justicia criminal que también ha fracasado estrepitosamente." Acentuando el fracaso general del sistema de justicia y de la política correccional -en base a estudios recientes y el *juicio* de peritos en sociología y criminología- el texto introductorio de la ley insistió:

"No puede soslayarse por más tiempo que las estrategias implantadas en Puerto Rico desde el 1974 hasta el presente, en lugar de prevenir o reprimir la comisión de delitos, parecen reproducir o fomentar la criminalidad."

Omite el cuerpo legislativo, sin embargo, que la criminalidad es producto de la Ley y que la proliferación de prohibiciones, tipificaciones delictivas y legislaciones penales es el detonante principal del incremento progresivo en las estadísticas criminales. Además, la política estatal de "guerra contra las drogas" seguía siendo para entonces la condición matriz de la mayor parte de violencias callejeras e ilegalidades que desembocaban automáticamente en los tribunales e inundaban las cárceles del país.[179] Esta realidad parece ignorarla el cuerpo legislativo, aún cuando advierte explícitamente que entre 1974 y 2004 la población penal encarcelada había aumentado de 4,000 a 15,418, y a la fecha existían 21,836 condenados cumpliendo sentencias fuera de las instituciones carcelarias.

---

[177] Leyes Especiales que complementan la Reforma Penal (Ley Núm. 149 de 18 de junio de 2004)

[178] Ley del Mandato Constitucional de Rehabilitación (Ley Núm. 377 de 16 de septiembre de 2004)

[179] Sued, Gazir; *El espectro criminal: reflexiones teóricas, éticas y políticas sobre la imaginería prohibicionista, las alternativas despenalizadoras y el Derecho en el Estado de Ley*; Editorial *La Grieta*, San Juan, 2004.

Desde la creación de la AC en 1974 hasta su reforma en 2004[180] -al margen de los pleitos legales en el Tribunal Federal por hacinamiento y del inmenso número de demandas en los tribunales locales por maltrato a los confinados- el número de instituciones *correccionales* aumentó de quince a cuarenta y ocho, incluyendo las que operaban bajo administración del sector privado. Según los informes del Gobierno, el presupuesto asignado para el año de 2004 fue de $376,640,000. En 2007, la población encarcelada había aumentado a 15,058 y el presupuesto para ese año ascendió a $452,542,000. Para el año de 2011 el promedio de la población penal en las cárceles de la Isla había disminuido a 11,750 y, dentro del marco de una *nueva* reforma del DCR[181], el presupuesto asignado se elevó a $520,560,000.

Durante este periodo el Gobierno insular y su cuerpo legislativo, por iniciativa propia o por presión federal, crearon nuevas tipificaciones delictivas, reforzaron la mentalidad carcelaria e intensificaron la severidad de las penas. En base a las estadísticas oficiales y a pesar de la estrepitosa "inversión" de capital en el sistema penal de la Isla y sus programas de "rehabilitación", el objetivo de paliar "la criminalidad" no se estaba cumpliendo efectivamente. Aferrada a la primitiva ideología represiva y punitiva de la Ley, la clase política más influyente todavía parecía ignorar que la causa principal del *problema* "criminal" era la legislación existente que lo había creado. No obstante, el discurso estatal sobre lo criminal seguía cumpliendo otras funciones políticas, algunas ideológicas y otras, sin duda, económicas. El inmenso complejo carcelario de Puerto Rico y sus anexos "rehabilitadores", más allá de su carácter fraudulento, se habían convertido en una fuente de empleo segura para sus funcionarios, empleados y profesionales, a la vez que en ingreso de capital permanente para las empresas contratadas...

---

[180] Ley Orgánica de la Administración de Corrección (Ley 315 de 2004)

[181] La Ley de Reorganización y Modernización de la Rama Ejecutiva del Gobierno de Puerto Rico (Ley 182 de 2009) derogó la Ley Núm. 116 de 22 de julio de 1974 ("Ley Orgánica de la Administración de Corrección") y el Plan de Reorganización Núm. 3 de 1993, estableciendo el "Plan de Reorganización del Departamento de Corrección y Rehabilitación de 2011".

Reforma penal de 2012

El Código Penal de 2004 fue derogado y suplantado por una *nueva* versión en 2012.[182] En su *exposición de motivos*, la Asamblea Legislativa argumentó que la pasada *reforma* penal, aunque fue "un esfuerzo legítimo para reformular nuestro ordenamiento jurídico penal", desde sus inicios "tuvo deficiencias"; y a pesar de las sucesivas enmiendas, desde su aprobación fue *criticado* "porque se alejó de ser un instrumento de trabajo práctico para jueces, fiscales, abogados y policías"; porque varios de sus artículos eran "innecesariamente complicados"; y porque los *nuevos* artículos procedían de teorías penales y jurisdicciones foráneas "en conflicto con nuestra tradición jurídica", y eran "productos de doctrinas minoritarias muy criticadas." Aunque en lo esencial el poder represor y las prácticas punitivas del Estado fueron recicladas sin trastoques sustanciales en el Código Penal de 2004, el cuerpo legislativo alegó que se trató de introducir a *nuestro* ordenamiento jurídico penal una "nueva teoría jurídica del delito" que contrastó con la doctrina (ideología, filosofía y dogmática) previamente imperante, y que implicaba "alteraciones prácticas" en la administración de la política pública gubernamental y en los organismos que componen el sistema de justicia criminal (política institucional, reglamentos, etc.) La alegada confusión teórica e ideológica que suscitó la *reforma* penal de 2004 –según sostiene la Asamblea Legislativa- tuvo entre sus efectos decisiones judiciales "desacertadas", el "desequilibrio" del principio de igualdad procesal, y el entorpecimiento de los organismos investigativos y de los procesos penales. Además, "la falta de concordancia entre la legislación y su aplicación práctica" no solo reflejaba "la ineficiencia del ordenamiento" sino que provocó "una percepción social de inseguridad pública e impunidad" que dio lugar incluso a que las víctimas *tomasen* "la justicia por sí mismos".

Aunque el saldo general de la nueva *reforma* penal de 2012 no sería cualitativamente diferente al de las pasadas reformas, el proyecto de ley para el *nuevo* Código Penal se enmarcó en una retórica alarmista, aduciendo que existía una "desconfianza" generalizada en la administración de la justicia y que ésta degeneraba

---

[182] Código Penal de Puerto Rico / Ley Núm. 146 de 30 de julio de 2012 (P. del S. 2021)

en actitudes ciudadanas tales como "falta de sensibilidad, tolerancia a la criminalidad, apatía a colaborar, irrespeto, repudio y desobediencia a la autoridad pública." En este contexto, el Código Penal de 2004 no solo ha sido, desde su aprobación, inútil para "combatir la criminalidad" sino que, además, obstaculiza las condiciones de gobernabilidad del Estado de Ley.

Dentro de este cuadro de lamentaciones y calamidades, y como "resultado de un análisis de los valores sociales del presente histórico" y del "insumo de múltiples especialistas", la Asamblea Legislativa aprobó el *nuevo* Código Penal, al fin "realista" y "reflejo diáfano y genuino de los valores de la sociedad." A la par con el objetivo político de *restablecer* la confianza de la ciudadanía en *su* sistema penal, el cuerpo legislativo insular reiteró que el fin de la reforma en la legislación penal es "prevenir, controlar y reducir la incidencia de la actividad criminal", la imposición de un "castigo justo" a los delincuentes, y "la rehabilitación moral y social del convicto" (Art.49).

Más allá de la propaganda ideológica y la demagogia alarmista que englobaron el discurso reformista de la época, el *nuevo* Código Penal refrendó las mismas tipificaciones delictivas sin cambios sustanciales, y se incluyeron nuevos delitos y penalidades. La primitiva mentalidad punitiva se conservó intacta, y los reajustes estructurales y administrativos no trastocaron nada sustantivo en el orden del poder represor y penal del Estado. El principio constitucional de *rehabilitar* a los condenados siguió operando como eufemismo de la crueldad vengativa de la Ley, supeditado invariablemente a la mecánica inherente de la legislación penal. La condena a encierro carcelario (reclusión) siguió predeterminada por la sentencia del tribunal, y ésta delimitada de antemano por los términos dispuestos por el poder legislativo.

El año en que fue aprobado el nuevo Código Penal el promedio de la población penal encarcelada era 12,001, y el presupuesto consolidado del Departamento de Corrección y Rehabilitación para el año fiscal 2012-2013 fue de $500,646,000.

Economía política de la crueldad carcelaria

La lógica punitiva predominante en el Estado de Ley de Puerto Rico entrampa a sus cuerpos legislativos en una paradoja que se desenvuelve entre graves consecuencias económicas al erario público e implicaciones cada vez más dañinas y crueles para la población encarcelada. El texto constitucional de 1952 encargó a la Asamblea Legislativa la *responsabilidad* de "salvaguardar la vida, propiedad y seguridad" de la ciudadanía, y en base a este mandamiento de Ley y con miras a "prevenir, controlar y reducir" la incidencia criminal, el cuerpo legislativo insular ha decretado progresiva y acumulativamente un número extravagante de leyes penales, mandamientos y prohibiciones, produciendo en el acto *nuevos* tipos delictivos y sujetos criminales. Aunque todos los códigos penales que han regido en la Isla desde tiempos de la dominación colonial española hasta la actual condición de época, bajo el dominio colonial estadounidense, han preservado el grueso de las antiguas tipificaciones delictivas, el devenir de los siglos XX y XXI se ha caracterizado por la proliferación de nuevos tipos de delito y multiplicidad de racionalizaciones punitivas bajo el eufemismo de la rehabilitación. La preservación y creación de leyes penales implica la ilegalización y consecuente criminalización de prácticas sociales preexistentes que no eran objeto de la intervención represiva y punitiva del Estado. Muchas de ellas ni siquiera responden a problemas sociales reales sino a males imaginarios (como los relativos a la prohibición y "guerra contra las drogas") que cumplen funciones políticas e ideológicas radicalmente disociadas de los pretextos intervencionistas, a saber la protección de la vida, la propiedad y la seguridad de la ciudadanía.[183] No obstante, la tendencia –dentro del marco constitucional y la ideología represora y punitiva de la Ley- ha sido la de imponer sentencias carcelarias cada vez más severas y, a la vez, ampliar brutalmente los programas y establecimientos *rehabilitadores* como pena "alternativa" al encierro. Consecuencia directa de esta política ha sido el incremento vertiginoso de población penal, dispersa entre condenas de encierro carcelario y numerosos programas coercitivos, disciplinarios y (re)moralizadores del Estado. El aparatoso sistema

---

[183] Sued, Gazir; "Inconstitucional la Ley prohibicionista: Fin a la "guerra contra las drogas"; Ponencia presentada en el foro público *Crimen y Castigo en Puerto Rico*, celebrado en el Colegio de Abogados, miércoles 4 de noviembre de 2013. Publicado en Revista *80grados*, 20 diciembre de 2013. / Sued, Gazir; "El imaginario prohibicionista y la despenalización de la Marihuana"; Ponencia presentada ante la Comisión de lo Jurídico, Seguridad y Veteranos, del Senado de Puerto Rico, en las vistas públicas sobre el P. del S. 517; 11 de noviembre de 2013. Publicada en Revista *80grados*, 10 de octubre de 2013.

burocrático que integra el sistema penal en la Isla continúa drenando al erario público. A pesar del histórico fracaso de la ideología penal, de la crueldad inherente a la política carcelera del Estado y del gran fraude del negocio de la rehabilitación, la clase gobernante de Puerto Rico se mantiene firme en preservarlos y sostenerlos. En 2013 la población penal encarcelada era 12,611, y el presupuesto asignado a la Administración de Corrección y Rehabilitación sumaba $440,584,000. En 2014 la población encarcelada era menor, 10,650, pero el presupuesto para el año fiscal 2014-2015 ascendió a $454,330,000.

Según informes oficiales el costo diario de un recluso oscila diariamente entre $75 y $80 diarios, de lo que se estima un gasto aproximado de $40,000 al año por cada reo del DCR. El orden de prioridades del Gobierno queda puesto en entredicho nuevamente si se compara con la inversión anual en cada estudiante del sistema de educación pública, que apenas es de $4,000. Además, los costos de la población confinada *envejeciente* (mayor de 60 años) pueden ascender a los $100.000 por año. Según informes del cuerpo senatorial, los indicadores de envejecimiento son diferentes en la población encarcelada, a consecuencia del estrés psicológico y físico asociado a la vida en prisión, que conlleva "mayores riesgos de enfermedades y padecimientos de salud, como artritis, hipertensión, perdidas de audición o visión y demencia" y, a la vez, acarrea una pesada carga económica para el Estado.[184]

Considerando la prolongada crisis fiscal del Gobierno de Puerto Rico, la contundente evidencia histórica del fracaso de la política penal-carcelera del Estado, y el carácter fraudulento del discurso rehabilitador, quedan bajo sospecha las motivaciones políticas e intereses económicos que todavía ejercen influencias decisivas a favor de la preservación y aún del agigantamiento del sistema penal en la Isla. Incluso mirando el asunto desde una perspectiva global y reconociendo que la primitiva ideología represora y punitiva es un rasgo compartido en todos los estados de Ley del planeta, la situación de Puerto Rico no deja de ser preocupante. Ya por su estrecha relación jurídico-política con Estados Unidos, que es la principal potencia carcelera del mundo; o ya porque comparada la Isla con el resto de las naciones de los

---

[184] P. del S. 487 (17ma Asamblea Legislativa. 1ra Sesión Ordinaria) 21 de marzo de 2013.

cinco continentes, ocupa la posición número 30, en proporción de 311 presos por cada 100.000 habitantes.[185]

Previo a su renuncia a inicios de 2015, el entonces secretario del DCR, el ex-juez José R. Negrón, *alertó* en los medios (in)formativos sobre una previsible escases de espacios carcelarios en 2016. El plan para lidiar con la situación consistía en estrechar vínculos del DCR con el sector privado y construir nuevas cárceles. El objetivo –conforme a las disposiciones de la Ley- siguió siendo la custodia y rehabilitación "de todos los ofensores y transgresores del sistema de justicia criminal del País."

Apuntes finales

La institución carcelaria es residual anacrónico de las mentalidades que han dominado la sádica imaginería penal de los estados de Ley, en todas partes y en todos los tiempos. Puerto Rico no ha sido la excepción. La primitiva ideología represiva, punitiva y carcelera que moldea el Derecho Penal "puertorriqueño" entorpece las posibilidades de abordar de manera alternativa la cuestión de lo criminal y de atender efectivamente las aspiraciones ciudadanas de seguridad y justicia social, condensadas entre los preceptos humanistas de los derechos políticos constitucionales. El desconocimiento de la historia política del Derecho Penal y sus estrechos vínculos con la vida social, singular y colectiva, es una condición agravante de los obstáculos intelectuales para comprender y lidiar con el asunto de lo criminal y las paradójicas políticas estatales que lo han acaparado históricamente. La repetición acrítica de la literatura jurídica y variantes políticas, filosóficas y religiosas e incluso científico-sociales, que tratan el tema en base a la primitiva creencia en que la potestad represora y punitiva del Estado es condición *natural*, inherente e inalienable, de la vida social, refuerza las dificultades de una práctica teórica radicalmente alternativa.

Además de los intereses económicos que circulan en torno al negocio carcelario y sus sucursales rehabilitadoras, la creciente dependencia económica de un amplio sector poblacional en la existencia de las instituciones penales también entorpece las gestiones alternativas. El salario de la fuerza laboral empleada por el

---

[185] International Centre for Prison Studies (http://www.prisonstudies.org)

sistema penal del país depende en gran medida de no cuestionar a su empleador, y quienes más ganan menos vacilan en legitimarlo y defenderlo incondicionalmente. Esta lógica es característica de todas las sociedades capitalistas contemporáneas y sus respectivos estados de Ley, y el sistema penal es uno de sus principales soportes preservativos.

La realidad entrenzada en la ideología y prácticas del sistema penal es todavía más compleja y tiene infinidad de ramificaciones que no pueden reducirse a los criterios mencionados. No obstante, la evidencia histórica del fracaso del castigo en general y de la pena carcelaria en particular como garantes de la seguridad, de la convivencia ciudadana y la justicia social, es contundente. También la evidencia histórica demuestra el carácter fraudulento del discurso rehabilitador, que opera como el principal eufemismo ideológico legitimador de la primitiva potestad punitiva del Estado, de la naturaleza vengativa de la Ley y de la crueldad carcelaria.

Incluso desde una perspectiva institucional conservadora, las estadísticas oficiales evidencian la impotencia histórica del sistema penal para cumplir sus objetivos políticos y materializar sus promesas retóricas. Las mismas críticas sobre el estado de situación del sistema de justicia e instituciones penales que hicieron las autoridades federales tras el derrocamiento del gobierno español en la Isla a finales del siglo XIX e inicios del XX, se repitieron casi textualmente en los informes de sentencia de los tribunales federales en la década de los 80. A pesar del progresivo agigantamiento del presupuesto asignado al sistema penal y a sus programas rehabilitadores, todavía se reproducen cotidianamente las mismas prácticas de maltrato físico y emocional; y la cuantiosa inversión de capital en medidas de seguridad interior no han impedido la continuidad de las violencias en las instituciones penales, el contrabando, la drogadicción, las fugas y los suicidios.

Casi los mismos argumentos que justificaron la reforma del código penal de 1902 fueron reciclados para justificar la secuela de *reformas* hasta el presente. No obstante, la evidencia histórica demuestra que los índices de criminalidad están directamente ligados a la creación de leyes penales; que el objetivo intimidatorio de las penas siempre ha sido especulativo y que la amenaza de castigos nunca ha tenido los efectos disuasivos imaginados; que las mismas tipificaciones delictivas se han preservado en el devenir de los tiempos y las personas no por ello han dejado de delinquir; que el acrecentamiento en la severidad de las penas tampoco mitiga la voluntad que mueve los actos delictivos y, sin embargo, constituye una práctica de abuso de poder y crueldad.

La pena carcelaria es cruel en sí misma, y ninguna teoría criminológica o *penológica* justifica intensificar los suplicios existenciales de los condenados. Incluso desde la propia perspectiva institucional la práctica carcelaria se ha evidenciado contraproducente al proyecto *rehabilitador* y, además, radicalmente antagónica a sus principios formales. De una parte, el fenómeno de la "reincidencia" en la actualidad, que asciende a cerca del 50% - según informes oficiales- evidencia su inefectividad. De otra, ya cumplida la sentencia, el número de ex-convictos que no vuelve a delinquir no puede acreditarse a la rehabilitación excepto como propaganda institucional. Los perfiles estadísticos del DCR - superficiales, insuficientes e inexactos- reflejan la negligencia generalizada de la administración de instituciones penales para ofrecer "servicios" de *rehabilitación*, principalmente los relativos a opciones laborales y académicas. A este respecto, la realidad institucional contemporánea es similar a la revelada en los informes de sentencia en la demanda federal de 1979, que evidenciaron la discordancia radical entre el estatuto constitucional de 1952 y la realidad cotidiana en las cárceles del siglo XXI.

Asimismo, el discurso de la "rehabilitación" ha sido objeto de numerosas modulaciones retóricas desde el siglo XIX y, no obstante, siempre ha sido parte integral del castigo carcelario impuesto por legislación penal y sin guardar relación alguna con sus contenidos, mandamientos y prohibiciones, también variables históricamente según la racionalidad penal dominante en los cuerpos legislativos. La Ley crea el delito e impone la pena, sus gradaciones de severidad y el tiempo de la condena. En la actual condición de época, en la que predomina el modelo de *rehabilitación* "terapéutica" como matriz ideológica del Derecho Penal, el sujeto de la pena sigue siendo estigmatizado para hacerlo encajar dentro de los programas -generales e "individualizados"- de modificación de conducta y moldeamiento de personalidad. Sin embargo, si se deroga la legislación penal, ese mismo sujeto, automáticamente, deja de ser "delincuente" y en el acto se revelan fraudulentas todas las argumentaciones que hasta entonces justificaban "rehabilitarlo". Así pasó, por ejemplo, en los tiempos en que se condenaba por los delitos-pecados de brujería y herejía y por el crimen "contra natura"; y cuando se criminalizaba a los usuarios, productores y mercaderes de alcohol bajo el régimen prohibicionista. La mayor parte de la población penal sigue siendo estigmatizada por usar o comerciar con drogas ilegalizadas, y el negocio de la rehabilitación lo consiente a conveniencia. Todavía incluso el derecho de la mujer sobre su cuerpo y potencia reproductiva sigue siendo un delito en el Código Penal vigente, y una mujer que se practique un aborto fuera de las regulaciones prescritas es considerada criminal y, si condenada, también se hace objeto de rehabilitación moral. Asimismo el comercio sexual consentido entre adultos, como la prostitución, sigue proveyendo "clientela" al negocio rehabilitador.

Del perfil estadístico de la población penal puede inferirse que son falsas las premisas de que los *problemas* de "conducta delictiva" tienen raíces en la condición de clase, la falta de adoctrinamiento religioso o la carencia de educación académica.[186] No obstante, todavía la mayor parte de la población penal encarcelada cumple sentencias sin acceso a opciones educativas de calidad. La educación en las cárceles no es reconocida como un derecho fundamental; a las minorías *privilegiadas* de entre los reos que participan de los escasos programas académicos se le reconoce como "privilegio"; y la administración penal lo concede o lo quita arbitrariamente y lo justifica como medida disciplinaria reglamentada. El cuadro general, en este aspecto, tampoco es cualitativamente diferente al presentado en los informes judiciales de los años 80. La institución carcelaria en la actual condición de época sigue arraigada en una primitiva mentalidad represiva y vengativa que contradice, entorpece y hasta imposibilita la finalidad *educativa* en sus recintos. Desde una perspectiva pedagógica humanista, castigar en vez de educar sólo acrecienta el sufrimiento, deshumaniza y enferma. La anacrónica constitución de las instituciones carcelarias destruye el propósito *pedagógico* prometido por el discurso y propaganda de la rehabilitación, y en la práctica sabotea sistemáticamente las iniciativas educativas; su lógica disciplinaria-punitiva suplanta la educación por tormentos de aburrimiento; y la represión institucional sólo satisface, si acaso, la voluntad vengativa de la Ley y la psiquis sádica de la autoridad carcelera...

---

[186] Sued, Gazir; "Del Derecho Penal y la (sin)razón carcelaria", Revista *80grados*, 15 de noviembre de 2013.

Tercera Unidad

Antología de artículos periodísticos e investigativos
(2003-2015)

La alternativa despenalizadora:
una reivindicación democrática[1]

Se avecinan tiempos de contiendas electorales y los partidos políticos ya han sacado algunas de sus cartas más vistas a jugar. El tema de la criminalidad en Puerto Rico sigue siendo un As imaginario de cada uno de los contendientes. Estas pasadas semanas los medios del país cubrieron las primeras jugadas de cada partido. Los más retrógrados ya han expresado sus inclinaciones a favor de la militarización de la mano dura y, por lo demás, se han limitado a repetir los mismos prejuicios sobre los que se han sostenido los programas de gobierno durante las últimas décadas. Los menos conservadores se han limitado a traer una crítica sutil o demasiado tímida para la que amerita la terrible naturaleza del problema de las drogas en Puerto Rico, que es, en primer lugar, el problema de la prohibición legal. Ni una sola promesa es nueva como tampoco son nuevos los reproches retóricos entre adversarios, pero a la larga el encadenamiento de sus efectos concretos seguirá siendo insufrible para todos. Creo que coincidiríamos en que el tema de las drogas ilegales es un tema que debe ser tratado de otro modo, diferente a como lo tratan los sectores más conservadores y dominantes en los gobiernos locales e internacionales. Incluso de manera radicalmente diferente a como lo entienda la mayor parte de nuestro pueblo, que en su momento rendirá un cheque en blanco a sus preferencias partidistas y convertirá en "democráticas" sus habituales políticas, aunque éstas no sean, de hecho, más que secuelas de las mismas prácticas de sus habituales violencias y crueldades. He escrito, aprovechando mis insomnios, dos breves artículos que intereso poner a correr suerte en el espacio del debate público, con ánimo de aportar a lo que considero, más que un debate urgente en estos tiempos, una postura impostergable a la que ir dando forma política concreta: la despenalización de las drogas ilegales...

La política de mano dura ha fracasado, y deja por saldo más problemas de los que resuelve. Esto es un hecho que vale tanto para Puerto Rico como para el resto de las naciones del mundo que han suscrito las torpes políticas de la represión para lidiar con las mil realidades sociales que se desenvuelven bajo el signo espectral de la criminalidad. Trataré un ejemplo: La desarticulación de los puntos de drogas por los operativos policiales tiene tanta efectividad como la que

[1] **"La alternativa despenalizadora: una reivindicación democrática"**, *Claridad*, 02 al 8 de octubre de 2003.

tiene para quien quiere acabar con las molestias de las hormigas patear sus hormigueros. "Desarticular" no puede ser interpretado ilusamente como "acabar con", sino todo lo contrario. Ahora, en lugar de poder identificar unos focos precisos donde se condensaba en mercados locales, puntos en comunidades, el mercado callejero de las drogas se riega por todos los recovecos de la ciudad y se desparrama incontenibleemente en todas las zonas impenetrables por la moralidad caduca de esta vieja Razón de Estado. Ahora se multiplican las ventas e incluso mejoran sus servicios a la clientela, que a pesar de la "inteligencia" de los gobiernos no ha mermado ni un ápice desde que éstos tuvieron la extraña idea de prohibirlas. Así como las hormigas pateadas de sus hormigueros, estas personas desplazadas de sus espacios siguen extendiéndose por debajo de la tierra, pero también en la superficie cotidiana de la vida social. Se equivocan los gobiernos si creen que con ponerles encima periódicos empapados de promesas electorales van a debilitar sus movimientos, su naturaleza, que es idéntica a la de cualquier otro mercado en ánimo de lucro: continúa practicando sus habituales modos de sobrevivencia, perfeccionando artimañas y adecuándose constantemente a las condiciones de sus existencias.

Es de conocimiento popular que cuando a un niño se le prohíbe comer dulces, muy posiblemente irá a comerlos a la casa de su vecino, y que los padres nunca lo sabrán, o simplemente creerán que está entretenido en videojuegos y que sólo toma leche para merendar. Pero también es ya psicología de supermercado el hecho contradictorio que puede tener una prohibición rotunda, por más razonables que pudieran ser sus fundamentos. Muy posiblemente la gente aprenda de muy joven antes a mentir a sus padres que a internalizar las razones de sus negaciones, y eso es para todos sabido, y si no, un secreto a vivas voces. El consumo de drogas ilegales es parte de la cultura global, y como cualquiera de sus mercados, tiene garantizado sus usuarios por suertes que ningún Estado puede controlar en definitiva. Pertenece al registro de las prácticas culturales milenarias y los hechos de sus prohibiciones no han tenido nunca por efecto ni siquiera mantenerlo a raya. Mil palabras pueden jurar lo contrario, pero su efecto invisibilizador lo será sólo en apariencia. Pues se trata de una verdad que se vive a diario en la transparencia de las propias estadísticas policiales, que cuando dicen todo lo que han "desarticulado", dicen entre sus líneas y de inmediato todo cuanto les es imposible contener entre sus "duras manos". No se trata de asumir una postura derrotista ante el fenómeno de las drogas, sino de asumirlo en toda su complejidad, como una realidad social que trasciende las maneras como los gobiernos acostumbran a dar cuenta de ello. La guerra contra las drogas es una guerra librada contra un fantasma cultural, y su cuerpo no se materializa sólo en los puntos desmantelados, ni en los arrestos y confiscaciones; ni siquiera en los que más sufren los embates de la dependencia. Todo un modo de entender el mundo se concentra ahí, en las razones paternales sin mayores fundamentos que "buenas intenciones sociales" o "responsabilidad pública", pero que tienen por efecto incrementar terriblemente los males que pretenden combatir. Las redadas, los arrestos, las intimidaciones, los espectáculos militares, nada de ello ha tenido por saldo disminuir el mundo de las drogas ilegales. Enriquecer a los más poderosos y desentendidos, contribuir a las condiciones para la articulación de redes de violencias desmedidas, corrupciones, chantajes, entre tantos males, es lo que ha dejado a su paso la política de mano dura. Sólo los programas de educación, diseñados sensiblemente para estimular otras alternativas, podrían tener un efecto disuasivo efectivo. Pero nunca las medidas represivas, que sólo engendran mayores violencias y crueldades...

Ya es tiempo de hablar de la historia de la prohibición en Puerto Rico, de reflexionar sobre ella y de pasarnos la cuenta, como pueblo, por todos los muertos que han quedado en sus caminos. Es la ilegalidad de las drogas la mayor responsable de las violencias y crímenes que el Estado registra en sus memorias. Hoy, y ya desde hace demasiado tiempo, se repite la historia sangrienta en que se prohibía el consumo y la distribución del alcohol. Y no fue una derrota moral admitirle derecho de ciudadanía en la legalidad, sino, si acaso, una gran victoria moral, pues la ley, esta vez, puso en manos de la ciudadanía la responsabilidad de decidir por cuenta propia sobre ese detalle en sus vidas. ¿Por qué no seguir siendo consistente con esta medida? ¿Por qué no tratar de convencer con razones sensibles en lugar de pretender vencer con razones de fuerza? Y en todo caso, ¿por qué no despenalizar las drogas hoy ilegales, todas, y concentrar esfuerzos, si acaso, en hacer de la vida diaria un tiempo de mejor condición para vivirla?

Es un error garrafal insistir en meter bajo la etiqueta "criminalidad" todos los problemas que pretende representar. No se pueden acallar los gritos de angustia de tanta gente con meras promesas de campaña electoral. Pues no hay promesa de mano dura que no lleve la certeza de que su dureza traerá consigo más muertes que las que promete evitar. Más poco probable es que se pueda apelar al entendimiento de un niño con amenazas y castigos que con buenas razones, caricias y ternuras. Así sucede con las cuestiones de las drogas.

Y no se trata de tratar como a un niño a un ciudadano adulto, sino de recordar permanentemente que son siempre seres humanos, muchas veces vecinos, conocidos, familiares o amigos, y no habría por qué permitir rebajarlos a la etiqueta de "enemigos de la sociedad". Es una ética de convivencia social lo que está puesto en juego cuando el Estado renuncia a las razones sensibles y pone en su lugar amenazas y puniciones.

Nunca deja de ser un chantaje moral la razón que lleva a sus espaldas la amenaza de un castigo. Asimismo, cuando la Ley trata de convencer de los favores que representa y los privilegios que tiene a su cuido, pero recuerda que de no ser obedecida retendrá para sí la libertad de un ciudadano, no deja de ser nunca, además de un chantaje moral, un hostigamiento psicológico. Cuando se obedece por temor a una represalia no se es libre, y un derecho democrático de primer orden es el de pensar por sí mismo. Pensar, no sobre las consecuencias legales de usar o no usar alguna droga, sino sobre los efectos que éstas tienen sobre el propio cuerpo, sobre su persona y sus semejantes. Promover una ética de la responsabilidad social en lugar de aterrorizar con viejos prejuicios es a lo que deberían apuntar esfuerzos los programas de cualquier gobierno. Y una ética semejante no puede estar basada sino en el reconocimiento del derecho de una persona a decidir sobre su propio cuerpo, ya para bien o ya para mal.

Las consideraciones morales y religiosas sobre este tema no tienen por qué congeniar con las lógicas represivas del aparato estatal. A todas cuentas, ¿en qué se diferenciaría una moral o una religión de un despotismo si la base de sus planteamientos fuera siempre una amenaza de castigo? Si el miedo al castigo de la Ley es la razón primera para abstenerse del consumo de drogas, ¡qué frágil debe ser la voluntad de los abstemios! Y si la fuerza de la voluntad en nuestra sociedad es principalmente el miedo al castigo, ¿cuán democrática es en realidad esta sociedad? Si favorecemos sin reservas ni condiciones las promesas de aumento desmedido en las fuerzas policiales y la inversión multimillonaria en sofisticar sus equipos punitivos -tal y como lo hacen ahora los principales partidos políticos- ¿qué estamos favoreciendo realmente? Sin duda, la violencia como la justa medida para resolver cuestiones que, en esencia, poco o nada se resolverán de esta manera. La política de mano dura ha fracasado, y corresponde a los aspirantes a ocupar cargos de gobierno admitirlo y actuar de otro modo.

La propuesta despenalizadora es la alternativa más cónsona con un proyecto radicalmente democrático, pues la base esencial de su fundamento reside en el reconocimiento del derecho de cada cual sobre su propio cuerpo y espíritu, sobre las ilusiones de su propia mismidad, su conciencia y su sentido moral de responsabilidad para consigo mismo y para su comunidad. En el lenguaje jurídico, es la clave del derecho constitucional, basada en el principio de que la dignidad del ser humano es inviolable. La negación al ejercicio pleno de este derecho es una afrenta a la dignidad y a sus correlativos principios de libertad individual. Urge un proyecto de Ley que erradique la prohibición de las drogas ilegales basado en estos principios de derecho democrático. Urge activar un discurso desmitificador y uno simultáneo que se oriente en los principios de la educación y no en la represión. Y no se trata de dar voz a los prejuicios culturales, que a la larga pueden ser mayoría numérica pero que en esencia se traducen en las mismas injusticias, crueldades y demás violencias que pretenden combatir. La base inmediata es el reconocimiento de un fracaso de la política de mano dura, de una derrota en la guerra contra el crimen, porque era una guerra imaginaria aunque con efectos devastadores muy reales; inventada por las mentalidades punitivas de los gobiernos y de los privilegiados por los favores de sus prohibiciones...

Que los gobiernos traten al pueblo como si se tratara de un niño pequeño es una práctica que debe avergonzarnos antes que dar motivo a enaltecer. De todos modos, me inclino a pensar que cuando un gobierno dice que castiga porque ama a su pueblo, tal y como un padre castiga porque ama a su hijo, es un modo muy sutil de decir otra cosa: que somos niños porque creen que somos idiotas. Pero a la vez, no me atrevería a negar que quizás se trate de un amor genuino de los gobernantes para con quienes creen sus súbditos, para con nosotros todos, la ciudadanía. Creo prudente recordar que, en todo caso y por lo que pueda valer, hay amores que de tanto amar matan...

El problema de lo criminal:
más allá de las drogas[2]

...sería más que una ingenuidad política una torpeza creer que la política pública-criminal del actual partido de gobierno ha dado un vuelco radical hacia la Mano Dura, que en la recta final ha cedido a los chantajes del partido adversario o que, en fin, ha incurrido en una práctica *nueva* al dar rienda suelta a la Guardia Nacional para "combatir la criminalidad". ¡No! Que nadie se confunda: la Mano Dura ha sido desde siempre la misma política pública de todos los gobiernos en los estados de Ley, equívocamente llamados de Derecho. Aunque la misma varíe entre mil retóricas y demagogias, en esencia, se trata de una misma política que tiene el principio de la represión como matriz de todas sus actuaciones, y la prohibición de las drogas sigue siendo la excusa por excelencia de sus más violentas intervenciones. Puerto Rico, enmarañado bajo el poderío imperial del siempre todavía, atestigua a diario el mismo secreto harto sabido y vociferado por todos: que las intolerancias y prejuicios de sus gobiernos se convierten día a día en infinidad de crueldades; que la fuerza bruta que las materializa sigue dejando el mismo saldo mortal en ascendencia incontenible; que la política punitiva, vengativa y penal se traduce inevitablemente en los lenguajes del desprecio a la libertad y dignidad de cada existencia singular; que el Derecho se confunde entre los cuentos más risibles de la voluntad inmisericorde de la Ley, y que la palabra democracia se trueca en un signo más del cinismo de sus repetidas violencias y redundantes crueldades...

La escena mediática de las pasadas semanas ha estado saturada por un sinfín de reacciones sobre el tema de la criminalidad, creando la ilusión general de que ha acontecido un aumento vertiginoso en la misma. Recitando los mismos libretos del discurso del pánico, el Estado (el gobierno que lo administra y las figuras politiqueras que hablan en *su* nombre) ha respondido con los trillados coros del terror, manipulando con sus cantares hipnóticos los más genuinos miedos de las gentes. Bajo sus presumidos cuidos paternales, el gobierno administra con virtual genialidad el miedo al espectro criminal, convirtiéndolo en fundamento de legitimidad de sus habituales brutalidades y demás intervenciones políticas, judiciales y penales, carcelarias, policiales y militares.

---

[2] **"El problema de lo criminal: más allá de las drogas"**; *Claridad* del 5 al 11 de agosto de 2004.

En este gran escenario, lúgubre y triste pero paradójica-mente celebrado y colorido, considero de gran pertinencia atraer la atención sobre determinadas posturas que aparecen como alternativas radicales ante el grave problema social que representan las violencias callejeras relacionadas al fenómeno de la prohibición legal de ciertas drogas. La premisa matriz de la que parto es que la prohibición misma es la clave de gran parte de las violencias mortales que tanto aquejan y que, consecuentemente, la política y práctica represiva del Estado, de cero tolerancia hacia determinadas drogas y de mano dura a los ciudadanos que hacen usos de ellas, es responsable en buena medida de las violencias y muertes que promete combatir, prevenir y erradicar, castigar y vengar... y no el imaginario fantasma de la criminalidad, que ha sido, es y seguirá siendo un pretexto imperecedero para justificarse a sí mismo: el Estado de Ley, como garante legítimo del control de la población y del monopolio exclusivo de la violencia...

Pero la Mano Dura no se limita a la política actual de los gobiernos. Algunos sectores que la critican participan, tal vez sin saberlo, de la misma lógica interior que la domina. Tal sucede, por ejemplo, con quienes aparecen en escena reivindicando la medicación de las drogas como alternativa radical para lidiar con el fenómeno de la criminalidad. Sin ánimo de menospreciar las buenas intenciones de quienes creen que la medicación de las drogas prohibidas es una solución al problema de las violencias callejeras enraizadas en el complejo del tráfico ilegal de las mismas, subiré a escena algunas advertencias.

Creo que el principio de la educación es medular para resolver alguna medida de este gran problema. Pero no basta recitar repetidas veces el mismo estribillo, porque la educación también puede estar cargada de los mismos prejuicios y los educadores pueden convertirse en eso mismo que critican. El discurso que aboga por la medicación debe circunscribirse exclusivamente al ámbito de la salud de quienes se sienten afectados por el consumo de las drogas y quieren curarse. Sólo la persona usuaria debe considerarse así misma como enferma y si acaso procurar para sí y sólo para sí la cura. Etiquetar a cualquier usuario de drogas como adicto y en el acto señalarlo como "enfermo mental" es una generalización que sólo tiene valor desde un punto de vista político de gobierno: la voluntad de control y dominación sobre las poblaciones en general, es decir, del poderío estatal sobre la vida privada de la gente que lo habita y constituye...

Asimismo, hablar del "problema de las drogas" como un problema de salud mental es jugar el mismo juego de palabras características de la Mano Dura, no ya desde el lenguaje jurídico-policial sino desde la retórica médica, también policial. Ciertamente un problema radical estriba en el lenguaje que pretende representar las alternativas, pero la solución no reside exclusivamente en un mero juego de palabras. Existe una diferencia radical entre el uso y el abuso de las drogas, entre el usuario y el adicto. Análogamente, las personas que consumen alcohol no son por ello alcohólicas, ni mucho menos enfermos mentales. Cierto es que alguna vez hubo un tiempo en que el consumo del alcohol estuvo prohibido por la Ley, y la prohibición señalaba a los usuarios como criminales. El saldo de violencias que ensangrentaron la época es un hecho histórico conocido por todos. La legalización fue la respuesta estatal más acertada y conveniente para la convivencia social. Hoy los usuarios de alcohol no son, por el sólo hecho de consumirlo, producirlo o distribuirlo, ni criminales ni enfermos mentales, sino ciudadanos respetables o, cuando poco, gentes normales. Si el alcohol es una droga, tan benigna para algunos como peligrosa para los mismos en distintas condiciones, ¿por qué no habría de reconocer la misma suerte para otras drogas, hoy ilegales? Es decir, ¿por qué no despenalizar sus usos, que sería, de hecho, tratar a los usuarios como personas de derecho, como ciudadanos tan respetables como podría serlo cualquier abstemio...?

Quizá a la larga el tratamiento médico de usuarios de drogas será alguna vez tan normal como lo es hoy el tratamiento criminal de los mismos. Lo más triste es que detrás de las genuinas compasiones humanistas de quienes hoy abogan por ello, con la mejor de las intenciones, es que en lugar de cárceles habrá manicomios, y los usuarios ya no serán tildados con el sello de criminales sino con la etiqueta de locos. En la práctica reinará el imperio del siempre todavía, el del prejuicio y la crueldad carcelaria de la Mano Dura, ya no sólo vestida de azul y togada sino, además, luciendo batas blancas.

A la larga, sin embargo, la legalización de las drogas será una realidad concreta. En determinado momento durante el curso de las historias sociales dejará de mirarse como una derrota el reconocimiento del derecho de las personas a disponer de sus propios cuerpos. Esta realidad no tendrá por efecto el ascenso del consumo de drogas, como mal auguran algunos. En todo caso, si el Estado procurase alguna vez una política educativa honesta y bien informada sobre los efectos de las drogas, el resultado será positivo para el bienestar social, pues muy posiblemente quienes hagan uso de ellas lo hagan mejor informados, y tengan bajo sus dominios la posibilidad de hacer uso de las drogas de manera responsable, asumiendo sus riesgos y consecuencias conscientemente o, al menos, filtrando los habituales tapujos embrutece-dores del discurso prohibicionista.

444

Pero todavía no deja de ser una gran hipocresía el refinado hostigamiento moral que presupone el discurso de la medicalización, incluyendo, por supuesto, la retórica manoseada de la rehabilitación. Sabiduría milenaria es que de buenas intenciones está lleno el camino al infierno. Y no deja de ser un mismo infierno al que conducen las bondades de las voces disidentes que favorecen la medicación como alternativa a la fuerza bruta de la Mano Dura. Mano que no ha dejado de ser la misma que acaricia con palabras lindas a los maltratados por su insensible dureza. La rehabilitación, si no es voluntaria, es y seguirá siendo un castigo impuesto por la misma racionalidad prohibicionista y penal que hoy impera, eco de la voluntad vengativa que rige el derecho a castigar en todo Estado de Ley.

Otro punto que quiero traer a colación no es la crítica a la ecuación clasista que asocia la pobreza con la criminalidad, tan usual y aún de moda entre las gentes de buena fe, bien educados y profesionales. La prohibición es un negocio lucrativo para los más adinerados, es verdad, pero también es un modo del Estado bregar con la imposibilidad de absorber a toda la población bajo un registro universal de Ley. Tema éste que amerita mayor atención y que ya he tratado en otra parte. El problema de la criminalidad, en fin, no es la pobreza, pues se basta ella misma para ser su propio problema. A todas cuentas, si lo criminal es lo ilegal, y lo ilegal lo define el Estado, si la pobreza para sí misma es una dolencia y la criminalidad para ella y desde sí una anestesia, ¿por qué el Estado no erradica las condiciones de la pobreza, que *es* la raíz del problema?... pero la realidad es que tampoco una cosa tiene que ver con la otra....

El uso de drogas es una práctica cultural milenaria, hecho histórico éste que obliga a asumirla desde una perspectiva más amplia, comprensiva y tolerante. La realidad es que ni la gente va a dejar de usar drogas, ni quienes las usan lo hacen sólo porque tengan problemas, ni mucho menos, por lo general, son problemas para nadie... Punto y aparte aparecen en escena los problemas relacionados a las adicciones. Éstas, sin embargo, son sólo partes de una problemática mucho más compleja, que envuelve el conjunto de las condiciones de vida a las que cada sujeto singular está forzado a vivir o sobrevivir. Meter la situación problemática en un condensado paquete retórico, bajo la etiqueta de criminalidad, es un acto demagógico que tiene por efecto reproducir las condiciones que imposibilitan tratar a los adictos a favor de ellos mismos como personas dignas, como ciudadanos en derecho. Me parece que, a todas cuentas, evitar malos ratos innecesarios a los usuarios es un beneficio singular que redundaría en el bienestar colectivo...

Pero, imaginemos que mañana deja de ser ilegal el uso de las drogas. ¿Dejarán de ser pobres los pobres? No. ¿Acaso tendrán hogar los deambulantes? ¿Las prostitutas de la calle ya no tendrán razones por las que ofrecer en alquiler sus cuerpos? ¿Disminuirán las violencias domésticas? ¿Cesarán al fin los maltratos a menores? ¿La salud dejará de ser un lujo para las mayorías y la educación ya no será un privilegio de pocos? Claro que no.

Con la legalización seguramente disminuirán las violencias mortales que acontecen por el hecho de la prohibición, pero las crueldades y miserias a las que está destinada la vida de tanta gente no dejarán de serlo hasta que no procuremos transformar radicalmente las condiciones materiales y existenciales de la vida social en general. Condiciones éstas que tienen entre sus efectos determinadas modalidades de la violencia y que hoy se invisibilizan por el discurso y las prácticas de la prohibición imperial del Estado de Ley. Las propuestas medicalizadoras, en los términos en que son esgrimidas al día de hoy, siguen siendo extensiones de la Mano Dura. Sólo la despenalización absoluta es la alternativa democrática más cónsona con el espíritu del Derecho, que es (o debería ser), sobre todo, el poder de potestad que posee cada persona singular sobre su propia vida. Entonces, y sólo entonces, tendría su justo valor integrar la medicación como alternativa para quienes deseen hacer uso de ella...

Puerto Rico sería modelo para el resto del mundo, pero no como paraíso del consumidor (que ya lo es dentro de la legalidad o entre ilegalismos), sino del respeto a la dignidad del ser humano. Respeto a la dignidad que es sólo palabrería si no se materializa en el respeto al derecho de cada persona a disponer de la propiedad que le es quizá su única pertenencia segura: su propia persona...

En síntesis: las políticas públicas actuales de cero tolerancia a las drogas arrastran reminiscencias de un terrible pasado histórico que se repite incesantemente en el devenir. La ideología prohibicionista reinante y la correlativa fuerza bruta de la represión estatal imposibilitan asumir la complejidad de problemas que tienen entre sus efectos el de la adicción para los adictos, las guerras entre narcotraficantes y los azares mortales de las balas perdidas y, sobre todo, la Gran Guerra del Estado contra su más temible enemigo interior: el fantasma criminal, inventado por su propia imaginación, por sus prejuicios y miedos, por su voluntad de control y dominación... y por los favorecidos de las prohibiciones... La despenalización es la única alternativa que, desde la perspectiva del Derecho, responde a un proyecto político radicalmente democrático, que va más allá de las drogas y los restregados cuentos-somníferos del temible espectro

446

criminal. Lo demás, toda vez que no fortalezca una práctica social emancipadora, seguirá siendo tapujos embrutecedores de un mismo movimiento: el de la prohibición y el castigo, el de la venganza judicial y el chantaje moral, el del hostigamiento psicológico y la represión, el de la violencia estatal y la crueldad de la cultura dominante que lo anima y lo soporta, lo preserva y perpetúa; en fin, el de la Mano Dura..

Del derecho a castigar y a matar[3]

Las prácticas sociales y culturales de la crueldad siguen siendo signos distintivos de estos tiempos (pos)modernos, y a la vez condición de posibilidad de los modos de control y de dominación característicos del Estado de Ley. Iniciado el siglo XXI todavía siguen compartiéndose entre profesiones de sobre-estimado prestigio y singular valía social...El derecho a castigar: una práctica de la crueldad institucionalizada, una violencia legalizada. Así, la pena de muerte sigue siendo saldo puntual de una racionalidad milenaria, de culturas históricamente constituidas sobre el ejercicio del poder de castigar, hoy "humanizado", *civilizado*, pero castigo al fin. Comprendámoslo: la pena de muerte (como el encierro carcelario y demás formas de tortura y tormento civilizado y civilizador), no es más que su consecuencia lógica, secuelas de la retrógrada idea del castigo y de la venganza...

Hoy atestiguamos la terca persistencia histórica de ésta terrible y cruel práctica penal. ¿Qué pasiones tenidas por razones siguen legitimándola como Derecho y alternativa de la Ley? ¿Qué creencias tenidas por saberes convierten esta pena en bien deseable para la sociedad? Toda una suerte de goce sádico entraña el poder de castigar, el poder de dañar y doler, incluyendo el poder de encerrar y matar con frialdad, calculadamente y sin remordimiento. Goce de crueldad que ya no es dote exclusivo de la locura criminal o de la maldad de unos cuantos perturbados y violentos; de una mentalidad perversa, retorcida desde el naci-miento, o de una voluntad demoníaca y envilecida por desentendimiento de *la sociedad*, sus injusticias y la cruda y cruel realidad. Legisladores, fiscales y jueces, profesionales de la conducta humana, políticos, educadores y religiosos, participan y comulgan en ella.

En *nuestro* Estado de Derecho, Constitucional y Democrático, de la crueldad del poder de castigar se obtiene buen sueldo, satisfacción profesional y hasta placer personal –si no por ejercerlo como Dios manda, al menos sin reserva de legitimidad moral, porque se hace a nombre del Bienestar Social, de la Seguridad Nacional, de la Justicia y del Pueblo- y en fin, en todas las de la Ley...

---

[3] **"Del derecho a castigar y a matar"**; *El Nuevo Día*, jueves, el 26 de octubre de 2006.

Crimen, prohibición y castigo[4]

El problema de las drogas ilegales es, en esencia, la ilegalidad. Como en los sangrientos tiempos de la prohibición del alcohol a principios del siglo XX, el siglo XXI sigue repitiendo los mismos errores, traducidos en horrores, como sólo puede hacerse en los lenguajes de la guerra y serlo en las prácticas represivas y punitivas en las que se materializan. La prohibición es matriz de infinidad de violencias criminales, de entre las que las matanzas entre jóvenes apenas son expresiones puntuales, efectos singulares. Secuela del drama mortal de la política prohibicionista y la mano dura que la posibilita es la amenaza de violación a derechos civiles y humanos, desde la desvalorización de la autonomía individual, que es clave de la dignidad propia de cada ser humano, hasta el encierro carcelario, que es la manifestación más nítida de la sádica crueldad humana, institucionalizada en el Estado de Ley. La ignorancia de todo ello es la clave que hace posible su reproducción incesante, de las que las violencias criminales, valga repetir, no son causas sino efectos singulares de la prohibición y de la criminalización. Nada se resolverá por medios tradicionales (interceptación telefónica, vigilancia selectiva y clasista en residenciales, activación de la Guardia Nacional o inversión millonaria en tecnologías para la fuerza policial). Es un discurso de terror lo que hace racional esta creencia, y la manipulación del miedo lo que lo fundamenta. Sólo en mentes ignorantes, en voluntades represivas o en quienes se lucran de todo ello, cabe el refuerzo de la prohibición y la mano dura como alternativa.

Cómo se narran las historias que integran la guerra a las drogas; cómo se representan lo criminal y la violencia en los lenguajes dominantes y marginales, desde las instancias de gobierno hasta los quehaceres intelectuales, desde los dogmas de la intolerancia religiosa hasta los saberes populares, o sus correlatos, los prejuicios culturales, es de singular importancia para comprender el fenómeno de lo criminal y sus secuelas de violencia. La representación oficial de la guerra a las drogas invisibiliza las complejas relaciones humanas que se desenvuelven en torno a ella y consecuentemente oculta, impide e imposibilita que las problemáticas implicadas en ella sean asumidas con la seriedad y el tacto, la profundidad y la sensibilidad con que urgen ser tratadas...

---

[4] **"Crimen, prohibición y castigo"**, *El Nuevo Día*, 26 de enero de 2007.

La Prohibición:
problema del siglo XXI[5]

La prohibición (bajo la modalidad retórica de la guerra *contra* las drogas) es la clave de gran parte de las violencias que tanto aquejan a la ciudadanía, y la política bélica y represiva que la refuerza, de cero tolerancia y de mano dura (o castigo seguro) a los ciudadanos que las producen, comercian o hacen usos de ellas, es responsable en buena medida de las corrupciones y muertes, enfermedades, miserias y demás violencias que el Estado de Ley –ingenua y demagógicamente- promete combatir, prevenir y erradicar, castigar y vengar.

La representación oficial de la guerra a las drogas trivializa -si no es que invisibiliza- las complejas relaciones humanas y ciudadanas que se desenvuelven en torno a ella y, consecuente-mente, oculta y entorpece, impide e imposibilita que las problemáticas implicadas sean asumidas con la seriedad y el tacto, la profundidad y sensibilidad con que urgen ser tratadas.

La particularidad de la gran empresa comercial del narcotráfico es que, aunque su ordenamiento organizativo, su administración general y sus fines particulares corresponden en idénticos términos a cualquier otra empresa comercial en el mundo del mercado moderno, ésta se organiza, opera y funciona al margen de las regulaciones formales de la Ley. Ésta es precisamente la condición más favorable para el gran negocio del narcotráfico y el fin lucrativo que lo anima: la ilegalidad.

Cada vez más sectores de las poblaciones del mundo encausan sus vidas entre los circuitos del narcotráfico, ya para resolver necesidades vitales y de subsistencia que de otro modo no podrían resolver, o ya para satisfacer otro orden de necesidades, no menos reales y poderosas, como las creadas por y para la sociedad consumerista, clave de la economía de mercado global dominante. Para esta parte de la ciudadanía (individuos, grupos o familias) muy posiblemente no existen alternativas económicas que puedan competir con las ofrecidas por el narcotráfico, y esto es un hecho que el Estado de Ley capitalista, por su naturaleza y estructura, no sólo no puede superar, sino que tampoco interesa hacerlo...

---

[5] **"Prohibición, problema del siglo"** en *El Nuevo Día*, 20 de junio de 2007.

Falsedad en la razón penal[6]

Es de todos sabido que al terror al espectro criminal le es correlato directo el acrecentamiento del reclamo público de mayor seguridad, aunque sea al precio de limitar y reducir cada vez más los espacios de libertad ciudadana y de derechos individuales. Indisolublemente ligada a esta relación, toda una poderosa economía en ascenso se desvive para responder las demandas de seguridad. De la inseguridad ciudadana -cultivada con esmero por el Estado de Ley prohibicionista- derivan cuantiosas ganancias las empresas que, de algún modo, sirven a las necesidades sociales de seguridad y, a la vez, se lucran de los miedos e inseguridades de la gente. Las mentalidades punitivas y carcelarias se nutren de todo ello.

No es de extrañar que dominen la escena mediática las reacciones histéricas ante modalidades de la violencia criminal que resultan intolerables a las sensibilidades ciudadanas. De ahí que, con una muy precisa dosis de manipulación, algunos políticos —quizá por ignorancia y hasta de buena fe- promuevan un sentido de la justicia vengativo y cruel, tanto o más violento que los mismos crímenes ante los que reaccionan y ofrecen alternativas. Pero el saldo social de la violencia de la Ley es, cuando más, un efecto narcótico: distorsiona la realidad y crea una suerte de ilusión de seguridad y justicia, pero no resuelve el problema criminal. Tal sucede, por ejemplo, con la pena de muerte como con la propuesta de castración química por delitos sexuales.

Multiplicar y hacer más severas las penas y más crueles los castigos ni evita ni aminora el acto criminal, y mucho menos *rehabilita*. La historia del derecho penal y la criminología crítica lo evidencian. La psicología social y la sociología lo confirman. Al parecer, muy poco saben de todo ello los legisladores, jueces y demás políticos que repiten sobre infinitas repeticiones los mismos errores, sin otro fundamento que la razón punitiva, represiva, vengativa y carcelaria. A no ser, claro, que sí sepan. Entonces, cuando por solución a las violencias criminales ofrecen encierros y castigos, en fin, mano dura, ¡mienten!…

---

[6]**"Falsedad en la razón penal"**, *El Nuevo Día*, jueves, 05 de julio de 2007.

Prensa, estigma y muerte[7]

La estigmatización es una modalidad de la violencia, que degrada a las personas sobre las que se impone y degenera brutalmente las posibilidades culturales de convivencia democrática. Estigmatizar es una práctica social de intolerancia y discrimen de la que la prensa, en lamentables ocasiones y a veces sin conciencia de ello, toma parte activa o en complicidad, contribuyendo así al menosprecio de ciertas vidas humanas, al desprecio de modos de ser diferentes entre la ciudadanía.

Tal es el caso de la figura estigmatizada del usuario de drogas ilegalizadas. Aunque desmitificada por la literatura más progresista en cuestiones de derechos humanos así como por fuentes científicas de primer orden, todavía se representa mediáticamente como icono ejemplar de la maldad criminal, del pecado, la enfermedad y la locura. El fallecido periodista Ismael Fernández escribió (octubre, 2006), sobre la muerte de dos jóvenes en un trágico accidente de tránsito, "…guiaban a 80 millas, aparentemente endrogadas. En los restos del vehículo dice la policía que encontró no menos de cinco bolsitas de marihuana. Ambas murieron en el acto. Con todo lo doloroso que pueda ser, la muerte de ambas es bien merecida. Castigo merecido y que la pasen bien en el purgatorio antes de llegar al destino final." Las jóvenes fueron degradadas a un rango de humanidad inferior por virtud del poder estigmatizador, que redujo sin reservas el tiempo de sus existencias al instante de la tragedia. El periodista juzga y acusa, ya no para castigar sus faltas sino para culparlas de sus muertes.

Esta semana, debajo del encabezado que anunciaba la muerte de William Milián, se leía: "Al hombre, conocido por reclamar la custodia de sus hijos desde la cima de grúas, se le halló marihuana en los bolsillos." Lo preciso del hecho acontecido se confunde con la razón insensible y vulgar del chisme popular o del reproche moral. ¿Qué lugar dentro de la verdad enunciada ocupa la insinuación viciosa y frívola del prejuicio insensible de la ley? Acaso el del goce sádico y cruel, el del poder de juzgar, aunque entre líneas insinuadas; exculpar al accidente y acusar al muerto de su propia muerte…

---

[7] **"Prensa, estigma y muerte"**; *El Nuevo Día*, lunes, 26 de mayo de 2008.

Despenalización y Derecho[8]

Hace cuatro años publiqué un libro, *El espectro criminal*, en el que pretendía, entre sus temas, contribuir a los esfuerzos intelectuales a escala global por desmitificar el fenómeno histórico, político y social de la guerra a las drogas, desmentir los fundamentos de la prohibición y favorecer la despenalización de sus usos y usuarios como paso para democratizar la sociedad y el Estado de Derecho. Las conclusiones siguen siendo las mismas...

La escalada delictiva aparece vinculada más a la prohibición legal de ciertas drogas que a las drogas mismas, es decir, que es la ilegalidad la matriz de la mayor parte de los crímenes y violencias que acontecen en torno al mundo de las drogas. La propaganda prohibicionista es engañosa, si no por malicia por ingenuidad. Malicia, en el sentido de que se ha evidenciado que la prohibición ha convertido al narcotráfico en un negocio lucrativo sin par, clave de corrupciones en niveles sensibles de la vida social y de los gobiernos que la administran; pretexto para la ampliación desmedida del aparato represivo del Estado y justificación de prácticas intervencionistas cada vez más invasivas de la vida privada y de la intimidad, entre otros impactos negativos. Ingenua, porque la legislación prohibicionista aparenta desconocer los principios básicos de la psicología humana e ignora tanto la naturaleza histórica como las raíces culturales del consumo de drogas. Este desconocimiento es el fundamento de la criminalización de los usuarios y consecuente-mente del discrimen y la marginación de las personas adictas.

El uso de drogas es una cuestión de complejas raíces históricas, de oscuras y en buena medida ininteligibles prácticas culturales; confusas motivaciones anímicas las tornan para muchos en paliativos legítimos para enfrentar la cruda realidad de la vida; en recurso de refuerzo para andareguear entre los laberintos del placer, de los que no existe regla moral universal que los haga de una vez y en definitiva de un único modo y válido para todos, de ser; sus usos pertenecen a la más genuina necesidad de buscar aquí y allá satisfacer algo de sí consigo mismo, aunque en ocasiones las rutas encaminadas puedan ser tan torpes y dolientes como las mismas procuradas por las prohibiciones. Pero sobre todo, el uso de drogas no se trata de un problema psicológico de la persona –aunque algo de ello pudiera atravesarla- (ni mucho menos de la sociedad, de la decadencia de

---

[8] **"Despenalización y Derecho"**; *El Nuevo Día*, miércoles, 02 de julio de 2008.

valores o de la perturbada moralidad general) sino de un derecho de ella misma sobre su propio cuerpo.

La prohibición carece de fundamento científico, psicológico y sociológico; desde la perspectiva del Derecho adolece de razón moral; es ilegítimo desde una perspectiva jurídica radicalmente democrática; sus usos pertenecen al derecho político de las personas y no al de la potestad del Estado sobre las mismas. La conclusión más sensata quizá la apalabra Fernando Savater: "las drogas han acompañado a los hombres desde la antigüedad más remota y es absurdo pensar que van a desaparecer en el momento histórico en el que es más fácil producirlas: precisamente lo que hay que hacer es acostumbrarse a convivir con ellas, sin traumas, sin prohibiciones puritanas, sin tentaciones diabólicas y con información responsable."

Resistencia a la despenalización[9]

Podría pensarse que la influencia intimidatoria que ejerce la política prohibicionista del gobierno norteamericano sobre Puerto Rico nubla el entendimiento de la clase política local; que la terquedad con la que se aferran a la ideología represiva sobre la cuestión de las drogas es, por la naturaleza del poder colonial, evidencia del efecto colonizador en las mentalidades colonizadas. Pero la realidad es mucho más compleja que esto.

El espíritu prohibicionista ya es un rasgo de la identidad cultural puertorriqueña, de la que el apoyo general a las políticas represivas "contra las drogas" es sólo una de sus modalidades más dramáticas. Este agravante ideológico opera en menoscabo de las alternativas despenalizadoras, quizá por el fuerte arraigo en la conciencia moral de la mayor parte de la gente, cargada de los tabúes, estigmas y prejuicios más rígidos del discurso prohibicionista. La timidez con la que algunos políticos de profesión han abordado el tema no se debe tanto a la complejidad que supondría considerar seriamente las alternativas despenalizadoras, sino a la sospecha de que "el pueblo que representan" pudiera resentirse. Temen, con razón, dar la impresión de que con medidas que suavicen las violencias represivas (a favor del tratamiento médico de adictos, por ejemplo) pudiera interpretarse que el gobierno está cediendo terreno al poder del narcotráfico ilegal, que el crimen organizado está manipulándolo, que el gobierno ha bajado la guardia y que ha "enganchado los guantes" ante una lucha que prometía ganar a toda costa y que tanto ha costado al pueblo...

Aunque existe una tendencia en aumento de simpatizantes, las alternativas despenalizadoras apenas suben a la escena mediática como opiniones fugaces, artículos esporádicos o reacciones coyunturales. En Puerto Rico siguen ocupando la atención las medidas represivas habituales, y los principales partidos políticos se limitan a seguir la lógica del mercado publicitario en las claves de la "guerra a las drogas": la brutalidad vende; el miedo convoca; la represión sigue gozando de prestigio: las propuestas de mantener firme la mano dura y sus intolerancias siguen traduciéndose en votos...

---

[9] **"Resistencia a la despenalización"**, *El Nuevo Día*, 19 de julio de 2008.

Educación y Derecho[10]

Quizás, al paso del tiempo y si para entonces aún sobra algo de buen humor que lo permita, al fin se reconozca como una gran ironía que la ciudadanía de principios del siglo XXI todavía presumía celosamente de vivir en un Estado Democrático de Derecho del que a duras penas tenía ideas vagas y escasos conocimientos; en el que algunas minorías privilegiadas se repartían el conocimiento del Derecho y, para bien y mal, de tal suerte que se lucraban del desconocimiento de las tan creídas como ignorantes mayorías.

El carácter paródico, cínico y burlesco de la cultura política dominante en nuestro país es uno de sus efectos más evidentes. El contenido demagógico de los discursos de la clase gobernante y de los aspirantes a serlo es tanto más efectivo cuanto menos educación en Derecho tiene el pueblo que escucha y que, a falta de educación seria y comprometida, prefiere creer por fe antes que abrirse a la duda razonable, crítica y reflexiva. La manipulación ideológica, la polarización hostil, el fanatismo político y, por ende, las trabas anímicas -individuales y colectivas- a las posibilidades de diálogo y consenso democrático, son consecuencias con raíces profundas en la ignorancia del Derecho; de los principios políticos y éticos que lo constituyen.

Pienso que no sería mala idea integrar formalmente en el currículo académico de las escuelas superiores, quizá como tópico en el curso de Historia, el estudio de la Carta de Derechos de nuestra Constitución. Pero no un estudio superficial y vago, en que el estudiantado se memorizaría lo que interesase el maestro, sino que discutiría reflexivamente sus ideas políticas y conceptos éticos, su pertinencia histórica; su valor social para estos tiempos. Al fin y al cabo, valdría preguntarse, ¿cómo serían, pensarían y actuarían las generaciones futuras si desde temprana edad, como parte de su formación intelectual y ciudadana, se les abriera el espacio para hablar, por lo menos hablar, de la dignidad humana?

---

[10] **"Educación y Derecho"**, *El Nuevo Día*, lunes, 18 de agosto de 2008. (http://www.elnuevodia.com)

Adicto: criminal y enfermo[11]

El adicto es un enfermo, no un criminal –advierte el Gobierno-. La firma de Orden Ejecutiva impone una Política Pública: el trato de la adicción como problema de Salud Pública. Confiando en la buena fe, podría tenerse la impresión de que se trata de una suerte de evolución humanista, un paso del desprecio característico de la mano dura a la compasión prometida del enfoque salubrista. Pero las apariencias engañan y, en demasiadas ocasiones, tras buenas intenciones se materializa la trinca moral social dominante y el estreñimiento espiritual del prohibicionismo, laico o de fundamentación religiosa, se convierte en Ley.

¿En qué consiste realmente el problema del adicto a drogas que debiera ser tratado como objeto de intervención del Estado? ¿Acaso no es suyo y sólo suyo el problema de la adicción? ¡No! –exclama el Estado- ¡No! –asiste el médico- ¡No! –corean "profesionales de la conducta humana", policías del alma.- Pero, ¿por qué? Porque lo dicta la Ley. Sabido es que políticos y legisladores prohibicionistas erraron al criminalizar a usuarios de ciertas drogas, pero sobre errores similares se sostiene la imposición al tratamiento involuntario y la conversión política de usuarios en enfermos. Cualquier persona estigmatizada como drogadicta es desposeída radicalmente de su derecho a decidir sobre sí misma, de su libertad sobre su propio cuerpo y su salud. Poco importa que exista una *dependencia* real que le impida *controlar* su conducta, pues el sólo hecho de usarla –por ser ilegal- será tratado por la Ley y sus hibridaciones coercitivas como un acto de ilegalidad, como un crimen y enseguida como enfermedad.

La drogadicción, antes de ser considerada como problema de Salud Pública debe reconocerse, si acaso, como problema de la persona y sólo ella debe tener la potestad de someterse a tratamiento. El Estado debe procurar ayuda a quien la pida, y su intervención debe inscribirse dentro de una política educativa informada científicamente y objetiva. Recuérdese, la mayoría de los usuarios de drogas no son "drogadictos", las utilizan para infinidad de propósitos personales, sobre los cuales no habría por qué acreditar al poder de Estado para impedirlo.

---

[11] **"Adicto: enfermo y criminal"**; *El Nuevo Día*, jueves, 21 de agosto de 2008. (http://www.elnuevodia.com)

Sexo, Moral y Censura[12]

La campaña de abstinencia es un eufemismo de la represión sexual imperante en nuestra cultura, que todavía no supera la herencia oscurantista del cristianismo colonial y sus hibridaciones modernas. La separación de Iglesia y Estado, protegida constitucionalmente, todavía se materializa en contradictorias políticas públicas, legislaciones y prohibiciones. La millonaria campaña de "orientación" sobre abstinencia sexual del Departamento de Salud (DS) lo evidencia. Sin fundamento empírico fiable que lo sustente, el DS sostiene que la abstinencia no solo es la única estrategia eficaz para evitar la propagación de enfermedades de transmisión sexual y embarazos no deseados sino la única alternativa legítima moral-mente. Las connotaciones religiosas se revelan cuando este programa promovido por el Estado requiere que se enseñe a los jóvenes que la actividad sexual fuera del matrimonio puede causar enfermedades físicas y trastornos psicológicos.

Financiado en parte por fondos federales, profesionales de la salud se convierten en mercenarios de la ignorancia y consecuente intolerancia religiosa, y el conocimiento científico es sustituido por su habitual desprecio a la experiencia sexual fuera del encargo reproductivo. Esta moral religiosa se convierte en oscurantismo institucional, al extremo en que las escuelas de medicina que se lucran de los fondos para esta campaña, desautorizan a sus estudiantes universitarios, médicos en formación, a salir fuera del discurso de la abstinencia, prohibiéndoles hablar siquiera de métodos anticonceptivos alternativos, como el condón o la píldora y censurando temas como el derecho al aborto. En lugar de promover una sexualidad responsable e informada entre jóvenes en edades experimentales por naturaleza, el DS recurre al terrorismo retórico, vinculando la depresión y las tendencias suicidas con el sexo fuera del matrimonio. Fuera del matrimonio la seducción y el coqueteo son tratados como perversiones morales, el goce compartido de los cuerpos como amenaza de riesgo mortal y el placer procurado del sexo en potencial enfermedad mental. Para la Iglesia, el sexo fuera del matrimonio es pecado. Para el Estado, una suerte de inmoralidad trocada en problema de salud pública y locura.

---

[12] **"Sexo, moral y censura"**; *El Nuevo Día*, martes, 09 de septiembre de 2008. (http://www.elnuevodia.com)

Criminalidad, prohibición
y demagogia salubrista[13]

La criminalidad vuelve a ser eje de especulaciones, propias al cambio de gobierno y a la instalación de un nuevo superintendente del cuerpo policial. La demagogia, ese arte de la retórica política cuya función es la de ganarse el favor popular con juegos de palabras ambiguas y promesas infladas, en lugar de atender con seriedad el objeto real de sus atenciones, es la clave en la que abordan lo criminal, lo problematizan y lo resuelven. La controversia teórico-política entre el enfoque policial/punitivo y las alternativas a ese evidenciado disfuncional modelo de intervención estatal, recarga su pertinencia.

Toda generalización tiene un efecto encubridor de la compleja particularidad de cada caso. Las generalizaciones del discurso policial, reproducido acríticamente en los medios informativos, dificulta la posibilidad de comprender los fenómenos puntuales que potencian lo criminal. Razón de más por la que la reflexión sobre derechos civiles no pueda desvincularse de la controversia, pues es sobre personas de carne y hueso, que siente y padecen, en las que se materializan las legislaciones y prácticas concernientes a lo criminal y sus tratamientos...

Por ejemplo, advertida y evidenciada la ineficacia e inefectividad del modelo punitivo, el enfoque salubrista reclama atención especial. Sin embargo, el derecho de cada cual a decidir sobre su propio cuerpo, incluyendo la salud y sus reversos, permanece como derecho poco estimado por la ley y sus representantes oficiales. Así, la aceptación irreflexiva de la legislación salubrista autoriza al Estado a estigmatizar a los usuarios como enfermos, por consumir alguna droga ilegalizada. Peor aún, como enfermos mentales. El usuario seguiría siendo intervenido criminalmente para, acto seguido, condenarlo a llevar el estigma de enfermo mental. No se trataría solo de un delito sino, además, de una locura. Llueve sobre mojado...

Un enfoque alternativo al problema de lo criminal debe ser sensible y respetuoso de los derechos civiles, es decir, de la relativa autonomía y singularidad existencial de cada ciudadano. Un paso firme en esa dirección es reconocer que el consumo de drogas ilegalizadas pertenece a realidades complejas que no pueden ser reducidas al enfoque punitivo o salubrista, pues envuelven relaciones sociales

---

[13] **"Crimen y demagogia"**, *El Nuevo Día*, miércoles, 18 de febrero de 2009. (http://www.elnuevodia.com)

radicalmente distintas a las enmarcadas en el cuadro clínico de la adicción o en el de la voluntad punitiva de la prohibición. Despenalizar y Educar son claves esenciales de un modelo alternativo, más allá de los hostigamientos psicológicos y demás hipocresías culturales, tabúes y prejuicios estigmatizantes de la prohibición y la terca manía de querer resolver las cosas con amenazas y castigos...

Policía, criminalidad y alternativa[14]

Responsabilizar a la Policía de la alta incidencia criminal es tan absurdo como pretender combatir la violencia criminal con violencia policial. Igualmente absurdo es decir que la matriz del problema de la criminalidad en Puerto Rico son las drogas y que encerrando a dueños de puntos la demanda y accesibilidad a las mismas disminuiría. Lamentablemente, la impresión que tiene la sociedad sobre el problema de la criminalidad está desfigurada y viciada por intereses ajenos a la compleja realidad histórica, social y cultural, económica y psicológica del mismo. Podría sospecharse que no existe una voluntad genuina por resolverlo.

La representación mediática de la criminalidad ha sido cónsona con el discurso oficial y tradicional de la Policía, un discurso montado con fines políticos y de dudoso valor social. Sin embargo, acusar a la Policía de no poder detener la ola de homicidios es ignorar la imposibilidad propia del cuerpo policial para poder hacerlo. No por insuficiencia de recursos económicos, de tecnologías de vigilancia o armamentos, sino, además de por las limitaciones humanas de quienes los administran, por la esencia fantasmagórica del objeto de sus intervenciones: el espectro criminal. Y es que, por más que se desee prevenir un asesinato, el deseo no deja de ser un efecto combinado de buena fe con ingenuidad, ignorancia o mezquindad.

La alta jerarquía del cuerpo policial, en particular el nuevo superintendente, Figueroa Sancha, participa de una negación de la experiencia histórica, la del fracaso de los modelos punitivos de la prohibición. Al anunciar su "innovador" plan para combatir el crimen expresa su marcada ignorancia sobre los conocimientos criminológicos modernos. Anunciar que su plan va a provocar un aumento significativo en los asesinatos es una confesión entre líneas de cierto desprecio por la vida; instigar la violencia y la matanza entre seres humanos por mantener el actual régimen de arbitraria ilegalidad de ciertas drogas es un acto criminal, que nuestro Estado de Derecho no debería tolerar.

Creer ser más de lo que realmente se es, así como pretender ser más de lo que en realidad se puede ser, son dos errores de auto percepción que deben superar, individuos e instituciones, si se quiere abordar la problemática de lo criminal y la violencia de un modo

---

[14]**"Policía, criminalidad y alternativa"**; *El Nuevo Día*, viernes, 24 de abril de 2009. (http://www.elnuevodia.com)

alterno y efectivo. La raíz del problema criminal es la prohibición, y las violencias mortales le son efectos incontenibles. A la Policía no se le puede acusar de no cumplir el requerimiento de evitarlas, pues éste es imposible de cumplir. La despenalización es el horizonte de acción afirmativa hacia el que deben apuntar nuestras reflexiones intelectuales, filosóficas y políticas. Los males de la prohibición pueden superarse, si queremos…

Estado, crimen y locura[15]

Desde principios de la década de los 90 los delitos de violencia en el país -en particular bajo las categorías de asesinatos y homicidios— prácticamente se duplicaron. Según evidencian las estadísticas policiales desde los años 40, podemos inferir que las estrategias represivas y punitivas del Estado no sólo han fracasado en sus objetivos de mermar la incidencia criminal sino que han abonado tanto a su ascenso vertiginoso como a las condiciones económicas y psicosociales que la posibilitan, la mantienen y la refuerzan.

La respuesta de todas las administraciones de gobierno, con algunas variaciones retóricas que las diferencian superficialmente, pertenece a una misma racionalidad punitiva y represiva, propia de una retrógrada mentalidad prohibicionista. La manipulación de datos estadísticos se evidencia cada vez que una figura de gobierno celebra como un triunfo contra el crimen la trivial disminución de crímenes violentos en determinado mes, comparado con la misma fecha en años anteriores. Crear una ilusión de seguridad en la ciudadanía, la apariencia de que se está bregando con el problema criminal, parece ser el objetivo apremiante de las agencias de gobierno, es decir, engañar y no resolver realmente el problema.

Ante la ineficacia de las políticas prohibicionistas y la crisis de legitimidad de las prácticas represivas y punitivas, el gobierno prefiere repetir sus errores antes que enmendarlos. La tergiversación de los hechos se hace común y corriente, como si se tratara de una naturaleza compulsiva a la mentira; como si el Estado, afectado profundamente por sus obsesiones de control y orden, padeciera un extraño trastorno mental. Sólo una imaginación así perturbada justificaría eliminar las Noches de Galería en el Viejo San Juan, creyendo disminuir así los delitos y violencias. Igualmente, los toques de queda; las cámaras de vigilancia en residenciales; la limitación del derecho a la fianza; detectores de metales en las escuelas; espectáculos de fuerza en lugares de recreo público y excesos abusivos del poder policial, son indicadores sintomáticos del serio problema de salud mental que padece el Estado democrático de Puerto Rico. Por suerte la locura del Estado se trata de una metáfora, dramáticamente exagerada tal vez. Tal vez no.

---

[15] **"Estado, crimen y locura"**, *El Nuevo Día*, miércoles, 09 de septiembre de 2009. (http://www.elnuevodia.com)

Crimen, desahogo y venganza[16]

La cifra de mujeres víctimas de violencias "pasionales" provoca reacciones de repudio que, aunque legítimas y compren-sibles, terminan reproduciendo el mismo estado anímico contra el que se posicionan. La voluntad de venganza inmisericorde contra el criminal asesino o el abusivo agresor, se expresa en el reclamo de una justicia vengativa y violenta, como la representada en las sagradas escrituras del Dios bíblico, encarnado en la primitiva ley del Talión. Lo más terrible es que un cierto placer perverso se procura, cada cual y para sí, del ejercicio de la venganza; un goce sádico derivado de la práctica de la crueldad se institucionaliza en las instancias judiciales, en la severidad de sus penas.

El lenguaje con el que se combate esta modalidad del crimen, pasional o de odio, desde voces intelectuales, medios de comunicación y opinión pública, está cargado de animosidad -también pasional-, de rencor y resentimiento, que poco o nada abona a la posibilidad de comprender y resolver este grave problema psico-social. El castigo, por más severo que sea, no va a remediar el daño ocasionado a la víctima, ni va a impedir que se siga repitiendo. Sin embargo, a partir de esta mentalidad punitiva y vengativa, el sistema de justicia moderna refina el discurso retórico, pero sigue representando el lado oscuro del corazón: el proceso judicial se convierte en una suerte de juicio popular; el pueblo, encolerizado y sediento de venganza, satisface sus deseos morbosos en la pena de linchamiento, hoy en la versión moderna que reclama —por ejemplo- desde extirpar los genitales de los violadores hasta asesinar a los asesinos.

La moral de la justicia, en estos términos, no es cualitativa-mente diferente a la locura o racionalidad criminal. Y es que el odio es un sentimiento humano, enmascarado pero característico y representativo de nuestra moral social y cultural. Así, esperar perdón sin reservas es un acto de hipocresía, por eso se encomienda a Dios; el trato al agresor no puede ser compasivo, ni desde la mirada de la víctima ni desde sus allegados. Por amor se exige venganza, severidad y no piedad en la pena. La misma historia se repite de generación en generación: las reacciones ante las violencias, asesinatos y violaciones, lo evidencian con nitidez y crudeza. Pero la raíz del problema no está

---

[16] **"Crimen, desahogo y venganza"**, *El Nuevo Día*, martes, 29 de diciembre de 2009. (http://www.elnuevodia.com)

en el sujeto criminal, sino en la vida social y cultural que programa su psicología individual, su moralidad y su conciencia.

Ignorarlo convierte la pena de cárcel o de manicomio en un mero desahogo; en escape inmediato; en simple acto de venganza. En nuestra cultura (patriarcal, religiosa y sexista) cualquier varón es potencialmente un violador, agresor o abusador. Irónicamente, es a la mujer, en el rol de madre, a quien se asigna programar los valores que, a la larga, se volcarán contra ella misma. La escuela los refuerza y la iglesia los refina. Las leyes penales apenas sirven de parchos psicológicos para las angustias desatadas por esta realidad. Sólo una progresiva y bien pensada (r)evolución cultural puede enfrentar este problema. La educación y no la pena sigue siendo su condición de posibilidad. Mientras todo acontece sin variar, María baila sensualmente al ritmo de la plena, que Juan del Pueblo toca y canta: "...por celo, por celo, a Lola la mataron por celo..."; y gozan.

Religión y pena de muerte[17]

Nada extraña que entre los políticos, desestabilizados emocionalmente, algunos imaginen la pena de muerte como disuasivo efectivo para enfrentar la criminalidad, y fantaseen con la idea de reinstalarla como derecho penal en nuestra Constitución. Sus razonamientos siempre han evidenciado más ignorancia y pereza intelectual que conocimiento sobre el tema. Lo preocupante, sin embargo, es que un ex-presidente de la Universidad de Puerto Rico (José M. Saldaña) haga un llamamiento a su favor, y que entre sus razones recuerde que la Biblia está llena de alusiones a un Dios que avala la pena de muerte. Cierto es que, aunque no cuenta con respaldo racional o científico significativo, la pena de muerte sí encuentra fundamentos teológicos en las "sagradas escrituras". Y es que la Biblia no es fuente de inspiración para las sociedades democráticas modernas; ni un manual de preceptos morales apropiado para educar a nuestros niños, o moldear la conducta civilizada de la ciudadanía. Es, en gran parte, un catálogo de perversiones morales que incita a la crueldad, y con prejuicios y supersticiones legitima sus violencias. Sin extrañeza, reservas o remordimientos, hay quienes creen que su contenido debe ser interpretado literalmente, como palabra revelada de Dios; una transcripción inequívoca de su voluntad, paradójicamente amorosa y piadosa, vengativa e inmisericorde. El mandamiento "No matarás" es de orden inferior al "Amarás a Dios sobre todas las cosas." Así, prohibirían, condenarían y castigarían mortalmente cualquier otra fe; y quien trabajase el séptimo día (consagrado al Señor) "será condenado a muerte." (Éxodo 35:2) Estas *enseñanzas*, "valederas para todos los tiempos", consideran abominable la homosexualidad y condenan a muerte a sus practicantes (Levítico 20:13); animan el maltrato a menores: "Si un hijo obstinado y rebelde, no escucha a su padre ni a su madre, ni los obedece cuando lo disciplinan (…) lo apedrearán hasta matarlo." (Deut.21:18); y promueven la violencia contra la mujer: "Mas si resultare ser verdad que no se halló virginidad en la joven (…) la apedrearán los hombres (…) y morirá…" (Deut.22:13-21) Quizá, entre las ficciones literarias que constituyen la Biblia, Dios no sea más que el efecto de la imaginación sádica de sus inventores. Ojalá que nunca se haga Su voluntad en la tierra, ni se conviertan en ley los retorcidos deseos de sus más fieles seguidores...

---

[17] **"Religión y pena de muerte"**, *El Nuevo Día*, lunes, 01 de febrero de 2010. (http://www.elnuevodia.com)

Cárcel, religión y esclavitud[18]

Reminiscencias de tiempos en que el Dios imaginario de la cristiandad consentía, inspiraba y regulaba la esclavitud, subsisten entre las escrituras constitucionales y prácticas penales modernas. En el contexto carcelario, tras el eufemismo de la rehabilitación, se revela la evidencia...

Según *nuestra* Carta de Derechos (sección 12): "No existirá la esclavitud, ni forma alguna de servidumbre involuntaria, salvo la que pueda imponerse por causa de delito, previa sentencia condenatoria." Esta salvedad -o excepción- evidencia que la mentalidad esclavista no ha sido abolida terminantemente, y que la servidumbre involuntaria sí puede imponerse con fuerza de ley. Nada extraño, pues el encierro carcelario implica la suspensión de derechos civiles; la subordinación de la dignidad humana a la sádica lógica penal del sistema de *justicia.*

La integración de organizaciones religiosas al ámbito correccional empeora la situación. Sus credos arcaicos socavan los frágiles enclaves democráticos, incluyendo los residuales de dignidad de la población confinada. Recordemos que el Dios bíblico no condena la esclavitud: "Esclavos, obedezcan en todo a vuestros amos de este mundo, pero no con obediencia fingida (...) sino (...) temiendo al Señor." (Colosenses 3:22-24); "Criados, sed sumisos, con todo respeto, a vuestros dueños, no sólo a los buenos e indulgentes, sino también a los severos." (Pedro 2:18)

Cualquier empresa de ánimo lucrativo, incluyendo la religiosa, dirá que el trabajo para los presos es una experiencia rehabilitadora (curadora y sanadora). La paga poco importa, por eso es simbólica. La queja, ¡inadmisible!: "Exhorta a los siervos a que se sujeten a sus amos en todo, que sean complacientes, no contradiciendo." (Tito 2:9) Encerrados involuntariamente y adoctrinados en los misterios de la fe, *renacen,* pero como fuerza laboral sin derecho salarial. Y agradecen: "Todos los que están bajo yugo como esclavos, consideren a sus amos como dignos de todo honor..." (Timoteo 6:1) *Rehabilitarse* es "convertirse", sí, en mano de obra barata, mansa y obediente: "Siervos, obedeced a vuestros amos en la tierra, con temor y temblor (...) como a Cristo." (Efesios 6:5)

---

[18] **"Cárcel, religión y esclavitud"**, *El Nuevo Día*, viernes, 26 de febrero de 2010. (http://www.elnuevodia.com)

467

Ignoradas las inconsistencias morales del cristianismo, la Biblia legitima la esclavitud y anima a venerar incondicionalmente al amo real, por caprichos de un Señor imaginario. La moral esclavista de la cristiandad contradice la ética democrática, que aborrece la esclavitud en cualquiera de sus manifestaciones, sean favorecidas de Dios o practicadas en ley por el Estado.

Criminalidad, prohibición y ley[19]

Dentro de los territorios bajo jurisdicción del gobierno de los Estados Unidos, Puerto Rico mantiene el segundo nivel más alto de crímenes violentos y asesinatos, según reportan las estadísticas de las autoridades federales y locales. En la prohibición está la clave de esta abrumadora racha, y mientras no se consideren seriamente modelos alternativos para lidiar con el fenómeno de la criminalidad, seguirá siendo ilusorio prever alguna mejoría futura.

Aún cuando la subordinación jurídica al poderío congresional estadounidense restringe las posibilidades de imaginar y poner en práctica modelos alternativos de legislación y política criminal, una extraña manía de copiar sus vicios moralistas, vengativos y carcelarios caracteriza la práctica legislativa *puertorriqueña*.

La somnolencia intelectual, manifiesta en las mentalidades prohibicionistas, se materializa en plagios incesantes de medidas legislativas de probada inutilidad social: limitar derechos democráticos, inventar más y más delitos; hacer más severos los castigos; favorecer la pena de muerte. La Razón carcelaria y punitiva ha dominado la historia del derecho penal en Puerto Rico; la voluntad de venganza que la anima ha teñido de crueldad la acción judicial y legislativa. El sistema de justicia pareciera encarnar la imaginación sádica de carceleros, torturadores y verdugos.

La prohibición no expresa la voluntad del pueblo sino la ignorancia y la mezquindad de sus representantes políticos, hacedores de leyes. Las intervenciones para desmantelar puntos de drogas no provocan escasez, ni disminuyen la oferta, ni merman la demanda. Al contrario, el crimen organizado se reorganiza. El mercado del narcotráfico se rige por las lógicas de la libre competencia, y como cualquier empresa comercial de ánimo lucrativo, ajusta su orden interior a las exigencias de los tiempos; reconfigura y refina sus estrategias; se reinventa. La ley hace el delito. La ilegalidad, la clave del negocio. La prohibición, su mayor fuerza.

Obsesionado por cumplir los mandamientos de la prohibición, el Estado de Ley se confiesa responsable de la incidencia de crímenes violentos. La histeria ante la desesperanza hace más propensa a la ciudadanía a ser objeto de manipulación y chantajes. La fragilidad emocional y el miedo la empujan a buscar refugio y consuelo en

---

[19] **"Criminalidad, prohibición y ley"**, *El Nuevo Día*, 02 de abril de 2010. (http://www.elnuevodia.com)

469

medidas más represivas, que resultan ser patrañas politiqueras. Las leyes represivas no representan las esperanzas del pueblo, sino la renuncia colectiva a ellas.

La prohibición provoca violencias callejeras, crímenes, corrupciones y fraudes. Su mecánica, legal pero irracional, obstaculiza las posibilidades de comprensión de los fenómenos sociales y psicológicos vinculados bajo el signo de lo criminal. En contraste, y por lo que pueda valer, la educación despenalizadora debe considerarse entre las alternativas más pertinentes y certeras.

Cárcel, ¿para qué?[20]

Desde los antiguos regímenes de gobierno militar español hasta las presentes administraciones de gobierno civil bajo la dominación estadounidense, la práctica del derecho penal en el estado colonial puertorriqueño ha sido de dudoso valor social. El encierro carcelario, por ejemplo, ha cumplido una función distinta a la prometida *rehabilitación* del confinado. La cárcel no protege al ciudadano, sólo castiga al condenado; no le resuelve a la víctima, ni enmienda el daño ocasionado.

Ésta característica no es exclusiva de Puerto Rico, ni siquiera efecto de la eficacia de los proyectos de asimilación ideológica; de "americanización"; de modernización. Estados Unidos ostenta el mayor número de prisioneros a nivel mundial, con 2, 293, 157 el pasado año. Puerto Rico, una de sus sucursales legales, ha ocupando -por densidad poblacional- un tercer lugar en toda América, y quinto en el planeta. La mentalidad carcelaria todavía domina la imaginería penal en los estados de Ley a escala mundial. Pero la cárcel no es disuasiva de la conducta criminal ni garante de seguridad social, ni centro de reajuste psicológico del delincuente o de refinamiento moral del criminal. La cárcel ni disminuye ni impide la criminalidad. Es de tal inutilidad social que se convierte en escuela modelo de reincidentes. No sin antes torturar a su "clientela", condenada al ocio y al aburrimiento.

La idea del valor social del castigo de encierro se conserva religiosamente, es decir, por ignorancia y miedo; la ciudadanía cree ingenuamente en las virtudes domesticadoras de la cárcel. Su fe perpetúa la manía de enjaular al animal humano como a fiera; y el cinismo de jurar hacerlo por su propio bien. ¡No! La cárcel es la consumación de sentimientos de venganza; la rehabilitación, un eufemismo de su crueldad. El costo, sin embrago, se hace cada vez más insoportable para la ciudadanía que la sostiene. Según informes de la Administración de Corrección, el gobierno gasta más de $400 millones anuales en el sistema carcelario, cerca de $80.00 diarios por confinado. Aproximadamente $40,000 al año, en contraste a la inversión que hace el Estado para cada niño en el sistema de Educación Pública, que no excede los $4,000.

---

[20] **"Cárcel, ¿para qué?"**, *El Nuevo Día*, viernes, 09 de abril de 2010. (http://www.elnuevodia.com)

La institución carcelaria es un residual anacrónico de las mentalidades que han dominado la sádica imaginería penal del Estado de Ley. El castigo no funciona. La severidad de las penas nada resuelve. La cárcel de nada sirve...

Historia de la prohibición[21]

Con la mira puesta en el objetivo de administrar con eficacia y efectividad sus posesiones territoriales, en 1917 el Gobierno de los Estados Unidos aprobó el Acta Jones (Carta Orgánica de Puerto Rico), en la que, entre sus disposiciones legales, establecía que: "...será ilegal importar, fabricar, vender, o ceder, o exponer para la venta o regalo cualquiera bebida o droga embriagante." A la Asamblea Legislativa local sólo le reconocería autoridad para ejecutar la prohibición al pie de la letra, encargo que asumiría sin cuestionamiento ni reserva alguna. El gobierno de la isla, por su parte, la justificó como freno al "alarmante ascenso en la criminalidad por causa de bebidas embriagantes."

La instauración de la soberanía norteamericana trajo consigo una política mercantil que convirtió el negocio de licores en uno de los más lucrativos en la isla. La libertad de comercio y la legalidad, reforzada por el poder estatal, legitimaba los usos del alcohol, además de que generaba ingresos significativos al tesoro público. Localmente, la preocupación por el auge en el consumo, aunque comprensible, no tenía más fundamento que la preocupación misma, y el tiempo demostraría que la prohibición se trató de un grave error.

La radical negación al derecho ciudadano a consumir alcohol se caracterizó por una acentuada moral nacionalista y puritana. Un artículo de propaganda prohibicionista, publicado durante la época, leía: "La siniestra fuente del vicio manaba constante y copiosamente (...) y había que luchar contra los grandes intereses creados por esa perniciosa industria que venía destruyendo la salud del pueblo." Socialistas y espiritistas, logias masónicas, denominaciones protestantes y maestros, se identificaron en el mandamiento prohibicionista.

Para entonces, cerca de cien mil electores favorecieron la ley de la prohibición. Sesenta mil se opusieron.

Por virtud de un despotismo democrático se prohibió el libre mercado del alcohol y se criminalizó a usuarios, comerciantes y consumidores. Decenas de miles de ciudadanos fueron arrestados, multados y encarcelados. La prohibición entró en vigor en Estados Unidos poco más de un año después y, tras estelas de corrupción y muertes, en 1933 fue abolida. Aquí, sin consulta popular, se derogó el artículo prohibicionista en 1934. Los abstemios continuaron sus abstinencias, y gobernantes y contrabandistas, usuarios clandestinos, legisladores y oficiales de la ley, brindaron por la salud del pueblo...

---

[21] **"Historia de la prohibición"**, *El Nuevo Día*, 1 de septiembre de 2010.

Criminalidad y Derecho Penal[22]

La vaguedad intelectual siempre ha sido un rasgo distintivo del derecho a castigar, en todos los estados y gobiernos del planeta. Y es que la justificación última del derecho penal no reside en el poder de la razón sino en la fuerza superior para hacerlo. La Ley hace el delito e impone la pena. La justeza o razonabilidad son justificaciones artificiales de las que, en última instancia, puede prescindir. Esta estrechez teórica es compartida entre el poder de gobierno estadounidense y la clase política, legislativa y mediática puertorriqueña.

El discurso criminológico dominante en el Estado de Ley cree ilusoriamente que castigando (multando y encerrando) contiene y disminuye la incidencia criminal, a la vez que aumenta la seguridad y garantiza el orden social. La fe en el código penal y la credulidad en los dogmas de la Ley confiesan cierta ingenuidad política, y también una peligrosa ignorancia. Ambas faltas se revelan en el discurso criminal del Estado, en la imposibilidad de poder constatarse -fuera de su coherencia imaginaria- en la realidad. Decenas de miles de ciudadanos son procesados criminal-mente cada año en los tribunales del país, y una parte sustancial por la "guerra a las drogas". La reciente redada federal no evidencia más que la realidad que produce el Estado mismo, sus dirigentes políticos, los mercaderes de miedos y los comerciantes de ilusiones de seguridad. No avergüenza tanto la corrupción policial, ápice de esa realidad, como quienes posibilitan las condiciones para que se reproduzca irremediable e inconteniblemente. La política medicalizadora, como las medidas punitivas tradicionales, no puede contrarrestar las violencias y crímenes vinculados al narcotráfico, quizá el negocio más lucrativo del país, y que no depende de los usuarios drogo-dependientes. Esa población es relativamente insignificante dentro del mercado de narcóticos ilegales, y la mayoría de los consumidores no es drogadicta. Además, el negocio abarca infinidad de otros negocios dentro de la dimensión de la ilegalidad.

California considera legalizar la marihuana y el presidente de México reprocha la inconsistencia del gobierno norteamericano. En España se desperdicia en la cárcel un muchacho boricua, estudiante de medicina, por el tráfico ilegal de tonterías. Aquí siguen matándose y muriendo juventudes por competencias entre puntos, y la razón asesina no es la de narcotraficantes o consumidores, sino la del Estado prohibicionista.

---

[22] **"Criminalidad y Derecho Penal"**, *El Nuevo Día*, 21 de octubre de 2010.

Fuerza de choque, ¿para qué?[23]

Anuncian en primera plana "Desmantelan Fuerza de Choque". Las razones no sorprenden a nadie. Nemesio Canales lo advertía: "...ya no hay motivo para alarmarnos y alborotarnos cada vez que a uno de la policía se le va la mano y tiene la desgracia de estropear a alguien (...) Una macana sólo sirve para pegar, y si hemos autorizado al policía para que la use, esto es, para que pegue (...) y se aficione a pegar -hasta premiado con un sueldo- no nos debe extrañar que le pegue y machaque al lucero del alba." En *nuestro* Estado de Ley, esa es la función tácita de la "fuerza de choque" (División de Operaciones Tácticas de la Policía de Puerto Rico).

La corpulencia de sus miembros no se debe a inofensivos criterios estéticos, ni sus armas y armaduras son meros accesorios cosméticos. Tampoco sus actitudes expresamente antisociales son simples antipatías personales, aunque de la actuación hostil pueda sospecharse una realidad oculta, la de experiencias infantiles traumáticas; la posibilidad de que tras los episodios de violencia se revele la transferencia inconsciente de rechazos, menosprecios y maltratos; que sus crueldades los confiesen víctimas de abusos y violaciones. En vez de atender sus traumas psicológicos, el Estado los reconoce beneficiosos para sí, los recluta y los pone a su disposición. Niños abusados convertidos en hombres abusadores y maltratantes; juegan a agredir; gozan dolerle al prójimo y alardean del poder de hacerlo. A la ciudadanía comprometida con los valores de una sociedad democrática, ni la musculatura ni el mal carácter de la policía le interesa, le inspira respeto o le intimida. Desde esta posición, según es intolerante con la brutalidad policial, debería ser radicalmente crítica de las condiciones psico-sociales que la posibilitan.

La predisposición anímica a la violencia, instigada por el Estado de Ley, libera las riendas de la conciencia moral y convierte la brutalidad y la agresión sádica en valores encomiables, y "hasta premiados con un sueldo". La "fuerza de choque" no es una institución democrática sino una maquinaria de producción de comportamientos inhumanos y de prácticas sociales deshumanizantes. La mera existencia de este cuerpo represivo pone de manifiesto la fragilidad moral del Estado de Derecho y la precariedad política del sistema democrático que lo regula. La ciudadanía debería procurar su extinción, y legislar para abolirla...

---

[23] **"Fuerza de choque, ¿para qué?"**, *El Nuevo Día*, 2 de diciembre de 2010.

Prostitución, Moral y Ley[24]

La sexualidad humana raramente sube a la escena mediática como objeto de reflexión social, y gran parte de sus dominios permanece confinada en una zona de lo inconsciente que pareciera imposibilitar, individual y colectivamente, pensarla con seriedad y profundidad intelectual, más allá de la represión cultural y del prejuicio moral, de la repulsa y la vergüenza. Dentro de este contexto, el Gobierno, consecuente con sus ignorancias e ineptitudes habituales en materia criminológica, *revisa* el código penal sólo para ampliar y multiplicar penas, reteniendo prácticas de la sexualidad humana como blanco de (pre)juicios morales y condenas legales.

Desde la filosofía política liberal -que domina ideológicamente los arreglos jurídicos del Derecho-, el cuerpo humano no pertenece al Estado, sino que es posesión de la persona singular, y sólo a ella (para bien o para mal) compete la suerte de sus destinos. La regulación de la vida social es el encargo principal de la ley, y ésta no tiene autoridad legítima para excederse en sus ejercicios. Desde esta perspectiva, por ejemplo, quien participa del negocio de la prostitución (ofrece, solicita o acepta sexo por dinero) no representa un problema real a "la sociedad", por lo que la prohibición legal es, en esencia, ilegítima. La criminalización de esta actividad económica no tiene justificación racional fuera de nociones discriminatorias, prejuiciadas e intolerantes, reforzadas entre arcaísmos morales por el código penal.

La prostitución es un delito sin víctima; un mal social fabricado por el Estado; un problema imaginario de políticos y legisladores excedidos en su religiosidad, heredera de las hordas misóginas de la antigua cristiandad. A nombre de una abstracción política (la Moral Social), el Estado de Ley acosa y humilla, agrede y maltrata a mujeres reales, trabajadoras, muchas de ellas madres solteras, formalmente educadas y profesionales. La política represiva (redadas, arrestos, multas y encierros) no resuelve nada, sino que daña y agrava las condiciones de existencia de los hombres y mujeres que mercadean, libre y voluntariamente, la propiedad de sus cuerpos.

La prohibición del comercio sexual entre adultos es una afrenta *política* del Estado contra la existencia singular de la persona; una violación al derecho a la intimidad ciudadana, a la vida privada y la libertad de cada individuo. En principio, desde la óptica del Derecho

---

[24] **"Prostitución, moral y ley"** en *Revista Latitudes*, 17 de marzo de 2011. (http://revistalatitudes.org)

moderno y los valores constitucionales democráticos, la ilegalidad de "la prostitución" debería abolirse del código penal...

La ilusión de que existe un consenso social de aversión al comercio carnal, (re)producida por los medios de comunicación del país, refuerza la violencia estigmatizadora del Estado. El negocio de la prostitución, ya como recurso de sobrevivencia o movido por ánimo lucrativo, pertenece a la realidad social desde tiempos inmemoriales. Habrá quienes deseen erradicarlo, y sus razones tendrán. Lo que no debe admitirse es que el Estado siga poniendo en riesgo la seguridad, la salud y la vida de quienes practican otra economía política de la sexualidad humana; otro registro de moralidades ciudadanas...

A Referéndum la Pena de Muerte[25]

> "Y en la postrer convulsión, la muerte con brazo rey,
> entrega el cuerpo a la ley, y el alma a la religión."

El epígrafe es fragmento de un poema de Bernardo López, publicado en la prensa del país recién iniciado el siglo XX, precedido por la cobertura de la primera ejecución de pena de muerte por garrote, realizada por autoridades puertorriqueñas (jueces, fiscales y verdugos); avalada por la mayoría del cuerpo legislativo nacional y bendecida por eclesiásticos locales. Para entonces, creía el *patriota* José de Diego: "la pena de muerte es una desgracia irremediable para el criminal incorregible, y un desgraciado remedio para la existencia y el mejoramiento de la humanidad." Esta misma retórica reaparecería intermitentemente y sin mayores refinamientos hasta nuestros días; compartiendo el mismo repertorio demagógico las mentalidades políticas (intelectuales, jurídicas, policiales, legislativas y religiosas) más retrógradas y reaccionarias del país.

El discurso favorecedor de la pena de muerte dependía, como ahora, del poder de manipulación retórica de sus defensores, y las acepciones terroristas solían caracterizar sus argumentos. Decía de Diego: "La eliminación de la pena capital para los delincuentes natos es la institución de la pena capital para los hombres honrados." Pero la obligación social no es asesinar al asesino, sino regenerarlo -impugnaba su adversario, el abolicionista Rosendo Matienzo Cintrón-.

Compartiendo los mismos entendidos, prejuicios e ilusiones que los sostenedores estadounidenses de la pena capital, de Diego creía que ésta era un disuasivo efectivo contra la criminalidad, y que por ella saben y temen los criminales la consecuencia mortal de sus actos; que su sola existencia los amedrenta, y que el miedo a ser objeto de su justicia los disuade. Ninguna base científica sustentaba su postura, y hoy tampoco se sustenta.

La pena de muerte supone la renuncia absoluta al principio de rehabilitación, la sustitución del programa de "regeneración moral del criminal" por el asesinato judicial. Creía de Diego, no obstante, que la muerte ejecutada cumplía una función moralizadora, por su presumida ejemplaridad. El Estado mata a quien, condenado, no cabe entre sus

---

[25] **"A referéndum la pena de muerte"**; *El Nuevo Día*, martes, 05 de julio de 2011; y en *Revista Latitudes* (versión digital); 16 de junio de 2011. (http://revistalatitudes.org)

penas reformatorias. Pero la función de la muerte no termina ahí. La muerte del condenado se convierte en amenaza de muerte, que si no incentiva el cumplimiento de la ley, asecha fantasmagóricamente la estropeada conciencia del criminal en cierne, y pone frenos psíquicos a sus maquinaciones perversas -creen ingenua y equívocamente los apologetas de la pena capital-.

De Diego creía en la existencia de una *naturaleza* criminal, defectuosa e *irreparable*, que por *necesidad* debía exterminarse. El Estado no tiene otro remedio -cree de Diego- es su *deber* "defender a la sociedad." Pero para ello basta la reclusión carcelaria -le replicaba Matienzo Cintrón-

Cegada la Justicia para evitar engañarse por las apariencias, el positivismo jurídico y su ciencia penal convirtieron el acto criminal en la evidencia irreducible de la existencia de un sujeto criminal "nato", predispuesto genéticamente al mal. La pena de muerte impediría la reproducción del gen criminal -creía de Diego-, quien tampoco admitía la posibilidad del error judicial. La ignorancia era la fuente principal de su credulidad.

Cuentan los historiadores que durante una sesión legislativa donde se discutía el tema, de Diego interrumpió al abolicionista Matienzo Cintrón para preguntarle: "¿Qué haría su Señoría con el asesino de vuestra hija?" A lo que Matienzo respondió: "Le perdonaría, y con más razón si el asesino de mi hija fuera el hijo de vuestra Señoría."

No fue la ciencia dura la razón principal que lograría abolir la pena de muerte en Puerto Rico. Fue, como quizá sigue siendo, una cierta disposición anímica a favorecer, a veces secreta e incomprendidamente, el derecho a la vida por encima del poder de quitarla; se trata, de algún modo, de una suerte de posicionamiento ético vital, contrapuesto a la postura moral, vengativa, cruel y mortífera, que durante siglos prevaleció con fuerza de ley en los sistemas de justicia en Puerto Rico, y que hoy algunos todavía insisten en invocar...

Ascensión del Estado policial[26]

Confesada al fin la impotencia del cuerpo represivo del Estado ante el embate de las violencias criminales, el gobierno vuelca su retórica acusatoria sobre la ciudadanía, antes víctima pasiva del crimen, ahora cómplice virtual por defecto de indolencia y, a la par, último remedio: la "sociedad civil" queda emplazada, convocada e investida de responsabilidad moral en la "lucha contra el crimen". Así lo anuncia el recién designado superintendente de la policía, avalado y confirmado unánimemente por el Senado de Puerto Rico.

Para el jefe del cuerpo policial, la alta incidencia de crímenes violentos –cita un diario local- se debe a la "falta de valores". *Su* "estrategia": crear un "Frente Ciudadano contra la Violencia" (policías, empresarios, religiosos, etc.) Procurará -entre líneas- remendar la imagen de incompetencia de su antecesor, pero con la promesa reiterada de no hacer cambios sustantivos, ni en la estructura organizativa de la uniformada ni en lo concerniente a los enfoques y prácticas tradicionales –inefectivas, fraudulentas y de mortíferos efectos-. El *reclutamiento* de la "sociedad civil" para "combatir el crimen" es un acto teatral, demagógico y frívolo, tras el cual se revela la ineptitud intelectual de la clase gobernante, y se expresa su falta de voluntad política para superar los viejos y fracasados modelos represivos y punitivos. Refrendados los resabios maniáticos de las mentalidades prohibicionistas, el gobierno convoca al ciudadano común a *hacerse* agente policial, pero marginalmente; como ejército de reserva activado para *reforzar* los cuerpos de control y vigilancia del Estado de Ley, denunciar las transgresiones, señalar y acusar a los malhechores.

Las dimensiones de complejidad que constituyen la realidad social y política, económica y psicológica de lo criminal en Puerto Rico permanecen invisibilizadas por las autoridades de gobierno y sus voceros mediáticos. En lugar de atenderlas con seriedad ofrecen falsas ilusiones de seguridad, no más que soluciones imaginarias a problemas, en gran parte, también imaginarios. Reducir y trivializar la cuestión criminal a un problema moral ("falta de valores") es un modo de falsear la realidad, no de transformarla. Así, intacto el libreto de la ignorancia y repetida la torpe actuación ante la violencia criminal, queda la ciudadanía armada de la misma impotencia que desarma a la Policía…

---

[26] **"Ascensión del Estado policial"**, *El Nuevo Día*, 20 de julio de 2011.

480

Criminalidad, política y pobreza[27]

La mayor fuerza electoral de los partidos políticos dominantes (PPD y PNP) proviene de los residenciales públicos y de las barriadas más empobrecidas del país. Irónicamente, son estos sectores de nuestra población (asalariados como desempleados) los que más sufren los embates represivos del Estado de Ley, administrado por quienes ellos mismos *ponen* en el poder. Pero son las "élites intelectuales" puertorriqueñas (legisladores y juristas, académicos, políticos y periodistas), las que hacen posible, reproducen y legitiman esta práctica estatal discriminatoria, clasista y abusiva. El abordaje sobre "el problema de la criminalidad", compartido sin distinción por la derecha y la izquierda, entre capitalistas o socialistas, lo evidencia. Para estos "ideólogos" de la realidad social, la causa principal de la criminalidad es la pobreza y la "desigualdad social"; y el pobre, pues, un criminal en potencia...

Esta (i)racionalidad, que domina el discurso político sobre la cuestión criminal, ha sido desmentida por la realidad misma, que es mucho más compleja de lo que hacen creer. Y es que no existe una relación causal o mecánica entre la condición de pobreza y la criminalidad. Asimismo, tampoco son "necesidades" esenciales o vitales las que animan las violencias criminales, y ni siquiera los delitos menores. A todas cuentas, los más empobrecidos se resignan, mendigan y rezan, mientras que los pillos y maleantes más dañinos y violentos en nuestra sociedad salen de entre las personas que más tienen; privilegiados y bien educados; profesionales; de familias *funcionales* y militantes de la cristiandad. Además, la experiencia histórica ha demostrado que el acceso a mayor poder adquisitivo, es decir, a dinero o bienes y recursos materiales, no redunda en una disminución mecánica de la violencia criminal. Las raíces psicológicas de ésta no tienen su tiesto fijo en la condición económica, y eso ya Freud se lo reprochaba a Marx, quien sabía mucho de economía pero poco de psicología. La violencia criminal no se da entre los *desposeídos* de esta tierra, los que "no tienen", sino entre quienes, teniendo, quieren tener más... Algo de afrenta egoísta y pretenciosa, algo de mortífera vanidad, nace del deseo de "igualdad", cuando se quiere imitar o ser *igual* al que tiene de todo y de más...

---

[27] **"Criminalidad, política y pobreza"**; *El Nuevo Día,* 25 de julio de 2012 / *Claridad,* martes, 24 de julio de 2012 (http://www.claridadpuertorico.com)

Crimen de Estado[28]

La recurrente escenificación de juicios federales con miras a imponer la pena de muerte, a pesar de estar proscrita en la Constitución insular, evidencia la carencia de fuerza política soberana ante el poderío jurídico centralizador del Estado/Imperio de Ley estadounidense. Bajo sus dominios, estados y territorios "no incorporados" gozan de potestad para matizar sus respectivas constituciones y códigos regionales; y preservar, abolir o reinstaurar la pena capital, salvo para determinados casos *criminales*, exceptuados del rigor constitucional por decreto autoritario del poder ejecutivo y congresional. Excluidos los puertorriqueños de esta dimensión del derecho penal-federal que rige sobre la Isla, la postura del gobierno insular contra la pena de muerte se reduce a un mero reproche moral, inconsecuente en los juicios bajo jurisdicción federal. La relación de subordinación política y dominación jurídica se manifiesta con nitidez en la sordera de la metrópoli ante las quejas y reclamos del gobierno local y su cuerpo legislativo; y las ilusiones de coexistencia democrática se revelan como meras farsas ideológicas.

En este escenario, la vida de los reos-candidatos a la pena de muerte queda a discreción y merced del jurado. Doce ciudadanos que, se presume, *representan* al pueblo puertorriqueño y que, para bien o mal, sus juicios deberían encarnar los valores consagrados en *nuestra* Constitución. La paradoja es evidente: si así fuese, la opción de penar con la muerte al condenado se anularía de manera inmediata y mecánica, pues así lo establece la Constitución isleña. El proceso judicial, en tal caso, sería absurdo; y la fiscalía no haría sino perder el tiempo al Tribunal, además de malgastar el dinero de los contribuyentes. Sin embargo, once de los doce jurados favorecieron la ejecución del reo. Esta realidad no debe ocultarse ni trivializarse, y es preciso analizarla de manera sensible, crítica y reflexiva. La representatividad y motivaciones del jurado deben ser cuestionadas incisivamente, del mismo modo que la presumida generalidad de los valores culturales contra la pena de muerte y las fuertes tendencias sociales a favorecerla.

La regla del juego judicial requiere unanimidad para imponer la última pena, y en esta ocasión sólo una persona se opuso. Sin embargo, el saldo general de la cobertura mediática se tradujo en

---

[28] "Crimen de Estado" (inédito); sometido a varios medios, 25 de marzo de 2013.

manifestaciones de encubrimiento ideológico y engaño consolador. La determinación de la mayoría del jurado en el caso de Alexis Candelario establece un precedente nefando en la historia jurídica moderna de Puerto Rico. Y, como van las cosas, todavía podría ser peor. Si la regla vigente, arbitraria por demás, cambiara por una más *democrática* por decreto federal, donde la sentencia de muerte se determinase mediante voto de mayoría y no por unanimidad, la venganza criminal se haría Estado y el "pueblo de Puerto Rico" se convertiría en cómplice de un asesinato legal...

La Sagrada Familia[29]

> "Y extendió Abraham su mano,
> y tomó el cuchillo,
> para degollar a su hijo."
> *Génesis 22:10*

> "Si un hijo obstinado y rebelde,
> no escucha a su padre ni a su madre,
> ni los obedece cuando lo disciplinan...
> ...lo apedrearán hasta matarlo."
> *Deuteronomio 21:18-21*

La credulidad religiosa constituye un problema político y social, no religioso. Invariablemente, ésta es condición anímica de incontables manifestaciones de violencia física y emocional contra personas que contravienen los dogmas *sacralizados*, sea fuera o dentro de la propia comunidad religiosa; ya mediante recursos de hostigamiento psicológico, ya mediante otros registros de agresiones físicas (castigos) propias de la violencia disciplinaria de la autoridad religiosa y los principios represivos del orden de su fe. Aunque su materialidad más dramática a escala global/mediática es el terrorismo religioso, el fundamentalismo es un mal endémico de todas las religiones arraigadas en el pacto mítico entre el patriarca Abraham y Dios[30] (Judaísmo, Cristianismo e Islamismo). El mayor número de víctimas de esta pandemia fundamentalista, de sus tormentos psicológicos y torturas físicas, acaece bajo una dimensión casi

---

[29] **"La Sagrada Familia"**, Revista *80 grados*, 7 de junio de 2013. (http://www.80grados.net)

[30] Abraham, en brote esquizofrénico y aterrado por la violencia sádica de su Dios imaginario, alucinó que éste puso a prueba su fe, el mandamiento de amarlo a él sobre sus seres más queridos: "Y Dios dijo: Toma ahora a tu hijo, tu único, a quien amas, a Isaac, y ve a la tierra de Moriah, y ofrécelo allí en holocausto sobre uno de los montes que yo te diré. (...) Tomó Abraham la leña del holocausto y la puso sobre Isaac su hijo, y tomó en su mano el fuego y el cuchillo. (...) Llegaron al lugar que Dios le había dicho y Abraham edificó allí el altar, arregló la leña, ató a su hijo Isaac y lo puso en el altar sobre la leña. Entonces Abraham extendió su mano y tomó el cuchillo para sacrificar a su hijo." Isaac, el amado hijo de Abraham, no fue finalmente asesinado por su padre porque, dentro de su convicción religiosa o locura, alucinó que intercedió un ángel encomendado de Dios: "Y el ángel dijo: No extiendas tu mano contra el muchacho, ni le hagas nada; porque ahora sé que temes a Dios, ya que no me has rehusado tu hijo, tu único." (Génesis 22: 2-12)

imperceptible fuera del juicio crítico, entre las credulidades religiosas practicadas en la vida social y familiar cotidiana, todavía bajo el protectorado de las constituciones y leyes en los estados seglares modernos, e ignorado por sus sistemas de educación y agencias sociales. La violencia doméstica en general, y en particular el maltrato de menores, tiene raíces profundas en la psiquis religiosa. Los primitivos textos *sagrados* autorizan y promulgan éstas prácticas (amenazas, castigos, engaños, etc.) como recursos disciplinarios legítimos, justos y necesarios, para satisfacer la demanda de obediencia a un Dios imaginario, a veces misericordioso, a veces vengativo; siempre violento y cruel...

En el actual escenario de época, al menos en los estados regidos por los principios políticos y morales de los derechos humanos, aunque el acto de Abraham sería juzgado y condenado severamente como un acto de intensión criminal o diagnosticado como efecto de una grave enfermedad mental, su figura mítica se preserva intacta en los textos *sagrados*, como ícono del religioso devoto; y su disposición a sacrificar a su hijo, a degollarlo con un cuchillo (Génesis 22:10), sigue valorándose como prueba de fe a emular. Júzguese como criminal, o diagnostíquese como esquizofrénico, paranoide o psicópata, es en la credulidad religiosa donde se originan las condiciones psíquicas de su conducta, y es el terror a Dios su principio y finalidad invariable.

La interpretación literal del relato de referencia supone admitir, de manera tajante y como verdad infalible, que Abraham obró acatando la voluntad de Dios y que ésta *debía* ser obedecida para ganar su gracia y favores. La literatura mítica/sagrada de las religiones dominantes venera su "moraleja" sin reparo moral alguno, y así se evidencia en el Nuevo Testamento: "El que ama padre o madre más que a mí, no es digno de mí; y el que ama hijo o hija más que a mí, no es digno de mí." (Mateo 10:37)

Mírese como se mire, la "moraleja" es de corte sádico, criminal y psicótico. Para los creyentes, haberse negado a sacrificar al hijo en nombre de su imaginado Dios hubiera sido más inmoral y reprensible que matarlo en realidad. Y así seguiría *creyéndose* durante siglos. A los hijos rebeldes a la autoridad de sus padres e inmunes a sus castigos disciplinarios, el Dios de Abraham, luego *revelado* a Moisés, los condena a morir apedreados (Deuteronomio 21:18-21). De modo similar a las hijas que practican su sexualidad al margen de los mandamientos de castidad y abstinencia del Dios/Padre: "Mas si resultare ser verdad que no se halló virginidad en la joven (...) la apedrearán los hombres hasta que muera..." (Deuteronomio 22:13-21) Asimismo, el primitivo mandamiento de silencio/encubrimiento de las quejas de los menores contra sus padres abusadores sigue vigente y con fuerza de ley para los creyentes: "Porque Moisés dijo: "Honra a tu padre y a tu madre; y el que hable mal de *su* padre o de *su* madre, que muera." (Marcos 7:10)

Las revoluciones políticas modernas, vinculadas a los derechos humanos, antagonizaron radicalmente con las dogmáticas religiosas e impusieron la separación formal entre Iglesia (Religión) y Estado. Y es que, impuesta la razón sobre la credulidad religiosa, el "amor" o terror a un Dios imaginario no puede imponerse contra la vida humana realmente existente. De igual modo, las fuerzas civilizadoras modernas regularon, constitucional y legalmente, los dominios permisibles a los rituales religiosos, porque no se podía seguir dejando al arbitrio de sus fervores, supersticiones y alucinaciones, las suertes concretas de la humanidad viviente, al margen de sus creencias religiosas.

Aunque domesticados sus preceptos, modulados sus mandamientos y reguladas sus prácticas para imponerlos, el virus mortal de la credulidad religiosa aún persiste de manera generalizada en nuestras sociedades. El origen de gran parte de las violencias que todavía acontecen en el seno familiar contra los hijos aparece avalada de manera explícita en los evangelios, que promueven el adoctrinamiento religioso mediante chantajes y acosos psicológicos, castigos a los contumaces y recompensas para los sumisos: "Porque vine a poner al hombre contra su padre, a la hija contra su madre, y a la nuera contra su suegra..." (Mateo 10:35)

En el escenario local, estas hostilidades se manifiestan con nitidez en los discursos de intolerancia, discrimen y odio religioso del liderato de las más diversas denominaciones de la cristiandad insular. Las huellas de esta nefanda historia se transparentan dramáticamente en las posturas expresas contra los derechos de la ciudadanía homosexual (identidad de género y orientación sexual), en el discrimen laboral, la negación a reconocerles derecho de adopción y matrimonio, protección igual contra violencias domésticas, entre otros. Irónicamente, el fundamento mítico/religioso es la defensa y preservación de "La Familia", ordenada estructural y jerárquicamente con arreglo a la alegada voluntad de su Dios –creado a imagen y semejanza de los antiguos patriarcas del viejo mundo, sus costumbres e ignorancias, prejuicios y supersticiones-...

A la "defensa" del primitivo modelo de familia patriarcal le aparejan posturas recalcitrantes, algunas reseñadas a diario en los medios de comunicación; otras ocultas a la mirada pública. Lamentablemente, todavía influencian el cuerpo legislativo insular, infectando la conciencia moral de la clase política isleña y manipulando la opinión pública con supersticiones y delirios paranoides por terror al castigo del Dios de Abraham y Moisés, como el de Jesús y sus seguidores: "...el que no se postre y adore, será echado inmediatamente en un horno de fuego ardiente." (Daniel 3:16) "...y los arrojarán en el horno de fuego; allí será el llanto y el crujir de dientes." (Mateo 13:50)

A diferencia de lo que aseveran los dirigentes de la alta jerarquía religiosa (católica, protestante y demás), las alusiones al personaje mítico de Jesús, según los evangelios, no cambia nada. La crueldad sádica del Dios de Abraham y de Moisés viene a refrendarse de manera intacta, y a reproducirse con base en el terror a Dios y la amenaza de muerte a sus detractores: "Porque en verdad os digo que hasta que pasen el cielo y la tierra, no se perderá ni la letra más pequeña ni una tilde de la Ley hasta que toda se cumpla."(Mateo 5:18; Lucas 16:17)

A pesar de todo, el primitivo modelo de "familia" instituido bajo la autoridad patriarcal de la feligresía cristiana, judaica e islámica, prevalece en nuestros días.[31] Por efecto y defecto de la credulidad religiosa, ignoran que la conciencia moral no es expresión de la misericordia de su Dios imaginario sino un acto político posicionado a favor de la vida real y la convivencia civilizada entre seres humanos, más allá de creencias arcaicas, supersticiones religiosas y demás locuras fundamentalistas.

Tal vez, entre las violencias domésticas, una parte sustancial de los casos de maltrato infantil referidos o escondidos al Departamento de la Familia tengan sus causales psíquicas en la credulidad religiosa. De cierto es que, fuera de casos extremos, resulta imposible al Estado de Derecho prevenirlos, removerlos de sus hogares y ponerlos bajo su protectorado y tutela. Lo deseable, ante este escenario, es tomar con debida seriedad intelectual el asunto y animar el juicio crítico sobre los efectos psicosociales de la fe religiosa, en cualquiera de sus variantes. Recuérdese que, de hijos maltratados suele surgir hombres y mujeres maltratantes. Quizá las violencias sean menos físicas que psicológicas, y por ello pasen inadvertidas durante los años de crianza y encuadramiento religioso. Pero sus efectos nocivos para la convivencia

---

[31] El matrimonio según la Biblia aparece consagrado como unión-condena eterna y proscrito el divorcio, si no es por infidelidad/adulterio, como pecado mortal (Mateo 5:32; Romanos 7:2) El mandamiento de fidelidad de la esposa/madre, dentro de las lógicas sacralizadas aparece reforzado bajo amenaza de muerte; y el pecado de adulterio, practicado por razones singulares, deslices pasionales o bellaquería ocasional, autoriza la ejecución de la mujer y su amante (Levítico 20:10)

social son evidentes (discrimen, intolerancia, odio, etc.) El sistema de educación, agencias del Estado y las legislaciones que sustenten los derechos civiles, deben estimular el ingenio y la sensibilidad para tratar/educar a los hijos dentro de los principios y derechos humanos, en lugar de dar rienda suelta a la ignorancia fundamentalista, prejuicios y necedad de los padres, creídos autorizados a maltratarlos (adoctrinarlos/castigarlos) por amor y terror a su Dios, sólo "…porque escrito está…" (1 Pedro 1:16)

Marihuana: un mal imaginario[32]

> "En el mundo hay demasiados males reales
> como para permitirnos aumentarlos con otros imaginarios que,
> por demás, terminan siendo causa de nuevos males verdaderos."
> *Arthur Schopenhauer*

> "La creencia de que nuestras leyes contra drogas
> se apoyan sobre bases científicas y racionales
> es una de las primeras causas de nuestro problema con drogas."
> *Thomas Szasz*

La despenalización del consumo de marihuana en la Isla será un hecho en un futuro previsible. Sin embargo, la historia de su prohibición pertenece al extenso repertorio de aberraciones legales que todavía vician *nuestro* ordenamiento jurídico y pervierten su sistema de justicia; ya por ignorancia o convicción mal informada; por intereses mezquinos o bien intencionados; siempre por razones equivocadas. Sostenida oficialmente en la ocultación y manipulación de datos científicos y estadísticos, la criminalización de sus usuarios ha dejado un saldo inestimable de daños psico/sociales, perjudicando a miles de ciudadanos y proliferando las condiciones de la violencia criminal en la Isla, incluyendo la corrupción de funcionarios públicos, judiciales y policiales.

La propaganda mediática de la "guerra contra las drogas", sostenida por la misma mentalidad demonizadora de los años 30 en los Estados Unidos e impuesta por decreto prohibicionista por el gobierno federal en los años 70, sigue siendo reproducida sin reservas por los cuerpos legislativos y gobiernos de Puerto Rico. Esta mentalidad ha contribuido al falseamiento sobre los efectos reales de la marihuana, y consagrando la ignorancia como principio medular de la política pública aún regente en la Isla. El impacto general ha sido brutalmente nocivo, no sólo acrecentando el hacinamiento carcelario por un delito sin víctima sino, además, estigmatizando a sus víctimas, aprisionadas y/o multadas por una ley (Núm.4 de 1971) que nada contribuye al bienestar social, la salud, la moral o la seguridad ciudadana. Dentro del teatro judicial, la sentencia de culpabilidad,

---

[32] **"Marihuana: un mal imaginario"**, Revista *80 grados*, 28 de junio de 2013.(http://www.80grados.net)

castigo de multa/aprisionamiento y "rehabilitación" forzada, se imponen sólo porque así lo dicta la ley, aunque sus motivos no evocan pruebas veraces sino falsedades producidas para legitimarse a sí misma, la prohibición, la autoridad de sus violencias y la crueldad de sus penas.

Pensado con debida seriedad, nadie argumentaría lo contrario. Ya han sido desmentidas las retóricas que criminalizan el consumo de marihuana y demonizan a sus usuarios como "peligrosos" a la sociedad. Además de sus propiedades naturales para tratar enfermedades y achaques, no existe registro sobre actos de violencia relacionados a usos recreativos. Ni siquiera se trata de una droga adictiva, y sus posibles efectos nocivos a la salud individual no se aparejan a los de las drogas legales y de consumo generalizado en nuestra sociedad: tabaco, alcohol, azúcar y café, por ejemplo. Asimismo, la potencia de usos alternativos del *Cannabis* a nivel industrial (ropa, papel, medicamentos, etc.) podría beneficiar la economía insular, pero no se considera por tratarse de un recurso natural prohibido y criminalizado. En su lugar imperan negocios lucrativos al margen de la Ley, que generan cuantiosas ganancias para los beneficiarios directos e indirectos de la prohibición. Recuérdese que, por (d)efecto de la mentalidad prohibicionista en Puerto Rico, un policía gana más que un maestro; y el costo por aprisionamiento es mayor que la educación universitaria…

Pero no hay que esperar por un cálculo económico de beneficio inmediato. Sobre todo porque la racionalidad jurídica que sostiene la prohibición es incongruente con principios democráticos y derechos humanos de primer orden. Destaca, entre ellos, el derecho de cada ciudadano a vivir su propia vida y existencia singular, sin sufrir intromisiones indebidas por parte del Estado de Ley…

A fin de cuentas, la marihuana se prohibió para paliar un problema imaginario: la relación causal entre su consumo y la criminalidad. No obstante, aunque se trata de un "delito sin víctima", la prohibición afecta a personas reales, daña vidas singulares y propicia una cultura de engaños y prejuicios, maltrato y discrimen injustificado contra consumidores, casuales o habituales.

Tampoco existe fundamento moral para proscribir tajantemente su producción y comercio, tenencia y consumo. Además, la ley de "sustancias controladas", centrada en un enfoque viciosamente punitivo, entorpece el encargo estatal de atender a drogadictos (legales o ilegales) que necesitan asistencia psicológica y/o médica sin acosos y trabas legales.

Aunque dentro del caudal de problemas psico/sociales relacionados y ocasionados por las mentalidades prohibicionistas,

490

promotoras de la "guerra contra las drogas", la lucha por la despenalización del consumo de la marihuana pudiera parecer un acto de poca envergadura, lo cierto es que tiene una pertinencia política y psico/social que no debe subestimarse. La posibilidad de convivencia *saludable* en un Estado democrático de Derecho está condicionada por la capacidad y disposición de la ciudadanía en general, y de la clase política y jurídica en particular, de comprender que la privacidad de la vida de cada individuo, como parte de su singularidad existencial, es garante fundamental y condición del bien común; y las leyes que la regulan deben protegerla inexcusablemente. Las tendencias despenalizadoras a escala global apuntan sus esfuerzos en esta dirección.

Paralelo a los cambios en las políticas prohibicionistas a nivel internacional y a los movimientos estadounidenses por la despenalización y la legalización de la marihuana, el P. del S. 517, presentado por el senador Pereira (2013), abona a que en Puerto Rico se atienda con madurez política el asunto. Ya veremos. La clase política isleña debe abstenerse de sacar de proporción los *males* relativos a las drogas ilegales, en gran medida imaginados y/o repetidos sin estudiar o pensar profundamente; quizás por vagancia intelectual o consecuencia del generalizado síndrome del colonizado; por intereses personales o por la habitual gula electorera.

Urge concertar a nivel nacional una campaña educativa honesta y bien informada, crítica y desmitificadora, que contrarreste la absurda propaganda de la "guerra contra las drogas" y desmantele, desde sus cimientos, la ideología imperante del modelo represivo/punitivo que mueve y sostiene la política prohibicionista en general. La despenalización del consumo de la marihuana es un paso firme en la dirección correcta.

Así las cosas, el consumo de marihuana será despenalizado; quizás tardíamente, por imposición del gobierno federal; o prontamente, por las fuerzas políticas/ciudadanas insulares, si superan la ignorancia generalizada y favorecen legislar, sensible y razonablemente, por el bienestar general en la Isla; empezando por reconocer y reivindicar los espacios, prácticas y derechos de intimidad, privacidad y singularidad existencial de cada persona...

Reforma policial: simulacro y realidad[33]

Investigadas, confirmadas y legitimadas por el Departamento de Justicia federal las acusaciones y demandas civiles por los "excesos de fuerza" y corrupción del cuerpo policial isleño[34], el Gobierno de Puerto Rico ha sido enjuiciado, responsabilizado y, consecuentemente, forzado judicialmente a *reconocerlas*, atenerse a la sentencia de culpa y cumplir la pena impuesta. Para efectos de evadir el pago de multas millonarias, el Gobierno insular se comprometió a "reformar" la Uniformada puertorriqueña[35] y adecuarla a los requerimientos establecidos por la Autoridad federal.[36] Dentro de este escenario, el Gobierno de Puerto Rico[37] se ha esforzado en minimizar y encubrir la vergüenza política que debe representarle la imposición unilateral del Gobierno federal, haciéndola aparecer en los medios informativos como si el proyecto de *reforma* se tratase de un convenio entre partes iguales, interesadas ambas en el mismo fin ideológico (restaurar la imagen de la Policía isleña y restituir la confianza de la ciudadanía) y práctico (hacer más efectiva la fuerza represiva del Estado). Aunque

---

[33] **"Reforma policial: simulacro y realidad"**, Revista *80 grados*, 2 de agosto de 2013. (http://www.80grados.net)

[34] En la demanda radicada por el Gobierno federal al Gobierno de Puerto Rico -según cita el New York Times- la investigación reveló que las autoridades han arrestado más de 1700 policías entre los años 2004 al 2008 por cargos de asesinato (ilegal killings), violaciones (rape) y narcotráfico. Durante el mismo periodo, más de 1500 querellas fueron sometidas contra los oficiales del orden público por uso injustificado de fuerza excesiva o brutalidad.

[35] La Uniformada puertorriqueña consta de cerca de 17, 000 efectivos, y constituye el segundo cuerpo policial más numeroso entre todos los territorios/estados bajo la jurisdicción federal estadounidense.

[36] El gobernador Alejandro García Padilla firmó el proyecto de reforma o "decreto de consentimiento" y, aunque expresó su conformidad y entusiasmo, admitió que se trata de un pacto forzado por el tribunal federal y el gobierno estadounidense, representado por el Secretario de Justicia Eric Holder. De no cumplirse al pie de la letra los preceptos y disposiciones de la reforma el Gobierno insular estaría sujeto a severas penalidades impuestas por el Gobierno federal.

[37] Representado de manera protagónica en los medios informativos por el Secretario de Justicia, Luís Sánchez Betances, y el Superintendente de la Policía, Héctor Pesquera.

esta práctica de encubrimiento de la condición colonial, de subordinación política y jurídica, no es extraña en la historia de los gobiernos insulares, el saldo de la reforma policial -impuesta judicialmente por decreto federal o pactada bilateralmente- será el mismo de siempre: la ampliación y fortalecimiento del inmenso aparato represivo del Estado.

Al margen de la demagogia de ocasión, la reforma consiste en adecuar la fuerza policial a los requerimientos estatales de control social, dejando intactos los principios y entendidos tradicionales sobre los que se basa la existencia de la Uniformada. Es decir, se trata de operar cambios gerenciales en su orden interior sin trastocar sus objetivos históricos ni las premisas ideológicas en las que se asientan. Al montaje de la propaganda política o de la ilusión publicitaria de la reforma se han integrado la American Civil Liberties Union (ACLU) y el Colegio de Abogados de Puerto Rico[38]. Ambas organizaciones han expresado públicamente su conformidad con la reforma, tal y como ha sido diseñada y sin cuestionarla críticamente. Sus posturas le dan fuerza de legitimidad política y refuerzan su función ideológica, pero no aportan nada a garantizar el cumplimiento de la gran promesa de *reformar* la Policía dentro de las aspiraciones más trascendentales de los derechos y libertades civiles y humanas. Es predecible, pues, que cambiarán algunas formas institucionales pero en lo sustantivo el sistema policial permanecerá idéntico a como siempre ha sido, sus funciones y prácticas seguirán siendo las mismas y también sus principios y finalidades. La reforma anunciada es ilusoria y su celebración acrítica se perfila como signo de un gran fraude...

No obstante, las dramáticas causas reales (corrupción generalizada y excesos en el uso de la fuerza represiva o brutalidad) que dan sentido y pertinencia a la necesidad de una reforma policial representan, más que un dilema ético, un problema político a la ciudadanía; al menos desde un posicionamiento firme y consecuente a favor de los principios y derechos civiles/humanos en una sociedad que se presume democrática. Las expresiones públicas sobre la *reforma*

---

[38] Aunque la presidenta del Colegio de Abogados de Puerto Rico, Ana Irma Rivera, ha expresado reservas críticas al entusiasmo idealista con que se acogió el plan de reforma, la organización no ha presentado públicamente fundamentos de un análisis profundo sobre el mismo. La reserva crítica se limita a advertir que el cuerpo policial estadounidense no está exento de las mismas acusaciones y cargos que se le han sometido a la Policía insular, y que, a todas cuentas, también está saturado de corrupciones y violaciones a los derechos civiles, racismo, discrimen y persecución por motivos políticos e ideológicos.

prometida, sin embargo, tienden a tergiversar e invisibilizar el problema de fondo, e ignoran o manipulan las causales matrices del mismo. Además, la ciudadanía está convocada inexcusablemente a participar de su cuantioso financiamiento (entre 60 a 80 millones sólo los primeros dos años), a pesar de que todo apunta a que, en lo esencial, después de "la reforma" todo seguirá igual. Y es que, aunque podemos *coincidir* en la veracidad de las premisas generales en las que se engloba "el problema" (corrupción y brutalidad), las soluciones propuestas son equívocas, falsas y falseadas; y terminarán ampliando y reforzando el poderío represivo del Estado de Ley y no los derechos/libertades civiles y humanos.

A raíz de las investigaciones federales, la Uniformada insular parece encabezar la lista de los cuerpos policiales más corruptos entre todas las jurisdicciones estadounidenses. Aunque quizá se trate de una exageración, que sea cierto es una posibilidad y no debe extrañar a nadie. Las expresiones públicas de los principales voceros policiales en la Isla, desde la alta jerarquía del Gobierno hasta los *sindicatos* de policías admiten la sentencia de culpabilidad, aunque cada sector de interés guarda reservas por la severidad de las imputaciones y sus efectos perjudiciales para la imagen general de la Policía de Puerto Rico. La histórica condena ciudadana a la brutalidad policiaca ha tomado un giro (in)esperado, y la *reforma* se convierte en un eufemismo político para asignar una inmensa partida del erario público al cuerpo represivo del Estado. A todas cuentas, según los representantes oficiales, el problema de fondo es eminentemente económico, y las manifestaciones de corrupción y brutalidad son consecuencias (in)directas de la precariedad económica de la Uniformada isleña. Es decir, que de asignárseles aumentos salariales y proveerles más sofisticados equipos tecnológicos y armamentos, romperían menos cabezas; apalearían a menos ciudadanos; apuntarían con mayor precisión sus disparos; arrestarían sin fabricar casos y allanarían residencias sin omitir el protocolo reglamentario; minimizarían las hostilidades y disminuirían las agresiones; atenderían las querellas civiles con diligencia y prestarían debida atención a las investigaciones criminales...

En fin, que la posibilidad de *civilizar* la conducta de la Policía en la Isla tiene un precio negociable dentro del proyecto de reforma, y está condicionada a que se pague su demanda en dinero. Esta lógica no expresa su conciencia de clase trabajadora, ni se trata de un reclamo de justicia salarial y mejores condiciones laborales. Por el contrario, expresan con nitidez los signos de su corrupción; la inmoralidad y mezquindad de su gerencia en conjunto; y la ignorancia e ingenuidad de sus promotores. Esta realidad no es nueva, y tiene su historia...

El carácter represor de los cuerpos policiales en los estados democráticos modernos no es cualitativamente diferente al de los estados antiguos o regímenes autoritarios contemporáneos, al menos en lo que respecta a sus fines y objetivos matrices. Todo Estado de Ley se arroga para sí el monopolio de la violencia "legítima" y da forma precisa, ordena e institucionaliza las fuerzas represivas que posibilitan su existencia, preservación y desenvolvimiento. La violencia represiva es parte sustancial de sus historias, y la brutalidad policiaca se registra invariablemente en el curso de su devenir histórico, aquí como en cualquier parte del mundo. Así como las instituciones militares, el entramado de ramificaciones policiales siempre ha sido parte integral del poder de control social de todo Estado de Ley, independientemente de los modos de producción, variantes ideológicas y regímenes de Gobierno. El sistema jurídico/penal lo centraliza, administra y regula sus prácticas. Asimismo, lo modula y adecúa (reforma) puntualmente para enmendar sus fallas y hacerlo más eficaz y efectivo. La reforma, en este contexto, se revela como un simulacro político con el fin de aparentar atender la demanda civilizatoria de la ciudadanía. El ciudadano-contribuyente sigue financiando la Uniformada, equipándola y armándola con la ilusión de que invierte en su propia seguridad, pero ignorando que los agentes del "orden público" son garantes de la Ley antes que de sus vidas...

Todavía en el siglo XXI las sociedades *democráticas* no conciben la posibilidad de existencia de un Estado de Ley que pueda prescindir de su primitiva maquinaria represiva, y por lo general glorifican a *sus* ejércitos, vanaglorian las ilusiones de seguridad general que se procuran de sus cuerpos policiales y enaltecen sin miramientos incisivos el poder represor de su arcaico sistema de *Justicia*, basado en la ejecución de castigos y venganzas judiciales (multas, encarcelamiento, "rehabilitación" forzada y pena de muerte). Aunque formalmente las constituciones democráticas, arraigadas en los principios y derechos políticos (civiles/humanos), delimitan las prácticas del *derecho-poder* estatal a la violencia represiva, la realidad cotidiana en la que se materializan dista de sus pretensiones y, de hecho, contradice sus ilusiones.

Sin exterioridad posible al orden de sus dominios, los del Estado de Ley, en la actualidad inmediata asistimos a un proceso normal de *reforma* del cuerpo represivo de la Policía, con énfasis en una estratagema simulacional trazada con dos objetivos ideológicos afines: apaciguar la animosidad de la ciudadanía e ilusionarla con la promesa de que, en realidad, opera un cambio cualitativo. Efecto de la presión federal, una millonaria inversión de capital estatal -proveniente de las *contribuciones* ciudadanas en la Isla- la va a financiar. Adviértase el (des)engaño: las numerosas quejas de la ciudadanía y las consecuentes demandas legales no se van a traducir en una metamorfosis radical del cuerpo/objeto de la reforma.

La gran promesa de reforma pactada con el Gobierno federal para evadir las penalidades fiscales por los casos de corrupción y brutalidad policiaca se reduce a la confección de "nuevos" manuales *reguladores* del poder de la violencia física/represiva de la Uniformada; a la extensión de cursos *académicos* para "profesionalizar" a la Policía y "mejorar" las relaciones entre los policías y la ciudadanía; y a la *supervisión* estricta y registro formal ("mecanización") de los modos y prácticas en las que se concretiza el derecho de la fuerza bruta en el ejercicio de su poderío o "cumplimiento del deber".

Más acá de la crítica a la retórica del discurso reformista, el objeto de intervención policial, trátese de un sujeto criminal o de una manifestación de protesta, sigue siendo el mismo. Al margen de las marcadas diferencias, ambos están sujetos a la estigmatización arbitraria de la autoridad policial bajo el signo de "peligroso" (sospechoso, insubordinado, delincuente, subversivo, criminal, etc.) y eso basta para *justificar* el empleo de la fuerza bruta y los *deslices* de corrupción, ya para "someter a la obediencia"; contener "disturbios" multitudinarios o aplacar protestas ciudadanas; espiar o acosar *sospechosos*; allanar propiedades y residencias vecinales (i)legalmente o con base en prejuicios de clase o discrimen étnico; así como en función de objetivos políticos calculados para amedrentar a ciudadanos particulares o comunidades *identificadas* como de "alto riesgo".

El problema central no es la falta de supervisión oficial o la carencia educativa de los policías, como alegan los promotores y propagandistas de la reforma. El problema medular es mucho más complejo, pero no difícil de entender: la Autoridad policial ordena acatar sus mandamientos, en el cumplimiento de la Ley y del Orden; y su encargo es, a las buenas o a las malas, hacerlos valer. Así ha sido y así seguirá siendo, por lo que puede preverse...

Algunas opciones a considerar

El discurso de la reforma está saturado de imposturas oficiales, de falseamientos sobre su alcance real y sobre la alegada deseabilidad consensuada de sus objetivos. Los numerosos casos denunciados en los tribunales, las críticas de influyentes sectores sociales y la dramática exposición mediática han incidido en el modo como se representa la pertinencia de la reforma. Aparentemente, ya no se trata de adecuar las condiciones de trabajo de la Policía a las habituales y crecientes exigencias de la guerra contra "la criminalidad" sino, además, de *civilizar* a sus componentes, de contener sus hostilidades y de aminorar el ejercicio de sus agresividades. El principio *civilizador* de la reforma es valedero de manera generalizada a todas las unidades policiales, pero no todas cumplen las mismas funciones y es preciso considerar seriamente sus diferencias al momento de enjuiciarlas. Pero, indistintamente de éstas, no deben admitirse excusas o racionalizaciones exculpatorias de las agresiones verbales y/o físicas a las que cotidianamente se exponen los ciudadanos intervenidos. Es en el marco de su cotidianidad operacional donde se confunde o tergiversa frecuentemente el sentido de la *seguridad* (protección y servicio) reivindicada como derecho civil con las obsesiones de control de la autoridad estatal encargada de garantizarla...

Aunque las demandas por "exceso de fuerza" no se limitan a la Unidad de Operaciones Tácticas (fuerza de choque), este cuerpo ocupa centralidad entre las querellas que justifican la reforma. Esta unidad policial tiene la función de contener disturbios o reyertas públicas tanto como suprimir la presencia de los ciudadanos partícipes en los contextos huelgarios o manifestaciones de protesta. Es preciso tener en cuenta que estos efectivos policiales no actúan por iniciativa propia sino que acatan órdenes directas de sus superiores. Las decisiones de éstos, a la vez, responden directamente al alto mando en la jerarquía policial, y su inmediato y máximo responsable es el Superintendente. No obstante, las directrices de arremeter contra la ciudadanía también están sujetas a consideraciones de índole política, y en ocasiones cuentan con el mandato directo o consentimiento tácito del primer ejecutivo del país. Las violencias desmedidas han sido exhibidas con toda crudeza en los medios informativos y la impresión generalizada es que, dada la orden, actúan sin la menor consideración sobre la vida humana, apaleando indiscriminadamente, lanzando gases lacrimógenos y disparando municiones de goma sólida, tan mortales como las balas de metal y pólvora. Las hostilidades y agresividades son efectos directos de la disciplina policial y no de la falta de educación o de sentido ético de los uniformados. Incluso cuando se observan conductas de violencia excesiva en sus rostros y movimientos corporales no debemos creer que se trate de disfunciones emocionales o desórdenes mentales de los sujetos/policías particulares. Aunque es muy posible hacerlos encajar en categorías psiquiátricas, el problema principal no reside en los individuos hostiles/agresores del cuerpo policial sino en las condiciones de presión a las que son expuestos por sus superiores, y, a la vez, a la naturaleza bélica/coercitiva/represiva de su "profesión".

A pesar de que es común escuchar en los testimonios de sus víctimas el carácter sádico y cruel de los policías agresores, no debemos engañarnos por las apariencias. Aún cuando se hacen notar en sus gestos y expresiones un cierto goce y satisfacción psicológica previa, durante y después de arremeter contra la ciudadanía, no es la falta de tratamiento a problemas de salud mental o desórdenes de personalidad en la Uniformada lo que posibilita la reincidencia de sus crímenes y violencias. Advertida la condición de inmutabilidad de la función represora del cuerpo policial y la resistencia expresa al cambio sustancial de sus objetivos habituales, aunque la estigmatización psiquiátrica no hará la diferencia, tal vez no sea mala idea recetarles medicamentos tranquilizantes (ansiolíticos, represores de estrés) en lugar de las drogas estimulantes que consumen normalmente. En principio, esto controlaría sus estados de ánimo y aminoraría la impulsividad y exabruptos recurrentes en el ejercicio de sus oficios represores. Pero, nuevamente, no resolvería de raíz el problema de la brutalidad y la corrupción.

Tampoco resolvería el asunto someterlos por orden judicial a terapias de *rehabilitación* moral como se somete a cualquier delincuente. Y es que la fuerza de choque, como el resto de las divisiones policiales, responde disciplinadamente a su encargo institucional, formal y prescrito en las leyes y reglamentos oficiales. La *educación* (instrucción/entrenamiento) en la Academia de la Policía los programa para desensibilizarse ante el dolor ajeno, a solidarizarse incondicionalmente entre sus pares y a competir por destacarse en sus funciones laborales. El entrenamiento institucional los forma como máquinas no-pensantes, predispuestas psicológicamente a acatar órdenes al margen de sus implicaciones o consecuencias, como cualquier soldado en el ámbito militar. Recuérdese: los armamentos (escudos, cascos, armadura, macanas, armas de fuego, etc.) no los llevan para lucirlos e intimidar sino, además, para agredir y dañar a los seres humanos que crucen a su paso en desacato a sus mandamientos…

Dentro de este cuadro, cuando se habla de "brutalidad policiaca" no debe culparse exclusivamente al sujeto/policía como individuo. Y aún cuando pudiera probarse fuera de toda duda razonable que se trata de un sujeto desajustado emocionalmente, de una personalidad violenta y tendente a incurrir en conductas crueles e inhumanas, el problema de fondo sigue siendo el sistema que los recluta y entrena, sus entendidos y objetivos. Por eso, no importa cuántos sean procesados judicialmente y castigados (multados, encarcelados, desarmados en definitiva o expulsados de sus oficios), siempre-siempre seguirán aconteciendo episodios de violencia extrema cuando la orden oficial sea, precisamente, controlar al sujeto o a la muchedumbre por recurso de la fuerza bruta y la represión armada. Esta es la gran paradoja que imposibilita la reforma y que, no sólo augura su fracaso sino, además, revela su carácter simulacional y fraudulento...

Intacto el cuadro general en que se inscribe y se concretiza, la reforma actual es un simulacro de cambio; un ajuste cosmético que opera, en esencia, para fortalecer el aparato represivo del Estado de Ley y no para salvaguardar los derechos democráticos de la ciudadanía. Nada apunta a contradecir lo señalado. Así las cosas, pienso que una muestra de buena fe por parte del Gobierno para aminorar las condiciones que, por la naturaleza bélica/represiva del cuerpo policial, degeneran en violencia "excesiva", sería el desmantelamiento de la Unidad de Operaciones Tácticas (fuerza de choque). Quizá, con el presupuesto ahorrado pueda sufragar alguna partida de la mentada reforma e invertir en una educación superior de calidad para los miembros del cuerpo desbandado. Quizá, en vez de perder el tiempo en hostigar y apalear estudiantes y trabajadores en huelga o reprimir manifestaciones de protesta o fiestas callejeras, éstos pudieran optar por ingresar a la Universidad y hacerse de un título profesional y de utilidad social. Quizá, dada la impotencia del Estado para reclutarlos entre su fuerza laboral, algunos tengan que acompañarnos en las filas del desempleo, y hasta sumarse a las multitudes que antes agredían para reclamar justicias y derechos...

A fin de cuentas, la conservación dogmática y continuo agigantamiento de la maquinaria represiva del Estado no resuelve los problemas que le aquejan sino que los agrava, si no en lo inmediato seguramente a largo plazo. Además, las aspiraciones democratizantes de la sociedad puertorriqueña contradicen la lógica en que se engloba el actual proyecto de reforma, principalmente porque la consolidación prevista del cuerpo policial isleño no responde a necesidades reales sino a una realidad fabricada para hacer creer que sí lo hace. La fórmula no es difícil de comprender: a mayor incremento en la potencia represiva del Estado le es correlato directo el aminoramiento progresivo de las garantías de seguridad y protección de los derechos y libertades de la ciudadanía.

En un país donde el Estado invierte más capital y recursos en sus policías que en sus maestros no basta conformarse con una promesa reformista. Precisa, en su lugar, desengañarse y asumir una posición crítica, esperanzadora y revolucionaria; salvar la idea de que es posible hacer la diferencia y crear las condiciones psíquicas y materiales para habitar la existencia en la Isla sin miedo y desconfianza en los funcionarios públicos de la Ley, la Seguridad y el Orden. No es más dinero, armamentos, tecnologías ni mañas publicitarias lo que hace falta, sino un compromiso genuino con la justicia social, y la voluntad política e integridad ética para convertirlo en hechos concretos…

Misoginia y Religión[39]

> "Yo no permito que la mujer enseñe
> ni que ejerza autoridad sobre el hombre,
> sino que permanezca callada."
> *1 Timoteo 2:12*

Advertía un pensador atento: "…quien puede inducirte a creer cosas absurdas también puede hacerte cometer atrocidades." Y nada más cargado de absurdos que las credulidades religiosas, fuerzas motrices de infinidad de acciones atroces contra la humanidad. Las inmolaciones de terroristas fundamentalistas son ejemplos históricos dramáticos, pero la credulidad religiosa predispone actitudes y comportamientos inhumanos en todas las dimensiones de la vida social cotidiana. Desde tiempos remotos, la mujer ha sido protagónica entre sus víctimas…

La psiquis dominante en la antigüedad, la credulidad religiosa y el orden imperial de la Ley, estuvieron arraigados en la creencia en la superioridad natural/divina del hombre y la inferioridad de la mujer. Desde la adopción de la cristiandad por el imperio romano, las culturas jurídicas occidentales reprodujeron preceptos bíblicos de carácter misógino, fusionando las leyes civiles con las creencias religiosas imperantes. Un sentimiento de repulsión hacia la mujer predominó en los textos literarios y filosóficos, legales y religiosos. El legado misógino de la cristiandad marcó la vida social de las civilizaciones occidentales, subordinando a la mujer al dominio del hombre y, consecuentemente, predisponiendo condiciones psico-sociales motoras de las violencias de género en nuestros tiempos. La Biblia legitima prácticas de sumisión (in)voluntaria y exclusión discriminatoria de la mujer, en el ámbito doméstico y en la vida política y social: "Yo no permito que la mujer enseñe ni que ejerza autoridad sobre el hombre, sino que permanezca callada."

El sentido literal de los textos bíblicos permanece inalterado y conserva su fuerza de subyugación ideológica. La primitiva voluntad de dominio misógino que gobernó la credulidad religiosa en el pasado sobrevive aún, aunque las autoridades que la celan omitan su lectura en los altares. Calculada la selección de textos leídos en misas y cultos, las autoridades religiosas estiman contraproducentes los que pudieran incitar dudas, irreverencias y confrontaciones. No creo que se atrevan

---

[39] **"Misoginia y religiones"**, *El Nuevo Día*, sábado, 10 de agosto de 2013.

leer a viva voz: "Vuestras mujeres callen en las congregaciones; porque no les es permitido hablar, sino que estén sujetas, como lo dice la Ley." (1 Corintios 14:34) El origen misógino de las religiones judeocristianas sobrevive en el mito de la condena de Dios: "Con dolor parirás a tus hijos y tu deseo te arrastrará a tu marido, que te dominará." (Génesis 3:16) Todavía algunas devotas recitan fragmentos bíblicos para justificar e incluso ensalzar su propia condición subordinada: "Las mujeres, sean sumisas a su marido como si fuese el Señor; porque el marido es cabeza de la mujer..." (Efesios 5:22) Esta creencia es matriz psicológica de consentimiento a las violencias domésticas, de tolerancia a maltratos verbales como de resignación a ser agredida físicamente.

Para los judeocristianos el autor de la Biblia es Dios, y el hombre (no-mujer), instrumento de su voluntad, enunciada con rango de autoridad infalible. La autoridad de la fe es despótica y no admite juicios valorativos o juegos interpretativos. Por el contrario, los condena severamente, a pesar de que el desarrollo de las ciencias y los derechos humanos desafían y desmienten los preceptos bíblicos.

A fines del siglo XX se consideró un proyecto legislativo para declarar un "Día de la Biblia", porque el pueblo puertorriqueño "reconoce la importancia de las Escrituras como un modelo de valores y conducta humana." Aunque no prosperó, el fervor religioso siguió acrecentándose y las primitivas doctrinas bíblicas aún fundamentan partes sustanciales de los códigos legales del siglo XXI.

En vistas públicas para revisar el código penal, el Arzobispo de San Juan presentó la posición de la Iglesia Católica y su misión de reivindicar "nuestra identidad" como "pueblo profundamente judeocristiano": "Queremos alertar a nuestra legislatura para que de ningún modo alteren la definición de familia inscrita en la conciencia antropológica de la humanidad desde su origen." Omite el prelado que el supuesto modelo *originario* de familia patriarcal, ordenado con arreglo a la voluntad de Dios, inscrito en la "conciencia antropológica de la humanidad" y que debe regir las leyes civiles, está saturado de incoherencias e inconsistencias morales; de crímenes y locuras. No son conductas civilizadas ni modelos a emular –por ejemplo- las familias formadas con mujeres raptadas y poseídas como botines de guerra. Tampoco el "derecho natural" del padre a disponer sobre el destino *amoroso* de sus hijas, y hacerlas objeto de negocios a conveniencia: "...dadnos vuestras hijas y tomad las nuestras para vosotros." (Génesis 34:9) La moral judeocristiana es vengativa e invoca como derecho natural/divino el asesinato de sus transgresores. La condena por adulterio (infidelidad o fornicación) es de muerte (Levítico 20:10); y si la mujer "ha quedado encinta a causa de las fornicaciones (...) sea

502

quemada." (Génesis 38:24) Igualmente, el acto sexual practicado previo al matrimonio es condenado a muerte: "Mas si resultare ser verdad que no se halló virginidad en la joven (…) la apedrearán los hombres hasta que muera…" (Deuteronomio 22:13-21)

La invocación de la Biblia como referente privilegiado de autoridad moral es un acto temerario e irresponsable. La Biblia es también modelo de conductas perversas y violentas, crueles e inhumanas. Durante siglos –por ejemplo- la cristiandad persiguió, atormentó y ejecutó a mujeres estigmatizadas como brujas, aunque su existencia era imaginaria. Todavía la reducción de la mujer a una función reproductiva se materializa en controles legales sobre sus cuerpos, en la condena como pecado mortal del derecho al aborto y el estigma de la terminación clínica del embarazo como acto criminal. El recién fenecido evangelista Yiye Ávila inculcó estos valores/prejuicios misóginos entre su fanaticada; el gobernador decretó dos días de duelo y el presidente del Senado encomió su trayectoria "evangelizadora". La clase política dominante ignora las implicaciones corrosivas de la credulidad religiosa. La creencia en absurdos sigue siendo matriz de atrocidades…

Derecho a voto del confinado[40]

No existe fundamento jurídico racional que legitime la exclusión de la población confinada del derecho al sufragio universal. Sin embargo, priman las imposturas discriminatorias en el orden constitucional de la Ley. Es de origen pasional la negativa a reconocer derecho a voto a los prisioneros del Estado. Los autores de la medida legislativa (P. de la C. 1296) reproducen una ideología penal basada en prejuicios y equívocos que han sido superados radicalmente por los saberes criminológicos; su lenguaje expresa desconocimiento sobre la psicología humana y el desarrollo histórico de los derechos civiles en las sociedades democráticas.

Los legisladores y promotores del proyecto para eliminar el "privilegio" de votar de las personas convictas parecen olvidar que la rehabilitación es un imperativo moral en el imaginario jurídico-penal moderno, al menos desde que el encierro carcelario dejó de ser visto como mera práctica de venganza, y la pena judicial pasó a convertirse formalmente en técnica calculada de reinserción social y, a la vez, en freno institucional a las inclinaciones crueles, sádicas y deshumanizantes propias a la naturaleza de todo poder de castigo y aprisionamiento.

La estigmatización de la población confinada como un todo homogéneo y encarnación colectiva de los males sociales contradice los principios del proyecto "rehabilitador"; invisibiliza la singularidad existencial de cada reo e ignora la especificidad de las causas y objetivos de la condena impuesta por el tribunal. Además, la procedencia de clase marginal y empobrecida de la mayor parte de los reclusos, independientemente del delito, abona al trato clasista y discriminatorio, no a la posibilidad de justicia, seguridad y bienestar social.

Agravar las condiciones de los condenados a aislamiento carcelario y despojarlos de sus derechos y responsabilidades ciudadanas no incide positivamente en su calidad de vida como ser humano. Sustraerlos de su raquítico poder de participación en la vida política es una práctica deshumanizante y de consecuencias des-socializadoras. Al margen de sus respectivas faltas delictivas, el convicto es un ciudadano normal, capacitado intelectualmente para asumir las mismas responsabilidades éticas y políticas que cualquier otro ciudadano. Este

---

[40] **"Derecho a voto del confinado"**, *El Nuevo Día*, sábado, 2 de noviembre de 2013.

es el principio matriz de la hipótesis rehabilitadora y del derecho penal moderno.

Además, impedirles participar del sufragio universal no tiene un efecto disuasivo de la conducta o práctica delictiva; ni refuerza la posibilidad de rehabilitación o reinserción social. Por el contrario, tiene efectos enajenantes de la realidad política y de la "sociedad" a la que se presume falló y adeuda su condena. Por lo demás, el ciudadano convicto no es -por condición de convicto- más vulnerable a la manipulación de la clase política que el resto de los electores; ni la eliminación de sus derechos impide mecánicamente la posibilidad de fraudes y corrupciones electorales...

El Art. II, Secc. 12 de la Constitución del ELA está mal redactado y no responde al espíritu democrático y humanista del Derecho moderno. Tomado al pie de la letra, el Estado de Puerto Rico, tras dictar sentencia judicial condenatoria, puede someter a esclavitud o servidumbre involuntaria a la persona. Esta "interpretación" es tan ridícula y escandalosa como la que le sigue de inmediato, que presupone la suspensión absoluta de los derechos civiles del ciudadano encarcelado, prisionero del Estado...

Más allá de las retóricas que hacen lo indecible por justificarlo, el encierro carcelario es una práctica de crueldad (in)humana y deshumanizante. A toda razón penal le mueve un tenebroso deseo de venganza. Un deseo de condiciones psicológicas complejas, pero inexcusable para una cultura civilizada dejarlo a rienda suelta. Llámese castigo "merecido" o justicia, el encarcelamiento es siempre un terrible suplicio existencial. La rehabilitación, la fachada hipócrita de sus habituados tormentos. ¿Para qué hacerles aún más insufrible la condición de sus penas? ¿Para qué despojarlos de la ilusión consoladora del sufragio "universal", si todavía creen que, en realidad, sirve de algo?

Del derecho penal y la (sin)razón carcelaria[41]

> "Colaborad en una obra provechosa,
> hombres creativos y bien intencionados,
> ayudad a extirpar del mundo la idea del castigo,
> que por todas partes lo invade.
> Es la más peligrosa de las malas hierbas…"
> *F.Nietzsche*

A una sociedad constituida *moralmente* con base en prejuicios y engaños milenarios, y ensimismada psicológicamente por los consuelos existenciales que se procura de ellos, resulta difícil advertirle sus errores y convencerla de la necesidad de enmendarlos radicalmente sin que se ofenda, se moleste o se espante; por más absurdos que sean o a pesar de los daños que ocasionen. El alto porcentaje de opositores al proyecto para despenalizar reguladamente la marihuana, incluso para usos medicinales, lo ejemplifica. La racionalidad penal dominante y la sinrazón carcelaria constituyen ejemplos aún más dramáticos, tanto por su perseverancia histórica como su fuerte arraigo social y cultural. Todavía entrado el siglo XXI se cree de manera generalizada y profundamente obstinada que enjaular a seres humanos es una práctica justa y necesaria para el bienestar social y la seguridad.

El asunto es complejo y las dificultades para abordarlo alternativamente se agravan tanto por los temores generalizados sobre la cuestión de la criminalidad y las inseguridades ciudadanas, como por la propaganda de las instituciones estatales para lidiar con ellas. El contenido de los reportajes diarios en los medios de comunicación también entorpece la entrada de un enfoque crítico y radicalmente alternativo; y la clase política isleña -salvo algunas excepciones individuales- aprovecha esta condición para engañar y manipular a la ciudadanía.

Aunque la ignorancia generalizada sigue siendo la principal condición ideológica de su propia reproducción, no es por falta de información ni de educación formal que se imponen las resistencias a los cambios en las mentalidades punitivas y carcelarias dominantes en *nuestra* cultura. Así como el fenómeno de la prohibición y la guerra contra las drogas ilegalizadas, la cuestión criminal y la política carcelaria representa estabilidad económica y hasta negocios lucrativos a

---

[41]**"Del Derecho Penal y la (sin)razón carcelaria"**, Revista *80 grados*, viernes, 15 de noviembre de 2013. (http://www.80grados.net)

numerosos e influyentes sectores sociales, que incluso se benefician de la incidencia criminal tanto o más que los mismos criminales. Profesionales de la conducta y la salud humana; legisladores, jueces, fiscales y abogados; religiosos, maestros y profesores, políticos comparten la misma ideología que legitima la pena de cárcel y se benefician de los negocios establecidos en torno a ella. Aunque por motivaciones de otro orden, hasta los propios confinados suelen consentir las razones de sus condenas...

Así las cosas, poner bajo cuestionamiento crítico el valor social del encierro carcelario suele ser objeto de indiferencia y apatía, si no de mofa, en casi todos los circuitos *intelectuales* e institucionales de la Isla. Pero la pena de cárcel es más que un problema histórico y cultural, uno de índole política. Es decir, que nos compete a todos. La razón es obvia, pues nadie está exento de sus efectos psico-sociales y, en última instancia, todos participamos de su financiamiento.

El arraigo cultural de las mentalidades punitivas y la consecuente lógica carcelera dominan la escena política en conjunto y no es de extrañar que se trate como un tabú en las esferas más influyentes en la producción de la opinión pública, desde los hogares, las escuelas y las iglesias, hasta las mediáticas, político-partidistas y legislativas. La cárcel es tenida como un bien social o un mal necesario, y es consentida como si se tratase de una cuestión natural e irremediable de toda formación social "civilizada". Pero, ¿qué tal si no lo fuera?

No existen plataformas institucionales de discusión bien informada y comprometida con una transformación radical en los modos como nos pensamos como seres humanos, cómo nos valoramos y cómo nos protegemos de nosotros mimos, no sólo de los asechos criminales sino de nuestras propias pulsiones de crueldad y venganza, *liberadas* bajo las formas del derecho penal. El sistema de educación superior del Estado (público y privado), las escuelas de derecho y los programas universitarios de justicia criminal y criminología tratan superficialmente y de manera muy conservadora el tema de lo criminal; y las supuestas alternativas gubernamentales apenas sirven de desahogo inmediatista. Lejos de abordar críticamente las problemáticas relativas al discurso de lo criminal y las ramificaciones ideológicas del derecho penal, evocan paradigmas arcaicos y parchan la realidad con una sensación de seguridad virtualmente ilusoria e ingenua.

Todavía *nuestro* código penal provee de fuerza de ley para enjaular a personas por delitos abstractos, morales o económicos, incluso por delitos sin víctimas. La población confinada suele ser objeto de graves e injustas estigmatizaciones, y a fin de cuentas, ni se reparan los daños a las víctimas ni existe evidencia científica que demuestre que sirve siquiera para amedrentar al penado o de disuasivo efectivo de ningún delito. Sin embargo, podemos sospechar una cierta satisfacción sádica en el poder de castigar y enjaular a las personas, aunque en realidad no se trate más que de un placer psicológico, el de creer que se hace justicia y sentir que la prisión garantiza la seguridad ciudadana.

En algunos casos judiciales y en la cobertura de la prensa isleña de finales del siglo XIX, todavía bajo el dominio imperial español, se hacía referencia al estribillo "Odia el delito y compadece al delincuente". La entrada de la penitenciaria estatal, conocida como Oso Blanco, construida durante las primeras décadas del siglo XX, tiene incrustado el mismo pensamiento. Aunque refleja la influencia de la *reforma* "humanista" del derecho penal, la pena de confinamiento nunca dejó de ser un suplicio existencial y la cárcel el lugar dispuesto para atormentar a los reos. Fuera del discurso de la Ley y sus paliativos retóricos, el odio al delito no se distingue del odio al delincuente, tanto más cuanto más aferrada la idea de que la pena es el modo idóneo de hacer justicia a la víctima, a la sociedad y al Estado; y que el encarcelamiento del delincuente garantiza algo más que una ilusión de seguridad y protección contra delitos futuros. Pero más aun, la compasión con el reo es un aforismo abstracto del desprecio a la vida de los confinados; una palabra suave para encubrir el sentimiento de venganza y la brutalidad de la pena…

Algunos comentarios recientes, sobre un artículo en que abogo en defensa del derecho al voto de los confinados[42], publicados por lectores en las redes sociales y medios informativos en la web, evidencian la crudeza de los prejuicios contra la población confinada, por el solo hecho de estar confinada; y asimismo, la ignorancia histórica del derecho penal y la función política de sus retóricas. Citaré textualmente algunos ejemplos anónimos: "El estigma se lo ponen ellos mismos… los presos son antisociales que decidieron romper la ley."; "…no deben votar porque han perdido sus derechos básicos ciudadanos."; "Se nota que no ha sido víctima del crimen por el apoyo que le da a las cucarachas de los delincuentes…"

No suelo responder a los comentarios de los lectores, a veces porque no tengo tiempo y lo lamento, o porque en ocasiones simplemente no vale la pena perderlo. Como sociólogo, sin embargo,

---

[42] "Derecho a voto del confinado"; *El Nuevo Día*, 2 de noviembre de 2013.

debo considerarlos y analizarlos como expresiones de las mentalidades dominantes o marginales en nuestra época; y como educador, cultivar la esperanza de que, a pesar de las dificultades y por más frustrante que sea el trabajo, la razón debe imponerse sobre la ignorancia; y prevalecer la sensibilidad humanista sobre la crueldad humana, los prejuicios culturales y las violencias de la Ley...

Breve historia del *derecho* a castigar[43]

A través de gran parte de la literatura occidental moderna relacionada a las temáticas de la Ley, la Justicia y el Derecho, el acto de castigar se ha consagrado como una práctica *natural* de toda sociedad *civilizada*, como parte esencial de la vida en sociedad; condición invariable de toda autoridad de gobierno y del poderío estatal en general. Incontables escritos han pretendido dar cuenta de esta práctica *social* milenaria. Infinidad de escritores se han hecho eco de las racionalidades que la soportan y que la mueven, hasta convertirla en una *verdad* de carácter fundacional para las formaciones sociales modernas. Incluso la han convertido en principio moral de la Civilización Occidental; en derecho inalienable y deber de los estados más diversos y los respectivos gobiernos que los rigen; en valor estratégico-político y garante de las ilusiones de seguridad en la vida cotidiana de la ciudadanía... Bajo las retóricas del "justo merecido" el castigo se ha convertido en recurso *socializador* legítimo e indispensable; en dispositivo matriz de encuadramiento ideológico, control y regulación social. A los rituales de violencia disciplinaria y crueldad institucional que caracterizan la prácticas del derecho penal hasta le han asignado un valor emancipador, integral de las aspiraciones *humanistas* y *democráticas* modernas.

Pero el castigo, por más inofensivo, bien intencionado y sutil que aparente o se pretenda, es siempre un acto de violencia, forzado y a la vez consentido (consciente o inconscientemente) de manera generalizada. Su objetivo explícito: disciplinar o enmendar el alma (la conciencia o la subjetividad) del castigado. Su finalidad psíquica e inconfesable por prudencia o hipocresía: la venganza. La misma racionalidad que hoy justifica el derecho penal en todas sus variaciones ha recorrido casi intacta las historias relacionadas a las justicias de la

---

[43]Fragmento acotado y editado del libro de Sued, Gazir; *Violencias de Ley: reflexiones sobre el imaginario jurídico penal moderno y el derecho estatal a castigar*, Editorial *La Grieta*, 2001.

Ley, pero, contrariamente a los demás siglos que practicaron la violencia con negligencia –parafraseando a Emil Cioran- éste, más exigente, le aporta un deseo de purismo que honra a nuestra crueldad.

La ley, inventada por antiguos legisladores y dada por la patria a los hombres –narraba Platón- obliga a gobernar y a dejarse gobernar según sus reglas, y si alguno se separa le castiga con el fin último de enderezar: es esta –concluye- la función misma de la ley. Según el filósofo griego, a todos debe persuadírseles de que: "...el que castiga con razón (no para saciar su crueldad), castiga, no por las faltas pasadas, porque ya no es posible que lo que ya ha sucedido deje de suceder, sino por las faltas que pueden sobrevenir, para que el culpable no reincida y sirva de ejemplo a los demás su castigo."

Desde la antigüedad hasta el presente, la Ley ordena y prohíbe, y lo hace en nombre de la ciudad entera (de Dios o de la Patria, del Estado, la Nación o el Imperio); y si la persona no queda con-vencida o no siente miedo de sus justicias y desobedece, la maldición de la ley traería consigo la venganza de la Justicia, que es el castigo y el sufrimiento de la pena –decía Platón en *Las leyes* y en sus diálogos-: "...y que los que no se enmienden sean castigados con la muerte o arrojados de la ciudad (...)" Castigar (condenar a muerte, desterrar o confiscar los bienes), es un *bien* cuando se hace justamente y un mal cuando se hace injustamente -hacía decir Platón a Sócrates en *Gorgias*-. De manera que el castigado –añade- cuando se le castiga sufre una acción justa. Así, para castigar a los *malos* es que se le da la fuerza a la ley, coincidiría el jurista romano Cicerón. Salvo algunas excepciones particulares e inconexas, la misma racionalidad se hizo extensiva invariablemente hasta el siglo XVIII. En su obra *Leviatán,* Thomas Hobbes representa los aires *reformistas* del derecho penal en clave "humanista", insistiendo que la ley debía prohibirse a sí misma que al castigar se infligiera pena alguna que no tuviera como designio corregir al ofensor o servir de guía a los demás: "...la finalidad del castigo no es la venganza y la descarga de la ira, sino el propósito de corregir tanto al ofensor como a los demás, estableciendo un ejemplo (...); los castigos más severos deben infligirse por aquellos crímenes que resultan más peligrosos para el común de las gentes..."

Fuera de una que otra modulación retórica, la razón jurídico-penal a finales del siglo XIX no habría variado cualitativamente. Hasta mediados del siglo XX y a pesar de las contradicciones, el discurso legitimador del derecho estatal a castigar conservaría las considera-ciones *humanistas* y se representaría a sí mismo como garante de sus objetivos protectores y reguladores, represivos y domesticadores. La legitimidad y autoridad del poder penal de la Ley, de modo similar a tiempos remotos, seguirían condicionadas por la fuerza superior que las posibilita. Su poderío seguiría manifestándose alternadamente entre la fuerza bruta y la razón sensible; en ocasiones imponiéndose mediante recursos de violencia física y psicológica; en otras, sin siquiera tener que recurrir a la mentira o la manipulación, a la seducción de la palabra o al temor de alguna amenaza abstracta. Puede, en fin y sin reservas, presentarse con sádica e irreverente honestidad: La Ley castiga porque ha sido violada, y su poder penal sirve en primer lugar para saciar su sed de venganza, no para enmendar los yerros morales del condenado ni satisfacer las demandas de justicia retributiva de la sociedad. Tampoco interesa cumplir de manera absoluta sus promesas correctivas.

Al fin y al cabo, si la pena y el miedo que debiera generar amedrentaran o disuadieran efectivamente de la comisión de los delitos, y por sus efectos disminuyera dramáticamente la incidencia delictiva, ¿cuál sería el impacto socio-económico sobre quienes se sustentan de la eterna lucha *contra* el crimen, del derecho penal y el negocio carcelario? Por lo pronto, las mentalidades legislativas dominantes -en la esfera insular como a nivel federal- no sólo continúan preservando leyes penales de antaño sino, además, produciendo *nuevas* leyes que, en última instancia, abonan a reproducir las condiciones de reproducción del sistema penal en conjunto, incluyendo la fabricación de nuevos sujetos criminales, objetos de sus intervenciones y, a la vez, consolidando el renglón de la economía isleña con base centrada en la preservación y ampliación de las instituciones penales…

Racionalización del encarcelamiento

El objetivo disciplinario, regulador y normalizador del Estado de Ley -por más que sus apologetas evadan admitirlo- no puede prescindir de su carácter represivo. Cualquier acto "fuera" de los límites trazados por la Ley seguiría siendo reprendido como ofensa y daño a la moral social y a la seguridad pública. Para ejercer con eficacia su poderío y lograr la efectividad de sus objetivos preventivos y disuasivos el Estado de Ley ha precisado encerrar a sus transgresores. Desde la antigüedad se castigaba para reivindicar la autoridad de la Ley y saciar la sed de venganza de las víctimas (aunque fueran imaginarias); hacer purgar los pecados del infractor y expiar sus almas corrompidas. En la era moderna lo mismo, pero sumado a saldar deudas con la "moral social", cuya voluntad punitiva -se dice- aparece expresa de manera tácita en la Ley del Estado…

Aunque la racionalidad punitiva es, quizás, tan antigua como la violencia misma, las cárceles, tal y como las conocemos no han sido siempre como son hoy. Se han adaptado a *nuevos* requerimientos *sociales*, según exigencias de orden histórico, político y económico. Según relata el criminólogo José M. Rico, el sistema penitenciario fue creado para remplazar, con una finalidad humanitaria, la pena capital, el exilio, la deportación y diversos castigos corporales. Las reformas decimonónicas del discurso carcelario convirtieron a la institución penal en una institución "social", con los objetivos asignados de *proteger* la sociedad, modificar la psiquis de los reos y domesticar sus conductas delictivas; y procurar su reinserción en la "libre comunidad".

La *reforma* penal *humanista* convirtió la cárcel en lugar de regeneración moral del confinado y a la vez hizo de la condena un beneficio de protección de la sociedad. El castigo "justo" o "merecido" al *autor* del delito y su *rehabilitación*; la protección de la sociedad y la *prevención* de la delincuencia, todo a lo que se dispone el Código Penal y la Constitución, es la justificación moderna de la pena de encierro. Qué racionalidad decide cuán humano y respetuosa de su dignidad puede ser considerada la práctica de enjaular a un ser humano como a animal no-humano es una de las paradojas morales irresueltas del discurso penal y constitucional moderno.

Para el año de 1787, la fiebre reformista se había propagado en los Estados Unidos. Relata el historiador Henry Bedau, que durante ese año, se recomendó la construcción de una penitenciaría (House of Reform) para que los criminales pudieran ser sacados de las calles y detenidos hasta que purgaran sus hábitos antisociales. El principio general de la penitenciaría era –según el penalista G. Mueller- que todo recluso necesita paz absoluta y quietud en su celda, sin compañía y sin hablar con nadie. Se esperaba –añade- que "se replegaría a su fuero interno y procuraría que su alma estuviera en paz con su Creador."

La tesis de la disuasión se apoya en el supuesto de que la amenaza de la pena puede tener una fuerza tal sobre el sujeto que le quite la voluntad de infringir las normas penales. El encierro –concluye Mueller-: "...permite al personal penitenciario trabajar con y sobre el infractor para liberarlo de aquellas fuerzas hasta entonces incontrolables que precipitaron su criminalidad, de modo que pueda volver a la sociedad convertido en un hombre más libre que antes, un hombre capaz de escoger el bien y evitar el mal."

Esta mentalidad, con algunas variaciones menores, prevalece de manera dominante y generalizada en las culturas *democráticas* y sus estados de Ley. A la *humanización* de las penas le siguió de cerca un progresivo auge de las políticas carcelarias. Las cárceles proliferaron vertiginosamente y con ellas las poblaciones confinadas...

Economía y política carcelaria contemporánea

En el contexto norteamericano, la cifra de convictos para el año de 1985 era de 744,208; en 1995, la población confinada en los Estados Unidos ascendía a 1, 585, 586. En 1996, la plataforma política del Partido Demócrata norteamericano, hacía alarde de haber invertido cerca de $8 billones en fondos para ayudar a los estados a construir nuevas instalaciones carcelarias para que los "ofensores violentos" cumplieran completamente sus sentencias. El efecto inmediato de esta política penal de línea dura, paralelo a la multiplicación de nuevas *ofensas* penables por la ley e imposición de sentencias más severas, fue la progresiva multiplicación de la población confinada. Para 1998, el Departamento de Justicia calculaba que la población confinada ascendería a 1,800,000.

Para 2009, la cifra de prisioneros ascendería a 2, 293, 157. A la fecha, con cerca de un 5% de la población mundial, Estados Unidos ya encarcelaba más del 20% de la población penal del mundo. En adición, cerca de tres millones de personas se encontraban cumpliendo sentencias fuera de la cárcel, en probatoria o en libertad bajo palabra. Para entonces, cerca de un cuarto del total de confinados en el mundo estaban encarcelados en los Estados Unidos. En 2010, aunque la población confinada descendió a 2, 270, 142, ya ocuparía el primer lugar entre las potencias carcelarias del mundo. La cifra actual de confinados ha disminuido relativamente, por consideraciones económicas-administrativas. La población actual es de 2, 239, 751, con un índice de 716 presos por cada 100 mil habitantes.[44] Finalizando el año 2013, Estados Unidos todavía preserva su posición como el país más carcelero del planeta. Su vecino del norte, Canadá, ocupa la posición 135, con un índice de 114; y México, la posición 67, con 144 reos por cada 100 mil habitantes.

En el escenario local la realidad no es cualitativamente diferente. Para el año de 1992, la población confinada en la Isla era 11,238; en 1998, 14, 876. A finales del año 2000, el Departamento de Corrección y Rehabilitación informó la existencia de 14, 780 confinados. Por consideraciones administrativas, como las relacionadas

---

[44] Centro Internacional de Estudios Penitenciarios; (http://www.prisonstudies.org)

513

a las multimillonarias multas federales por hacinamiento carcelario[45], la población isleña en cautiverio fue mermando paulatinamente. Para 2007 había registro de 13, 215 confinados. Según el índice mundial de población encarcelada, Puerto Rico ocupa la posición número 30, con 311 presos por cada 100 mil habitantes. La comparación con otros países del mundo es preocupante, si consideramos, por ejemplo, que la posición que ocupa la Isla es relativamente similar a la de los países independizados de la antigua Unión Soviética (Lituania, Ucrania, Eslovenia, Eslovaquia, etc.) El índice de encarcelamientos en Puerto Rico es mayor incluso que países como Inglaterra, Francia, Italia y España. El contraste con los países del norte de Europa, cuando menos, debe avergonzarnos: Suecia ocupa la posición 180, con un índice de 67 confinados por cada 100, 000 habitantes; Holanda y Suiza con 82; Alemania con 80; Dinamarca con 68; Suecia con 67 y Finlandia con 58.

En comparación con países latinoamericanos, considerando que presumimos de superioridad económica y estabilidad política por *nuestra* relación con los Estados Unidos, el panorama no es menos alarmante. Proporcionalmente, Puerto Rico encarcela más personas que cualquier otro país latinoamericano, con excepción de Cuba, que ocupa la quinta posición entre las potencias carcelarias del mundo. Colombia ocupa la posición 52; República Dominicana la 54 y Venezuela la 161, con un índice de confinamiento de 91 personas por cada 100 mil habitantes.

El presupuesto anual asignado no ha variado significativa-mente durante las pasadas administraciones de gobierno, a pesar de la probada obsolescencia de las instituciones penales y la crisis económica generalizada en todo el País. Para el año fiscal 2011-12 el Departamento de Corrección y Rehabilitación (DCR) y las agencias adscritas (AC, AIJ, JLPB, OSAJ, CEAT y PSC) contaron con un presupuesto de $520, 560, 000.[46] Cerca de $515 millones provinieron del fisco insular y más de $350 millones se usaron para cubrir los gastos de nominas de los empleados de las agencias componentes del DCR. Más de $70 millones se destinaron a cubrir contratos de

---

[45] Para el año 2000 -por ejemplo-, a raíz del caso Morales Feliciano (que desde 1979 denunciaba la situación infrahumana de la población confinada), el gobierno estatal ya enfrentaba multas federales ascendentes a $241.5 millones.

[46] Departamento de Corrección y Rehabilitación; "Memorial explicativo: presupuesto 2011-2012"

servicios con empresas privadas y cerca de $10 millones para cubrir los costos de psicólogos y otros servicios de salud.

Según informes previos del DCR (2010) el gobierno insular gasta cerca de $80.00 diarios por cada confinado. Aproximadamente $40,000 al año por cada reo, en contraste a la inversión que hace el Estado para cada niño en el sistema de Educación Pública, que no excede los $4,000. La institución carcelaria sigue siendo residual anacrónico de las mentalidades que han dominado la sádica imaginería penal del Estado de Ley. El castigo no funciona. La severidad de las penas nada resuelve. La cárcel de nada sirve.[47] No obstante, el actual secretario del DCR, el ex-juez José R. Negrón, ha hecho expresiones públicas alertando sobre una previsible escases de espacios carcelarios para el año de 2016. Su plan: estrechar los vínculos con el sector privado y construir nuevas cárceles. Su objetivo prioritario: *rehabilitar* a los confinados.

Del mito al fraude rehabilitador

La Constitución insular (Art.VI Secc.19) -vigente desde 1952- establece como política pública del Gobierno de Puerto Rico reglamentar las instituciones penales para que operen efectivamente de acuerdo a sus *propósitos* y, ajustadas a los recursos disponibles, provean el "tratamiento" *adecuado* de la población confinada, con el objetivo de viabilizar su *rehabilitación* moral y social. Desde entonces, la cuestión del problema carcelario ha centrado su atención en dilucidar sobre asuntos administrativos sin atender el problema de fondo. El más reciente informe de la Comisión de Derechos Civiles CDC) reproduce los mismos entendidos y, a pesar de que reconoce y cita las críticas más radicales a la práctica y existencia de la institución penal-carcelaria, cede a la presión de las fuerzas políticas y legislativas más conservadoras, reivindicando la ideología carcelaria y legitimando sus funciones a pesar de su inoperancia y obsolescencia institucional. Según el CDC: "El objetivo del sistema carcelario no debe ser penalizar ni la exclusión social, sino por el contrario, debe promover y potenciar el desarrollo de las capacidades de los individuos que cumplen sentencia a través de la *educación* y la *capacitación*, con el fin de fomentar su reincorporación a la comunidad como personas productivas."[48] A tales fines, se hace eco

---

[47] "Cárcel, ¿para qué?", *El Nuevo Día*, 9 de abril de 2010.

[48] Comisión de Derechos Civiles de Puerto Rico; *Análisis del sistema correccional puertorriqueño: Modelos de rehabilitación (De un paradigma punitivo a uno de rehabilitación social)*; 2009.

de las regulaciones dispuestas por la ONU y vigentes desde 1955 y se limita a reciclar su filosofía política central: "El fin y justificación de las penas y medidas privativas de la libertad son, en definitiva, *proteger* a la sociedad contra el crimen."

Desde la década de los 50, la función asignada a la práctica de enjaular personas porque han violado las leyes es la "rehabilitación". Es decir, someter a la población confinada a técnicas "terapéuticas" de reajuste psicológico y moldeamiento de personalidad, presumiendo que el problema del delito tiene su origen en la psiquis maltrecha o la moralidad pervertida del convicto. Aceptada la estigmatización institucional, la población confinada debe ser sometida a diversos programas de moldeamiento psicológico y subyugación moral, es decir, a lavado de cerebro. El objetivo -según la propaganda del negocio carcelario- es que el reo, una vez cumplido el tiempo de sentencia, pueda *reinsertarse* en la sociedad, desista de incurrir en actos criminales y ajuste su existencia a los modos de vida permitidos por la Ley. La premisa que sostiene este objetivo es que la *experiencia* carcelaria provee al confinado, a la par con una modulación anímica radical, las destrezas necesarias para conseguir empleo y ganarse la vida trabajando dentro del marco de la legalidad.

El carácter fraudulento del discurso carcelario y su programa "rehabilitador" se devela más que en sus marcadas deficiencias teóricas en la propia evidencia estadística provista por las instituciones penales. El modelo rehabilitador es un eufemismo político para justificar la pena de cárcel por incumplimiento de la Ley. La premisa de que el origen de las prácticas delictivas está arraigado en la condición social de los convictos (pobreza y desempleo), es falsa. La alta tasa de desempleo en la Isla imposibilita el cumplimiento de las promesa rehabilitadora por excelencia. Además, la prevista reintegración del penado a la "libre comunidad" tampoco es posible de manera mecánica, y las razones son obvias. El reo es devuelto al mismo mundo del que fue abstraído, sin alteraciones sustanciales en el entorno social y abandonado, muy posiblemente, a sufrir las mismas condiciones de existencia que precedieron su cautiverio (pobreza, marginación y desempleo, por ejemplo). Con el agravante de que ahora lleva el estigma de ex-presidiario y nuestra cultura es muy dada a desconfiar de las virtudes rehabilitadoras del sistema penal y a discriminar contra su *rehabilitado*. El fracaso del proyecto "rehabilitador" también se evidencia en la alta incidencia de *reincidentes*.

Según citan los medios al actual secretario del DCR, más del 53% de los confinados es reincidente...

También es falsa la premisa de que los alegados problemas de conducta tienen sus raíces en la falta de educación formal de los confinados. Según se desprende del perfil actual de la población "correccional" sentenciada en las instituciones del DCR[49], más de la mitad de los reos "encuestados" tiene algún grado de escuela superior (10mo a 12mo), y cerca de un centenar tiene algún grado universitario. Los casos más graves, como los de los sentenciados por delitos contra la vida, un 47.96% (680) había completado el 12mo grado; el 56.69% (123) de los convictos por delitos contra la integridad corporal y el 54.50% (1,925) contra la propiedad tenían aprobado entre el 10mo y 12mo grado. Con 12mo. grado se hallaba el 42.05% (1,128) de los confinados con delitos clasificados como *otros*. Además, al margen del perfil oficial (incompleto, parco y ambiguo por demás), es sabido que la mayor parte de las actividades *criminales* más dañinas a la sociedad las cometen personas *bien* educadas y con altos grados académicos (como los relativos a la corrupción y los delitos de cuello blanco), incluso dentro y bajo el protectorado de la Ley. Tal es el caso -por ejemplo- de sectores pertenecientes a la clase médica o rangos análogos (psiquiatras, trabajadores sociales, psicólogos) que se las han ingeniado para vivir y lucrarse del negocio de la rehabilitación a sabiendas de su carácter fraudulento.

Paralelo a la anunciada impotencia del sistema de corrección para sufragar los costos de su inmenso aparato burocrático, las nóminas de sus funcionarios y los servicios privados, así como ante la alegada proliferación de la población confinada en el futuro próximo, el proyecto rehabilitador muestra su carácter fraudulento al integrar al modelo correccional a los sectores religiosos. Pero el hecho de que la mayor parte de la población encarcelada sea religiosa (la religión católica predomina con un 51.49% (2,189), le sigue la protestante con el 39.26% (1,669), según informe del DCR), viabiliza otras dimensiones del negocio carcelario y su programa rehabilitador. Mediante el adoctrinamiento de la población confinada en los preceptos de la fe cristiana, por ejemplo, se posibilita más que el arrepentimiento y la conversión espiritual de los reos, su constitución en peones serviles, amansados y adiestrados para ser explotada su fuerza laboral a cambio de remuneraciones económicas de carácter

---

[49] Departamento de Corrección y Rehabilitación de Puerto Rico; "Perfil de la población total sentenciada al 30 de junio de 2012". El perfil informa solo sobre el 66.33% (6,461) del total de 9,742 sentenciados.

simbólico. No por casualidad, las empresas de ánimo lucrativo (estatales y privadas), incluyendo las religiosas, insisten en que el trabajo para los presos es una experiencia rehabilitadora (curadora y sanadora).[50]

Moraleja

La preservación y anunciada proliferación de sectores sociales que subsisten económicamente en torno a las instituciones penales está condicionada no sólo por la aceptación irreflexiva de sus fundamentos sino, además, por mezquina conveniencia. El delito no tiene origen en el sujeto singular sino en las definiciones estatales de lo criminal. Sabido es que la práctica de la abogacía –por ejemplo-, además de conferir un cierto "status social" es, sobre todo, un buen negocio. Y es que la delincuencia es una práctica social generalizada que, por demás, se ha convertido en ingreso financiero seguro de un sector poblacional creciente (profesionales de la conducta –psicólogos, criminólogos, trabajadores sociales, sociólogos, etc.-; jueces, fiscales y demás personal judicial y penitenciario; policías, legisladores y funcionarios de gobierno, personas asociadas al inmenso mercado de tecnologías de vigilancia y seguridad, -armas, rejas, candados, perros entrenados y entrenadores, etc.-; o el enorme complejo de los medios de comunicación-mercadeo-publicidad de prejuicios y miedos; periodistas, escritores, profesores universitarios, etc. No porque sean delincuentes, sino precisamente porque si el Estado no siguiera inventando delincuencias ¿de qué viviría toda esta gente? En fin, el crimen es un producto mercadeable, es manipulable como objeto de atención pública, consumidora de soluciones imaginarias como de miedos reales y sus respectivas exageraciones. El negocio de la delincuencia, a saber, resulta, pues, más lucrativo para estos sectores de la sociedad civil en la "libre comunidad" que para los propios delincuentes.

A pesar de todo, quizás no exista un afuera absoluto de los dominios imperiales de la Ley. En tal caso, hágase una ley que imponga severas restricciones a la producción legislativa de penas carcelarias y elimínense del Código Penal sus absurdos e incoherencias y vicios irracionales; declárese inconstitucional el enjaulamiento caprichoso, insensible e insensato de seres humanos. Advertido el carácter fraudulento del negocio *rehabilitador*, condénese como *persona non grata* a sus promotores y beneficiarios; y reconocida la inutilidad social y

---

[50] "Cárcel, religión y esclavitud"; *El Nuevo Día*, 26 de febrero de 2010.

obsolescencia de las instituciones carcelarias, declárense como estorbo público y clausúrense... ¿Cómo empezar a hacerlo? Ingeniándonosla para -como reza el epígrafe de Nietzsche- extirpar del mundo la idea del castigo y resistir las locuras que la animan...

¿En serio?[51]

¿Cuál es el objetivo prioritario en su plan anticrimen? -preguntó un reportero en rueda de prensa al nuevo superintendente de la Policía, James Tuller- "...asegurar la seguridad de los ciudadanos" -respondió- Y, ¿cuál es su estrategia? -inquirió otro periodista- "...poner a los policías donde está el crimen." -contestó- ¿En serio? -interrumpió entre dientes y con entonación cínica un ciudadano anónimo- Todas las miradas se volcaron de inmediato hacia él, pero no en espera de la respuesta del oficial sino a manera de acoso y entre ceños regañadientes; como quien se molesta u ofende cuando alguien interrumpe una ceremonia cultural cualquiera (misa, boda o entierro; mensaje oficial, homenaje o nombramiento; asamblea legislativa o rueda de prensa) El tipo captó el mensaje y, sonrojado, se disculpó: "Mala mía... sólo pensaba en voz alta..." Pero antes de terminar su disculpa, el ritual periodístico ya había continuado como de costumbre, profesionalmente, sin irreverencias infantiles ni preguntas fuera de lugar.

"Miles de policías a la calle" anunciaría la primera plana del principal rotativo del País. El titular lleva implícito el trillado libreto teatral entre personajes de prensa y figuras de autoridad de Gobierno. Los unos preguntan, como si en verdad quisieran saber. Los otros contestan, como si realmente supieran lo que dicen. Los unos se (con)forman y se hacen voceros de lo que el Otro dice, tal y como lo dice y ya. Es decir, "informan".

Ahora sí, la ciudadanía puede dormir tranquila y disfrutar la vida sin espantos y ansiedades enfermizas: la seguridad general será garantizada, porque lo dijo el jefe de la Policía. Más de 17,000 efectivos policiales velarán por nuestra seguridad. ¡Al fin! Su plan es prometedor y no habría por qué dudar sobre sus virtudes prometidas: la policía va a estar donde está el crimen. No sé si antes de que se cometa, si durante o después, pero lo importante es que va a estar ahí, justamente donde está el crimen, dondequiera que eso sea... ¿En serio?

---

[51] "**¿En serio?**"; *El Nuevo Día*, Domingo, 15 de diciembre de 2013.

Caín[52]

Algo de lo peor de la especie humana, su terrible pulsión de crueldad, se refleja con nitidez en sus códigos penales, a veces menos por los actos que condenan que por los castigos que imponen sus sentencias. La crueldad -manifiesta en el goce de hacer daño y en el poder de dolerle al prójimo- es distintiva de las leyes penales, así como de la psiquis sádica de sus inventores, ejecutores y celadores.

Nos han hecho creer que el poder de castigar es consustancial a la existencia social, que las leyes penales son justas y necesarias, y que lo bueno sería deseo en vano sin una fuerza superior que se impusiera sobre lo malo, lo injusto e inmoral, el crimen y el pecado. ¡Mienten!

El código penal es una farsa y un vil encubrimiento de la crueldad que anima las penas, de miedos enfermizos y rencores.

Quizás deberíamos considerar vergonzosa la existencia de leyes penales, porque representan el estrepitoso fracaso de la sociedad y del Estado, de la familia y la religión, de los valores morales y del sistema de educación. Lo cierto es que nunca han cumplido sus objetivos, sobre todo porque muchos de los males que pretenden erradicar son imaginarios, y la justicia humana debiera confiarlos al juicio vengador de Dios. Pero al parecer la sed de venganza -encarnación espiritual de la crueldad- domina sobre la fe y no pueden resistirse a las tentaciones del poder/placer de dañar y doler a quien saben o creen que ha dañado y dolido.

Creen que los castigos son ejemplarizantes, que su severidad disuade los actos delictivos. Se equivocan. Desde Caín, la humanidad ni se ha intimidado ni ha mejorado en lo absoluto por miedo o mediante castigos. Pero todavía enjaulamos a seres humanos, los despojamos de sus derechos civiles y los sometemos a los tormentos del aburrimiento. A la venganza llamamos justicia y al sufrimiento forzado rehabilitación.

Y todavía caen como chinches a quienes proponen alivianar los vicios de la crueldad codificada.

---

[52] "Caín"; publicado en *El Nuevo Día*, domingo, 23 de noviembre de 2014 / http://www.elnuevodia.com

Widepipol[53]

La Constitución de los Estados Unidos delimita el poder de Gobierno en todas sus dimensiones. La existencia de la Constitución insular, que en lo esencial es una copia casi literal de ésta, está condicionada a no contradecirla en modo alguno, y sus escasas variaciones están sujetas inexcusablemente a sus principios y finalidades. Aunque la subordinación jurídica está relacionada a *nuestra* condición colonial, esta realidad es característica de manera generalizada en todos los territorios bajo el dominio constitucional estadounidense, estados o posesiones.

En este contexto es posible negociar interpretaciones del texto constitucional y ajustar las legislaciones a las particularidades regionales, en conformidad a demandas ciudadanas de cada estado o posesión. Así sucede, por ejemplo, con las leyes relativas a la legalidad o ilegalidad de la marihuana, de matrimonios homosexuales o de aplicabilidad de la pena de muerte.

La misma suerte aplica a los códigos penales y al ejercicio del derecho penal en conjunto. Así, por ejemplo, ambas constituciones prohíben la imposición de "castigos crueles" a sus prisioneros. Sin embargo, en la práctica cotidiana del poder/derecho penal se violan estos principios de manera sostenida y la crueldad le es abiertamente constitutiva.

Tal es el caso de Oscar López, quien permanece encarcelado injustificadamente, cumpliendo una sentencia desproporcionada que excede los 30 años. El presidente tiene el poder constitucional de suspender sentencias y conceder indultos. Como sus antecesores, goza de la potestad legal para ordenar excarcelarlo de un plumazo, pero su desidia e indiferencia han prolongado esta práctica de la crueldad durante sus seis años de incumbencia.

El gobernador de Puerto Rico tiene la responsabilidad política de hacer valer los derechos constitucionales, locales y federales; y debería presionar sin timidez al presidente Obama y hacerle entender, con seriedad y firmeza de carácter, que el encierro de Oscar López es un acto de crueldad en abierta violación a los principios constitucionales que ambos jefes de Estado han jurado defender. "Nosotros el pueblo..." lo demandamos.

---

[53] "**Widepipol**"; publicado en *El Nuevo Día*, domingo, 15 de junio de 2014.

Venganza[54]

Aunque la experiencia histórica ha demostrado la falsedad e hipocresía de sus apologías, la primitiva y estúpida manía de enjaular seres humanos sigue creyéndose justa y necesaria para "proteger" a la sociedad contra el crimen. Enmarañado en una rancia condición de psicosis social e ignorancia generalizada, el encierro carcelario sigue creyéndose un "justo merecido"; pero la pena impuesta por fuerza de Ley suprime la justicia prometida; y en lo creído "justo" del castigo se revela un acto embrutecedor, brutal y bruto, de venganza.

Aún la gente mejor intencionada se conforma con remedios ideológicos inventados para lidiar con sus cargos de conciencia y escapar imaginariamente de esta realidad. Casi nadie admite que se castiga para satisfacer sentimientos de venganza, y casi todos evaden las presiones de sus inconsistencias morales creyendo que sólo se castiga para "rehabilitar" moralmente al condenado. Pero, más allá de sus efectos consoladores -con excepción de quienes se procuran satisfacción psicológica y dinero por hacer sufrir a otros- nadie honesto puede negar que el castigo de cárcel es, en lo esencial, un acto de venganza, cruel y deshumanizante por sí mismo.

Los obstáculos a los programas de educación son agravantes de las condiciones de existencia en las cárceles. En la cárcel de mujeres –por ejemplo- inició hace un año un proyecto de la UPR para ofrecer cursos universitarios a prisioneras en "máxima seguridad". De diecisiete estudiantes, ayer quedaban apenas cinco.

La severidad represiva en la cárcel de mujeres es injusta e injustificable. Ahí la educación no es un derecho sino un "privilegio" que la administración concede o quita a gusto y gana. La anacrónica constitución carcelaria destruye el propósito "rehabilitador" y sabotea sistemáticamente las iniciativas educativas; su lógica punitiva suplanta la educación por tormentos de aburrimiento; y la arcaica práctica del castigo "disciplinario" sólo satisface la psiquis vengativa y sádica de la autoridad carcelera.

Ayer, después de mi clase sobre "derechos humanos" en la cárcel de mujeres, recordé al Chavo del Ocho que decía: "la venganza nunca es buena, mata el alma y la envenena."

---

[54] "**Venganza**"; *El Nuevo Día*, domingo, 24 de mayo de 2015 (http://www.elnuevodia.com)

523

Atavismos[55]

Nada, absolutamente nada, va a cambiar si seguimos haciendo lo mismo, si seguimos creyendo en las mismas cosas sin más. No son posibles las respuestas acertadas si las preguntas son equivocadas, aunque las animen las mejores intenciones del mundo. A veces es la certidumbre en lo creído la fuerza que imposibilita cambiar las cosas, quizás porque a veces a la creencia en poseer lo cierto le antecede la muerte de la imaginación. Así funciona la mente del burócrata, del fanático y del autómata, que moldea a imagen y semejanza del pasado el ahora como el porvenir. Sin imaginación creativa y creadora el intelecto humano se convierte en pieza de repuesto de una poderosa maquinaria de moldes y réplicas, que algunos le llaman cultura y tradición, otros razón y ley, otros moral y religión.

Estancamiento intelectual, atavismo cultural, fanatismo religioso y conservadurismo político, todo cuanto resiste las ideas de cambios sustanciales está enraizado en la falta de imaginación. Por eso a veces hasta las palabras más bellas no hacen más que maquillar de hermosura artificial las fealdades de la realidad, y así sus falsedades, y así su maldad. Muere la imaginación y con ella las esperanzas de justicia e ilusiones de libertad...

A veces la gente me parece más genuina consigo misma en las fiestas de disfraces que cuando se abrazan en misa, o cuando se prometen resoluciones de año nuevo o fidelidad eterna en el altar. A veces sospecho que sólo los borrachos y los locos dicen siempre la verdad. También la verdad es una máscara de la mentira en el festival electoral, y sé que al otro día todos se devuelven a sus rutinas, credos y credulidades; a sus acostumbradas vanidades, egoísmos y envidias, prejuicios y temores, mentiras, rencores e hipocresías.

De credos ancestrales se justifica todavía enjaular seres humanos y tener a bien hacer sufrir a los condenados. Venganza maquillada de justicia. Sadismo disfrazado de rehabilitación. Las prisioneras ni siquiera pueden abrazar a sus seres queridos cuando las visitan. La "seguridad" es la máscara de la crueldad...

---

[55] **"Atavismos"**; *El Nuevo Día*, sábado, 26 de diciembre de 2015 .(http://www.elnuevodia.com)

Referencias

Referencias

Acta de la sesión de trabajo sobre narcotráfico de la II Asamblea General de la Conferencia Parlamentaria de las Américas, celebrada del 19-23 de julio de 2000, Puerto Rico.

Adeler, P.A. y Adler, P.; *Construction of Deviance: Social Power and Interaction*; Editorial *Thompson/Wadsworth*, USA, 2003.

Administración de Corrección: 25 años de Seguridad y Rehabilitación; Departamento de Corrección y Rehabilitación, Gobierno de Puerto Rico, 1999.

Administración de Corrección: Informe de la población promedio diaria; Oficina de planes programáticos y estadísticas; marzo 2012.

Anderson, P. y Newman, D.; *Introduction to Criminal Justice*, Editorial McGraw Hill, New York, 1993.

Arlacchi, Pino; "El sistema mundial de la droga"; Revista *Debats*, Núm. 29, Madrid, septiembre de 1989

Ayala, Francisco; "La droga: entre la Moral y el Derecho", *El País*, 18 de agosto de 1988; en http://www.*elpais.es*.

Ballesteros, Jesús; *Sobre el sentido del Derecho: Introducción a la Filosofía jurídica*; Editorial Tecnos, Madrid, 2001.

Baratta, Alessandro; *Criminología crítica y crítica del derecho penal*; Editorial Siglo XXI, México, 1998.

_____; "El debate sobre la despenalización: introducción a una sociología dela droga"; Revista *Debats*, Núm. 29, Madrid, septiembre de 1989.

_____; "El uso de drogas y la justicia", *El País*, 15 de octubre de 1987; en http://www.*elpais.es*.

Barbero Santos, Marino; *Política y derecho penal en España*; Editorial Tucar, Madrid, 1977.

Bothwell González, Reece B., *Puerto Rico: cien años de lucha política*; Vol. I-II; Editorial *Universitaria*; Río Piedras. 1979.

Bouzat, P. y Pinatel, J.; *Tratado de Derecho Penal y de Criminología* (Tomo III-Criminología), Editorial de la Universidad Central de Venezuela, Facultad de Derecho, Caracas, 1974.

Bush, George; "Discurso sobre el estado de la Nación" publicado en *El Nuevo Día*, 29 de enero de 2003; en http://www.adendi.com.

Calderón, Sila M.; "Policía de Puerto Rico: los guardianes de nuestra seguridad", *El Nuevo Día*, lunes 25 de septiembre de 2000, en http://endi.com.

Canales, Nemesio; "Policías y macanas", *Literatura puertorriqueña*, Editorial *Edil*; Río Piedras, 1983.

Carlos Morales Feliciano, Et. Al., Plaintiffs, V. Carlos Romero Barceló, Et Al., Defendants. Civ. A. No. 79-4. United States District Court, D. Puerto Rico; 21 de marzo de 1986.

Carroll, Henry K. (Special Commissioner to Porto Rico); *Report on the Industrial and Commercial Condition of Porto Rico* (1898); Washington: Government Printing Office, 1899.

Cason, Jim y Brooks, David; "Hacia la despenalización"; *La Jornada*, México, 11 de junio (sf); en http://www.jornada.unam.mx.

Cafio, Antonio; Martí Font, José M.; Martí, Octavi Y Ruiz Rafael; "Resurge el debate sobre la legalización de las drogas", *El País*, 19 de diciembre de 1993; en

Cela, Camilo José; "Tímidas consideraciones sobre la marihuana y su leyenda"; *Los sueños vanos, los ángeles curiosos*, Editorial Argos Vergara, Barcelona, 1979; en http://www.punksunidos.com.ar.

Centro Internacional de Estudios Penitenciarios; (http://www.prisonstudies.org)

Ciclo de conferencias *Más acá de la pena de muerte*, Facultad de Ciencias Sociales de la Universidad de Puerto Rico, Recinto de Río Piedras, jueves 14 de septiembre de 2006. / Teatro de la Universidad Interamericana de Arecibo, el 9 de noviembre de 2006.

Código de Enjuiciamiento Criminal, 1 de marzo de 1902.

Código Penal de España (reformado), 17 de julio de 1870.

Código Penal para las provincias de Cuba y Puerto Rico (1879)

Código Penal de Puerto Rico; 1 de marzo de 1902.

Código Penal (español) (Edición actualizada septiembre 2002); Editorial Tecnos, Madrid, 2002.

Código Penal de Puerto Rico, 1974, según enmendado hasta la ley Núm. 87. de 2 de agosto de 2001. Revisado hasta el 5 de enero de 2002 en http://www.lexjuris.com.

Código Penal del Estado Libre Asociado de Puerto Rico / Ley Núm. 149 de 18 de junio de 2004 (P. del S. 2302)

Código Penal de Puerto Rico / Ley Núm. 146 de 30 de julio de 2012 (P. del S. 2021)

Código Político de Puerto Rico; 1 de marzo de 1902.

Colombán Rosario, José, *El problema de la criminalidad en Puerto Rico*, Editorial de la Universidad de Puerto Rico, Colegio de pedagogía, 1952.

Comisión de Derechos Civiles de Puerto Rico; *Análisis del sistema correccional puertorriqueño: Modelos de rehabilitación (De un paradigma punitivo a uno de rehabilitación social)*; Estado Libre Asociado de Puerto Rico, San Juan, 2009.

Comunicado de Prensa; Oficina de Comunicaciones y Prensa Presidencia del Senado; 8 de julio de 2006.

Constitución de la Monarquía Española (1876)

Constitución de los Estados Unidos de América (1787) / Carta de Derechos (1791)

Constitución del Estado Libre Asociado de Puerto Rico (1952)

Conversatorio "Ficciones criminológicas, (de)construcción y Derecho", organizado por el Departamento de Sociología y Antropología de la Facultad de Ciencias Sociales, de la Universidad de Puerto Rico, Recinto de Río Piedras, lunes 14 de marzo de 2005.

Coordinadora Radical Antiprohibicionista (CORA); "El prohibicionismo de las drogas es un delito" (1998); en http://www.punksunidos.com.ar.

Cover, Robert; *Derecho, narración y violencia: poder constructivo y poder destructivo en la interpretación judicial*; Editorial Gedisa, Barcelona, 2002.

Criminalidad en Puerto Rico: serie histórica 1900-2009; Junta de Planificación de Puerto Rico, Gobierno de Puerto Rico, Oficina del Gobernador; octubre de 2010.

Cuerda, Antonio; "Despenalización de las drogas: una propuesta" (1994); en http://www.punksunidos.com.ar.

De Diego, José; "Dura, Sed Juxta Lex"; *Apuntes sobre delincuencia y penalidad*; Editorial Tipografía La Correspondencia, San Juan, Puerto Rico, 1901. (CPR 364.66 G984)

Delgado Cintrón, Carmelo; *Imperialismo jurídico norteamericano en Puerto Rico (1898-2015)*; Publicaciones Gaviota, San Juan, 2015.

_____; *Derecho y colonialismo: la trayectoria histórica del Derecho puertorriqueño*; Editorial Edil; Río Piedras, 1988.

Delgado Pinto, José; "Los problemas de la filosofía del derecho en la actualidad"; en *La Filosofía del Derecho en España*; Editorial de la Universidad de Granada, Departamento del Derecho (Cátedra Francisco Suárez); Núm.15, Granada, 1975.

De Cabo Martín, Carlos; *Sobre el concepto de ley*; Editorial Trotta, Madrid, 2000.

Declaración General Frente Socialista; Puerto Rico, 26 de octubre de 1997; http://www.frentesocialistapr.com.

Declaración de la Federación Ibérica Antiprohibicionista (FIA): Manifiesto por la despenalización de todas las drogas; en http://www.punksunidos.com.ar.

Delgado Castro, Ileana; "Mal social" en Revista Domingo, *El Nuevo Día*, 5 de octubre de 2003.

De Muralt, André; *La estructura de la filosofía política moderna*; Editorial Istmo, Madrid, 2002.

Del Olmo, Rosa; *América Latina y su criminología*; Editorial Siglo XXI, México, 1987.

Departamento de Corrección y Rehabilitación; Estado Libre Asociado de Puerto Rico (ac.gobierno.pr)

_____; http://www.presupuesto.gobierno.pr / www2.pr.gov

_____; Memorial explicativo: presupuesto 2011-2012.

Derrida, Jaques; *Fuerza de ley: el fundamento mítico de la autoridad*; Editorial Tecnos; Madrid, 1997.

De Salas, Juan Tomás; "Legalización de las drogas", *Cambio 16*, 1 de noviembre de 1995.

Diagnostic and Statistical Manual of Mental Disorders (DSM IV-TR); American, Psyachiatric Association; 2000.

Díaz, Elías; *Estado de Derecho y sociedad democrática*; Editorial Taurus, Madrid, 1981.

_____; "Legitimidad crítica y pluralismo ideológico"; en *La Filosofía del Derecho en España*; Editorial de la Universidad de Granada, Departamento del Derecho (Cátedra Francisco Suárez); Núm.15, Granada, 1975.

Diéz Ripollés, José Luis; "La opción despenalizadora", *El País*,31 de mayo de 1998, en http://www.elpais.com.

_____; "La despenalización: en la dirección correcta", *El País*, 3 de noviembre de 1994; http://www.elpais.com.

Dowbenko, Uri; "Traffic: How the Drug War Became Big Business", en *Conspiracy Planet: The alternate News and History Network* en http://www.conspiracyplanet.com.

Edelman, Murray; *La construcción del espectáculo político*; Editorial Manantial, Argentina, 1991.

Escohotado, Antonio; *Aprendiendo de las drogas: Usos y abusos, prejuicios y desafíos*, Editorial *Anagrama*, Barcelona, 1998.

_____; *La cuestión del cáñamo: una propuesta constructiva sobre hachís y marihuana*, Editorial Anagrama, Barcelona, 1997.

_____; *Majestades, crímenes y víctimas*, Ed. *Anagrama*, Barcelona, 1987.

_____; "Sobria ebriedad: el debate sobre la droga"; *El* País, 16 de junio de 1994; en http://www.elpais.com.

_____; "Las drogas: una invitación al desapasionamiento"; *El País*, 16 de mayo de 1987; en http://www.elpais.com.

_____; "Prólogo" a T.Szasz; *Nuestro derecho a las drogas: En defensa de un mercado libre*, Editorial Anagrama, Barcelona, 1993.

Fariñas Dulce, María J.; *Los derechos humanos desde la perspectiva sociológico-jurídica a la actitud postmoderna'*; Instituto de Derechos Humanos "Bartolomé de las Casas"; Universidad III de Madrid, 1997.

First Annual Report of Charles H. Allen, Governor of Porto Rico (1900-1901); Washington; Government Printing Office, 1901.

Fletcher, George P.; *Conceptos básicos del Derecho Penal*; Editorial Tirant lo Blanch, Valencia, 1997.

Foucault, Michel; *La verdad y las formas jurídicas*; Ed. *Gedisa*, México, 1995.

_____; *Vigilar y castigar: el nacimiento de una prisión*; Editorial *Siglo XXI*, México, 1976.

Foro Crimen y Castigo en Puerto Rico, auspiciado por el Movimiento Unión Soberanista (MUS), celebrado en el Colegio de Abogados, miércoles 4 de noviembre de 2013.

Foro *La pena de muerte en Puerto Rico… una amenaza latente*, Facultad de Humanidades, UPR-RP, martes 28 de noviembre de 2006.

Freud, Sigmund; "El malestar en la Cultura"; *Obras Completas* (Tomo III); Editorial *Biblioteca Nueva*, Madrid; 1996.

Fuster, Jaime B.; "Una nueva estrategia: la participación del ciudadano en la lucha contra el crimen"; Revista del Colegio de Abogados de Puerto Rico; Vol.42, Núm. 2, mayo de 1981.

García Márquez, Gabriel; *Manifiesto a favor de la legalización de las drogas*; *Cambio 16*, 29 de noviembre de 1993; en http://www.punksunidos.com.ar.

_____; "Apuntes para un debate nuevo sobre las drogas", *Cambio 16*, 29 de noviembre de 1993; en http://www.punksunidos.com.ar.

García Ramírez, ___; *Los derechos humanos y el Derecho Penal*; Editorial *SepSetenta*, México, 1979.

García Valdés, Carlos; *Introducción a la penología*; Publicaciones del Instituto de Criminología de la Universidad Complutense de Madrid (LXXXI), Madrid, 1981.

Garland, David; *Castigo y sociedad moderna: un estudio de teoría social*; Editorial *Siglo XXI*, México, 1999.

Garmendia, José A.; *Esquema del delito en España*; Editorial Plaza y Janes, SA, Barcelona, 1973.

Garrido Genovés, Vicente y Gómez Piñana, Ana M.; *Diccionario de criminología*; Editorial Tirnat Lo Blanch, Valencia, 1998.

Garzón Valdés, Ernesto y Laporta, Francisco J.; *El derecho y la justicia*; Enciclopedia Iberoamericana de Filosofía; Editorial Trotta, Madrid, 2000.

Gelpí-Acosta, Camila; *Towards the deconstruction of addiction: an aproach* (Trabajo de Investigación Doctoral Inédito), New York, 2004.

Gibbons, Don C.; *Society, Crime and Control*, Editorial *Prentice-Hall*, Portland State University, 1982.

Gómez Pavón; Pilar; *La intimidad como objeto de protección penal*; Editorial *Akal*, Madrid, 1989.

Grapin, Pierre; *La antropología criminal*, Ed. *¿Qué sé?*, S.A., Barcelona, 1973.

Greenspoon, Lester; *Marihuana Reconsidered*, Editorial *Harvard University Press*, Massachussets, 1971.

Grossi, Paolo; *Mitología jurídica de la modernidad*; Ed. *Trotta*, Madrid, 2003.

Grup Igia y Asociación Ramón Santos de Estudios sobre el Cannabis (ARSEC); "Otra política sobre drogas es posible", Barcelona, 2003. (...)

"Grupos Cristianos y de base comunitaria realizan marcha en protesta por el propuesto Plan Anti Drogas" en http://www.evangelistico.org/antidroga.htm.

Hernández Agosto, Miguel; "La revisión del Código Penal de Puerto Rico"; Revista Jurídica de la Universidad Interamericana de Puerto Rico, Vol. XXIV, Núm1, septiembre-diciembre, 1989.

Herrera Añez, Williams; "La despenalización del narcotráfico", Revista Casi Nada, julio de 1996, en http://www.usuarios.iponet.es.

Holderich, Ted (Ed.); *Enciclopedia Oxford de Filosofía*; Editorial Tecnos, España, 2001.

Husak, Douglas; *¡Legalización Ya!: argumentos a favor de la despenalización de las drogas*, Editorial Foca, Madrid, 2003.

Informe de la Comisión para el proyecto de Código Penal para las provincias de Cuba y Puerto Rico, 9 de febrero de 1874.

Informe de la Comisión de lo Jurídico Penal sobre el P. del S. 753 (1974)

International Centre for Prison Studies (http://www.prisonstudies.org)

Isasi, Mikel; "Drogas y Derecho: más allá del debate"; *Gara*, 2 de agosto de 2001; en http://www.punkaunidos.com.ar.

Jaén Vallejo; *La presunción de inocencia en la jurisprudencia constitucional*; Editorial Akal, Madrid, 1987.

Kahn, Paul; *El análisis cultural del derecho: una reconstrucción de los estudios jurídicos*; Editorial Gedisa, Barcelona, 2001.

K.Kraus, Karl; *Dichos y contradichos*; Ed. *Minúscula*, Barcelona, 2003.

La Constitución española, Centro de Estudios Adams, Madrid, 1996.

LaMay, C. y Dennis, E.; *The Culture of Crime*, Editorial Transaction, USA, 1995.

Lamneck; Siegfred; *Teoría de la criminalidad: una confrontación crítica*; Editorial *Siglo XXI*, México, 1987.

Laporta, Francisco J; Hierro, Liborio L. Y Zapatero, Virgilio; "Algunas observaciones sobre la situación de la filosofía del derecho en la actualidad"; en *La Filosofía del Derecho en España*; Editorial de la Universidad de Granada, Departamento del Derecho (Cátedra Francisco Suárez); Núm.15, Granada, 1975.

Larrauri, Elena; *La herencia de la criminología crítica*, Editorial *Siglo XXI*, Madrid, 2000.

Laurie, Peter; *Las drogas: aspectos médicos, psicológicos y sociales*, Editorial *Alianza*, Madrid, 1969.

Le Bon, Gustave; *Psicología de las masas*, Editorial *Morata*, Madrid, 2000.

Legaz Lacambra, Luis; "Problemas de la actual Filosofía del Derecho"; en *La Filosofía del Derecho en España*; Editorial de la Universidad de Granada, Departamento del Derecho (Cátedra Francisco Suárez); Núm.15, Granada, 1975.

Ley de enjuiciamiento criminal; Editorial *Tecnos*, Madrid, 1997.

Ley Orgánica de Puerto Rico (Ley Foraker); 12 de abril de 1900.

Ley Orgánica de Puerto Rico (Acta Jones); 2 de marzo de 1917.

Ley Federal de Sustancias Controladas (Comprehensive Drug Abuse Prevention and Control Act of 1970); 27 de octubre de 1970.

Ley Núm. 4 del 23 de junio de 1971 (Ley de Sustancias Controladas de Puerto Rico) en http://www.lexjuris.com

Ley Núm. 116 de 22 de julio de 1974 (Ley Orgánica de la Administración de Corrección)

Ley Núm. 149 de 18 de junio de 2004 (Leyes Especiales que complementan la Reforma Penal)

Ley Núm. 377 de 16 de septiembre de 2004. (Ley del Mandato Constitucional de Rehabilitación) (P. del S. 1731)

Ley 315 de 2004 (Ley Orgánica de la Administración de Corrección)

Ley Núm. 182 de 2009 (Ley de Reorganización y Modernización de la Rama Ejecutiva del Gobierno de Puerto Rico de 2009)

Ley Núm. 246 de 26 de diciembre de 2014 (P. del S. 1210)

Ley provisional de Enjuiciamiento Criminal (1879) / Ley provisional para la aplicación de las disposiciones del Código Penal para las provincias de Cuba y Puerto Rico.

Llorens Torres, Luis; "Todo a todos"; "El Código Civil"; *Obras completas*, tomo I, Instituto de Cultura Puertorriqueña, San Juan, 1984

López Calera, Nicolás M.; "Filosofía del Derecho: crítica y utopía"; en *La Filosofía del Derecho en España*; Editorial de la Universidad de Granada, Departamento del Derecho (Cátedra Francisco Suárez); Núm.15, Granada, 1975.

López Barja de Quiroga, Jacobo; *Teoría de la Pena*; Editorial *Akal*, Madrid, 1990.

López de Haro, Carlos; *La función judicial*; Editorial de Góngora, Madrid, 1904.

López Medel, Jesús; "Sentido y función de la Filosofía del Derecho en la actualidad"; en *La Filosofía del Derecho en España*; Editorial de la Universidad de Granada, Departamento del Derecho (Cátedra Francisco Suárez); Núm.15, Granada, 1975.

López Rey y Arrojo, Manuel; *Introducción a la criminología*; Publicaciones del Instituto de Criminología de la Universidad Complutense de Madrid (LXXXI), Madrid, 1981.

_____; "La construcción sociológica del Derecho y de la Justicia penales"; Revista de Ciencias Sociales, Vol. XIII, Núm.3, Universidad de Puerto Rico, 1969.

Lugo Sabater, Rigel Z.; "Apuntes generales sobre el narcotráfico y la legalización de las drogas" San Juan, 1999. (Ensayo inédito)

Macía Manso; Alberto; "Crítica del conocimiento filosófico-jurídico"; en *La Filosofía del Derecho en España*; Editorial de la Universidad de Granada, Departamento del Derecho (Cátedra Francisco Suárez); Núm.15, Granada, 1975.

Manifiesto por la despenalización de todas las drogas (1993) en http://www.punksunidos.com.ar.

Manual de normas y procedimientos: programa de voluntarios (Manual Núm. AC-2010-01); Departamento de Corrección y Rehabilitación.

Martín.Baró, Ignacio; *Acción e Ideología: Psicología Social desde Centroamérica*; UCA Editores, San Salvador, 1988.

Martínez Mounier, Blanca A.; *Drogas: la prohibición mata...*, Editorial *Publicaciones Puertorriqueñas*, Hato Rey, 2000.

Mendiluce, José M; "Drogas: un necesario cambio de rumbo", *El País*, 27 de marzo de 1995; en http://www.elpais.com..

Mensaje sobre el Estado de Situación del País del Gobernador del Estado Libre Asociado de Puerto Rico, Aníbal Acevedo Vilá ante la Decimoquinta Asamblea Legislativa, 9 de marzo de 2005.

Mir Puig, Santiago; *Derecho penal, parte general*; Barcelona, 1996.

Mosterín, J; "Drogadicción y paternalismo", *El País*, 25 de noviembre de 1989; en http://www.elpais.com.

Mowlam, Mo; "Legalización contra el terror"; *El Mundo*, 20 de septiembre de 2002,

_____; "Contra la locura prohibicionista", *The Guardian*, 9 de enero de 2003.

Mueller, G.; *El derecho penal; sus conceptos en la vida real*; Editorial *Abeledo-Perrot*; Buenos Aires, 1963.

Nadelman, E; "Addicted to Failure", julio-agosto de 2003; en http://www.foreignpolicy.com.

Navarro Estévan, Joaquín; "En la duda, a favor de la libertad", *El País*, 11de agosto de 1989; en http://www.elpais.com.

Navascués, E; García, J; Escobar, E; Moracho, M; Lipuzkoa, A; Rodríguez, I; Miembros de PROLEGA (Colectivo Ciudadano por una política sobre drogas justa y eficaz), "No a la guerra contra las drogas", en *Diario de Noticias*, 7 de abril de 2003; en http://www.punksunidos.com.ar.

Neuman, Elías; *La legalización de las drogas*; Editorial *Depalma*, Buenos Aires, 1991.

_____; *Droga y criminología*; Editorial *Siglo XXI*, México, 1984.

Nevares-Muñiz, Dora; *El crimen en Puerto Rico: tapando el cielo con la mano*, Instituto para el Desarrollo del Derecho, Inc, Hato Rey, Puerto Rico, 1996.

_____; Análisis crítico del Código Penal de Puerto Rico; Revista Jurídica de la Universidad Interamericana de Puerto Rico, Vol. XXIV, Núm1, septiembre-diciembre, 1989.

Nietzsche, Friedrich; *La voluntad de poderío*; Editorial Edaf, Madrid, 1990.

_____; *Así habló Zaratustra*, Editorial EDIMAT, S.A., Madrid, 1999.

Ollero, Andrés; "Una filosofía jurídica posible"; en *La Filosofía del Derecho en España*; Editorial de la Universidad de Granada, Departamento del Derecho (Cátedra Francisco Suárez); Núm.15, Granada, 1975.

Olivares, José; "*Our Islands and their people*"; Thompson Publishing Company, 1899.

Palazzi, F. y Filippi S.S.; *El libro de los mil sabios*; Editorial Dossat 2000, Madrid, 2000.

Partido Radical Transnacional; "Manifiesto dirigido a los gobiernos y a las Naciones Unidas", enero de 2003, http://www:radicalparty.org.

Pavarini, Mássimo; *Control y dominación: teorías criminológicas burguesas y proyecto hegemónico*; Editorial *Siglo XXI*, México, 1992.

Payne, Michael (Comp.) *Diccionario de Teoría Crítica y Estudios Culturales*; Editorial Paidós, Barcelona, 2002.

Peces-Barba Martínez, Gregorio; "Sobre la filosofía del derecho y su puesto en los planes de estudio"; en *La Filosofía del Derecho en España*; Ed. de la Universidad de Granada, Departamento del Derecho (Cátedra Francisco Suárez); Núm.15, Granada, 1975.

Peidró Pastor, Ismael; "La Filosofía del Derecho: su por qué y para qué"; en *La Filosofía del Derecho en España*; Editorial de la Universidad de Granada, Departamento del Derecho (Cátedra Francisco Suárez); Núm.15, Granada, 1975.

Peña Beltrán, Lydia; *30 años en las cárceles de Puerto Rico: análisis del sistema correccional y rehabilitador puertorriqueño*; ediciones *Borikén*, Río Piedras, 1995.

Pérez Díaz, Jorge E.; Ponencia del Secretario de Justicia sobre la reforma del Código Penal de Puerto Rico (P. del S 1229); *Revista Jurídica Universidad de Puerto Rico*; Vol. 62; Núm. 2; 1993.

P. de la C. 1296 (17ma Asamblea Legislativa. 2ta Sesión Ordinaria) 17 de julio de 2013.

P. de la C. 2155 (17ma Asamblea Legislativa. 4ta Sesión Ordinaria) 7 de octubre de 2014.

P. del S. 1229; 3 de febrero de 1992.

P. del S. 2021 (16ta Asamblea Legislativa. 7ma Sesión Ordinaria) 18 de abril de 2012.

P. del S. 487 (17ma Asamblea Legislativa. 1ra Sesión Ordinaria) 21 de marzo de 2013.

P. del S. 1210 (17ma Asamblea Legislativa. 4ta Sesión Ordinaria) 7 de octubre de 2014.

Perfil de la población sentenciada al 30 de junio de 2012; Departamento de Corrección y Rehabilitación de Puerto Rico.

Pesquera, Héctor L.; "Una mirada al problema de las drogas en Puerto Rico"; 21 de febrero de 2002; en http://www.redbetances.com.

Picó, Fernando; *El día menos pensado: historia de los presidiarios en Puerto Rico (1793-1993)*; Ediciones Huracán, San Juan, 1994.

_____; *De la mano dura a la cordura: ensayos sobre el estado ausente, la sociabilidad y los imaginarios puertorriqueños*, Ediciones *Huracán*, San Juan, 1999.

Plan de Reorganización Núm. 3, 9 de diciembre de 1993.

Plan de Reorganización del Departamento de Corrección y Rehabilitación; 16ª Asamblea Legislativa, 6ª Sesión Ordinaria; 21 de noviembre de 2011.

Platón; *Las leyes* (Tomo I y II); Instituto de Estudios Políticos, Madrid, 1960.

_____; *El Político*; Instituto de Estudios Políticos, Madrid, 1960.

Prats, Saul (compilador); Seminario *Visiones alternas al fenómeno de la criminalidad*; Facultad de Ciencias Sociales, Universidad de Puerto Rico, Recinto de Río Piedras, 1987; 1994.

Programa de Gobierno 2001-2004 del Partido Popular Democrático; *Proyecto Puertorriqueño para el siglo 21*; Puerto Rico, 2000.

Programa del Partido Independentista Puertorriqueño (2000); en http://www.independencia.net.

Proyecto del Senado 392, presentado por Fas Alzamora, en la 14ta Asamblea Legislativa, 1ra Sesión Ordinaria, el 4 de mayo de 2001.

Racionero Carmona, Francisco; *Antileviatán: la cultura de los Derechos*; Editorial *Dykinson*; Madrid, 2003.

Radzinowicz, Leon; *Ideology and Crime: A Study of Crime in its Social and Historical Context*; Editorial *Heinemann*, London, 1966.

Raynaud, Philipe y Rials, Stephane (Eds.); *Diccionario Akal de Filosofía Política*; Madrid, 2001.

Real Orden de 22 de abril de 1837.

Real Decreto de 23 de Mayo de 1879.

Reglamento del cuerpo interdenominacional de capellanía, Departamento de Corrección y Rehabilitación; 26 de octubre de 2010.

Report of the Military Governor of Porto Rico on Civil Affairs (1898-1900); Division of Insular Affairs; War Department; Washington; Government Printing Office, 1902.

Rico, José M.; *Crimen y justicia en América Latina*; Editorial *Siglo XXI*, México, 1981.

Rigual, Néstor; *Incidencias parlamentarias en Puerto Rico*, Editorial Edil, 1972.

Rivera Beiras, I. (Coord.); *Mitologías y discursos sobre el castigo: historia del presente y posibles escenarios* (2004) Editorial *Anthropos*, Barcelona, 2005.

_____; *Política Criminal y Sistema Penal: viejas y nuevas racionalidades punitivas*, Editorial *Anthropos*, Barcelona, 2005.

Rivera Lugo, Carlos; *La rebelión de Edipo y otras insurgencias jurídicas*, Editorial *Callejón*, San Juan, 2004.

Rivera Ramos, Efrén; *The Legal Construction of Identity: The Judicial and Social Legacy of American Colonialism in Puerto Rico*; Editorial *American Psychological Association*, Washington, DC; 2001.

Rodríguez Molinero, Marcelino; "Naturaleza y sentido de la Filosofía del Derecho"; en *La Filosofía del Derecho en España*; Editorial de la Universidad de Granada, Departamento del Derecho (Cátedra Francisco Suárez); Núm.15, Granada, 1975.

Rodríguez Paniagua, José M.; "Sentido y función de la Filosofía del Derecho en la actualidad"; en *La Filosofía del Derecho en España*; Editorial de la Universidad de Granada, Departamento del Derecho (Cátedra Francisco Suárez); Núm.15, Granada, 1975.

Rodríguez Ramos, Luis; *Justicia penal: comentarios de sentencias del tribunal constitucional y del tribunal supremo*; Editorial *Akal*, Madrid, 1990.

_____; *La detención*; Editorial *Akal*, Madrid, 1990

Roldan, Horacio; *El dinero, objeto fundamental de la sanción penal*; Editorial *Akal*, Madrid, 1983.

Román, Edgardo; "Crimen y castigo: el fracaso de la guerra contra las drogas"; *Bandera Roja*, 3 de noviembre de 2003; en http://www.banderaroja.org.

Román, Madeline; *Estado y criminalidad en Puerto Rico: un abordaje criminológico alternativo*; Editorial Publicaciones Puertorriqueñas, San Juan, 1993.

_____; *Lo criminal y otros relatos de ingobernabilidad*, Editorial Publicaciones Puertorriqueñas, San Juan, 1998.

_____; "Narcotráfico: Estado de pánico y pánico del Estado"; *Homines*, Revista de Ciencias Sociales, Universidad Interamericana de Puerto Rico, Vol.17, Núm. 1 y 2, julio, 1993-junio 1994.

_____; "Discursos de la diferencia y justicia de multiplicidades: deconstruyendo las coordenadas del discurso del derecho igual; Revista *Bordes*, Núm. 3, Río Piedras, 1996.

Rosselló, Pedro; Mensaje especial a la legislatura y al pueblo de Puerto Rico sobre la criminalidad, 11 de febrero de 1993.

Rovai, R.; "El debate sobre la legalización de las drogas en América Latina", Revista *Forum*, 28 de agosto de 2003; en http://www.narconews.com.

Roxin, Claus; *Iniciación al derecho penal de hoy*; Editorial de la Universidad de Sevilla, Sevilla, 1981.

Rusche, G. y Kirchheimer, O.; *Punishment and Social Structure*, Editorial Transaction, USA, 2003.

Sánchez Boudy, José; "Dostoievski: penalista y reformador"; Revista *La Torre*, Año XIII, Núm. 51, Universidad de Puerto Rico, septiembre-diciembre, 1965.

Sánchez de la Torre, Ángel; "Filosofía crítica de los sistemas jurídicos"; en *La Filosofía del Derecho en España*; Editorial de la Universidad de Granada, Departamento del Derecho (Cátedra Francisco Suárez); Núm.15, Granada, 1975.

Sanz García, Ana Isabel; *Las drogas*, Editorial *Acento*, Madrid, 1999.

Sardina-Páramo, Juan A.; "Sobre la función de la Filosofía del Derecho en la realidad jurídica española"; en *La Filosofía del Derecho en España*; Ed. de la Universidad de Granada, Departamento del Derecho (Cátedra Francisco Suárez); Núm.15, Granada, 1975.

Saunier, Roberto V.; "Intervenciones judiciales: medidas... curativas, educativas, represivas? (La curiosidad de lo que se habla); *Revista de Psicoanálisis y Cultura*, Núm. 2, diciembre 1995; www.acheronta.org.

Savater, Fernando; "Tesis socio-políticas sobre las drogas"; *Ética como amor propio*, Editorial Mondadori, Madrid, 1988; en http://www.punksunidos.com.ar.

_____; "Seducción por lo prohibido"; *Cambio 16*, 29 de noviembre de 1993; en http://www.punksunidos.com.ar.

_____; "Las drogas y sus exorcistas"; *Libre mente*, Madrid, Espasa Calpe, 1995; en http://www.punksunidos.com.ar.

_____; "Las drogas como abuso"; *Libre mente*, Madrid, Espasa Calpe, 1995; en http://www.punksunidos.com.ar.

_____; "La invención del drogadicto", *El País*, 3 de junio de 1984; en http://www.*elpais.es*.

_____; "La cruzada de las drogas"; *A decir verdad*, Editorial *Fondo de Cultura Económica*, México, 1987.

_____; "El disparate de las drogas", *El País*, 19 de diciembre de 1993; en http://www.*elpais.es*.

_____; "Empeoramos", *El País*, 22 de octubre de 1991; en http://www.*elpais.es*.

_____; "Hedonismo protestante"; *El País*, 16 de junio de 1992; en http://www.*elpais.es*.

_____; "Las drogas sin pánico" *El País*, 22 de mayo de 1987; en http://www.*elpais.es*.

Second Annual Report of the Governor of Porto Rico (William H. Hunt), (1901-1902); Washington: Government Printing Office, 1902.

Segundo Encuentro de Prevención de Violencia, miércoles 30 de mayo de 2007, en el Centro de Convenciones, San Juan.

Simposio *Extradición y pena de muerte*, en la Facultad de Derecho Eugenio María de Hostos, en Mayagüez, el jueves 23 de marzo de 2006.

Seminario: *Visiones alternas al fenómeno de la criminalidad en Puerto Rico*; Facultad de Ciencias Sociales, Universidad de Puerto Rico, Recinto de Río Piedras, 1987.

Silva de Bonilla, Ruth; "Un análisis de la violencia, el crimen y los criminales: análisis de un quehacer ideológico de los científicos sociales en Puerto Rico"; Revista del Colegio de Abogados de Puerto Rico; Vol.42, Núm. 2, mayo de 1981.

Silvestrini de Pacheco, Blanca; *Violencia y criminalidad en Puerto Rico 1898-1973*, Editorial *Universitaria*, Universidad de Puerto Rico, 1980.

Silving, Helen; *Elementos constitutivos del delito*; Editorial *Universidad de Puerto Rico*, 1977.

Solis Quiroga, Héctor; *Introducción a la sociología criminal*, Instituto de Investigaciones Sociales, Universidad Nacional, México, D.F., 1962.

Soria, Miguel A.; *Psicología y práctica jurídica*; Ed. *Ariel*, Barcelona, 1998.

Soriano, Ramón; *Sociología del Derecho*; Editorial *Akal*, Barcelona, 1997

Stone, J.; *El Derecho y las Ciencias Sociales*; Editorial *Fondo de Cultura Económica*, México, 1973.

Suárez de Puga, E; "La comunidad jurídica internacional y el tráfico de drogas" (Reunión de la Comisión de Estupefacientes de las Naciones Unidas); *El País*, 24 de marzo de 1986; en http://www.elpais.com.

Sued, Gazir; *Genealogía del Derecho Penal: Antecedentes jurídico-políticos, filosóficos y teológicos desde la Antigüedad hasta la Modernidad* (Tomos I-II); Editorial *La Grieta*, San Juan, 2015.

_____; *(Im)posturas: Antología de escritos periodísticos e investigativos (2003-2013)*; Editorial *La Grieta*, San Juan, 2013.

_____; *Devenir de una (des)ilusión: reflexiones sobre el imaginario psicoanalítico y el discurso político en Sigmund Freud* (Tesis doctoral inédita); Madrid, 2003.

_____; *Aporías del Derecho: entre el Deseo y la Ley: reflexiones sobre la imaginería psicoanalítica, el discurso criminológico y el derecho penal en el Estado de Ley*, Madrid, 2003. (Inédito)

_____; *Violencias de Ley: reflexiones sobre el imaginario jurídico penal moderno y el derecho estatal a castigar*; Editorial La Grieta, San Juan, 2001.

_____; *Utopía Democrática: reflexiones sobre el imaginario político (pos)moderno y el discurso democrático*; Editorial La Grieta, San Juan, 2001.

_____; *Emmanuel Lévinas: Ética para una filosofía de la sujeción (o el rostro de una huella de sumisión): una mirada reflexiva desde la filosofía de la sospecha* (Madrid, 2002); Ensayo Inédito.

_____; *El espectro de legitimidad y el discurso jurídico en el Estado de Ley: reflexiones para una ética alternativa del Derecho*; (Madrid, 2002) Ensayo inédito.

_____; *En torno a la Filosofía Práctica, la Moral y el Dilema del Prisionero: algunas reflexiones desde el pensamiento de la sospecha*; (Madrid, 2002) Ensayo inédito.

_____; *En torno a la desobediencia civil, el discurso jurídico y el derecho democrático: reflexiones para una ética alternativa del Derecho*; (Madrid, 2002); Ensayo inédito.

_____; *El discurso de los derechos humanos en la "sociedad cibernética", en la" era de la informática": reflexiones para una ética alternativa del Derecho*; (Madrid, 2002); Ensayo inédito.

Szasz, Thomas; *Nuestro derecho a las drogas: En defensa de un mercado libre*, Editorial Anagrama, Barcelona, 1993.

_____; "El mito de la enfermedad mental"; en R*azón, locura y sociedad*; Editorial Siglo XXI; México, 1995.

_____; *The Myth of Mental Illness: Foundations of a Theory of Personal Conduct*, Editorial *Perennial*, New york, 1974.

_____; *The Myth of Psychotherapy: Mental Healing as Religion, Rhetoric, and Repression* (1978); Ed. *Syracuse University Press*, New York, 1988.

Taylor, I; Walton, P. y Young, J.; *Criminología crítica*; Editorial *Siglo XXI*, México, 1998.

Tercera Conferencia Puertorriqueña de Salud Pública: Salud Pública, Justicia Social y Derechos Humanos: desafíos de una sociedad diversa, en el Centro de Convenciones de Puerto Rico, San Juan, miércoles 9 de mayo de 2007.

Terradillos, Juan; *Peligrosidad social y Estado de Derecho*; Editorial *Akal*, Madrid, 1981.

The Narco News Bulletin en http://www.narconews.com.

Toharia, José J.; *Cambio social y vida jurídica en España*; Editorial Cuadernos para el diálogo, SA; Madrid, 1974.

Toro Calder, Jaime; "La prevención del crimen y su relación con los derechos humanos a la luz de la criminología contemporánea"; Revista de Ciencias Sociales, Universidad de Puerto Rico, Vol. X, Núm. 3, septiembre, 1966.

Torres Rivera, A; "El plan estratégico de control de drogas: Contenido y alcance de una propuesta" en http://www.redbetances.com.

Torres Rivera, Lina M.; *El sistema penal y reacción social: apuntes para un curso en penología*; Editorial Publicaciones Puertorriqueñas, Puerto Rico, 1994.

_____; "De criminalizaciones y victimizaciones: picando fuera del hoyo", publicado el 6 de septiembre de 2003, criticando el modelo represivo-punitivo y favoreciendo un enfoque orientado hacia la "justicia social"; en http://indymediapr.org.

Trías Monge, José.; *Sociedad, Derecho y Justicia: discursos y ensayos*; Editorial de la Universidad de Puerto Rico, Río Piedras, 1986.

_____; "La crisis del Derecho en Puerto Rico"; Revista Jurídica de la Universidad de Puerto Rico, Vol. XLIX, Núm. 1, 1980.

Twain, Mark; *El diccionario de Mark Twain* (1895), Editorial *Valdemar*, Madrid, 2003.

U.S. Department of Justice, Bureau of Justice Statistics; Correction Statistics (http://www.albany.edu.)

Usó, Juan Carlos; "La prohibición en la encrucijada del siglo XXI"; *Cáñamo*, enero de 2000. en http://www.punksunidos.com.ar.

Vales, Pedro A. y Hernández, David D.; "Tendencias puertorriqueñas hacia el estudio de la conducta desviada y criminal"; Revista *Crisis y crítica de las ciencias sociales en Puerto Rico*; Centro de Investigaciones Sociales, Universidad de Puerto Rico, 1980.

Valencia Villa, Hernando; *Los Derechos Humanos*, Editorial Acento, Madrid, 2001.

Vattimo, Gianni; *Nihilismo y Emancipación* (*Etica, Política, Derecho*), Editorial Piados, Barcelona, 2004.

Varas Díaz, N. y Cintrón Bou, F. (Editores), *Estigma y Salud en Puerto Rico: consecuencias detrimentales de lo alterno* (Editorial *Publicaciones Puertorriqueñas*, 2007)

Vetter, H. y Simonsen, C.; *Criminal Justice in America: Tehe System, The Process, The People*, Editorial Saunders, Philadelphia, 1976.

Wacqant, Loic; "Penalización de la miseria y proyecto político neoliberal" en Revista *Archipiélago: cuadernos de crítica de la cultura*, núm. 55; Editorial Archipiélago, Madrid, marzo-abril de 2003.

Zutik; "Hacia la despenalización de las drogas", en documentos de la 3ª Asamblea Nacional, Universidad de Leioa-Bizkaia, 21-22 de octubre de 2000; en http://www.punksunidos.com.ar.

Artículos de prensa citados

Agencia EFE; "Continúa vertiginoso aumento asesinatos en la isla"; *El Nuevo Día*, viernes 5 de marzo de 2004.

_____; "Calderón crea grupo de trabajo para atender la violencia"; *El Nuevo Día*, viernes, 29 de agosto de 2003.

_____; "Gobernadora reitera esfuerzos para combatir criminalidad"; *El Nuevo Día*, jueves, 28 de agosto de 2003.

_____; "Empeño en atacar la criminalidad"; *El Nuevo* Día, domingo, 1 de junio de 2003.

_____; "Orlando Parga pide activar la milicia"; *El Nuevo Día*, viernes 5 de septiembre de 2003.

_____; "Gobernadora alega se ha reducido la criminalidad", *El Nuevo Día*, 2 de octubre de 2002.

Albertelli, Laura; "Detienen agente en plena transacción de drogas", *El Star*, miércoles, 14 de marzo de 2001.

Alfageme, Ana; "El 80% de los policías apoyaría la despenalización de las drogas, según miembros del sindicato mayoritario", *El País*, 26 de julio de 1989; en http://www.elpais.com.

_____; "La Administración rechaza los criterios favorables a la legalización de las drogas", *El País*, 10 de agosto de 1989; en http://www.elpais.com.

Alonso Fernández, Francisco; "Las drogas y el Código Penal", *El País*, 09 de mayo de 1983; en http://www.elpais.com.

Associated Press; "Destaca problema de reincidencia en cárceles", El Star; miércoles 27 de abril de 2005

_____; "A enfrentar cargos por asesinato tres policías"; *El Nuevo Día*, jueves, 12 de mayo de 2005.

_____; "Fernando Martín truena contra medidas para lidiar con el crimen"; *El Nuevo Día*, sábado, 6 de septiembre de 2003; en http://endi.com.

_____; "Gobernadora alega se ha reducido la criminalidad", el 2 de octubre de 2002; en http://endi.com.

_____; "Aumenta el tráfico ilegal de drogas: la ONU se opone a la despenalización del cannabis"; *El País*, 16 de febrero de 1979; en http://www.elpais.com.

_____; "Imparable el crimen en toda la isla", *El Nuevo Día*, jueves 4 de septiembre de 2003; en http://endi.com.

_____; "Esfuerzo conjunto contra as drogas", *El Nuevo Día*, miércoles 10 de septiembre de 2003; en http://endi.com.

Arias, J; "100 personalidades del mundo apoyan la despenalización delas drogas"; *El País*, 25 de julio de 1989; en http://www.elpaís.com.

Arrieta Vilá, R; "Marcada la Uniformada", *El Nuevo Día*, miércoles 15 de agosto de 2001; en http://www.adendi.com.

Aznárez, J.J; "América Latina y la UE convocan en Bolivia a luchar contra el narcotráfico", 15 de abril de 1996; en http://www.elpais.com.

Bañales, Jorge A.; "Preocupa militarización de la policía", *El Star*, lunes, 11 de octubre de 1999.

Bayón, Miguel; "'La guerra contra las drogas está perdida', afirma la Liga Internacional Antiprohibicionista", *El País*, 13 de noviembre de 1994; en http://www.elpais.com.

Blanco, C; "Personalidades de 36 países piden a la ONU la despenalización delas drogas"; *El País*, 7 de junio de 1998; en http://www.elpais.com.

Bonino, Emma; "La extraña sensatez de los zares antidroga", *El País*, 12 de marzo de 1998; en http://www.elpais.com.

Busaniche, Gisela; "Un millar de manifestantes pide la despenalización de las drogas", *El País*, 19 de noviembre de 2001; en http://www.elpais.com.

Calero, Maria Soledad; "Arrestos a granel en toda la isla"; *El Star*, viernes, 8 de octubre de 1999.

Caquías Cruz, S.; "Vía libre a las drogas ilegales", *El Nuevo Día*, jueves 12 de agosto de 1999; en http://www.adendi.com.

_____; "Opuesta la Assmca", *El Nuevo Día*, jueves 12 de agosto de 1999; en http://www.adendi.com.

_____; "Aseguran que hay 200,000 drogadictos", *El Nuevo Día*, martes 30 de octubre de 2001; en http://www.adendi.com.

_____; "Esfuerzo conjunto contra el crimen", *El Nuevo Día*, viernes 16 de agosto de 2002; en http://www.adendi.com.

_____; "Una voz que aboga por la medicación de las drogas"; *El Nuevo Día*, domingo 4 de mayo de 2003; en http://www.adendi.com.

_____; "Nexo entre drogadicción y alza en los delitos Tipo I", *El Nuevo Día* lunes 29 de octubre de 2001; en http://www.adendi.com.

Carrasco, Bel; "González Duro: "Hay que desmitificar el problema de la droga", *El País,* 24 de marzo de 1979; en http://www.elpais.com.

Castelló, E; "Aznar no admite ni siquiera el debate sobre la legalización de las drogas"; *El País*, 2 de abril de 1995; en http://www.elpais.com.

Cavestany; J; "Bill Clinton rechaza la legalización de las drogas", *El País*, 9 de diciembre de 1993; en http1//www.elpais.com.

Cobián, Mariana; "Aúnan esfuerzos los tres partidos para combatir el crimen y el narcotráfico", *Primera Hora*, lunes 6 de octubre de 2003; en http://www.primerahora.com.

_____; "Todos Contra la Violencia tira sus cartas", *Primera Hora*, martes 30 de septiembre de 2003.

Colombani, Juanita; "No federal a propuesta", *El Nuevo Día*, jueves 12 de agosto de 1999; en http://www.adendi.com.

_____; "A la cárcel tres policías", *El Nuevo Día*, martes, 9 de marzo de 1999.

_____; "El narcotráfico", El Nuevo Día, jueves 10 de febrero de 2000; en http://www.adendi.com.

_____; "Guerra tecnológica al crimen", *El Nuevo Día*, domingo 24 de septiembre de 2000; en http://www.adendi.com.

_____; "Gestan un mega operativo en zona caribeña"; *El Nuevo Día*, lunes 8 de noviembre de 1999; en http://www.adendi.com.

_____; "Cuesta arriba la lucha contra el narcotráfico", *El Nuevo Día*, lunes 30 de octubre de 2000; en http://www.adendi.com.

_____; "Severo golpe federal a narcos", *El Nuevo Día*, martes 9 de enero de 2001; en http://www.adendi.com.

_____; "Sofisticada nave vigila el Caribe", *El Nuevo Día*, jueves 16 de septiembre de 1999; en http://www.adendi.com.

Cordero, Gerardo; "Cuesta cara la salud de los confinados"; *El Nuevo Día*, miércoles, 27 de abril de 2005

_____; "Nuevo negociado antidrogas y armas"; *El Nuevo Día*, lunes, 7 de junio de 2004.

_____; "Lucrativo el negocio de la protección"; *El Nuevo Día*, viernes 26 de diciembre de 2003; en http://www.endi.com.

_____; "Seguridad privada al margen de la ley"; *El Nuevo Día*, viernes 26 de diciembre de 2003; en http://www.endi.com.

_____; "Estrategia salubrista sobre la mesa"; *El Nuevo Día*, viernes 26 de diciembre de 2003; en http://www.endi.com.

_____; "Convocatoria al pueblo para unirse contra el crimen", *El Nuevo Día*, viernes 29 de agosto de 2003; en http://endi.com.

_____; "Inaceptable la medicación de la droga"; *El Nuevo Día*, miércoles 10 de abril de 2001, en http://www.adendi.com.

_____; "'Atrás' en la tecnología", *El Nuevo Día*, martes 1 de febrero de 2000; en http://www-adendi.com.

_____; "Azote letal de la droga", *El Nuevo Día*, martes 1 de febrero de 2000; en http://www.adendi.com.

_____; "'Científica' la lucha anticrimen"; *El Nuevo Día*, domingo 2 de enero de 2000; en http://www.adendi.com.

_____; "Golpe fatal de la criminalidad a los jóvenes del país"; *El Nuevo Día*, domingo 11 de junio de 2000; en http://www.adendi.com.

_____; "Reclaman cambio en las estrategias para frenar el narcotráfico", *El Nuevo Día*, lunes 17 de octubre de 2001; en http://www.adendi.com.

_____; "Alternativa al alto costo", *El Nuevo Día*, domingo 29 de septiembre de 2002; en http://www.adendi.com.

_____; "Llamado para invertir en la prevención", *El Nuevo Día*, martes 26 de noviembre de 2002; en http://www.adendi.com.

_____; "'Urge' la firma del plan antidrogas del Gobierno", *El Nuevo Día*, miércoles 4 de diciembre de 2002; en http://www.adendi.com.

_____; "Vistas públicas en el Senado sobre plan antidrogas", *El Nuevo Día*, lunes 4 de noviembre de 2002; en http://www.adendi.com.

_____; "Costoso sistema que no rehabilita", *El Nuevo Día*, lunes 15 de septiembre de 2003; en http://www.adendi.com.

_____; "Llamado a lidiar con la raíz del crimen", *El Nuevo Día*, lunes 15 de septiembre de 2003; en http://www.adendi.com.

_____; "'Inaceptable' la medicación de la droga", *El Nuevo Día*, martes 10 de abril de 2001; en http://www.adendi.com.

_____; "Golpe estatal a la presunción de inocencia", *El Nuevo Día*, martes 16 de septiembre de 2003; en http://www.adendi.com.

_____; "Ojo al derecho a la fianza"; *El Nuevo Día*, jueves, 30 de octubre de 2003; en http://www.adendi.com.
_____; "Pesa la economía en el repunte de la criminalidad", *El Nuevo Día*, viernes 4 de enero de 2002; en http://www.adendi.com.

_____; "Convocatoria al pueblo para unirse contra el crimen", *El Nuevo Día*, viernes, 29 de agosto de 2003.

Covas Quevedo, Waldo D; "Redada en 26 países", *El Nuevo Día*, jueves 30 de marzo de 2000; en http://www.adendi.com.

_____; "Fuerte impulso a un plan antidrogas", *El Nuevo Día*, viernes 26 de abril de 2002; en http://www.adendi.com.

_____; "Cerco oficial a los puntos", *El Nuevo Día*, miércoles 28 de mayo de 2003; en http://www.adendi.com.

_____; "Llamado de unión contra crimen", *El Nuevo Día*, miércoles 6 de agosto de 2003; en http://www.adendi.com.

_____; "Socia' la comunidad contra el crimen", *El Nuevo Día*, jueves 27 de febrero de 2003; en http://www.adendi.com.

_____; "Plan para rescatar el Peyton Place de la UPR", *El Nuevo Día*, jueves 20 de enero de 2000; en http://www.adendi.com.

De Benito, E; "180 millones de personas consumen drogas ilegales en el mundo, según la ONU", *El País*, 23 de enero de 2001; en http://www.elpais.com.

_____; "106 eurodiputados piden que la ONU levante la prohibición de la venta de drogas"; *El País*, 7 de febrero de 2003; en http://www.elpaís.com.

Delgado José A; "Tasa criminal superada por Washington", *El Nuevo Día*, miércoles 29 de octubre de 2003; en http://www.adendi.com.

El País; "El 44% de los jóvenes es partidario de penalizar el consumo de drogas", *El País*, 1 de mayo de 2002; en http://www.elpais.com.

_____; "El Pentágono actuará contra los traficantes en EE UU", *El País*, 19 de septiembre de 1989; en http://www.elpais.com.

_____; "Un informe considera fracasada la política sobre drogas y propugna la despenalización", *El País*, 28 de octubre de 1988; en http://www.elpais.com.

_____; "Resurge el debate sobre la legalización de las drogas", El País, 19 de diciembre de 1993; en http://www.elpais.com.

_____; "En España hay un adicto a drogas ilegales por cada 20 adictos a drogas legales", *El País*, 18 de marzo de 1981; en http://www.elpais.com.

_____; "El Ejecutivo pone en marcha el Plan Nacional sobre Drogas", *El País*, 12 de septiembre de 1985; en http://www.elpais.com.

Espinós, D; "La ONU se reafirma contra la legalización de las drogas", *El País*, 17 de abril de 2003; en http://www.elpais.com.

Estades Santalis, Amelia; "Más sospechas de agentes vinculados a drogas"; *El Nuevo Día*, martes, 9 de marzo de 1999.

Fernández, Ismael; "La ley del Talión"; *El Nuevo Día*; Lunes, 30 de octubre de 2006.

Figueroa, Maribel M; "Fortuño quiere unir las iglesias con la mano dura"; *Primera Hora*, martes 7 de octubre de 2003; en http://www.primerahora.com.

García, Javier; "Portugal despenalizará el consumo de drogas a principios del próximo año", *El País*, 29 de noviembre de 1999; en http://www.elpais.com.

_____; "Fiscales de EE UU vendrán a España en enero para investigar el tráfico mundial de drogas", *El País*, 24 de diciembre de 1984; en http://www.elpais.com.

García, Pepo: "Compromiso de lucha contra el crimen", *El Nuevo Día*, martes, 15 de junio de 2004.

_____; "Retornaría Rosselló a la mano dura"; miércoles 10 de septiembre de 2003; en http://www.adendi.com.

Gearard, Anne, "Se multiplica la población penal"; s.f.

Ghigliotty Matos, J; "En guardia por los derechos civiles", *El Nuevo Día*, domingo 25 de marzo de 2001; en http://www.adendi.com.

_____; "Narcotráfico y terrorismo atados en una campaña"; *El Nuevo Día*, viernes 24 de mayo de 2002; en http://www.adendi.com.

G.,N; "Las políticas prohibicionistas del Estado están obsoletas", *El País*, 1 de agosto de 2003; en http://www.elpais.com.

González, Enric, "Lo hice y lo disfruté", *El País*, 10 de abril de 2002; en http://www.elpais.com.

G.Y, J; "Carter prohíbe fumar marihuana en la Casa Blanca", *El País*, 26 de julio de 1978; en http://www.elpais.com.

Hernández, M; "Estadísticos los logros de la Policía" en *Primera Hora*, viernes 10 de octubre de 2003; en http://www.primerahora.com.

Ibáñez, Andrés; "Es posible estar contra las drogas?", *El País*, 29 de noviembre de 2001; en http://www.elpais.com.

J.E, J; "España, Italia y EEUU crean una oficina central contra las drogas", *El País*, 22 de junio de 1989; en http://www.elpais.com.

La Fogata; "Izquierda latinoamericana y caribeña prosigue debates en Cuba", en *La Fogata*, en http://www.lafogata.org.

López Cabán, Cynthia; "Argumento económico a favor de la metadona", *El Nuevo Día*, sábado 28 de septiembre de 2002; en http://www.adendi.com.

_____; 'Sí' a fianzas más altas", *El Nuevo Día* jueves 30 de octubre de 2003; en http://www.adendi.com.

Mateo, M.; "La profanación de la conciencia", Periódico *El Nuevo Día*, Martes, 22 de agosto de 2006.

_____; "Sí a la pena de muerte", Periódico *El Nuevo Día*, Martes, 24 de octubre de 2006.

Martínez, Andrea; "Al servicio de la droga", *El Nuevo Día*, miércoles, 15 de agosto de 2001.

M., A; "25 millones de adictos en EE UU", *El País*, 15 de febrero de 1990; en http://www.elpais.com.

Mercado, Francisco; "El PCE propone una política contra la droga basada en la legalización controlada", *El País*, 28 de septiembre de 1988; en http://www.elpais.com.

Millán Pabón, Carmen; "Planes contra la violencia", *El Nuevo Día*, miércoles 15 de octubre de 2003; en http://www.adendi.com.

M.,R; "El porcentaje de gente partidaria de la legalización crece del 18,7% en 1997 al 23,9% en 2001", *El País*, 19 de diciembre de 2002; en http://www.elpais.com.

Mulero, Leonor; "Pesquera expone su plan anti drogas", *El Nuevo Día*, martes 21 de marzo de 2000; en http://www.adendi.com.

_____; "Se queda el Comando Sur combatiendo el narcotráfico"; *El Nuevo Día*, viernes 19 de abril de 2002, en http://www.adendi.com.

_____; "Plaga sin fronteras"; *El Nuevo Día*; lunes 30 de abril de 1996; en http://www.adendi.com.

_____; "Nexo boricua de un mal mundial", *El Nuevo Día*, lunes 18 de febrero de 2002; en http://www.adendi.com.

New York Times; "Cobra fuerza en Estados Unidos la idea de legalizar la droga", *El País*, 19 de mayo de 1988; en http://www.elpais.com.

Nogueira, Ch.; "La ONU alerta de que la venta de fármacos por Internet es ya un 'problema mundial' El informe critica el abuso de los fármacos para tratar problemas psicológicos de raíz social", *El País*, 21 de febrero de 2001; en http://www.elpais.com.

Parés Arroyo, M; "Latente la amenaza de las drogas", *El Nuevo Día*, sábado 1 de diciembre de 2001; en http://www.adendi.com.

_____; "Nuevo modelo de salud para medicación de las drogas", *El Nuevo Día*, miércoles 17 de abril de 2002; en http://www.adendi.com.

_____; "Un mal viejo y sin fronteras la corrupción policíaca", *El Nuevo Día*, sábado 25 de agosto de 2001; en http://www.adendi.com.

Rivera Marrero, Mildred; " 'No' a medicalizar la droga", *El Nuevo Día*, jueves 11 de abril de 2002; en http://www.adendi.com

_____; "No cambiará la estrategia policíaca", *El Nuevo Día*, jueves 4 de septiembre de 2003; en http://endi.com.

_____; "La guardia Nacional entre todas las opciones"; *El Nuevo* Día, viernes 5 de septiembre de 2003; en http://endi.com.

_____; "Caucus contra las drogas", *El Nuevo Día*, sábado 9 de junio de 2001; en http://www.adendi.com.

_____; "Definidas las metas del plan policial", *El Nuevo Día*, viernes 10 de mayo de 2002; en http://www.adendi.com.

_____; "Frente común contra la criminalidad", *El Nuevo Día*, martes 26 de agosto de 2003; en http://www.adendi.com

Rivera Vargas, Daniel; "Protección de las rejas a la tecnología"; *El Nuevo Día*, martes, 31 de mayo de 2005

_____; "Arranca plan millonario con cámaras"; "; *El Nuevo Día*, martes, 31 de mayo de 2005

_____; "Pedido a coro de nuevas tácticas contra el crimen", *El Nuevo Día*, jueves, 4 de septiembre de 2003; en http://endi.com.

_____; "Toledo sugiere la Guardia Nacional, *El Nuevo Día*, jueves, 11 de septiembre de 2003; en http://endi.com.

_____; "Culpas a los federales", *El Nuevo Día*, miércoles 2 de octubre de 2002; en http://www.adendi.com.

_____; "Bajo arresto una ganga de policías", *El Nuevo Día*, miércoles 4 de diciembre de 2002; en http://www.adendi.com.

_____; "Cumbre municipal evalúa opciones contra el crimen", *El Nuevo Día*, jueves 11 de septiembre de 2003; en http://www.adendi.com.

_____; "Empuja la pobreza a la delincuencia", "DEA niega la escasez de droga", *El Nuevo Día*, domingo 6 de mayo de 2001; en http://www.adendi.com.

_____; "A reducir la adicción" *Nuevo Día*, sábado 9 de noviembre de 2002; en http://www.adendi.com.

_____; "Censura a las críticas sin acción", *El Nuevo Día*, lunes 4 de noviembre de 2002; en http://www.adendi.com.

_____; "Crea preocupación el plan anti drogas", *El Nuevo Día*, jueves 3 de octubre de 2002; en http://www.adendi.com.

_____; "Una comunidad anticrimen", *El Nuevo Día*, martes 5 de noviembre de 2002; en http://www.adendi.com.

_____; "Ex reos con ideas contra crimen"; *El Nuevo* Día, miércoles 15 de octubre de 2003; en http://www.adendi.com.

_____; "Insuficiente la seguridad", *El Nuevo Día*, miércoles 16 de junio de 2003; en http://www.adendi.com.

_____; "Bajo arresto una ganga de policías", *El Nuevo Día*, miércoles 4 de diciembre de 2002; en http://www.adendi.com.

_____; "Guardias arrestadas por contrabando", *El Nuevo Día*, viernes 17 de octubre de 2003; en http://www.adendi.com.

Rodríguez-Burns, Francisco; "Siete municipios se unen contra el crimen", *Primera Hora*, jueves 11 de septiembre de 2003; en http://www.primerahora.com.

Rodríguez Cotto, S.D; "Llamado a tratar a los adictos como enfermos"; *El Nuevo Día*, martes, 9 de diciembre de 2003.

_____; "Respuesta ciudadana", *El Nuevo Día*, sábado, 30 de agosto de 2003; en http://endi.com.

_____; "Para el Súper no hay ´pejes´ aquí"; *El Nuevo Día*, sábado, 30 de agosto de 2003; en http://endi.com.

_____; "Asegura que no habrá injusticia en los caseríos", *El Nuevo, Día*, miércoles 27 de marzo de 2002; en http://www.adendi.com.

_____; "Presos de miedo ante la criminalidad", *El Nuevo Día*, lunes 13 de mayo de 2002; en http://www.adendi.com.

_____; "Reina el desasosiego en la isla", *El Nuevo Día*, martes 30 de abril de 2002; en http://www.adendi.com.

_____; "El enemigo está dentro de nosotros", *El Nuevo Día*, Sábado 30 de agosto de 2003; en http://www.adendi.com.

_____; "Arrecian los fundamentalistas sus críticas", *El Nuevo Día*, Sábado 21 de junio de 2003; en http://www.adendi.com.

Rodríguez Sánchez, Israel; "Recicla el PNP el plan anticrimen de mano dura"; *El Nuevo Día*, domingo 13 de junio de 2004.

Rodríguez, Magdalis;   "Propuestas para imponer peores penas al criminal"; *El Nuevo Día*, miércoles 10 de septiembre de 2003; en http://endi.com.

_____; "Diálogo sobre la criminalidad", *El nuevo Día*, jueves 21 de noviembre de 2002; en http://www.adendi.com.

_____; "Herramienta contra la criminalidad", *El Nuevo Día*, miércoles 8 de octubre de 2003; en http://www.adendi.com.

_____; "Legislación anticrimen", *El Nuevo Día*, Martes 9 de septiembre de 2003; en http://www.adendi.com.

Rodríguez Sánchez, I.; "Promueve la creación de la Oficina del Zar Anti-Drogas", *El Nuevo Día*, miércoles 31 de enero de 2001; en http://www.adendi.com.

_____; "Desaprobado el manejo dado a la criminalidad"; *El Nuevo Día*, sábado, 30 de agosto de 2003; en http://endi.com.

_____; "Legislación con acento en lo social", *El Nuevo Día*, sábado 30 de noviembre de 2002; en http://www.adendi.com.

Roldan, Camile; "Apoyo a los detectores de metales en las escuelas"; *El Nuevo Día*, miércoles, 27 de abril de 2005

Rosario, Frances; "Golpe legislativo al narcotráfico"; *El Nuevo* Día, lunes 8 de septiembre de 2003; en http://endi.com.

_____; "Plan anticrimen que no integra a la sociedad civil"; *El Nuevo Día*, martes 19 de agosto de 2003; en http://www.adendi.com.

Rudich, J; "140 millones de personas fuman drogas blandas según la ONU", en *El País*, 27 de junio de 1997; en http://www.elpais.com.

Santana Ortiz, Mario; "Aparece un nuevo tipo de criminal sin respeto a la vida"; *El Nuevo Día*, miércoles, 11 de mayo de 2005

_____; "Más presos podrían recibir tratamiento", *El Nuevo Día*, lunes 27 de enero de 2003; en http://www.adendi.com.

_____; "Insiste en la medicación de la droga"; *El Nuevo Día*, miércoles 1 de noviembre de 2000; en http://www.adendi.com.

_____; "Agenda de enmiendas rigurosas" *El Nuevo Día*, miércoles 10 de septiembre de 2003; en http://www.adendi.com.

Schnitzer, V; "La ONU rechaza legalizar las drogas y distinguir entre 'blandas' y 'duras'"; *El País*, 27 de febrero de 1995; en http://www.elpais.com.

Servicios Combinados; "Rotundo no al tráfico legal de marihuana", *El Nuevo Día*, lunes 24 de marzo de 2003; en http://www.adendi.com.

Solans Soteras, Miguel; "Legalización, una propuesta que choca frontalmente con la realidad", *El País*, 29 de diciembre de 1988; en http://www.elpais.com.

Torres, Edith C; "Sí a penalizar la sodomía", *El Nuevo Día* , viernes, 6 de junio de 20003; en http://endi.com.

_____; "La cura y el castigo en la balanza", *El Nuevo Día*, domingo 16 de diciembre de 2001; en http://www.adendi.com.

_____; "Arrestan a 9 guardias por múltiples delitos", *El Nuevo Día*, viernes 11 de enero de 2002; en http://www.adendi.com.

_____; "Desbaratan red de narcotráfico internacional"; *El Nuevo Día*, miércoles 22 de noviembre de 2000; en http://www.adendi.com.

_____; "Madruga un mega operativo", *El Nuevo Día*, martes 10 de agosto de 1999; en http://www.adendi.com.

_____; "Consejo de Estudiantes admite tráfico de drogas en UPR", *El Nuevo Día*, sábado 18 de diciembre de 1999; en http://www.adendi.com.

_____; "DEA niega la escasez de droga", *El Nuevo Día*, jueves 25 de octubre de 2001; en http://www.adendi.com.

_____; "Crimen por las nubes", *El Nuevo Día*, martes 5 de febrero de 2002; en http://www.adendi.com.

_____; "En la recta final", *El Nuevo Día*, lunes 18 de febrero de 2002; en http://www.adendi.com.

_____; "Llamado a unirse contra la violencia", *El Nuevo Día*, Domingo 7 de septiembre de 2003; en http://www.adendi.com.

_____; "Detienen por narcotráfico a agente antidrogas", *El Nuevo Día*, viernes 20 de octubre de 2000; en http://www.adendi.com.

_____; "Desbaratan red de narcotráfico internacional", *El Nuevo Día*, miércoles 22 de noviembre de 2000; en http://www.adendi.com.

_____; "Arrestan a 9 guardias por múltiples delitos", *El Nuevo Día*, viernes 11 de enero de 2002; en http://www.adendi.com.

_____; "Sí a penalizar la sodomía", *El Nuevo Día*, viernes, 6 de junio de 2003.

Torres, Ismael; "Condena el desinterés en la rehabilitación", *El Nuevo Día*, lunes 3 de abril de 2000.

Vargas, Y. (Prensa Asociada) "Pende de de un hilo su suerte: Carlos Ayala entre la pena de muerte y la cadena perpetua", *Primera Hora*, miércoles, 25 de octubre de 2006.

Vicent, M; "Cuba declara la guerra a las drogas"; *El País*, 2 de febrero de 2003; en http://www.elpais.com.

www.ingramcontent.com/pod-product-compliance
Lightning Source LLC
Chambersburg PA
CBHW020329270326
41926CB00007B/101